이성과 공감

포스트모던 칸트와 공감윤리

맹주만 지음

어문학사

인공지능과 '공감적 이성'에 대하여

자연의 의도가 무엇이든 자연이 인간에게 준 최고의 선물은 '이성'과 '공감'이다. 이성은 사유하는 능력, 추리하고 계산하는 능력, 사리를 분별하고 진위와 선악과 미추를 식별하는 능력, 기획하고 실행하는 능력, 느끼고 선택하고 실천하는 능력이다. 공감은 함께 느낌의 근원적 작용을 통해서 타자와 타자의 감정과 공명하는 일치의 존재감이자 도덕감이다. 모든 경험적 공감 감정들이나 도덕적 감정들 역시 근원적 공감을 전제한다. 경험적 공감을 넘어서 선험적 공감조차도 이 근원적 공감에서 기원한다. 그리고 이 근원적 존재감으로서 공감은 이미 그 자체가 이성적 느낌, 이성적 감정, 즉 공감적 이성 또는 이성적 공감이며, 무엇보다도 그 자체로 도덕적 공감이다. 이렇게 이성과 공감은 그 본질에 있어서 공감적 이성으로 통일되어 있으며, 그것이 인간적 본질을 규정한다. 이미 인간은 이성과 감성의 통일체이며, 공감적 이성이 그것을 증명한다. 그러므로 공감적 이성은 생성되는 모든 인간적 가치와 감정들의 근원이다. 공감 자체가 인간적 삶과 실존을 규정한다. 이성과 공감, 이 두 선물을 잘 사용해야 하는 것은 존재 이유와 삶의 목적에 충실해야 할 인간의 의무이다.

함께 느낌으로서 공감, 그것은 함께함의 느낌이다. 함께함의 존재, 아픔과 기쁨, 나눔과 베품으로서 함께함의 느낌, 그것은 어떻게 가능한가? 그것은 나와 너, 나와 세계가 함께 존재한다는 의식적 느낌이며, 모든 사유와 실천의 원천이다. 그것은 순간이며 또 영원이다. 이렇게 모든 것의 가능 근거이며 원천으로서 공감적 이성은 실로 하나의 경이이다.

이성적 공감은 하나의 법칙도, 일정한 프로그램도, 정해진 자기학습의 메커니즘도 아니다. 그것은 존재와 세계의 일부이면서 몸과 뇌와 의식의 공동의 작동 기제다. 그것은 자기 선택적이며 자기 변화에 열려 있는 미결정적인 자기 구성적 능력, 특히 모든 관계를 생산하는 관계 자체이다. 그것은 가치 선택적, 가치 창조적 시스템에 비유될 수 있다.

인간 사회의 한 구성원이 될 미래의 인공지능이 사회공동체의 자격 있는 성원이 되려면, 그 존재 또한 원천적으로 공감적 이성 존재이어야 한다. 그러면 그러한 공감적 이성을 지닌 인공지능의 출현은 가능한가? 답은 이외로 간단하다. 뇌와 컴퓨터가 구분되어야 하듯이 인공지능은 결코 공감적 이성 존재가 될 수 없다. 공감적 이성은 인간이 이미 이성과 감성의 통일체이기 때문에 발현되는 것이며, 미래의 인간 로봇 인공지능처럼 별개의 이성과 감성, 의식과 신체를 조합해서 만들어낼 수 있는 것이 아니다. 초인공지능이 인간과 가장 유사한 존재가 되려면, 최소한 가치 선택적 시스템의 면모를 갖춰야 할 것이다. 그러나 설사 그렇다고 하더라도 그것은 외형적으로만 그렇게 보일 뿐이다. 그럼에도 그것을 오도하려는 시도가 안고 있는 위험은 공감적 이성이 의존하고 있는 뇌의 기능을 역으로 컴퓨터화 하는 것이 될 것이다. 즉, 공학적 기술로 뇌의 기능을 업그레이드 하는 것이며, 그 같은 일이 원리적으로 가능하다는 데 있다. 이런 기술에 의한 유사 가치 선택적 행위를 마치 진정한 가치 창조 행위인양 착각하는 것이야말로 더할 나위 없이 위험한 일이 될 것이다. 이런 사태야말로 인공지능의 시대에 우리가 가장 경계해야할 위험이다. 인공신경망 구축 기술의 눈부신 발전은 유사 인간 로봇의 출현을 훨씬 앞당길 것이다. 생활과 경제의 편리와 효율을 높이는 방편을 넘어서 나날이 가속화되는 고도의 기술로 무장한 치명적인 초인 공지능의 출현을 철저히 윤리적 통제 아래 두어야 할 이유가 여기에 있다. 일이 벌어진 다음에는 이미 늦다. 예방의학이 있듯이 예방윤리가 더욱 강조되어야 할 시점이다.

*

이 책의 시작은 칸트의 선험철학과 후설의 현상학과 관련해서 공감과 도덕적 감정의 특별한 지위에 관심을 가졌던 시기로 거슬러 올라간다. 박사과정을 시작하면서 칸트의 도덕적 감정이론과 후설의 비판에 관한 논문을 발표하고, 계속해서 1990년대 중반에 박사학위논문에 포함시키기 위해 칸트의 도덕적 감정, 후설의 칸트 비판, 후설의 흄 비판, 후설의 감정론 등을 공부한 후에 여기 저기 기웃거리며 지냈다. 아직 더 추궁해야 할 것들이 많이 남아 있지만, 그동안 발표한 글들이 아주 사라져 없어지기 전에 한 권의 책으로 만들고 싶어졌다. 특히 이 책의 1장은 다른 글들이 한 자리에 모일 수 있도록 하기 위해서 서둘러 만들어졌다. 다른 장들은 그간 발표한 글들이 초고가 되었다. 조금이나마 주제의 연관성과 통일을 기하기 위해서 가필하거나 편집된 글들도 있다.

이번에도 지난번 출간한 『칸트의 윤리학』에 이어 출판사의 어려움에 개의치 않는 윤석전 사장님께 감사 인사를 드리며 어문학사 편집부에게도 감사드린다.

2020년 2월
맹 주 만

차례

1

포스트모던 칸트와 공감윤리

1. 모던 칸트와 포스트모던 칸트

자연이 인간에게 준 최고의 선물은 '이성'과 '공감'이다. 이성은 사유하는 능력, 추리하고 계산하는 능력, 사리를 분별하고 진위와 선악과 미추를 식별하는 능력, 기획하고 실행하는 능력, 느끼고 선택하고 실천하는 능력이다. 공감은 '함께 느낌'(sympathy)의 근원적 작용을 통해서 타인 및 타인의 감정과 공명하는 일치의 존재감이자 도덕감이다. 즉 도덕적 존재감으로서 근원적 공감은 그 자체가 자연적 공감과 함께 이성적 느낌, 이성적 감정, 즉 공감적 이성 또는 이성적 공감의 기능 근거이며 원천이다. 이렇게 이성과 공감은 그 본질에 있어서 공감적 이성으로 통일되어 있으며, 그것이 인간적 본질을 규정한다. 그러므로 공감적 이성은 생성되는 모든 인간적 가치와 감정들의 근원이다. 공감 자체는 경험적 공감과 이성적 공감의 초월적 근원이다. 함께 느낌의 근원적 가능성, 즉 느낌을 통한 함께함의 근원 감정은 사유함과 함께 인간적 삶과 실존의 초월적 근거이다.

공감적 이성을 규정하는 이성과 공감, 이 두 선물을 잘 사용해야 하는 것은 인간의 의무이다. 인간은 더불어 살아가는 존재이며, 이성과 공감은 이 공동 존재인 인간에게 삶의 문제를 해결할 수 있는 지혜와 실천의 미덕을 제공해주는 원천이다. 마찬가지로 실천적 지혜의 학문으로서 윤리학은 이에 의지해서 인간적 삶의 지혜를 구해야 한다. 그러면 인간은 어떻게 살아가야 하는가? 우리는 무엇을 위해서 살아야 하는가? 우리는 어떤 세상에서 살아가고 있는가? 저 광대무변한 우주는 왜 존재하는 것인가? 인간의 존재 이유는 무엇인가? 하지만 오늘날 이런 질문들은 더 이상 의미 있게 물어지지 않는 경향이 있다.

현대인은 한편으로는 모던 시대와 포스트모던 시대가 공존하는 시대에 살고 있다. 과거에 비하면 보다 보편적인 가치 질서를 지탱해주던 윤리 규범들은 파편화되고 분열되어 있다. 상충하는 원자적 가치들이 만연하고 있으며, 이와 함께 윤리적 문제들의 대립과 충돌은 더욱 증폭되있다. 다른 한편으로 우리는 4차 산업혁명 시대의 총아로 불리는 인공지능마저 인류 공동체의 한 구성원이 되는 '포스트휴먼'(posthuman)과 '트랜스휴먼'(transhuman)의 시대, 즉 '포스트모던 이후'(after postmodern)의 시대를 살아갈 것이다.

지난 세기 동안 이성중심주의와 이성만능주의에 기반한 모던적 가치들의 해체와 파괴를 강변하던 포스트모던 시대는 모던 시대를 극복하지 못한 채 또 다른 도전에 직면해 있다. 그들이 겨냥했던 이성의 기계적, 타산적, 도구적 합리성에 매몰된 인간성 상실과 사회병리적 문제들에 대한 비판적 극복과 치유에의 시도는 실패한 기획이 되고 말았기 때문이다. 탈이성의 감성과 감정, 자율성과 다양성, 개별성과 소수자, 중심의 편재성, 탈권위 등의 가치 추구에도 불구하고 예술, 음악, 문학, 정치, 역사 등 사회 모든 분야에 걸쳐서 미래 사회에 대한 불안과 불확실성은 해소되기 보다는 더 증폭되었다. 이는 우리가 직면한 근본 문제가 과도한 이성의 문제도, 과소한 이성의 문제도 아닌, 이성의 올바른 사용에 있다는 것을 시사한다. 그런 점에서 모던 시대든 포스트모던 시대든 언제나 이성의 독단적 사용이 문제였던 것이다. 독단적 이성은 언제나 이성의 일면적 사용이나 과도한 사용에 기대어 진리의 일면을 진리 자체인 양 호도하기에 급급하다. 그리고 너무 성급히 어느 하나만을 고집하고 집착하기 때문에 몰락하기 전까지 그 길의 끝이 낭떠러지라는 것을 알지 못한다.

오늘의 현실은 전통 형이상학의 지반이자 목표인 실체의 부정, 낙관적 합리성을 지탱해주던 이성중심주의의 거부, 주객 이분법과 실재 세계와 가상 현실의 경계 와해, 실재 세계 구조의 선험성·보편성의 부정과 상대성·역사성의 강조, 그리고 심지어는 인간 존재와 비인간 존재를 구분하는 권리의 무효화를 역설하는 데까지 이르고 있다. 과도한 이성이든 과소한 이성이든 포스트모던 철학 역시 칸트적 의미의 독단적 이성의 과오에서 자유롭지 못하다. 전지구적인 거대 규범과 지역적인 중간 규범 및 원자적 인간들의 미시 규범을 가르는 숱한 대립적 규범들에 이르기까지 폭주하는 인간적 삶의 문제들의 근저에는 인간 이성의 과소하거나 과도한 사용, 즉 이성의 올바른 사용의 문제가 도사리고 있다.

분명 그 어느 때보다도 우리의 시대는 불안과 불확실성이 증폭하고 만연하는 시대이다. 심정의 불안은 미래의 불확실성에 대한 실존적 반응이다. 인간적 삶은 본래가 불확실성을 동반하지만, 사회가 급속히 변화화거나 방향성을 상실할 때 이런 사태는 더욱 심화된다. 이런 사정이 두드러진 지 이미 오래다. 더욱이 예견되는 미래적 삶은 이런 불안과 불확실성을 더욱 증폭시킬 것이다. 인간적 삶과 인류의 미래에 대한 낙관론과 비관론이 극명하게 대비되던 모습이 20세기의 시대적 징후였다면, 지금 우리가 겪어내는 현실은 이런 사정이 더욱 극단으로 교차한다. 미래의 불안과 불확실성이 더욱 커진다는 것은 우리 시대의 비관론에 더욱 힘을 실어주는 징표가 아닌가?

인간은 본능적으로 반이성적, 몰가치적 세계를 거부한다. 인간은 본래가 관계적 존재, 다자적 관계의 존재이며, 살고자 하는 욕구조차도 관계적 욕망의 지배를 받는다. 그러나 오늘날 모던적 삶과 포스트모던적 삶의 공간에서 위장된 공감과 조작된 공감에 매몰된 채 작동하는 작금의 코드와 탈코드의 윤리적 기제들은 모두 인간적 삶의 가치와 질서를 창출하고 담아내는데 역부족이다. 그들 모두 관계적 욕망의 본질을 제대로 읽어내지 못한다. 개인의 원자화와 사회의 전체화, 인간과 인간, 사회와 사회, 지역과 지역, 국가와 국가의 대립과 갈등, 충돌은 더 심화된다. 이들 사이에 존재하는 관계의 구조에 대한 사유가 요구되는 이유이다. 관계적 욕망은 이미 우리의 욕망이 상호 제약적이며, 다자적 관계의 지배를 받는다는 것을 함축한다. 그리고 이 욕망이 상호 제약과 조화를 이루는 질서의 윤리가 필요하다. 나는 그 가능성을 이성과 공감의 지혜로운 사용으로서 이성적 공감에서 발견한다.

공감적 이성은 이미 오랫동안 인간을 지켜주던 지혜의 보고였다. 다만 그 올바른 사용만이 문제였던 것이다. 인간은 이미 공감 존재이며, 공감의 공동체를 통해서 살아왔으며, 또 그렇게 살아갈 것이다. 문제는 공감적 이성의 올바른 사용이다. 독단적 이성의 사용을 경계해야 하듯이 공감의 독단적 사용두 경계해야 한다. 이성의 독단적 사용이 호도된 진리의 강세와 사회적 삶에 대한 억압적 지배와 폭력을 낳을 수 있듯이, 위장된 공감은 가상과 맹목의 윤리와 정치를 초래한다. 불안과 불확실성이 증폭되는 포스트모던 이후의 시대를 살아내기 위해서는 도덕적 공감의 확장성을 긍정하고 극대화시킬 수 있는 방도를 모색해야 하지만, 더 중요한 것은 이성과 공감, 즉 공감적 이성의 올바른 사용이다. 인간은 실제로 그리고 충분히 이성적 공감 존재이며, 공감적 이성 존재다.

2. 칸트와 경험적 형이상학

일찍이 칸트는 "인류는 더 나은 상태를 향해 계속해서 진보하고 있는가?"(XI, 351)라고 물은 적이 있다.[1] 칸트 스스로 해묵은 질문이라고 말하기도 했던 이런 질문을 다시 해보는 것은 칸트가 그랬던 것 이상으로 약간의 용기가 필요하다. 과연 인류는 진보하고 있으며, 인간적 삶은 나아지고 있는가? 무엇이 진보이며 발전인가?

인류의 진보를 낙관했던 칸트는 이 세상에서 도덕적 문화를 이루는 것을 진보의 척도로 보았다. 기계적 인과의 자연법칙에 따라서 생멸하는 세계에 살고 있는 인간은, 이성적 존재로서, 예지적 존재로서, 자유의지의 존재로서, 자연적 본능과 욕구를 조절하고 통제하며 다함께 하는 인간적 자유와 평등이 실현된 세계를 건설해야 하며, 그것이 곧 도덕적 선과 도덕적 자유의 세계이며, 그것의 실현이 인간에게 이성이 부여된 근본 이유이요 최종 목적으로 보았다. 칸트는 이 인간적 이성을 또 다른 이름인 선의지, 실천이성, 도덕적 의지 등으로 불렀다. 그것은 도덕적 이성에 다름 아니다. 인류의

---

1 이 구절은 전체 3부로 이루어진 『학부들의 다툼』(Der Streit der Fakultäten, 1798)의 제2부의 주제이다.

역사란 이러한 도덕적 이성의 완전한 전개와 실현의 과정을 의미하며, 이를 위한 정치적 실천으로서 공화주의가 가장 완전한 시민적 정치체제이며, 또한 공화적 정치체제를 구현하는 정치적 이성의 성숙을 도덕적 진보의 실질적 조건으로 보았다.

이런 칸트의 생각은 옳은 것일까? 칸트는 어떤 이유에서 이렇게 생각한 것일까? 칸트의 철학은 이런 생각과 의문에 합당한 근거와 이유를 제시하려는 시도로 점철되어 있다. 그러나 칸트의 생각에 의문을 제기하거나 반대하는 사람들도 많다. 생멸하는 자연사물을 빚어내는 현실세계의 자연법칙은 칸트가 물자체 혹은 예지계라 부르는 실재 세계의 법칙인가 아닌가? 달리 존재할 수 있는 자연세계가 존재하지 않는다면 자연법칙과 실재 세계의 법칙은 동일하다고 말해야 하지 않는가? 본래 세계는 하나의 세계가 아닌가? 그러면 자연법칙과 자유법칙 역시 동일해야 하지 않는가? 그렇다면 자연법칙의 현상세계가 그렇듯이 도덕법칙의 세계인 자유법칙의 세계 역시 동일한 인과필연성의 세계라고 해야 하지 않는가? 자연과 자유는 과연 어떻게 다르며, 또 어떻게 매개되어 하나의 세계로서 존재하는가? 자유법칙이 의지법칙이듯이 자연세계 또한 자유법칙이 지배하는 의지의 세계는 아닌가?

이성의 추론과 직관의 능력을 철저히 구분함으로써 인식의 한계를 넘어서는 이성적 직관 중심의 전통철학을 해체하는가 하면, 동시에 합리론과 경험론으로 대립하던 근대철학을 비판적으로 종합한 칸트, 그를 어떻게 읽어내느냐에 따라 이에 대한 평가는 달라질 수 있다. 실제로 오늘날 많은 사상가들이 빚어내는 칸트의 얼굴은 다양하다. 칸트와 적지 않은 시간을 함께 했던 독일관념론과 그 분파들이 빚어 놓은 칸트가 있는가 하면, 칸트와 근대 철학이라는 이름 아래 묶일 수 있는 주체성과 합리성, 의식철학과 계몽철학의 여전한 추종자들을 두고 있는 칸트도 있으며, 또 구조주의, 해체주의, 마르크스주의, 정신분석학, 언어철학 등의 영향 아래 이들과 대립각을 세우는 철학, 이와 함께 자기 동일성 혹은 주체의 해체, 나아가 주체의 죽음, 인간의 종말을 선언했던 철학, 이름 하여 탈주체의 철학, 차이의 철학,

존재의 철학, 타자 철학 등으로 치장한 탈근대의 선구자들, 이름 하여 포스트모던 칸트주의자들도 있다.[2] 그러나 누가 뭐래도 칸트는 그 근거짓기의 차이에도 불구하고 데카르트와 더불어 근대를 대변하는 의식철학과 주체철학의 대부다.

근대의 칸트와 대결하면서 이로부터 적지 않은 자양분을 공급받았던 현대 사상가들에게 새로운 칸트 독법의 문을 열어 놓은 선구적인 철학자는 하이데거다. 그리고 그로부터 인간의 죽음을 말하는 데리다의 해체론, 비인간주의자 들뢰즈의 차이의 철학, 전체성와 동일자를 거부하는 레비나스의 타자 철학, 저자의 죽음을 말하는 푸코의 탈중심성의 철학 등 해체주의나 후기구조주의를 표방하는 포스트모던 철학자들도 적잖은 영향을 받았다. 하지만 어떤 식으로든 그들의 칸트 읽기는 다양하다. 그럼에도 그들 모두가 칸트를 문제 삼는 중요한 이유를 든다면 하이데거를 포함해서 그들이 대체로 주체와 이성 중심의 서구 전통 형이상학의 해체와 극복이라는 시각을 견지하고 있는 데서 찾을 수 있다.

그런데 역설적으로 형이상학을 두고 벌어지는 이런 싸움에 최초로 체계적인 분석과 전통 형이상학의 해체를 주도했으며, 그 이후의 형이상학적 사유의 신기원을 열어놓은 거장이라면 칸트 말고 누가 또 있는가! 형이상학의 제거를 꿈꾸었던 흄과 그 후예들에게서도 학문으로서의 형이상학 자체에 대한 체계적인 분석을 찾아보기는 어렵다. 학문으로서의 형이상학을 문제 삼고 이성중심의 사유가 쌓아 놓은 견고한 성벽을 해체하려는 길목에 우뚝 버티고 서 있는 철학자가 바로 칸트가 아니던가! 그런 점에서 칸트의 『순수이성비판』을 인식 주체의 근거해명을 통해 형이상학의 가능성을 묻고, 이를 인간의 유한성에 기초한 존재론을 정초하려는 시도로 읽어내는 하이데거의

---

2 철학적 사조와 경향을 볼 때, 엄밀한 의미에서 "포스트모던 칸트"와 "칸트주의자"라는 두 표현은 포스트모던철학의 반칸트적 경향 내지는 비판적 태도를 고려할 때 형용상의 모순이다. 그럼에도 나란히 병치시켜 놓을 수 있는 것은 여기에는 이미 비판과 수용의 맥락에서 칸트 철학과의 영향 관계가 존재하기 때문이다. 이런 점에서 나는 여기서 '포스트모던 칸트주의자' 혹은 간단히 '포스트모던 칸트'라는 말을 열렬한 칸트 추종자들의 대명사가 아니라 넓은 의미에서 칸트와 함께 철학할 수밖에 없고 또 대적할 수밖에 없는 칸트연구가들에게 수용된 칸트를 이르는 말로 사용할 것이다.

독법은 일견 정당하다.[3] 하지만 동시에 존재 철학의 관점에서 칸트의 선험철학[4]에서 유한성의 의의를 단숨에 뛰어넘는 하이데거의 해석은 동시에 철저한 고의적인 오독이다. 심지어 칸트와 하이데거의 철학은 전혀 다른 사유지반 위에 있다. 칸트는 가능한 경험의 한계를 초월하는 형이상학적 사유의 독단을 철저히 해부하고, 또 제거하려 하지 않았던가!『순수이성비판』의 재판(1787) 서언에서 칸트는 다음과 같이 적고 있다.

> 이 세상에는 언제나 모종의 형이상학이 있었고, 또 앞으로도 있을 것이다. 뿐만 아니라 형이상학과 더불어 순수이성의 변증론도 그 속에서 발견될 것이다. 왜냐하면 변증론은 순수이성에 대하여 자연적이기 때문이다. 그러므로 오류의 원천을 폐쇄하여 형이상학에서 모든 유해한 영향을 단번에 영원히 제거하는 것이 철학의 제일 그리고 가장 중요한 임무이다.(BXXXI)

하이데거가 기초존재론으로 해석한『순수이성비판』의 현상존재론은 그의 주장처럼 유한성 철학의 정초에 있었던 것도, 존재의 철학에로의 전회를 허용하는 것도 아니다. 그것은 그 근본 의도에서 경험적 형이상학으로서 철저히 전통적인 사변 형이상학과의 단절을 통해 새로운 형이상학, 즉 윤리적 주체의 철학, 윤리적 자유의 형이상학을 기도한 것이다. 반면에 하이데거는 칸트가 기도한 인간적 자유의 형이상학의 경계 설정을 무시하며, 자유의 현상학을 매개로 존재의 형이상학으로 복귀한다. 이러한 고의적은 오독은 칸트 철학의 한계를 전제한다는 점에서 의도적인 것이다.

실제로 칸트는 포스트모던 철학이 비판의 대상으로 삼고 있는 전통적인 의식 존재론과 실체 형이상학을 해체하는 한편, 이성의 한계 안에서 도덕형이상학이라는 새로운 형이상학의 건설을 꾀한다. 말하자면, 한편으로는 가능한 경험의 한계를 초월하는 이론적 사유의 비판을 통해서 전통적 실체 형이상학을 해체시킨 파괴자이지만, 다른 한편으로는 도덕형이상학이라는 이

---

3 M. Heidegger, *Kant und das Problem der Metaphysik*, 특히 193-200.
4 '선험적'(a priori), '선험론적'(transzendental), '선험철학'(Transzendentalphilosophie)의 용어 사용에 대해서는 다음을 참조: 맹주만, 『칸트의 윤리학』 71-2.

름 아래 도덕적 경험에 천착한 윤리적 주체의 존재와 실천적 사유의 가능성을 선언한다는 점에서 칸트는 또 다른 의미의 주체 철학의 건설자요 계승자로 등장한다. 반면에 현대의 탈주체의 철학 혹은 해체주의 철학은 칸트가 경계 설정한 한계를 뛰어 넘어 초월론적 경험론, 생성의 존재론, 존재의 철학이라는 이름으로 다시금 이론적 사유에 천착한다. 그들은 실체적 주체를 해체하거나 제거하고, 그 자리를 초월론적인 '발생과 구성'의 논리로 대체한다. 이는 칸트가 거부하고 해체시키려 했던 사변 형이상학의 부활이자 복권이라고 할 수 있다.

칸트에 맞서 있는 탈주체의 철학의 칸트 독해의 타당성 여부를 떠나서 칸트를 다시 읽어내야 할 필연성은 칸트 자신에게서도 유래한다. 그 중심에는 칸트 스스로 경계를 그어놓은 가능한 경험의 유의미성과 한계의 문제가 자리하고 있다. 한편으로는 칸트의 선험철학은 포스트모던 철학과 전혀 이질적인 사유 지반, 즉 뉴턴적 고전역학의 세계로 한정된 현상적 자연세계를 대상으로 하며, 이에 대한 객관적 지식의 정당성을 정초하려 한 철학이다. 그것은 '선험론적'(transzendental) 태도가 표방하는 것처럼 이론적·실천적 지식의 정당화를 추구하는 철학적 기획이다. 그러나 다른 한편으로는 가능한 경험 세계의 확장, 즉 양자역학과 상대성이론, 그리고 빅뱅 이론이나 빅크런치 이론, 끈이론 등으로 무장한 천체물리학 등을 포함하여 인간적 삶의 세계까지 무한히 확장된 경험 가능성의 영역을 고려할 때, 선험론적 정당화의 대상인 선험적인 것(the apriori)과 경험적인 것(the experience)의 일치에 관한 사유는 그대로 유지되기 어렵다. 그렇다면 발생과 구성의 논리로 무장한 해체주의 철학처럼 포스트모던 철학의 칸트 읽기 혹은 극복의 방향은 올바른 것인가?

선험론적 정당화의 철학으로서 칸트에게서 또 다른 칸트를 읽어낼 수 있는 원천은 역시 칸트 자신이다. 칸트의 철학에는 분명 서로 달리 읽힐 수 있는 두 가지 모습이 공존하고 있어 보인다. 이는 모두 가능한 경험의 한계 문제와 관련 있다.

하나는 이론적 관점에서 현상과 물자체의 구분과 전제에 근거한 "자연필연성과 자유"의 관계가 결코 통일적으로 사유되지 않는 한, 가능한 경험의 한계는 결코 확정될 수 없다는 것이다. 이는 세계와 자연의 일부로서 인간이 어떤 존재인지 여부가 열려 있는 문제라는 것을 함축한다. 반대로 어떤 식으로든 통일적 사유가 인간 이성의 한계를 넘어서는 것이며, 따라서 칸트적 이율배반에 봉착하는 것이라면 우리는 칸트를 따라서 그의 해결책에 만족해야 한다.

다른 하나는 실천적 관점에서 저 구분과 전제 및 가능한 경험의 한계 설정으로부터 "개념적으로 파악할 수 없는 자유"가 자연필연성과 모순되지 않거나 "자유가 완전히 포기되지 않도록"(4:456) 하기 위해서 "의지가 자유의 권리를 주장한다"(4:457) 하더라도, 이로부터 결코 윤리적 주체가 누구인지 확정할 수 없다는 것이다. 그럼에도 칸트는 이 도덕적 존재로서의 주체를 이성적 존재자로 정립한다. 그리고 우리는 칸트를 따라서 이성적 존재자를 선의지의 주체 혹은 도덕적 존재로 승인할 수 있다. 그러나 이성적 존재자로서 선의지는 도덕적 존재라고는 할 수 있어도 윤리적 주체라고 할 수는 없다. 이론이성이 파악한 선험론적 자아가 자기의식적 활동성의 존재에 머물 듯이, 칸트가 제시한 지성적 존재자, 즉 개념적으로 파악된 이성적 존재자는 예지적 세계에서의 도덕적 행위자일 뿐 그가 가능한 현실세계에서 윤리적 책임의 주체라는 것이 필연적으로 연역되지 않기 때문이다. 이러한 근본적 문제들은 다시금 감성적 경험과 도덕적 경험 모두에서 가능한 경험 세계의 한계, 그리고 그것이 갖는 이론적·실천적 인식의 유의미성에 대한 새로운 천착을 요구한다. 즉, 도덕적 경험에서 경험되는 것의 도덕성이 어떻게 실천적 인식과 행위로, 또한 윤리적 책임의 주체를 규정하는 것이 될 수 있는지가 해명되어야 한다.

그러면 두 얼굴을 하고 있는 모던 칸트와 포스트모던 칸트라는 지형도에서 칸트라는 인물은 어디쯤 어떻게 그려 넣어야 할 것인가? 비판적 계승이든 변형적 극복이든 칸트 해석의 정당성은 칸트의 이성비판을 어떻게 읽어내느냐에 달려 있다. 포스트모던 칸트주의자들도 예외는 아니다. 칸트는 분명 근대철학의 대부다. 한 쪽으로 기울어질 수밖에 없다. 그럼에도 칸트 철학에 대한 상이한 해석과 평가의 타당성을 떠나서 칸트 철학이라는 커다란 저수지에서 다양한 해석을 길러온 주된 근원지는 충분히 완결되지 못한 칸트의 비판철학적 기획, 특히 이성비판 자체에 있다. 우리가 포스트모던 철학자들을 통해서 모던 칸트와 포스트모던 칸트라는 두 얼굴의 칸트를 동시에 만날 수 있는 것도 상당 부분 칸트의 이성비판의 철학에 내재되어 있는 비판의 불철저성 또는 모종의 불일치와 관계가 있다. 이들 중 어느 한 가지에만 주목해서 읽어낼 때 칸트의 철학은 더욱 다양한 모습으로 채색되기도 한다. 그런 점에서 칸트의 철학에는 한계와 가능성이 함께 존재한다. 이 때문에 포스트모던 철학자들의 칸트 읽기는 한편으로는 그 토대에 있어서 그의 비판철학 자체의 한계와 불철저함에 대한 도전과 극복이라는 한 방향과, 다른 한편으로는 칸트 철학이 담고 있는 거부할 수 없는 관점과 비전의 적극적 수용이라는 양 방향으로 진행된다. 칸트에 빚지고 있는 다양한 지류들이 넓은 의미의 칸트주의자라는 이름 아래 만날 수 있는 접점도 여기에 있다.

칸트는 원래 『순수이성비판』에서 이론이성과 실천이성을 포함한 포괄적인 이성비판을 기획했다. 하지만 실제로 칸트가 자신의 비판철학적 의도에 가장 충실했던 것은 『순수이성비판』에서 시도한 이론이성비판이었다. 반면에 실천이성에 대한 비판은 『도덕형이상학 정초』와 『실천이성비판』을 통해서 소기의 목적을 달성했지만, 실천이성의 비판에는 철저하지 못했다. 순수 이론이성비판과 함께 비판적 자기 성찰을 통해 굳건한 실천적 지식의 토대를 구축하고자 했을 때 실제로 칸트가 수행한 실천이성비판은 경험적 실천이성에 대한 비판에 머물고 있다. 칸트에게 순수실천이성은 자명한 존재로서 더 이상 비판의 대상이 아니었다. 그런데 과연 그런가? 당위성과 필연성을 갖는 도덕법칙의 존재가 순수실천이성 자체로부터 연역될 수 있는지가 문제라면, 이 역시 비판으로부터 면제되어서는 안 된다. 더욱이 자유가 도덕법칙의 존재근거라면, 그 자유의 근원적 가능성과 그 의미에 대한 물음 역시 비판으로부터 자유로울 수 없다. 이 자유에 도덕적 경험의 가능성이 주어지며, 이 경험은 칸트가 제한한 감각적인 것의 한계를 넘어서는 예지적 존재자 즉 이성적 존재자의 '경험'으로서 전혀 다른 증명과 해명이 필요함에도 불구하고, 비록 숙고를 거듭했고, 어려운 길을 걸어갔지만,[5] 그럼에도 성공한 것으로 보이지 않는다. 따라서 감성과 이성 이외에 또 하나의 인식의 뿌리인 상상력, 그리고 법칙에 대한 존경심을 포함한 도덕적 감정 등 도덕적 경험의 근원적 가능성 등에 대한 천착 역시 당연한 비판과 정사(精査)의 대상이 되어야 했다.

그런데 다른 한편으로 이런 문제제기 자체가 이성 자신에게 과연 가능한 것인가? 이는 차라리 최후적인 물음 아닌가? 마치 칸트가 철학의 근본물음으로서 제시한 세 가지 물음, 즉 1) 나는 무엇을 알 수 있는가?, 2) 나는 무엇을 해야만 하는가? 3) 나는 무엇을 희망해도 좋은가? 라는 이 물음이 최종적으로 4) '인간이란 무엇인가?'라는 물음으로 귀결된다고 했을 때, 이성의 자기 비판과 한계설정은 이 물음의 답변과 함께 검토되어야 한다. 칸트는 그 물음에 최종적인 답을 내놓지 못했으며, 따라서 그런 점에서 칸트의 이성비판의 철학 역시 원천적으로 철저하지 못한 내재적 한계를 지니고 있다. 그렇다면 인간이란 무엇인가?

칸트는 인간적 이성에게 인식가능한 것을 통해서 사고가능한 것의 한계를 설정함으로써 동시에 사고불가능한 것들의 경계 역시 분명히 하려 했다. 포스트모던 철학자들은 칸트적 의미에서 사고가능한 것과 인식가능한 것의 경계를 자유롭게 넘나든다. 게다가 그것이 곧 차이의 철학이나 타자 철학을

---

5 칸트는 『실천이성비판』(Kritik der praktischen Vernunft, 1788)을 발표하기 3년 전에 『도덕형이상학 정초』(Grundlegung zur Metaphysik der Sitten, 1785)를 출판했다. 후자는 사실 순수실천이성 즉 도덕적 이성이 존재한다는 것을, 그리고 그것이 어떤 것인지를 증명한 것이 아니라 해명한 것이다. 『실천이성비판』에 앞서 이 저술이 필요했던 것도 실은 『실천이성비판』이 엄밀한 의미에서 경험적 실철이성비판이며, 따라서 순수실천이성을 올바로 이해하는 것이 무엇인지를 해명하는 것이며, 또한 이를 위해 불가피하게 요구된 것이 경험적 실천이성의 비판, 즉 순수실천이성의 잘못된 사용을 비판함으로써 순수실천이성의 필연성과 당위성을 간접적으로 증명하는 것이었다.

가능하게 하는 원동력이다. 그러나 칸트의 눈으로 보면 이 같은 시도는 그가 선험론적 변증론에서 폭로한 "지성의 제약된 인식에서 무제약자를 찾고자"(B364) 함으로써 이성이 영혼, 세계, 신과 같은 무제약자를 객관적 실재로 실체화하는 가상에 귀착한다. 이 같은 월권은 하버마스도 지적한 바 있듯이 포스트구조주의자들처럼 이성에 포착되지 않는 그 무엇 내지는 이성의 타자를 무근거하게 신비화 내지는 실체화하는 태도에 지나지 않는다.

칸트의 이성비판은 한계설정이요 경계긋기다. 불가피하게 이런 자기 비판의 능력으로서 이성은 "이성 스스로의 계획에 따라 야기되는 것만을 통찰하는 이성"(BXIII)이다.[6] 통찰한다는 것은 꿰뚫어본다는 것이며, 깊이 들여다본다는 것인데, 자신이 계획한 것, 보려고 하는 것만을 본다면, 그 통찰은 자신이 본 것이 맞는지 틀린지조차 알지 못할 것이다. 그런 까닭에 이성은 언제나 자신이 사유한 것을 다시 철저히 사유하려고 하지 않으면 안 된다. 이렇게 이성이 인간적 사유의 근원적 능력이라면, 사유 역시 이성과 함께 인간 본질에 대한 물음에 속하는 대상으로 비판의 대상이 되어야 한다. 그것은 자신이 자신과 같음과 같지 않음을 동시에 통찰할 수 있을 때라야 가능하다. 그래서 들뢰즈가 일갈하듯이 "사유는 오로지 차이와 함께 할 때만"[7] 가능한 것이라면, 이성적 사유 자체가 어떻게 가능한지가 다시 사유되어야 할 문제다. 그것은 '데카르트적 문제', 즉 단적으로 내가 사유하는 존재라는 것, 이성적 주체라는 것을 어떻게 알 수 있는가 하는 문제로 회귀시킨다. 자아 존재의 확실성을 논리적 이성의 문제, 즉 이성적 사유 자체에 근거해서 이해하려는 시도 자체가 문제였던 것이다. 이러한 사유에서 이성은 이미 특정한 존재와 의미로 제약된 것으로서 처음부터 해결할 수 없는 길을 걸어간 것이었기 때문이다. 그로 인해 사유하는 존재는 이미 하나의 의식적 느낌이자 이성

---

6 칸트의 글 인용은 본문에 직접 표기한다. 인용 방식과 표기는 〈학술원판〉 전집의 권수는 아라비아 숫자로, 〈바이셰델판〉 전집의 권수는 로마 숫자로 표시하였다. 예를 들어 (3:54)는 〈학술원판〉, (V:34)는 〈바이셰델판〉의 해당 권수와 면수를 나타낸다. 『순수이성비판』은 〈바이셰델판〉에 따랐으며, 권수 표기 없이 관례에 따라 A(초판)와 B(재판)로 표시하였다. 표시는 B판을 기준으로 한다는 점에서 이를 앞에 두었다.

7 G. Deleuze, 『차이와 반복』 579.

적 감정이며, 의욕하는 이성이라는 것이 간과된 채로 다루어졌던 것이다.

이와 유사한 문제의식은 칸트 당시의 피히테나 헤겔과 같은 독일관념론자들에게서도 나타난다. 그들은 칸트가 포기하지 않았던 통일체로서의 이성, 통일하는 능력으로서의 이성(그러나 칸트에게 이것은 한계가 있는 이성능력이다), 그리고 과제로서 남겨진 이성의 다양한 기능들 간의 조화와 통일 문제들을 역으로 칸트가 물리치려 했던 사변이성과 절대적 주체의 정립으로부터 해결의 원천적 가능성을 확신하는 방향으로 나아갔다. 가령 물자체이며 무제약자이자 정신으로서 사고되지만 결코 그 자체는 인식불가능한 근원적 통각으로서의 자아, 즉 칸트의 선험론적 자아를 이론과 실천의 통일체로서 "절대적 자아"라든가 "절대자로 변해가는 자아의 변증법" "인간적이면서 동시에 신적인 변증법"의 주체로 탈바꿈시키는 월권을 감행했다.[8] 그들은 너무 멀리 나아간 것이다.

그러나 이 같은 월권은 칸트 자신에게서도 발견된다. 이론이성에 가해졌던 비판적 시선을 칸트는 실천이성에게서는 거두어들인다. 순수실천이성의 존재, 이른바 이성적 존재자에게 부여하는 특권은 윤리적 주체를 도덕적 경험 속에 깃들어 있는 근엄한 위엄과 고귀한 존경심을 갖게 만드는 위대함의 원천으로 삼았지만, 그것은 부정과 비리로 얼룩진 인간적 실존과 삶의 세계와는 거리가 있었다. 인간 본성에 깊이 뿌리내리고 있는 보편적 선의지의 도덕성을 발견한 위대한 통찰에도 불구하고, 그것을 현실 속의 실존적 인간으로부터 분리시켜 놓은 인간성과 인격성, 또는 목적성과 존엄성의 얼굴을 한 이성적 존재자의 형식적 자기규정에 불과한 도덕법칙을 이성의 사실로서 승인하고 그 실재성을 논증한다.

이론이성과 실천이성이라는 상이한 두 이성 능력에 대한 독립적이면서 독자적인 승인 이후에 두 능력의 연관성에 대한 사유는 『판단력비판』에 이르러 비로소 적극적으로 모색되고 있다. 여기서 칸트는 상이한 심성 능력들

---

8 R. Kroner, *Von Kant bis Hegel*, viii-ix. 그러나 이 책의 저자 크로너의 견해에 따르면, 이는 월권이 아니라 발전적 전개과정이다.

(Vermögen des Gemüt) 및 두 세계의 조화와 통일 가능성을 시도하고 있지만, 그럼에도 그것은 미와 숭고의 분석론, 그리고 비판적 목적론을 통해 드러나듯이 근본적인 제한과 한계를 지니고 있다. 칸트는 그러한 능력들의 일치와 차이의 문제를 결코 독립적으로 주제화해서 다루지 않는다. 이러한 이성비판의 불철저함과 비일관성은 결과적으로 독일관념론을 비롯한 현대의 포스트모던적 철학자들의 칸트 비판과 극복에 정당한 명분을 제공했다. 주지하듯이 칸트의 이성비판이 안고 있는 대표적인 중요한 문제들로는 앞서 지적된 인식능력들의 일치 가능성 문제 이외에도 인간적 삶의 세계를 관통하는 현상과 실재, 감정과 이성의 절대적 분리, 이론과 실천의 괴리, 타자의 소외와 배제의 문제 등을 꼽을 수 있다. 적지 않은 시간과 공을 들였음에도 불구하고 이들 모두 상호주체성과 공존, 상생의 문제와 함께 해결하기에 난망한 문제들로 남아 있으며, 여전히 우리는 이러한 시대에 살고 있다.

포스모던 철학자 들뢰즈는 이질적인 감성, 지성, 상상력 중에서 어떤 능력이 더 근원적인지에 대한 독일관념론자들과 하이데거의 해석상의 쟁점들을 칸트의 공통감(sense communis ; Gemeinsinn)과 능력(Kraft)들의 일치라는 개념을 끌어 들여 아예 해소시켜 버린다. 그런데 그는 이와 함께 소통과 함께 하는 공명(résonance)[9], 그리고 공통감(sens commun)[10]에 그렇게 집중하면서도, "타자인 나", 타자일 수밖에 없는 나만을 부각시킨다.[11] 그는 감성적인 것의 차이, 그리고 차이의 반복을 말하지 그 차이와 반복이 동일한 것, 서로 공명하는 것의 발생을 향한다는 것은 소홀히 한다. 공명에서 유래하는 체계를 말하고는 이내 반복되는 생성과 파괴의 차이소의 유래를 묻는 데로 돌아간다. 공통감은 차이를 같음과 동일한 것에 종속시킨다는 것, 공통감은 사유하는 코기토에 의존하는 것이 아니라는 것을 드러내려고 할 뿐, 나에게 반복처럼 보이는 것은 재현이 아니라 공명의 울림을 생산하는 운동이라는 것,

---

9 G. Deleuze, 『차이와 반복』 265-71, 273, 273, 429-30, 477,

10 같은 글, 97-8, 296, 304-7, 318-25, 347, 353-7, 418-22, 448, 480-5, 560-1.

11 같은 글, 149: "나는 생각한다"의 자아는 본질적으로 수용적 직관에 얽매어 있으며, 그 수용적 직관에 대해 본래의 나(JE)는 이미 타자이다.

하나의 공명에서 또 다른 공명으로, 하나의 공통감에서 또 하나의 공통감, 그 공통감의 지속을 낳은 반복적 차이라는 것에는 주목하지 못한다. 이 차이는 정반대로 서로 공명하지 못하는 차이를 제거하려는 생산의 운동인 것이다. 차이와 공명은 함께 있는 것이며, 결코 분리될 수 없는 존재와 생성의 원리인 것이다.

반대로 감성과 지성을 매개하는 심성의 제3의 능력으로서 상상력에 주목한 하이데거는 칸트의 직관과 관련해서 "인간적 직관의 유한성" 내지는 "유한한 직관으로서 감성"에 대한 존재론적 해석을 통해 인간(직관)과 존재와 시간의 공속성을 드러내는가 하면,[12] 이성(지성)과 감성이 상상력과 맺고 있는 근원적 관계에도 주목함으로써 이성과 감정의 이분법에 천착하고 있는 칸트의 인식 존재론을 넘어서고 있다. 하이데거가 주목하는 칸트의 통찰에 따르면, "우리의 인식은 심성(Gemüt)의 두 원천에서 발생한다."(B74/A50), 그리고 "인간적 인식에는 감성과 지성이라는 두 줄기(Stämm)가 있는데, 그것은 하나의 공통적인, 그러면서도 우리에게는 알려지지 않은 뿌리(Wurzel)에서 발생한 것이다."(B29/A15)는 칸트의 진술에 주목한다.[13] 여기서 하이데거는 "두 인식의 근원과 줄기"를 산출하는 "하나의 공통된 뿌리"로서 칸트가 제시한 심성의 제3의 능력이자 감성과 지성을 매개하는 능력인 "상상력"을 단순한 제3의 인식의 줄기가 아니라, 그것이 "근본적으로 그 본질에서 파악되는 시간에 다름 아니다"고 해석한다.[14] 또한 이 상상력의 지위, 역할, 그리고 기능의 문제와 관련해서 칸트의 감성과 직관을 인간의 유한성의 문제로 파악하고,[15] 그 근본에 있어서 "순수한 인간적 이성"을 "순수한 감성적 이성"(eine reine sinnliche Vernunft)으로 해석해낸다.[16] 이 같은 하이데거의 칸트 독법은 감성과 지성의 공통적인 뿌리로서의 근원적 상상력과 맞닿아 있는 감성적 이성의 존재, 즉 감성이면서도 동시에 이성적인 존재, 또한 순수감

---

12 M. Heidegger, *Kant und das Problem der Metaphysik*, 31-9.
13 M. Heidegger, *Phänomenologische Interpretation von Kants Kritik der reinen Vernunft*, 90-1.
14 같은 글, 93.
15 M. Heidegger, *Kant und das Problem der Metaphysik*, 156-85.
16 같은 글, 157.

성으로서 시간을 말함으로써 '존재와 시간'이 칸트의 선험철학의 근원적 가능성으로서 그 근저에 놓여 있음을 사유해낸다.

더 나아가 무엇보다도 하이데거의 칸트의 비판적 인식론의 존재론적 해석과 통찰의 백미는 그가 상상력을 실천이성과 관련해서 나루고 있는 데서 찾을 수 있다.[17] 하이데거는 칸트의 "실천이성이 필연적으로 선험론적 (transzendental) 상상력에 근거를 두고 있다"[18]고 말한다. 비록 이 대목에서 하이데거의 관점에 따라서 칸트의 'transzendental'을 '선험론적'이 아니라 '초월론적'의 의미로 옮겨야하겠지만, 그런 점에서 그의 탁월한 통찰에도 불구하고 이 또한 칸트의 이성비판의 철학에 대한 고의적인 오독 내지는 비판적 극복이라 할 수 있다. 이와 함께 하이데거는 칸트의 근원적 상상력에 근거해서 실천이성과 도덕법칙, 그리고 법칙에 대한 존경(심)과 도덕적 감정, 감성/감수성과 감정의 내밀한 관계에 대한 탁월한 해석을 제공한다. 그에 의하면, 존경심의 감정 혹은 도덕적 감정은 "존재론적-형이상학적 의미에서 이해되어야 한다."[19] 하이데거의 의도는 실천이성을 구성하는 존경심, 그리고 이 존경심에서 하는 행위자로서 대상적으로 파악되지 않는 "본래적인 자기 존재"[20]가 "도덕적 자기의 초월(Transzendenz)의 선험론적 구조"이며, 이러한 "존경심의 본질구조 자체가 선험론적 상상력의 근원적 틀"을 드러내준다는 것을 밝히는 데 있다.[21] 하이데거의 이러한 독법은 끝내 실존적 존재, 본래적 존재의 개시 가능성, 즉 자신의 존재의 철학과 맞닿아 있다.

나는 이에 칸트의 도덕적 감정의 문제를 해결하기 위해서 초월론적 해명에 천착하는 하이데거의 존재의 철학이 아니라 선험론적 정당화가 가능한 '공감'에 기초한 해결을 도모하려 한다.[22] 칸트의 철학 전반에 있어서 가장

---

17 같은 글, 143-6.
18 같은 글, 143.
19 같은 글, 146.
20 같은 글, 145.
21 같은 글, 146.
22 이러한 해결의 단초를 제공한 것은 후설이다. 이에 대해서는 맹주만, 『칸트의 윤리학』의 '후설의 칸트 비판', 253-67.

애매하며 불명료하게 남아 있는 개념이 '법칙에 대한 존경심' 혹은 '도덕적 감정'의 문제이다. 이에 대한 하이데거의 통찰이 분명 이 문제를 해소할 수 있는 하나의 방도가 될 수는 있지만, 그것이 칸트의 선험론적 정당화의 예봉을 피해갈 수 있을 것으로는 보이지 않는다. 하이데거가 도덕법칙에 대한 존경의 감정, 즉 도덕적 감정에 대한 칸트의 통찰을 높이 평가하듯이, 칸트 역시 이성과 감정의 이분법에 갇혀 있어서 같은 잘못을 범하고 있지만, 감성적 이성의 존재 연관성만이 아니라, 도덕법칙에 대한 존경의 감정(도덕적 감정)이 이미 이성과 감정의 필연적 연관을 포함하고 있듯이, 법칙과 감정이 감성적 이성 혹은 이성적 감정을 통해 이미 근본적으로 결합되어 있다는 것에도 주목했어야 했다. 나는 이를 자연적 공감과 이성적 공감 내지는 공감적 이성의 개념을 통해서 해결할 수 있다고 본다. 그와 같은 사정은 역시 충분히 해명되지 못하고 있는 칸트의 공통감 개념에서도 발견할 수 있다.

칸트는 공통감을 다음과 같이 정의한다. 즉,

> 지성과 상상력 두 인식능력의 조화는 주어지는 객체의 상이에 따라 상이한 균형을 가진다. 그럼에도 어떤 하나의 조화가 있어야 한다. … 그리고 이런 조화는 (개념에 의해서가 아니라) 감정에 의해서 규정될 수밖에 없다. 그런데 이 조화 자체는 보편적으로 전달될 수 있는 것이어야 하며, 따라서 감정의 보편적 전달가능성은 하나의 공통감을 전제하는 것이기에, 이것으로 공통감을 상정하는 근거가 될 수 있을 것이다. 뿐만 아니라 그 경우에 공통감을 심리학적 관찰에 입각해서가 아니라 어떤 논리학이나 회의적이지 않은 인식의 어떤 원리에서든 전제되는 우리의 인식의 보편적 전달가능성의 필연적 조건으로서 상정하는 것이다.(X:158)

이처럼 인식의 근원적인 뿌리로서 상상력의 역할과 지위를 고려할 때, 공통감과 감정에 대한 칸트의 제한적인 언급을 넘어서 공통감과 감정이 인식과 도덕에 있어서 하는 역할이 무엇인지 규명하는 것은 매우 중요한 문제다. 그것은 들뢰즈가 문제 삼는 능력의 일치 가능성으로서 발생론적 정당화 이전의 문제다. 하지만 저 칸트의 진술은 심정의 능력들 간의 매개적 통일성과 상호작용, 즉 도덕법칙과 도덕적 감정, 이성과 감정, 의지와 감정의 관계가 무엇이며, 또 어떤 것인지 해명하지 못하고 있다. 칸트적인 선험론적 정당화는 입증해야할 대상의 변화에 따라 달리 수행되어야 하지 않는가? 아울러 변경된 경험 가능성의 내용이 무엇인지가 함께 논구되어야 한다면, 발생론적 정당화에 대한 요구에 먼저 답해야 하는 것은 아닌가? 칸트의 철학은 선험론적 정당화의 사유다. 그것은 진위 구별의 정당성과 그 기준을 확립하려는 철학이다. 그런 점에서 칸트는 인식론적 진리 개념을 갖고 있다. 반면에 일반적으로 하이데거와 들뢰즈를 비롯해 포스트모던 철학은 그러한 가능성을 원천적으로 거부하며, 존재론적인 형이상학적 진리 개념을 내세운다. 양자의 차이에 가로놓인 근본 문제는 전적으로 '가능한 경험'을 어떻게 규정하느냐에 달려 있다.

들뢰즈가 들추어내고 있는 공통감 개념이 칸트에게서는 취미판단의 문제를 다룰 때 도입되고 있는데, 이 자리에서 칸트는 이를 능력들의 일치 문제를, 비록 주목할 만하지만, 아주 짧게 언급하고 넘어가고 있다.[23] 때문에 동시에 이 개념은 칸트의 철학에서 도덕적 감정 못지않게 상당히 애매한 부분으로 남아 있다. 그럼에도 정작 칸트 자신이 능력들의 일치 문제를 스쳐 지나가듯 다루고 있는 것은 그 자체는 선험론적 정당화의 우선 주제가 아니었거나 아직 그 가능한 방도를 찾지 못했기 때문일 것이다.[24] 이 지점에서 우리는 칸트와 들뢰즈의 철학 방법론에 대한 문제와 마주하게 된다. 선험론적 정당화와 발생론적 정당화가 그것이다. 칸트적인 정당화의 철학이 진리 기준과 준거 확립의 철학이라면, 들뢰즈적인 포스트모던 철학은 기본적으로

---

23 실제로 칸트는 『판단력비판』의 제1부 미감적 판단력 비판 중의 §20-22, 40에서만, 그것도 거의 대부분을 취미 문제와 관련하여 논의하고 있다.

24 그러므로 칸트의 비판철학에서 능력들의 일치(공통감) 문제를 칸트의 이론 철학의 가장 핵심적인 문제로 부각시키고 있는 들뢰즈의 해석은 과도한 측면이 있다. 왜냐하면 분석과 종합, 다양과 통일(일치) 구도는 이미 그 자체로 동일한 것의 두 측면이기에 그것은 문제가 아니라 오히려 전제되어 있다고 보아야하기 때문이다. 즉, 그것은 한계의 문제이지 공통감의 문제는 아니다. 그러나 확장된 경험 가능성의 세계를 고려할 때 칸트의 선험론적 정당화의 철학 역시 이 문제를 피해갈 수 없다. 당시에 칸트는 그것이 가능한 인식의 한계를 넘어서는 일이라 믿었을 것이다. 서동욱, 『차이와 타자』, 46-8.

이해와 해석, 발생과 구성의 철학이다. 과연 철학은 무엇을 어디까지 정당화할 수 있는가?

칸트에게 부재한다고 믿고 있는 발생의 방법론, 즉 인식의 일치 가능성에 대한 발생론적 정당화, 더 정확히는 초월론적 경험주의에 천착한 발생론적 사유를 통해 들뢰즈는 주체의 철학, 재현과 동일성의 철학의 해체를 넘어서 탈주체의 철학, 차이의 철학, 생성의 철학을 추구한다.[25] 들뢰즈는 칸트의 비판적 사유는 근원적 존재 경험과 관련한 모든 발생론적 요구를 포기하고 현상적 지각에 제한된 경험적 지식에 국한해서 선험론적 차원의 단순한 조건화나 정당화의 문제로 환원되고 만다고 진단한다.[26] 이처럼 칸트의 개념과 직관의 이분법, 이들 인식능력 사이의 조화와 일치에 대한 형식적이고 반성적인 외재성의 사유에는 "보편적인 나와 개체적 자아 사이의 긴장,"[27] '나와 자아 사이의 균열 속에 잠재하는 차이의 발생'에 대한 내재성의 사유가 부재한다.

하지만 발생과 생성에 관여하는 차이, 차이 자체에 대한 창조적 사유로부터 인식을 근거짓는 최종적인 것은 다시금 칸트적인 선험론적 정당화로부터 자유로울 수 없지 않은가! '트란스첸덴탈(transzendental)'을 칸트의 문맥에서는 '선험론적'으로, 들뢰즈의 문맥에서는 '초월론적'으로 읽을 수 있는 것도 지식과 정당화에 대한 양자의 사유에는 매울 수 없는 간극이 존재하기 때문이다. 근원적 경험 가능성에 대한 칸트적 경험론의 과소함에도 불구하고, 만약 철학이 이 길을 걸어가야 한다면, 이런 관점에서는 들뢰즈의 차이와 생성의 철학은 자칫 생성의 철학, 내재성의 철학, 창조적 사유라는 이름 아래 칸트가 경계한 사유의 유희에 불과한 것이 되고 말테다. 경험 혹은 경험적인 것에 대한 발생론적 사유가 경험한 것 자체에 대한 인식론을 가질 수 없다면, 정당화해야 할 것이 무엇인지를 말할 수 없다. 그리고 생성과 창조의 철학에서 그것을 기대할 수 없을 것이다. 그렇다면 칸트 철학에 대한

---

25 초월론적 경험주의 혹은 초월론적 경험론에 대해서는 안 소바냐르그, 『들뢰즈, 초월론적 경험론』 참조.
26 G. Deleuze, 『차이와 반복』, 380.
27 안 소바냐르그, 『들뢰즈, 초월론적 경험론』, 31.

들뢰즈의 평가는 철저히 반칸트적이다. 양자는 전혀 다른 길을 가고 있는 것이다.

그러나 칸트의 선험철학은 이성 스스로가 계획한 것, "이성이 자신의 원리에 따라서 고안한 실험"(BXIII-XIV) 대상을 뉴턴적 자연세계로 국한시킴으로써 들뢰즈의 강도적·이념적 다양체에 비견되는 선험적(a priori) 질료에 대한 사유의 부재를 보여준다. 경험(Erfahrung), 혹은 경험적 인식과 사유란 무엇인가? 칸트가 전망한 경험과 달리 오늘날의 우리에게는 변화되고 확장된 삶의 세계는 물론이며 양자역학의 초미시적 세계와 천체물리학의 초거시적 세계에까지 경험 가능한 영역이 확대되고 있지 않은가? 다시 말해 칸트적 관점에서 이러한 세계의 경험까지 포함하는 선험철학은 가능한가? 가능하다면 선험론적 정당화는 어떤 방식으로 가능한가?

이 같은 문제가 칸트 자신에게서도 제기되지 않은 것은 아니다. 이성비판의 시금석이라 할 '가능성 모델' 즉 사고가능성과 인식불가능성의 문제가 바로 그것이다. 들뢰즈가 높이 평가하는 칸트의 상상력 개념의 경우도[28] 이 '가능성 모델'의 제약을 받는다. 또한 칸트의 물자체는 이미 이성에게는 자신의 타자가 있다는 것, 이성 자신의 목적에 흡수되지 않는 차이와 다름의 존재들이 있다는 것의 별칭이며, 칸트 자신은 이 타자의 문제를 도덕법칙과 도덕적 감정, 아름다움의 문제를 통해서 사유한 바 있다. 더욱이 인간적 타자만이 아니라 다른 생명체에 대한 사유 또한 『판단력비판』의 반성적·목적론적 판단력비판을 통해 그 가능성을 열어 놓고 있다. 이는 들뢰즈와 다르게 칸트적 관점에서 자연적 공감과 함께 이성과 감정의 통합으로서 이성적 공감 또는 공감적 이성은 인식 능력들의 일치 및 타자의 문제 등을 해결할 수 있는 선험론적 경험 가능성의 영역이다.[29] 공통감과 공감의 발생, 자연적 공감과 이성적 공감의 존재론과 윤리학, 이 모두가 칸트가 직접 내딛지 못

---

28 같은 글, 319-20.
29 자연적 공감과 이성적 공감이라는 용어 구분은 흄과 칸트의 감정이론에 대한 현상학적 탐구를 수행한 후설(E. Husserl, 1859-1938)의 것이다. 공감, 감정이입, 공통감의 문제와 관련한 흄, 칸트, 후설의 감정론에 대해서는 다음을 참조: 맹주만, 『칸트의 윤리학』, 248-73.

한 사유의 영역이지만, 그 어떤 사유의 모험도 그것이 진리 인식의 문제인 한 최종적으로는 선험론적 정당화의 문제에 당면할 수밖에 없다.

랭보를 인용한 들뢰즈의 말을 빌리자면 칸트에게도 "나는 타자다."[30] 균열적 자아, 선험적(a priori) 자아와 경험적 자아 사이에 끼어 있는 "시간의 균열,"[31] 이런 차이의 일치와 불일치를 칸트는 일면적이기는 하지만 『판단력비판』에서 공통감과 함께 숭고의 분석론에서 보여주고 있다.[32] 그러나 그것은 어디까지나 미적 경험에 한정된다. 따라서 이 같은 일치의 문제는 존재와 도덕적 경험의 차원으로까지 확대되어 논구되어야 한다.

칸트의 선험철학은 내용적 혹은 질료적 인식의 선험적 가능성을 승인할 수 없었던 철학적 기획이다. 이제 인간은 근본적으로 이성적 공감 존재라는 것, 즉 인간이 도덕적 존재라는 사실은 단순한 선의지나 실천이성의 존재이기를 넘어서 이성과 감정이 통일되어 있는 공감적 이성 존재라는 것이 고려되어야 한다. 인간의 도덕성은 이성과 감정과 의지의 통합체 즉 보편적 사용을 의욕하는 공감적 이성의 사실에서 기원한다. 감정 독립적인 순수한 실천이성에 도덕성의 근원을 둔다는 점에서 칸트는 여전한 이성주의 혹은 합리주의 전통 위에 서 있다. 이성 중심의 전통 형이상학을 해체하며 이성비판이 도달한 칸트의 이성적 존재자 중심의 의무론적 윤리학 역시 이와 같은 한계에서 비롯된다. 칸트의 그것을 감성적 이성 혹은 공감적 이성 존재의 윤리학으로 보완하는 길은 근원적 경험의 발생적 차원에 대한 사유에 천착할 것을 요구한다. 들뢰즈가 칸트를 이끌고 가는 곳 또한 여기이며, 자신의 과학적 형이상학에 '현실적 실재'(actual entity) 개념을 도입해서 근대의 경험적 형이상학의 철학이 갖는 한계를 극복하려고 했던 화이트헤드(A. N. Whitehead, 1861~1947)의 유기체 철학이 나아가는 길이기도 하다.[33] 칸트의 코페르니쿠스적 전회를 다시 역전시키고 있는 화이트헤드에게 가능한 경험의

---

30 안 소바냐르그, 『들뢰즈, 초월론적 경험론』, 34.

31 같은 글, 32.

32 칸트의 철학에서 공통감과 숭고의 중요성과 그 의의에 대해서는 다음을 보라. 김석수, 『칸트와 현대 사회 철학』, 258-69; 「현대 실천철학에서 칸트 공통감 이론의 중요성」, 57-86.

33 A. N. Whitehead, 『과정과 실재』, 196, 286-300 참조.

영역은 미시적·유기체적 물질세계, 근원적 존재와 생성의 세계로까지 확대된다.[34] 이에 따르면, 자연과 세계의 존재방식은 인간 존재와 불가분리적 관계에 있으며, 또 그것은 인간의 예술적 감정에서 느껴지고 파악되는 것이다.

3. 이성과 감정, 공감과 공통감

칸트의 철학은 본래의 모습 그대로 유지되기 어렵다. 과학과 윤리, 이론적 인식과 실천적 인식 모두에서 경험적 인식을 제한하는 범주와 법칙의 한계를 넘어서 그 가능한 제약에 대한 발생론적 및 존재론적 근원에 대한 성찰이 요구된다. 이는 근대의 뉴턴적-기계론적 과학에 대한 지나친 의존에서 빚어진 것이며, 그로 인해 가능한 경험의 범위를 당시의 과학적 탐구 영역에 한정함으로써 과학과 도덕의 영역을 포함한 경험의 심층적 차원과 발생적 근원에 대한 접근과 이해가 차단되었기 때문이다. 이에 칸트의 선험철학을 떠받치고 있는 "현상과 물 자체의 구별" 그리고 "자연과 자유의 경계 설정"이라는 두 인식적 관점이 폐기되어야 하며, 더불어 이성적 존재자와 감성적 존재자, 예지계와 현상계, 이성과 감정의 이원적 도식이 극복되어야 한다. 인간은 하나의 주체로서 하나의 세계에서 존재하며 살아가는 이성적 인간, 즉 이성적 감성체 혹은 감성적 이성체라는 사실에서부터 출발해야 한다. 나는 그 단초를 칸트의 도덕적 감정과 공감의 개념에서 발견한다.

칸트의 윤리적 주체이자 도덕법칙을 수립하는 자율적 입법의 주체는 이성적 존재자이다. 칸트는 합리적 행위자의 도덕법칙을 이성적 존재자라는 개념으로부터 연역한다. 존엄한 존재로서의 인간성, 인격성, 보편성, 자율성 등의 개념을 형식화한 정언명법의 특성이 이를 잘 반영한다. 그러나 실제로 이러한 연역을 가능하게 하는 실마리는 그의 선의지 개념에 있다. 칸트는 이성적 존재자의 의지를 선의지와 동일시함으로써 이로부터 선의지의

---

34 같은 글, 91, 290-1, 423.

명법으로서 정언명법과 도덕법칙이 도덕적 행위의 구속성과 필연성을 갖는다는 것을 증명하려 한다. 그런데 어떻게 형식적 의지 규정으로서 도덕법칙이 그러한 자격과 지위를 가질 수 있는지가 해명되지 않고 있다. 다시 말해 이성의 법칙이 어떻게 감정을 매개로 해서 행위의 구속성과 필연성을 승인하는지가 규명되지 않고 있는 것이다. 유일한 가능성은 법칙과 선의지, 이성과 감정이 함께 그 자체로 의지에 대해서 구속력을 가질 때뿐이다. 나는 이것을 이성적 공감 혹은 공감적 이성이라고 부른다. 이 공감적 이성은 그 자체로 하나의 실천이성이면서 도덕적 구속력을 갖는 보편성, 필연성, 공정성, 상호성의 원천이다. 그것은 이성적 감정이면서 감정적 이성이자 또 감정적 의지이면서 의지적 감정, 이성적 의지이면서 의지적 이성이다.

칸트는『도덕형이상학 정초』,『실천이성비판』,『도덕형이상학』등과 같은 저술에서 도덕법칙에 대한 존경심을 도덕적 감정으로 규정하면서도 그 발생적 연관성을 무시한 채, 이성과 감정의 근본적인 이질성을 강조하는 입장을 고수한다.[35] 때문에 그 관계에 있어서 이성에 근원을 두고 있는 도덕적 감정에 대한 칸트의 태도는 명료성과 엄격성을 추구하는 그의 윤리이론에서 가장 애매하고 모호한 부분으로 남는다. 그런데『도덕형이상학』에서 칸트는 공감 즉 "함께 기뻐함과 함께 슬퍼함(도덕적 공감; sympathia moralis)은 타인 및 타인의 즐거움과 고통의 상태에 대한 쾌 또는 불쾌의 감성적 감정(함께 느낌, 즉 동정적 감각)이며," 이는 인간의 본성 속에 심어져 있는 감정으로서 '인간의 감수성(Empfänglichkeit) 즉 감성적 감각에서 느낄 수 있는 것이며', "활동적이고 이성적인 호의를 촉진하는 수단"이라는 것을 강조한다.(6:456-7/Ⅷ:593-4) 이렇게 도덕적 감정과 공감, 그리고 그것이 이성과의 모종의 연관성에도 불구하고, 칸트는 도덕적인 것을 의무의식을 수반하는 행위, 즉 선의지에 따르고자 하는 행위, 보편적 도덕법칙에 따라 행위하려고 하는 실천이성, 즉 이성적 의지에 한정한다.

공감과 달리 공통감에 대한 칸트의 해명은『판단력비판』에서 그나마 어

---

35 이에 대해서는 다음을 참조: 맹주만,『칸트의 윤리학』 29-30, 166, 241-8.

느 정도의 지면이 할애되고 있다. 나는 공감과 공통감이 상호 밀접한 관련이 있는 마음의 기제이며, 존재론적 관점에서 공통감과 공감을 모두 공명의 한 존재방식으로 이해한다. 또한 진화론적 관점에서 사회적 집단적 삶을 살아가는 인간의 생존에 필수적인 교감, 상호소통, 협력을 위한 진화의 산물일 수도 있다. 어떤 관점에서든 공감은 느낌과 느낌의 근원적 공명으로서, 내가 너의 기분과 입장에 서서, 그리고 네가 나의 기분과 입장에 서서, 느낄 수 있고 또한 생각할 수 있는 근본 조건이며, 가능 근거다. 칸트에게 공통감이 "의사소통을 가능케 해주는"[36] 선험적 근거이듯이, 공감 또한 감정과 의식적 느낌을 동반하는 상호 소통의 한 방식이며,[37] 이 모두 상호 일치로서 인간적 공감의 존재론적 근원으로서 공명, 혹은 공명하는 일치에 근거를 두고 있다. 아울러 논리적 공통감(sensus communis logicus)과 미감적 고통감(sensus communis aestheticus)의 구분, 그리고 그 기능과 역할을 고려할 때, 발생론적 관점에서는 어떤 공통감도 공감 없이는 의미 있는 소통이 불가능할 것이라는 점에서 발생적으로는 공감이 공통감에 선행해야 한다. 공통감들은 공감의 기능적 분화로부터 발생했다고 보는 것이 더 설득력이 있기 때문이다.[38] 더욱이 "감성적 직관과 관계하는 칸트의 공통감은 그 형식에 있어서 존재적으로 개별화된 것이 아니다. 공통감은 선험적 일반성의 형식을 갖는 동시에 감각과 직접적 연관성을 갖는 개념이다."[39] 그런데 지성판단과 도덕판단과 관계하는 논리적 공통감과 달리 미감적 공통감과 관련해서는 선험적인 것과 개별적 감각들의 직접적 작용 연관성과 관련해 상이한 감정 판단들의 배제 및 차이의 해소, 그리고 보편타당한 소통의 가능성에 대한 해명이 '제대로 그리고 충분히' 이루어지지 않고 있다.

공통감의 근거와 기능에 대한 규명과 해명의 불충분함과 함께, 도덕적 공감을 감성적 감정에 포함시켜야 하는 칸트의 어려움은 이미 『도덕형이상학

---

36 김석수, 『칸트와 현대 사회 철학』 259.
37 칸트 미학에 대한 소통의 윤리로서의 해석 가능성에 대해서는 공병혜, 「미감적 의사소통을 통한 배려의 윤리의 가능성」 101-126.
38 차후에 '공명과 공감'과 관련한 논의는 다른 글에서 독립적으로 다룰 것이다.
39 김다솜, 「흄과 칸트 - 공감과 공통감」, 65; Paul Guyer, Knowledge, Reason, and Taste, 228-30.

정초』과『실천이성비판』의 중심 개념 중 하나인 도덕적 감정에 대한 이해에
잘 나타나 있다.

> 의지의 자유를 설명하는 것이 주관적으로 불가능한 것은 인간이 도덕법칙에
> 대하여 가질 수 있는 관심을 발견하여 이해시킬 수 없는 것과 같다. 그럼에
> 도 인간은 실제로 도덕법칙에 대하여 관심을 갖는 바, 우리는 우리의 내부에
> 있는 이 관심의 기초를 도덕적 감정이라 부른다. 이 감정은 그릇되게 몇 사
> 람에 의해서 우리의 도덕적 판정의 척도로 일컬어졌으나, 이것은 오히려 도
> 덕법칙이 의지에 행사한 주관적 효과로 간주되어야하기 때문에 이에 대해서
> 는 이성만이 객관적 근거를 제시할 수 있다.(4:459-60/VII:97-8)

> 도덕적 감정은 오로지 이성이 산출한 것이다. 그것은 행위의 판정에 쓰이지
> 않고, 혹은 객관적인 도덕법칙의 확립에도 쓰이지 않고, 오직 도덕법칙을 그
> 자신에 있어서 준칙으로 삼기 위한 동기로 쓸 뿐이다.(5:76/VII:197)

> 도덕법칙에 대한 존경은 도덕법칙이 감정에 미치는 적극적이되 간접적인 결
> 과로 … 따라서 활동의 주관적 근거로, 다시 말해서 도덕법칙을 준수하는
> 동기로, 또 도덕법칙에 알맞게 처신하는 준칙의 근거로 보아야 한다.(5:79/
> VII:200)

> 존경의 감정은 단지 … 법칙의 준수에 대한 관심을 일으키는 것이며, 이런
> 관심을 우리는 도덕적 관심이라 부른다. 그리고 법칙에 대한 이러한 관심,
> 또는 도덕법칙 자체에 대한 존경을 일으키게 하는 능력이야말로 참으로 도
> 덕적 감정인 것이다.(5:80/VII:201-2)

> 존경은 [외부의] 영향을 통해서 느껴진 것이 아니라 이성 개념에 의해서 스
> 스로 산출된 감정이며, 따라서 경향성이나 공포와 같이 받아들여지는 모든
> 감정과는 특별히 구별된다. 내가 직접 나에 대한 법칙으로 인식하는 것, 그
> 것을 나는 존경심을 가지고 인식하며, 이것은 곧 내가 나의 감관에 다른 영
> 향의 개입을 허용함이 없이 나의 의지가 그 법칙에 직접 복종한다는 의식을
> 의미한다. 법칙을 통한 의지의 직접적인 규정, 그리고 그런 규정의 의식을
> 존경이라 한다. 그래서 존경은 [행위] 주체에 대한 법칙의 [작용의] 결과이

지 그 원인으로 볼 수 없다.(4:401/Ⅶ:28 각주)

　칸트 철학을 지배하고 있는 이성과 감정의 철저한 이분법을 고려할 때, 이성은 어떻게 도덕적 감정을 산출할 수 있는가? 감성적 감정과 도덕적 감정이 이성과 맺고 있는 상이한 관계는 무엇에서 기인하는가? 법칙과 존경의 감정은 무엇으로 매개되어 있는가?[40] 이에 대한 칸트의 부주의에도 불구하고, 이러한 통찰에는 이성과 감정의 근원적인 매개적 통일의 가능성이 제시되어 있다. 그리고 무엇보다도 이러한 문제의 가능한 해결의 실마리를 하이데거가 통찰했던 지성과 감성을 매개하는 제3의 공통적인 근원적 뿌리로서 "근원적 상상력과 이성적 직관작용"과 "순수한 감성적 이성"이라는 표현에서도 발견할 수 있다.

　다른 한편으로 도덕적 감정과 상반되게 감성적 감정의 간접성, 수동성, 편파성, 경향성을 강조하는 윤리학적 저술들과 달리 칸트는 미적 경험과 관련해서 감정이 갖는 적극적인 역할과 작용에 주목한다. 주지하듯이 이성과 감정의 연관성, 도덕적 대상에 대해서 가지는 감정 작용의 연관성에 대해 주목한 흔적을 『판단력비판』에서 발견할 수 있다. 여기서 칸트는 감정으로서의 미를 "도덕적 선의 상징"(Ⅹ:297)으로 묘사한다. 이 진술 속에는 미 또는 미적 감정과 도덕성과의 연관성이 함축적으로 표현되고 있다. 왜 미는 도덕성의 상징인가? 도덕성은 도덕적 행위능력으로서의 실천이성 즉 선·악과 관계하는 욕구능력의 대상이지만, 미는 쾌·불쾌의 감정과 관계한다. 이에 따르면 미적인 것에 대한 감정 즉 미적 감정은 도덕적 감정과 그 뿌리에서부터 다르다. 칸트에게는 도덕성과 미는 그 각각의 영역에서 자신에 고유한 판정의 선험적 법칙을 자율적으로 부여한다는 점에서 형식적 유사성을 갖기는 하지만, 도덕적 이성과 미적 감정은 분명 이질적인 능력이다. 그런데도 이 양자가 상호 관계가 있을 수밖에 없는 것은 근본적으로 이성이 미적인 것에 대해서 보이는 관심 때문이다. 그리고 관심은 이성의 본성에 속하는 성질, "이성을 가진 존재자 이외에는 부여되지 않는다."(5:79) 그러면 이성은

40　이에 대한 한 가지 가능한 해석의 시도로는 맹주만, 『칸트의 윤리학』 241-8.

어떻게 해서 미적 감정에 관심을 가질 수 있는가? 그러나 칸트에게서 직접 그 답을 들을 수는 없다. 하지만 숭고의 감정에 대한 칸트의 통찰은 여실히 이성적 관심과 감성적 관심의 근원적 연관성과 상관성을 증거한다.

분명 칸트가 말하는 이성의 관심은 감정 연관적이다. 우선 미는 무관심적 만족의 감정, 즉 "무관심적인 자유로운 만족"(X:123)이다. 게다가 이는 이미 감성과 지성(이성)의 협력의 산물이며, 따라서 감각적 만족이 아니라 이성적 만족이라 해도 무방하며, 무관심은 감성적·경험적 관심으로 담아낼 수 없는 이성적 관심의 부정적 표현에 불과하다. 또한 도덕적 감정이 그렇듯이 칸트가 말하는 '함께 기뻐함과 함께 슬퍼함'의 (자연적) 공감에서 선취되고 있는 '함께함'의 감정은 공통감과 유사한 기능과 역할을 한다. 이와 함께 근원적 함께함의 작용적인 층위에서 일어나는 사태와 가치의식에 주목할 필요가 있다. 함께 기뻐함과 슬퍼함, 함께 나눔과 베풂, 즉 함께함의 느낌은 최초에는 단순한 양적인 감성적 감정으로, 다음에는 반성적 판단을 매개로 이내 질적인 이성적 가치로 전환된다. 나는 전자를 자연적 공감, 후자를 이성적 공감으로 부르는데, 이러한 전이 혹은 전환이 이루어지는 것은 실제로는 최초의 공감에는 이미 미분화된 이성적 느낌, 이성적 감정, 혹은 같은 표현이지만, 이성적 의지, 의지적 이성, 의지적 감정, 감정적 의지가 포함되어 있기 때문이다. 비록 사회적 존재로서 인간의 공감적 감정은 이미 처음부터 해석된 공감적 판단의 영향을 받지만, 이 근원적 공감 속에는 이성적 느낌이 내재해 있다.

마찬가지로 도덕성의 상징으로서 상상력과 함께하는 지성에 의해 이루어지는 미적 판단은 '공통감'을 매개로 해서 타인의 미적 판단과 교감하는 소통 형식을 갖는다.[41] 이 미감적 공통감은 "개념의 매개 없이 보편적 전달을 가능하게 하는 판정 능력"(5:295/x:228)이며, 아름다움이라는 "마음의 합목적적 상태의 내적 감정의 … 전달가능성을 선험적으로 판정하는 능력"(5:296/

---

41 이와 관련한 칸트의 '공통감'에 대해서는 다음을 참조. 김석수, 『칸트와 현대 사회 철학』 310-3; 맹주만, 『칸트의 미학 - 자율미학과 미적 예술』 274-7.

x:228)이므로 이 미적 무관심성의 "이성적 관심"에는 이미 이성적 느낌, 즉 이성적 감정이 작용하고 있다고 보아야 한다. 이렇게 이성의 관심에 감정적 계기가 개입해 있으며, 그 경우 그것은 이성적 감정, 혹은 미추를 판단하는 질적 차이를 갖는 감정이다. 그러나 칸트는 이러한 직접적 연관성을 말하지 않고, 단지 "추정하는"(vermuten)(5:304/x:234) 데서 멈추고 만다. 이러한 애매함은 역시 애초부터 이성과 감정을 이질적인 것으로서 철저히 분리, 구분하는 데서 비롯된 것이다.

칸트가 말하는 인간의 존엄성에 대한 이해에도 이러한 이성의 관심이 작용하고 있다. 칸트에게 이성은 무엇보다도 '도덕적 관심'을 가지며, 따라서 그 자체가 도덕적 이성, 도덕적이고자 하는 이성이다. 칸트는 이를 '이성을 가진 존재자' 즉 '이성적 존재자'의 본질로 파악한다. 이 이성의 관심은 보편적 원칙에 따라서 행위하고자 하는 욕구를 갖는다. 그러나 법칙에 대한 존경심, 즉 도덕적 감정이 도덕법칙과 필연적으로서 결합 및 결속되어 있는 한, 이성 단독으로 법칙에 대한 존경심, 나에가 인간 존엄성에 대한 존경을 말할 수 없다. 도덕적 행위자로서 이성적 단독자 즉 이성적 존재자는 인간 존엄성을 말할 수 없다. 인간 존엄성은 살아 있는 구체적 인간에게서 느껴지는 것이기 때문이다. 존엄성의 느낌을 가져다주는 공감의 감성적 민감성은 하나의 실존하는 인간을 향해 있으며, 인간 일반을 대상으로 하지 않는다. 공감적 이성의 보편적 사용이 범주적 구체성의 보편성에 제약되어야 하는 이유도 여기에 있다. 칸트가 법칙에 대한 존경심을 말할 때, 그 또한 심정으로 느껴지는 것을 말한 것이다. 다만 법칙과 존경심(도덕적 감정)이 어떻게 관계하는지를 말하지 못했을 뿐이다. 바로 그것을 나는 이성적 공감, 공감적 이성, 이성적 감정, 감정적 이성 자체에서 발견한다.

또한 공통감의 존재가 보여주듯이 우리는 미적 판단에 대해서도 그것이 미적 대상에 대한 단순히 한 개인만의 주관적 보편성을 넘어서 미적 감정에 대한 공감과 소통이라는 관점에서 평가할 수 있어야 한다. 소통 자체가 이미 공감적 소통 구조를 갖기 때문이며, 따라서 공통감도 공감을 전제한다고 보아야 한다. 이에 분명 미적 감정의 공유와 소통 가능성은 자연적 공감 및 이성적 공감과도 관계있다고 할 수 있으며, 그 의식적 느낌의 정도와 강도에 따라서 감각판단, 감정판단, 이성판단 및 도덕판단 등이 갖는 차이를 분별할 수 있을 것이다. 즉, 어떤 대상에 대한 판단이 어떤 경우에 각각 감각판단, 미적 판단, 도덕판단의 구별을 낳는지가 이성과 감정의 통합적 관점, 이른바 공감적 이성의 관점에서 해명될 필요가 있다.

앞서 지적했듯이, 칸트는 미와 도덕성의 관련성을 누구에게나 자연스럽고, 또 누구나 다른 사람에게 동의를 요구하는 미적인 것에 대한 이성적 관심에 근거해서 해명한다. 미가 도덕성의 상징"(X:294)이라면, 그리고 이러한 관심이 마음의 근저에 놓여 있다면, 그것은 진·선·미라는 세 가지 가치가 궁극적으로는 인간 이성과 감정의 상관적 통일성을 증거하는 하나의 표식이라 할 수 있다. 비록 칸트 자신은 놓치고 있지만, 인간의 심정이 대상 상관적인 이성적 감정들과 맺고 있는 관계는 숭고에 관한 칸트의 시각에도 반영되어 있다.

숭고는 상상력과 지성의 조화로운 유희에서 성립하는 미적 감정과 달리 지성이 감당할 수 없는 크기의 상상력에서 생기는 부조화와 대립을 넘어서까지 서로 조화를 이루어내는 자유로운 상상력과 이성이념의 유희에서 성립하는 감정이다. 그러면서도 미적 체험이라는 관점에서 보면 이는 하나의 객관적인 사실이요 사태다. 그런데 '조화로움'이나 '지성이 감당할 수 없는 크기'로서 미적 감정은 발생론적 관점에서 보면 감성과 이성이 내밀한 관계를 맺고 있다는 징표에 다름 아니다. 나아가 관심을 갖는 이성과 숭고의 공동 작용을 고려할 때 이성적 판단과 매개되는 도덕적 감정 역시 그 대상 상관성에 따라 다양한 층차나 층위를 가질 수 있다고 추정할 수 있다. 실제로 우리는 자비심이나 정의감을 구분할 수 있듯이 서로 차이 나는 다양한 도덕적 경험과 판단을 하고 있기 때문이다.

함께 기뻐함과 함께 슬퍼함의 공감 감정에 매개된 도덕판단과 마찬가지로 공통감에 매개된 미적 판단 역시 타인의 미적 판단에 대해서 함께 느낌의 감정을 공유할 수 있다. 누군가 '저 장미꽃이 아름답다'라고 표현하면 나는 그의 감정반응과 감정표현에 공감할 수 있다. 그러므로 근본적으로 이런 함께 느낌으로서 미적 판단은 나에게만 속하는 것도 타자에게만 속하는 것도 아니다. 결국 그 근원에 있어서 공감과 공통감은 공속한다고 볼 수 있다. 그러나 그 선험적 기제로서 소리 없는 공통감과 표정 없는 공감의 관계를 발생론적 관점에서 보면, 공통감은 공감의 일종이거나 공감의 언어적 구조화라 할 수 있다. 공감적 유대와 교감의 요구가 보편적 전달과 이해 가능성에 선행할 것이며, 따라서 공감 없는 공통감은 무용한 기관이나 퇴화된 기관이 되었을 것이다. 공통감에 근거한 소통가능성은 공감을 전제하며, 공감이 전제되어 있지 않은 소통은 기계들의 대화에 불과하다. 반면에 공감을 단순히 감성적 감정으로서 보려는 칸트에게는 오히려 공통감이 일종의 선험적 기제로서 기능하며, 그런 점에서 공통감이 일종의 "수행적 공감"[42]의 역할을 한다고 할 수 있다.[43]

칸트에 의하면, 미적 감정은 개념의 매개 없이 성립하는 인식력들의 조화로운 일치로 인해 생겨나는 것으로서 기본적으로 마음이 평정한 관조의 상태에 머물 때 경험되는 것이다. 그리고 이러한 감정 상태의 전달가능성의 선험적 근거로서 공통감이 존재한다. 그렇다면 이 인식력의 조화와 일치 그리고 공통감에 앞서 공감이 먼저 존재해야 한다. 그렇지 않다면 공통감은 그저 우연히 주어진 것 혹은 어떤 다른 목적을 위해 존재하게 된 것으로 보아야 할 것이다. 소극적인 쾌로서 숭고, 즉 '숭고하다'는 판단 역시 마찬가지다. 미적 경험에서 우리의 마음이 감당할 수 없는 크기나 힘을 느낄 때 좌절과 굴복 내지는 파탄에 이르는 감정을 야기하며, 상상력은 이런 부정적인 쾌의 상태에서 벗어나기 위해서 지성이 아닌 이성의 도움을 받게 된다. 바로 이 지점, 즉 상상력과 이성 상호간에 이루어지는 유희를 통해서 부조화의 상태를 넘어서 조화에 이르게 되는 것이 숭고의 감정이다. 그리고 이 감

---

42 허유선, 「칸트 미학에서 취미판단의 주관적 보편성과 공통감」, 66; 김다솜, 「흄과 칸트 - 공감과 공통감」, 64.

43 맹주만, 「흄과 공감의 도덕성」, 54-60; 「칸트와 흄 - 도덕적 이성과 공감」, 202, 205-9.

정의 교류에 있어서 공통감은 숭고를 느끼는 타자와 함께 하는 소통을 가능하게 한다. 그러나 이 경우에도 함께 하는 이성적 느낌으로서 공감 없이는 공통감은 불필요해진다. 즉, 공감이 공통감보다 더 근원적인 감정인 것이다. 이렇게 인간 심정의 근원적 기제로서 공감은 심지어는 자기의식적 느낌을 포함한 모든 의식적 느낌과 감정적 소통 가능성의 원천이다.

이렇게 미와 숭고의 감정 어느 쪽이든 나와 너의 미적 체험에 대한 상호 공감은 네가 느끼는 것을 나도 느낀다는 것을 증명한다. 그런데 미와 숭고의 체험과 판단 중에서 상상력과 지성의 유희로서 미감적 판단 혹은 취미판단은 기본적으로 자연적으로 느껴지는 수동적 및 양적 감정이라는 점에서 자연적 공감 혹은 감성적 공감과 관계한다. 반면에 상상력과 이성의 유희로서 숭고판단은 그와 같은 미적 체험에 적합한 이성적 이념을 능동적으로 발견하고 규정해야 한다는 점에서 능동적이며 질적인 성질을 갖는 이성적 공감의 느낌이다.

칸트는 숭고를 수학적 수고와 역학적 숭고로 구분하고 있다. 수학적 숭고는 무한광대한 밤하늘을 바라볼 때처럼 "단적으로 큰 것"(X:169), 역학적 숭고는 감당할 수 없는 위력을 지닌 거대한 파도를 바라볼 때처럼 "어떤 강제력도 가지지 않은 위력으로 고찰될 때의 자연"(X:184)에 대한 감정적 반응이다. 그리고 이러한 숭고 감정의 원천은 직접적으로 오직 판단자의 마음에서 찾아야 한다. 쏟아질 듯한 별들로 가득 찬 밤하늘처럼 무한광대 하여 너무나 압도적이고 거대하며 심지어 상상력이 감당하기에는 폭력적이기까지 한 절대적 크기로서의 전체성은 지성과 상상력 두 마음의 능력을 통해서는 포착될 수 없다. 그 자체가 숭고를 일으키는 모습 하나하나에 대한 판단 즉 단칭판단이면서 이처럼 개별적 직관을 넘어서는 무한성을 자기 아래 두고 있는 전체성은 지성개념이 아닌 이성개념, 그 중에서도 이성이념이다. 따라서 숭고는 간접적이면서 소극적인 쾌의 감정으로서 우리의 능력이 어떤 이념에 직접적으로 도달할 수 없을 때 느끼게 되는 일종의 경외감 같은 것을 느끼게 한다. 그것은 또 양적 규정을 넘어선다는 점에서 소극적이자 부정적인 질적 쾌의 감정이며, 이성적 느낌이 찾아내고 발견한 이성적 공감의 작용 혹은 반성적인 이성적 자기 공감인 것이다.

우리의 마음으로는 직접적으로 헤아릴 수 없이 큰 광대한 자연에 대해서 갖게 되는 경외감은 이성의 관심을 일깨워 감성적 사연을 능가하는 초감성적인 것이 존재한다는 것을 느끼게 해준다. 비록 수의 크기가 갖는 무제한성에 대한 부정적 의식에서는 불쾌의 감정이 생기지만, 인간 이성은 이런 감정을 밀쳐내고서 자연의 무한성을 자기 아래 갖는 전체성의 이념에 적합할 때까지 상상력을 적극적으로 확장해 간다. 이렇게 우리가 감성적인 것을 훨씬 뛰어넘는 것과 관계하고 있는 우월한 존재라는 의식, 이것이 불쾌와 함께 하는 질적인 쾌의 감정으로서의 숭고다. 이와 같이 처음에는 상상력으로는 감당할 수 없는 반목적적이었던 것이 다시금 이성이념들을 통해서 주관적으로 합목적적인 것으로 표상되는 것이 숭고이며, 주관의 합목적성에서 일치하는 자유로운 상상력과 이성이념의 조화로운 유희, 상상력과 이성의 대립에 의한 조화, 또는 불쾌의 감정에 의해서 매개된 질적인 쾌의 감정이 숭고이다. 우리가 이런 감정을 공유하고 소통할 수 있는 것은 인간이 근본적으로 반성적 판단력을 수반하는 이성적 공감 존재이기 때문이다. 이 반성적 판단력은 보편성과 공평성을 요구하는 이성적 의지로서 '해야 한다'는 도덕적 의무의식과 결합해서 미감적인 이성적 공감과 구분되는 도덕적인 이성적 공감, 즉 도덕적 공감을 낳는 원천이다.

역학적 숭고 역시 마찬가지다. 역학적 숭고는 자연이 압도적인 힘으로 표상되는 경우에 발생한다. 우리가 저항할 수 없는 위력을 갖는 광경, 이를테면 천둥 번개를 품은 먹구름, 높은 절벽이나 폭풍, 광풍노도하는 대양, 화산, 폭포와 같은 자연의 모습들은 우리로 하여금 숭고의 감정을 갖게 한다. 그것들이 실제로 우리를 위협할 때 우리는 공포를 느끼지만 우리가 안전한 곳에 머물고 있을 때에는 그것은 위협으로 느껴지지 않고 오히려 두려운 것이면서도 우리의 마음을 끄는 것이 된다. 이 또한 하나의 경외감을 낳는다. 우리가 숭고에 대한 자기공감과 함께 타인의 경외감에 대해서도 공감하고 소통할 수 있는 것 또한 전적으로 우리가 이성적 공감 존재이기 때문이다.

　숭고의 감정은 그저 안전한 곳에 머물고 있다는 안도감만으로 생기는 것은 아니다. 거기에는 그 이상의 것이 존재하며, 이는 그저 강제력 없는 위력에 무기력하게 순응하기만 하는 감정이 아니다. 만족의 감정마저 갖게 하는 이런 역설적인 숭고의 감정은 상상력의 자유가 상상력 자신에 의해서 박탈되는 감정, 상상력 자신도 감당할 수 없는 위력을 갖는 하는 감정이다. 이런 숭고의 감정은 "자연의 어떤 사물 속에 포함되어 있는 것이 아니라 오직 우리들의 마음속에 들어 있다."(X:189) 이 역시 수학적 숭고와 마찬가지로 우리가 우리 외부의 감성적 자연 보다도 우월하다는 의식을 낳는다. 그런 점에서 그것은 수동적으로 느끼는 자연적 공감을 넘어선다. 만일 인간이 이런 감성적 자연이 보여주는 압도적인 위력에 굴복하고 만다면 그것은 숭고한 것이 아니며, 이에 대한 타자의 느낌에 대한 나의 공감 역시 자연적 공감에 그칠 것이다. 그러면 그것은 그냥 공포스럽고 위협적인 것에 지나지 않을 것이다. 그러나 자연의 위력 앞에 압도당한 채로 머물지 않고 오히려 자신의 무기력함을 넘어서 그 이상의 감정을 갖게 되는 것이 숭고한 인간의 모습이며, 이성적 감정인 것이다. 동시에 그것은 이미 하나의 공감 감정이다. 그것은 나와 너를 넘어서 나와 자연, 그리고 너와 자연이 근원에 있어서 하나의 존재라는 것을 실감하게 해준다. 왜냐하면 자기공감과 타자공감은 이미 나와 타자의 감정의 동질성을 증거하며, 우리는 자연에 대해서도 그와 동일한 것을 '함께' 느끼기 때문이다. 또한 이렇게 공감은 나와 타자의 존재마저 의식하게 해주는 '존재 느낌'으로서 존재감의 원천이다. 숭고의 감정을 통해서 자연과 나, 그리고 타자가 '함께함의 존재'라는 의식적 느낌은 공감의 실재성과 실존성을 증거한다.

　칸트는 비록 이와 같은 의미의 공감을 말하고 있지 않지만 감정의 차원에서 마음의 세계에서 벌어지는 강제력과 위력 혹은 자연의 힘이 절묘하게 빚어내는 미감적 의식으로서의 숭고의 감정에 대해서, 그리고 감성적 자연이 쏟아내는 강제력은 물론이며 그 압도적인 위력마저도 떨쳐내는 마음의 근원적 작용에 대해서 하나의 놀라운 세계를 발견해낸다. 또한 두려움에 물러서는 자연적 인간의 연약함과는 전혀 다른 예지적 인간의 차원, 말 그대로 숭고한 인간적 의식의 차원을 열어 보인다. 거기에 인간이 존재하는 것이다. 그리고 그것을 느낄 수 있는 존재가 나 말고 너 또한 그런 존재라는 것을 우리는 그가 하는 말, 움직임, 행동, 표정 등에 대한 느낌을 통해서 안다.

칸트는 이렇게 말한다. "자연이 우리의 미감적 판단에서 숭고하다고 판정되는 것은, 그것이 공포를 일으키는 한에서가 아니라, 오히려 그것이 우리의 내부에 우리의 힘을 (이 힘은 자연이 아니다) 불러일으키기 때문이다. 이 힘은 우리들이 염려하고 있는 것(재산, 건강, 생명)을 작은 것으로 간주하는 힘이지만, 그럼에도 (이러한 사항들에 대해서는 지배를 받기 마련인) 자연의 위력을 우리에 대해서는 그리고 우리의 인격성에 대해서는, 우리의 최고 원칙들과 이 원칙들을 고수하느냐 포기하느냐가 문제가 될 경우에는, 우리가 그 아래 굴복하지 않으면 안 될 강제력은 아니라고 간주하는 힘이다. 이러함에도 여기에서 자연이 숭고하다고 일컬어지는 것은, 단지 자연이 상상력을 고양하여 마음이 자기 사명의 고유한 숭고성이 자연 보다도 우월하다는 것을 스스로 느낄 수 있는 경우들을 현시해주기 때문이다."(X:186) 이러한 역학적 숭고가 낳는 우월성 의식은 수학적 숭고에 비하면 더욱 인간이 자기 자신을 드높여 보게 되는 순간을 열어준다. 수학적 숭고가 감성적 자연을 넘어서는 초감성적인 것이 우리 내부에 존재한다는 감정과 결합한다면, 역학적 숭고는 이에서 더 나아가 우리 외부의 자연에 대해서까지도 우리들을 더 우월한 존재로 의식하게 만드는 감정이다. 우월함을 느낀다는 것은 단순히 감상적인 만족이 아니라 자기 자신을 자연 앞에 무기력한 존재가 아닌 이에 당당히 맞서며 그에 굴복하지 않는 감정으로 고양되는 것을 의미하다. 이렇게 우월함을 느끼는 의식의 주체가 바로 예지적 존재인 인간 자신이다. 자신에게 가해지는 강제와 위력 앞에 굴복하지 않으려는 데서 오는 우월성, 이런 인간의 자기 우월성에 대한 의식, 그것이 역학적 숭고가 발견한 인간의 자기 모습이다.

아름다움을 느낀다는 것, 그리고 이에 대한 느낌에 대해 상호 소통과 공감이 가능하다는 것은 인간이 자연적 공감 존재라는 것을, 숭고를 느끼는 인간은 숭고한 존재로서 이성적 공감 존재라는 것을 의미한다. 반대로 아름다움과 숭고함을 느낄 수 없는 자는 고귀한 인간이 아니다. 이런 힘을 느끼면서 인간은 서로에게 느끼고 느껴지는 존재라는 것을 안다. 마찬가지로 인격성, 도덕법칙에 대한 경탄, 즉 우리 내부, 우리 자신에 대한 존경의 감정이 있다면, 숭고의 감정은 이런 존경심이나 동정심이나 자비심에 대해서도 경외심을 갖게 해주지 않는가? 비록 칸트는 초감성적 존재를 자유로운 존재로서 감성적 제약을 벗어나 있는 존재로 봄으로써 감성계와 예지계의 이분법을 전제하고 있지만, 이와 달리 이성과 감정의 통일체로서의 인간 존재는 근본에 있어서 공감적 존재라는 것을, 그리고 이는 곧 인간이 미적 존재이면서 동시에 도덕적 존재라는 것을 증명한다. 더욱이 이성적 공감은 도덕적 관점에서 인간이 윤리적 주체라는 것을 보여주는 중요한 증거이다. 이성적 공감의 가능성은 인간이 공감적 존재라는 것과 함께 이성과 감정의 통일, 즉 이성적 감정 혹은 감정적 이성의 통일체라는 것을 증명한다.

　미가 도덕성의 상징이듯이 미와 숭고의 감정을 통해 우리의 내부에 생겨나는 고양된 힘은 도덕성의 주체인 인간 안에 있는 인간성, 인격 안에 있는 인격성에 대한 존중과 맞닿아 있다. 그것은 또한 인간 개개인이 갖는 우월의식과 결합되며, 미적 판단이 개별판단이듯이 인간 각자가 느끼는 그런 감정은 인간을 단순히 보편적 존재로서가 아니라 그 개별성과 특수성에 있어서 독자적이며 고유한 존재로 격상시켜 준다. 그리고 그것은 근본적으로 느끼는 이성의 일이며, 이성의 관심을 지배한다. 도덕적 고려 역시 마찬가지이다. 말하자면, 보편성과 공평성, 정의와 공정성의 요구를 받는 이성적 존재로서 반성적 판단력에 매개된 공감적 이성은 미와 도덕성을 구분하듯이, 그리고 미와 숭고를 구분하듯이 도덕적 가치를 갖는 감정들의 질적 차이를 구분한다. 모든 사랑이 동일한 사랑이 아니듯이 모든 정의가 동일한 정의는 아니다. 따라서 숭고한 사랑의 숭고함에도 차이가 있으며, 그 사랑의 고유성을 평가할 수 있어야 하며, 그에 따른 평가도 역시 구별되어야 한다. 숭고의 보편성과 개별적인 숭고의 차이가 고려되어야 한다. 자식에 대한 부모의 사랑과 친구에 대한 희생 모두 숭고한 행위에 속하지만 양자의 숭고함이 모든 면에서 동일한 것은 아니기 때문이다. 이렇게 도덕적 가치들은 감성적 민감성에서 생기는 감정의 질적 차이, 즉 대상 상관적인 이성적 감정과 결합해 있다. 그리고 이러한 감정의 주체는 감정의 질적 차이가 존재하는 만큼 그러한 느낌의 개별적 주체들이다. 우리의 공감적 감정은 감성적 민감성의 능력이기 때문에 사태에 대한 구체적인 분별적 이해를 제공하며, 공감적 이성은 의지의 보편성을 의욕하는 능력이다. 그러므로 행위의 도덕성은 구체적 보편성 또는 구체적인 범주적 보편성의 원칙에 의해서 평가되어야 한다.

나와 너는 이 함께 느낌을 통해서 너와 네가 함께 하는 존재라는 것을 안다. 그것은 서로가 '함께 한다'는 느낌, 존재감의 원천이라는 점에서 인간이 도덕적 존재라는 것 또한 함축한다. 이에 미적 감정과 도덕적 감정은 그 뿌리에 있어서 맞닿아 있다. 도덕과 윤리란 근본적으로 나와 네가 공동 존재라는 것, 즉 나만이 아니라 타자도 존재한다는 것을 의식하는 존재에게서 발생하는 영역의 문제이다. 이런 공감적 공통감은 나와 네가 그것을 함께 느낀다는 것으로부터 나와 네가 함께 존재한다는 것을 알려주는 경험적 원천이다. 나의 타자가 나와 다르지 않은 공감적 존재라는 것을 우리는 공감을 통해서 안다. 그런 까닭에 공감은 나와 너를 하나의 공동존재이자 자기존재로 의식하게 해준다. 그러므로 의식적 느낌으로서 공감은 그 자체가 자기공감과 타자공감의 근원이다. 내가 존재한다는 의식적 느낌 혹은 자기공감 자체가 공감의 한 존재방식인 것이다. 이와 같은 공감의 구조와 존재방식을 통해서 나는 나의 존재를 의식하며, 또 타자의 존재를 느끼며, 나 또한 공감적 존재라는 것을 느낀다. '나는 공감한다. 그러므로 나는 존재한다.' 이러한 공감적 존재의 인식 가능성은 나와 네가 도덕적 존재일 뿐만 아니라 윤리적 주체이기도 하다는 근거 또한 제공한다. 다시 말해 나와 네가 공감적 존재라는 것을 '안다'는 것은 한 존재의 도덕성과 주체성의 척도가 된다.

인간은 자기 존재에 대한 의식적 느낌을 갖고 있다. 이러한 자기존재의 느낌은 자기의식적 느낌으로서 자기공감이다. 그리고 이 자기공감은 그 근원에 있어서 이미 타자공감과 동일한 의식적 느낌의 구조를 갖고 있다. 즉, 인간은 근본적으로 공감적 존재이기 때문에 '나는 느낀다. 그러므로 나는 존재한다.' 그리고 '나는 너에게 공감한다. 그러므로 나는 나에게 공감한다.' 인간의 자기공감과 타자공감은 공감 자체의 소통구조이자 존재방식이다.

4. 도덕적 감정과 도덕적 공감

앞서 칸트의 철학에서 가장 애매하고 불명료한 부분이 도덕적 감정의 문제라는 것을 밝혔는데, 그것은 이성과 감정을 철저하게 이원화한 데서 기인한다. 이는 칸트가 탁월한 통찰에도 불구하고 도덕적 공감의 존재에 충분히 주목할 수 없었던 중요한 원인이라고 할 수 있다. 더욱이 칸트 철학의 이 같은 운명은 그가 감성(Sinnlichkeit)에 속하는 두 능력인 직관(Anschauung)과 감정(Gefühl), 즉 이론적 인식에서의 수용성으로서 "직관"과 실천적 인식에서의 욕구의 주관적 근거로서 '느낌' 또는 "감정"을 전혀 별개의 것으로 구분하고 있는 데서 결정된 것이나 다름없다.(5:90/VII:214) 『순수이성비판』에서 예지계와 현상계를 구분해야 할 필연성과 당위성을 정당화해주는 역할을 맡고 있는, 때문에 칸트의 철학을 바로 그것으로 특징짓게 만드는 "직관"을 다루는 감성론이 『실천이성비판』과 『판단력비판』에서 불필요했던 사정도 바로 이에서 연유한다.

칸트의 철학에서는 직관적 감정, 혹은 감정적 직관이라는 개념이 자리 잡을 수 있는 공간이 없다. 그런데 칸트에게 직관은 "모든 사고 이전에 주어진 것"으로서 감성적 직관을 의미하며, 따라서 감성은 기본적으로 직관을 제공하는 기능을 한다. 대상의 직접적 표상으로서 경험의 대상을 구성하며, 상상력을 통해 대상을 구상(具象)할 수 있는 가능한 원천이다. 반면에 감능 혹은 감각(Sinn)을 통해 주어지는 직관처럼 그 역시 감성에 속하면서도 감관을 통한 대상의 객관적 표상과 관계하는 감각과도 구별되는 감정은 직관과 달리 욕구 능력으로서 개념의 대상을 구상하고 현시하는 능력인 상상력의 도움을 직접적으로 받을 수 없다. 우리는 감정을 통해서는 그 감정이 표상하는 상을 만들어낼 수 없기 때문이다. 칸트에게 감성은 기껏해야 개념의 간접적 현시로서 상징을 통해서 유비될 수 있을 뿐이다. 즉, 감정은 느끼는 것이지, 그와 관계하는 대상을 직접 표상할 수 없다. 그러나 양자가 모두 감관 일반과 관계하는 감성 혹은 감성능력에 속하는 것이듯이 직관과 감정의 감성적 연관성으로서 감각연관적인 감성적 직관과 대비되는 대상상관적인 '감정적 직관'을 예상할 수 있다. 이는 직관과 지성을 매개하는 상상력의 직능처럼 감정적 직관과 직접적으로 관계하는 (이성적 공감의) 상상력을 통해서 의식적 느낌과 의지적 느낌도 갖는다는 것을 의미한다. 이처럼 나는 감정을 그 본질에 있어서 감관을 매개로 하는 감성(직관과 감정)과 의지, 그리고 이성의 미분화 상태로서 하나의 작용하는 근원적 힘으로 이해한다. 실제로 칸트는 이 길을 발견할 수 없었기 때문에 이성과 감성을 완전히 별개의 것으로 보는 방향으로 나아갔으며, 이로 인해 도덕적 공감 및 도덕적 감정의 문제를 처리하는데 한계를 갖고 있으며, 그 결과 충분히 해명하지 못하거나 애매한 문제로 남겨 놓은 것이다.

칸트에게 공감은 전적으로 감성적 감정이기 때문에 비록 '도덕적 공감'이라 부를 수는 있어도 도덕적 감정과 똑같이 객관적 도덕성의 지위를 갖지 못한다. 이는 마치 상식적으로는 '도덕적인 것'이라고 하지만, 도덕성에 대한 칸트 자신의 개념에 의해서는 '도덕적인 것이 아니다'라고 하는 것과 같다. 칸트에게는 의지를 규정하는 주관적 동기가 도덕법칙에 근거를 둘 때에만 그것은 도덕적인 것이기 때문이다. 칸트는 이 도덕적 공감을 다음과 같이 이해한다.

> '함께 기뻐함과 함께 슬퍼함'(도덕적 공감)은 타인의 즐거움과 고통의 상태에 대한 쾌 또는 불쾌의 감성적 감정(공감, 동정적 감각)이며, 자연은 이를 위

한 감수성(Empfänglichkeit)을 이미 인간 안에 심어 놓았다. 그러나 이 감수성을 활동적이고 이성적인 호의를 촉진하는 수단으로 사용하는 것은 여전히 비록 조건적이긴 하지만 인간성이라는 이름 아래서의 특별한 의무이다. 왜냐하면 여기서 인간은 단순히 이성적 존재자가 아니라 이성을 품수 받은 동물로 여겨지기 때문이다. 그런데 이 의무는 자신의 감정에 관해서 서로에게 전달하는 능력과 의지(실천적 인간성) 안에 놓일 수 있을 뿐만 아니라, 자연 자신이 주는 것인 즐거움이나 고통의 공통 감정에 대한 감수성(감성적 인간성) 안에 놓일 수도 있다. 전자는 자유로우며, 그래서 동정적(느낌의 자유로운 공유)이라 불리고, 실천이성에 기초한 것이다. 그리고 후자는 부자유스러우며(느낌의 부자유스러운 노예적 공유), 전해지는 것이며, 교감고통이라 할 수 있다. 왜냐하면 이것은 서로 곁에서 살고 있는 사람 사이에 자연스럽게 퍼지는 것이기 때문이다. 인간은 전자에 대해서만 책임이 있다.(6:456-7/Ⅷ:593-4)

이 칸트의 진술에는 공감과 관련해서 이성과 감정이 분명히 구분되면서도 밀접한 관련성이 있다는 것이 적시되어 있다. 때문에 칸트의 '도덕적 감정'의 존재론적 지위와 성격과 관련해 제기될 수 있었던 문제가 '도덕적 공감'의 경우에도 동일하게 발생한다.

우선 칸트는 "감정을 공유하는 능력"인 공감, 즉 "함께 기뻐함과 함께 슬퍼함"(도덕적 공감)을 감성적 감정으로 규정한다. 그러면서도 이것이 이성적 존재자로서만이 아니라 이성을 품수 받은 동물로서 즉 감성적 인간성 안에 놓여 있는 감정으로서 도덕적 의무와 관련해서 이성, 의지, 감정 모두와 관련 있는 것임을 밝히고 있다. 이렇게 칸트는 법칙에 대한 존경심과 같은 도덕적 감정을 이성으로부터 산출된 것이지만, 행위의 도덕성을 판정할 수 있는 객관적 척도로는 사용될 수 없는 것으로 규정한 것과 똑같이 도덕적 공감을 이해하고 있다. 나는 이것이 칸트가 인간적 도덕성의 문제를 이성적 존재자의 관점에서 이해하는 데서 비롯된 문제임을 이미 지적해 두었다.[44] 여기서 나는 도덕법칙에 따라 도덕적 의무를 다해야할 인간 존재의 도덕성

44 맹주만, 『칸트의 윤리학』 56-65.

은 이성적 존재자라는 인간에 대한 형식적인 이성적 규정으로는 어떠한 도덕적 내용도 가질 수 없음을 강조했다. 도덕적 행위는 그 본질에 있어서 이성적 존재자이면서 '동시에' 감성적 존재자인 인간, 즉 이성적이면서 동시에 감정적인 통일체로서 파악된 인간으로부터 가능하다. 이러한 인간적 도덕성의 가능한 근원이 이성적 공감 혹은 공감적 이성이다.

칸트가 도덕적 공감을 바라보는 시각은 도덕적 감정을 이해하는 방식과 유사하다. 그것은 감성적 감정(공감, 동정적 감각)이며, 이러한 감수성을 이성적 존재자(이성적 인간성)가 아닌 이성을 품수 받은 동물, 즉 감성적 인간성에 속하는 것으로 규정한다. 때문에 도덕적 감정의 경우와 마찬가지로 '실천이성에 기초한 것'이라는 애매한 표현에 머물고 있다. 즉 저 칸트의 진술의 핵심은 감수성이나 공감에 (상식적 표현으로는) 도덕적이라는 명칭을 부여할 수 있지만, 그 자체는 결코 이성적인 것이 아니므로 그 자체는 직접적으로 의지를 규정하는 '도덕적인 것' 그리고 '직접적인 도덕적 동기'가 될 수 없다는 것이다. 단적으로 실제로는 도덕적인 것이 아닌 것이다. 따라서 어디까지나 그것은 이성적 의지의 통제 아래서 사용되어야 한다는 것을 강조하는 것으로 보아야 한다. 칸트의 이런 사고는 일관적이게도 이성적 존재자(이성적 인간성)와 감성적 존재자(감성적 인간성)을 철저히 구분하는데서 비롯된다. 그런데 이 구절에서 칸트는, 그 자신은 의식하지 못하고 있지만, 이성적인 것과 감성적인 것을 하나의 인간성 이라는 개념 아래 귀속시키면서 이성, 의지, 감정의 세 요소가 모두 도덕적 의무와 행위에 관여한다는 것을 시사하고 있다.

타인에 대한 도덕적 고려의 가능성은 이미 단순히 인간이 이성적 존재자라는 것만으로 성립할 수 없다. 인간적 존재, 즉 감정적 유대감을 갖고 있는 이성적·의지적·감성적 존재의 통일체로서의 인간(동물)이야말로 우리가 도덕적으로 행위해야 할 이유와 목적(형식과 내용)을 제공한다. 칸트의 도덕판단의 객관성과 보편성 즉 정언명법의 도덕성 테스트의 대상은 보편성의 형식적 규정을 넘어서 공감적 가치들을 도덕적 동기와 내용을 포함하는 것이어야 한다. 공감은 우리에게 도덕판단의 대상으로서 형식과 내용을 함께 제공한다. 그것을 통해서만 우리는 행위의 도덕성을 규정하는 인간적 가치가 무엇인지 이해할 수 있다. 다시 말해 그것은 함께 느끼는 이성, 함께 의욕하는 이성의 느낌, 즉 공감하는 이성에 기초해야 한다. 그렇지 않으면 우리는 왜 도덕적으로 행위해야 하는지 알 수 없으며, 따라서 도덕적 행위의 구속성과 필연성을 물을 수도 없을 것이다.

칸트의 윤리학과 정언명법의 도덕성은 형식만이 아니라 실질적인 내용적 규정도 포함해야 한다. 인간의 존엄성은 이성적 존재자라는 개념적 규정만으로는 성립하지 않는다. 그것은 이성, 의지, 감정의 통일적 결합체로서의 인간과 인간적 가치들에 대해 의식적 느낌을 가질 때에만 가능하다. 인간과 인간성, 인격과 인격성이 분리될 수 없듯이 바로 그러한 인간 자체가 존엄한 존재인 것이다. 정언명법이 표현하는 도덕성의 형식이 이성적 존재자라면, 그 내용은 인간적 자치들이다. 다시 말해 이 형식과 내용의 통일체가 자신과 함께 타인의 즐거움과 고통에 대해서 함께 기뻐하고 슬퍼할 수 있는 존재로서 인간 자신이다. 칸트는 그 실질적 연관성을 거부할 테지만, 이는 칸트의 형식적 윤리학을 넘어서서 그리고 정언명법을 구체적·범주적 보편성에 기초해서 제해석할 필요성을 제기한다. 이에 도덕적 감정과 마찬가지로 칸트가 그 의의를 명료히 하거나 제대로 통찰하지 못한 공감 혹은 도덕적 공감을 자연적 공감과 이성적 공감으로 구분해서 그와 같은 문제를 해소할 수 있다.

공감은 한 생명체의 특수한 감정적 소통방식이다. 또한 공감은 한 생명체의 공동체적 삶을 규정하는 근본적인 보편적 기제이다. 인간의 감정적 소통방식의 근본 기제로서 공감의 능력이 없으면 인간적 삶은 존립할 수 없다. 이러한 공감은 자연적 공감과 이성적 공감으로 구분된다. 전자는 양적 감정이며, 후자는 질적 감정이다. 전자는 많은 생명체에서도 발견되는 본능적 감정인 반면에, 후자는 이성적 존재에게서 구체화되는 감정이다. 인간은 감성적 본능과 이성적 본능 모두를 지닌 존재이므로 감성적 이성체 혹은 이성적 감성체라는 하나의 통합적 생명체로서 자연적 공감과 이성적 공감의 두 능력을 모두 갖고 있다. 자연적 공감이 모든 공감적 감정들의 토대라면, 이성적 공감은 반성 공감이자 복합 공감으로서 이성적 공감 감정들을 낳는 질적 감정이다. 인간이 이성적 존재라는 점에서 이성직 공감은 인간의 본질을 특징짓는 본능이다. 이 두 종류의 공감은 인간이 하나의 통일체이듯이 미분화 상태에서는 하나의 힘으로 존재하지만 대상 상관적 경험의 시간적 질서를 따라서 분화되며, 이에 따라서 자연적 공감과 이성적 공감으로 구분된다. 그러므로 감정적 직관으로서 자연적 공감 없는 이성적 공감은 공허하며, 감정적 이성으로서 이성적 공감 없는 자연적 공감은 맹목적이다. 각각의 대표적인 사례로 전자에는 인형 기계를, 후자에는 동물 기계를 들 수 있다.

사람들은 교감(communion)이나 감정이입(empathy; Einfühlung)을 공감(sympathy)과 동일시하거나 구분하지 않고 사용하거나 혼동하는 경향이 있다. 하지만 이들은 엄격히 구분되어야 한다. 자율신경으로서 신체의 내부 환경의 안정을 유지하기 위해서 자동적으로 활성화되는 교감신경계(sympathetic nervous system)의 자동교감은 의식적인 생각이나 느낌 없이 스스로 조절되는 신체 기능이다. 반면에 의식적 느낌을 수반하는 반성교감은 특정 대상이나 환경에 반응에서 작동하는 활동으로서 동조나 동감의 감정을 수반하는데, 이러한 활동은 공감을 전제해서만 가능한 것이다. 의식적인 반성교감은 타자와 외부 세계와의 소통의 한 방식으로서 다양한 방식의 반응과 감정의 표출로 나타난다. 이러한 의식적 느낌을 동반하는 소통은 공감이 없으면 성립하지 않는다. 즉, 존재론적 공감 없이는 인식론적 교감도 없다.

공감은 또한 감정이입과도 구분된다. 감정이입은 이해와 소통을 위해 타인과 동일한 의식적 느낌상태에 있으려는 노력을 동반하는 상상력의 한 종류로서 작위적인 행위이다. 따라서 이 감정이입 역시 공감을 전제한다. 공감의 가능성이 전제되지 않으면, 감정이입은 성사되지 못할 것이다. 공감 없이는 감정이입도 없다. 따라서 공감은 가능한 소통과 이해의 근본 원리이며, 이러한 가능성 없이는 어떠한 실제적인 함께함도 공동의 삶도 불가능하다.

5. 의식적 느낌과 자연적 공감

자연적 공감, 즉 함께 느낌, 이를테면 함께 기뻐함이나 함께 슬퍼함은 시험에 합격함, 자식을 잃음과 같이 그 사람을 기쁘게 하거나 슬프게 만든 사실에 대해서 기뻐하거나 슬퍼하는 것이 아니라 그 무엇으로 인해 그 사람이 겪는 기뻐함이나 슬퍼함을 기뻐함이며, 슬퍼함이다. 그리고 이러한 공감 감정은 그 사람과도 구분되기 어렵다. 이 때문에 그 사람이 누구인지 알기 전과 후의 공감적 감정은 달라질 수 있다. 공감 감정이 없는 사물이나 사람에 대해서 공감적 감정을 느낄 수 없는 것을 보면 이를 더 잘 알 수 있다.

이러한 공감은 비단 인간에게서만 발견되는 것은 아니다. '의무'에 대한 경외심을 칭송하는 칸트를 양심과 도덕감(도덕적 감정)의 문제와 관련해서 높이 평가하는 다윈은 인간 이외의 고등한 정신 능력을 지닌 사회적 동물들에게서도, 비록 인간의 것과 동일한 것은 아니지만, 도덕감과 양심과 같은 본능이 필연적으로 획득된다는 것을 말하고 있다.[45] 그리고 같은 이유에서 인간의 "본능적 공감"에 대해서 공언하고 있다.[46] 흄 역시 동물 전체에 걸쳐 관찰되는 "공감 또는 정념들의 교류가 동물들 사이에 발생한다"[47]고 본다. 하지만 흄과 다윈 모두 칸트와 마찬가지로 자연적 공감과 이성적 공감을 구분하지 않은 채 동료에 대한 본능적인 애정과 공감, 그리고 공감의 작용에 기반하고 있는 칭찬의 감정, 경멸과 불명예에 대한 강한 공포심 등에 대해서 말하고 있다. 이처럼 공감이 진화의 산물이든 아니든 인간이 갖고 있는 가장 놀라운 능력임에는 분명하다. 누군가의 아픔에 나도 함께 아파하며, 또 나의 아픔에 나의 가족과 동료를 비롯한 누군가가 함께 아파하는 것은 인간 존재가 갖는 의식적 느낌이다. 이를 통해서 인간은 교감하고 소통

---

45 Charles Darwin, 『인간의 유래 1』 167-71.

46 같은 글, 182-4.

47 D. Hume, *A Treatise of Human Nature*, 398.

한다. 그러므로 공감은 모든 이해와 소통의 근본 조건이다.

자연적 공감은 수동적이면서 양적인 감정으로서 자발적, 자동적, 자생적인 감정이다. 또한 감성적 민감성과 구체적 분별의 능력이다. 고통과 기쁨의 소리가 크면 클수록 크게 작동한다. 이러한 자연적 성질 때문에 수동성과 자발성을 함께 지니고 있는 감정, 즉 수동적 자발성의 감정으로서 자연적 공감은 편파적이다. 편파성의 교정은 공감적 이성의 몫이다. 양적 감정으로서 자연적 공감은 감각적 지각의 강도 때문에 사람마다 그리고 상대에 따라 구체적이면서 차이 나는 느낌을 갖는다. 자연적 공감은 어떤 존재가 도덕적 존재인지 아닌지를 가르는 기준이다. 그러므로 한 존재가 도덕적 존재 혹은 도덕적 고려의 대상인지 아닌지는 자연적 공감 능력의 유무에 달려 있다.

자연적 공감은 자신과 타자에 대한 공감을 통해 나와 타자의 존재에 대한 의식적 느낌을 갖는 감정이다. 그런 점에서 의식적 느낌을 통해 상호 공감하는 존재들이 살아가는 사회는 '느낌의 공동체'이다. 인간 사회는 느낌공동체로서 공감하는 존재들로 구성된 공동체인 것이다. 칸트가 선험론적 변증론의 순수이성의 오류추리의 장(A341-405/B399-432)에서 논증한 바와 같이 실체성, 단순성, 인격성, 관념성, 그 어느 것에 의해서도 사유 주체의 실체성은 증명되지 않는다. 이러한 자아의 존재 규정들은 '나는 있다'는 경험적인 개별 표상으로부터 주체의 절대적 통일성을 추리하는 이성의 가상에서 기인한다. 이렇게 이성이 현혹되고 착각하는 가상의 논리에 비추어 볼 때, 데카르트의 자아 존재 논증은 실패한 증명이다. 우리의 자기 인식이 전능한 악마의 속임에 의한 거짓이라 하더라도, 이러한 기만의 가능성으로부터 '사유 주체'의 존재를 증명하려는 것은 그릇된 추리(오류추리)이며, 따라서 자아의 실재성을 입증하는 것은 아니다. 다시 말해 그것은 기껏해야 자아의 '사유함' 즉 '사유한다'는 사실만을 증명한 것이지 사유하는 '자아'를 증명한 것은 아니다. 선험론적으로 자아 존재는 결코 인식의 대상이 아니라 객관적 인식의 조건으로서만 승인될 수 있을 뿐이다. 칸트에 의하면, "직관의 잡다를 하나의 상으로 형상화하는 능력"(A120)으로서 "감성을 선험적으로 규정하고, 범주들에 따라 직관을 종합하는"(B151-2) 상상력의 도움을 받아야만 대상적 인식이 가능한데, 사유하는 자아에는 그러한 감성적 직관의 내용이 전혀 발견되지 않는다. 다만 개별 표상으로서 사유한다는 경험적 의식만이 발견된다. 경험적 자아로서 지각되는 이러한 의식은 일시적이며 순간적이다. 즉, 지속성을 갖지 못하며, 따라서 통일적 의식체로 즉 자아로서 인식되지 않는다. 그러므로 데카르트의 '사유하는 나'에는 대상 상관적인 감성적 직관이 포착될 수 없듯이, 칸트의 자아 실재성 역시 인식 불가능한 대상으로 남는다.

내가 존재한다는 것, 즉 자기 존재의 객관적 실재성은 자기 인식이 아니라 자기 느낌을 통해서 증명된다. 칸트가 논증했듯이 자아 존재의 객관적 실재성은 인식되지 않는다. 감성화 할 수 있는 직관적 대상만이 그 실재성을 형상화할 수 있지만, 자아 존재는 원천적으로 그것이 불가능한 대상이다. 하지만 마찬가지로 대상화할 수 없는 대상에 대한 느낌적 의식은 가능하다. 나는 나의 감각과 지각을 통해서 내가 존재한다는 것을 느낀다. 밥을 먹고, 물을 마시고, 나무를 보고, 책상을 만지고, 나의 신체의 부위들의 차이를 지각하는 등등, 그것을 수행하는 자가 있다는 것을 느끼며, 그것이 나라는 것을 의식한다. 그것은 대상적 및 실체적 인식이 아니라 의식적 느낌(conscious feel)이다. 이 느낌은 나의 존재, 내가 존재한다는 것, 존재하는 것이 바로 '나'라는 것을 알게 해준다. 이렇게 나는 나의 감각과 지각을 통해서 내가 존재한다는 것을 느낀다. 그것은 결코 파편화된 느낌이 아니다. 이는 내가 그 무엇에 대해서 자연적 공감의 느낌을 갖는다는 것에 대해서도 동일하게 타당하다. 공감의 감정을 중심으로 느끼는 '나'와 느껴지는 '너'가 모두 주체로서 존재한다는 의식적 느낌을 갖는다. 그러한 느낌을 갖는다는 내가 존재한다는 것은 확실하다. 느끼는 나는 나의 존재에 대한 의식적 느낌을 갖는 것이며, 그 느낌은 일종의 자기공감이다. 그것은 또한 반성적인 의식적 느낌이며, 이 또한 공감하는 존재에 대한 의식적 느낌이다. 나의 반성적 느낌은 느껴지는 대상에 대한 느낌으로서 공감하는 자아의 존재에 대한 느낌임이 분명하다. 따라서 내리는 비든 눈이든, 부는 바람이든 흐르는 눈물이든 다른 것에 대한 나의 느낌의 지속을 통해 그 느끼는 존재가 바로 나라는 느낌은 확실한 자기공감이다. 따라서,

"나는 느낀다. 그러므로 나는 존재한다."

이 나의 의식적 느낌은 동시에 자기 자신에 대한 느낌으로서 자기공감이면서 동시에 타자의 존재에 대한 의식적 느낌의 가능한 원천이다. 그러므로 함께 느낌의 근원적이며 원초적인 공감 없이는 자기 자신과 타자에 대한 공감도 불가능하다. 그러므로 타자에 대한 공감과 자기 자신에 대한 공감, 이 두 가지 공감은 그 근원에 있어서 하나의 동일한 것으로 공감의 능력을 전제한다. 나는 이 공감을 통해서 나의 존재뿐만 아니라 타자 또한 실재한다는 것을 느낀다. 다시 말해 공감 존재라는 의식적 느낌은 이미 나의 존재와 동시에 타자의 존재를 승인한다. 그러므로 의식적 느낌을 통해서 확인되는 원초적 공감은 자기공감과 타자공감, 자기존재와 타자존재의 등근원성의 뿌리이다.

자기공감과 타자공감으로서 '느끼는 나'는 느낌의 주체로서 이 나의 느낌들은 나로부터 분리되지 않는다. 자기공감으로서 나의 존재에 대한 의식적 느낌은 타자공감처럼 즉각적으로 일어난다. 공감은 이미 그 자체로 나의 존재와 타자의 존재에 대한 의식적 느낌을 수반한다. 때문에 우리는 나 자신의 존재를 달리 증명할 필요가 없다. 우리가 내가 존재한다는 것을 의식적으로 그리고 반성적으로 증명하려고 하는 것은, 그리고 그 증명이 실패하고 마는 것은 그것이 이미 증명된 것임에도 불구하고 증명하려 하기 때문이다. 다만 우리는 내가 존재한다는 것, 그리고 타자가 존재한다는 것을 분석적으로 설명할 수 있을 뿐이다. 가령, 내리는 비를 맞으면 걸어가는 나는 내리는 비를 맞는 나의 존재에 대한 의식적 느낌을 갖는다. 그리고 그 의식적 느낌은 이미 일종의 자기공감이다. 이는 다시 잠시 전에 비를 맞은 나 자신에

대한 의식적 느낌의 연속이며 지속이라는 것을 안다. 이러한 과정을 지속하는 자기공감으로서 자기느낌은 자기인식에 다름 아니다. 즉, 느낌의 연속성과 지속성, 그리고 통합성이 그것이 '나는 존재한다'는 느낌의 실체이다. 이렇게 공감은 느껴지는 나의 존재의 실재성을 증명한다. 느낌의 주체인 나는 의식적 느낌 자체이다. 오른손으로 왼손을 만지고 왼손으로 오른손을 만져도 언제나 선행하는 나의 신체적 지각의 느낌은 후속하는 느낌 속에서 하나가 되며, 지속된다. 뜨겁거나 차가운 느낌의 연속적 결합도 하나의 느낌으로 결합되고, 또 하나의 느낌 속에서 지속된다는 것을 나는 의식한다. 이 나의 의식적 느낌이 곧 자아로서 나의 실재성에 다름 아니다. 자기공감으로서 느껴지는 자기 존재가 경험적 자기인식으로 지각되는 나의 대상적 인식들의 통일성의 원천이다. '나는 느낀다. 그러므로 나는 존재한다'는 의식적 자기느낌은 공감을 전제한다. 따라서,

'나는 공감 존재이다. 그러므로 나는 존재한다.'

더 나아가서, 나의 존재에 대한 의식적 느낌은 또한 나의 외부의 세계의 실재 또한 증명한다. 내가 보고 느끼고 만지는 것이 내가 존재한다는 자기느낌을 갖게 하듯이 외부 사물도 바로 그 느낌과 연결되어 있으며, 분리되지 않는 것으로 존재한다는 것을 느끼게 해준다. 내리는 비의 존재에 대한 나의 느낌은 내리는 비와 분리되지 않는다. 이 양자의 결합은 모든 지각적 대상에 동일하게 타당하게 적용된다. 책상과 그것을 만지는 나의 지각과 그것을 느끼는 나는 하나의 느낌으로 결합되어 있으며, 따라서 후자는 전자를 증명한다. 느끼는 나와 느껴지는 대상의 실재성은 이 느낌과 느껴짐에 의해서 실재하는 대상의 존재를 증명한다.

이러한 외부 세계의 존재에는 타인도 포함된다. 신체적 지각의 대상으로서만 아니라 정신으로서도 타인은 실재한다. 나는 타인이 아파하는 것을 아파하면서 아파하는 그 또는 그녀가 존재한다는 것을 내가 만지고 보는 외부 사물을 느끼는 것처럼 느낀다. 그 사물들이 존재한다는 것을 느끼는 나, 그

내가 존재한다는 것을 느끼는 것처럼 너 또한 그렇게 존재한다는 것을 느낀다. 나의 나 자신의 존재에 대한 의식적 느낌과 타자의 존재에 대한 의식적 느낌의 존재론적 구조는 동일하다. 즉, 그 모두 공감을 전제한다. 공감을 통해서 그와 같은 의식적 느낌이 기능하게 되는 것이다. 다시 말해서 네가 느낀다는 것을 알며, 너의 느낌을 함께 느끼는 나는 나와 네가 존재한다는 것을 함께 느낀다.

자기공감 및 타자공감과 더불어 공감은 도덕적 공감의 근원이다. 함께 느낌은 너의 아픔과 기쁨을 느끼며, 너 또한 나의 아픔과 기쁨을 느낀다는 것을 느끼게 해준다. 그러므로 나와 너는 도덕적 존재이다. 즉, 자연적 공감 존재는 도덕적 존재의 조건이며, 도덕적 고려의 대상이다. 이 아픔과 기쁨의 함께 느낌으로부터 나와 너는 그 아픔과 기쁨을 함께 나누고, 덜어주고, 감싸주고, 나아가 그렇게 해야할 책임을 서로가 느끼고 있다는 것을 안다. 그러므로 나도 너도 우리는 윤리적 주체라는 것을 안다. 그것은 공감이 또한 이성적 느낌의 원천임을 증명한다. 이성적 느낌 혹은 이성적 공감은 책임의식을 갖게 하고, 정의감을 갖게 하고, 불편부당함을 의욕하게 만든다.

6. 이성적 공감과 윤리적 주체

도덕적 존재라고 해서 모두가 윤리적 주체인 것은 아니다. 한 존재가 도덕적 존재이기만 한 것이 아니라 동시에 윤리적 주체일 수 있으려면, 그는 이성적 공감 존재이어야 한다. 이성적 공감은 질적 감정이며, 판단력에 매개된 반성 감정이자 복합 감정이다. 이때의 감정은 동시에 의지이며 이성적인 것이다. 가장 대표적인 이성적 공감의 감정으로 정의감을 들 수 있다. 자연적 동정심이나 연민, 나눔과 같이 함께 아파하거나 기뻐하는 등 자발적으로 일어나는 다양한 함께함의 수동적인 양적 감정은 이에 머물지 않고 자연스럽게 구체적인 행동(의지)으로 이어지게 즉, 자연적 공감을 통해서 촉발된 이성적 공감의 윤리적 주체는 구체적 행동을 의욕한다.

가령, 함께 나눔의 자연적 공감은 자원의 희소성이나 부족 등 사회적 여건으로 인해 협동의 산물을 나누어야 할 필요성에는 공감하지만 그것을 어떻게 나누는 것이 옳은가 하는 이성적 판단을 필요로 하며, 그것은 이성적 공감의 요구를 충족시키는 것이어야 한다. 이에 따라서 감정, 의지, 이성의 공동 작용의 결과로서 하나의 해결책을 찾게 되는데, 우리는 그것을 정의로, 그리고 그러한 마음 상태를 정의감이라 부르게 된다.

그런데 이성적 공감과 달리 자연적 공감은 비공감적 감정들의 영향과 개인적 친소나 개인적 기질의 편차로 인해 편파적이기 쉽다. 때문에 이성적 공감은 이러한 자연적 공감의 한계를 넘어서려는 이성, 혹은 이성적 의지가 작용한 결과라 할 수 있다. 이러한 이성적 공감 능력을 지닌 존재만이 윤리적 주체가 될 수 있다. 단순한 도덕적 존재가 아닌 윤리적 주체이려면 어떤 행위를 선택하고 또한 책임질 수 있는 행위자이어야 하기 때문이다.

칸트에게는 도덕적 행위를 의욕하는 선의지로서 이성적 존재자는 그 자체로 도덕적 존재이자 윤리적 주체이다. 칸트는 인간이 타인에 대해서 갖는 도덕적 공감을 감정적인 것으로만 보았다. 칸트에게 공감적 존재는 도덕적 존재가 아닐 뿐만 아니라, 당연히 윤리적 주체도 될 수 없다. 일체의 감성적 제약으로부터 자유로운 예지계에 속해 있는 순수한 자기 활동성 또는 순수 자발성으로서의 윤리적 주체를 칸트는 '이성적 존재자'라 부른다.(4:452-5/ VII:88-91) 이 이성적 존재는 "자기 자신을 관찰하고, 자신의 힘을 사용하는 법칙들, 즉 모든 자신의 행위의 법칙들을 인식할 수 있다."(4:452/VII:88) 칸트는 실천철학의 도덕적 기초 또는 도덕성의 최고 원리를 유한한 이성적 존재자, 예지적 존재자에게서 발견한다.

그러나 인간의 존엄성을 드높이고, 인간적 도덕성의 발견과 기초를 확고히 한 더할 나위 없는 윤리학적 통찰에도 불구하고 이성적 존재자를 윤리적 주체로 정립한 칸트의 의무윤리와 자율도덕은 실제로 실천적인 윤리적 문제들을 해결하는데 피할 수 없는 어려움에 직면한다. 이는 전적으로 (유한한) 이성적 존재자의 도덕법칙, 즉 정언명법의 근본 성격에서 기인한다. 칸트는 행위의 도덕성을 평가하는 보편타당한 객관적 도덕원칙으로서 정언명법을 이성적 존재자의 개념에 기초해서 정립한다. 이로부터 근본적으로 두 가지 문제가 생겨난다.

먼저 이성적 존재자로부터 연역되는 정언명법을 통해서 행위의 도덕성을 평가할 때 그 대상은 이성적이면서 동시에 감정적인 존재자인 현실적인 인간이기 때문에 정언명법에 부여된 도덕성이 인간의 행위 자체로부터 유리되어 있다는 것이다. 가령, 자살이나 거짓말의 경우에 도덕성을 문제 삼는 경우처럼 그 시비를 가리는 척도가 수단이 아닌 목적으로서의 인간, 인간의 존엄성에 근거한다면, 그 존엄성은 이성적 존재자라는 개념에 의해서는 결코 이해될 수 없다. 왜냐하면 그렇게 개념적으로 이해된 존재는 결코 우리에게 도덕적 행위를 이끌어낼 수 있는 동기가 될 수 없기 때문이다.

칸트는 의지와 법칙의 관계에서 도덕법칙에 대한 존경을 "유일한 도덕적 동기"(5:78/Ⅶ:199)라고 하지만, 이 감정은 이성이 직접 감성에 영향을 미쳐서 생기게 한 부정적 힘이기 때문에 이 '법칙에 대한 존경심'만으로는 결코 선의지가 어떻게 도덕법칙에 따라서 행위하고자 하는 '직접적인' 도덕적 동기가 될 수 있는지를 말할 수 없다. 그리고 이 선의지의 동기에 비추어 보면, 법칙에 대한 존경심은 '간접적인 도덕적 동기'로 보는 게 옳다. 더욱이 법칙의 선험성이 존경심의 대상이 된다는 것은 독단적인 주장이다. 그것은 기본적으로 이성적 존재자의 법칙인데, 그것만으로는 감정을 가질 수 없다. 아니면 칸트는 이성이 어떻게 감성에 영향을 미쳐 법칙에 대한 존경심과 같은 감정을 산출할 수 있는지를 보여주어야 한다. 하지만 칸트는 그렇게 하지 못했다. 칸트가 걸어간 길, 즉 자기지시적이며, 자기근거적이며, 자기입법적이며, 자기목적적인 이성적 존재자의 개념은 직접적으로 보편타당한 심정의 도덕과 도덕적 행위를 낳을 수 없다. 나아가 이 때문에 현실적 삶을 살고 있는 인간이 부딪히는 윤리적 문제들에 대한 실질적인 해결책을 제시하기가 더욱 어렵게 된다. 약속을 지켜야 하는 의무가 법칙에 대한 존경심 때문이라면, 그것은 약속을 지켜야 하는 당위성에 대한 하나의 답은 될 수 있어도 도덕적 구속력을 갖는 필연적 이유는 되지 못한다. 존경심을 가져야 할 법칙의 실질적 내용을 내가 알지 못하기 때문이다. 말하자면, 무고한 사람을 해쳐서는 안 된다는 정언명령처럼 우리가 직관적으로 그리고 보편적으로 그 타당성을 승인하는 경우가 있더라도, 그것은 우연한 일치일 뿐이다. 게다가 이성적 존재자와 무고한 사람은 동일한 사람인가? 나아가 무고한 사람이 누구이며, 무엇이 무고한 것인지와 관련한 내용적 규정이 다를 경우에는 그 원칙을 적용하는데 어려움이 따른다. 이처럼 정언명법과 그에 부합하는 구체적인 도덕원칙으로서 정언명령 사이에도 괴리가 있다.

또 다른 한 가지 문제는 정언명법이 이성적 존재자의 도덕법칙으로서 모든 행위자에 동일하게 적용되는 보편적인 도덕원칙이라는 것이다. 이는 기본적으로 이성적 존재자의 개념으로부터 도덕성의 근본원칙들(정언명법의 구체화로서 정언명령들)을 도출해내는 것과 무관하지 않다. 개념적으로 규정된 이성적 존재자는 모두가 하나의 동일한 존재일 수밖에 없다. 이렇게 모든 도덕적 행위자를 동일한 이성적 존재자로 간주함으로써 어떤 사람이 놓여 있는 상황, 즉 실존적 상황이나 처지가 고려되지 않고 있는데, 이는 이성적 존재자의 개념에 근거해서 인간의 존엄성을 규정함으로써 이러한 개인적 및 개별적 차이가 무시되고 있는데서 기인한다. 인간 존엄성의 구체적 내용 규정 없이는 각자의 처지가 다른 개인들의 존엄사, 장애인과 비장애인, 기아 상태에 있는 사람에 대한 구호 등의 문제에 대한 도덕적 선택이 아예 불가능하거나 맹목적으로 적용될 소지가 있다. 이는 결국 실존하는 인간 및 타자에 대한 도덕적 고려에 문제가 있음을 보여주는 것이며, 따라서 칸트가 이성적 존재자의 개념에만 의존해서 윤리적 원칙을 정당화하는 한 이 같은 문제는 해결되기 어렵다. 그렇다면 윤리와 도덕은 이성적 존재자에서 출발하고 또 이성적 존재자를 대상으로 하는 것이어서는 안 된다. 그 대상은 이성적 존재자가 아니라 각기 다른 모습을 하고 있는 구체적 인간, 이성적 인간 혹은 이성적 동물이어야 한다.

이론적 증명의 불가능성에 불구하고 예지계의 일원으로 상정되는 윤리적 주체의 형식성은 칸트가 이성적 존재자에 집착하고 있기 때문이다. 이는 그가 도덕원칙의 무조건적인 보편타당성을 고집하는 것과 궤를 같이 한다. 자기지시적인 도덕적 이성의 관점, 즉 합리적 행위자의 도덕적 관점이 갖는 보편성 요구에 대한 통찰은 분명 칸트 윤리학의 머릿돌이자 공적이다. 인간적 이성은 보편성, 공평성, 불편부당성과 같은 요구를 피할 수 없다. 이는 이성적 인간, 이성을 본성으로 하는 인간의 운명이다. 이 이성적 인간이 갖는 보편성에 대한 요구의 인간학적 표현을 나는 '의무' 혹은 '의무의식'의 근원이자 본질로 이해한다. 선의지 역시 마찬가지다. 인간적 이성에 요구되는 거부할 수 없는 보편성에 대한 요구가 인간적 선의지의 도덕성을 규정한다.

칸트는 예지계에 속하는 도덕적 경험이 자연적 욕구나 경향성과 같은 감성계(자연법칙)의 제약을 받는다는 것을 인정하면서도 이를 물리쳐야 할 부정적인 것으로 인식한다. 그것이 행위에 미치는 일체의 영향을 배제하기 위해서 이성적 존재자의 개념을 도덕성의 기초이자 척도로 삼는다. 그러나 인간은 이성적 존재자이면서 동시에 감성적 존재자라는 것을, 이성과 감정의 결합체이며 통일체라는 것을, 그리고 인간의 도덕적 경험은 근본적으로 의무의식이나 선의지에 제약된 인간적 도덕성을 규정하는 긍정적인 감정적 동기와 내용을 갖는다는 것을 통찰하지 못했다. 반면에 칸트의 공적은 감정이 갖는 경향성과 편파성은 결코 행위의 도덕적 동기가 될 수 없다는 것을 통찰한 데 있다. 그것은 한편으로는 자기중심적이며 이기적인 인간의 비도덕적 행위의 원천이며, 다른 한편으로는 그릇된 도덕적 선택을 초래하는 원인이기도 하다. 따라서 우리는 가능한 도덕적 이성의 길은 이런 이성과 감정이 갖는 일면성이 아니라 양자의 본질적 연관성에 주목해야 한다. 그런 까닭에 우리는 이성적 존재자의 형식성에 매어 있는 도덕주의가 아니라 각기 다른 모습을 하고 있는 하나의 통일체로서 이성적 인간의 인간주의 윤리학을 목표로 해야 한다. "이성적 존재자만의 형식적인 기계적 이성주의는 비인간적 도덕주의로 귀결될 것이며, 무차별적인 맹목적 감정주의는 무도덕적 인간주의를 낳을 것이기 때문이다."[48]

이성적 공감 또는 이를 매개로 하는 의식적 느낌은 인간을 윤리적 주체로 정립하는 근거이다. 자신 및 타자를 대상으로 하는 이성적 공감과 의식적 느낌은 자기공감과 타자공감의 근원적 가능성이다. 자연적 공감이 이성적 공감의 토대 감정이라면, 이성적 공감은 자연적 공감에 수반하는 반성적 지각으로서 의지적 이성의 의식적 느낌이다. 이 공감적 이성은 이렇게 미분화된 마음 상태인 자연적 공감에 제약되어 있다. 인간의 도덕적 행위는 자연적 공감의 편파성을 넘어서 언제나 이성적 공감의 관점에서 이루어진다. 이성적 공감은 질적 감정이면서도 복합적인 반성 감정이며, 무엇보다도 이성의 본능에 따라 보편적 행위를 하려고 하는 윤리적 주체의 능력이다.

이성적 공감의 발현에 앞서 자연적 공감은 일차적으로 우리에게 공감적 감정 즉 타인의 고통이나 기쁨을 불러일으키며, 우리는 이 감정을 토대로 해서 그와 관련한 어떤 실천적 판단을 하게 된다. 이를테면 그러한 감정을 불러일으키는 사람에 대해서 갖는 나의 반응이 적절할 것인지, 그가 겪고 있는 고통을 함께 느끼고 또 그 고통을 덜어주려는 행위를 의욕하며, 그리고 그에 부합하는 나의 행위가 어떤 것이어야 하며, 또 어떤 행위가 적절한 것인지 판단하게 된다. 이 행위의 적절성을 판단하는 공감적 이성은 그 본성상 유사한 경우에는 유사하게 대하는 것을 옳은 행위로 여기는 본성을 갖고 있다. 즉, 이러한 공감적 이성의 도덕적 속성은 감정의 동기가 되는 특수한 상황에서 촉발되면서도 보편적 만족을 의욕하는 성질을 갖는다. 이렇게 자연적 공감에 수반해서 우리가 하게 되는 보편적인 반성적 지각판단의 윤리적 주체가 이성적 공감의 감정 혹은 공감적 이성이다. 따라서 무엇보다도 이성적 공감은 자연적 공감의 대상 및 그와 관련해서 갖게 되는 감정에 제약되어야 한다. 자연적 공감 없는 이성적 공감은 공허하다. 자연적 공감 없이는 도덕적 행위를 낳는 동기를 가질 수 없기 때문이다. 이러한 상호 연관성과 제약은, 서로 다른 개별적인 사건들과 관련해서 요구되는 이성적 공감

---

48 맹주만, 『칸트의 윤리학』, 프롤로그, 6.

의 사용은 그와 관련한 자연적 공감의 대상에 한정되어야 하며, 만일 그렇지 않을 경우, 그것은 공감적 이성의 잘못된 사용이 될 것임을 함축한다. 우리가 도덕판단을 할 때 곧잘 자주 저지르게 되는 이같은 잘못을 간과함으로써 칸트의 이성주의 윤리는 도덕판단을 대상 연관적인 개별적 감정과는 무관하게 무차별적인 보편적 이성판단으로 규정했던 것이다.

이성적 공감은 자연적 공감을 전제한다는 점에서 윤리적 주체이기 위해서는 먼저 도덕적 존재이어야 하지만, 모든 도덕적 존재가 윤리적 주체인 것은 아니다. 윤리적 주체란 함께 슬퍼함, 함께 기뻐함, 함께 분노함 등과 같은 자연적 공감의 능력을 전제하지만, 동시에 이성적 의지의 보편적 사용을 의욕하고 실천할 수 있는 공감적 이성 존재이어야 한다. 이러한 윤리적 주체만이 도덕적 책임의 주체로서 진정으로 도덕적 존재라 할 수 있다. 일반적으로 이성적 인간, 즉 이성적 감성체 또는 감성적 이성체로서 인간은 자연적 공감 존재이면서 동시에 이성적 공감 존재다. 이성적 공감 감정의 토대 감정이 자연적 공감이기 때문이다. 따라서 자연적 공감 없이 이성적 공감의 주체가 될 수는 없다. 다시 말해 도덕적 행위의 주체될 수 있는 존재는 자연적 공감에서 발원하는 감정의 소유자이면서 동시에 보편적 의지로서 실천이성의 소유자, 즉 도덕적 이성, 같은 의미로서 이성적 공감 또는 공감적 이성의 소유자이어야 한다. 이러한 가능성을 근원적으로 소유하고 있는 가장 대표적인 존재가 인간 일반이다. 인간은 그 본성상 이성적 공감, 혹은 공감적 이성의 존재이다. 그는 이해관심, 편파심, 친소 등의 자기 중심성 혹은 개인적 내지는 사적인 관점을 넘어서 보편적 관점에서 도덕적 선택을 하고자 의욕하는 존재이다. 그러므로 이성적 공감 존재, 그가 윤리적 주체이다.

이해관심 속에 있는 함께 기뻐함과 함께 슬퍼함, 함께 분노함과 함께 나눔의 자연적 공감이 이해관계에 영향을 받는다는 것은 인간 또한 편파적이거나 친소(親疏)에 좌우될 수 있다는 것을 의미한다. 이성적 공감 존재로서 인간은 자연적 공감을 불편부당하게 보편적으로 사용하려는 이성적 의지로서 이성적 공감을 갖기에 이를 넘어설 수 있다. 이와 같은 작용연관성이 함의하듯이 미분화 상태의 이성은 제일 먼저 상황과 대상에 대한 느낌을 갖는다는 점에서 감정으로 발동하지만 그 감정은 이미 이성 및 의지와 통일되어 있다. 이성적 공감은 공감적 이성이며, 공감적 의지이기도 한 것이다.

특히 문제 상황과 사태에 적합한 구체적인 행위의 덕목 및 도덕규칙들은 동일한 조건과 상황에 대해서는 동일한 행위를 요구하는 구체적인 보편적 도덕원칙 혹은 범주적 구체성의 도덕원칙들의 표현이라 할 수 있다. 예를 들어, 자연적 공감의 편파성을 교정한 이성적 공감에서 하는 행위로서 상찬하게 되는 용기나 희생의 덕들의 경우처럼, 의지의 보편적 사용을 의욕하는 이성적 공감(혹은 공감적 이성)은 자연적 공감을 동반하는 상황의 구체적 차이에 따라서 그에 합당한 어떤 행위를 도덕원칙으로 정립한다. 그러므로 이 덕들 역시 보편적 관점에 준거해서 실행되어야 한다. 즉, 아리스토텔레스가 말하는 실천적 지혜의 실천으로서 중용에서 하는 행위가 바로 그와 같은 경우라 할 수 있다. 이를테면, 용기의 덕의 경우에 더 큰 피해가 초래될 수 있는 유사한 경우들 일반에는 '감당할 수 없는 위험이 초래된다고 생각되는 경우에는 무모한 행위를 삼가 하라'는 원칙이, 약간의 용기로도 충분한 경우들 일반에는 '약자에게 과도한 행위를 삼가 하라'는 원칙이 행위의 보편적 원칙으로 일반화할 수 있다. 이러한 도덕원칙(규칙)의 차이에도 불구하고 우리는 여기에 유사한 성품적 덕목으로서 용기라는 이름을 붙인 것일 뿐이다. 이처럼 우리가 갖고 있는 도덕적 덕목들과 일반적 도덕원칙들은 이성적 공감에 기초한 보편적 의지의 사용에 의한 것으로서 상호 밀접한 관계를 이루고 있다.

이성적 공감은 이성적 의지가 자연적 공감의 보편적 사용을 의욕하는 데서 획득되는 것이기 때문에 자연적 공감 없이는 이성적 공감 또한 생길 수 없다. 인간의 도덕적 행위는 이성과 감정의 연관성 아래서만 이루어지며, 그 때만이 인간적 행위일 수 있기 때문이다. 어떤 한 존재가 도덕적 행위의 주체일 수 있으려면 보편적 관점에서 자율적인 도덕적 분별과 선택적 행위를 할 수 있어야 한다. 때문에 단순히 수동적으로 함께 기뻐하고 아파하는 공감만으로는 윤리적 주체가 될 수 없다. 자연적 공감 감정의 편파적 사용이 아니라 보편적 사용을 의욕하는 이성적 의지를 지닌 존재이어야 윤리적 주체라 할 수 있다.

이성적 공감은 보편적 행위를 의욕하는 공감적 이성 내지는 의지적 감정으로서 능동적이면서 동시에 자율적인 질적 감정이다. 다양한 자연적 공감의 양적 감정들은 이성적 의지와 결합하면 질적인 이성적 공감으로 전환된다. 인간의 존엄성을 승인하는 질적 감정으로서 이성적 공감은 타인의 아픔과 기쁨, 동정과 연민 등의 자연적 공감과 결합하여 희생과 헌신, 행복과 불행, 인간애, 정직, 정의 등의 감정의 보편적 사용을 의욕하는 공감적 이성에 다름 아니다. 자연적 공감 감정들에 보편적 사용을 의욕하는 이성 즉 의지가 결합해서 생기는 복합 감정이 이성적 공감 감정들이다. 용기와 정의, (이성적) 사랑과 우정, 인내와 절제 등도 모두 그렇게 해서 생겨난 질적 감정들이다. 이렇게 이성적 공감은 인간의 도덕성의 지표이다. 도덕적 존재로서 윤리적 주체는 이성적 공감 내지는 공감적 이성을 소유한 존재에게 부여된다.

공감적 이성은 의지의 보편적 사용을 의욕한다는 점에서 자연적 공감의 부정적인 편파성은 극복하려 하기 때문에 이러한 차이가 반영된 (이성적) 공감의 감정들을 의욕한다. 가령, 위기에 처한 사람의 고통을 공감하는 자연적 감정으로부터 그 사람을 도와주려는 감정 또한 발생하는데, 자연적 공감의 수준에서는 그 대상이 누구인지, 자신과 어떤 관계에 있는 사람인지, 또 자신의 처지가 어떠한지에 따라 자연적인 편파적 판단이 개입할 수 있지만, 보편적 행위를 의욕하는 이성적 의지는 러한 친소나 유불리를 따지지 않는 행위를 하고자 한다. 또한 이와는 정반대로 동일한 '희생'이더라도 그 대상이 처해 있는 상태에 따른 공감의 강도에 따라 희생의 정도가 다른 행위를 선택할 수도 있다. 이를테면, 안락사의 경우에 극심한 고통을 겪고 있으나 더 이상 회복이 불가능한 암환자와 회복 가능성이 있는 암환자를 다른 기준에 따라 달리 고려해야 하는데, 공감적 이성은 고통을 겪는 환자들을 차별

없이 보편적으로 대우하려고 하지만, 동시에 그 처지와 정도에 따라 차이를 두는 행위를 의욕하기 때문이다.

자연적 공감과 이성적 공감, 감정과 이성 및 의지의 관계를 고려할 때 사회적이며 이성적인 덕목들은 특정한 덕감정과 덕의지의 구체적 표현이다. 여기서 감정과 의지의 차이는 힘 혹은 강도의 차이에 불과하다. 자연적 공감이 보편적 의지의 최소화 상태로서 순 감정적 상태라고 한다면, 이성적 공감은 구체적인 보편적 의지의 최대화 상태로서 순 의지적 상태라 할 수 있다. 도덕적 의지로서 인간적 이성의 본성은 불편부당한 보편적 행위를 욕망한다. 이성적 공감에 기초한 감정들 즉 이성적 자비심, 사랑, 희생, 정직, 정의감 등의 덕목들은 구체적 상황과 결부된 자연적 공감의 보편적·이성적 의욕의 결과로서 우리들 손에 쥐어진 것들이다. 우리는 처음부터 봉사, 희생, 사랑, 정직, 정의감 같은 이성적인 구체적 감정이나 덕목을 갖고 있었던 것은 아니지만 사회화된 존재는 마치 그것을 자연적 공감인 것처럼 의욕하고 사용하기도 한다.

공감적 이성이 의욕하는 '정직하라'는 도덕규칙과 이를 실천하려는 행위자가 갖는 '정직'의 덕목은 그 자체로 이성적 공감의 표현이다. 그리고 이러한 도덕규칙 혹은 도덕판단에 따라서 행위를 할 수 있는 마음상태 또는 품성상태가 덕 내지는 성품의 탁월성이다.[49] 그러한 성품적 덕과 탁월성으로서 행위의 척도가 구체적으로 표현된 것이 의지적 덕들 내지는 덕목들이다. 말하자면, 정직이나 정의감 등 다양한 덕목이나 도덕규칙들은 이성적 공감 감정의 구체적 표현으로서 이성적 의지, 의지적 감정, 감정적 이성의 표현들이다.

인간은 공감적 이성 존재, 즉 이성적 공감 존재이다. 인간은 이성적 공감을 통해서 비로소 단순한 도덕적 존재이기를 넘어서 윤리적 주체가 될 수 있다. 이성적 공감이야말로 진정한 의미에서 윤리공동체의 법과 규범을 규

---

49 공감과 관련해서 감정과 의지, 그리고 이성의 관계, 그리고 공감적 이성의 요구에 따라 이를 직접 실행할 수 있는 품성 내지는 덕성 상태의 획득에 대해서는 맹주만, 『칸트의 윤리학』 296-331 참조.

정하는 도덕적 감정의 능력이다. 그것은 또한 의지의 보편적 사용을 의욕하는 이성(실천이성)이다.

7. 비공감적 감정과 공감적 감정

인간적 감정들은 비공감적 감정과 공감적 감정으로 구분할 수 있다. 일반적으로 자기중심적 감정이라 할 수 있는 자기보존이나 자기애, 그리고 욕심, 시기, 질투, 혐오, 반감과 같은 감정들이 속한다. 이들 비공감적 감정은 언제나 공감적 감정들에 상관적이며, 따라서 공감 없이는 비공감적 감정들도 없다. 이는 연민이나 동정심과 같은 자연적 공감 감정들을 살펴보면 알 수 있다. 기본적으로 연민이나 동정심은 타자를 전제하는, 타자에 대한, 대상 상관적인 공감을 통해 생겨나는 주관적 감정들이다. 또한 자기연민이나 자기애 또한 자신을 대상으로 하는 공감 감정이다. 다시 말해 근원적 감정으로서 공감 없이는 자기공감이든 타자공감이든 공감적 감정들은 지각될 없다. 긍정적 감정들의 원천으로서 공감에 대비되는 비공감의 감정들 역시 마찬가지다. 이들 비공감적 감정들은 대부분 부정적 감정들인데, 이를테면 시기와 질투, 또는 반감이나 혐오 등의 감정이 그러하다. 그런데 이들 감정들 역시 타자에 대한 감정이며, 심지어 자기 자신을 대상으로 삼기도 한다. 따라서 비공감적 감정들이 존재하기 위해서는 공감이 전제되어야 한다. 그런 점에서 공감은 공감적 감정들과 비공감적 감정들 모두의 공통적인 근원 감정이다.

그러면 공감에 바탕을 두면서도 이로부터 비공감적 감정들이 왜 그리고 어떻게 생겨날 수 있는가? 이는 자연적 공감의 경우에 생기는 친소의 감정이나 편파성의 문제와도 관련이 깊다. 공감을 전제하는 비공감적 감정들이나 편파적인 자연적 공감 감정들은 한편으로는 각 개인마다 존재하는 감각적 느낌(강도)에 차이가 있는 자연적 자아, 그리고 다른 한편으로는 비교적 차이를 의식하는 사회적 자아나 사회적 여건의 영향을 받으며, 이들의 개입과 관여에 의해서 비교와 평가가 만들어지기 때문이다. 다시 말해서 어떤 사회적 환경이나 부조리한 사회에서 살아가고 있느냐에 따라 비공감적 감정들이나 부정적인 인간적 성향들이 증가하게 되는 것도 이런 이유들 때문이다. 그러므로 시간적으로 그리고 발생적으로 (자연적) 공감적 감정들이 비공감적 감정들에 선행하며, 또한 양자 모두 공감을 전제하며, 공감 없이는 어떤 감정도 의식적 느낌으로 지각되지 않는다.

공감적 감정들에는 자연적 공감에 기초를 두고 있는 동정심, 연민, 생명애 등의 감정이, 그리고 이성적 공감에 기초를 둔 인류애, 사랑, 희생, 헌신, 자비, 정직, 정의감, 관용, 온화, 우애, 감사, 그리고 그밖에도 "숭고, 용감, 솔직, 친절, 겸양, 강직, 상냥함"[50] 등에 상관하는 감정들이 속할 수 있다.

칸트는 도덕적 공감을 자연적 공감으로만 이해하는데 그것은 이성과 감정을 철저하게 분리시킨 이성적 존재자 중심의 도덕성 개념에서 기인한다. 비록 자연적 공감만으로는 그것이 도덕적 동기가 될 수 없다고 본 점에서는 옳았지만, 그로 인해 도덕적 행위의 동기와 조건마저 도덕적인 것의 영역에서 제거하는 결과를 초래했다. 하지만 자연적 공감에 기초를 둔 감정 없이는 이성적 공감에 기초한 도덕적 행위는 불가능하다. 이 두 공감 감정들은 하나의 구체적인 감정을 통해 상호 연결되어 있다. 이성적 공감 감정으로서 사랑은 연민, 동정심, 생명애 등의 자연적 공감 감정이 함께 작용하고 있는 복합 감정이다. 사랑의 덕 감정이 여럿일 수 있는 것도 이 감정을 구성하고 있는 감정 요소들이 결합 정도에 따라 차이가 생기기 때문이다. 칸트는 도덕법칙과 도덕적 감정의 관계에서 이성과 감정이 그 뿌리에서는 하나의 근원을 갖는다는 사실에 좀 더 주목했어야 했다. 왜냐하면 도덕법칙 즉 이성의 사실은 의지를 규정하는 근거이면서 동시에 감정(감성) 영역에 도덕적 감정을 산출하는 공감적 이성의 작용이었기 때문이다. 이 공감적 이성 주체는 또한 그대로 의지이며, 동시에 감정의 주체인 것이다. 아니면 어떻게 이성이 의지와, 또 그것이 감정과 상호작용하며 서로를 제약하는 관계가 될 수

---

50 이 감정들은 칸트가 『판단력비판』에서 빨강부터 보라까지 무지개의 일곱 색깔의 순서에 따라 각각의 감각이 우리 마음으로 하여금 갖게 하는 이념들로서 비유한 것을 차용한 것이다. (5:302/x:236)

있는가! 공감은 느끼는 이성, 이성적 느낌, 의식적 느낌, 의지적 감정, 감정적 의지의 등근원적 영역이다.

흄 역시 자연적 공감을 도덕적 공감으로 이해한다. 하지만 흄에게 공감은 인간 본성의 자연적인 경향성이자 보편적인 기제였기 때문에 동시에 그것은 도덕적 동기이자 모든 도덕성의 구성 원리이기도 했다. 그러나 도덕판단의 보편적 관점을 유지하고 싶었던 흄은 자연적 공감의 편파성 문제를 해결하는데 어려움을 겪는다. 이 때문에 흄의 공감 개념은 다소 일관성을 유지하지 못하고 있는데, 이 역시 그가 자연적 공감과 이성적 공감을 분명하게 구분하지 못한 데서 기인한다. 자연주의자로서 흄은 공감의 교정이나 보편적 자비심 같은 개념을 제시하기도 한다.[51]

현상학적 윤리이론을 구상했던 후설이 공감을 자연적 공감과 이성적 공감으로 구분한 것은 바로 이와 같은 칸트와 흄의 견해가 갖고 있는 감정이론의 일면성과 문제점을 꿰뚫어 보았기 때문이다. 후설이 말하는 이성적 공감이야말로 칸트와 흄에게 해당하는 자연적 공감과 전적으로 구분되는 도덕적 공감이다. 이에 따르면, 칸트와 흄의 공감은 자연적 공감이지 이성적 공감은 아니다. 비록 양자 모두 이성적 자비심과 같은 이성적 공감의 감정 같은 것에 주목하고 있으면서도 그것이 갖는 '이성적 감정' 혹은 '감정적 이성'의 가능성에 대해서는 통찰하지 못했다. 그들에게 그것은 형용상의 모순으로서 근본적으로 불가능한 것이었기 때문이다.

반면에 자연적 공감과 이성적 공감을 구분하며, 이성적 공감의 지위와 역할에 주목했던 후설 역시 이성적 공감이 어떻게 이성과 공감(감정)의 통일감정이 될 수 있는지를 설명하고 있지 않다. 우선 후설은 이성적 공감을 실천이성에서 기원하는 것으로 파악한다. 그런 점에서 후설은 도덕성의 근원을 이성에서 기원하는 공감 감정에서 발견한다. 이러한 이성적 공감이 감정적인 것이면서도 실천이성에서 발원하는 것은 그것이 가치평가적 작용 혹은 능력이기 때문이다. 그러나 이것만으로는 감정이 어떻게 해서 이성적 기능

---

51 D. Hume, *An Enquiry concerning the Principles of Morals*, 49.

과 공동작용을 할 수 있는지가 충분히 설명되지 않는다. 느끼는 이성, 혹은 의식적 느낌의 이성, 혹은 의지적 느낌의 이성의 가능성이 충분히 해명되어야 한다. 가령, 후설은 X가 좋다거나 나쁘다, 혹은 X가 옳다거나 그르다와 같은 감정적 가치평가가 어떻게 감정적인 것이면서 동시에 〔실천〕이성 혹은 이성적 가치감에 속하는 것인지를 명료하게 해명하지 않는다. 우리는 좋음과 옳음이 모두 어떻게 감정, 의지, 이성과 내재적 작용 연관성을 갖는지 말할 수 있어야 한다. 마찬가지로 지향적 체험과 상호주관성에 의존하는 후설은 엄밀히 말해서 공감과 감정이입(Einfühlung)의 근본적이면서도 중요한 차이를 간과한다. 그것은 후설의 현상학적 감정이론이 자아와 타자의 절대적 구분에 기초하고 있기 때문이다. 간접적인 감정이입으로부터 공감으로 나아가는 후설은 공감의 근원적 직능에는 자기공감 마저 포함되어 있으며, 인간적 공감은 자기공감과 타자공감이 동시에 매개 없이 즉각적으로서 이루어지는 구조를 갖는다는 것에 주목하지 못했다.

후설의 현상학적 윤리학, 즉 현상학적으로 탐구된 지향적 체험의 윤리학은 "의식의 근본기능으로서 감정을 전제하지 않는 윤리학의 불가능성"[52]을 강조한다. 또한 동시에 사태와 대상, 가치사태, 가치성질의 명확한 구분의 필요성 및 선험적 연관성을 강조함에도 불구하고 이성과 감정의 통일 및 자연적 공감과 이성적 공감의 연관성과 차이의 구분 근거를 발견하기 어렵다. 심지어 후설은 자주 공감과 감정이입을 혼동하기도 하는데, 이 또한 주체와 객체, 공감과 공감의 대상의 구분을 먼저 상정하고 있는 데서 비롯된 것이다. 즉, 자연적 공감과 이성적 공감의 구분 근거와 상관성에 관한 후설의 해명은 분명하지가 않다. 공감과 지향적 의지, 지향적 감정, 가치평가적 이성의 상관성이 규명되어야 하며, 이에 근거해서 실천이성과 의지, 그리고 감정의 상관성이 하나의 통일체로서 자연적 공감과 구분되면서도 이로부터 촉발되는 이성적 공감에 도덕성의 근원을 두는 이유가 해명되어야 한다. 다시 말해 자연적 공감과 이성적 공감이 이성적 느낌으로서 하나의 윤리적 주

---

52 E. Husserl, *Vorlesungen über Ethik und Wertlehre 1908-1914*, 418.

체에게서 내재적으로 통일되어 있으며, 이 때문에 이성적 감정, 감정적 이성, 의지적 이성, 이성적 의지, 즉 감정, 의지, 이성의 본질적 연관성이 해명되어야 한다. 수동적인 자연적 공감을 거역하는 이기적이며 자기중심적인 경향성의 감정들의 개입을 차단해야 할 당위성, 즉 해야 한다는 의무의식의 수반은 모두 이성적 공감의 작용을 활성화시키는 보편성에 대한 반성적 의식과 의지, 즉 이성의 요구에 의거한다. 그렇게 자연적 공감은 그것이 이미 이성적 느낌이면서 동시에 보편성에 대한 의식을 매개로 해서 이성적 공감과 내재적으로 결합되어 있다. 다시 말해 보편성에 대한 의식과 요구를 통해 자연적 공감과 이성적 공감은 하나의 이성적 느낌의 공감으로 연결되어 있다. 자연적 공감 없는 이성적 공감은 공허하며, 이성적 공감 없는 자연적 공감은 맹목적이다.

마찬가지로 후설 현상학의 연장선상에서 공감과 사랑의 본질연관성을 성찰하고, 당위를 가치에 근거하여 규정하는 셸러[53] 역시 그의 탁월한 통찰에도 불구하고 공감윤리학에 대해서 "최고 가치를 공감에서 찾고, 도덕적으로 가치 있는 모든 태도를 공감에서 도출하려는 윤리학은 결코 도덕적 삶의 사실을 정당화시킬 수 없다"[54]고 단언한다. 셸러는 '어떤 공감 없이도 선 자체가 존재하며, 가치에 맹목적인 공감에는 가치 인식의 기능이 없으며, 따라서 공감은 그저 다른 사람의 감정을 그대로 따르는 것이거나 그 느낌에 대한 반작용에 불과한 것으로 규정한다. 이에 윤리적 판단에 공감을 끌어들이지 않는 것이 타당하다는 입장을 견지한다.'[55] 같은 맥락에서 셸러는 사랑과 공감을 본질적으로 다른 것이고, 또한 결코 서로 환원될 수 없는 성질의 것으로, 공감이 아닌 사랑을 모든 가치를 발견하는 근원적 작용으로 파악한다. 셸러가 이렇게 할 수밖에 없었던 것 역시 그가 자연적 공감과 이성적 공감, 그리고 이 두 공감의 이성적 느낌에 의한 통일적 근원을 생각할 수 없었기 때문이다. 칸트를 비롯해 흄, 쇼펜하우어, 후설, 셸러 등 공감을 제일의

---

53 박인철,「공감의 현상학: 공감의 윤리적 성격에 대한 후설과 셸러의 논의를 중심으로」, 101-46.

54 M. Scheler,『공감의 형식과 본질』 35.

55 이을상, 번역자 해설, M. Scheler,『공감의 형식과 본질』 14 이하.

감정 혹은 제이의 감정으로 보는 대부분의 경우 자연적 공감과 이성적 공감으로 구분되는 공감 자체가 그 근원에 있어서 이성적 느낌과 가치의식으로서 의식적 느낌을 동반하는 보편적인 이성적 감정이라는 것을 통찰하지 못한 것이다. 함께함의 이성적 느낌은 인간의 의식을 지배하는 근원적 감정이다. 함께함의 일치와 공명에서 기원하는 공감은 인간적 존재와 가치의식과 실존을 규정하는 모든 가능성의 원천이다. 공감 없이 인간은 어떤 존재감과 가치감도 의식할 수 없다.

반면에 공감을 인간 "현존재의 근원적 처해 있음 혹은 근본 기조"로 이해하면서 공감의 존재 연관성을 규명해내고 있는 주목할 만한 견해를 제시하고 있는 한상연은 "타자를 향한 긍정적인 감정 뿐 아니라 실은 부정적인 감정조차도 존재론적 의미의 공감을 배경 삼아 일어난 것이다. 더 나아가 타자에 대한 윤리적 판단 역시 존재론적 의미의 공감이 전제가 되지 않으면 일어나지 않을 것이다"[56]고 밝히고 있다. 앞서 칸트의 공통감의 문제를 공감과 연관지어 논구했듯이 공감 작용은 존재론을 필요로 한다. 그러나 정작 문제는 존재와 윤리의 연관성을 어떻게 이끌어 낼 수 있느냐 하는 것이다. 이를테면 존재에 연루되어 있는 공감, 즉 존재론적 공감에 기초를 둔 이해와 소통 그리고 근본 감정들이 실제로 어떻게 우리의 인간적 및 윤리적 행위와 판단에 개입하고 작용하는지가 관건이다. 이에 한상연의 공감의 존재론은 이러한 실질적인 공감 작용의 규명을 위한 길을 닦아 놓았다는 점에서 기여하는 바가 크다.

이성적 공감의 토대가 되면서도 그와 구별되는 가장 보편적인 인간적 감정인 자연적 공감은 근본적으로 수동적이다. 대표적으로 자연적 공감에 뿌리를 둔 감정으로서 생명애, 동정심(compassion), 연민(pity) 등을 포함해서 함께 기뻐함, 함께 슬퍼함, 함께 분노함, 함께 아파함, 함께 좋아함, 함께 싫어함, 함께 나눔 등 함께함의 근원 감정(느낌)들이다. 자연적 동정심인 연민

---

56 한상연, 『공감의 존재론』 61.

은 능동적인 이성적 동정심인 자비심(benevolence)[57] 혹은 자선(charity)과 구별된다. 동정심은 기본적으로 함께 아파함, 함께 슬퍼함 등의 자연적 공감이지만, 실존적인 윤리적 상황에서는 그에 적합한 구체적인 행위를 결정해야 하기 때문에 이성적 외지의 개입이 이루어지며, 이러한 의지적 선택은 그에 수반하는 이성적 공감, 즉 자비심이나 정의감 등의 2차 감정, 즉 덕감정을 낳는다.[58] 반성적 공감 감정들인 덕감정은 보편적 사용을 규정하는 의무의 규칙들로 성문화할 수 있다.

누군가의 고통에 응대하는 자연적 공감 감정으로부터 그 고통의 부당함을 인지하는 이성적 느낌은 정의감을 낳고, 이에 수반하는 도덕판단의 실천 과정에서 우리는 정의의 원칙과 덕감정과 같은 구체화된 이성적 공감의 감정을 갖게 된다. 또한 그것을 앞으로 일어날 유사한 경우에 적용할 행위의 원칙으로 삼게 된다. 이러한 과정은 언제나 자동적으로 진행되는 것이기 때문에 이성과 공감은 이미 공감적 이성 혹은 이성적 공감의 감정들로 결합해 있다. 사회적 존재에게 그것은 이미 사회적 공감이며, 처음부터 이성적 감정에 의거해서 행위하려는 욕구를 갖지만, 이 역시 자연적 공감의 감정들의 자동적 매개 없이는 불가능하다. 이는 감정이 없는 기계가 이성적으로 행동하는 것처럼 보이는 것과 같다고 할 수 있다. 이렇게 원칙과 덕감정, 그리고 그에 따라 행위하려자 하는 덕의무는 공감적 이성을 통해 그 상관성이 확인된다. 품성상태 혹은 덕성의 내용적 실질을 이루는 덕감정과 덕의지와 덕의무는 덕규칙이라 할 수도 있는 의무의 규칙으로 성문화될 수 있는데, 정의의 원칙들도 그러한 경우이다. 이렇게 느껴지는 동정심은 감정의 최초의 발생적 측면에서는 자연적/수동적이지만, 보편적 사용을 의욕하는 공감적 이

---

57 칸트는 이 자비심을 "이성적 자비심"(VIII:593)이라고 표현한다. 이런 감정의 존재에 대한 통찰에도 불구하고 칸트는 이를 형용상의 모순인 것처럼 '이성적 공감'이라는 언어를 발견하지 못했다.

58 이성적 자비심이나 정의감은 도덕적 덕들 혹은 도덕적 개념들이다. 하지만 이런 덕목과 개념 자체가 먼저 주어지는 것은 당연히 아니다. 이것들은 보편적 관점에서 도덕적 선택을 의욕하는 이성의 의지적 사용의 결과로서 산출되는 것이며, 추후에 우리는 이런 덕목과 도덕 개념을 도덕적 행위의 준칙으로 삼고자 함으로써 개념화 내지는 객관화된다. 이런 준칙을 모든 경우와 상황에 무조건적으로 적용하려는 데서 칸트적인 형식주의 윤리의 한계와 문제들이 생겨난다.

성(의지)의 구체적 행위의 측면에서는 이성적/능동적이다. 개인적 혹은 집단적 행위에 반영되는 편파적인 자연적 동정심만으로는 이에 부합하는 도덕적인 선택적 행위를 할 수 없다. 도덕적이고자 하는 행위의 선택은 보편적 관점에서 행위하려는 이성적 의지가 반드시 개입하기 때문이다. 그것이 인간적 이성의 본성이다.

인간적 이성은 그것을 보편적 관점에서 하는 행위를 의욕한다. 그것은 인간적 도덕성의 근간이자 본질, 즉 우리가 도덕적 관점 혹은 도덕적 행위라고 말하는 이성의 요구에 반영되어 있는 도덕의식이다. 이렇게 자연적 공감(동정심)에서 발원해서 그러한 감정을 보편적/도덕적 관점에서 행위의 선택을 의욕하게 만들며, 구체적인 실천을 가능하게 한다. 그 때문에 비록 도덕적 관점에서 선택한 의지적 행위일지라도 그 근본성격은 감정 연관적이다. 그러한 행위의 동기가 감정에 뿌리를 둔 것이어야 그것이 의지를 그리고 특정한 이성적 원칙을 의욕하고 또 실행할 수 있을 것이기 때문이다. 그리고 가치를 평가하는 이성은 이미 이러한 감정 속에 깊이 작용하고 있다. 감정의 보편성이 바로 그 보편성이라는 성질로 하여금 그것이 동시에 이성적인 것임을 지시하고 있기 때문이다. 이렇게 이성과 의지, 감정은 자연적 공감을 기초와 내용으로 해서 하나의 내재적 연관성을 갖고 있다. 이 구체적으로 의욕된 공감적 이성이 곧 능동적 공감이며, 자비심이나 자선, 정의감 등은 그러한 이성적 공감 감정의 구체적 표현들이다.

자연적 공감은 인간의 자연 본성에서 기인하는 수동적·감성적 감정으로서 자생적 혹은 자발적인 보편적 감정, 정확히 말하면 누구나에게 있는 자연 감정이지만 그 크기와 강도에 있어서는 차이를 갖는다. 동정심 같은 자연적 감정은 이성적 공감 감정인 자비심 같은 능동적/질적 동정심과 달리 나의 의지와 상관없이 산출되는 수동적/양적 감정이다. 비록 수동적 공감은 느껴지는 감정이기 때문에 친소를 구별하는 인간의 자연적 성향 때문에 편파적일 수 있지만 이런 감수성 없이는 아예 도덕적 행위 자체가 가능하지 않다는 점에서 이들 공감은 도덕적 감수성(sensitivity)과 감응력(sentience)의 표현으로서 도덕적 행위의 근원적인 가능 조건이며, 능동적 공감의 원천 감정들이다. 인간은 이미 사회적 존재로서 이성적 행위자이기 때문에 때로는 자연적 공감만으로 충분히 이성적 공감에 일치하는 도덕적 행위의 주체가 되기도 한다. 그럴 경우 자연적 공감은 이미 도덕적 감수성 자체이자 도덕적 존재의 징표가 된다. 그러나 마찬가지로 사회적 행위는 이미 특정한 도덕과 규범을 포함하고 있듯이 이 모두는 공감적 이성의 산물이다.

이성적 공감은 능동적 감정으로서 인류애, 동료애, 존경심, 존엄성, 숭고, 경의, 존중, 자비심 또는 자선, 희생, 봉사, 우정, 정직, 용기, 정의감과 같은 실질적이며 구체적인 이성적 감정들이다. 특히 인간 존중의 인간애와 인류애는 여타의 이성적 감정들을 통해서 더욱 구체적으로 표현된다. 이 이성적 공감의 감정들은 도덕적 선택 행위에 보편적으로 적용될 것을 의욕하는 이성적 의지의 산물이다. 이에 반해서 자연적 공감은 비록 '보편적인 인간적 감정'이긴 하지만, 수동적이어서 '보편적 사용의 의지'가 수반되지 않기에 도덕적 존재의 징표이기는 해도 윤리적 주체가 하려는 행위의 도덕적 동기가 되지 못한다. 그러므로 행위의 보편적 도덕성을 판정하는 데는 쓰여서는 안 된다.

이성적 공감의 의지는 칸트적 의미의 의지 즉 실천이성이지만, 칸트는 이성적 존재자의 의지를 말함으로써 대상 일반에 무차별적으로 보편타당하게 적용하는 의지로 보았기 때문에 이성적 공감처럼 형식과 내용을 동시에 의욕하는 의지, 즉 감정이면서 동시에 의지인 구체적이며 실질적인 이성적 공감을 말할 수 없었다. 그러나 자연적 공감은 자연적이면서 수동적인 감정이기에, 칸트가 지적하듯이, 자연적 공감 없이는 이성적 공감도 없기 때문에 그 자체는 도덕적 행위를 위한 '간접적인 동기'는 될 수 있어도 '직접적인 동기'로 쓰여서는 안 된다. 왜냐하면 칸트적 의미에서 타당한 도덕적 관점이란 보편성, 공평성, 공정성, 불편부당함, 평등, 정의 등의 요구를 따르는 것이며, 이성적 공감에도 감정적 의지를 보편적으로 사용하려는 이러한 이성의 요구가 들어 있는데, 따라서 아무 때나 무조건적으로 함께 기뻐하거나 함께 슬퍼하는 등의 자연적 감정에서 하는 행위를 도덕적 행위라고 할 수는 없기 때문이다.

의지란 특정 감정상태를 지속하려는 힘이기 때문에 그 성질에 있어서 감정 없는 의지, 감정과 무관한 의지는 존재할 수 없다. 특정 시점에 일정한 상태에 놓여 있는 감정을 지속 내지는 강화시키려는 어떤 의지적 힘이 다른 시점에 다른 특정한 자극을 받으면 감정상태에 변화가 생기게 되며, 이 때 의지는 이전의 감정상태를 유지하려 하거나 변화를 받아들이거나 하는 선택을 하게 된다. 이렇게 동일한 근원을 갖는 힘으로서 의지와 감정은 상호관계 속에서 작용하는 인간 본성의 자연적 경향성이다. 이와 달리 자연적 공감이란 감정과 의지가 구분되지 않는 상태의 감정일 뿐이다. 따라서 이 때의 감정은 힘이 느껴지지 않는 의지일 뿐이다. 이성적 공감은 자연적 공감에서 발원하며, 자연적 공감 없이는 이성적 공감도 없다. 이성적 공감에는 그것이 작용 혹은 발휘하게 될 때 구체적 상황에서 구체적 감정내용을 갖는 도덕적 분별이 작용하며, 공감적 이성은 보편적 사용을 의욕하기 때문에 도덕적 행위를 위해서는 대상 상관적인 구체적·범주적 보편성의 준칙을 필요로 한다.

도덕적 행위에서 공감의 지위와 역할을 고려할 때, 이성적 공감의 윤리와 칸트의 정언명법의 윤리는 근본적인 차이를 갖는다. 가령, 화장실 설치 시에 일반 화장실에 불편을 겪고 있는 장애인을 위한 전용 화장실의 설치 여부를 결정하려할 때, 장애인이 단 한 명에 불과할지라도 일반 화장실만이 아니라 장애인 화장실도 설치해야 한다는 요구에 대해서 칸트의 이성적 존재자의 정언명법과 윤리는 합당한 도덕적 결정을 하기 어렵다. 이성적 존재자의 윤리는 일반인과 장애인의 차이, 즉 장애인이 갖는 개별성과 특수성을 고려하기 어렵기 때문이다. 또한 인간의 존엄성이나 평등의 가치를 옹호하며 장애인에 대한 고려의 당위성을 강조하더라도 그에 반대하는 사람에 대해 그 차이를 말하기 어렵다. 구체적 내용이 없는 인간 존엄성의 윤리는 왜 차별 있는 대우와 차별 없는 대우가 각기 어떤 경우에 정의로운지를 정당화하기 어렵기 때문이다. 반면에 인간 존엄성에 대한 질적/능동적/사회적/이성적 공감에 매개된 공감적 이성의 윤리는 언제나 이와 같은 구별과 차이를 고려한다. 공감윤리는 그 차이와 특수성에 공감하는 감정적 이성작용에 토대를 두고 있다.

8. 도덕판단 : 감정판단, 의지판단, 이성판단

우리는 흔히 동정심 같은 자연적 공감(의 감정들)을 '인간적 감정'이라고 말한다. 동정심이 없어 보이는 사람, 심지어는 감정 반응에 문제가 있다고 생각하는 사람에 대해서 '사람도 아니다' 하며 극단적인 표현을 쓰면서 비난하거나 멸시하시도 한다. 이렇게 자연적 공감의 감정과 관련해서 '인간적이다' 혹은 '그에게서 인간적 감정을 느꼈다'고 하는 표현들은 맞는 말이다. 그러나 또 정확하지 않은 표현이기도 하다. 인간은 어떤 존재인가? 하는 물음에 대한 답으로는 부정확하기 때문이다. 그것이 여타의 생명체들과 구분해서 답해야 하는 물음이라면 보다 더 인간에 고유한 징표를 제시해야 한다. 말하자면, 자연적 공감이라는 표현으로 인간적 감정의 본질을 한정한다면 그것은 매우 제한적으로만 타당하다.

인간은 단순한 자연적 공감에서 생기는 감정을 지닌 존재라기보다는 이성적 공감의 존재이다. 한 인간이 단지 자연적 공감의 감정만을 갖고 있다면, 그는 반쪽 인간에 지나지 않는다. 인간은 본질적으로 자연적 공감 감정의 보편적 사용을 의욕하는 능력, 즉 공감적 이성 능력을 지닌 존재이다. 그러나 적지 않은 경우에, 특히 중요한 문제일수록, '공감 대 공감의 대립'을 초래하기 때문에 그 올바른 사용에 있어서 의견일치를 보기가 쉽지 않다. 이는 비단 윤리적 상황과 사태 자체의 복잡성 때문만이 아니라 한편으로는 자기중심적이며 편파적인 비공감적 감정들에서 기인하며, 다른 한편으로는 문제에 대한 객관적인 판단, 즉 사실이나 사태에 대한 객관적인 지식의 부족이나 오해에서도 기인한다. 더욱이 자연적 공감은 양적 감정들이어서 사람마다 함께 기뻐하거나 함께 슬퍼하는 정도에서 차이가 있다. 그런 이유들로 인해서 도덕적 일치에 이르는 일은 쉽지 않다. 심지어는 공감의 보편적 사용을 의욕하는 의지적 힘, 특정한 행위로 연결되는 덕들(정의, 희생, 사랑, 용기, 우정, 정직, 헌신)이나 성품적 덕들(탁월성)도 비공감적 감정들의 영향을 받거나, 혹은 시대와 상황에 따라 변하는 공감의 조건 즉 각 개인의 실존적 처지와 같은 실질적 여건에도 크게 영향을 받는다.

가령, 위험에 처해 있는 친구에 대해서는 '함께 아파함'의 공감 감정을 갖게 될 것이다. 그리고 이로부터 촉발된 공감적 이성은 (이미 사회적 도덕으로 습득한 이성적 공감의 감정이자 덕목인) '우정' 혹은 '친애'에 의지하려 할 것이다. 그러나 그 정도와 강도에 있어서 우정의 토대 감정으로서 자연적 감정이 갖는 편파성과 맹목성과 달리 공감적 이성에 기초한 공감적 덕목으로서 우정은 나의 여건과 친구의 처지에 따라서 실행될 것이다. 이를테면 올바른 도덕판단은 범죄를 저지른 친구에 대한 우정은 범죄에 합당한 처벌을 받도록 하는 것이며, 또한 그가 처벌을 잘 받고 그에 수반되는 어려움을 잘 이겨내도록 도와주는 행위가 될 것이다. 반대로 범죄에도 불구하고 처벌을 피하도록 갖은 수단과 방법을 가리지 않는 행위는 보편적 공감을 얻지 못할 것이다. 하지만 그가 범죄를 고의가 아니라 실수로 저질렀고 또 이를 심히 후회하는 경우에는 그에 대한 정상참작이 충분히 이루어지도록 노력하는 우정은 보편적 공감을 얻을 수 있을 것이다. 마찬가지로 그 모든 경우를 구별 없이 획일적으로 대우하는 것은 보편적 공감을 얻지 못할 것이다. 따라서 이성적 공감은 그 상황에 따라 구체적·범주적 보편성에 의거해서 사용되어야 한다. 이와 같은 공감은 보편적 동의를 얻을 것이기 때문이다. 이 같은 추론과 결정에 모두가 동의하지는 않을 수 있지만, 모두가 공감적 이성의 올바른 사용을 의욕한다는 것에서는 의견일치를 볼 것이다. 이것이야말로 인간적 도덕성의 본질이다.

자연적 공감이 크기와 강도의 차이를 갖는 보편적인 인간적 감정이라면, 이성적 공감은 이성의 구체적·보편적 사용을 의욕하는 감정이자 의지(실천이성)이다. 실천적 관점에서 도덕판단은 실제로 감정판단이면서 이성판단이자 의지판단이다. 자연적 공감이 갖는 순수한 감정 반응은 그것이 수동적이라는 점에서만 그런 것이지, 그 본성에 있어서는 작용하는 감정으로서 의지이다. 동정심의 발동과 그 실천이 곧바로 시비(是非)의 문제로 이어지는 것처럼 자연적 공감 감정이 이내 질적인 이성적 공감, 즉 감정적 이성 혹은 의지적 감정으로서 공감적 이성의 문제로 전환되는 것을 통해서 알 수 있다. 함께 하는 느낌인 자연적 공감들로부터 발생해서 실천이성 즉 이성적 의지의 보편적 사용을 의욕하는 바, 이들 이성과 의지, 그리고 감정은 실제로는 하나의 힘으로 통합되어 있거나 통합적으로 작동한다. 이러한 통합적 능력에 적합한 명칭이 다름 아닌 이성적 공감 내지는 공감적 이성이다. 이 이성적 공감은 편파적이지 않은 공평성과 보편성을 의욕하는 감정적 의지이면서 그 상황에 맞는 특수한 감정들, 즉 이성적 자비심, 사랑, 정직, 희생, 정의감 등의 복합 감정이자 질적 감정들을 불러일으킨다. 이처럼 이성적 공감의 감정은 구체적이면서 보편적 사용을 요구하는 이성적 느낌의 감정이다.

공감적 이성의 도덕판단은 감정판단에 기초한다. 그리고 실제적인 도덕판단에서 자연적 감정들과 이성적 감정들은 구분하기 어려울 수도 있다. 가령 함께 슬퍼함이나 느껴지는 사랑과 같은 자연 공감으로부터 베푸는 사랑이나 헌신, 정직, 희생의 이성 공감을 구분하기는 쉽지 않다. 그러나 이런 표현에도 이미 그러한 차이가 반영되어 있다. 양자 사이의 가장 중요한 차이는 수동적이냐 능동적이냐, 즉 구체적 대상과 관계하는 보편적 사용을 의욕하는 이성적 의지의 개입 여부이다. 가령, 특정한 위험에 빠진 사람의 처지를 목도하고 인지하게 되면 누구나 자연스럽게 함께 안타까워하거나 함께 분노하는 등의 자연적 감정을 갖게 된다. 그런 다음 우리는 곧바로 이 위험에서 벗어나도록 도우려는 의욕을 갖게 된다. 이 자연적 감정으로부터 촉발된 적극적 의욕이 곧 이성적 공감의 감정들로 구체화된다. 그리고 이 의욕에는 도덕적 이성의 보편적 관점으로서 보편성, 공정성, 공평성 등에 대한 요구가 담겨 있다. 이 공감은 구체적으로 이성적 동정심 혹은 이타심으로서 자비심, 혹은 정의감과 같은 감정을 낳을 것이다. 이에는 어떻게 하는 것이 진정으로 위험에 처한 사람을 돕는 것이 옳은지에 대해서 숙고하고, 그에 따른 행위를 실행하려 하려는 의지가 포함된다. 나아가 이 상황에서 만일 그것이 연출된 것이거나 혹은 그 사람이 증오의 대상이거나 사회적 비난을 받는 대상인 경우에는 자비심이나 정의감의 실행은 억제되거나 지연될 수도 있을 것이다. 따라서 이에는 이성적 공감을 어떻게 사용하는 것이 옳은지 즉 도덕적 사용 여부가 중요한 선택이 된다. 이런 점에 비추어 보면, 윤리와 도덕은 자연적 공감이 아니라 이성적 공감의 수준에서 요구되는 올바른 행위의 문제다. 인간의 사회적 삶은 이러한 이성적 공감 사용의 옳고 그름을 판정하는 일의 연속적 과정이다. 그리고 역사적 과정에서 우리는 이에 준하는 행위의 준칙을 만들고 또 그에 부합하는 실천적 덕목들을 미덕으로 칭송하게 된다.

살펴본 바와 같이, 자연적 공감에서 구체적인 이성적 공감으로 이행하는 과정에는 순차적으로 감정판단, 의지판단, 이성판단이 작용한다. 하지만 이들 판단은 제각기 분리되어 작용하지 않고 하나의 힘으로 통합되어 있다. 이를테면 하나의 감정을 특정한 방식으로 유지하려는 힘이 의지이며, 이 의지에 보편적 사용을 요구함으로써 자연적 감정을 특정한 질적 감정으로 강화하도록 만들어주는 힘이 이성이다. 공감적 이성의 보편적 관점에서 도덕판단은 공감 감정에 뿌리를 두고 있는 감정판단이며, 동시에 보편적 사용을 의욕하는 이성적 의지판단이다. 의지는 특정한 감정을 지속시키고자 하는 힘이다. 그리고 공감을 매개로 하는 감정적 의지로서 보편적 사용을 의욕하는 이성이 공감적 이성으로서 실천이성이다.

이성적 공감의 감정들 중에서 가장 복합적인 감정이 인간 존엄성이다. 공감적 이성의 도덕판단으로서 인간적 자존감을 높이 고양시키는 존엄성에 담겨 있는 존엄성이라는 자존감과 가치감은 그 근저에 자연적 공감의 감정들인 생명애, 동정심, 연민, 기쁨, 공포, 불안 등에 뿌리를 둔 인류애, 동료애, 고귀함, 위대함, 숭고함, 희생, 헌신, 정의감 등의 이성적인 감정들이 함께 작용하는 복합감정이다. 이런 이성적 감정의 매개를 통해서만 우리는 비로소 인간이 존엄한 존재라는 것을 이해할 수 있다. 다시 말해서 이를 가능하게 하는 실질적/질료적 내용을 제공하는 것이 진정한 인간적인 도덕적 공감인 이성적 공감의 감정들이다. 인간적 가치의 모든 것이 이 도덕적 공감으로부터 나온다. 그리고 그 근원은 자연적 공감이다. '함께 느낌'의 실제적이며 구체적인 경험들과 이성적 의지의 보편적 사용으로부터 이러한 이성적 감정들이 승인된다.

공감적 이성이 느끼는 인간 존엄성의 가치는, 칸트 자신의 드높은 칭송에도 불구하고, 칸트적 의미의 형식적 규정에 불과한 순수한 이성적 존재자의 개념으로부터는 생길 수도 느낄 수도 없다. 인간은 이성적 존재자이면서 동시에 감성적 존재자, 즉 하나의 통합체로서의 인간이기에 이성적 존재자에게만 적용 가능한 추상적인 형식적 보편성에 대한 요구는 무조건적 명령으로 강제할 수는 있어도 혹은 하나의 이상적인 척도가 될 수는 있어도, 실천적으로는 무용하거나 무력하다. 가능한 도덕적 요구는 실제하며 실존하는 현실적 인간을 대상으로 하는 것이어야 한다. 그러므로 인간 존엄성은 인간 그 자체에 대한 것이어야 한다. 그 자체로서 인간 존재의 비할 수 없는 가치들을 느끼는 데서 인간의 존엄성이 발원하며, 그것은 공감하며 느껴지는 것이며, 이를 통해 그러한 존재로 승인되는 것이다. 그렇게 공감하며 느끼고 승인하는 존재가 곧 윤리적 주체이다. 생명감, 생명애, 동정심, 연민, 그리고 존경심, 자비심, 정의감 등의 감정들이 인간 존엄성의 내용을 구성하며, 따라서 구체적 내용을 갖는 인간적 도덕성을 규정한다. 인간의 존엄성에 대한 인식은 단순히 사람이 이성적 존재자이어서 아니라 존경심 같은 도덕적 감정이 이성적 공감 존재인 윤리적 주체에 의해서 느껴지고 승인되고 통찰되기 때문이다. 이런 것들이 대상 상관적인 도덕적 내용을 구성하며, 이를 통해서만 비로소 우리는 인간의 존엄성에 대해서 말할 수 있다. 순전히 개념적으로만 파악되고 규정되는 인간 존엄성은 공허한 추상적 개념에 지나지 않으며, 이로부터 존엄성과 그에 수반하는 존경심의 내용적 규정과 이해는 전혀 불가능한 것이다.

이성적 공감에 뿌리를 두고 있는 정의감도 대표적인 사회적 공감 감정이다. 각각의 상황마다 정의의 여건에 차이가 있을 것이기 때문에 공감적 이성의 정의감은 모든 경우에, 그리고 모든 사람에 대해서 획일적으로 사용되어서는 안 된다. 그 근원에 있어서는 자연적 공감에 뿌리를 두고 있지만, 정의감은 사회적 감정이기 때문에 사회 구성원들이 처해 있는 상황과 처지에 따라서 그에 적합한 행위 또한 다를 것이기 때문이다. 공감적 이성은 그와 같은 차이를 민감하게 지각한다. 그러므로 모든 경우에 동일하게 적용되는 하나의 정의란 존재하지 않으며, 유사한 경우는 유사하게 적용해야 한다는 형식적인 정의의 원칙만이 가능하며, 그 실천적 사용에 있어서는 보편적이면서도 구체적 원칙이어야 한다. 사안에 따라서 동일한 것은 동일하게 다른 것은 다르게 대우해야 한다. 즉, 동일한 처지의 개별 상황에 적합한 구체적 정의의 원칙들이 보편적 이성판단의 척도가 되어야 하며, 상이한 모든 경우에도 일률적으로 적용되는 무조건적인 보편원칙은 무용하다. 그것은 구체적 보편성 혹은 범주적 보편성의 윤리원칙이어야 한다. 칸트적인 무조건적인 보편원칙은 모든 특수한 개별적인 상황들에 적합한 개별적 원칙들로부터 추상된 형식적 보편성으로서 일방적, 맹목적, 획일적인 행위 원칙에 지나지 않는다. 감성적 민감성을 갖는 분별적 감정은 모든 사건 사고가 동일할 수 없다는 것을 일러주며, 따라서 범주적 보편성의 윤리원칙으로서 정의의 원칙들은 각각의 행위자의 처지에 부합하는, 그리고 유사한 처지에 있는 것들은 유사하게 대우하는 행위 원칙, 즉 구체적 보편성에 근거해야 한다.

9. 공감적 이성과 공감윤리

모든 구체적인 이성적 감정들은 공감적 이성 혹은 이성적 공감의 도덕적 감정들이다. 이러한 공감적 이성감정들이 인간적 도덕성을 특징짓는다. 따라서 공감적 이성의 공감윤리는 또한 도덕적 공감의 이성윤리로서 이성적 감정에 기초한 윤리원칙을 행위의 준칙으로 삼는다. 공감 감정의 도덕적·이성적 사용이란 윤리적 해결을 요구하는 사태에 범주적 구체성의 윤리원칙을 적법하게 사용하는 것이다. 따라서 공감적 이성의 공감윤리는 그에 합당한 윤리원칙을 제공하려고 노력한다. 그리고 그러한 원칙들에 합당한 성품적 특성이 행위의 실천을 용이하게 하며, 그것의 실질적 표현이 공감 감정임을 인식한다. 윤리원칙들 중 하나인 '어려움에 처한 사람을 도와야 한다'는 의무의 규칙은 정의의 덕을, 정의감을, 그 실천을 의욕한다. 이에 의무의 원칙, 덕의무, 덕감정, 덕의지는 모두 공감적 이성의 다른 표현들일 뿐이다. 특히 공감적 이성의 윤리원칙은 특정한 사태에 한정해서 보편타당하게 적용되어야 하는 실천원칙이다.

정의감과 함께 이성적 공감의 덕목으로서 충동과 구분되는 씩씩하고 굳센 기개로서의 용기는 덕감정이면서 감정적 흔들림 없이 일정하게 고정된 감정적 크기와 힘을 갖는 상태로서 덕의지이다.[59] 이런 용기는 이미 어떤 사태에 부합하는 행위를 하려는 욕구를 갖는데서, 즉 특정한 사태와 관련 있는 사람들이 함께 느끼며 필요로 하는 데서 생긴 의지로서 그런 감정 상태를 지속적으로 갖고자 하는 힘과 의지의 산물이다. 이를테면, 화재가 난 집에 방치된 사람을 목도하게 된 특수한 상황에서 우리는 그 사람을 구하려는 마음을 갖게 되는 것이 자연적 공감이다. 그리고 대부분의 경우 인간은 태어날 때부터 이미 사회적 존재라는 점에서 자연적 공감은 이성적 공감과 함께 작동한다. 앞서 이성적 공감은 자연적 공감을 전제하며, 그 원천이라고 한 것은 이를 두고 한 말이다. 함께 생활하는 인간의 무리들이 많아지면서 이 두 공감의 작용은 더욱 구분하기 어렵게 되었을 것이다. 여하튼 사회적 존재로서 공감적 이성은 인간의 수동적 공감으로부터 능동적 공감으로의 이행을 의욕한다. 다시 말해서 자연적 공감에서 이성적 공감으로의 이행이 이루어진다. 이로부터 '위험에 빠져 있는 사람'에 대해서 갖게 되는 자연적 공감(가령, 연민과 동정심)으로부터 그 사람이 누구이며 어떤 사람인지에 상관

---

59 덕감정과 덕의지에 대해서는 맹주만, 「칸트의 덕과 덕-감정」, 29-50; 「칸트의 윤리학」, 296-314.

없이 구하려는 행위를 의욕하게 될 것이다. 이 능동적인 의지적 감정은 이미 이성적 공감의 작용이다.

그러나 다른 한편으로 이성적 공감은 인간이 처하게 되는 상황과 상호관계의 복잡성으로 인해 잘못 사용되기도 한다. 따라서 우리의 자연적 공감은 반드시 이성적 공감으로 이행하는 것은 아니다. 상황의 위험성 정도, 나의 처지, 그 사람과의 관계, 사회적 제도 등이 행위에 영향을 미친다. 그럼에도 이성적 공감은 사회적 공감의 원칙에 도달된다(혹은 모색 중일 수도 있다). 인간은 이성적 공감 존재면서도 동시에 이미 그 자체로 사회적 공감 존재이기 때문이다. 그 결과 이로부터 "누구든 위험에 빠져 있는 사람은 도와야 한다" 내지는 "누구든 위험에 처해 있는 사람은 가능한 한 최선을 다해 도와야 한다"와 같은 인간적 의무의 원칙으로 일반화되며, 용기와 같은 덕목과 덕의지로 구체화된다. 그러나 이성적 공감으로서 용기의 덕목 혹은 의무의 원칙은 다시 도움이 필요한 사람과 도움을 주는 사람의 상황에 따라서 구체적인 범주적 보편성의 준칙들에 의거해서 다르게 적용되거나 평가될 수 있다. 다시 말해 용기 있는 행위를 요구하는 이성적 공감 감정은 유사한 경우에는 유사하게, 다른 경우에는 다르게, 무엇이 진정으로 용기 있는 행위인지를 그에 맞게 판정한다. 그에 따라서 덕감정과 덕의지의 덕과 의무의 준칙이 구체화 및 세분화될 것이며, 그러한 가치가 '용감함' 혹은 '정의로움'이라는 이름으로 불린다.

공감적 이성의 공감윤리는 고통과 아픔, 기쁨과 희망을 함께 공유하는 배려와 돌봄, 공존과 상생의 윤리다. 동시에 그러한 가치들을 맹목적으로 실천하는 편파성과 집단성과 맹목성을 거부하는 정의와 의무의 윤리다. 인간은 그러한 가능성을 지닌 공감적 이성 존재이다. 구체적 보편성의 의무를 요구하고 승인하는 공감적 이성은 인간적 의지의 본질이다. 이성적 의지를 지닌 인간은 같은 것은 같게, 다른 것은 다르게, 차이 나는 것은 차이 나게 대우해야 한다는 것에 공감하는 존재다. 지각 대상에 대한 감성적 민감성을 구체화하는 공감적 이성은 모든 윤리적 가치들의 발생적 원천이다.

2

현대윤리학과 실재론 논쟁

1. 실재론과 반실재론

공감적 이성의 윤리는 도덕적 실재론의 윤리이다. 도덕법칙은 누구도 부인할 수 없는 이성의 사실로서 존재하며, 그에 따라서 보편적 의지의 구체적 사용과 적용을 의욕하는 윤리이기 때문이다. 그것은 또한 객관주의 윤리이다. 누구나 승인할 수 있는 객관적인 도덕원칙이 존재한다고 믿기 때문이다.

현대인의 삶과 밀접한 관계가 있는 사회 윤리와 정치 현상을 지배하는 태도는 상대주의이다. 극단적 상대주의는 회의주의와 결탁하며, 허무주의로 귀착하기 쉽다. 도덕적 반실재론(antirealism)은 이런 시대의 분위기에 잘 어울리는 윤리적 입장이다. 비록 목표와 전략은 달라졌지만, 어느 쪽이 승자요 패자인지 쉬 가늠할 수 있을 것만 같은 지금도 이런 경쟁 구도는 현대윤리학에서의 실재론 대 반실재론 논쟁을 통해서 계속되고 있다.

현대윤리학에서 이 논쟁에 연루되어 있는 다양한 입장들을 서로 대립하는 각 진영의 고유한 입장, 그들 각자가 이해하고 있는 도덕의 의미, 그 밖의 다른 영역에서의 실재론 논쟁과의 연관성이라는 세 가지 항목에 초점을 두어 정리, 평가한 바 있는 세이어-맥코드는 어떤 도덕적 주장이 그 진리 조건을 충족시키는지 여부를 기준으로 실재론과 반실재론을 구분한다. 이를 참조해서 구분해보면, 도덕적 반실재론은 도덕적 도구주의(C. S. Peirce, J. Dewey, R. M. Rorty)나 정의주의(R. Carnap, A. J. Ayer, C. L. Stevenson), 상대주의(Protagoras, Gorgias, B. Williams)를 비롯한 윤리인식을 부정하는 비인지주의, 그리고 도덕적 실재론은 윤리적 자연주의(J. S. Mill, R. B. Perry)와 직관주의 또는 객관주의(I. Kant, J. Piaget, D. Ross, G. E. Moore), 합리주의(A. Gewirth, B. Gert)와 같은 윤리인식을 긍정하는 인지주의의 입장을 취한다. 반면에 인지주의를 지지하는 주관주의(T. Hobbes, D. Gauthier, Smith, R. Firth, H. A. Prichard)와 상호주관주의(R. Benedict, G. Harman, J. Rawls)와 같은 약한 혹은 온건한 실재론은 제한적인 의미에서 실재론에 포함시킬 수 있지만, 엄밀한 의미에서는 반실재론으로 분류될 수 있다. 도덕적 실재론의 전형적인 입장이 다른 부대조건 없이 그 자체로 도덕적으로 참인 명제의 가능성을 옹호하는 반면에, 이들은 대부분 도덕적 주장의 진리 기준에 실재론적 입장에서 벗어나는 조건을 추가시킨다는 점에서 도덕적 실재론에 속한다고 보기 어려운 면이 있다.[1] 하지만 반대로 강한 혹은 엄격한 실재론의 기준을 적용할 경우, 무어의 직관주의나 칸트의 선험주의 등을 포함한 대부분의 실재론적 입장마저도 부수적인 조건으로부터 완전히 자유롭지 못하기 때문에 이러한 구분을 그대로 유지하기 어려운 면이 있다.

윤리학에서 실재론 대 반실재론 논쟁을 방법론적 관점에서 구분해 볼 경우에 도덕원리의 정초 가능성을 긍정하는 진영과 부정하는 진영 간의 외적 논쟁, 그리고 같은 진영 안에서도 각각 그 가능성/불가능성에 대해서 견해를 달리 하는 내적 논쟁으로 구분할 수 있다. 이러한 논쟁에 가담하고 있는 대표적인 이론들로는 넓은 의미에서 도덕적 실재론에 속하는 자연주의, 직관주의, 계약론적 윤리설 또는 자유주의 윤리설 등이 있으며, 반대로 도덕적 반실재론에는 정서주의, 실존주의를 포함한 상황주의 윤리설, 공동체주의 윤리설, 반이론(anti-theory), 반토대주의 등이 있다.[2]

그러나 이 같은 다양한 견해들을 이론적 및 방법론적 관점에서 올바로 진단하기 위해서는 그 중심에 있는 서 있는 핵심 문제와 그 성격을 좀 더 분명히 규명할 필요가 있다. 실재론 논쟁에서 가장 쟁점이 되고 있는 문제는 상당 부분 도덕적 사실(moral facts)을 어떻게 해석하느냐에 직간접적으로 연루되어 있다. 관건은 판단 주체의 마음으로부터 독립적인 도덕적 사실의 존재 여부다. 이를 승인한다는 것은 도덕판단의 참과 거짓을 판별할 수 있는 객

---

1 G. Sayre-McCord (ed.), *Essays on Moral Realism*, 1-23 참조.
2 이와 관련한 현대 실천철학의 방법론 논쟁의 한 사례에 대한 개괄적인 평가에 대해서는 박정순, 「자유주의 대 공동체주의 논쟁의 방법론적 쟁점」 33-4 참조.

관적 기준이 존재한다는 것을 의미한다. 따라서 이 문제에 대한 충분한 검토는 현대윤리학의 실재론 논쟁의 핵심 쟁점을 올바로 이해하고 평가하는 데 요구되는 핵심 사안이다. 메타윤리적 관점에서 볼 때, 칸트는 이론적 인식에서는 반실재론적 입장을 갖고 있는 반면에 윤리이론에서는 도덕적 실재론에, 그리고 방법론적으로는 도덕적 구성주의의 입장을 갖고 있다. 그것은 기본적으로 정반대의 대척점에 서 있는 정의주의와 같은 극단적 비인지주의와 달리 윤리적 주장은 옳고 그름을 척도로 하는 참 혹은 거짓과 관한 주장이며, 그것을 가를 수 있는 객관적 척도가 존재한다는 입장이다. 그러나 칸트는 마음 독립적인 객관적인 도덕적 질서가 존재한다고 주장하는 합리적 직관주의와 같은 전통적인 실재론자는 아니다. 오히려 윤리적 주체가 갖는 의지의 자율성에서 도덕적 사실로서의 도덕법칙이 존재한다는 것을 증명한다. 그 증명의 성공 여부를 차치하면, 칸트의 실재론은 도덕적 사실의 존재를 이성적 존재자의 개념으로부터 선험론적으로 증명한다. 정언명법의 선험론적 증명이 보여주듯이 의지의 자율로서 도덕적 자유, 인간의 존엄성, 목적 자체로서의 인간성 및 인격성 등이 모두 그러하다.

2. 칸트의 도덕적 실재론

1) 도덕적 사실과 속성 : 도덕법칙과 선의지

서양 윤리학사의 한 획을 긋는 뚜렷한 족적을 남긴 칸트의 견해를 극명하게 드러내주는 특징은 도덕적 자율성에 토대를 둔 '이성의 사실로서의 도덕법칙'과 '선의지'의 실재성, 두 가지로 압축할 수 있다. 이 양자는 각각 도덕적 실재론을 규정하는 도덕적 사실과 도덕적 속성에 대응한다. 칸트는 『도덕형이상학 정초』를 선의지에 관한 선언적 명제로부터 시작하여 정언명법의 개념에 대한 모든 설명을 끝낸 다음에 "이제 우리는 우리가 처음 출발했던 곳 즉 무제한적으로 선한 의지의 개념에서 끝맺을 수 있다."(VII:70)고 말한다. 곧 정언명법은 선의지의 명법으로서 선의지에 담겨 있는 것을 구체적으로 드러내어 도덕판단의 척도로 삼고자 한 도덕법칙의 또 다른 이름이며, 실현해야 할 내용 또는 목적의 형식적 명제적 특성을 제시한 것이다. 결국 그것은 도덕성은 "우리 본성의 도덕적 소질"(VII:301)로서 인간성 안에 내재한다는 것을 그리고 그것이 어떻게 표출되어야만 하는지를 보여주려는 시도였다. 칸트의 도덕성의 원리가 갖는 독창성은 이미 "도덕형이상학"이라는 새로운 용어의 등장과 사용에 암시되어 있다.

『순수이성비판』을 통해서 보여준 코페르니쿠스적 전환이 소위 인식론사에 있어서의 획기적인 전환점이었다면, 칸트의 "도덕형이상학"은 단순히 하나의 새로운 도덕이론이 아니라 윤리학에서의 코페르니쿠스적 전환이라 일컬을 수 있는 무게를 지니고 있다. 이는 칸트가 당시에 객관적으로 타당한 도덕적 원리와 행위 가능성을 초인간적 기원과 토대 위에 세우려 함으로써 인간의 근원적인 도덕적 자율성을 온전히 근거짓지 못하고 있는 합리론자들의 독단주의와 도덕적 감정주의자들의 경험적 주관주의를 극복하기 위해 전비판기에서부터 고민해 온 오랜 노력의 결실이기도 하다.

이러한 배경과 의의를 갖는 칸트의 도덕이론의 전체적인 구조는 다음과 같은 세 가지 명제로 나타낼 수 있다.

P : 도덕법칙은 도덕적 사실로서, 선의지는 도덕적 속성으로서 실재한다.

Q : 이성적 존재자는 행위의 보편법칙으로서 도덕법칙을 선험적으로 인식한다.

R : 선의지를 지닌 인간은 도덕법칙에 따라서 행위할 수 있다.

여기서 명제 P는 도덕법칙은 객관적 타당성을 갖는 도덕적 사실로서 행위 주체의 선의지의 도덕성에 근거를 두고 있다는 것을 의미한다(내재주의적 실재론). 명제 Q는 도덕원리의 정초 가능성을 문제 삼는 도덕적 인식론을 규정한다. 즉 칸트는 도덕적 입법의 원천으로서 자율적 행위 주체의 도덕성으로부터 객관적으로 타당한 도덕적 인식의 가능성을 논증한다. 이 도덕법칙의 선험적 인식 가능성은 이성적 존재자의 개념으로부터 연역된다(인식론적 객관주의). 명제 R은 칸트가 인간 능력의 제한성에도 불구하고 원칙적으로 이성적 존재자의 도덕법칙에 따르는 도덕적 행위의 가능성을 승인한다는 의미한다(도덕적 실천주의). 이하에서는 이 명제들을 기초로 하여 이것들이 공유하고 있는 견해를 도덕적 실재론으로 파악하고, 이 세 가지 명제들을 하나의 상호의존적 체계로 통일시켜주는 칸트의 도덕이론이 갖는 특징적 성격들을 규명할 것이다.

브링크의 정의에 따르면, 도덕적 반실재론과 대별되는 도덕적 실재론은 "(1) 도덕적 사실 혹은 도덕적 진리가 존재하고, (2) 이 사실이나 진리는 그에 대한 증거로부터 독립적이다."라는 입장을 취한다.[3] 이 같은 정의는 도덕적 사실과 속성의 관계에 의해서, 그리고 증거독립적임이 어떻게 논증되느냐에 의해서 규정된다.

칸트가 주력했고 또 어려움을 겪었던 실제 이유도 도덕적 사실과 그것이 갖는 증거독립성을 논증하려는 시도와 관계가 깊다. 경험 가능한 증거에 의존적인 도덕성은 그것이 갖는 경험적 제약 때문에 그 사실의 객관성이 제약을 받으며, 동시에 도덕적 진리가 부정될 수 있다. 또한 실천철학자로서 칸트는 도덕적 인식가능성과 도덕판단의 객관적 타당성의 승인이 동시에 직접적으로 실제적 적용 가능성과 구체적인 현실 적합성을 갖는다는 것을 보여주려 했다. 정언명법의 정식들을 제시함으로써 그것이 구체적 행위의 도덕성 여부를 판정하는 척도로서 가능하다는 것을 보여주려 한 것이 그 예라 할 수 있다.

2) 내재주의와 객관주의

칸트는 말하기를 행위의 대상으로서 선·악이라는 객관을 존재하게 하는 행위를 의욕하기 위해서는 "행위의 도덕적 가능성"(VII:174)이 선행해야 한다. 칸트의 경우에 도덕적 가능성이란 먼저 우리의 의지가 자유이어야 함과 동시에 행위 주체의 도덕성이 전제된다는 것을 의미한다. 즉, 단순히 도

---

3 D. O. Brink, *Moral Realism and the Foundations of Ethics*, 17, 20.

덕법칙이 존재한다는 사실만으로는 아무런 의미를 갖지 못한다. 그것이 의미를 갖기 위해서는 인간의 의지가 이미 도덕적인 것이어야 한다. 그 의지가 바로 칸트가 말하는 선의지다. 즉 "실천해야 할 원칙과 심성에 미치는 행복의 영향을 교정해서 이를 보편적이고 합목적적이게 하는 선의지가 없다면,"(VII:18) 도덕법칙은 무용지물이나 다름없다.

그런 점에서 칸트에 있어서 행위의 도덕적 가능성은 도덕법칙과 선의지 양자가 불가분의 관계를 맺고 있다는 조건에 의존한다. 이로부터 그 근원에 있어서 "옳은 행위의 기준과 도덕적으로 선한 행위 안에서 작용하는 도덕 원리는 동일한 것으로 간주될 수 있다."[4] 이처럼 행위의 객관적 근거와 원리 및 평가의 기준을 행위 주체의 도덕성에 두는 칸트의 입장은 도덕적 실재론 중의 여타의 것들과도 구분된다.

칸트는 도덕법칙이란 논리학의 법칙이나 이론이성의 다른 원리들처럼 선험적으로 인식할 수 있는 것이라고 주장한다. 그리고 이 원리는 행위자의 경향성이나 욕구에도 좌우되지 않는 독립성을 갖는다. 나아가 도덕법칙은 선의지 자체의 법칙성과 형식성을 규정해 주며, 동시에 그것의 담지자이기도 한 행위 주체 자신에 의해서 선험적으로 인식된다. 이러한 특징 때문에 칸트의 도덕적 견해를 내재주의적 실재론(internalist realism)이라 규정할 수 있다. 물론 반실재론자들도 유아론자들처럼 내재주의에 의거하여 자신들의 입장을 논증하기도 하지만, 칸트는 저들과 달리 행위자의 특정하고 다양한 욕구나 경향성과는 독립적이면서도 차원을 달리하는 행위자의 도덕성에 의거한 논증을 전개한다는 점에서의 내재주의자이다. 이 내재적 도덕성의 가능 원천은 칸트의 이성적 존재자 개념이다. 이성적 존재자는 모든 감성적 및 감정적 제약으로부터 독립해 있는 이성 개념으로부터 연역되는 자기지시적, 자기목적적 개념이다. 만일 도덕판단이 감성적 동기와 경향성에 조금이라도 의존적이라면, 그것은 보편성과 객관성을 가질 수 없기 때문이다. 이러한 맥락에서 네이글도 칸트를 옹호하면서 그의 윤리학적 입장을 실

---

4 N. Potter, "Kant on Ends that are at the Same Time Duties", 108.

재론, 객관주의, 내재주의로 특징짓고 있다.[5]

그러나 이렇게 이성적 존재자의 개념에 근거해서 칸트의 도덕이론을 내재주의로 규정할 때 도덕원리의 객관성을 입증하기가 쉽지 않다. 내재주의는 도덕적 진리주장의 토대를 행위자의 도덕성과 동기에 두기 때문에 주관주의와도 양립할 수 있으며, 따라서 윤리적 주관주의에 가해지는 공격이 그대로 적용될 수 있다. 이를테면 일반적으로 행위자의 주관적 욕망은 도덕적 행위와 선택에 있어서 강력한 동기가 될 수 있다. 하지만 칸트는 이 주관적 욕망의 문제를 저급한 욕망능력과 고급한 욕망능력의 구별을 끌어들여 해결하고 있다. 여기에 칸트 윤리학의 가장 중요한 특징이 나타난다. 이 욕망능력의 구별은 칸트가 인간의 본성을 자연적 본성과 이성적 본성, 혹은 감정적 존재자와 이성적 존재자로 구분해서 이해하는 방식과 직결된다. 가령 행위의 이유란 행위자의 욕구에 토대를 두고 있다고 생각하기 때문에 도덕적 실재론을 거부하는 맥키도 칸트가 "예지적 자아(a noumenal self)의 이성적 의지를 도덕적 선택의 동기로 삼는다"[6]고 해석하면서 그를 가치의 객관성을 옹호하는 내재주의적 실재론자의 한 모델로 평가한다.

칸트는 이성적 본성 또는 이성적 존재자의 특성을 경향성이나 감성적 충동과 관계하는 자연적 본성과 달리 일체의 경험적인 것으로부터 독립해서 독자적으로 의지를 규정하는 실천이성으로 파악한다. 칸트의 윤리학을 이성적 존재자의 윤리학이라 할 수 있는데, 도덕성을 그 자체로 근거짓는 권리 근거가 모두 이 개념에 기초해서 정당화되고 있기 때문이다. 도덕적 자유, 선험론적 자유, 실천적 자유, 자율적 자유, 도덕법칙, 정언명법 등 이 모두가 이성적 존재자 내지는 이성적 본성에서 통찰되는 자기입증적 원천들이다. 다시 말해서, 선의지로부터 시작해서 이성적 존재자의 자유 인과성 혹은 의지의 자율에 의해서 정초되는 정언명법의 정식들은 모두 이성적 존재자의 개념으로부터 분석적으로 연역된 것들이다.

---

5 T. Nagel, *The Possibility of Altruism*, 6 이하.
6 J. L. Mackie, *Ethics: Inventing Right and Wrong*, 219.

칸트의 객관주의를 주관주의와 비교해 보면, 넓은 의미에서 주관주의자들은 도덕적 진리는 개인의 주관적 상태에 의존한다고 주장한다.[7] 반면 칸트는 도덕판단의 객관성의 근거를 주관에 두긴 하지만 일반적 의미에서의 주관주의자들처럼 판단자의 욕구나 신호 또는 목표와 같이 자연적 본성에다 두는 것이 아니라 행위 주체인 이성적 존재자 및 그 존재가 보편적으로 갖는 선의지의 도덕법칙 혹은 도덕적 의지의 보편법칙에서 찾는다는 점에서 심리학적 주관주의와 같은 입장과 전적으로 다르다. 물론 주관주의자들 중에도 선하거나 가치 있는 것에 대한 객관적인 사태가 존재한다고 주장하는 이들도 있다. 그러나 그들은 대다수 사람들의 심리적 성향에서 그 이유를 찾고자 한다는 점에서 여전히 상대적 주관주의라는 공격을 피해가기 어렵다. 반면에 칸트는 선의지 자체의 도덕성 즉 주관적이면서 이성적인 동기의 도덕성을 평가할 수 있는 객관적 기준이 이성적 존재자의 이성적 본성으로서 그리고 도덕적 의지 자체의 특성으로서 존재한다고 주장하는데, 도덕성의 최고 원리로서 정언명법이 그 역할을 맡고 있다.

정언명법의 보편성과 객관성을 주장하는 객관주의자 칸트는 헤어와 같은 처방주의자(prescriptivist)의 면모 또한 갖는다. 칸트에게 도덕적 처방은 어떤 도덕적 문제를 해결해야 할 때 그 선택이 정언명법이라는 도덕성 테스트를 통과할 하는지 여부를 통해서 결정된다. 그러나 이러한 성격은 무엇보다도 그것을 행위의 동기로서 채택하며, 동시에 우리의 신념과는 무관하게 언제나 우리의 행위를 구속하는 힘으로서 작용한다는 의미에서 도덕적 명령을 단지 어떤 문제적 상황이 주어졌을 때 실제적으로 행위를 인도하는 경우에만 충분히 처방적인 것으로 간주하는 헤어의 입장과는 전적으로 다르다.[8] 따라서 칸트의 객관주의는 그것이 우리의 신념이나 태도와는 독립적으로 존재하는 법칙에 따라야 하는 당위적 요구를 갖는 강한 의미에서 도덕적 실재론에 근거한 객관주의이며, 또 칸트의 처방주의는 선행적으로 행위의 도덕

7 G. Sayre-McCord (ed.), *Essays on Moral Realism*, 16-7 참조.

8 R. M. Hare, *Freedom and Reason*, ch. 5.

성을 평가하는 보편적 원리의 존재를 전제한다는 점에서 상황에 따른 선택적 결단을 강조하는 처방주의와도 다르다.

다른 한편으로 헤어의 입장에서 볼 때 칸트의 그것은 처음부터 비교의 대상이 아닐 수 있다. 그 접근 방식이 처음부터 윤리적 갈등 상황에서 도덕적 문제를 해결하는 것, 즉 도덕적 불일치 사태에서 객관적 처방 가능성을 목표로 하는 헤어에게는 메타윤리학자로서 이미 논리와 사실의 구분이 전제되어 있으며, 문제 해결을 위해서 따라야 할 도덕적 추론의 정당성이 주요 관심사이기에, 칸트처럼 인간이 어떤 의미에서 주체로서 도덕적 존재인지, 즉 왜 도덕적 존재일 수밖에 없는지, 또 왜 우리는 도덕적이어야 하는지, 그리고 궁극적으로는 도덕이 어떤 의미를 갖는지를 묻고 답하는 것이 아니기 때문이다.

3) 경험적·도덕적 직관주의

칸트는 보편타당한 도덕 원리를 초경험적인 이성적 직관이나 도덕감에 의해서 알 수 있다고 주장하는 윤리학적 직관주의자는 아니다. 주지하듯이 칸트는 직관을 감성적/물리적/자연적 직관과 지적/이성적 직관으로 구분하며, 인식론적 입장에서 후자를 부정하며 배격했다. 칸트가 이성의 능력 중에서 직관 능력을 부정하고 추리 능력만을 승인하며, 합리론을 비판하고 경험론의 편에 선 것이 이를 잘 보여준다. 이성의 지적 직관은 인식의 한계를 넘어섬으로써 인식 오류를 범하게 되는 근본 원인이다. 이것이 지적/이성적 직관을 인정하며, 이를 전가의 보도처럼 휘둘렀던 합리주의를 비판하면서 이를 독단주의로 규정한 이유이다. 그러면 보편적 인식을 낳지 못하는 감성적 직관도 아니며 착각과 오류에 빠지게 되는 이성적 직관도 아닌, 칸트의 그것을 굳이 경험적 직관주의로 규정하는 것은 무엇 때문인가? 또 이때의 경험적 직관은 정확히 어떤 의미인가? 비록 칸트가 감성에 속하는 직관과 감정 각각을 전혀 다른 성질의 것으로 구분하기 때문에 조심스럽지만, 그럼에도 나는 칸트의 윤리적 인식론을 경험적 직관주의로 규정함으로써 그의 경험적 형이상학 내지는 도덕형이상학의 근본 입장을 더 잘 보여줄 수 있다고 믿는다.

우선 내가 말하는 경험적 직관은 직접적으로 지각되는 도덕적 경험을 의미한다. 직관의 대상 구상적(具象的) 기능을 고려하면, 감정은 그 같은 대상을 구상 혹은 상상할 수 없지만, 칸트의 경험적 형이상학은 경험적 인식의 한계를 넘어서는 사변적 형이상학을 거부하고 도덕의 형이상학을 주장한 점에서 알 수 있듯이, 칸트는 자신의 윤리이론을 직접적으로 주어지는 도덕적 경험으로부터 전개한다. 이 도덕적 경험은 감성계/현상계에 제약된 감성적 직관/경험이 아니라 예지계에 속하는 이성적 존재자의 경험, 즉 이성적 경험이다. 그리고 이 예지적 경험은 지적 직관처럼 직접적으로 도덕적 인식과 원리의 타당성이 입증되는 경험도 아니다. 그것은 자율성의 원칙에 따라서 보편타당한 법칙으로 수립/정립/구성 되어야 하는 그런 경험이다. 이런 의미가 의무의식으로 대표되는 칸트의 도덕적 경험이다. 이 점에서 칸트의 경험적 직관주의는 동시에 도덕적 직관주의이다.

칸트가 도덕적 실재론에 설 수밖에 없으며, 또 형이상학적 내지는 합리적 직관주의와 같은 여타의 실재론들과 구별되는 가장 중요한 요인은 도덕적 경험 내지는 도덕적 사실(이성의 사실 또는 도덕법칙)에 대한 그의 해석의 독특함에 있다. 칸트가 말하는 의무의식 또는 도덕적 경험을 통해서 확증되는 이성의 사실은 도덕법칙을 입법하는 능력을 지닌 자율적 인간이 자기 자신에게 요구하는 "이성의 사실적 절대성"[9]이자 "도덕적 경험의 현실성"[10]을 의미한다. 칸트의 선험론적 윤리학은 이처럼 도덕의 사실성과 현실성을 증거하는 하나의 확고한 경험적 사실로부터 출발하고 있다.

이성의 사실은 우리 안에서 발견되는 순수한 실천이성의 의무법칙에 대한 도덕적 의식으로서 이는 어떠한 자연적 또는 경험적 사실로부터도 추론될 수 없는 이성의 자율적 자기 입법으로 정식화되며, 이성적 존재자로서

---

9 H. M. Baumgartner, Kants "Kritik der reinen Vernunft": Anleitung zur Lektüre, 42, 63 참조.
10 K. Konhardt, "Faktum der Vernunft? Zu Kants Frage nach dem 'eigentlichen Selbst' des Menschen", 176-7.

인간의 이성이 자신에게서 자체적으로 길러내야 할 당위로서 주어지며 또 존재한다. 칸트는 『실천이성비판』뿐만이 아니라 특히 『도덕형이상학 정초』에서 누누이 도덕성의 최고원리로서 도덕법칙(정언명법)은 도덕적 주체로서의 선의지의 원리 자체이며, 동시에 어떤 다른 것으로부터도 독립해 있는 도덕법칙에 의해서 선의지의 선이 구체적으로 규정되며, 따라서 정언명법은 선의지를 원리적으로 규정한 것에 불과한 것임을 강조하고 있다. 즉 상호 내재적 관계를 이루고 있는 선의지와 도덕법칙은 실천적 행위의 평가에서 그 행위의 도덕성을 규정하는 두 조건임을 명시하고 있다. 따라서 도덕법칙은 선의지의 원리로서 실천적 행위에 적용될 경우의 옳고 그름을 판정하는 객관적인 형식적 원리이며, 또한 선의지는 도덕법칙과 별개의 것이 아니라 이를 통해서 자신을 드러내는 것이라 하겠다. 한마디로 "정언명법은 선의지의 정식에 해당한다."(VII:71) 그리고 이 선의지의 존재는 우리의 일상의 도덕적 경험과 도덕의식을 통해서 알려진다.

그런데 엄밀한 의미에서 칸트는 당시 통용되던 뉴턴적 과학의 타당성을 의심하지 않고 이를 정당화하는 작업에 주력함으로써 "과학의 궁극적인 토대에 대해서 문제 삼지 않았으며,"[11] 때문에 오늘날 과학적 지식의 필연성을 근거짓는 칸트 자신의 전제와 방법이 여전히 비판에 직면하고 있는 것처럼, 도덕법칙을 간접적으로 상호의존적 근거인 자유로부터 연역함으로써 그것은 더 이상 직접적인 정당화가 불가능한 것으로 파악한다. 이는 도덕적 존재로서의 인간을 자기지시적 개념인 이성적 존재자로부터 직접 이끌어 수밖에 없었다는 것을 보여준다. 이 이성적 존재자의 자기 규정이 곧 자율성, 인격성, 목적성, 존엄성 등과 같은 개념들이다.

하지만 칸트가 말하는 도덕법칙과 그 인식의 통찰가능성은 분명 합리적 직관주의자들처럼 도덕원리나 초자연적인 도덕적 진리 내지는 세계 질서를 직접적으로 인식할 수 있다는 이성적 직관에서 성립하는 것이 아니다. 칸트는 당연히 이 같은 직관을 거부한다. 그런데도 칸트는 도덕적 사실과 진리

---

11 J. Bleicher, *The Hermeneutic Imagination*. 8.

에 대한 객관적 인식 여부에 대해서는 그 가능성을 확신하고 있다. 그렇다고 도덕이론에서도 순수지성개념의 연역과 같은 논증 방식을 똑같이 적용할 수도 없다.

그러면 이 같은 확신은 어떻게 가능할 수 있는가? 그 일단을 우리는 칸트가 도덕원리의 선험적 인식가능성을 입증하기 위해서 한편으로는 전형적인 직관주의자들의 이성적 직관은 거부하면서, 다른 한편으로는 일상적 도덕의식과 도덕적 경험에 내재해 있는 선의지의 자명성을 주장하고 이로부터 도덕법칙의 존재를 입증하려 한다는 점에서, 분명 도덕법칙과 선의지의 존재와 관련하여 최소한 경험적 통찰로서의 직관주의적 성격을 견지하고 있다고 보아야 한다. 따라서 칸트의 도덕이론에서, 비록 엄격한 의미에서의 이성적 직관, 즉 경험을 매개로 하지 않는 직접적 직관은 아니라 하더라도, 예지적 존재, 즉 도덕적 경험의 주체이면서 이와 매개되어 있는 이성적 존재자의 개념 및 선의지의 존재의 도덕적 자기 이해에 근거하고 있는 한, 도덕적 직관의 경험주의를 승인해야 한다.

17세기 당시의 대륙의 윤리학이 데카르트, 스피노자 그리고 로크까지도 스토아 철학에 의존하고 있었다는 점을 고려할 때,[12] 의식적으로 합리적 직관주의가 갖는 독단성과 경험론적 내지는 감정 중심의 윤리를 거부하고 있다는 점에서 18세기의 칸트의 윤리적 견해는 이미 과거의 영향으로부터 벗어나 있다. 그럼에도 이성의 사실로서 도덕법칙에 대한 절대적 확신과 인식가능성, 그리고 이 양자의 관계를 구체적으로 담지하고 있는 선의지의 존재에 대한 칸트의 주장에서 도덕적 직관주의의 흔적을 찾아낼 수 있다. 칸트적 의미에서 도덕법칙의 주관적 확실성은 객관적인 도덕적 질서의 존재와 그 인식가능성에 기초한 강한 성격의 윤리학적 직관주의와 직접적으로 관계하지는 않지만 적어도 우리가 도덕적 의식이나 경험으로부터 도덕법칙의 확실성을 직접적으로 통찰한다는 의미에서는 직관주의와 그리 멀지 않은 곳에 있다고 보아야 한다.

---

12 P. A. Schilpp, *Kant's Pre-Critical Ethics*, 16-7 참조.

칸트는 원칙적으로 도덕적 사실과 관련하여 우리의 도덕적 행위의 기원을 경험적 원천으로부터 도출하려는 시도 자체를 거부한다. 즉 현상적 관점에서는 보편타당한 도덕법칙의 경험적 정당화는 불가능하다. 그러나 반대로 칸트가 고수하고 예지적 존재자의 도덕적 관점에서 통찰되는 도덕적 경험과 사실은 자연적 사실도 초자연적 사실도 아니다. 그것은 이성적 존재자의 본성에서 통찰되는 '이성의 사실'이다. 이 때문에 칸트가 취한 증명 방식은 일종의 도덕적 경험의 직관주의로서 이성적 존재자, 인간의 이성적 본성이 지닌 특성, 즉 도덕적 경험과 자유에 기대게 된다. 이는 선험론적으로 이성적 존재자의 자기 이해로서 일종의 자기 존재 증명, 이성 자신의 자기활동적 특성에 입각하고 있다고 할 수 있다.

칸트적 의미에서 어떠한 도덕적 회의주의도 피하려면 도덕법칙은 그 자체가 객관적인 명법으로서 또 이성의 사실로서 실천이성의 자기 정당화를 통해서 직접적으로 우리에게 주어지는 것임을 승인하지 않으면 안 된다.[13] 칸트는 자신의 윤리적 저술들, 특히 '도덕형이상학 정초'를 통해서 이를 입증하는데 사활을 건 노력을 경주했는데, 만일 그렇지 않을 경우 우리에게 도덕의 문제는 하나의 의심쩍은 것이 되어버리고 말 것이라고 생각했다.(A807/B835) 결국 칸트의 윤리학은 도덕적 경험에 대한 통찰로서의 직관을 통해 선의지를 명료하게 하고, 다시 자기 정당화의 능력을 갖고 있는 실천이성의 절차적 구성을 통해 선의지의 형식적 규정으로서 도덕법칙의 존재 또는 정언명법을 구체화하는 이성 도덕의 면모를 띠고 있다.

그러나 비록 칸트가 이런 선험적 증명에서 성공을 거두었다고 하더라도 그것이 진정한 의미에서 실질적인 도덕적 구속력을 갖는다고 보기 어렵다. 도덕법칙이 자기 구속력을 가지려면 자신의 의지가 자신에 대해서 구속력을 갖는 행위의 필연성이 증명되어야 하는데, 이는 행위자의 동기와 그 대상, 이성과 감정의 내재적 관계가 전제되어야 한다. 하지만 칸트가 내세운 이성적 존재자에는 이런 매개적 필연성이 존재할 수 없다. 이것이 칸트가

---

13 R. C. S. Walker, "The Rational Imperative: Kant against Hume", 326.

행위의 동기력을 부여하는 대상상관적인 감정적 연관성을 고려할지 못함으로써 내용 없는 형식주의 윤리에 빠지게 된 주된 원인이다. 예를 들면, 칸트가 정언명법을 통해 행위의 도덕성을 평가하는 객관적 원칙으로 제시하는 정언명법들인 인간의 존엄성 혹은 인간성의 정식이나 목적의 왕국의 정식에는 행위의 도덕적 구속력을 갖게 만드는 인간 존재의 존엄성이나 목적성이 행위의 도덕적 동기가 될 수 있는 대상 상관적인 내용이 결여되어 있어서 갈등을 빚는 문제의 해결에서 요구되는 구체적인 도덕적 지침을 제공하기 어렵다.

4) 절차적·도덕적 구성주의

칸트의 도덕적 실재론은 이론적으로는 도덕적 경험의 직관주의, 즉 경험적 직관주의에 토대를 두고 있다면, 방법론적으로는 도덕적 구성주의의 특성을 갖는다. 칸트의 도덕이론이 직관주의적 면모가 강하다면, 이는 이론구성적 측면에서 그만큼 도덕원칙의 합의나 정당화에 방법론적 구성주의가 요구된다는 방증이 된다. 사회 구성주의(constructionism)를 비롯해서 구성주의가 일반적으로 사회 구성원이나 행위 주체의 의식이 어떻게 형성되고 발전하는지에 대해서 말하려 하다는 점에서 반실재론적 입장을 갖고 있지만, 방법론적 측면에서의 도덕적 구성주의(constructivism), 특히 절차적 구성주의는 실재론과 양립 가능한 방도를 취한다. 가령, 칸트의 그것을 '도덕적 구성주의'로 규정하면서 자신의 '칸트적 구성주의'와 구별하고 있는 롤스의 해석이 보여주듯이 칸트와 롤스 모두 그 전제와 조건에 있어서 뚜렷한 차이가 있지만 양자 모두 원칙적으로 도덕적 주체로서의 자율적 행위자와 합리적 행위자를 전제한다.

칸트는 절차적으로 의지의 자율과 예지계의 법칙을 감성계와 분리시키고 예지계에 속하는 에 속하는 정언명법의 정식들을 행위의 도덕성을 판정하는 도덕원리들의 형식적 규정으로 제시하면서 그 정당성을 해명하면서, 이를 다양한 방식으로 구체화(정언명령들) 한다. 단적으로 이 일을 수행하는 실천이성의 능력이 이성 자신의 구성적 능력이다. 이 능력은 동시에 실천이성의 자율성도 특징짓는데, 정언명법이란 예지계에 속해 있는 선의지의 소유자가 스스로 수립한 혹은 절차적으로 구성해낸 보편타당한 원칙이기 때문이다. 이러한 실천이성의 구성 능력과 그 방법상의 절차적 해석은 다분히 이차적인 것으로서 구성적(constructive)이기보다는 차라리 규정적(constitutive)이라 할 수 있다. 칸트의 도덕이론은 이성적 존재자 중심의 윤리로서 무엇이 윤리적 행위인지를 이미 개념적으로 전제하고 있기에 구성의 절차와 과정이 이미 제약되어 있다고 보아야 하기 때문이다. 이런 칸트의 도덕적 구성주의의 특징과 성격에 대해서는 6장 '사회정의론과 도덕적 구성주의'에 다시 살펴볼 것이다.

3. 현대윤리학의 새로운 도전들

칸트의 도덕이론을 객관주의, 내재주의, 경험적 직관주의, 도덕적 구성주의로 특징짓는 것은 하버마스가 칸트 윤리학의 네 가지 기본 특징으로 제시하고 있는 의무론, 인지주의, 형식주의, 보편주의 등의 성격과 비교된다.[14] 어느 경우든 칸트의 도덕이론을 이렇게 도덕적 실재론으로 규정하는 일은 현대윤리학의 제 양상들을 평가하는데 중요한 의미를 갖는다. 비록 칸트의 윤리가 이성주의 도덕으로서 구체적 행위 인식과 실천적 적용의 문제에 있어서 약점을 보이고 있지만, 그럼에도 여타의 윤리들이 보여주지 못하는 장점을 지니고 있기 때문이다.

칸트의 윤리가 이성적 존재자의 형식주의에 치우쳐서 이론과 실천의 매개, 보편성과 특수성, 추상성과 구체성의 매개와 실천 가능성이 분리된 채로 존재함으로써 실천적 인식과 행위를 실현할 수 있는 구체적 보편성 혹은 보편적 개별성의 윤리로는 부적합해 보이는 것은 분명하다. 이러한 문제 인식과 한계의 극복은 칸트 윤리학에 대한 새로운 도전 내지는 현대적 도전이

---

14 J. Habermas, *Erläuterungen zur Diskursethik*, 11 이하.

라 할 수 있는 덕윤리, 감정도덕윤리, 의사소통의 담론윤리, 대화윤리, 타자윤리, 실존윤리, 배려윤리 등을 통해 시도되고 있다. 반면에 칸트의 의무윤리는 도덕적 의무에 대해서 우리가 갖고 있는 상식적 직관에 잘 부합한다. 우리는 도덕적 행위를 자기 이익과 무관하게 그것이 옳기 때문에 해야 하는 행위로 인식하는 경향이 있다. 칸트의 의무 윤리는 이러한 사고와 완벽하게 일치한다. 또한 이와 유사하게 칸트의 이성윤리는 보편성, 객관성, 공평성, 공정성, 정의와 같은 불편부당한 도덕적 관점을 제일의 근본으로 삼는다는 점에서도 거부할 수 없는 설득력을 갖추고 있다.

이렇게 윤리학적 탐구의 지형 변화는 비단 어제 오늘의 일만은 아니다. 오랫동안 서양 윤리학은 성공 여부를 떠나서 대체로 도덕적 실재론의 전통에 서 있으며, 역으로 반실재론적 주장들을 극복하려는 노력들을 보여주어 왔다. 이러한 과정에서 도덕적 실재론의 노선을 중심으로 전개되는 종래의 다양한 도덕이론들은 윤리체계의 성격을 규정하는 측면에서 보았을 때, 대체로 두 가지 주요 전통의 영향 하에서 전개되어 왔다고 볼 수 있다. 희랍적 전통과 유대-기독교적 전통 및 그 계승으로 특징지을 수 있는 목적론적 윤리설과 법칙론적(또는 의무론적) 윤리설이 그것이다.

전자는 윤리학을 "선한 삶"과 관련지어 생각하며, 행복의 본질을 탐구하는 방향을 취한다. 다양한 이론들은 바로 이 가장 행복한 삶의 성격과 그것의 성취에 대한 견해 차이에서 비롯된 것이다. 물론 이처럼 선을 행복으로 보는 행복설 이외에도 인간의 탁월성의 실현으로 보는 완전설, 또는 즐거움의 극대화를 선으로 보는 쾌락설을 비롯해 진화설, 자아실현설 등도 있다. 반면에 후자는 도덕의 본질을 행복하고 즐거운 삶이 아니라 신 앞에서의 옳음의 이상, 신과 이웃의 사랑 등 목적이나 선에 대해 옳음의 우선성을 주장하며, 좋음을 옳음과 연관하여 규정짓거나, 선이 아닌 옳음을 우선적인 탐구의 대상으로 간주한다.

이처럼 두 영향들은 행복과 선한 삶을 윤리학의 근본적인 관심사로 생각하는 이론가들과 옳음과 의무를 보다 일차적인 또는 근본적인 윤리학적 탐구의 대상으로 간주하는 이론가들 속에 나타나 있다. 그들의 상이한 전통은 결국 각양각색의 역사적 문화적 요인과 결합하여 그 나름의 다양한 윤리학 체계를 가져왔다. 그러나 그것의 성공 여부를 가늠해 보면 실제로 서양 윤리학의 역사는 그 가능성보다는 오히려 그것의 불가능성 쪽으로 치닫고 있다는 것을, 균형과 조화 및 의견의 일치를 이루고 있기보다는 오히려 분열과 악순환을 거듭하는 모습을 여실히 보여주고 있다. 이처럼 도덕원리 및 규범의 정초 불가능성을 대변하는 도덕적 반실재론의 대표적인 징후는 현대윤리학을 상징하는 메타 윤리학 내지는 분석 윤리학의 출현과 성장이 말해 준다. 이런 상황에서 저들 반실재론적 도전에 대응하는 여러 시도들은 그 모범적인 원천을 칸트의 도덕이론으로부터 길러오곤 하였다. 현대에 와서 부활한 시즈윅(H. Sidgwick), 브로드(C. D. Broad), 로스(W. D. Ross) 등에 의해 주도된 직관주의도 그 중 하나이며,[15] 롤스의 사회계약론의 윤리도 칸트적 전통의 한 변형이라 할 수 있다.

여전히 21세기를 맞이해서도 현대사회는 악화되고 있는 자연환경, 전지구적 불평등과 양극화, 인공지능의 급속한 발전 등과 관련해서 전보다 훨씬 더 복잡한 전지구적 차원의 윤리적 문제들에 봉착해 있다. 이와 함께 현대인의 삶의 태도를 특징짓는 상대주의, 회의주의, 허무주의와 같은 심리적 징후들은 더 짙어지고 있다. 이런 시대적 징후들은 철학의 분야에서도 뚜렷하다. 특히 윤리학은 이 같은 시대적 분위기를 선도하거나 이에 편승하는 양상을 보이기도 하는데, 이와 관련한 다양한 윤리 사상이 등장했던 20세기의 포스트모던 철학과 윤리에 견주면, 아직 그 영향 아래 있어 보인다. 인간 자체가 위기를 맞고 있는 제4차 산업혁명과 인공지능의 시대에서 인공지

---

15 이들 직관주의적 노선은 규범 윤리학적 이슈들에 대해서는 어느 정도 의견을 달리 하고 있지만, 다음과 같은 세 가지 메타 윤리학적 이슈들에 대해서는 의견 일치를 보이고 있다. (1) 도덕적 사실과 도덕적 진리가 존재하며, 그것의 존재나 성격은 우리의 도덕적 사고로부터 독립적이라는 실재론적 내지는 윤리 인식 긍정론적 입장 표명, (2) 우리의 도덕적 인식은 궁극적으로 자명한 도덕적 진리에 기초하고 있다는 토대론적 인식론, (3) 도덕적 사실과 도덕적 속성은 자연적 사실과 속성으로부터 형이상학적으로 독립적이라는, 따라서 독자적인 지위를 갖는다는 소위 비자연주의(nonnaturalism)로 알려진 입장, 즉 도덕적 사실과 속성에 대한 철저한 비환원주의적 형이상학. 이에 대해서는 D. O. Brink, *Moral Realism and the Foundations of Ethics*, 3 참조.

능 로봇은 인간적 행위의 주체에 비견되는 혹은 그 이상의 유의미한 존재가 될 수 있는가? 그것은 인간적 삶의 충실한 조력자로서의 기능에 제한되거나 제한되어야만 하는가? 도덕적 실재론의 칸트적 전통은 이와 같이 급변하는 시대에도 인류가 당면하게 될 윤리적 문제들에 대한 해결책을 제공해 줄 수 있는 윤리이론이 될 수 있는가?

3

윤리학적 합리성과 공감적 합리성

1. 윤리적 행위와 합리성

현대사회에 들어와서 합리성은 매우 광범위한 영역에서 위협받고 있다. 포스트모던 철학이 근대철학을 단죄하려고 할 때도 전가의 보도처럼 휘두르던 죄명이 그것이 합리성의 철학이었으며, 그로 인해 현대사회의 많은 문제들, 대표적으로 세계전쟁, 홀로코스트와 같은 반인륜적 행위들이 생겨났다고 하는 것이었다. 이처럼 19세기의 대미를 장식한 니체로부터 시작하여 프로이트를 거쳐 하이데거, 푸코, 데리다, 로티, 들뢰즈 등 20세기 말미까지 이어지는 흐름을 주도하고 있는 인물들이 나름대로 목청을 돋우며 몰아세웠던 탈근대성(postmodernity)의 표적이 바로 합리성, 특히 '근대적 합리성'이었다. 합리성이 곧 근대성(modernity)의 척도였다고 한다면, 이러한 반응은 근대의 정신과 문화를 계승한 현대인의 삶이 모종의 위기에 직면해 있음을 반증한다. 실제로 그와 같은 기류는 반합리성의 기치 아래 서구적 사고방식을 지배해 온 전통적 담론이었던 합리주의를 때로는 오류와 편견의 원천이요, 심지어는 도덕적 억압과 지배의 원흉으로까지 몰아세웠다. 그러나 시비를 가리기 전에, 오늘의 포스트모던적 사유에서도 그들이 단죄하려 한 합리성의 유령을 완전히 떨쳐내지는 못했다. 철학적 사유의 논리를 앞세워 자신들 나름의 합리성을 말하려하기 때문이다.

소위 '21세기의 합리성 담론'이 근대적 합리성에 가해졌던 비판과 비난으로부터 자유로우려면, 그리고 오늘의 일상적인 담화나 학문적 논증 어느 경우든 합리성에 대한 담론이 유의미하려면, 그 합리성에 대한 용법이 명료성을 지녀야 한다. 더욱이 "합리성"을 둘러싸고 벌어지는 메타이론적 담론에 가담하고 있는 사람들이라면 그들은 이미 "합리성" 개념에 대한 이해를 선취하고 있어야 한다. 그런 점에서 '합리성이란 무엇인가?'라는 물음에는 이미 상호불가분의 관계에 있는 두 가지 선결 과제가 내포되어 있다. 하나는 물어지는 것의 정체에 대한 규명이요, 다른 하나는 물음을 묻는 자의 자기 해명이다. '합리성'을 둘러싼 쟁점의 진원지도 이에 대한 상이한 규정에서 비롯된다 할 수 있다. 즉, 한편으로는 합리적이란 말의 의미는 무엇인가? 합리적이라 할 수 있는 객관적이고 보편타당한 근거와 기준은 존재하는가, 그 이유는 무엇이며, 또 그것은 정당화할 수 있는가? 과연 이성은 그러한 문제들의 최종 준거점이 될 수 있는가? 그리고 다른 한편으로는 그러한 근거와 원천의 담지자는 누구인가? 인간만이 그 주체인가 아닌가? 인간은 얼마나 이성적인가? 세계내의 인간의 지위는 무엇인가? 하는 물음들 모두가 이해의 해석학적 지평을 형성한다.

지난 세기에 이미 21세기를 '윤리의 시대'로 진단했던 사람들에게는 작금의 윤리가 처한 상황이야말로 시급히 대책이 마련되지 않으면 안 되는 현안으로 다루어지고 있다. 따라서 다른 분야와 마찬가지로 윤리학에서 합리성 개념은 이에 대하여 '물어지는 것'과 관련하여 두 가지로 구분할 수 있다. 하나는 윤리학 자체의 합리성을 문제 삼으면서 도덕적 언어의 의미나 도덕판단의 진위 그리고 그 정당화 가능성을 과제로 하는 메타윤리적 차원, 다른 하나는 행위의 지침이 되는 도덕원리나 도덕규범의 제시와 그 근거의 해명을 목표로 하는 규범윤리적 차원이 그것이다. 문제의 성격상 후자는 전자의 결론에 의존적이다. 그러나 전자의 해결을 미뤄둔 채로 후자의 작업은 그 자체로 중요하다. 소크라테스나 칸트의 방법이 보여주듯이, 윤리학적 탐구의 전통적 방식인 후자는 그 자체에 이미 메타윤리적 요소가 포함되어 있기 때문에 양자는 별개의 작업이라 보기 어렵다. 그러나 어느 경우든 이러한 작업은 윤리학적 합리성을 어떻게 이해하고 있느냐에 따라 그 평가 기준이 달라진다. 또 '묻는 자'와 관련해서 인간은 어느 정도까지 합리적 혹은 도덕적일 수 있는가 하는 '행위자 문제'는 그 작업의 성패와 방향을 가르는 핵심 과제이다.

2. 윤리학적 합리성의 두 모델 : 홉스와 칸트

윤리학의 강력한 전통 중의 하나는 도덕과 실천적 합리성의 문제를 의무의식의 직관적 자명성이나 도덕성 자체로부터 근거지으려는 시도이다. 이러한 입장은 우리의 통상적인 직관적 신념과 부합한다는 측면에서는 상당한 매력을 갖고 있는 것임에는 틀림없으나, 그것이 지나치게 강한 형이상학적 전제 또는 정당화하기 곤란한 직관주의적 통찰에 의존하고 있다는 부담 때문에 만만찮은 비판에 직면해 왔다. 가장 대표적으로는 플라톤과 칸트적 전통을 꼽을 수 있으며, 형이상학적 및 직관주의적 도덕이론들이 대체로 이에 포함된다. 나는 이러한 칸트적 전략이 옹호하는 윤리학적 합리성 개념을 넓은 의미에서 '칸트적 합리성' 또는 '도덕적 합리성'이라 부른다.[1] 앞으로 이를 좁은 의미에서의 칸트 자신에게만 적용되는 '칸트의 합리성'이라는 표현과는 구별해서 사용할 것이다.

이에 반하여 20세기에 와서 주목받기 시작한 또 하나의 강력한 전통은 도덕원칙과 도덕 문제의 해결 가능성을 비도덕적 전제로부터 도출하고 이를 정당화하려는 시도이다. 이는 윤리학적 합리성을 선행하는 도덕적 의무와 무관하게 유용성과 이익에 반응하는 묵시적인 동의나 이해타산적인 능력으로 보며 이에 준해서 윤리를 합리적인 동의나 조정 내지는 계산의 산물로 보려는 입장을 취한다. 가장 대표적으로 꼽을 수 있는 것이 토마스 홉스류의 계약론적 윤리설과 데이비드 흄이나 존 듀이류의 자연주의 윤리설이다. 이러한 입장을 가장 강력하게 대표한다고 여겨지는 홉스적 전략이 옹호하는 합리성을 '홉스적 합리성' 또는 '도구적 합리성'이라 부르겠다. 이 도구적 합리성의 또 다른 이름은 타산적 합리성이다.

엄밀한 의미에서 저 견해들 각각은 세부적으로 다시 구분될 수 있다. 먼저 서구적 이성과 합리성의 역사를 살펴볼 때 넓은 의미에서의 칸트적 합리

---

1 윤리학의 역사를 고려할 때, 이는 주관적인 도덕적 합리성과 객관적인 도덕적 합리성으로 구분되어야 한다. 이러한 구분에 따를 경우, 칸트의 합리성은 전자에 속한다. 반면에 후자는 로고스중심적인 형이상학적 전통에 속하는 도덕이론들에 해당한다. 대표적으로 플라톤의 윤리이론을 들 수 있다.

성은 칸트를 제외한 전통적인 합리주의에서의 합리성 개념과 칸트의 합리성 개념으로 구분될 수 있다. 전자를 로고스중심적인 형이상학적 전통이라면, 후자는 경험적 형이상학의 전통이라 부를 수 있다. 그리고 양자의 형이상학의 근본 차이는 보편다당한 도덕적 기준을 전자가 초월적 근거에, 후자는 내재적 근거에 둔다는 점에서 찾을 수 있다. 그럼에도 양자의 중요한 공통점은 그들이 대체로 그 근거의 시원이 어떻든 인간을 도덕적 존재로 간주하는 입장, 즉 도덕적 관점을 허용한다는 점이다. 한마디로 인간의 도덕적 행위의 근거를 도덕적 이성에서 찾으려 했다는 사실이다. 이 도덕적 이성은 도덕을 자기 이익을 절대적으로 제한하는 의무론적 정당성의 문제로 간주한다. 이러한 의미의 합리성을, 슈네델바하에 따라서, 이성의 실체 개념 또는 실체론적(substantialistisch) 이성 개념이라 부를 수도 있다. 그는 근대 이후의 역사는 이러한 이성 개념으로부터 이성의 기능 개념 또는 기능주의적(funktionalistisch) 이성 개념, 한마디로 도구적 이성 개념으로의 이행을 보여준다고 평가한다.[2] 그러나 오늘날의 지배적 이성 개념인 도구적 이성을 초래한 이성의 탈규범성 또는 가치중립성은 이미 그리스 소피스트들이나 에피쿠로스학파에서도 엿볼 수 있다. 따라서 도구적 합리성 개념도 그것이 상대주의적 내지는 회의주의적 도덕 개념을 결과하느냐 아니냐에 따라서 다시 구분될 수 있다. 특히 홉스적 합리성은 도구적 합리성에 의거해서도 윤리학의 합리적 기초를 마련할 수 있다는 입장과 관계한다. 그러므로 칸트적 합리성과 홉스적 합리성 개념은 모두 어떤 방식으로든 보편적 규범체계로서의 윤리학의 합리적 정초가능성을 신뢰함으로써 이를 전면 부인하는 포스트모던적 경향의 반합리주의 내지는 반합리성의 도전을 봉쇄하려 한다.

결국 단순하게 극화시켜 본 칸트적 견해와 홉스적 견해의 차이는 근본적으로 그들이 합리성의 근거와 원천이 되는 이성을 도덕적 이성으로 보느냐 타산적 내지는 도구적 이성으로 보느냐에 의해 갈린다. 칸트가 이성의 근본능력을 도덕적인 것으로 본다면, 홉스는 타산적인 것으로 본다. 물론 이 양

---

2 H. Schnädelbach, *Zur Rehabilitierung des animal rationale*, 79-80 참조.

자 사이에는 다양한 견해들의 스펙트럼이 작성될 수 있다. 또 다른 각도에서 보면 근대 이후의 윤리학의 근본 문제는 도덕성(칸트적 합리성)과 합리성(홉스적 합리성)을 조화시킬 수 있느냐 하는 문제에 다름 아니라 할 수도 있다. 다시 말해 도덕적 의무와 이익의 조화가능성 문제 즉 도덕성과 합리성의 딜레마 문제가 여전히 난관에 봉착해 있다는 점이야말로 현대윤리학의 현주소인 것이다. 포스트모던 윤리이론들은 윤리적인 것의 기원을 칸트적이든 홉스적이든 합리적인 것의 거부 혹은 그 이상의 다른 것에서 찾으려한다. 이는 단순히 윤리학의 영역에만 국한된 것이 아니라 사회철학을 포함한 실천철학 전반이 직면한 문제라 할 수 있다. 그렇다면 윤리적 문제들은 과연 어떻게 해결되어야 하며, 해결될 수는 있는 것인가?

이러한 문제와 관련하여 이하에서는 먼저 이들 합리성의 두 개념을 검토하는 가운데 이같은 방식의 접근법이 갖는 한계를 지적한다. 그 다음 이러한 문제를 해결하고자 하는 새로운 시도이자 대안이라 할 의사소통적 이성에 기초한 '의사소통적 합리성'과 공감적 이성의 윤리를 말하고자 한다.

3. 롤스와 칸트적 합리성과 도덕적 합리성

칸트적 합리성의 가장 엄격한 경우는 칸트 자신의 합리성 개념이다. 칸트의 이성 개념이 이전의 철학적 전통과 구별되는 근본 특징은 도덕의 근원을 인간의 주관성으로 끌어내린 실천이성으로서의 도덕성에 있다. 칸트는 도덕적 이성의 사용에 따라 다시 이를 도덕적 합리성과 도구적 합리성으로 구분한다. 합리성이론에 대한 메타철학적 담론에서 칸트의 사고가 차지하는 중요한 지위도 여기에 있다. 즉 칸트는 이성의 이 두 가지 의미에 각각 고유한 역할을 부여하고 동시에 분명한 자리매김을 했다.

칸트는 넓은 의미에서의 합리성(Vernünftigkeit) 개념을 두 가지 즉 도덕적 이성의 합리성과 타산적·계산적·도구적 이성의 합리성으로 구분하고 있다.(VII:144, 149) 전자는 종래의 어떤 이성 개념과도 성격을 달리하는 칸트에게만 고유한 것이다. 여기서 도덕적 이성의 합리성은 헤라클레이토스로부터 헤겔에 이르기까지 그 자명성을 형이상학적, 초월적 시원에다 두었던 것과는 달리 순수 실천이성 내지는 순수한 의지 자체로부터 유래하는 개념으로서 "모든 도덕적 개념은 이성 안에 완선히 선천적으로 자리하고 있으며 그 근원을 갖는다."(VII:39) 단적으로 칸트가 말하는 본래적 의미에서의 합리성이란 곧 도덕적 이성으로서의 도덕성에 다름 아니다.[3] 그리고 도구적 합리성은 단적으로 칸트에 의해 비도덕적이라는 비난을 받게 되는 개념, 나아가 합리성의 본래적 의미에 어긋나는, 따라서 진정으로 합리성이라 이름붙일 수도 없는 개념이다. 그것은 인간의 감성의 측면 즉 욕구 충족이나 이익을 추구하고자 하는 경향, 한마디로 행복 추구에의 경향에 복종하거나 이용되는 이성이다.

칸트의 실천이성은 우리의 일상 어법에서 통용되는 이성과 의지라는 성격을 함께 갖는다. 먼저 이론이성에 대해서 우위를 갖는 실천이성은 이론이성처럼 먼저 주어진 대상에 제약되지 않으며, 자기 스스로 산출하는 도덕원리들이 발견되는 근원이자 이 원리를 통찰하는 능력과 기능을 갖는다. 무엇보다도 자신의 도덕적 의지에 따라 이 원리를 실천하는 행위 능력이다. 칸트에 의하면, 이성적 존재자만이 이러한 자격을 갖는다.

칸트는 합리성을 도덕성과 동일시하면서 이를 정당화하기 위해서 상호보완적인 두 가지 전략을 제시했다. 『도덕형이상학정초』과 『실천이성비판』에서 각각 제시된 전략이 그것이다. 먼저 칸트는 『도덕형이상학정초』에서 정언명법의 정식들, 즉 도덕성(도덕적 합리성)의 기준을 제시하면서, 다시 그러한 조건들의 근거를 논증하려고 했다. 그 과정에서 칸트는 (도덕적) 합리성을 규정하는 원리로서 자율성, 보편화가능성, 인격성이라는 도덕성의 원리를 제시한다. 그러나 이러한 원리들은 그 토대에 있어서 직접적인 정당화가 불가능한 의지의 자유라는 실천적 관점에서만 가능한 것이며, 또 무엇보다도 그것은 선의지를 바탕으로 하지 않는다면 공허한 것이 되고 만다. 말하

---

3 A. H. Goldman, *Moral Knowledge*, 95-105 참조.

자면 칸트의 합리성 즉 도덕성은 행위 주체의 선의지를 바탕으로 한 이성적 존재자의 도덕 원리가 되며, 그에 따른 행위의 시비를 가릴 수 있는 기준이 정언명법의 정식들이다. 이들 정식의 직접적인 적용이 하나의 도덕 규범 내지는 일련의 도덕 규칙들이 될 것이다.

그러나 실제로 칸트가 『도덕형이상학정초』에서 보여준 것은 정언명법의 가능성으로부터 그 근거를 해명하는 작업을 통해 다만 자유의 이념에로 그리고 최종적으로 예지계의 일원으로 이행하는 과정뿐이다. 이는 곧 도덕성 자체의 근거에 대한 더 이상의 정당화는 불가능하다는 것을 의미한다. 이러한 최종 도달점을 출발점으로 삼아 시작되고 있는 저서가 『실천이성비판』이다. 즉 이 저서에서는 순수한 이성 즉 도덕적 이성이 어떻게 실천적일 수 있는지를 증명하려는 시도 자체를 부인하면서 도덕적 실천의 동기와 목적의 문제로 나아간다.

두 저서를 통해 나타난 칸트의 합리성의 특징은 행위의 원리가 선의지의 소유자로서의 도덕적 주체에 내재해 있으며, 따라서 어떤 행위의 합리성은 그것이 선의지의 명법이기도 한 정언명법의 정식들로부터 연역되는 도덕규범이나 도덕규칙들에 부합하는 행위일 경우를 의미한다. 칸트의 합리성은 기본적으로 인간의 도덕적 지위의 자연적 평등성을 가정한다는 점에서 동시에 인간의 도덕적 이상을 담아낼 수 있는 토대로 평가될 수 있다. 그러나 그러한 토대는 칸트도 시인했듯이 더 이상의 정당화가 불가능한 근거에 의존하고 있기 때문에 전제적인 도덕적 강제와 지배를 합리화하는 수단으로 전락할 위험을 내포하고 있다. 즉, 칸트의 합리성에는 여전히 올바르지 못한 규범을 영구화시킬 수 있는 가능성이 남아 있다. 따라서 무엇을 해야하는가? 라는 물음에 대해서 칸트식의 정언명령의 요구에 따라 행동해야 한다고 대답할 수 없게 된다. 왜냐하면 도덕 규범들의 무조건적 타당성이 입증될 수 없는 한, 정언명령의 정당성은 임의성을 배제하지 못하기 때문이다.

칸트가 전통적 합리성 개념이 갖는 형이상학적, 초월적 성격에서 어느 정도 탈피한 중요한 일보를 내디뎠음에도 불구하고 그의 합리성 개념 역시 칸트적 합리성 개념 일반이 지니고 있는 전제적 한계로부터 크게 자유롭지 못했다. 이러한 위험으로부터 벗어나면서 도덕적 합리성의 문제를 해결할 수 있음을 보이고 한 대표적인 인물이 롤스다.[4] 그는 목적 자체라는 인간과 인격 자체로부터 요구되는 도덕적 의무를 직접적으로 증명하는 부담을 피하고 이를 사회적 차원의 공정성의 문제로 환원시켜 합리적 선택이론을 원용하여 해결하고자 했다. 즉 롤스는 방법론적으로는 주관적 합리성을 토대로 정의의 두 원칙이라는 객관적 합리성으로서의 도덕성을 근거짓는 홉스적 전략을 구사하고 있어 보이나,[5] 내부적으로는 도덕성을 사회적 차원의 정의인 공정성으로 환원하고, 또 이를 위해 합리적 행위자에 원초적 입장이라는 도덕적 제약을 가한다는 점에서 그 정신에 있어서는 칸트적이다. 이는 롤스가 칸트의 전략이 갖는 형이상학적 부담과 논리적 한계 그리고 홉스적 전략의 도덕적 부적절성을 동시에 극복함으로써 도덕성과 합리성의 바람직한 중재를 시도한 것으로 볼 수 있다. 그런 점에서 롤스의 합리성은 칸트적 합리성의 전통에서 볼 때 절차적 합리성에 입각하여 윤리학에 새로운 돌파구를 마련하려는 기술적 전략의 산물이다.

그럼에도 불구하고 롤스 역시 최초의 선택 상황의 공정성을 보장하기 위해서 무지의 베일과 같은 전제를 미리 가정해야만 했으나, 이로부터 도출해낸 도덕적 합의는 도덕적으로는 공정한 것일지는 몰라도 합리적으로는 임의성을 면치 못한다. 왜냐하면 방법상 합의 수행을 통하여 정당화되어야 할 공정성이라는 도덕적 기준이 미리 전제되어 있어 결국 도덕적 순환성의 오류를 저지르기 때문이다. 따라서 윤리학에서의 합리성을 공정성에 입각한 다소 완화된 칸트적 전략을 도입한 롤스 역시 실패한 셈이다. 결국 칸트적 합리성은 오늘날 다분히 도구적, 타산적, 경제적 의미로 사용되는 경향

---

4 하버마스는 오늘날 윤리적 인식의 가능성을 인정하는 인지주의적 윤리학(kognitivistische Ethik)의 칸트적 전통에 속하는 대표적인 인물들로 롤스 이외에 바이어(Kurt Baier), 싱어(Marcus George Singer), 로렌첸(Paul Lorenzen), 투겐트하트(Ernst Tugendhat), 아펠(Karl-Otto Apel) 등을 들고 있다. J. Habermas, *Moralbewußtsein und kommunikatives Handeln*, 53.

5 O. Höffe, "Sittlichkeit als Rationalität des Handelns", in *Rationalität*, (Hg.) H. Schnädelbach, 162 참조.

이 강한 합리성 개념과 달리 그것이 지닌 본래의 도덕적 관점을 잃지 않고 있지만, 도덕적 의무의 근거를 정당화하기 어려운 무거운 토대 위에서 또는 도덕적 구속력을 갖기 어려운 가정적 조망 하에서 행위의 합리성을 확보하고자 함으로써 그다지 성공적이지 못했다. 그런 점에서 전체적으로 실천이성의 도덕적 관점에 토대를 두고 있는 칸트적 합리성은 인간이 도덕적으로 행위하는 것에 대한 '실제적 이유'를 찾는 것에 실패한 것으로 볼 수 있다. 그러나 도덕의 객관성이 객관성의 경험적 기준들과는 맞지 않듯이 도덕의 합리성도 합리성의 욕구지향적 기준들과는 맞지 않을 것이므로, 어쩌면 칸트적 합리성을 정당화할 수 있는 유일한 근거는 우리가 어떤 실제적 이유나 목적합리적 동기를 찾으려 하기 보다는 도덕적으로 행위하려는 동기 자체가 도덕적 동기임을 받아들이는 선택을 하는데서만 가능한 것일지도 모른다.

4. 고티에와 홉스적 합리성과 도구적 합리성

롤즈(John Rawls)의 『정의론』(A Theory of Justice, 1971)의 출현으로 불붙기 시작한 현대의 계약론적 윤리학은 근대의 사회 계약론을 방법론적으로 원용하여 대체로 합리적인 자기 이익을 추구하는 개인들의 합의를 통하여 사회의 기본 구조와 분배적 정의의 원칙에 대한 문제를 해결하려고 시도해 왔다. 그러나 이처럼 합리성에 기초하여 도덕적 문제들을 해결하려는 시도는 가령 도덕을 자기 이익과 무관하게 생각하는 우리의 통상적 직관과 신념을 만족시켜 줄 수 없다는 심각한 반론에 직면해 있다. 반면에 다른 한편에서는 오히려 이러한 접근법을 더 철저하게 적용하는 정공법을 구사함으로써 그 같은 문제들을 해결할 수 있다고 주장하기도 한다. 후자의 경우를 대표하는 이가 바로 홉스의 전략을 계승하며 롤스에 대적하려 한 고티에(David Gauthier)이다. 그가 자신의 연구 성과들을 집약시켜 놓은 저서가 『합의도덕론』이다.

홉스에게 도덕이란 일종의 합의의 산물이다. 사회적 합의로서의 사회계약 이전에 도덕이란 존재하지 않는다. 그리고 계약의 주체는 타산적인 도구적 이성의 소유자이다. 따라서 한 개인이 계약에 임하는 이유는 자기 이익을 위해서이며, 계약이 체결되는 것은 그것이 서로에게 이익이 되기 때문이다. 결국 홉스에게 있어서 도덕이란 상호이익으로서의 그 무엇이다. 이처럼 홉스적 합리성은 윤리학에서의 합리성을 도구적 이성에 입각한 상호이익의 문제로 이해하며, 그것의 합리적 해결이 도덕이다. 칸트적 합리성이 그 근본에 있어서 타산적인 것을 철저히 배제하는 경우라면, 홉스적 합리성은 그 동기에 있어서 철저하게 타산적이다. 따라서 행위의 합리성은 계약과 합의가 결과할 도덕적 의무 자체의 도덕성이 아니라 그것이 얼마나 상호간의 이익의 만족을 가능하게 하느냐에 전적으로 의존적이다.

홉스의 전략에 합리적 선택이론을 접목한 고티에의 도덕 철학의 기본 입장은 도덕의 원칙이 무도덕적 전제(non-moral premises)로부터 도출되어야 한다는 것이다. "도덕이론을 합리적 선택이론의 일부로 전개하는"[6] 고티에는 "개인의 이익 추구에 대한 합리적 제한으로서의 전통적인 도덕성 개념의 옹호" 즉 "도덕적 의무의 합리적 정초"로서 "이성이 개인의 이익과 관계하면서도 그것을 넘어서는 실천적 역할을 함으로써 이득을 상쇄하는 의무를 규정하는 행위의 원칙이 합리적으로 정당화될 수 있음을 보이고자" 시도한다.[7] 따라서 고티에의 기본 과제는 도덕성을 합리성으로부터 도출하는 것, 즉 합리성에 대한 공평한 제약으로서의 도덕성이 자기 이익의 극대화로서의 합리성 자체로부터 유래한다는 것을 증명해 보이는 일이다. 이는 곧 궁극적으로 고티에의 논증의 성패는 자기 이익을 위해 "합리적으로 선택하기 위해서는 도덕적으로 선택해야한다"[8]는 주장의 정당성을 입증하느냐 못하느냐 달려 있다. "인간들 사이의 합의나 협상"으로서 도덕 또는 도덕원칙을

---

6 D. Gauthier, *Morals by Agreement*, 2-3.
7 같은 글, 2.
8 같은 글, 4.

"합리적 선택의 원칙"[9]으로 간주하는 고티에는 이러한 가능성을 입증하기 위해 '합리적으로 계약될 수 없는 것은 준수될 수 없고, 합리적으로 준수될 수 없는 것은 계약될 수 없다'는 것을 기본 전략으로 삼는다. 고티에는 이러한 자신의 계약론적 윤리학을 합리적 선택이론의 일부로 간주한다. 이에 기초해서 "도덕은 평등한 인간들의 합리적 합의를 통해서 그리고 그것으로부터 발생한다."[10]는 것을 증명하려고 한다.

합리적 선택이론은 현대 미시 경제학에서 널리 사용되고 있는 고전적·신고전적 경제학 이론의 핵심 부분인 바, 한마디로 경제적·합리적 인간이 자기 이익의 극대화를 추구하는 도구적 합리성을 정식화하려는 수학, 경제학, 철학 등의 공동 노력의 산물이다. 특히 합리적 선택 이론은 확실성, 위험 부담, 불확실성 아래서의 여러 선택상황과 기준들을 가치 효용론, 게임이론, 사회적 선택이론 등의 다양한 선택모형들과 결합하여 소비자 행동론, 조직 집단 행동론, 그리고 공공정책의 기술적 및 규범적 의사결정에 적용하려는 엄밀한 공리 체계의 방대한 집합체이다. 무엇보다도 이 이론은 전통적인 도덕철학처럼 최고선의 실질적인 내용을 규정하는 본질적 가치와 목적을 제시하는 것이 아니고, 단지 주어진 신념과 목적을 달성할 수 있는 최선의 도구적 가치와 수단적 합리성만을 추구한다. 이러한 방법적 전략 위에서 전개된 고티에의『합의도덕론』은 지난 25년여에 걸쳐서 합리적 선택이론의 구도 아래 가치 상대주의와 가치 주관주의를 취하면서 사회계약론적 도덕철학을 재구성하려 한 원대한 시도의 산물이다.

고티에는 이 같은 문제들을 해결하기 위해『합의도덕론』에서 대체로 다섯 가지 핵심 개념들을 구사한다. 도덕으로부터 자유로운 시장, 합리적 협상의 원칙, 계약의 합리적 준수론, 협상의 최초 상황, 아르키메데스적 기점 등이 그것이다.

먼저 '도덕으로부터 자유로운 시장'은 일종의 '도덕 해방 지구'(morally free

---

9 같은 글, 3, 5.
10 같은 글, 232.

zone)로서의 완전 경쟁 시장'을 가리킨다.[11] 고티에는 도덕을 "시장의 실패 (market failure)로부터 비롯되는"[12] 일종의 규제 장치로 본다. 다시 말해 시장 이 문제없이 잘 굴러간다면 이를 규제할 별도의 장치가 필요치 않았을 것이 리는 의미로서 도덕 역시 이러한 상황으로부터 요구되는 것이며, 따라서 이 로부터 비롯되는 문제를 가장 잘 해결하는 방도를 모색하는 영역이라고 보 는 것이다. 고티에의 신사회계약론적 윤리학에서 규정된 합리성과 도덕성 과의 관계방식을 명확히 하기 위한 대조물이다. 특히 그것은 개인적 이익의 극대화 및 합리적 추구와 이에 대한 공평한 협동적 제약으로서 규정된 도 덕성과 극명한 대조를 보이기 위한 개념 장치라 할 수 있다. 미시 경제학에 서 완전 경쟁 시장은 하나의 이상적인 모델이다. 고티에가 이를 도덕의 해 방 지구로 설정한 것은 합리성과 도덕성의 관계 방식을 명백히 대조시키기 위한 것이다. 즉, 개인적 합리성이 도덕으로부터 완전히 해방되어 자유로이 자기 이익을 추구할 수 있는 상황, 한마디로 도덕적 제약이 전혀 불필요한 상황이 도덕의 해방 지구로서의 완전 경쟁 시장이다. 그리고 이러한 시장 의 실패에 대한 교정으로서 결국 요구되는 것이 소위 도덕이라는 것이 고티 에의 주장이다. 이에 대한 반론에 직면하여 후에 고티에는 도덕성은 동시에 시장의 성공에 대한 조건이라는 입장도 아울러 취하게 된다.

다음으로 시장의 실패에 대한 교정과 성공을 위해서는 자기 이익의 극 대화를 추구하는 협상 당사자들에게 협동을 통해 생겨난 잉여물을 공평하 게 분배하는 합리적 합의가 필요한데, '합리적 협상의 원칙'은 그 과정과 내 용을 다룬다. 이에 의하면, "평등한 상대적 혜택을 극대화하는" 공정한(fair) 협상 원칙으로서 "협동적 잉여 가치의 공정한 또는 공평한 분배-그러므로 협동적 상호작용을 위한 공동 전략의 공정한 또는 공평한 선택-은 상대적 혜택의 최소극대화(maximin; maximum-minimum) 원칙[13]과 일치해야 한다."[14]

---

11 D. Gauthier, 『합의도덕론』 127.
12 같은 글, 같은 곳.
13 상대적 혜택의 최소극대의 원칙(the Principle of Maximin Relative Benefit).
14 D. Gauthier, *Morals by Agreement*, 155.

간단히 말해, 이는 협상의 당사자들은 효용을 극대화 하면서도 협동하는 것이 합리적이라고 생각하는 행위자들이 협상에서 가지는 이익의 비율로 측정되는 최소한의 상대적 혜택이 가능한 범위에서 극대화 되도록 하는 협상을 의미한다. 이 원칙과 짝을 이루는 원칙은 '상대적 양보의 최대극소화 원칙(the Principle of Mimimax Relative Concession)이다. 이는 상호 양보를 가능한 범위 내에서 극소화하는 협상, 즉 양보자의 이익 규모에 비례해서 측정해 볼 때 최대한의 양보가 가능한 범위 내에서 최소한이어야 한다는 협상 원칙을 의미한다.[15] 고티에는 약속 지키기, 진실 말하기, 공정하게 협상하기 등 우리의 실제적 도덕원칙과 실천의 많은 것들이 실제로 상대적 양보의 최대극소화 원칙의 요구 사항을 특정 문맥에 적용한 것으로 간주한다.[16]

'계약의 합리적 준수론'은 체결한 계약에 대한 의무의 불이행이 오히려 이득이 된다고 판단될 때 그 계약 당사자가 과연 그 계약을 끝까지 준수할 것인가 하는 문제를 다룬다. 이는 소위 '죄수의 딜레마'와 '무임 승차자의 문제'로 정식화된다. 여기서는 상호 혜택적인 도덕적 제약을 준수하려는 성향을 가진 개인이 추구하게 되는 제한적 극대화 개념이 핵심이다. 그리고 '협상의 최초 상황'은 협상의 전제가 되는 공정한 조건을 다룬다. 고티에는 계약 당사자의 공정한 협상의 조건으로서 로크의 단서(the Lockean Proviso)를 재해석한 노직(R. Nozick)의 "타인의 위치를 악화시킴으로써 자신의 위치를 향상시키는 것을 금지한다"[17]는 단서를 변형시켜 "다른 사람과의 상호작용을 통해서 자신의 상황을 악화시키는 것을 피하는 것을 제외하고는 다른 사람의 상황을 악화시키는 것을 금지한다."[18]는 다소 완화된 단서를 적용한다. 그리고 이상의 네 가지 개념들을 통해 전개되는 합의도덕론의 일관성을 확립하고자 하는 '아르키메데스적 기점'은 개인의 합리성으로부터 출발하여 도달한 도덕적 합의 및 이를 토대로 한 사회 체제에 대한 도덕적 평가의 근

---

15 D. Gauthier, 『합의도덕론』 30
16 같은 글, 221.
17 D. Gauthier, *Morals by Agreement*, 203.
18 같은 글, 205.

거점이 된다. 도덕적 합의가 도덕적 힘을 부여받기 위해서는 그러한 선택의 불편부당성을 보장해 주는 것이어야 한다. 아르키메데스적 기점은 이를 보장하려는 목적에서 마련된 특수한 고안물이다.

이상과 같이 현대의 홉스주의자라 불리는 고티에 또한 칸트석 합리성과 정반대의 지점에 서 있다. 즉 홉스적 합리성의 전통 위에 서서 도덕성의 합리적 근거를 비도덕적 전제로부터 정당화하고자 하는 일군의 야심찬 후예들 중의 한 사람이다. 특히 도덕 이론을 합리적 선택이론의 일부로 보는 고티에는 롤스처럼 사회 계약론을 방법론적으로 원용하여 정치공동체의 기원과 정당화 및 도덕적 의무 일반 등에 대한 철학적 해결을 시도하고자 한다.

홉스적 합리성의 정신에 충실하고자 하는 고티에는 "사회를 형성하는 도덕적 능력을 모든 합리적 인간이 맺어야 하는 사회 계약을 결정하는 능력과 동일시해도 좋다"[19]고까지 말한다. 그러나 이러한 고티에의 전략은 인간을 효용 극대화를 최우선시 하는 완전한 합리적 행이자로 간주함으로써 그가 다른 인간적 가치와 덕목을 더 중시하는 행위라일 수 있음을 배제한다. 오히려 타산적인 합리적 행위자로서 행위하는 것 더 낫다는 것을 증명하려는 시도로 보인다. 만일 이것이 옳다면, 고티에의 시도는 애초부터 기껏해야 경제적 이익을 추구하는 특정한 영역에서만 설득력을 갖는다는 것을 보여주는 것에 지나지 않게 된다.

고티에의 전략에 비추어 볼 때, 도구적 이성의 목적합리성에 기초한 홉스적 전략 역시 도덕적 의무가 계약 당사자들간의 물리적 힘의 자연적 동등성에도 불구하고 최초의 선택 상황의 불균형을 시정하지 않는 한, 어떤 특정한 시점에서 출발할 수밖에 없는 협상에 의해서는 공정한 합의를 이끌어낼 수가 없으며, 때문에 합의된 계약을 자발적으로 준수하리라는 보장도 할 수 없을 것이므로 성공적이지 못한 것 같다. 한마디로 홉스적인 전략은 정치적인 해결책은 되어도 도덕적인 해결책은 되지 못한다. 이 점은 고티에에게도 그대로 적용된다. 도덕성과 합리성의 딜레마 즉 개인적 극대화의 합리성

19 같은 글, 234.

과 불편부당한 제약의 도덕성간의 관계를 연결하려는 고티에의 도덕 이론은 그것에 가해지고 있는 이윤 추구, 이익의 극대화라는 자유 경쟁 체제에 길들여진 자유주의적 인간관의 정당화에 지나지 않는다는 비판처럼 자신이 디디고 서 있는 근본 전제가 가진 임의성의 한계를 벗어나기 어렵다.

무엇보다도 우리가 통상적으로 이해하는 도덕적 합리성이란 상호이익의 추구에 선행하는 도덕적 요구를 승인하기 때문에, 이러한 관점에서 볼 때 홉스주의자들이 내세우는 홉스식의 상호이익으로서의 합리성이나 고티에 식의 제한적 극대화로서의 합리성을 도덕의 근거로 삼기에는 무리가 따른다. 물론 홉스주의자들은 그 출발점에서부터 칸트적 합리성이 딛고 서 있는 자연적인 도덕적 의무와 도덕적 진리 또는 자연적인 도덕적 평등 같은 것은 존재하지 않으며, 이와 관련한 담론을 단순히 '이상한 짓거리'에 지나지 않는다고 생각한다. 그렇다면 홉스주의자들에 따를 경우 어린이들이나 선천적인 장애자들과 같은 무방비적인 혹은 결함 있는 사람들은 도덕적 합의 능력이 결여되어 있거나 개인적 격차로 인해서 원칙적으로 "도덕의 영역에서 제외된다."[20] 만일 이러한 식의 논리라면, 홉스적 합리성은 객관적인 도덕적 규범과 기준들이 존재한다고 해도, 그같은 합리성의 기준은 실제로는 도덕과 무관한 것인 셈이다. 다시 말해 그들에게 도덕이란 상호이익을 주고받을 수 있는, 또는 그러한 능력이 있는 사람들끼리의 거래 이상도 이하도 아닌 것이다. 우리의 주제와 관련해서 말하자면, 그들은 결국 도덕이 무엇인지에 대한 의미 있는 무엇을 내놓기를 아예 포기하거나 무시 내지는 거부하고 있다. 인간은 어떤 경제적 이익에 앞서 타인과 그들의 고통이나 기쁨을 함께 하며, 대가 없는 헌신과 희생에서 인간적 존엄성에 공감하는 도덕적 가치들, 즉 자연적 공감과 이성적 공감에서 기원하는 가치들을 개인적 선호나 효용, 혜택, 만족, 이익이나 이득과는 별개로 간주하는 성향을 갖고 있다. 그런 점에서 비록 그 어떤 것보다도 자기 이익이 현실적으로 더 큰 비중을 갖는다는 것이 옳다고 하더라도, 인간은 그것으로 도덕을 대체하고 싶어

---

20 같은 글, 268.

하지 않는다. 도덕은 그 모든 것으로부터 독립해 있는 공감적 가치를 갖는 다고 믿고 있기 때문이다.

5. 담론윤리와 의사소통적 합리성

전통적으로 윤리학의 고유한 과제가 도덕적 회의주의나 무도덕주의자들에게 도덕적 행위의 정당 근거를 납득시키는 것이었다는 점을 상기한다면, 저들의 시도의 성공 여부는 자못 그 의의가 크다 하지 않을 수 없다. 그러나 앞서 살펴본 바와 같이 도덕적 의무의 근거를 도덕적 이성(도덕성)에 기초하여 정당화하고자 한 칸트적 전략도, 그리고 도구적 이성(합리성)이라는 가치 중립적인 비도덕적 전제로부터 도출해내고자 한 홉스적 전략도 모두가 윤리학에서 합리성의 문제를 만족스럽게 해결하지 못했다. 다시 말해 이들은 하나의 공통된 객관적인 도덕적 기준을 정당화하는데 성공하지 못했다.

칸트의 이성적 존재자 중심의 도덕주의 윤리는 과도한 보편성에 집착함으로써 합리성의 형식주의에 빠지고 말았으며, 롤스나 고티에의 합리적 구성주의도 넓은 의미에서 비판적 합리주의처럼 엄밀한 객관적 토대 위에서는 도덕적 진리와 그 근거를 정당화할 수 없다는 간접적인 시인 내지는 타협의 결과라 할 수도 있다. 그러나 또 다른 방향에서 이러한 시도의 성공 가능성을 나는 공감윤리와 담론윤리에서 찾을 수 있다고 본다. 그리고 담론윤리 역시 단순히 형식적인 의사소통의 윤리에 머물러서는 진정한 의미의 실질적인 의사소통적 합리성을 옹호하는데 실패할 수 있다.

담론윤리와 의사소통적 합리성의 가능성을 보여주고 있는 대표하는 인물로 아펠과 하버마스를 들 수 있다. 이들은 경제적 합리성을 모델로 하는 도구적 이성의 일면성과 한계를 비판한다. 즉 그러한 이성이야말로 도덕적 담론의 원천인 생활 세계에 대한 역지배를 초래하고, 도덕성을 왜곡시키고, 현대의 각종 병리현상을 심화시킨 주범이기 때문에, 그 자신이 이를 해결할 수 있는 도덕적 치유력을 더 이상 행사할 수는 없으며, 또 해결에의 시도 자체가 모순이라고 진단한다. 그들은 현대의 도덕적 문제를 해결할 수 있는 규범적 척도를 구축할 수 있는 가능성을 의사소통적 행위의 패러다임에서 찾을 수 있다고 주장하고 나선다.

칸트적 전통에 서있는 아펠과 그의 추종자들이 주도하고 있는 선험화용론은 칸트의 선험철학을 상호주관적, 언어-화용론적 차원으로 확장·해석함으로써 칸트와 마찬가지로 이론적 지식과 실천적 지식 모두에 객관적이고 보편타당한 근거를 정초하려는 철학적 시도이다. 그 정신과 방법에 있어서 칸트의 선험철학에 뿌리를 두고 있는 아펠의 선험화용론은 20세기 후반에 이르러 주체 철학의 종언과 합리성의 해체, 나아가 철학의 사망까지 거론되고 있는 상황에서 보편학, 근원학으로서의 학문(보편적 지식)의 가능성을 옹호하고자 한다.

오늘날 학문에서의 최후정초의 불가능성이 광범위한 동의를 얻고 있는 상황에서 그리고 결국 보편적 윤리학의 정당 근거와 도덕적 구속력을 확보할 수 없게 되는 위기에 직면한 상황에서 아펠의 대안 전략은 하나의 새로운 지평을 개척해 놓았다는 의의를 갖는다. 이는 근본적으로 하나의 새로운 이성의 발견 기획이라는, 나아가 미시윤리학(microethics)이나 중간윤리학(mesoethics)이 아니라 전지구적 차원의 거시윤리학(macroethics)의 필요성과 그 가능성을 근거짓는 보다 원대한 과제와 관계한다. 새로운 이성으로서의 의사소통적 합리성은 먼저 도구적·기술적·전략적 합리성으로서의 목적-수단 합리성, 가치배제적인 과학기술적 합리성의 일면성을 비판한다. 아울러 그 각각에 전제되어 있는 의사소통의 윤리적 규범들에 주목하면서, 가치배제적 합리성 패러다임인 과학기술적 합리성이 오히려 자신들의 존립 기반인 상호주관적 타당성을 가진 윤리학의 기초를 거부하는 역설적 상황을 바로 잡음으로써 합리성 내지는 이성이 직면한 위기의 진상을 해부하고 극복하려 한다. 나아가 이러한 의사소통적 합리성을 통해 도덕적 주체들간의 상호 작용과 상호관계에 대한 반성적 자각에서 도덕적 합리성을 근거지을 수 있음을 보이고자 한다. 이는 더 이상의 정당화가 불가능했던 칸트적 합리성을 근거짓는 새로운 시도라 할 수 있으며, 그 방법론이 다름아닌 칸트의 선험적 논증을 비판적으로 계승한 유사데카르트적 논증이라 할 수 있는 선험 화용론적 반성 전략이다.

그러나 외사소통적 합리성에서 보편적 윤리학의 정초 가능성을 확신하는 아펠의 시각은 철학이 그 자신의 물질적 기초인 생활세계적 실천과의 관련을 상실하는 것을 염려하는 동시대의 하버마스에 의해서도 이미 비판받고 있다. 하버마스 역시 아펠과 마찬가지로 의식 철학으로부터 언어 철학에로의 패러다임의 교체를 보여주고 있지만, 아펠처럼 칸트적 합리성의 결함을 단순히 언어철학적으로 극복하여 이를 보다 철저히 하려 하기보다는,[21] 의사소통적 합리성이론의 두 핵인 보편화용론과 의사소통행위론에 입각하여 칸트적 통찰을 포함하여 윤리학적 합리성을 하나의 포괄적인 합리성 개념의 한 요소이자 계기로서 수용함으로써 문제를 해결하고자 한다.

하버마스의 의사소통적 합리성은 인식적-도구적 합리성, 도덕적-실천적 합리성, 미학적-표현적 합리성 모두와 관계한다. 그러므로 단순히 인식적-도구적 합리성과 의사소통적 합리성 개념을 대립시키는 방식은 인식적-도구적 이성계기를 포괄적인 이성 개념의 한 측면이 아니라 분리된 독립적인 것으로 파악하는 잘못된 시도의 결과라 할 수 있다. 즉 합리성의 여러 측면은 설령 부정적인 힘으로 작용하더라도 이는 의사소통적 이성 자체의 여러 계기의 표출이며, 이성의 위기의 자기 진단과 자기 처방을 가능케 한다. 따라서 현대의 위기는 이성 자체에 있는 것이 아니라 이성의 다원성 중에서 한 가지만을 일면화시킨 결과이며, 윤리학적 합리성의 위기도 그 연장선상에 있다는 것이다.

하버마스의 도덕인식론의 길잡이가 되는 보편화용론은 언어능력을 갖춘 화자, 즉 제대로 말하고 행위하는 화자의 직관적 의식, 즉 선이론적 지식

---

21 이러한 하버마스의 태도에는 이성의 역사에 대한 반성이 반영되고 있다. 즉, 하버마스는 서구의 로고스중심주의의 폐해는 이성이 너무 많아서가 아니라 이성이 너무 적은 탓에서 빚어진다고 본다. 고대-중세의 존재론에서는 존재론적 패러다임이, 근세의 인식론에서는 의식주의적 패러다임이, 현대의 의미론에서는 언어적 패러다임이 편향적으로 강조되면서 이성 개념의 축소화와 편협화가 진행되었다는 것이다. 이상화, 「이성과 실천 -현대철학에 있어서의 이성비판을 중심으로-」, 94-5 참조.

을 체계적으로 재구성하는 것을 목적으로 한다. 다시 말해 경험적으로 관찰할 수 있는 언어행위가 아니라 화자가 암묵적으로 전제하고 있는 규칙의식들을 탐구 대상으로 한다. 그리고 이런 점 때문에 하버마스는 보편화용론을 경험주의적 언어학과 구별하여 재구성적 언어학이라고 규정한다. 이러한 명칭을 사용하는 것은 그것이 그 절차에 있어서 법칙과학과 유사한 점이 많다는 점에서 경험과학적 범주에서 제외시킬 수 없다는 점 때문이다. 하버마스가 도덕 인식론에서 인지주의(cognitivism)을 취하면서도 아펠과 달리 배경 언어의 상대주의를 수용함으로써 토대주의를 거부하는 입장도 이러한 태도에서 기인한다.

결국 아펠과 하버마스의 담론윤리학은 의사소통적 이성을 전제로 하여 칸트의 형식주의적, 보편주의적 윤리학을 기반으로 한 상호주관성의 의무론적 윤리라는 성격을 갖는다는 점에서 다같이 칸트의 합리성의 현대적 변형이라 할 수 있다. 그러나 세부적으로 볼 때, 아펠의 윤리학적 합리성은 입법화하는 실천이성의 힘을 정당화하고자 한다는 점에서 지극히 친칸트적인 반면에, 하버마스의 경우는 도덕적 합리성을 포괄적인 사회적 합리성의 일부분으로서, 또 아펠에 비교할 때 통일적인 형이상학적 이성에 비해서는 아주 약한 개념으로, 맥락주의적 상대주의에 비해서는 강한 개념으로 파악한다는 점에서 헤겔적이라 할 수 있다. 그러나 이들의 의사소통적 합리성이 과연 도덕성과 합리성의 딜레마를 해결할 수 있다고 믿기에는 적지 않은 문제들이 있다.

담론윤리학은 실천적 담론 속에서 최종적으로 도덕규범의 합의에 도달할 수 있다는 기본 원칙 위에 세워져 있다. 이를 의식철학으로부터 언어철학적 패러다임으로의 전환을 통해 정당화하고 있지만, 그러나 가능성이 곧 필연성을 의미하는 것은 아니다. 이는 칸트적 합리성에 가해졌던 비판을 고스란히 물려받을 위험이 여전히 남아 있다는 것을 의미한다. 가령 칸트가 규범적 방향설정의 원천으로 정립했던 것은 도덕적 주체의 자율성이었다. 그때 문제가 되었던 것이 도덕적 유아론의 위험이었으며, 이제 의사소통적 이성이 함의하는 상호주관적 주체들의 정립을 통해서 이를 해결할 수 있다고 보고 있으나, 칸트의 도덕적 자아는 이미 동일한 도덕적 타자를 전제로 하고 있었다는 점을 고려할 때, 오히려 진정한 문제는 칸트가 도덕적 자아가 정언명령의 요구에 따라야 하는 자기 구속성은 확립했을지는 몰라도 그것이 자신과 타자 일반에 대한 도덕적 구속력도 갖는다는 것을 확실히 보여주지 못했다는 데에 있다고 생각된다. 그리고 이러한 구속력은 상호의사소통의 능력이 있다는 것만으로, 나아가 합리적인 의사소통의 가능한 원칙을 준수하는 것만으로는 부족하며, 이를 준수하고자 하는 마음과 의지가 선행해야만 한다. 그것 없이는 의사소통적 합리성이란 기호 사용의 언어적 합의에 기초한 도구적 내지는 타산적 합리성에 불과한 것이 되고 만다. 그러므로 하버마스식의 의사소통적 주체는 언어사용행위의 합리적 주체이기만 해서는 안 되며, 마찬가지로 아펠의 선험화용론적 논증 역시 인간 공동체가 언어적 기호를 수단으로 하는 선험론적 의사소통공동체라는 것을 충분히 증명한 것이 아니다. 이는 아펠의 담론윤리적 해법 역시 한계가 있다는 것을 의미한다.

6. 공감윤리와 공감적 합리성

포스트모던 철학이 진단했으며, 또 그들 역시 또 다른 합리성을 얘기할 수밖에 없는 철학적 담론 상황에서 여전히 오늘의 우리가 직면하고 있는 이성 또는 합리성의 위기는 크게 두 가지 방향에서 진행되고 있다고 생각된다. 하나는 이성중심적인 서구적 전통의 내부로부터의 반성이 그것이며, 다른 하나는 이성중심적 사고에 강한 거부감을 표시하는 자들에 의한 이성(합리성) 자체에 대한 외부로부터의 반성이 그것이다. 전자는 대체로 로고스중심주의 및 형이상학적인 객관적 합리성에 대한 반발로부터 시작하여 주관적 합리성에로, 특히 칸트적 합리성과 홉스적 합리성의 전통을 낳았다. 후자는 이러한 근대적 이성이 결과적으로 과학적 합리성의 연정선상에서 자신의 창조적이고 생산적인 업적을 훨씬 상회하는 파괴적이고 억압적인 재해의 주범으로 단죄하며, 소위 탈합리성의 합리성을 추구한다.

근대적 이성의 병폐와 피해를 폭로한 바 있는 베버, 아도르노, 호르크하이머 등 역시 억압적이고 파괴적이며 가치배제적인 도구적 이성은 근대성에서 수반된 서구적 합리화 과정의 부정적인 일면을 극대화한 것으로서 그러한 결과의 주범이 지배적 이성 자신이라는 이성의 역설에 직면한 채 그 해결책은 제시하지 못했다. 결국 그들은 이성의 옹호에 실패함으로써 인류 문명의 미래에 대한 체념과 비관론을 떨치지 못한 반면에 아펠, 하바마스 등은 이른바 의식철학의 한계를 극복하면서 이성의 부정이 아니라 이성의 철저화라는 새로운 합리성이론을 통해 현대의 반이성주의자들이나 반합리주의자들의 예봉을 봉쇄하려는 방향으로 나아간다. 그러나 이러한 시도가 이성에 대한 근원적인 비판과 전면적인 거부를 선언하고 있는 푸코와 데리다로 상징되는 해체주의자들을 포함하여 반이성주의자들의 도전에 성공적으로 응수하고 있는가에 대해서는 또 다른 검토가 요구된다.

살펴본 바와 같이 이 밖에도 합리성의 유형에는 다양한 종류들이 있다. 가치중립적인 과학주의의 기치 아래 법칙적 설명과 예측 또는 법칙적 설명 과학의 방법론적 합리성에 입각한 과학적 합리성이 대표적이다.[22] 그런데 도덕적 합리성이나 도구적 합리성, 그리고 과학적 합리성과 달리 의사소통적 합리성은 의사소통적 이해 및 역사에 관한 비판적 재구성의 특수한 방법론적 합리성에 입각하여 관습적 규범과 제도를 상호주관적으로 타당한 규범의 토대 위에서 정당화하거나 비판하는 행위와 관련된다. 이 중에서 아펠식의 철학적 윤리학과 하버마스식의 사회비판이론의 일부로서 의사소통적 합리성은 이성의 다원성에 착안하면서 이들 다양한 합리성을 상호 부정적이거나 배타적인 합리성이 아닌 합리성의 다양한 일면들로 수용, 극복하는 대응전략을 펴고 있다. 즉, 다양한 합리성의 요구들을 합당하게 판정할 수 있

---

22 이는 다시 세부적으로 형식논리적 합리성, 수리적 합리성, 자연과학적 합리성, 기술적 합리성 등으로 구분될 수 있다.

는 일반 원칙을 정초하려 한 것이다. 이러한 시도가 보여주듯이 이론과 실천의 문제를 동시에 해결하려는 어떠한 이론도 현실의 문제에 대한 정확한 분석과 아울러 그 결과에 대한 시비, 그리고 이론적 대안의 실천적 효용성에 답하려면 사회비판의 규범적 척도를 제시하지 않으면 안 된다. 다시 말해 어떤 방식으로든 도덕적 진리와 도덕적 행위의 정당성의 객관적 기준을 마련하지 않고서는 충분한 역할을 기대할 수는 없기 때문이다.

이러한 요구에 담론윤리와 의사소통적 합리성이 부응하려면 선험론적 의사소통의 원초적 가능성에 대한 성찰이 필요하며, 그 실마리를 공감적 소통의 가능성에 찾아야 한다. 기호를 수단으로 하는 근원적인 언어적 소통 가능성은 단순히 언어화용론이나 구조주의적 접근으로는 한계가 있다. 왜냐하면 의사소통공동체적 주체의 담론과 소통은 그들만의 소통을 가능하게 하는 실질적인 질료적 계기가 함께 작동하지 않으면, 다시 말해 언어적 소통의 필요성에 대한 공감적 이해가 선험적으로 개입해 있지 않다면, 선험화용론이든 의사소통행위론이든 의사소통의 가능성에 대한 인식은 임의성을 면할 수 없을 것이기 때문이다. 더욱이 그러한 공감적 소통이 언어소통행위에 어떻게 분절적 방식으로 개입하는지도 규명되어야 한다. 왜냐하면 공감적 소통은 자연적 공감과 이성적 공감의 소통 구조처럼 분명히 서로 연관성을 가지면서도 다차원적인 언어행위와 연계되어 있을 것이기 때문이다. 이는 윤리적 원칙을 구체적인 개별적 사건과 행위에 적용되어야 하는 공감적 이성의 윤리와 동일한 이론적 구조를 가져야 한다는 생각에서 기인한다. 만일 이러한 해명이 가능하다면, 의사소통의 합리성은 반드시 공감적 소통 가능성의 차원과 병행되어야 하며, 한 가지 방식으로 통일적으로 규명되어야 한다. 그리고 언어사회비판의 규범적 척도, 도덕적 진리와 도덕적 행위의 정당성의 객관적 기준, 도덕규범의 합의 가능성의 조건 등의 기본 원칙들 역시 공감적 이성의 윤리에 의해서 보충되어야 한다.

도덕적 의무의 문제는 합리적 행위론 혹은 합리적 선택이론도 그 일부도 아니다. 도덕적 의무와 책임은 그 자체로 정당화되어야 하는 문제, 즉 공감적 이성이 해결해야 할 문제이 것이다. 합리적 이익 추구도 그 제한도 윤리적인 것과 무관하다. 윤리학적 합리성은 개인적 이익 추구가 윤리적 것에 침범하지 못하도록 하는 것이거나 최소한의 양립 가능한 방도를 도출하는 데 있다. 나는 이성적 공감은 이미 인간이 도덕적 존재라는 것을 증거하며, 따라서 도덕적 선택과 관련해서도 공감적 합리성에 의거해서 구체적인 상황에 적용 가능한 일반 원칙을 제시할 수 있다고 믿는다. 담론윤리나 의사소통윤리 역시 그에 합당한 의사소통적 합리성을 구현하려면 공감적 이성의 윤리에 천착해야만 한다. 담론 윤리의 관점에서 그것은 우리를 공감과 소통의 근원적 관계, 즉 공감적 구조와 언어의 상관성 문제로 인도할 것이다.

4

담론윤리와 의사소통윤리

1. 아펠의 담론윤리와 선험화용론

근대의 칸트와 현대의 아펠은 보편학, 근원학으로서 학문의 가능성을 각자의 방법론에 입각하여 정당화하려고 한 대표적인 철학자들이다. 그러나 보편적 지식의 가능성을 정초하려는 철학적 시도는 주체 철학의 종언과 합리성의 해체, 나아가 철학의 사망까지 거론되고 있는 20세기 후반에 이르러서는 힘겨운 싸움을 전개해야 했다. 아펠은 이러한 분위기 속에서도 칸트를 계승하면서 보편학으로서의 철학과 주체 철학의 가능성을 옹호하고 이를 성공적으로 입증하기 위한 작업을 지속적으로 해왔다. 특히 아펠과 그의 계승자들이 주도하고 있는 선험화용론(Transzendentalpragmatik)은 칸트의 선험철학을 "언어철학적으로, 나아가 의사소통이론적으로 변형시켜"[1] 언어화용론적 및 상호주관적 차원으로 확장·해석하려는 철학적 시도이다.

이처럼 그 정신과 방법에 있어서 칸트의 선험철학을 계승하면서도 이를 새로운 방식으로 변형시킨 아펠의 선험화용론은 칸트가 그랬듯이 이론적 지식과 실천적 지식 모두에 객관적이고 보편타당한 근거를 정초하려 한다. 그리고 아펠이 이 선험화용론에 기초하여 "실천철학에서의 칸트적 이념을 새롭게 복원하려는 시도"를 담고 있는 것이 다름 아닌 선험화용론적 담론윤리학이다.[2] 이 담론윤리학의 또 다른 이름이 의사소통윤리이다.

아펠은 자신이 보기에 더 이상의 정당화가 불가능한 이성의 사실로서의 도덕법칙(정언명법) 및 도덕적(이성) 주체를 전면에 내세우고 있는 칸트의 실천철학이 갖는 가능성에 대해서 이를 비판적으로 계승하면서 다

---

1 W. Kuhlmann, "Solipsismus in Kants praktischer Philosophie und die Diskursethik", 247.
2 같은 글, 247-8.

른 각도에서 보다 설득력 있는 전망을 제시하고자 한다. 아펠은 다음과 같이 진술한다: "형이상학적 전제 없이, 즉 무엇보다도 연역이라는 논리적 절차를 요구하지 않고서, 상황에 대한 단순한 반성에 의해서 필연적으로 이성적 존재자인 우리는 근본규범으로서의 이상적인 논의공동체(Argumentationsgemeinschaft)라는 하나의 윤리학의 원리를 이미 언제나 자유롭게 승인해 왔다고 생각(즉 논의)할 수 있으며, 이론의 여지없이 입증할 수 있다. 그러므로 우리는 유의미하게 선험적 인식이론에 있어서 상호주관적으로 타당한 인식(진리!)이 가능하다는 전제로부터 시작할 수 있고 또 해야할 뿐만 아니라, 또한 선험적 윤리학에서도 도덕법칙이 상호주관적으로 타당하다는 전제로부터 시작할 수 있으며 또 해야 한다. 즉 양자의 경우에 있어서 우리는 사유함을 논의로서 전제해야만 한다. 그리고 거기에 칸트에 의해서 시도된 이론이성과 실천이성의 통일이 놓여 있다. – 더구나 어떠한 규범으로부터도 이끌어낼 수 없는 경험적 또는 형이상학적 사실이라는 의미에서가 아니라 필연적으로 승인된 근본규범이라는 의미에서 그러하다."[3]

이러한 진술을 통해서 무엇보다도 아펠은 명백히 의미 있는 담론의 가능조건 또는 "전통적 선험철학의 선험성과 비교되는 모든 논의의 가능성과 타당성의 의미비판적 조건으로서의 의사소통공통체의 선험성(das Apriori)"[4]을 강조하면서 동시에 보편적 윤리학의 최후 정초(Letztbegründung)의 가능성을 전망하고 있다. 특히 아펠이 강조하는 의사소통공통체의 선험성은 칸트의 '의식의 선험적 통일'에 대한 상호주관적 유추에 근거하고 있다.[5] 여기서 아펠은 칸트의 의식의 선험적 통일이 한편으로는 상호주관성을 확립하지 못하고 있다는 것을, 그러나 다른 한편으로는 이미 그 단초를 마련해 놓고 있다는 점을 암시하면서 이를 의사소통공동체를 전제로 해서 수행될 수밖에 없는 언어적 논증의 타당성 조건을 탐구하는 선험화용론과 담론윤리학으로 변형-극복하려고 시도한다. 이처럼 칸트에 대한 비판과 더불어 칸트를

---

3 Studienbegleitbriefe zum Funkkolleg Praktische Philosophie/Ethik, 73.
4 K.-O. Apel, *Transformation der Philosophie*, Bd. 2, 429.
5 같은 글, 164.

상호주관성의 언어를 매개로 발전적으로 계승하려는 시도는 도덕적 주체에 대한 칸트의 견해를 보다 명료하게 해명할 수 있는 계기를 부여한다.

일반적으로 데카르트로부터 시작해서 칸트에 이르기까지 근대유럽철학이 자기의식적 주관성을 사유의 출발점으로 삼은 결과 방법적 개인주의 혹은 유아론에 봉착하고 말았다는 비판을 받고 있듯이[6] 같은 맥락에서 아펠 역시 인식 및 행위 주체로서의 칸트의 선험론적 통각이 방법론적 유아론에 처해있는 것으로 간주한다. 결국 아펠은 『순수이성비판』에서 칸트가 시도한 '경험 가능성의 조건'에 대한 선험론적 정당화가 방법론적으로 주관적-유아론적 토대 위에 서있기 때문에 받게 되는 제약을 극복하기 위해서 상호주관적-의사소통적 차원에 토대를 둔 '의미 있는 논증의 가능성 조건'을 반성적 최후 정초라는 차원에서 근거짓고자 한다. 이것이 그의 담론윤리학에서는 "도덕원리에 대한 진정한 의미에서 선험철학적이라 할 수 있는 엄격한 반성적 최후 정초"로 등장한다.[7]

칸트의 실천철학이 방법론적 유아론에 기초하고 있다는 아펠의 해석에는 정당하지 못한 점 또한 있다는 것을 칸트의 실천이성 개념을 부각시키며 보여줄 수 있다. 그리고 아펠이 선험철학의 화용론적 변형을 통해 칸트의 실천철학의 문제들을 극복함으로써 보편타당한 규범윤리학의 정초 가능성을 전망하고 있는 일련의 주장들에 대해서도 비판적으로 검토되어야 할 적지 않은 문제들을 안고 있다. 그 문제의 일단을 지적하자면, 모든 의미 있는 논증을 가능하게 하는 하나의 의사소통공동체의 도덕적 근본규범이 존재한다는 사실로부터 모든 인간이 준수해야 할 구속력 있는 보편타당한 도덕원리가 존재한다는 결론이 자동적으로 도출될 수 있는 것은 아니다.

아펠은 하나의 언어적 행위의 수행적 조건 및 타당성 조건의 규범성과 실천적 행위의 보편타당한 도덕원리의 규범성의 근본적 차이를 무시하거나 그 연관성을 지나치게 낙관하고 있어 보인다. 또한 칸트 역시 합리적 행

---

6 김정주, 「이성과 상호성 – 칸트의 인식 및 도덕이론과 아펠의 비판적 변형」, 216.

7 W. Kuhlmann, "Solipsismus in Kants praktischer Philosophie und die Diskursethik", 248.

위자로서 이성적 존재자 개념에 기초하고 있다는 점에서 방법론적 유아론에 매몰되는 것은 아니라는 점에서 아펠의 지적은 적절하지 않다. 칸트의 도덕적 관점에서 보면, 합리적 행위자란 타자 역시 그런 행위자라는 보편적 관점을 지닌 행위자이이야 하기 때문이다. 그런데 한편으로 아펠은 선험화용론을 통해 그 점을 명확히 함으로써 칸트에 제기되는 문제를 불식시킬 수 있는 계기를 제공한 것으로 보인다. 그러나 다른 한편으로 오히려 칸트의 문제는 그러한 관점의 보편성이 도덕적 가치의 보편적 승인을 요구하더라도 상황과 처지에 따라 다른 도덕적 내용을 가질 수 있는 다수의 개체들의 개별성과 구체성을 무시하고 하나의 보편적 원리만을 주장한다는 데 있다. 이런 점들이 함께 논구되어야 하며, 이를 통해서 진정으로 보편적 승인의 도덕성을 정당화할 수 있다.

2. 보편적 규범윤리학과 방법론적 유아론

선험화용론적 담론윤리학을 통하여 보편적 규범윤리학을 정당화할 수 있다고 생각하는 아펠의 태도는 기본적으로 윤리학을 포함한 학문 일반에 있어서 철학적 최후 정초의 가능성을 확신하고 있는 그의 태도에서 비롯된다. 이를 위해서 아펠이 기본적으로 칸트의 노선을 계승하는 가장 중요한 이유는 칸트의 선험철학이 '인식의 가능성 조건들'에 대한 선험적 반성(die transzendentale Reflexion)을 통해 지식의 객관적이고 보편타당한 근거를 제시하는 논증 방식을 보여주고 있으며, 더불어 칸트가 시도한 불충분한 학문적 최후 정초의 아포리아를 "상호주관적인 언어를 매개로 해서" 성립하는 "언어 인식의 조건들", 즉 "상호주관적으로 타당한 경험적 인식의 가능성의 언어적-의사소통적 조건들"에 대한 정당화를 통해서 극복할 수 있다고 보기 때문이다.[8]

---

8 K-. O. Apel, "Sprechakttheorie und transzendental Sprachpragmatik zur Frage ethischer Normen", 11-2 및 이하.

다시 말해서 칸트의 선험철학에는 방법론적 유아론을 포함하여 칸트가 미처 고려하지 못한 내부적 문제들이 있는데 이를 해명 내지는 대처하는 가운데에서 칸트를 좀 더 새롭게 해석해 나가는 전략을 구사함으로써 정립된 것이 새로운 형태의 선험철학인 선험화용론이며, 또 이를 도덕원리를 근거 짓는 문제에까지 확대 적용한 것이 담론윤리학이다.[9] 이런 점에서 담론윤리학은 좁은 의미에서 선험화용론적 논증 방식에 의존해서 오랫동안 보편학으로서의 자기 정당성을 입증하지 못하고 있던 규범윤리학을 상호주관적 의사소통공동체에서 이루어지는 언어적 수행의 선험적 조건을 규명함으로써 철학적으로 정당화하려는 메타윤리학적 학문이론(Wissenschaftslehre)이라 할 수 있다.[10]

아펠을 포함한 선험화용론자들이 제기하는 칸트의 선험적 실천철학의 근본 문제는 크게 두 가지로 압축된다. 하나는 이성의 사실로서 도덕법칙에 대한 칸트의 불충분한 논증, 즉 그것이 왜 도덕원리의 최후 정초로서 정당화될 수 있는지에 대한 엄밀하고도 만족스럽지 못한 논증 성격에서 기인한다. 이에 선험화용론은 "의미 있는 논증 그 자체의 가능성 조건들에 대한 연구"[11]를 통해 이러한 만족스럽지 못한 논증을 해결하려고 한다. 다른 하나는 인식 및 행위의 선험적 주체로서 칸트의 이성 개념에 나타난 유아론 내지는 독아론적 위상이다.[12]

단적으로 아펠은 칸트의 선험론적 통각을 "방법론적 유아론" 또는 "전의사소통적 개별화"(die vorkommunikative Vereinzelung)로 간주한다.[13] 이러한 두 가지 문제점은 일반적으로 칸트 실천철학의 치명적인 약점으로 지적될 수

---

9 아펠의 담론윤리학의 기본 성격과 특징들의 대강에 대해서는 다음을 보라. 김진, 『칸트와 선험화용론』, 32-41; 김정주, 「이성과 상호성 - 칸트의 인식 및 도덕이론과 아펠의 비판적 변형」, 232- 237; 권용혁, 『이성과 사회: 실천철학 I』, 109-34.

10 K. -O. Apel, *Transformation der Philosophie*, Bd. 2, 96-127.

11 W. Kuhlmann, *Kant und die Transzendentalpragmatik*, 52.

12 이에 대한 상세한 논증에 대해서는 W. Kuhlmann, "Solipsismus in Kants praktischer Philosophie und die Diskursethik", 250-75.

13 D. Horster, "Der Kantische 'methodische Solipsismus' und die Theorien von Apel und Habermas", 464.

있는 도덕법칙의 존재 구속성과 도덕적 실천의 실현 가능성을 보장하지 못한다는 데로 귀착된다. 아펠은 바로 이러한 칸트의 문제들이 의식이론적 작업에서 빚어지는 것으로 보고, 이를 의사소통이론적 변형을 통하여 해결할 수 있음을 보이고자 시도한다. 특히 소위 "사회화 과정을 통한 '의사소통 자격'을 획득함으로써"[14] 윤리학의 영역에서는 방법론적 유아론이 극복되며, 이와 더불어 도덕원리의 최후 정초에 대한 칸트의 불충분한 논증과 그의 실천철학이 안고 있는 문제들도 해결될 수 있다는 태도를 취한다. 칸트와 비교했을 때, 도덕원리의 최후 근거를 정초하기 위해서 아펠이 주목하고 있는 것은 연역 논증이 아니라 반성 논증(reflexives Argument) 또는 반성적 선험 논증이다. 이 논증을 아펠은 칸트의 윤리학에 적용하여 자신의 주장을 뒷받침하는 논거로 사용한다. 이를 통하여 아펠은 엄밀한 의미에서 도덕원리의 최후 정초가 가능하다는 것을 입증하려 하고 있다.

아펠에 의하면, 인식이론의 영역에 있어서 우리가 소위 가치중립적인 과학적 명제 이외에는 어떠한 것도 전제하지 않는다 하더라도 언어 행위에 있어서의 명제는 성립되어야 하며, 따라서 그것을 이해하는 누군가에 대해서 명제로 성취되어야 한다. 즉 문장은 논증과 관련하여 논리적 타당성의 요구에 이르게 되는데, 이러한 "논증의 논리적 타당성은 상호주관적 이해와 합의 형성에 이를 수 있는 사색가의 공동체를 원칙적으로 전제하지 않고서는 검증될 수 없다. 혼자 있는 사색가조차도 비판적인, 영혼의 자기 자신과의 대화(Platon)에 있어서 잠재적인 논의공동체의 대화를 내면화할 수 있을 경우에만 자신의 논증을 설명하고 검증할 수 있다"[15]는 것이다.

그런데 아펠이 칸트의 실천철학에서 독아론 내지는 유아론을 읽어내는 이유는 그의 이론철학이나 실천철학에서의 이성 주체가 근대철학 일반이 독단적으로 가정하고 있는 하나의 보편적 개인으로 상정되고 있을 뿐만 아니라 그 자체가 복수의 이성 존재들과 공유해야 할 도덕적-실천적 요구들

---

14 K.-O. Apel, *Transformation der Philosophie*, Bd. 2, 426.
15 같은 글, 399.

의 당위성을 확보할 수 없는 단수의 이성 존재라고 보는 데서 찾을 수 있다. 또 다른 한편으로 칸트가 도덕적 구속력을 갖지 못하는 실천이성의 변증론을 통해 이성의 모순을 해소하기 위해서 최고선의 실현의 객관적-필연적 조건으로서 신의 존재를 요청할 수밖에 없었던 것도 원칙적으로 칸트의 이성 개념이 갖는 유아론적 한계에서 기인한다고 보고 있다. 이처럼 이성의 도덕적 명령과 도덕적 구속성의 최후 근거를 정초할 수 없는 칸트의 고립된 유아론적 주체 개념을 의사소통적 이성 개념으로, 또 현실에서의 도덕적 실현 불가능성(최고선)을 이상적 대화상황 내지는 이상적 의사소통공동체의 윤리학로 변형함으로써 아펠은 칸트가 직면한 문제를 해결할 수 있는 보편타당한 규범윤리학을 정초하고자 한다.

쿨만에 의하면, 선험화용론자들이 바라보는 방법론적 유아론의 핵심 논제는 이론철학이나 실천철학에서 주도적인 결정적인 역할을 하고 있는 칸트의 이성 개념이 하나의 순수이성 및 상이한 능력을 지닌 "단수의 이성 주체"라는 것이다. 또 비록 칸트가 『도덕형이상학 정초』의 서언(VII:13)에서 순수이성과 상호주관적 구속성 사이를 연결지으려 하고 있으며, 이 때문에 의사소통적-선험화용론적 주체 개념으로의 변형을 가능하게 하는 단초를 제공하고 있다 해도, 칸트의 이성 개념은 본질적으로 이성 주체가 왜 "정의의 원리나 무당파성의 원리와 같은 도덕원리"를 원하는지를 설명할 수 없는 한계를 지니고 있다고 본다.[16] 이처럼 고독한(einsam) 고립된 주체라는 유아론적 이성 개념을 전제로 하고 있기에,[17] 칸트에게는 도덕원리로부터 정의(正義)의 원리와 같은 실천적 이념에로의 이행이 원칙적으로 허용되지 않는다는 근본적인 난점에 직면하게 된다는 것이다. 또 칸트의 실천철학에서 순수실천이성이라는 핵심 개념을 중심으로 가능하게 되는 도덕성(도덕원리), 강한 구속성, 자유, 자율 개념들의 연관성들 이 충분히 해명되지 않은 채로 남아 있는 것도 이에 기인한다고 주장한다.[18]

---

16 W. Kuhlmann, "Solipsismus in Kants praktischer Philosophie und die Diskursethik", 250.
17 같은 글, 249.
18 같은 글, 254-9.

말하자면, 칸트는 순수이성이 무엇을 원할 수 있다는 단순한 주장과 더불어 의지를 필요로 한다는 생각, 그리고 순수이성의 욕구와 구체적 인간들을 위한 당위 사이의 연관성에 대해서 그저 설명을 하고 있을 뿐,[19] 순수이성이 왜 그것을 원하고 또 그것이 어떻게 칸트가 의도하듯이 상호수관적으로 강한 구속성을 가질 수 있는지는 충분히 해명되지 않은 채로 남아 있다는 것이다. 이같은 지적은 매우 중요한데, 칸트의 정언명법의 정식에 반영되어 있는 도덕원칙들이 이와 똑같은 문제에 봉착해 있기 때문이다. 그 대표적인 경우로 인간의 존엄성을 표현하고 있는 인간성이나 인격성이 정식에서 무엇이 존중되어야 할 인간성인지가 명시적으로 나타나지 않고 있으며, 더욱이 그것이 보편법칙의 정식과 양립해야 하는 문제도 안고 있다. 칸트는 이를 이성적 존재자의 개념으로부터 이끌어내고 있지만, 그것만으로는 상호주관적 구속성이 증명되지 않는다. 또 아펠이 말하는 이상적 대화상황 내지는 이상적 의사소통공동체의 조건을 수용한다고 하더라도 그것이 할 수 있는 역할은 담론의 상호구속력이지 곧바로 실천적 구속력을 보장하는 것은 아니다.

이와 같은 난점들을 극복하기 위해서 아펠과 선험화용론자들은 고립적 이성 개념을 상호주관적으로 강한 구속성을 지닌 의사소통적-선험화용론적 주체 개념, 즉 복수의 이성주체로의 해석을 시도한다. 특히 아펠은 칸트의 이성 개념을 논의에 참여하는 사람이 언제나 반드시 전제하고 있는 "현실적(real) 의사소통공동체와 이상적(ideal) 의사소통공동체"[20]를 구분하면서 이 두 공동체의 교호작용 안에 있는 의사소통공통체의 선험성으로서의 이성 개념으로 대체, 즉 선험화용론적 주체 개념으로의 변형을 요구하고 나선다. 이 때 현실적 의사소통공동체가 이상적 의사소통공통체를 전제하면서

19 김진, 『아펠과 철학의 변형』 67-8.
20 아펠은 현실적 의사소통공동체와 이상적 의사소통공동체를 다음과 같이 규정한다. : "논증하는 사람은 언제나 이미 두 가지를 전제한다: 첫째로는 그 자신이 스스로 사회화과정을 통해 그 구성원이 된 현실적 의사소통공동체이며, 둘째로는 원칙적으로 그가 하는 논증의 의미를 적절하게 이해하고 그 논증의 진리성을 최종적으로 평가할 수 있는 이상적 의사소통공체이다." K. -O. Apel, *Transformation der Philosophie*, Bd. 2, 429.

동시에 그 실현을 목표로 해야 하는 것은 이미 양자 모두에 의사소통공동체의 선험성이 작용하고 있기 때문이다.[21] 그리고 이 이상적 의사소통공동체는 언어능력과 행위능력을 갖춘 의지형성의 주체로서의 모든 개인은 논의의 주체적 참여자이면서 동시에 타자와의 보편적 상관관계 속여 묶여 있다는 것을 함의한다.[22] 이러한 새롭게 정초된 의사소통공동체의 윤리학에 입각하여 아펠은 도덕적 규범의 철학적 최후 정초의 가능성을 옹호하면서 이성자신의 반성적-비판적 능력과 아울러 보편적 구속력을 갖는 도덕규범의 상호주관적 타당성을 입증할 수 있음을 공언한다.

아펠은 자신의 입장을 옹호하기 위해서 사실과학 내지는 경험적-분석적 과학이나 심지어 논리학 또한 가능하기 위해서는 개인의 차원을 넘어서 상호주관적 합의가 전제되어야 한다고 주장한다. 이로부터 아펠은 오히려 담론윤리학이 "논리학의 가능성의 조건"이며, 따라서 "규범적 과학 논리(과학주의)는 규범적 해석학을 전제하는 동시에 규범적 윤리학을 전제한다."[23]고 주장한다. 즉, 합리성을 추구하는 모든 학문은 선험적으로 논의의 윤리학을 전제하고 있다는 것이다. 이를 부정할 경우, 이는 곧 자신이 주장하는 논의 자체를 원천적으로 부정하는 결과에 직면하는 이른바 "수행적 자기 모순"을 범하게 되기 때문이다.

이러한 이유에서 아펠은 만일 흄이 보여주었듯이 사실로부터 당위가 도출될 수 없다는 원칙이 타당하다면, 경험적 내용을 가진 모든 과학이 도덕적으로 가치중립적이라 해야겠지만 실제로는 그렇지 않기 때문에, 그것은 더 이상 사실과학이 아니라는 결론이 나오게 된다고 말한다. 즉, 아펠은 논리학에 전제된 논의의 윤리학은 의견이나 이론을 논리적-경험과학적으로 정당화하기 위한 가능성의 조건이면서 동시에 이러한 조건은 도덕적 책임의 근거를 정초하는 일을 포함한 모든 논의공동체의 조건이라는 일반적 결론을 확인시키고 있다. 이러한 맥락에서 아펠의 담론윤리학은 경험적 분석

---

21 같은 글, 429, 431.

22 J. Habermas, *Erläuterungen zur Diskursethik*, 18-9 참조.

23 K-O. Apel, *Transformation der Philosophie*, Bd. 2, 403.

이나 과학적 성과에 대한 평가의 가능 조건인 메타언어의 타당성 근거에 대한 해명이라고 할 수도 있다. 이 점에서 보편적 윤리학의 합리적 정초는 수학이나 논리학에서 의미하는 증명(Beweis)과는 차원을 달리한다. 무엇보다도 아펠은 이러한 이해 방식을 차단하고자 한다. 왜냐하면 아펠은 만일 정초라는 것이 이러한 의미로 이해된다면 보편적 규범윤리학의 정초란 불가능하다는 것을 인정하고 있기 때문이다.

3. 하나의 순수한 이성과 복수의 경험적 이성

아펠을 비롯한 선험화용론자들이 칸트의 도덕적 주체를 고립적-유아론적으로 해석하는 작업은 칸트가 『순수이성비판』에서 보여주고 있는 선험적 연역을 언어화용론적 차원에서의 엄격한 반성적 최후 정초의 문제로 발전시켜 나가려는 시도와 밀접한 연관이 있다. 그런데 담론윤리학이 확립한 도덕적 근본규범, 즉 아펠과 하버마스, 그리고 현대의 언어행위이론을 통해서 확인할 수 있는 소위 담론에 있어서의 네 가지 필수적인 타당성 조건들인 "문장의 이해 가능성, 명제적 부분의 진리성, 수행적 부분의 옳음, 언어 발화자의 진실성"[24]과 같은 근본규범들이 갖는 제한적 역할을 인정하더라도[25] 아펠은 이 같은 타당성 조건들 자체가 윤리학의 학문으로서의 최후 정초와 동일한 내포를 갖는 것은 아니라는 평범한 진리를 지나치게 소홀하게 취급하는 경향이 있다.

게다가 담론윤리학이 보편학으로서 윤리학의 근본규범(A) 하에서 구체적인 행위의 원리와 규준과 관계하는 도덕적 규범을 정당화하는 차원(B)과 이를 실제적으로 가능한 행위에 방향을 설정해 주는 차원(C)을 구분하며 이들 상호간의 다리놓기 즉 담론윤리학의 현실 적용 문제에 관심을 갖고 비중

---

24 K-. O. Apel, Praktische Philosophie/Ethik, 129; 권용혁, 『이성과 사회: 실천철학 I』, 32, 46.

25 권용혁, 『이성과 사회: 실천철학 I』, 45-6. "규범들의 근거설정을 합의적-의사소통적으로 연결하는 단계와 그것을 통해서 근거설정된 상황과 관련된 개별적인 규범들을 세우는 단계를 구분해야 한다. 개별적인 상황과 관련된 규범들은 의사소통의 윤리학의 근본규범으로부터 직접적으로는 유도될 수 없다."; K-. O. Apel, Praktische Philosophie/Ethik, 127.

있게 다루고 있다 해도 (B)와 (A), (B)와 (C) 상호관계는 전혀 다른 문제들을 함의하고 있다. 가령 이들 관계에서 우리가 (A)가 (B)와 (C)와 맺고 있는 관계가 (B)와 (C)의 관계처럼 도덕적 관계를 맺고 있다고 보기는 어렵다. 만일 (A)의 차원에서 칸트의 유아론적 이성 개념의 한계를 해소함으로써 보편타당한 규범윤리학을 근거짓는 최후 정초의 자격을 (A)가 충족시키고 있다면, (A) 자체에는 정당화해야 할 더 이상의 윤리학적 요소를 가져서는 안 되며, 동시에 그것이 어떻게 도덕적 성격을 지닌 (B)와 (C)를 가능하게 하는지가 정당화되지 않으면 안 된다.

그러나 아펠의 주장과 달리 사실로부터 당위를 도출하려는 자연주의적 오류를 범하지 않는 한 중립적 성격의 담론윤리학의 근본규범 자체로부터 도덕적 규범들이 도출될 수는 없다. 만일 그것이 가능하다면 이미 그것은 정당화된 최후 정초가 아니라 그들이 칸트에게 가했던 것과 동일한 비판을 면하기 어렵다. 다시 말해 칸트가 도덕원리를 정초함에 있어서 도덕법칙을 이성의 사실로서 자명하게 주어져 있는 것으로서 더 이상의 정당화가 불가능하다는 자세를 취한 것과 비슷하게 아펠 역시 모든 유의미한 논의를 가능하게 하는 의사소통공동체의 선험적-반성적 담론윤리학을 통해 그 이상의 것을 말해주고 있지 않아 보인다.

또한 우리는 아펠이 주장하는 것처럼 의미 있는 논의 가능성의 선험적 조건으로서의 논증 상황과 논의 규칙이 존재한다는 사실만으로 보편적 윤리학을 포함한 학문 일반에서의 최후 정초가 가능하다는 결론을 정당화할 수 있는지에 대해서 반문할 수 있다. 더욱이 이러한 최후 정초의 가능성을 부인하는 자들도 이러한 조건들 자체는 인정하고 있다는 점이 이러한 반문에 힘을 실어 준다.[26] 이를테면 모든 인간이 생존에 필요한 기본적 욕구를 갖는다는 사실적 조건만으로 동시에 모든 인간이 어떤 도덕규범에 반드시 동의하거나 그래야 한다거나 그런 규범이 존재한다는 결론이 도출될 수 있는 것은 아니라고 할 수 있다. 우리가 이와 관련해서 방법론적 유아론이라는 혐

---

26 김진, 『칸트와 선험화용론』, 96, 116 참조.; 『아펠과 철학의 변형』, 46 및 각주 5.

의를 받고 있는 칸트의 이성 개념이 그의 윤리학에서 맡고 있는 기능과 역할에 대해서 다시금 주목해야 할 이유도 여기에서 엿볼 수 있다.

그렇다면 칸트의 이성 개념은 실제로 유아론적인가? 단적으로 칸트의 윤리학에서는 아펠이 생각하는 깃처럼 유아론적 한세를 짊어진 선험론적 통각이 최고 원리가 아니라 실천이성과 도덕적 주체의 자발성으로서의 자유가 최고 원리이며, 이는 동시에 아펠적 의미에서의 최후 정초적 원리에 해당한다. 우선 칸트에 있어서의 자유는 "도덕적 의지 형성의 과정"[27] 이외의 다른 것이 아니며, 도덕법칙의 존재를 통해서 확인되는 행위의 원리이다. 뿐만 아니라 칸트의 인식이론에서 아펠로부터 유아론의 비판을 받고 있는 선험론적 통각 또한 칸트의 경우에는 그 자체가 주체 일반의 자발성에 근거를 둔 인간 존재와 능력의 근원적 보편성으로서 복수의 경험적 주체 위에서 있다는 점에서 기본적으로 유아론의 화살을 피하고 있다.[28] 따라서 칸트의 실천철학에서의 유아론 문제의 올바른 진단은 복수의 경험적 실천이성과 하나의 실천이성의 문제를 어떻게 보느냐에 달려 있다고 할 수 있다. 따라서 내가 보기에 칸트적 유아론의 진정한 문제는, 1장에서 윤리적 주체의 문제와 관련해서 지적했듯이, 도덕적 의지의 자유를 통해서 해결된 것이 아니라 그저 화살을 피했을 뿐이다.

선험화용론자들은 칸트의 이성 개념이 상호주관적 구속성을 갖는 도덕원리의 근거를 단수의 순수이성에다 두고 있기 때문에 이성의 원리와 여타의 도덕적 원리들 사이를 실천적으로 매개해 주지 못하는 유아론적인 것에 머문다고 보고 있지만, 우리는 칸트의 실천이성이 그 자체로 순수한 실천이성과 경험적 실천이성으로 구분되어 사용되고 있다는 것을 고려해야 한다. 칸트에게 전자는 단수적 존재이지만 후자는 복수적 존재이다. 경험적 실천이

---

27 D. Horster, "Der Kantische 'methodische Solipsismus' und die Theorien von Apel und Habermas," 465.

28 칸트의 이론철학과 실천철학에서의 주체 개념이 선험화용론자들이 해석하는 것처럼 고립적-유아론적이 아니라 상호주관적 내지는 이를 전제한다는 견해에 대해서는 A. Pieper, "Ethik als Verhältnis von Moralphilosophie und Anthropologie. Kants Entwurf einer Transzendentalpragmatik und ihre Transformation durch Apel," 325 이하.

성은 그 자신에게나 타자와의 관계에서나 이미 그 자체가 복수적 존재이다. 이 때문에 나의 선의지는 이미 자기만이 아니라 다른 주체들과의 관계에서도 갈등에 직면할 수 있는 제약을 안고 있다. 이 같은 복수의 이성주체들의 상호관계를 조정하려는 욕구는 동시에 그 자신이기도 한 단수의 이성주체 즉 도덕적인 순수실천이성 자신의 원함과 관계한다. 순수이성의 주체가 인간인 이상 실천이성은 스스로 도덕적 욕구와 원함을 가질 수 있으며 또 갖고 있을 수밖에 없다.

정작 칸트에게 문제가 되는 것은 방법론적 유아론이 아니라 윤리적 주체의 의사소통적 합리성의 가능 근거다. 이는 아펠이나 하버마스 모두가 간과하고 있거나 아예 관심을 두고 있지 않는 문제다. 칸트에게는 공감적 소통을 통해 상호 승인되는 윤리적 주체가 어떻게 윤리적 갈등의 해결을 위해 보편타당한 도덕원칙으로서 정언명법의 도움을 받을 수 있느냐에 있다. 이 지점에서 선험화용론적 의사소통윤리학의 도움이 필요할 수 있다. 칸트가 안고 있는 가장 심각한 문제는 전의사소통적 개별화, 즉 소통 주체들 간의 소통가능성이 차단된 유아론에 있기 때문이다. 그런데 아펠이 염두에 두고 있는 방법론적 유아론은 일종의 "이성적 〔존재자의〕 의지의 자기 만족을 그의 전의사소통적 개별화에 종속시키는 것"[29]을 의미한다. 따라서 아펠은 칸트에 있어서 전의사소통적 개별화를 방법론적 유아론과 동일시하고 있다. 하지만 이는 구분되어야 한다. 칸트의 경우에 전의사소통적 개별 주체들은 이미 생활세계 내에서의 행위 주체의 보편성과 개별성, 순수이성과 경험적 이성의 대립 내지는 갈등 구조 상태 하에 놓여 있다.

칸트는 도덕법칙의 보편성과 객관성의 근거를 실천이성 자체에다 설정하고 있으며, 이것은 그 자체로 모든 인간 일반에게 있어서 보편타당한 것으로 가정된다. 따라서 보편성을 갖는 인간 일반의 이성적 조건과 각 개인이 갖는 특수한 감성적 조건들과 실천적 요구들 상호간의 대립과 갈등이 드러

---

29 D. Horster, "Der Kantische 'methodische Solipsismus' und die Theorien von Apel und Habermas", 463.

난 상태가 바로 선험적으로 주어진 전의사소통적 개별화의 상태라 할 수 있다. 특히 이 같은 양상은 개별 인간들 사이뿐만 아니라 실천이성의 경험적 주체들 간에도 발생한다. 갈등을 갈등으로 인지한다는 것은 이미 다른 욕구의 존재를 승인한다는 것을 함의한다. 이성이 도덕적 선을 원하는 것은 이 같은 실제적인 갈등상황과 복수적 이성 존재를 통해 간접적으로 확인된다. 동시에 칸트의 순수한 실천이성은 이미 그 자체로 문제를 해결할 수 있는 이상적 전망의 담지자다. 이 같은 갈등 해소 방법은 우선 행위 주체(들)에게는 가언적 내지는 타산적 방식으로 진행될 수도 있고, 또는 모든 사람에게 타당한 해결책을 찾고자 할 수도 있다. 전자에서 후자로의 이행(그 반대도 가능하다)은 절차적으로 가언명법과 정언명법의 구성으로 나아갈 수 있다.

하지만 문제가 없는 것은 아니다. 카울바하가 지적하고 있듯이 칸트의 경우에는 실천이성의 법칙 즉 도덕법칙과 같은 보편적인 행위의 원리가 개인의 요구나 개인의 자유의 요구와 매개되는 실천이성이 갖는 실천적 대화의 역사적 운동을 현실성과 매개하여 파악하는 방식이 결여됨으로써 추상적 윤리학의 성격을 완전히 벗어날 수 없는 한계를 갖고 있다. 더욱이 이러한 추상성은 개인과 그의 자유를 실천(도덕)법칙과 그것이 내세우는 보편성의 희생물로 전락시키는 약점을 안고 있다.[30] 결국 이러한 한계와 약점 모두가 칸트에게 있어서는 실질적으로 일어나는 의사소통행위 과정을 무시한 형식적 추론에 봉사한다. 칸트의 윤리학에 필요하고 보완될 요소가 있다면 아마 그것은 이 같은 문제들의 해결에 기여할 수 있는 담론윤리학적 조건들에 대한 고려일 것이며, 이를 통해 상호소통이 가능한 절차와 장치들을 마련하고 활용할 필요가 있다.

---

30 F. 카울바하, 『윤리학과 메타윤리학』 189 참조. 이러한 칸트 사고의 한계와 약점을 칸트에 충실하면서 보완, 극복할 수 있는 가능성을 보여주고 있는 카울바하의 칸트 연구서로는 F. Kaulbach, *Das Prinzip Handlung in der Philosophie Kants*. 48-101, 165, 193-202. 이 저서에서 그는 칸트 스스로 자신의 철학 체계의 분명한 테마로 주목하지 못한 행위(Handlung) 개념을 주제화하여, 이론철학과 실천철학을 포함한 칸트의 철학을 전체적으로 연관지어주고, 따라서 지금까지 보여주지 못한 칸트 체계의 통일성을 꾀할 수 있다는 것을 보여주고자 한다. 그리고 무엇보다도 이 과정에서 이론과 실천에 있어서의 의사소통가능성을 칸트적 기초 위에서 전망한다.

그러나 다시금 주목해야 할 것은 도덕원리의 구체적 제시는 이미 갈등을 겪고 있는 이성 주체들을 전제하고 있다는 사실이다. 그리고 이런 문제를 해결하기 위한 여타의 하위의 도덕원리들은 전적으로 실천이성의 절차 구성적 능력으로부터 기인한다. 더욱이 칸트의 실천적인 도덕적 이성은 끊임없이 자신을 역사적인 도덕적 공동체 속에서 실현해 나가고자 노력해야 하는 행위 주체이다. 말하자면 칸트의 도덕적 이성은 아펠처럼 엄격한 반성적 최후 정초를 확보해야 하는 이론상의 선결적인 과제가 아니라 이미 자체적으로 확보되어 있는 가능성을 실천의 세계에서 구체화해야 하고 확인해야 하는 행위 주체이다. 따라서 아펠이 칸트를 비판적으로 수용하여 확대 해석하려는 전략은 부분적으로 칸트의 실천이성 개념에 대한 이해를 충분히 반영하지 못하고 있다. 가령 칸트가 도덕법칙의 정당성을 더 이상의 논증 없이 자기지시적이고 자기설명적인 이성의 사실로서 승인하는 것을 "양심을 강제하는 현사실성(Faktizität)"으로, 또 그의 윤리학을 "경험적 의지를 강제하는 형이상학"으로 해석할 때,[31] 아펠은 칸트의 실천이성을 의지의 갈등을 인지하는 능력으로서의 이성은 물론 합당한 절차 구성적, 정치적, 나아가 역사적 실천이성의 세계까지 포함한 관점에서 조망하지 못하고 있는 것이다. 오히려 칸트의 문제는 도덕법칙의 사실성에 대한 직접적 증명의 불가능성을 말하면서도 이를 인간의 존엄성과 어떻게 연결지을 수 있는지를 전혀 설명하지 못하고 있다는 것이다.

또 다른 한편으로 칸트는 실천이성의 능력 위에서 원초적 계약을 통한 이상적인 사회의 건설을 지속적인 하나의 역사적-발전적 과정으로 파악하고 있는데, 이는 칸트가 이미 그 과정 자체에 하나의 이상적인 의사소통공동체를 전제하고 있다는 것을 의미한다. 물론 칸트 자신이 직접 그러한 논의를 전개한 적은 없지만, 적어도 아펠의 비난을 피하면서 아펠의 관점을 충분히 수용할 수 있는 여지를 남겨 놓고 있다고 볼 수 있다. 왜냐하면 칸트가 보여주고 있듯이 우리가 하나의 도덕적-정치적 공동체를 형성한다는 것은 그

31 K.-O. Apel, *Transformation der Philosophie*, Bd. 2, 417.

구성원들의 일반적 합의에 도달할 수 있는 실천이성 즉 순수한 실천이성을 공유하고 있을 때에만 가능하며, 나아가 그러한 공동체 형성을 하나의 역사적 과제로 파악할 때 그 과정은 이미 논의공동체를 가정하고 있다고 보아야 히기 때문이다. 이 지점에서 아펠의 시각과 달리, 그리고 하버마스도 예외는 아닌데, 가정되고 있는 논의공동체가 칸트가 말하는 정치공동체와 윤리공동체에도 해당되는데, 인간의 존엄성을 구현할 수 있는 정치적 합의의 근원적 가능성에 대한 반성적 성찰이 존재하지 않는다는 것이 지적되어야 한다. 현재적 관점에서 본다면, 이는 근본적으로 칸트 윤리학의 근본적인 한계에서 기인하는 문제라 할 수 있다.[32]

이러한 시각은 이미 존 롤스에 의해서도 발전적으로 구체화된 바가 있는데, 이론적 구성의 측면에서 중첩적 합의와 같은 전략적 개념을 동원한다면 칸트의 이성 개념과 도덕적 주체를 유아론적으로 간주하는 것은 불필요한 전략이다. 더욱이 칸트의 실천이성의 이념을 제한적으로 수용하면서 발전시키고 있는 롤스의 "공적 이성의 이념"은 칸트의 도덕적 주체와 실천이성을 방법적 유아론으로 해석하는 아펠의 시각에 대한 시비를 떠나 우리가 칸트를 어떻게 바라보는 것이 더 한층 "칸트적"(Kantian)인지를 잘 보여주고 있다.[33]

그런데 무엇보다도 칸트의 문제는 소통의 이상적 조건과 그 적용의 절차적 구성 가능성에서가 아니라 법칙 적용의 현실적 구체성에서 심각한 결함을 드러내고 있다고 보아야 한다. 앞서 상호소통의 과정은 문제에 대한 공통된 인식과 그 대상, 즉 갈등 대상에 대한 상호 이해를 전제해야 하는데, 칸트에게는 무엇보다도 그 대상에 대한 소통 가능성이 차단되어 있어 보인다. 아마 그것은 도덕적 원칙의 보편적 적용가능성과 관련해서 두 가지 측면에 대한 고려가 간과되고 있기 때문일 것이다.

하나는 도덕적 동기가 될 수 있는 감정 연관성이 고려되지 않고 있는데,

---

32 칸트 윤리학의 근본적인 문제에 대해서는 맹주만, 『칸트의 윤리학』 50-65.

33 J. Rawls, *Political Liberalism*, 212-254; *The Law of Peoples*, 129-80. 인용은 각각의 번역서를 참조.

상호소통의 가능성은 그것을 문제로 인식하는 주체들의 공통된 인식을 필요로 하지만 칸트에게는 그 가능성이 차단되어 있다. 가령 무고한 사람에 대한 처벌이나 부정의한 만행, 혹은 사회적 약자들에 대한 적절한 도움이 필요하다는 문제 인식은 이성적 고려만으로 될 수 없기 때문이다. 이를 위해서는 그것을 사회적 및 윤리적 문제로 인식하고 그것을 해결하려고 하는 동기, 이를테면 분노나 동정심이나 혹은 인간의 존엄성에 대한 감정적 동기가 우리의 사고에 수반되어 하는데, 칸트는 도덕적 동기에 이러한 요소를 아예 배제하고 있기 때문에, 실제로는 의사소통공동체의 성원으로서 무엇을 위해서 논의할 것인지를 문제 삼는 것 자체가 불가능하다.

또 다른 하나는 이와 불가분하게 연관되어 있는데, 이러한 도덕적 동기를 승인한다고 하더라도 칸트의 의사소통 절차의 이성적 조건들은 그러한 도덕적 동기와 관련 있는 대상들의 차이를 제대로 고려하기 어렵다. 가령, 앞선 예에서 누가 사회적 약자이며, 즉 누구를 구제할 것인가 하는 도덕적 처방은 다름 아닌 바로 그 당사자를 대상으로 하는 것이어야 하는데, 칸트에게서는 그 답을 찾기가 어렵다. 정언명법이 보여주듯이 단지 '구제가 필요한 사회적 약자라면 도움을 주어야 한다'는 형식적 일반화에 머물고 만다. 이를 해결하기 위해서는 정언명법은 내용의 측면에서도 이를테면 인간의 존엄성이 어떤 가치를 담지하고 있는지, 그리고 그 관점에서 문제의 대상 즉 그 사람은 다른 사람과도 구별되는 상황에 놓여 있는 그런 사람일 것이며, 따라서 그에 맞게 도덕 원칙이 적용되어야 할 것이다. 게다가 나는 이 존엄성은 분명 감정과 연관성을 가질 수밖에 없다고 생각한다. 만일 이런 나의 생각이 맞다면, 칸트의 의사소통 윤리는 형식과 내용 면에서 수정이 불가피할 것이다.

4. 하버마스의 아펠 비판과 그 이후

최후 정초를 요구하는 아펠의 시각은 이미 또 다른 관점에서 하버마스에 의해서도 비판받아 왔다. 하버마스 역시 아펠과 마찬가지로 의식철학으로 부터 언어철학에로의 패러다임의 교체를 보여주고 있지만, 아펠처럼 칸트 적 과제 설정이 아니라, 사회철학적 방법론에 입각하여 칸트적 통찰을 극복 하고자 한다. 하버마스는 롤스의 원초적 입장과 유사하게 실천적 담론이란 오직 의사소통의 일반적 전제조건들의 토대 위에서만 상호주관적으로 타당 한 규범적 합의의 정당성을 보장할 수 있음을 강조하면서, 동시에 롤스처럼 인위적 무지의 구성을 포함하는 원초적 입장이 갖는 허구적 성격을 제거하 려 함으로써[34] 아펠과도 차별성을 갖는 담론윤리학을 추구한다.

하버마스는 칸트 윤리학의 성격을 의무론, 인지주의, 형식주의, 보편주의 로 규정하고 해명하면서 칸트와 담론윤리학의 세 가지 차이점을 제시한다. 첫째, 담론윤리학은 칸트의 두-왕국-학설을 포기한다. 둘째, 담론윤리학은 칸트의 내면적, 독백논리적 단초를 극복하며, 따라서 행위준칙들의 검사를 이해관계의 일반화가능성에 관한 의사소통적 상호주관성에 기초한 공적 담 론의 결과를 통해서 수행한다. 셋째, 담론윤리학은 칸트가 당위를 통해 강 제되는 경험에서 성립하는 이성의 사실이 해결하지 못한 근거제시의 문제 를 실천적 담론에서 행해지는 논의의 일반적 전제들로부터 도출되는 보편 화의 원리를 통해 해결하였다고 주장한다.[35] 더 나아가 하버마스는 담론윤리 학이 단순히 칸트의 윤리학과 차이만을 갖는 것이 아니라 무엇보다도 모든 사회적 갈등이란 구체적 생활여건의 우연성과 다양성을 포함하는 역사적 산물들이기에 이러한 과정으로부터 유리된 해결책이란 불가능할 뿐만 아니 라 더욱이 모든 사람이 다 동의할 수 있는 일반적 구속력을 갖는 규범을 획 득하기를 바랄 수는 없다는 사실을 반영해야 한다고 보고 있다.

따라서 아펠의 담론윤리학이 시도하는 칸트적인 선험철학적 최후정초를 아예 불가능한 것으로 보는 하버마스가 기본적으로 의사소통적 행위가 이 루어지는 일상의 실천에서 야기되는 갈등들이 칸트식의 엄격하고 형식주의

---

34 J. Habermas, *Erläuterungen zur Diskursethik*, 14.
35 같은 글, 20-1.

적이며 따라서 극단적 추상화의 산물인 협소한 도덕 개념으로는 해결될 수 없다고 보는 것은 당연하다. 또 같은 이유에서 아펠의 입장과 관련하여 하버마스는 의사소통의 보편적 규칙 속에 하나의 "최소 윤리"(minimale Ethik)가 포함되어 있다는 것을 인정하면서, 만일 논의의 의사소통적 전제가 이미 규범적 함축을 지니고 있다는 것이 증명될 경우에, 우리는 아펠이 의도한 것처럼 어떠한 최후의 토대도 갖지 못하며, 오늘날 우리의 역사적 상황의 객관적 조건 하에서 얻을 수 있게 된, 보편적 자격과 맞닿을 수 있는 하나의 정초된 추측만을 갖는다고 주장한다.[36] 이 같은 하버마스의 지적은 아펠이 보편적 규범윤리학을 근거짓기 위한 최후 정초에의 시도가 "생활세계적-구체적 인륜성의 특수성을 초월하는 구속력"[37]을 갖는 행위 주체를 암암리에 가정하고 있다는 인식에서 비롯된다.

하버마스가 보기에 이는 아펠이 토대주의를 부정하는 자신의 입장에 반해서 한편으로는 "의사소통적 이성을 그 핵심에 있어서 도덕적-실천적 이성으로서 파악하고" 다른 한편으로는 "실천이성에 다른 어느 것보다도 우선성을 부여하는 … 최정상에 위치시키는" 태도를 갖고 있기 때문이라고 추측한다.[38] 이처럼 의사소통적 이성을 실천이성과 동일시한다는 하버마스의 진단은 그 자신의 근본의도와 상관없이 주목할만하다. 하버마스는 한마디로 아펠식의 "윤리학의 최후 정초는 가능하지도 필요하지도 않다"고 주장한다.[39]

그러나 하버마스의 보편화용론과 의사소통행위론은 칸트의 도덕적 합리성이 갖는 개별성, 추상성과 형식성의 약점에도 불구하고 칸트와 상당한 유사성을 지니고 있다. 칸트적 요소를 재구성하고자 하는 보편화용론을 헤겔-마르크스적 요소의 재구성을 통한 사회진화론과 관련짓는 하버마스적 전략은 일견 칸트의 실천철학이 갖는 전의사소통적 개별화의 약점을 보완, 실천

---

36 D. Horster, "Der Kantische 'methodische Solipsismus' und die Theorien von Apel und Habermas", 467.
37 J. Habermas, *Erläuterungen zur Diskursethik*, 187.
38 같은 글, 190.
39 같은 글, 195.

적 합리성을 구체화할 필요성에 대한 하나의 대안으로 해석할 수 있다. 왜냐하면 칸트의 실천이성은 그 단초에 있어서 이 양자를 비록 구체화시키지 못하고 있음에도 불구하고 이와 손잡을 수 있는 가능성을 자신의 고유한 관심사로 간직하고 있기 때문이다. 이 때문에 하버마스의 선략 또한 그 관심의 상이함과 아울러 또 칸트식의 강한 의미의 실천이성과 선험적 논증을 거부함에도 불구하고 칸트와 손잡을 수 있는 여지를 남겨 놓고 있다.

우선 양자의 상이성은 하버마스가 어떤 하나의 고정된 관점으로부터 세계를 설명하기를 꺼려하는 반면에 칸트는 세계와 역사를 하나의 일정한 (도덕적) 관점으로부터 바라보고 설명하려는 강한 의도를 갖는다는 데에서 찾을 수 있다. 나아가 하버마스가 말하는 '해방', '계몽', '의사소통적 합리성'은 다 같이 칸트의 실천철학의 약점인 실천적 합리성을 그 역사적 현실 속에서 보완하거나 구체화할 수 있는 힘으로 작용할 수 있다. 그럼에도 내가 굳이 아펠이나 하버마스가 아니라 칸트의 편에 서고자 하는 이유는 아펠의 선험화용론이 칸트적 관점과도 충분히 양립 가능할 뿐만 아니라 하버마스의 전략 역시 그의 사회진화론이 겨냥하고 있는 목표가 도덕적 통찰과 윤리적 자기 이해를 통한 인류의 해방에 있다면, 그러한 가능성을 이미 칸트가 선취하고 있다고 보기 때문이다. 더욱이 하버마스가 생활세계와 체계의 상호침투와 갈등구조를 설정하고 후자의 영역에 속하는 권력과 자본에 의해 침해당하는 생활세계의 식민화를 제도적으로 막아내려는 대안적 전략은 결국 칸트적 실천이성의 적극적 개입 없이는 불가능할 수밖에 없기 때문이다. 다만, 사회적 조건과 역사적 제약에 대한 적극적 고려에 입각해 있는 하버마스의 통찰은 칸트에 필요한 것이 무엇인지 잘 보여준다는 점에서 칸트적 윤리학의 개선에 우선적으로 반영되어 할 필요성이 있다.

결론적으로 칸트적 담론윤리학의 근본 문제는 인류의 해방이나 행위 주체의 역사적 제약에 대한 고려의 부재에 있는 것이 아니라, 이 같은 문제는 오히려 그것에 선행하는 근본 문제로서 다분히 절차의 합리성을 정초하는 데 주력하는 아펠의 담론윤리학처럼 형식적 의사소통의 윤리에 불과할 수 있다는 데 있다. 다시 말해서 한편으로는 비록 그 자신에 의해서 구체화되지는 못했지만, 의사소통 주체들 간의 갈등 해소를 위한 이상적인 의사소통을 위한 윤리적 조건과 원칙은 칸트적 담론윤리학의 가능한 전망을 보여주고 있지만, 다른 한편으로 그것이 실제적인 실천적 합리성을 위한 유용한 장치로서는 근본적인 한계를 안고 있다는 것이다. 그것은 도덕적 존재로서의 인간 이해에 대한 칸트의 시선과 관계가 있다. 우리가 무엇을 도덕적 가치로, 다시 말하면 무엇을 현실적 실현이 가능한 삶의 이상적 가치로 생각해야 하는지, 왜 그러한 도덕적 요구에 직면하거나 또 그 요구에 응답해야 하는지와 직결되어 있는 인간의 행위를 추동하는 근본 동기와 인간적 조건, 그리고 현실적 삶을 살고 있는 인간의 처지 즉 상이한 조건에 있는 대상들의 차이에 대한 고려의 부재가 칸트적 의사소통의 가능성을 제한하고 있다. 인간이 왜 존엄한 존재이며, 또 그렇게 대우해야 하는지에 대한 감정과 그에 응답하고자 하는 실천이성의 요구, 한 마디로 우리가 감정적 의지와 같은 특성을 갖지 않는 존재라면, 그것은 애초부터 문제가 되지 못했을 것이다. 이는 언어적 주체의 합리적 의사소통의 가능성은 윤리적 주체의 공감적 소통 행위를 전제로 하며, 따라서 양자의 상호의존성이 더 철저히 규명되어 한다는 것을 의미한다.

5

사회계약론의 윤리와 정치공동체

1. 사회계약론과 계몽주의의 두 얼굴 : 루소와 칸트

하나의 행위로서 계약(contract; Vertrag)은 약속의 일종이다. 다양한 내용의 다양한 종류의 약속이 있을 수 있듯이 다양한 계약이 존재한다. 그리고 만일 윤리나 의무, 법도 이러한 계약에 의해서 성립하는 것이란, 즉 윤리도 법도 계약의 일종이라면, 계약은 최우선적으로 옳고 그름을 가늠하는 행위의 척도가 된다. 그리고 계약은 윤리와 법의 원천으로서 '윤리'가 된다. 이로부터 자연스럽게 제기될 수 있는 물음이 생겨난다. 즉, 어떤 계약이 윤리적으로 정당한가? 또한 만일 계약으로부터 비로소 윤리가 생겨나는 것이라면, 이러한 계약에 정당성을 부여하는 것은 무엇인가? 무엇이 옳고 정당한가? 그래서 어떤 계약이 강제나 무력에 의한 일방적인 것이 아니려면 우리는 무엇이 윤리적인 계약인지 말할 수 있어야 한다. 또한 그 계약의 효력을 유지시켜주는 것이 법이라면 동일한 물음이 이제는 계약도 윤리도 아닌 법을 향하게 될 것이다. 무엇이 옳고 정당한 법인가? 법을 옳고 정당한 것으로 만들어주는 것은 무엇인가?

다양한 방식의 계약들 중에서 사회나 국가와 같은 공동체의 성립과 관련해서 이루어지는 계약이 사회계약이다. 무엇보다도 서양의 근대는 사회계약론에 대한 관심이 비등했던 시기였다. 즉, 한 공동체 안에서 이루어지는 개인과 개인 간의 계약이 아닌 사회와 국가의 성립에 대해서도 계약이라는 관점에서 접근하려고 했다. 이러한 사고에는 이미 기존의 공동체와 질서에 대한 비판과 이를 대체하려는 욕구가 반영되어 있다. 국가나 정치공동체의 존재가 계약의 산물이라면, 이에 대해서 당연히 제기될 수 있는 물음은, 그렇다면 국가의 존재에 정당성을 부여하는 것, 혹은 국가계약이나 사회계약에 정당성을 부여하는 것은 무엇인가? 계약이 약속의 일종이며, 그 약속이 정당성을 갖지 못한다면 그 약속은 준수되기 어려우며, 또 그러한 약속의 불이행은 전혀 문제가 되지 않을 것이다. 결국 사회계약으로서 정당화될 수 있는 계약다운 계약, 약속다운 약속의 문제가 사회계약 행위의 중심에 놓여 있다. 우리는 과연 어떤 사회계약이와 관련한 문제들을 다루는 것이 곧 사회계약론의 윤리이다.

사상사적 측면에서 17세기의 근대에 가장 두드러진 변혁 중의 하나는 공동체의 성립과 지위에 대한 철학적 사유에 있어서 신학과 자연법의 결합으로부터 정치철학의 점차적인 해방과 독립이었다. 그리고 그러한 독립의 성과는 사회계약론이 역사의 전면에 등장한 것으로 집약된다. 그리고 이러한 정치철학적 사유를 촉진하고 발전시킨 인물이 토마스 홉스였다. 14세기 이래 자연주의와 합리주의의 신장, 신학으로부터 사회정치이론의 독립, 독자적인 자연법이론의 등장 등 사회변혁은 현실 정치에 많은 관심을 가졌던 홉스를 통해서 자연스럽게 사회계약론적 사유와 연계되었다. 이러한 근대의 사회계약론의 흐름은 크게 홉스적 계약론과 칸트적 계약론의 전통으로 전개되었다. 앞서 살펴본 합리성의 두 개념을 대표하는 홉스적 합리성과 칸트적 합리성도 이 두 흐름과 맥락을 같이 한다. 이러한 계약론적 전통의 두 흐름 중에서 칸트적 사회계약론에 심대한 영향을 미친 것이 루소의 사회계약론이며, 이렇게 루소와 칸트의 사회계약론은 롤스로 이어지는 현대 사회계약론의 원천이다.

루소와 칸트. 이 두 어울릴 것 같지 않은 철학자들은 18세기의 독일과 프랑스의 지성사를 가장 인상깊게 수놓은 대표적인 인물들이다. 루소가 칸트 사상에 새로운 빛을 던져준 혜안을 지닌 시대의 풍운아이면서 동시에 외로운 방랑자요 반항아였다면, 칸트는 18세기 계몽주의를 이론적으로 완결지은 최고봉이자 슈퍼스타였다. 그러나 그들은 다같이 '계몽'이라는 구호만으로는 죄다 담아낼 수 없었던 이면에 주목했던 인물들이기도 했다. 한 사람은 이성의 반대편에 자리한 보다 더 중요한 인간의 모습을 형용하고자, 다른 한 사람은 시대의 힘이자 척도였던 이성의 한계를 지적하고, 아울러 도덕적 이성이라는 차원에서 인간의 삶과 세계와 역사를 진지하게 탐구하고자 했다는 점에서 그렇다. 그런 점에서 이들 모두 계몽주의를 각자의 방식대로 극복한 사람들이기도 하다.

칸트와 루소를 포함하여 계몽주의 시대를 특징짓는 다양한 사유방식들을 관통하고 있는 근본 주제들 중의 하나는 17세기 이래로 인간의 삶을 규정하는 사회정치적 변화를 어떻게 수용, 대처할 것인가 하는 문제를 둘러싼 논의였고, 사회계약론의 등장을 가속화 했다. 이는 거대한 변화를 감내하면서 나날이 변모하는 시대에 적응하려는 고민의 흔적이자 자신들이 장려해야 할 공동체의 모습을 선취하려는 몸짓이기도 했다. 이러한 문제의식은 루소로 하여금 세간의 주목을 받게 만들어 준 계기가 되었던 1749년 디종(Dijon) 학술원이 내걸었고 이듬해 자신이 수상하게 된 현상논문인 『학문과 예술의 부흥은 도덕을 순화시켰는가(Has the restoration of the arts and sciences had a purifying effect upon morals)』(이하 『학문예술론』)라는 논제 속에서도 간접적으로나마 반영되어 있다.

문화를 도덕성의 이념이라는 차원에서 접근한 칸트는 『보편사의 이념』(1784)에서 분명한 어조로 학문과 예술을 통해 인류가 문화화, 문명화 되었으며, 아직 미숙한 상태이긴 하지만 이미 어느 정도 도덕화 되었다고 진단하고 있다.(XI:44)[1] 반면에 루소가 자신의 수상 논문에서 내린 결론은 일단은 반칸트적인 부정적인 것이었다.[2] 계몽된 이성의 시대에 인류의 진보와 자유와 행복을 희망했던 루소의 이러한 진단은 시대의 요구에 역행하고 있는 당시의 현실에 대한 인식과 무비판적으로 이성의 빛에 휩싸인 시대의 분위기에 대한 반발, 그리고 앞으로 자신이 걸어가게 될 방향을 동시에 보여주는 그의 사상의 출발점이기도 했다. 그런 점에서 루소는 근대적 계몽에 또다른 계몽의 정신으로 저항한 인물이기도 했다. 그리고 칸트는 루소의 이러한 열

---

1 칸트는 또 다른 곳에서도 "우리는 지금 계몽된 시대에 살고 있는가'라고 누군가가 묻는다면, 그 대답은 다음과 같다. '아니다. 그렇지만 계몽의 시대에 살고 있다.'"라고 단언하고 있다. (XI:59)

2 J.-J. Rousseau, *A Discourse on the Moral Effects of the Arts and Sciences*, 150, 157-8 및 part II 참조.

정 속에서 깃든 진가를 알아차린 유일한 인물이었다. 그러나 칸트가 사회의 기존 가치를 비판적으로 수용하면서 한 단계 높은 화해를 모색했다는 평가를 받은 반면, 근대의 도구적 이성에 대한 비판과 이상사회의 건설이라는 열정을 토로했던 루소는 칸트의 선구자로시의 면모 보다는 사회의 기존 가치와 모든 면에서 충돌했던 인물로 묘사되고 있다.

계몽주의 시대는 자신들이 겪고 있는 변화에의 힘의 원천과 이상적 담론의 가능성을 무엇보다도 사유하는 '인간의 이성'으로 파악했다. 다시 말해 이 때는 아직 헤겔적 의미에서의 역사적 이성도, 17세기 합리주의자들이 견지했던 초경험적인 영원한 진리에 상관하는 이성도 아닌, 만인이 공유하고 있는 보편적으로 사유하는 주관적 이성이 보다 강조되던 시기였다. 그러나 다른 한편으로 흔히 속단하듯이 계몽주의 시대가 합리주의나 주지주의 일변도의 지적 풍토만을 갖추고 있었던 것은 결코 아니다. 이미 17세기 이래로 정서나 감정, 욕망, 상상력, 정염과 같은 측면에 대한 탐구가 주요 학문 영역들에서 그 나름의 영향을 미치고 있었다.

18세기 들어 이러한 변화는 무엇보다도 윤리학의 영역에서 더욱 뚜렷했다. 소위 17세기 대륙의 윤리학은 존재의 인식을 행위 판단의 원천으로 생각한 스토아 철학이 지배하고 있었으나, 18세기 들어서 도덕의 문제는 사물의 본성에 대한 고찰만으로는 해결할 수 없는 그 자체의 고유하고 적절한 방식으로 연구되어야 한다는 운동이 강력하게 두각을 나타내기 시작했다. 이러한 변화의 흐름을 주도한 자들이 바로 도덕감 학파로도 불리우는 영국의 도덕론자들(the British moralists)과 루소였다. 칸트는 이러한 두 가지 대립하는 경향을 가장 성공적으로 종합하고 완결짓은 최초의 인물이 되었다. 사상적 친화성이라는 측면에서 볼 때, 루소는 그 길을 닦아 놓은 선구자적인 위치를 차지한다. 우리는 작은 목소리이긴 하지만 이러한 변화의 분명한 흔적을 칸트의 비판철학을 이해하는데 결정적인 시기인 1760년대, 특히 중반의 강의록과 저술들 대부분에서 엿볼 수가 있다. 루소에 대한 칸트의 관심과 언급도 대체로 이 시기에, 특히 그의 비판 철학 체계의 최종 모습을 예상할 수 있는 도덕이론과 대한 고찰과 관련하여 두드러진다.

　전체적으로 평가하자면, 이러한 운동과 연구들은 버틀러(Butler), 샤프츠베리(Shaftesbury), 허치슨(Hutcheson), 꽁디약(Condillac), 엘베시우스(Helvetius), 디드로(Diderot), 흄(Hume) 등을 포함하여 루소의 주요 저작들이 나오기 이전부터 활발했으며, 적지 않은 반향을 일으키고 있던 계몽주의 시대의 선굵은 모습을 하고 있던 또하나의 얼굴이었다. 칸트와 루소의 저작들에서는 다른 방식이긴 해도 이들로부터 받은 감화와 영향들이 깊이 아로새겨져 있다. 다만 합리적 이성이란 대세에 밀려 주도권을 쥐지 못했던, 따라서 이론과 실천의 영역에서 평가절하되었을 뿐이었다. 그럼에도 불구하고 그 시대의 한 가운데에 서서 이러한 시대 흐름에 도전하는 강력한 하나의 축으로 우뚝 서 있었던 인물이 바로 루소였으며, 그의 진가를 알아차릴 수 있었던 유일한 인물이 칸트였다.

　루소는『학문예술론』에서 르네상스 이래의 학문과 예술의 발달은 근대사회의 도덕적 퇴보와 부패에 기여하였다는 충격적인 평가를 내렸다. 일종의 근대문명에 대한 비판서라 할 이 저술 속에는 거스를 수 없는 시대의 주류요, 인류의 역사에 대해 낙관적인 전망을 견지하였던 도구적 이성의 계몽주의에 대항하는 루소의 면모가 반영되어 있다. 그러나 그렇다고 해서 루소가 계몽주의 시대의 두 얼굴, 즉 (인간적) 이성과 감정, 감각, 정념, 욕망이나, 도덕적 문화적 진보와 퇴보, 낙관과 비관이라는 양 극단의 일면만을 본 것은 결코 아니다. 이성의 인식능력의 한계와 더불어 새로운 이성능력 즉 실천이성의 도덕적 능력을 통찰한 최초의 인물이라는 명예는 어쩌면 칸트가 아니라 루소에게 돌아가야 할런지 모른다. 그러나 아쉽게도 칸트로부터 자유의 철학의 창시자요 인간성의 교육자로 칭송되던 루소는 칸트처럼 명료한 철학의 언어로 그것을 표현해 내지 못했다.

　칸트와 루소. 상호간에 서로 주고받은 지적 교류는 없었다. 다만 칸트에 미친 루소의 영향만을 칸트 자신의 언급과 내면 깊이 흐르는 사상적 연속성과 친화성을 통해 확인할 수 있을 뿐인 일방적 관계였다. 더우기 그들은 인격적으로나 기질적으로도 판이한 인물들이었으며, 살아온 인생의 색깔마저도 전혀 달랐다. 이런 그들을 하나로 묶어준 기념비적인 저서가 바로『에밀』(Emile or On Education, 1762)이다. 루소의『에밀』은 흔히 플라톤의『국가』(The Republic)에 비견될만큼 철학의 모든 영역과 주제를 망라하고 있는 서서이다.[3] 또 여기에는 루소의 사상과 정신, 열정, 이상 등이 담겨 있기도 하다. 많은 연구들은 그 폭과 깊이에 있어서 칸트의 사고에 가장 강력하게 미친『에밀』의 영향을 하나의 "혁명"에 비유하기도 한다.[4] 우리가 자신의 사상에 결정적인 영향을 미친 루소의『에밀』에 심취해 시계바늘처럼 규칙적으로 행하던 산책마저도 포기했던 칸트의 일화를 그냥 웃고 넘길 수 없는 이유도 여기에 있다.

『인류 역사의 기원』(1786)에서도 엿보이듯이 칸트는『에밀』뿐만이 아니라『학문예술론』,『불평등기원론』,『사회계약론』및 기타 저술들에 대한 자신의 관심을 직접적으로 표명하고 있으며(XI:93), 실제로 루소의 출판된 저작들을 모두 읽었다.[5] 루소라는 이름이 직접 언급되고 있는 최초의 저작인『미와 숭고의 감정에 대한 고찰』(1764)의 여러 곳에 이미 그 이전의 저술에서 볼 수 없었던 루소를 연상해야만 할 계급이나 지위를 뛰어넘는 '인간 본성의 존엄성'이나 '인격의 존중'과 같은 언급들이 다수 등장하고 있다.(II:873 각주) 더욱이 이 시기 즉 1764년 또는 1765년경에 즈음하여 썼으며, 다른 저작들에 비해 그나마 루소의 이름이 훨씬 많이 등장하는『유고 단편들』속에는 '쟝 자크'라고 등장하는 한 번의 경우를 제외하고도 직접 '루소'라는 이름이 아홉 번이나 거론되고 있다.[6] 뿐만 아니라 이를 포함한 다른 귀절들을 통해서도 우리는 가까운 친구들도 오해했던 루소의 주장을 그 수사적인 매력에 현혹당하지 않으면서 냉철하게 읽어 나갔으며, 근본적인 불일치에 불구하고 루소의 진의를 근원에서부터 이해하려는 칸트의 자세를 감지할 수 있

---

3 A. Bloom, Introduction to *Emile or On Education*, 3-4 참조.
4 J. Schmucker, *Die Ursprünge der Ethik Kants in seinen vorkritischen Schriften und Reflexionen*, 174.
5 칸트가 루소의 출간된 모든 저서들을 읽었다는 사실에 대해서는 칸트의 학생이자 초기 전기작가였던 Borowski가 증언하고 있다. 이에 대해서는 F. Gross (ed.), Immanuel Kant, 79 참조.
6 I. Kant, *Fragmente aus dem Nachlaß*, 612, 613, 614, 630에 한 번씩, 618에 3번, 624에 2번 언급되어 있다.

다.[7] 칸트의 사고와 주장 속에서 루소와의 대결 또는 수용이 곳곳에 배어 있는 흔적을 쉽게 찾아볼 수 있는 것도 이 때문일 것이다. 게다가 이 때야말로 칸트의 지적 편력기에 있어서 가장 많은 결실을 거두었던 시기들 중의 하나였다는 것도 염두에 두는 것이 좋다. 우리는 이 단편들 중의 한 구절과 바로 한 해 앞서 1763년에 쓴, 즉 아직 루소의 영향이 반영되어 있지 않은 것으로 보이는 저술의 한 귀절을 대비하여 인용함으로써 루소가 칸트에 미친 강력한 영향의 일면을 읽어볼 수 있다.

> 대중들은 아무 것도 알지 못하며, 아무 것도 이해하지 못한다. 그러나 그들은 모든 것에 대해서 말하며, 그들이 말한 것이 옳다고 우겨댄다.(II:815)

> 나는 대중들을 무지하다고 멸시하던 … 시기가 있었다. 루소는 나에게 옳은 길을 일러 주었다. 내가 지니고 있던 맹목적인 편견이 사라지게 되었다. 나는 인간을 존중하는 것을 배웠다.[8]

이러한 심정 변화가 시사하듯이 칸트의 눈에는 루소야말로 도덕-정치철학적 사유의 새 지평을 연, 특히 그 기초가 되는 인성론의 새로운 장을 연 인물, 그야말로 도덕과 정치의 영역에서의 뉴턴이었다. 인식론의 영역에서의 흄처럼, "루소는 윤리학의 영역에서 칸트를 '독단의 잠에서 깨워준' 사상가로 남아 있다."[9] 칸트가 자유에 대한 열정과 기치를 드높인 루소를 "인간의 다양한 모습 속에 깊이 숨겨져 있는 인간의 본성과 법칙을 발견한 최초의 사람"[10]으로, 또 "인간의 보편적 권리에 관한 많은 진실을 깨우쳐 준 인물"(XI:95각주)로 평가하는데서 그러한 비중과 영향을 읽어낼 수 있다.

당시의 도덕-정치적 주제들을 칸트가 이른바 선험철학적-도덕철학적 토대 위에서 정교하고 명료한 논증방식을 도입하여 새롭게 완성된 모습으로 세상에 내놓을 수 있었던 것도 루소의 통찰이 미리 준비해 놓지 않았더

---

7 같은 글, 618 이하.
8 같은 글, 624.
9 E. Cassirer, *Rousseau, Kant, Goethe*, 27.
10 I. Kant, *Fragmente aus dem Nachlaß*, 630.

라면 불가능했을지도 모른다. 그런 점에서 비판철학의 별칭이기도 한 칸트 사고의 "코페르니쿠스적 전회" 또는 "선험적 전회"는 이에 앞서 "1760년대의 혁명"이라 일컬을 "루소적 전회(Rousseauian turn)"[11]를 통해 이미 준비되어 있었다고 해도 과언이 아니다. 따라서 칸트에 미친 루소의 영향에 대해서 전체적인 평가를 내린다면, 새로운 체계의 설립자로서의 루소의 "특별한 이론"이 아니라 자유의 철학자로서의 새로운 길을 제시함으로써 칸트 사상의 "결정적인 전환점"을 마련해 준 데 있다고 본 카시러의 지적이 가장 적절할 것이다.[12]

이와 같은 비중에도 불구하고 실제로 칸트가 일생동안 루소의 실질적인 추종자였던 적은 한 번도 없었으며, 루소에 대한 직접적인 언급에도 인색한 편이었다. 루소에 관심을 갖고 자신의 정신 세계에 심대한 영향을 끼쳤던 1760대의 지적 활동에도 불구하고 『순수이성비판』의 전신인 1770년의 『감성계와 예지계의 형식과 원리』 이후의 비판철학자로서 그리고 독자적인 철학 언어를 구사하고 있는 칸트는 외형상 루소와 완전한 결별을 선언하고 있다고 볼 수 있다. 그러나 칸트가 루소의 특정한 견해나 이론을 그대로 수용하지는 않았지만, 분명 그의 문제의식의 저변에는, 비록 동일한 언어와 의미는 아니어도, 루소의 정신을 소화해낸 흔적이 곳곳에, 특히 도덕적-정치적 사고 안에 뚜렷하게 각인되어 있다. 이를테면, 루소의 자기애(amour de soi), 연민(la pitié)의 감정, 양심, 이기적 사랑으로서의 자존심(amour propre), 일반의지(volonté génerale)에 견줄만한 칸트의 경향성(Neigung), 선의지(der guter Wille)나 인격 또는 인간의 존엄성, 도덕적 감정(das moralische Gefühl), 실천이성 혹은 도덕적 의지(Wille)와 선택의지(Willkür) 등이 그러하다.

전비판기의 칸트가 영국의 도덕론자들과 루소를 염두에 두고서 "우리 시대에 도덕 뿐만 아니라 학문과 예술에서도 아름다움과 숭고함에 대한 올바른 경향이 만개하고 있다"(II:884)고 말했을 때, 이미 칸트는 긍정적이든 부

11 R. L. Velkley, *Freedom and the end of reason*, 2.

12 E. Cassirer, *Rousseau, Kant, Goethe*, 3 참조.

정적이든 그들과 대면 내지는 대결하고 있었던 것이다. 이러한 상황은 중요한 점을 시사해 준다. 비판기의 칸트가 루소나 영국의 도덕론자들 및 당대의 대표적인 사상가들과 결별을 선언하면서 자신의 고유한 길을 걸어갔지만, 적어도 이 시기의 칸트는 아직 자신의 도덕 및 정치적 문제들에 대한 분명히 확정된 견해를 내놓지 않은 상태였기 때문에 칸트 철학의 정신과 향방을 결정짓는데 '루소가 과연 어느 정도의 영향을 미쳤을까' 하는 물음은 자연스러움을 넘어 당연하기까지 하다. 적지 않은 연구 성과들이 칸트가 『에밀』을 읽은 시기와 관련있는 1760년대 중반에 칸트 윤리학의 주요 관념들이 미숙한 형태이긴 해도 이미 형성되고 있었음을 강조하고 있다.[13] 따라서 우리는 『에밀』의 저자에 대한 칸트의 표현상의 칭송을 넘어선 그 이면을 꿰뚫어 보여야 한다. 칸트의 철학을 놓고 볼 때, 그의 사상적 전환점을 상징하는 자유에 대한 열망, 인간의 존엄성 그리고 인격존중의 태도 이외에도 루소에게서 받았을 또다른 중요한 영향의 일단을 다음과 같은 귀절을 통해서 예상할 수 있다.

> 두 가지의 길 안내자들〔양심과 편견〕 사이에서 판정을 내리는 자로서의 역할을 하는 능력, 즉 양심을 어기지 않게 하는 능력과 편견의 잘못을 바로잡는 능력을 기르는 것이 중요하다. 그 능력이란 바로 이성이다.[14]

감정의 순수성, 법칙으로서의 양심을 외치는 루소가 여기서는 이성의 중요성을 강변하고 있다. 이성이 사회적 인간을 자연적 인간 보다 도덕적으로 더 우월한 존재로 만드는 것은 아니라고 생각하는 루소가 여기서는 이성의 또다른 능력을 강조하고 있다. 이는 칸트의 실천이성 또는 도덕적 이성(의지)의 능력과 크게 다르지 않다. 그리고 이것은 이성적인 사회(the rational society)의 가능성을 모색하고 있는 『사회계약론』에서는 일반의지로 나타난

---

13 J. Schmucker, *Die Ursprünge der Ethik Kants in seinen vorkritischen Schriften und Reflexionen*, 256, 261; D. Henrich, "Über Kants Entwicklungsgeschichte", 252-63; "Über Kants früheste Ethik: Versuch einer Rekonstruktion", 404-8; "Hutcheson und Kant", 66.

14 J.-J. Rousseau, *Emile or On Education*, Bk V, 382.

다. 이러한 루소의 태도는 이미 저 상술한 문명비판서 뿐만 아니라『불평등기원론』에서도 등장한다. 실제로 전자의『학문예술론』에서 루소의 진의는 이성이 인간을 오도하여 도덕적 타락과 부패로 내모는 장본인임을 신랄하게 지적함으로써, 이성의 도구적 기능에 찬사를 보내던 당시의 근대적 이성관을 비판한 데 있었지, 이성 자체의 기능과 역할을 전면적으로 부정한 것은 아니었다. 이러한 점은 이성의 올바른 사용을 강력하게 암시하고 있는 후자의 경우에도 마찬가지다.[15] 그러나 불행하게도 루소는 이 개념의 의미와 감정과 양심 그리고 의지와의 상호관계를 명석판명하게 밝혀 주지 못했다. 그러나 칸트는 루소의 이러한 이성비판의 핵심을 간파했다. 그것이 바로 실천이성이다. 실천이성의 도덕적 능력이야말로 칸트의 이성비판의 빛나는 성과였다면 그 길은 루소가 마련해 준 것이었다.

분명히 양자간에는 유사점 보다 차이점이 훨씬 강조되어야 한다. 칸트는 자신의 도덕 및 정치 철학의 체계를 완성시켜가는 과정에서 비단 루소만이 아니라 홉스, 로크, 허치슨, 흄 등 다른 많은 사람들로부터도 영향을 받았으며, 또 그들을 극복했다. 그러나 엄밀히 말해서 루소는 그들 중의 단순한 한 사람에 불과한 것은 아니다.[16] 칸트는 도덕철학과 정치철학을 별도로 취급하는 방식을 거부했던 루소의 정치이론을 수용하면서 이를 윤리적 영역에도 적용하였으며, 또 루소가 분명히 하지 못했던 점들을 해소할 수 있었다.[17] 루소가 없었다면 우리에게 전해진 칸트의 철학은 분명 달랐을 것이다. 심지어 순수이성비판의 내용과 목적 그리고 체계 마저도 예전과 같기 어려웠을 것이다. 그러나 일단 칸트에 미친 루소의 직접적인 영향은 크게 도덕과 정치 두 부문에 걸쳐 이루어졌다고 할 수 있다. 그리고 이러한 영향과 그 변주를 가장 포괄적으로 음미해 볼 수 있는 주제가 바로 사회계약론으로 읽어낼 수

---

15 J.-J. Rousseau, *A Discourse on the Origin of Inequality*, 193 참조: "자연적 권리의 모든 규칙은 지성이 이 두 가지 원리[자기 보존과 연민] 사이에 확립하는 일치와 조화로부터 나온다. 이성이 계속 발달하여 자연 자체를 질식시켜 버렸을 때, 우리의 이성은 나중에 그 규칙들을 또다른 기초 위에 세워야 한다."

16 G.-W. Küsters, *Kants Rechtsphilosophie*, 38-9; C. Ritter, *Der Rechtsgedanke Kants nach den frühen Quellen*, 339-40 참조.

17 G. D. H. Cole, Introduction, in *The Social Contract and Discourses*, xl-xli.

있는 자유의 철학자로서 칸트와 루소의 공동체에 관한 사고라 할 수 있다.

2. 루소와 칸트 : 사회계약론의 새로운 지평

인간에게 있어서 정치공동체란 무엇이며 또 그것은 어떠한 것이어야 하
는가? 이 물음에는 인간의 공동체적 삶의 정체를 해명하고 보다 나은 세계
로 인도하려는 이상이 담겨 있다. 고대 그리스 정치철학의 전통으로부터 오
늘날의 자유주의 대 공동체주의 논쟁에 이르기까지 그들이 밟아 온 궤적을
훑어 볼 때, 이는 결코 저버릴 수 없는 인류 최대의 화두인 셈이다. '학문의
자유'라는 조심스러운 슬로건과 더불어 문을 연 근대적 이념의 토대와 조감
도를 마무리지은 18세기 계몽주의 시대도 예외는 아니었다. 물론 그 조감도
에 문제가 없는 것은 아니지만, 역사적 평가를 내린다면, 우리는 긍정적이
든 부정적이든 그 시대의 연장선상에 서 있다.

공동체의 형태만을 주로 문제삼았던 고대적 사유에서 벗어나 공동체 자
체의 정당성을 문제삼은 근대인이었던 루소와 칸트의 의의는 선임자들과
달리, 정도의 차이는 있지만, 도덕적 관점에 기초한 새로운 지평을 연 최초
의 인물들이라는 점에서 찾을 수 있다. 루소가 자연과 사회의 영역을 그 토
대에서부터 철저히 구별함으로써 그러한 지평의 가능성을 최초로 보여주었
다면, 칸트는 이를 도덕적 차원에서 정교하게 완결지은 인물이라 할 수 있
다. 권리 주체로서의 개인들간의 합의와 동의에 기반을 둔 근대 사회계약
론에서의 루소와 칸트의 지위도 바로 인간의 본질과 특성에 대한 그의 고유
한 사고에서 연유한다. 그러나 루소에 비하면 정치사상사에서 칸트가 차지
하는 비중은 단순히 "헤겔의 선구자"[18]라는 정도에서 크게 벗어나지 못했던
경우가 많았다. 오늘날 사정은 많이 달라졌지만, 저러한 평가는 상대적으
로 그의 도덕철학이 차지하는 커다란 비중이 다른 관심사들을 제대로 평가
하지 못하게 차단한 장애로 작용한 결과이기도 했다. 그러나 도덕적 자유는

---

18 H. Reiss, Introduction to *Kant's Political Writings*, 3.

정치적 자유의 실현 없이는 불가능하며, 따라서 이상적인 공동체의 수립이 인간의 모든 것을 좌우하는 필요조건이라고 생각하는 칸트에게 정치의 영역은 그의 철학의 가장 중요한 하나의 중심축이다.

정치공동체를 바라보는 칸트의 기본 시각은 도덕적 자율성에 기초하여 행복추구적인 개인적 성향들간의 조화와 도덕적 이상의 실현에 초점을 맞추고 있다. 그런데 이전의 정치철학자들과의 결정적인 차이이자 칸트의 정치이론의 핵심적인 개념은 원초적 계약(ein ursprüngliche Kontrakt, contractus originarius)의 이념'이다. 인간의 자유와 권리의 불가양도성의 이념이라는 실질적인 변화가 홉스에 반대하는 로크와 루소로부터 유래하였지만, 이 개념에 대한 칸트의 공헌은 사회계약의 이념에 타당한 논증 방식을 간단명료하게 한 데에, 특히 방법상의 이론적 기초의 확립과 해명에 있다.[19] 계약 개념의 방법적인 지위를 한편으로는 충분히 해명할 수도 없었으며 다른 한편으로는 다른 방식으로 시도하려 했던 선행자들과는 달리, 칸트는 이를 확실히 해명하고자 하였던 것이다.

그러나 칸트에 앞서 루소는 정치공동체의 성립과 그 정당성을 문제삼고 있는 홉스나 로크와 같은 그의 선행자들의 계약론적 전통을 물려 받으면서도, 그들이 제대로 묻지 못했던 문제, 즉 사회계약의 결과인 실정법을 실질적인 효력을 가질 수 없는 자연법에 의존시키고 있는 약점을 간파했으며, 또한 공동체가 인간의 행, 불행에 미치는 영향 그리고 사회의 결정적인 역할과 비중에 주목한 최초의 근대인이었다. 더구나 칸트가 정치공동체의 성립 자체를 도덕적 이념과 결부시킬 수 있었던 것도 루소의 통찰이 절대적이었다.

루소는 인간이 이미 사회의 한 성원인 이상, 정치적 권리를 포함하여 정치공동체의 목적은 공동체 자체의 유지를 최고의 과제로, 따라서 인간의 존재방식과 행위는 모두 이같은 제약을 완전히 벗어날 수가 없으며, 이는 자연법과는 전혀 다른 원리 위에서만 가능한 것으로 보았다. "정치적 권리의 진

---

19 O. Höffe, *Ethik und Politik*, 206 참조.

정한 원리를 수립하고 국가를 그러한 토대 위에 세우려는 시도"[20]를 위해 쓴 『사회계약론』에는 이러한 루소의 공동체론의 면모가 확연히 드러나 있다.

정치공동체의 성립은 개인의 배타적 자연권이 아닌 인위적인 선택에 의한 새로운 토대와 원리를 필요로 한다는 사실을 공식적으로 확립한 최초의 인물이 루소였던 것이다. 칸트는 바로 이런 루소의 통찰과 기여에 힙입어 더욱 중요한 일보를 내딛게 된다. 그러한 토대와 원리를 선험적인 도덕적 관점에 서서 정당화하려는 시도가 그것이다. 그 결과 칸트는 역사적 전승에 대한 해석학적 준거점을 원초적 계약이라는 이성의 이념에다 설정하면서, 현 상태의 정치공동체란 개인의 자유나 공동체의 목적 그 어느 면에서도 부단히 개선되어야 할 상태에 있다고 하여 루소의 사회계약론의 약점을 피하게 된다.

자신들의 사상체계를 인간의 자유 위에 건설하고 있는 루소와 칸트 모두에게 사회계약은 자유 실현의 잣대로서 그 자체가 정의의 원칙이다. 그리고 이를 가늠하는 기준이 곧 루소의 일반의지가 갖는 자율적 입법의 원리요, 칸트의 실천이성의 도덕적 관점에 입각한 원초적 계약의 이념이다. 그리고 한편으로는 개인의 자유와 권리의 절대성을 최후까지 고수한다는 점에서, 그리고 동시에 권리의 주체로서의 인간을 단순한 원자론적 존재가 아니라 불가피한 사회적 피투성을 인정하다는 점에서, 칸트와 루소는 동일한 주제를 다른 언어로 풀어내고 있다. 그러나 다른 한편으로는 인간 본성에 대한 견해 차이 만큼이나 개인과 공동체에 대한 독특한 사고가 드러난다.

3. 개인과 공동체 - 자연인, 문명인, 자유인

윤리학에서의 코페르니쿠스적 전회라 일컬을 수 있는 칸트의 인간 이해가 서양지성사에서 유래없는 획기적인 것으로 자리매김된다면, 그것은 상

---

20 J.-J. Rousseau, The Social Contract or Principles of Political Right, in *The Social Contract and Discourses*, 141.

당 부분 루소의 공적이다. 따라서 "인간을 알지 못하면 사람들 사이의 불평등의 근원을 알지 못한다"[21]는 루소의 사고방식은 칸트에게도 타당하다. 대부분의 경우에 그렇듯이 하나의 도덕관이나 사회관은 하나의 인간관을 전제한다. 칸트와 루소도 예외는 아니다. 18세기의 학문방법론의 일반적 경향에 따라 루소와 칸트 모두 분석과 종합이라는 절차에 따라 인간의 본성을 검토한다. 칸트의 "아프리오리한 것과 아포스테리오리한 것", "도덕성과 경향성"에 비견되는 것이 루소의 "자연적인 것 또는 본성적인 것과 인위적인 것 또는 사회적인 것", "자연성과 사회성(도덕성)"의 구별이다.

　루소는 인간의 삶의 양식을 각각 자연인(l'homme naturel)의 (순수)자연상태, 초기(원시)사회, 문명인(l'homme artificiel)의 시민(사회)상태 세 단계로 구분한다. 그리고 세번째 단계는 내적으로 도덕적 정당성을 갖느냐에 따라서 타락한 상태이거나 미래에 실현될 이상적인 상태로 다시 구분된다. 그리고 자연인에 자연적 자유가 문명인에 사회적-시민적 자유와 도덕적 자유가 대응한다. 이 중에서 특히 그의 사상을 이해하는 결정적인 단서가 되는 것이 자연상태와 자연인의 개념이다. 루소는 인간의 자연적 본성을 이성이 아닌 감정에서 찾는다. 이러한 감정을 간직하고 있는 존재가 자연상태에서의 자연인이다.

　루소는 자연인(인간)의 본성으로 이성에 앞선 두 감정인 자기애와 연민을 들고 있다. "자기애"는 자기 보존의 본능이자 욕구이며, "연민 또는 동정심"은 이 자기애에 가능적 소질로 존재하면서 이로부터 상상력을 통하여 발휘되는, 근본적으로 자연이 인간에 부여한 종의 상호보존을 가능케는, 말하자면 동료의 괴로움을 보고 싶어 하지 않는 또 인간종 전체의 상호보존에 협력하는 선천적 감정이자 자연적 감정이다.[22] 그리고 이를 문명인과 대비한다. 루소는 문명인의 특성으로 사회 속에서 후천적으로 생기는 이기적 정념인 자존심을 들고 있다. 루소는 사회상태 내지는 사회집단에서 욕망 주체

21　J.-J. Rousseau, *A Discourse on the Origin of Inequality*, 189.
22　같은 글, 193-4.

들 간의 경쟁, 투쟁, 지배로 인해 자기애는 자존심으로, 나아가 이 자존심은 이기심으로, 이기심은 급기야 인간의 도덕적 타락까지 초래하는 것으로 설명한다. 이러한 상태에 빠져든 인간을 루소는 당시의 문명인의 모습이라고 비판한다. 따라서 루소에 의해 당시 즉 초기 시민사회의 문명인은 부정적인 인간의 모습으로 단죄되고 있다.

루소가 이러한 대비를 통해서 의도한 것이 무엇인가를 이해하는 것이 중요하다. 인간의 자유에 대한 열망에 사로잡혀 있던 루소의 최대 관심사는 당시 문명의 도덕적 타락상을 비판하고 새로운 비전을 제시하려는데 있었다. 디종 학술원의 현상논문에 응모한 논고에도 반영되어 있듯이, 루소는 당시의 현실을 인간성이 왜곡되고 도덕적 불평등이 만연한 타락 상태로 진단하면서 안일하게 공동체의 도덕의식의 성숙을 사회문화적 성장과 관련지어 인류의 미래를 낙관적으로 전망하던 무비판적인 태도를 비난한다. 그리고 더 나아가 근대 초기부터 옹호되어온 과학과 도덕과 문화의 발전적 연관성을 원천적으로 해체시켜 버리는 방향으로 나아간다. 즉 칸트식의 도덕의 발달과 문화의 발전의 필연적 연관성을 거부한 것이다. 그러나 이와 함께 칸트에 미치게 될 영향에 있어서 루소는 중요한 일보를 내딛는다.

만일 루소의 생각처럼 당시의 정치적 현실이 타락 상태라고 평가하려면, 왜 현 정치제도가 부당하며, 왜 인간의 참모습이 왜곡되고 있는지를 말할 수 있는 평가 기준이 선행되어야 한다. 자연상태와 자연인은 다름아닌 이러한 목적을 겨냥해서 방법론적으로 고안된 장치라 할 수 있다. 루소의 방법론에 비추어 볼 때, 자연인은 현재의 (타락한) 인간(문명인)의 모습에서 인위적인 것이나 사회적인 것을 제거한 현재와 같은 도덕적 타락 이전의 본래의 인간의 모습이다. 따라서 이는 현재의 모습 속에 감추어져 있는 인간 본성의 실체를 밝히고, 이로부터 미래에 건설될 이상사회를 정당화하려는 의도를 담고 있다.[23] 루소가 자연상태를 고립적이긴 하나 순박함과 자족감이 넘

---

23 루소는 『불평등기원론』의 「서언」에서 다음과 같이 적고 있다: "자연인을 발견하려면 어떤 실험이 이루어져야 할 것인가? 그리고 저 실험이 사회상태에서는 어떻게 가능할 수 있는가?" J.-J. Rousseau, *A*

치는 하나의 독립적인 상태로 가정하고 있는 이유도 여기에 있는 것이다. 따라서 루소의 자연상태 또한 일종의 가상적 모델, 루소의 말을 빌리면, 조건적이고 가설적인 추리나 실험방식의 산물이다.[24] 이는 곧 자연상태와 자연인의 개념이 모든 사회적-정치적 원리와 이상적 인간상을 연역해낼 수 있는 조건임을 함축한다.

그러나 루소의 의도를 고려할 때, 자연인의 삶과 자연상태란 사실일 수도 아닐 수도 있는 하나의 추측일 수 있지만, 그렇다고 해서 자연상태에서의 자연인 즉 인간이 갖고 있는 본성 자체도 하나의 가정인 것은 아니다. 다시 말해 자연상태에서 인간의 삶이 어떠했으리라는 것은 경험적 확인이 불가능한 하나의 추정적 사실이라 해도, 인간의 본성에 대한 입장은 실재적인 사실이다. 그런 점에서 루소가 말하는 자연인은 칸트의 경우에 마찬가지로 과거의 역사적 사실이기 보다는 모든 시대에 걸쳐 언제든 나타날 수 있는 인간성의 내적 상태와 조건을 의미하는 것으로 이해하지 않으면 안된다. 따라서 루소는 이러한 구상에 입각하여 현재의 공동체가 안고 있는 시간성과 공간성의 문제를 동시에 해결하고 있으며, 이는 칸트의 경우에도 마찬가지다. 결국 자연상태와 자연인의 삶이 하나의 발견적 가정에 기인하는 것인지 아니면 실재적인 것인지를 둘러싸고 벌어지는 논의들도 이 점을 소홀했기 때문이라 할 수 있다.[25]

루소에 따르면 인간의 자연적 본성은 선하다. 이는 한편으로 자연상태가 도덕이 발생하기 이전의 상태라는 점에서만 그러하다. 즉 그것은 일종의 자족적인 상태로서 아무런 문제나 갈등을 야기하지 않는 자연성을 의미하는 것으로 보아야 한다. 그런 의미에서만 자연인의 자유는 그 자체로 선이며, 자연인의 타고난 본성은 도덕 이전의 상태로서 선하지도 악하지도 않다. 자연적 감정만이 지배하는 자연인의 자연성은, 루소가 자기애 자체를 악하거

Discourse on the Origin of Inequality, 191.

24 같은 글, 198 및 제1부의 결론부인 230-4 참조.

25 I. Fetscher, *Rousseau politische Philosophie. Zur Geschichte des demokratischen Freiheitsbegriffs*, 29 이하.

나 선한 것으로 보지 않듯이 가치중립적인 것이다. 따라서 자연상태 또한 가치중립적이다.

그러나 다른 한편으로 루소는 자연상태에서도 사람마다 정도의 차이는 있을지언정 소극적이나마 인간종으로서의 본유적인 연민의 감정을 인정함으로써 홉스와는 전혀 다른 차원, 즉 도덕적 가능성의 단초를 마련해 놓고 있다. 이로써 루소는 당시까지의 서양의 지적 전통에 있어서 지배적 담론이었던 이성중심적 인간관을 일거에 배격하는 일보를 내딛는다. 이 연민이라는 도덕적 감정은 일반의지와 더불어 선의지의 원리 위에 서 있는 칸트의 도덕철학에 심대한 영향을 미치게 된다. 또 홉스와 루소의 정치이론을 완성한 자로 평가받기도 하는 칸트가 이들과 차별을 분명히 하면서 자신의 고유한 인간론과 공동체론을 전개할 수 있었던 것도 루소의 공적이다.[26]

이전의 사회계약론자들과 달리 루소에게 또하나 특징적인 것은 초기사회의 설정이다. 루소가 초기사회를 설정한 것은 주로 홉스를 겨냥해서 그가 미처 보지 못한 점, 즉 인류가 현재와 같은 상태에 이르게 된 발생적 측면에 주목했기 때문이다. 루소는 자연권론자들이 내세우는 자연법이 갖는 난점들, 즉 이 개념이 갖는 애매성이나 비현실성뿐만 아니라, 사회계약론자들 특히 홉스를 포함해서 그들이 권력이나 정부의 탄생이 이루어질 때까지의 경과 시간에 대해서 고려하지 못했던 오류를 비판한다. 이는 그의 『불평등기원론』의 핵심적인 물음과 관계한다. 말하자면 도덕적 불평등의 발생적 기원을 초기사회라는 단계를 통해 제시함으로써 사회상태가 현재와 같지 않을 수 있었던 가능성을 보여주기 위한, 즉 방법론적으로 사회계약의 도덕적 정당성을 평가하기 위한 일환이었다. 이러한 면은 그의 현실 인식을 단적으로 보여준다.

가령 홉스는 자연상태와 사회상태에서의 인간을 동일한 인간으로 설정하고 있다. 즉 자연상태 하에서의 자연인이란 결국 현재의 사회적 인간의 모습이기 때문에 현재의 상태를 합리화할 수 있다는 한계를 안고 있다. 루소

---

26 G. Geismann, "Kant als Vollender von Hobbes und Rousseau", 161-89.

는 홉스가 이러한 문제에 직면한 것도 도덕적 가능성의 단초로 해석되는 연민과 같은 선천적 감정이나 초기사회와 같은 단계를 생각할 수 없었던 데에 있다고 본 것이다.[27] 다시 말해 루소는 현재의 시민사회는 타락한 사회, 도덕적 불평등이 지배하는 사회이나, 이런 사회의 성립이 필연적인 것은 아니었음을 주장하고 싶어 했다. 그러나 물리적 법칙과 같은 자연법의 지배를 받는 자연인과 도덕법의 지배를 받아야 할 사회인이 동일한 본성의 소유자인 한, 어떤 방식으로든 자연상태에서 사회상태로의 이행에 대한 보다 만족할 만한 설명이 주어질 필요가 있다. 그렇지 않으면 현재와 같은 상태에 이르게 된 원인과 과정을 무시하는 결과가 되며, 결국 역으로 이상사회의 성립 가능성 또한 그 정당한 근거를 확보하기 어렵게 된다. 그런데 자연법과 도덕법을 공히 인간의 본성을 토대로 접근하는 루소는 이 양자의 관계의 역사적 상관성에 대해서는 뚜렷한 언급을 하지 않는다. 반면에 칸트의 공동체론은 상당 부분 이러한 관계를 도덕적 이성의 역사 속에 편입시킴으로써 우연성의 문제를 해결하는데 진력하고 있다.

이처럼 루소의 사고에서 철저하지 못했던 면에 주목했던 칸트는 인간을 근본적으로 루소와 다른 관점에서 이해하려 한다. 칸트에 의하면, 인간은 도덕적 주체이면서 불완전하면서도 유한한 이성적 존재자이다. 이러한 불완전성과 유한성은 인간의 감성적 본성에서 비롯된다. 때문에 "인간은 전적으로 선하지도 악하지도 않다."(VIII:668) 칸트는 인간 본성의 이성적 인격적 본질을 도덕성 즉 선의지로, 다른 한편으로 이에 반하여 경향성을 인간 본성의 또다른 자연적 소질로 규정한다. 그리고 경향성도 기본적으로는 루소의 자기애처럼 그 자체가 악은 아니다. 그야말로 인간의 자연적인 성향(Hang)이다. 즉, 인간의 본성이 악한 것이 아니라 우연적인 소질에 불과한 악에의 성향만이 있는 것이다.

칸트의 경우에 악은 악에의 성향이 있는 선택의지와 도덕법칙 사이에서 발생한다. 한마디로 자유의지의 잘못된 사용에서, 즉 "도덕법칙을 위반할

---

27 J.-J. Rousseau, *A Discourse on the Origin of Inequality*, 222 이하.

가능성이 있는 준칙의 주관적 근거 안에서"(VIII:676) 발생한다. 이러한 칸트의 악의 개념은 페트라스가 적절히 지적하고 있듯이, '인간의 본래적 자아나 경험적-자연적 본성 그 어떤 곳에서도 발견되지 않는 인간의 두 세계 사이쯤에 위치하는 것'[28]이라 규정할 수 있다. 그러나 루소가 자기애를 긍정적인 감정 또는 소극적인 이기심 정도로 평가하는 것과는 달리 칸트는 자기애와 관계하는 경향성을 의무를 거역하고 압도하고 왜곡시키기까지 하는 유혹의 부단한 원천으로서 부정적인 것으로, 홉스처럼 적극적인 이기심의 발로로 해석한다. 이는 인간의 존엄성에 대한 열정에도 불구하고 인류가 왜 현재와 같은 상태에 이르게 되었는지에 대해서 루소가 우연성이라는 이름 하에, 칸트가 보기에, 만족스럽지 못하게 방치해 둔 문제를 나름대로 해결할 수 있는 근거가 된다. 즉 현재의 상태는 원칙적으로 도덕적 존재인 인간의 자의적인 선택의 산물이였으며, 그리고 인류는 이를 극복해 가면서 점진적인 도덕적 진보를 이루어 왔다는 것이다.

따라서 기본적으로 칸트는 홉스, 로크, 루소 등의 자연상태에 대한 설명과 견해를 달리한다. 칸트가 말하는 자연상태란 단지 법적 질서가 자연상태 자체에 어느 정도 어떤 식으로 의존하는지를 보여주기 위한, 특히 타인에 대한 우리의 법적 의무들과 자연상태에 대한 우리의 의무간의 차이를 밝히기 위한 일종의 논리적 장치로 고안된 것이다. 홉스나 로크가 인간의 생명이나 재산의 소유를 항구적인 위협으로부터 벗어나려는 필요 때문이라는 공리주의적 증명을 채택한 반면에 칸트는 사회계약이 역사적 사실이라는 것을 부인함으로써 "공동체의 필요성에 대한 도덕적 증명을 제시한 최초의 근대 정치이론가"[29]로 등장하고 있다. 그러나 비록 처음부터 공동체를 도덕적 관점에서 조망하지는 못했지만, 칸트가 그러한 길을 걸어갈 수 있었던 배경에는 루소의 기여가 컸음에는 이론의 여지가 없다.

전체적으로 보아 칸트와 루소의 기본적인 차이점은 일단 인간 본성상의

---

28 O. Petras, *Der Begriff des Bösen in Kants Kritiyismus und seine Bedeutung für die Theologie*, 37.

29 S. Neiman, *The Unity of Reason: Rereading Kant*, 118.

자연성과 사회성에 대한 견해 차이로 모아진다. 루소는 인간의 자연성을 오직 개체성이라는 관점에서만 인정하고 인간의 본성상의 사회성을 부정한다. 즉 인간은 본성상 사회적 존재라는 전통적인 가정을 원칙적으로 거부한다. 그에게 있어서 인간은 본성성 사회적 존재가 아니듯이 인류라는 개념 또한 전혀 실재적인 의미를 갖지 못한다. 따라서 루소는 개인의 자유라는 근대적 이념에 따른 개체주의적 인간관을 이성이 아닌 감정에 입각하여 수정하면서 동시에 더욱 철저히 했다고 볼 수 있다. 반면 칸트는 인간 본성상의 개체성과 사회성을 모두 인정한다. 즉 루소의 인간에게는 근본적으로 사회를 이루려는 본성적인 욕구란 존재하지 않지만, 칸트에게 사회성은 개체성 못지 않은 중요한 본성이다. 칸트에 따르면 인간은 주체로서의 개인이면서 동시에 사회적 존재이다. 이러한 존재 특성을 갖는 인간의 총체적 본성을 칸트는 "인간의 반사회적 사회성(die ungesellige Geselligkeit)" 즉 "끊임없이 사회를 파괴하려고 위협하는 일반적인 저항들과 결합되어 있으면서도 사회를 이루고 살려는 인간의 성향"으로 규정한다.(XI:37) 그리고 이처럼 자신을 "개별화" 및 "사회화"하려는 성향을 갖는 인간의 이중적 본성이야말로 인류의 역사 발전의 원동력이라고 생각한다.

또 칸트가 인간과 동물의 차이점을 전통에 따라 이성에서, 나아가 전통을 넘어서 윤리학에서의 또 하나의 코페르니쿠스적 전회라 할 수 있는 선의지로서의 '도덕적 이성'에서 찾았다면, 루소는 인간과 동물의 차이점을 인간적 욕망이라는 정념에서 찾는다. 특히 이 정념의 두 중요한 특징으로 루소는 자유로운 행위자로서의 소질과 자기 완성의 능력에서 찾고 있으며, 전자를 보다 높이 평가한다. 후자는 오히려 모든 악의 근원으로 인간이 사회 속에서 타인과 경쟁하면서 발휘되며, 전자의 가능성을 전제한다는 점에서 사회악의 우연하면서도 불가피한 발생을 예상케 한다.[30] 따라서 기본적으로는 루소와 칸트 모두 인간과 동물을 구별짓는 가장 중요한 특징을 자유(의지)에서 찾지만, 칸트의 자유가 도덕적 이성에 속하는 것인 반면에, 루소의 그

---

30 J.-J. Rousseau, *A Discourse on the Origin of Inequality*, 209.

것은 도덕과 무관하면서 감정에 속하는 것이다. 또한 루소의 자유는 자연적 자유와 사회정치적 자유가 실질적으로 구분된다. 전자가 모든 도덕의 굴레와 속박으로부터 해방되어 있는 자연상태에서의 자유라면, 후자는 사회계약을 통해 그 이후에 새롭게 획득되는 사회상태에서의 자유를 의미한다. 말하자면 루소는 인간의 자연적 욕망과 능력은 일정한 방향이나 성질로 고정되어 있는 것이 아니라 자기 나름의 완전성을 실현할 수 있는 방식으로, 즉 인간의 목적적 본성은 결정되어 있지 않으며 자기 변형이 가능하다고 본다. 그리고 이를 기초로 새롭게 창조해야 할 목표가 이른바 도덕적 자유이다. 반면 칸트는 현재적 관점에서 인간의 도덕적 소질의 계발과 완성이라는 일정한 방향을 강조하므로써 도덕적 자유의 점진적 실현을 주장한다. 이러한 관점에서 칸트는 도덕적 불평등이 지배하는 사회 보다 문명의 결핍상태인 "야만의 상태"(XI:44)를 선호하는 루소의 태도가 정당했다고 인정하면서도 이런 표현을 통해 오히려 루소처럼 자연인과 문명인의 관계를 대립적인 관계가 아니라 거기에는 "선을 지향하는 인간성의 자연적 경향성"(XI:179각주)에 따른 하나의 연속적인 과정이 존재한다는 점을 강조하려 하고 있다.

무엇보다 루소와 비교할 때 칸트의 인간 이해의 두드러진 특징들 중의 하나는 인간의 도덕적 소질 또는 본성은 때가 되면 자연히 발휘되는 그런 것이 아니라는 사고에서 나타난다. 칸트는 그것은 "(지상에서의 유일한 이성적 생명체인) 인간에 있어서 그의 이성의 사용을 지향하는 그러한 자연적 소질은 개인에서가 아니라 유(類) 속에서만 완전히 계발될 수 있다"(XI:35)고 말한다. 다시 말해 공동체적 삶을 통해서만 그리고 그 안에서 인간 스스로가 자신의 소질을 적극적으로 계발함으로써만 가능하다. 이러한 연관 관계가 잘 드러나 있는 저서가 『인간학』[31]과 『교육학강의』[32]이다. 이 저서 모두 『에밀』처럼 인간에 대한 포괄적인 규정을 문제삼고 있으며, 인간의 도덕적 소질을 횡적으로 또는 그 정점에서가 아니라 종적인 점에 주목하여 고찰하고 있다.

---

31 Anthropologie in pragmatischer Hinsicht(1798, 바이셰델판 XII)
32 Über Pädagogik(1803, 바이셰델판 XII)

저들 저서 모두가 공통적으로 강조하고 있는 것은 인간의 도덕적 소질은 계발되어야 하고 따라서 교육되지 않으면 안된다는 점이다. "인간은 교육을 받지 않으면 안되는 유일한 피조물이다"(XII:697)라는 귀절로 시작하는 『교육학강의』에서는 "인간은 교육에 의해서만 인간이 될 수 있다. 인간이란 교육이 만들어낸 것 이외의 다른 것이 아니다."(XII:699) 그리고 『인간학』에서는 단도직입적으로 "인간은 교육을 받지 않으면 안된다"라고 단언하고 있다.(XII:678) 그런데 칸트는 경향성에의 유혹을 물리치고, 도덕적 연마를 위해서는 어릴 때부터 이성의 명령에 순종하는 습관을 기르는 것이 중요하기 때문에 훈육에 의한 도덕적 강제를 강조한다. 반면에 루소는 교육의 목적을 사회 속에서의 자연적 자유 즉 자연인의 마음씨를 유지 내지는 회복할 것을 강조함으로써 인간 본성이 자연스럽게 발휘될 수 있게 되도록 도덕적 강제나 인위적 교육을 통한 훈육을 거부한다. 루소의 이러한 입장에 대해서 칸트는 분명한 반대 입장을 피력하고 있다.(XII:698, 714)

칸트는 "인간에 있어서 자연 소질의 발전은 저절로 일어나는 것이 아니기 때문에 모든 교육은 하나의 인위적인 기술이다"(XII:703)는 점을 곳곳에서 강조하고 있다. 이는 인간이 도덕적 성숙에 이르기 위해서는, 비록 그러한 근원적인 소질을 소유하고 있지만, 어떤 인위적인 노력을 거치지 않고서는 불가능하다는 것을 의미한다. 이러한 교육 과정을 칸트는 자연적 교육의 소극적 과정으로서 동물과 공유하는 양육(Wartung; Verpflegung; Unterhaltung)으로부터 시작하여, 동물성을 인간성으로 변화시키는 최초의 단계인 훈육(Disziplin; Zucht), 그리고 어떤 목적 달성을 위한 능력을 도야하는 적극적이고 체계적인 교육 활동에 의해서 이루어지는 육성(Kultur), 이를 사회 생활에 적용하는 능력을 키우는 개화(Zivilisierung)를 거쳐 최종적으로 그 자체로서 내면적인 가치를 지닌 인격적 도야로서의 도덕화(Moralisierung)의 단계를 밟는다.(XII:706-7) 다음과 같은 귀절은 칸트의 교육관의 면모를 간명하게 묘사하고 있다.

인간은 [다른] 인간들과 함께 하나의 사회 속에서 존재하도록, 그리고 그 사회에서 예술과 학문에 의해서 자기를 육성하고, 개화하며 또 도덕화하도록 그의 이성에 의해서 결정되어 있다. 또한 인간이 행복이라고 부르는 안일과 환락의 유혹에 수동적으로 몸을 맡기려는 동물적 성향이 아무리 강하더라도, 오히려 활발하게 인간 본성의 야만성에 달라붙어 있는 방해와 싸우면서 인간성을 존엄하게 만들도록 결정되어 있다.(XII:678)

이렇게 볼 때, 칸트에게 있어서 자연인, 문명인, 자유인은 각각 인간이 공동체를 통해서 지향하는 이상에 이르기까지의 연속적인 단계와 순서를 가리킨다. 그리고 그 각각은 서로 별개의 독립적인 것이 아니라, 인간의 본성과 조건으로서 공존하고 있으면서 단지 상대적으로만 구분될 수 있는 것들이다. 반면 루소에게는 이 각각이 분명한 독립적인 위상을 갖는다. 따라서 칸트의 자유인은 역사의 전 과정을 통해서 한편으로는 사회에 적응하면서 다른 한편으로는 사회를 개선해 나가면서 점진적으로 자신의 도덕적 소질을 완전히 실현하는 도덕적 인간의 모습이며, 칸트는 이를 '인간의 사명'으로까지 고양시킨다. 반면에 루소의 자유인은, 인간은 순수한 의미에서의 자연인으로 다시는 복귀할 수 없기 때문에, 도덕적 정당성을 갖는 사회계약에 의해서 새롭게 창조되는 인간이다. 따라서 기존의 사회 속에 살고 있는 자연인(자연적 본성의 소유자로서의 인간)을 위한 루소의 교육의 목적은 궁극적으로는 정의로운 사회에서의 사회적-시민적 자유와 도덕적 자유의 실현을 위한 조건으로서의 자연인의 선한 마음씨를 잃지 않거나 회복하는데, 나아가 새로운 이상사회를 수립하고 이에 따를 수 있는 자격 즉 덕성을 갖춘 인간을 육성하는 것이다. 그리고 그러한 선한 마음씨는 칸트처럼 도덕적 훈육과 같은 '적극적이면서도 인위적인 교육'에 의해서 육성되는 것이 아니라, 되도록이면 스스로 자신의 능력과 욕망의 크기를 각자의 그릇에 맞게 개발하도록 도와주는 '소극적이면서도 자연적인 교육'에 의해서 발휘되록 해야 한다.

4. 공동체의 재발견 - 사회계약, 일반의지, 실천이성

루소는 자신의 사회계약론의 특징을 다음과 같이 적고 있다: "사회질서
는 모든 권리의 기초가 되는 신성한 권리이다. 그럼에도 불구하고 이 권리
는 자연(nature)으로부터 유래하는 것이 아니며, 당연히 약속(convention)에
근거를 둔 것이다."[33] 이처럼 루소는 사회질서와 권리의 근거를 '약속'에 둠
으로써 자유의 실현이라는 근대적 이념의 모태가 되어온 근대 초기의 이성
적 자연관과의 결별을 선언하고 있다. 동시에 칸트에 앞서 근대 사회계약론
에 새로운 종류의 합리성 모델을 도입하고 있다. 그러나 세부적으로 볼 때
루소와 칸트가 이 '약속'을 어떻게 해석하고 근거짓느냐에 따라 상호간의
견해 차이와 이전의 계약론자들과의 관련성 정도가 드러나게 된다.

칸트는 사회계약을 통한 국가와 법적 강제의 필요성은 근본적으로 "어
떤 사실에 의존하는 것이 아니라, 이성의 아프리오리한 이념에 의존한다"
고, 즉 실천이성의 도덕적 이념에서 기인한다고 주장한다.(VIII:430) 이는 곧
국가와 법 자체는 경험과는 무관한 도덕적 자유의 이념과 관계한다는 것을,
동시에 그것이 보편적 도덕의지를 완전히 구현해야 한다는 것을 표방하고
있다. 다시 말해서 국가의 도덕적 정당성은 그것이 암묵적 동의나 어떤 다
른 이유에 근거하든지간에, 모든 구성원의 보편적 의지에 부합하는 그러한
이념을 추구해야 하며, 그것이 달성될 때까지 현실의 국가란 불완전한 것임
을 의미한다. 칸트는 사회계약의 성격과 목적을 이같은 관점에서 접근함으
로써 이전의 사회계약론자들과 분명한 선을 긋는다. 그리고 이러한 관점은
그 세부적인 차이에도 불구하고 기본적으로 루소의 것이다.

그러나 칸트는 자신의 도덕이론을 배경으로 하여 루소가 충분히 명료화
할 수 없었던 관점을 다음과 같은 원초적 계약의 이념을 통하여, 일견 루소
의 것이기도 한, 자신의 사회계약론의 기초를 명확히 한다.

그것에 의해서 국민이 스스로 국가를 구성하는 행위, 좀 더 정확하게 말해서

---

33 J.-J. Rousseau, *The Social Contract or Principles of Political Right*, Bk. I. ch. i, 4.

오직 그것에 의해서만 국가의 합법성이 인정될 수 있는 그러한 행위의 이념이 원초적 계약이며, 이에 의해서 모든 국민은 그들의 외적인 자유를 포기하고 자신들을 공동체의 일원, 즉 국가로서 간주된 국민의 일원으로서의 지위를 곧 다시 인수하게 된다.(VIII:434)

그리고 이 원초적 계약을 이에 앞서 발표한 "이론상으로는 옳지만, 실제에 있어서는 쓸모가 없다"라는 부제가 달려 있는 『속언』(1793)이라는 글에서 처음으로 다음과 같이 정의하고 있다.

원초적 계약은 사실상 확실한 (실천적) 현실성을 지닌 이성의 단순한 이념이다. 왜냐하면 모든 입법가들이 법을 제정함에 있어 그 법이 전 국민의 통일된 의지로부터 나온 것처럼 제정하게 해주고, 모든 신민은 그가 시민인 한, 마치 그가 그러한 의지에 합의했던 것처럼 간주되기 때문이다. 말하자면 그것은 모든 공법의 합법성의 시금석이다.(XI:153)

칸트의 정치철학에 있어서 가장 중추적인 역할을 하는 이러한 사회계약 혹은 원초적 계약 사상은 합법적인 공동체란 개별적인 구성원들의 자유의지에 의한 도덕적 계약이어야 한다는 생각에 기초해 있다.(XI:144-5) 이러한 사회계약이란 곧 역사상 실재했던 사건이나 경험적 개념이 아니라 지금도 계속 진행되고 있는 이성적, 도덕적, 예지적 차원에서 이루어지는 것임을 의미한다. 따라서 그것은 "확실하고도 아프리오리한 표준 척도"(XI:155)로서 하나의 순수한 이성적 개념이며, 또한 이론적 개념이 아니라 실천적 개념이며, 하나의 규범적 비판적 개념이다. 그것은 합법성을 판단하는 기준을 의미하지, 실증적 타당성을 판단하거나 공적인 강제법이 공공의 복지에 적합한지를 판단하는 기준을 의미하지는 않는다. 따라서 사회계약의 이념은 단지 법을 판정하기 위한 그리고 동시에 국가의 완전한 영속을 가능케 하는 원리들을 판정하기 위한 척도의 구실을 하게 된다. 그러므로 칸트의 계약은 홉스처럼 개인적-실용주의적인 척도를 갖는 것도 아니며, 또 투쟁 상태를 극복하여 모든 개인들의 행복을 가능하게 해주는 절대 군주에 의해서 보장되는 평화 상태와 동일한 질서의 수립을 뜻하는 것이 아니라, 실천이성의 개념과 결합한 무조건적 요구로서 순수한 이성적인 척도만을 가지며, 따라서 순수한 이성적 질서를 추구한다.[34] 이 때문에 칸트는 국가를 이성적 의지의 결합체로서 도덕적 인격체요 자유의 주체로 간주한다.

이 같은 관점은, 원초적 계약 이념의 역할만을 볼 때, 『사회계약론』의 논리와 완전히 일치한다. 루소는 국가를 의지의 결합체라는 점에서 하나의 인격체로 간주한다. 루소의 경우에는 칸트처럼 도덕적 토대 위에서 연역적으로 정당화되는 것이 아니라 인위적으로 합의된 "공적 인격체"에 불과하지만, 그 지위는 의미상 거의 동일하다.[35] 이러한 유사성은 이성의 본질과 기능이나 역할에 대한 각자의 근본 입장의 근친성에서 비롯된 것이라 할 수 있다.

칸트의 사회계약의 논리는 근본적으로 그의 도덕철학 및 정치철학의 근간을 이루고 있는 자율적·도덕적 주체로서의 인간 개개인의 존엄성에 뿌리를 두고 있다. 이 존엄성이 인간에게 하나의 본질적인 가치를 부여하는데, 그 근원은 도덕적 존재로서의 인간의 자유, 즉 도덕적 이성에 있다. 이로부터 인간의 모든 권리들이 따라 나온다. 따라서 자연상태를 극복하기 위한 국가 수립의 정당성은 본질적으로 도덕적이어야만 한다. 이러한 이념에서만 보자면, "계약을 체결하는 것은 홉스에 있어서는 그렇게 함으로써 모든 사람의 여건이 더 나아지기 때문인 반면에, 칸트에 있어서는 그것이 실천이성〔의 도덕적 요구〕에 일치하는 것이며, 인격체로서, 권리의 주체로서 인간들 상호간의 승인에 일치하기 때문이다."[36] 다시 말해서 칸트의 사회계약은 국가에 도덕적 정당성을 부여하는 "최고의 기초"(XI:153)로서 그 자체가 이미 정의의 원칙으로서의 성격을 갖는다. 칸트는 이러한 기초로부터 헌법과 입법기관, 행정부 등의 국가의 구성 요소들을 도출해 낸다. 그리고 이 "정의의 법칙하에서의 다수의 통합체"(VIII:431)로서의 국가가 실현해야 할 이념

---

34 O. Höffe, *Ethik und Politik*, 210-1.

35 J.-J. Rousseau, *The Social Contract or Principles of Political Right*, Bk. I ch. vi, 15; Bk. II ch. iv, 28; Bk. III. ch. viii, 77 참조.

36 O. Höffe, *Ethik und Politik*, 211.

을 칸트는 인간의 자유와 평등, 그리고 독립으로 파악하며, 이로부터 사회 내의 모든 하위의 가치들이 정당화된다.

루소의 일반의지와 특수의지의 개념이 성숙한 칸트의 사고에 미친 영향의 흔적들을, 전비판기의 작품들중의 하나인 『시령자의 꿈』(1766)의 일부분에서도 찾아볼 수가 있다.(II:942-6) 여기서 무엇보다도 주목해야 할 것은 칸트가 일반의지와 특수의지의 관계를 루소처럼 단순히 정치적 맥락에서만이 아니라 도덕적 차원에서 해석해내려 하고 있다는 점이다. 가령 "사적 의지와 일반의지의 결합"을 "자유의지의 도덕적 성질"과 관련지으면서 "행위의 도덕성은 정신의 내적 상태와 관계하기 때문에, 그것은 또한 도덕성 전체에 적합한 효과를 정신들간의 직접적인 결사체에서만 자연스럽게 거둘 수 있다"고 하여 도덕적 행위의 실질적인 효력은 사회적 관계 영역 안에서만 실현될 수 있다는 사고를 보여주고 있다.(II:945) 동시에 "일반의지의 규칙"과 "도덕적 통일성"의 내적 연관성을 부각시키며(II:943), 도덕적 행위의 완전한 실현 즉 도덕적 질서를 "자연의 질서"와 구분하며, 또한 도덕적 감정을 "일반의지와의 일치" "사적 의지의 일반의지에의 감각적 의존성"으로 파악함으로써(II:944), 루소를 통해서 그와는 전혀 다른 길을 가고 있는 모습을 보여주고 있다.

우리는 이런 시도를 통해서 이른바 칸트 철학의 백미라 할 '정언명법의 정식들'의 일면을 예견할 수 있다. 특히 1785년에 출간된 『도덕형이상학 정초』의 처음 두 부분은 칸트가 "루소적 전회"로의 길을 모색하던 시기인 1765년에 이미 썼을 것이라는 연구 결과는 시사하는 바가 적지 않다.[37] 나아가 칸트가 『도덕형이상학』에서 국가의 도덕적 정당성을 평가할 척도로서의 법의 보편적 원리(Allgemeines Prinzip des Rechts)를 "모든 행위는 그 자체 또는 그 준칙에 있어서 각자의 선택 의지의 자유가 보편법칙에 따라서 모든 사람

---

37 이와 관련한 전거들에 대해서는 K. Vorländer, Einleitung to *Immanuel Kant, Grundlegung zur Metaphysik der Sitten*, V-XII; D. Henrich, "Über Kants Entwicklungsgeschichte", 260. 그리고 칸트의 정언명법의 정식과 루소의 일반의지의 보편적 입법의 연관성에 대해서는 E. Cassirer, *Rousseau, Kant, Goethe*, 33-4.

의 자유와 양립할 수 있는 경우에는 옳은 것이다"(VIII:337) 또는 정언명법의 형식을 빌려 "너의 선택 의지의 자유로운 사용이 보편법칙에 따라서 모든 사람의 자유와 양립할 수 있도록 외적으로 행위하라"(VIII:338)로 정식화하여 제시하게 될 때, 이러한 사고의 발생적 연원은 루소와의 관련 하에서 보다 더 잘 이해할 수 있다. 심지어 이는 루소가 말한 일반의지를 도덕성과 자율성, 한마디로 도덕적 자유라는 토대 위에서 새롭게 조망, 심화시킨 일종의 변형들 또는 '루소적 정신의 반영'[38]이라고까지 할 수 있다. 다시 말해 칸트의 정언명법의 정식들은 그 정신과 형식에 있어서 일반의지의 그것과 거의 일치한다.

　　루소와 비교할 때, 칸트의 사회계약론의 논증 방식의 특징은 건전성과 명료성에 있다. 그것은 전적으로 그의 인간관이 전제하고 있는 기본 가정으로부터 자연스럽게 연역되고 있기 때문이다. 반면에 루소의 사회계약론은 그의 인간본성론과 정합적이지 못한 측면을 내포하고 있는 것처럼 보인다. 그 단적인 이유를 연민이나 양심의 자연 감정이 더 이상 사회구성의 적극적 원리가 되지 못하고, 모든 권위를 일반의지와 이성이 그 자리를 대신한다는 점에서 찾을 수 있다. 다시 말해 문제는 이성 보다 앞서는 자기 보존의 본능과 연민의 감정에 지배되고 있는 자연인이 사회상태 하에서는 이성과 의지, 그것도 사적이며 특수한 개체 인격이 아니라 집단 인격, 즉 공적 의지 또는 공적 인격으로서의 일반의지의 지배 아래 놓이게 된다는 사실에서 비롯된다. 이로부터 어떻게 연민이 갖는 소극적인 도덕적 감정이 사회 구성의 적극적인 도덕원리로, 그것도 단지 이성의 명령에 의한 계약을 통해서, 전화될 수 있을까 하는 의문이 제기된다. 바로 이같은 역전의 상황에 대해서 루소가 보다 치밀한 논리를 제시하지 않고 있다는 것이 적지 않은 오해를 불러일으킨 요인이라 할 수 있다. 일단 그 책임은 루소가 자연인에 대한 묘사를 자유인과 견주어 다소 명료하게 서술해 주지 못하고 있는데서도 찾을 수 있다. 이런 점 때문에 자연인에 대한 루소의 견해는 '합리적인 절차에 입각

38　E. Cassirer, *Rousseau, Kant, Goethe*, 33-4 참조.

해서 도달한 명료한 이론이라기보다는 직관적인 감정적 반응 또는 보다 엄밀하게는 감정주의(sentimentalism)에 입각한 인간 해석'[39]이라는 평가도 가능한 것 같다. 그러나 이미 전술한 바 있는 루소의 자연상태와 사회상태, 자연인과 문명인의 구분이 갖는 루소의 진의가 무엇인지를 염두에 둔다면 이 점은 어느 정도 불식될 수 있다.

그렇다면 공동체의 성립을 위한 일반의지의 도입이 어떻게 자연상태에서 사회상태 또는 자연법에서 도덕법으로의 이행을 정당화시켜 주는가? 전자는 자연이 부여해 준 자기 보존의 본능과 연민의 감정이라는 자기애의 원리에 의해 지배된다. 그러면 이로부터 "자신의 욕구에 귀 기울이기 전에 자신의 이성에 자문을 구해야 하는 전혀 다른 〔이성의〕 원리"[40]에 의해 지배되는 후자는 어떻게 정당화될 수 있는가? 그것은 각자의 욕망을 충족시키고자 행위하는 개체로서 인간들의 상호관계가 더 이상 자연법으로는 존립할 수 없다는 점에서 출발한다. 그리고 이런 상황을 해결할 수 있는 원리는 당연히 더 이상 자연상태 하에서의 그것일 수는 없다. 즉 불행하게도 과거의 자연으로는 영원히 되돌아 갈 수 없는 인간종을 위해서는 사회계약의 새로운 원리, 일반의지라는 새로운 힘이, 도덕법이라는 새로운 법칙이 자연상태에서의 그것을 대신하지 않으면 안 된다. 나아가 이러한 새로운 논리는 과거의 인간을 위한 것이 아니라 타락한 현재의 인간, 궁극적으로는 미래의 인간을 위한 것이다. 즉 일반의지의 도입은 현 사회상태의 부당성에 대한 준엄함 비난의 본보기요 경고의 메시지를 담고 있다. 따라서 루소의 사회계약은 결국 새로운 인간, 새로운 사회를 만들어내야 하는 그런 계약이 될 수밖에 없다. 그러면 그것은 어떻게 가능한가?

우선 루소의 일반의지는 단적으로 자기 스스로 입법하는 자유의지, 자율적 능력에의 의지로서 칸트의 실천이성이 갖는 보편성, 상호성, 자율성의 특징을 그대로 갖는다. 이러한 성격의 일반의지는 무엇보다도 자신의 이

---

39 P. A. Schilpp, *Kant's Pre-Critical Ethics*, 23-4.
40 J.-J. Rousseau, *The Social Contract or Principles of Political Right*, Bk. I ch. viii, 18.

익을 자기 나름의 방식으로 추구할 수 있는 개인의 사적인 특수의지도, 단순히 수적 다수라는 의미의 전체의지도 아닌 공동체의 성원 모두에게 예외없이 타당한, 칸트적 의미에서의 실천이성의 도덕적 이념에 해당한다. 다시 말해 하나의 경험적 사실에 불과한 특수의지와 달리 일반의지는 전혀 다른 세계, 즉 칸트의 '목적의 나라'에 속한다고 할 수 있다. 따라서 일반의지는 인위적 결사체로서의 정치공동체의 정당성을 가늠하는 기준이며, 홉스나 로크와 같이 자연법에의 의존을 완전히 불식시키는 인위적으로 확립되는 전혀 새로운 차원의 정치적 권리와 관계한다.

그런데 루소는 일반의지가 각 계약 주체들을 통해서 어떻게 정치공동체에 합의하거나 결의할 수 있으며, 또 그 합의의 준수를 명령할 수 있는지, 다시 말해서 "왜 나는 일반의지에 동의해야 하는가?"와 "왜 나는 일반의지에 복종해야 하는가?"에 대한 정당한 근거나 명시적인 절차를 제시하지 않고 있다. 여기에는 계약 주체가 이미 어떤 관점이나 태도를 선취하고 있다고 볼 수밖에 없다. 이에 대해서 루소는 "나는 나 자신에게만 복종한다"고 말함으로써 일반의지가 저 밖이 아니라 내 안에 존재한다고 주장하고 있다. 그러나 문제는 그것이 어떻게 내 안에 있으며, 동시에 사회 구성의 원천으로 작용하느냐 하는 것이다. 이 점이 루소에게는 불명료한 점으로 남아 있다. 그리고 타당성 여부를 떠나서, 루소가 안고 있는 이런 문제를 '자연의 나라'와 '목적의 나라'의 구분과 더불어 도덕적 이성의 이념에 의거하여 해결하고자 했던 것이 칸트의 선험적-연역적 방법이라 할 수 있다.

그러나 다른 한편으로 루소의 논리를 재구성해 볼 때, 우리는 루소가 말하는 연민의 감정과 일반의지 또는 이성의 관계에 주목해 봄으로써 하나의 답을 찾아낼 수 있다. 루소는 한편으로는 이성의 기능을 도덕적 능력과는 무관한 지적인 능력으로만 보고 있다. 심지어 루소는 "이성적이고, 윤리적인 종교는 양심에 대한 모든 인간의 지배를 배제하여 그 힘을 행사할 수 있는 무기를 모두 빼앗아버린다"[41]고 하여 지적인 이성이 갖는 역기능을 오히

---

41 J.-J. Rousseau, *The Confessions*, 524.

려 경계하고 사회 도덕을 그 연장선상에 파악함으로써 상당히 평가절하하고 있다. 그러면서도 다른 한편으로는 이성을 의지 혹은 일반의지와 교환가능한 의미로도 사용함으로써 루소는 이미 칸트적 이성 개념, 즉 이론이성과 실천이성의 구분을 선취하고 있다. 루소는 계몽주의를 선도하고 있는 근대적 이성의 잘못된 평가와 사용을 비판하는 한편, 자연적 감정의 세계와 더불어 새로운 길을 개척할 가능성의 담지자로서의 이성, 즉 칸트의 실천이성에 해당하는 의지로서의 이성에 주목한 것으로 볼 수 있다. 그렇다면 루소의 이러한 태도는 근대적 계몽을 주도하는 이성에 대한 또 하나의 비판이라는 점에서 칸트의 이성비판의 선구자적 의의를 갖는다.

이처럼 일반의지가 칸트적 의미의 '이성적' 의지와 그 기능이나 성격에 있어서 근본적으로 유사하다는 사실은 근대 주지주의의 창시자인 칸트와 감정주의의 주창자인 루소의 위상을 고려할 때 기이하기까지 하다. 그러나 칸트는 루소의 이러한 의지의 개념과 정신은 받아들였지만, 이와 감정의 관계와 역할에 대해서는 그럴 수 없었다. 칸트의 자율적 입법의 능력과 도덕적 강제의 동인으로서의 도덕적 의지는 순수한 이성적 의지인 반면, 루소의 일반의지는 이성적 의지의 순수한 작용이면서 동시에 외적인 동인으로서의 감정의 인도를 받아야 하는 그런 것이다.[42] 말하자면 자연인의 순수한 감정, 또는 인간의 타락하지 않은 본성의 회복이 준비되어 있어야만 일반의지는 현실적이 될 수 있다는 것이다.[43] 결국 자연상태에서의 자연인 즉 현재의 인간의 심성에 간직되어 있는 도덕적 가능성으로서의 연민은 문명인의 가슴 속에 아직 꺼지지 않고 남아 있는 불씨로서 새로운 사회를 위한 불을 지필 수 있는 가능 조건을 의미한다. 즉 이상사회의 건설은 이성의 몫이지만 자연인이 간직하고 있던 인간 본성은 그 필요조건인 것이다. 그러나 가령 칸트의 선의지는 인간이 왜 도덕적으로 행위하지 않으면 안 되는지를 일러주는 행위와 판단의 척도가 되지만, 루소의 연민은 선천적인 자연적인 감정

---

42 J.-J. Rousseau, *A Discourse on the Origin of Inequality*, 223 각주 2.

43 G. D. H. Cole, Introduction to in J.-J. Rousseau, *The Social Contract and Discourses*, xlix 참조.

이긴 하지만 도덕적 의무에 관한 보편적인 척도를 결정하지는 못한다. 따라서 정치공동체의 도덕적 정당성을 근거짓는 원리 자체가 되지는 못한다.

그럼에도 불구하고 루소는 이성, 의지, 감정, 양심 등의 상호 관계에 대한 정확한 의미규정 없이 상당히 심리학적 탐구방식에 의존하여 논의를 이끌어감으로써 칸트가 올바로 파악했듯이 다음과 같은 근본 문제에 직면하게 만든다: 만인이 자연적 감정으로 지니고 있지만 사람이나 상황에 따라 반응의 정도가 다를 수 있는 연민이나 동정심이 보편적인 도덕의 원리가 될 수 없는데, 만인이 일반의지에 동의할 수 있는 근거는 무엇인가? 결국 루소는 일반의지와 연민의 감정의 내적 연관성을 충분히 근거짓지 못했지만, 그의 사고는 이미 그것을 -자신이 의식했든 아니든- 전제하고 있다고 할 수 있다. 루소가 영국의 도덕론자들의 감정에 대한 입장을 배격했고, 칸트가 이들에 주목하면서 다시 루소와는 정반대로 도덕적 감정을 도덕적 의지에 종속시켰을 때, 칸트는 루소의 결함이 무엇인지 정확하게 간파하고 있었다.

물론 우리가 간과해서는 안될 점은 루소의 이러한 기여에도 불구하고 칸트의 사회계약론이 루소의 그것과 동일한 것이 아닌 이상, 우리는 칸트의 이론에 미친 루소의 영향만을 고집해서는 안될 것이다. 다만 여기서 우리가 주목하고자 하는 것은 칸트가 그 능력과 목적에 있어서 이론이성과 근본적으로 구별되는 도덕적 의지로서의 실천이성이라는 개념에 어떻게 도달할 수 있었을까 하는 점이다. 이는 전술한 바와 같이 루소의 공동체론의 백미라 할 일반의지, 특히 이성과 의지에 대한 루소의 독특한 사고를 전제하지 않고서는 이해하기가 쉽지 않다. 바로 이 부분에서 우리는 칸트 사고의 결정적 전환점을 "루소적 전회"라 이름할 수 있는 중요한 단서를 발견하게 된다.

5. 자유주의와 공화주의

국가의 목적은 무엇인가? 각자의 이론적 원리의 상이에도 불구하고 루소와 칸트는 똑같이 인간의 도덕적·정치적 자유의 실현이라고 답한다. 그러나 그 준거점은 다르다. 칸트의 경우에 국가의 원리를 근거짓는 유일한 원리는 도덕적 이성이다.(XI:164) 반면 루소에게는 정치적 이성이라 할 수 있다. 그런 점에서 그들이 도덕적/정치적 자유라고 할 때, 칸트에게는 도덕적 자유와 정치적 자유는 구별되며, 자유의 성취 면에서 상보적이며 상호적이다. 반면에 루소에는 도덕적 자유란 곧 정치적 자유를 의미하며 별개의 것이 아니다. 이처럼 칸트에게는 도덕과 정치의 관계처럼 이 두 원리가 분명히 독립적이면서도 상보적 관계인 반면, 루소에게는 근본적으로 정치와 도덕은 동일한 것이다. 그러나 두 개의 이성, 즉 도덕적 이성과 정치적 이성이 갖는 파장은 칸트와 루소 모두에게 정도를 달리하면서도 서로 얽혀 있다. 칸트는 루소가 미처 명료화하지 못한 도덕적 기초와 원리들을 근거지으면서 자연스럽게 이 양자를 분리시켰지만, 칸트의 도덕적 인간이 사회적 제약을 수반하는 역사적 존재인 이상, 도덕과 정치의 관계, 특히 도덕성과 그 인간학적 및 사회적 제약은 개념상으로는 구분되지만 실제로는 분리가 불가능하다. 그러나 칸트가 처음부터 마지막까지 일관되게 걸어간 길은, 도덕적 성숙의 현실적 조건으로서 우선시되는 정치공동체를 지향하는 명백한 경향에도 불구하고, 그 지향점은 언제나 정치적인 것의 내적인 동인이요 준거가 되는 도덕적인 길이었다. 즉 '도덕에서 정치로 그리고 다시 도덕으로'라는 칸트의 여정은 어쩌면 도덕을 정치적 맥락에서 바라본 루소라는 본령에서 그리 멀지 않다.

고전적 자유주의자라 할 수 있는 칸트는 국가의 성립 근거와 도덕적 정당성을 평가하는데 역점을 둠으로써 인간의 현실적 욕구가 빚어내는 구체적인 사회적·정치적 갈등과 분쟁 자체를 진지하게 들여다보는 데 소홀하게 된다. 다시 말해 칸트는 당시의 시민사회가 갖는 경제논리 및 사회적으로 분출되기 시작한 욕망 체계에 충분히 주목하지 못했으며, 또 이익(이윤)을 추구하는 사회 구성원들 간의 분쟁이 현실 국가의 정당성에 미치는 영향을 과소평가하고 있었다. 더 나아가 이러한 현실 인식은 칸트로 하여금 시민사회 내지는 정치공동체를 경제적 토대 위에서 바라보지 못하고 오직 그것을 정당화하는 정치철학적 논리에 치중케 하는 근본 원인이 되었다고 할 수 있다. 그러나 앞서 지적한 바와 같이 우리가 그러한 결함과 약점에도 불구하고 칸트에 주목하지 않을 수 없는 것은 국가의 정당성을 확립하는 방법론적인 측면이 갖는 논리적 명료성이다.

칸트가 보기에 국가와 시민 사회는 실천적인 목적에 있어서는 결국 동일한 것을 추구한다. 또 칸트는 국가를 개인들의 이익 추구에 구체적으로 개입하는 주체로서가 아니라 개인들의 사적 이익을 정당하게 추구할 수 있게 하기 위해서 존재하는 주체로 간주한다. 이러한 태도는 근본적으로 칸트가 일반의지를 시민사회와 분리된 독립된 힘으로 보지 않고, 일반의지의 표현으로서 국가의 권위를 자유로운 주체들의 합의와 동의에 기초하고 있는 것으로 보는 데서 비롯된다.[44] 칸트에 의하면, 도덕적 정당성을 갖는 국가는 이성적 기준에 부합하는 국가이다.(XI:164) 그러면 그러한 국가 또는 사회의 기본구조는 어떠한 것인가? 칸트가 이러한 도덕적·이성적 이념이라는 기준과 조건을 충족시킬 수는 사회의 기본구조로 생각한 것이 바로 삼권분립에 입각해 있는 공화주의적 정치체제이다.[45] 그 이유는 그러한 체제야말로 도덕적 이념에 부합하는 모든 이상 국가 내지는 정부가 갖추어야 할 기본 원리인 "1. 인간으로서의 사회의 모든 구성원들의 자유, 2. 신민으로서의 다른 모든 사람들과의 평등, 3. 시민으로서의 공동체의 모든 구성원들의 독립"(XI:145)을 가장 잘 실현할 수 있다고 보기 때문이다.[46] 자유, 평등, 독립 이 세 가지 원리는 그대로 도덕적 존재로서의 인간으로부터 추론된 것이다. 다른 한편으로 이 원리는 근대의 정치적 이념을 그대로 수용한 것이라 할 수 있다. 하지만 칸트의 공적은 그의 도덕 이론이 보여주듯이 이러한 이

---

44 H. Williams, *Kant's Political Philosophy*, 163-5.

45 국가(공화적 정치체제)의 기본 구조를 삼권분립에 입각해야 한다고 하는 칸트의 생각은 그가 이성능력을 이성, 지성, 판단력 세 가지로 구분한 것과도 비교된다(A. Model, *Metaphysik und reflektierende Urteilskraft bei Kant*, 16). 이성 능력은 입법부, 지성 능력은 행정부, 판단력은 사법부에 각각 해당한다 볼 수 있을 것이다.

46 칸트는 『영구평화론』에서는 이를 약간 달리 표현하고 있다: "공화적 체제는 첫째 (인간으로서의) 한 사회의 구성원의 자유의 원리에 의해, 둘째 (신민으로서의) 모든 사람의 단 하나의 공통된 입법에의 의존의 원칙에 의해, 세째 (국민으로서의) 평등의 법칙에 의해 확립된다."(XI:204)

념에 그 나름의 철학적 기초를 제공했다는 점에서 찾을 수 있다.

공화주의적 정치체제의 이성적 체계로서 "원초적 계약의 정신은 정부의 형태를 이 이념에 합치하도록, 따라서 정부를 점차적으로 그리고 지속적으로 변모시키도록 관계 당국에 책무를 부여한다."(VIII:464) 따라서 어떠한 경우에도 한 국가 내에서의 인간의 "모든 권리는 법에 의존"(XI:150)하기 때문에 이러한 권리를 보호해 줄 수 있는 법을 소유한 국가만이 도덕적 정당성을 갖는다. 모든 국가는 이러한 이유에서 그것을 실현해야 할 의무를 갖는다. 칸트는 국가의 의무란 오직 이러한 것에만 국한되어야 한다고 생각한다. 또한 국가는 "타인의 자유와 공존할 수 있는 유사한 목적을 추구하여 타인의 자유에 (즉 타인의 권리에) 피해를 입히지 않는 한에서는 누구나 자신의 행복을 그 자신이 알맞다고 생각하는 방식대로 추구해도 좋은"(XI:204) 권리를 결코 침해해서는 안 된다. 따라서 칸트에 있어서 시민법의 가장 기본적인 기능은 개인의 권리를 인정하는 것이 아니라 의무를 규정하는 데 있다.[47] 행복이란 개인마다 상이한 경험적인 여건에 의존한다. 그 때문에 각 개인은 자기의 최상의 행복을 추구하게 되고 - 물론 행복을 추구할 자유가 있다 - 법에 의해서 행복을 추구하는 방식과 내용을 규제할 어떠한 보편타당한 원칙도 있을 수가 없다. 국가의 임무는 모든 사람의 자유와 안전을 보장해 주고 그와 동시에 그들의 자유를 부당하게 제한하는 것을 허용해서는 안 되는 것을 임무로 삼아야 한다.(XI:154-5) 칸트에 따르면, 이상국가란 무조건적으로 복지국가를 지향하는 것이 아니다. 복지국가는 자유를 보장해야 하는 임무가 침해받지 않는 한도 내에서만 존재해야 한다. 따라서 국가의 사회적 책무는 "국민을 그들의 의지를 거슬러 가면서까지 행복하게 해주려는 데 있는 것이 아니라, 단지 공동체의 존재를 유지하려는 데에 있는 것이다."(XI:155)

칸트는 국가에게는 시민의 행복을 직접적으로 촉진해야 하는 의무란 주어져 있지 않다고 말한다. 또한 행복이란 삶에 대한 주관적인 만족, 즉 각

---

47 R. J. Sullivan, *An Introduction to Kant's Ethics*, 11.

개인의 상이한 경험적 여건에 의존한다. 따라서 국가는 자신의 자유를 안전하게 보호하기 위해서 결합한 개인들의 공동체이기 때문에, 개인의 자유를 부당하게 제한해서도 안 된다. 각 개인은 자신의 최상의 행복을 추구할 자유로운 권리를 갖는다. 이러한 개인의 권리는 그 누구도 심지어 국가도 최선을 다해 보호하지 않으면 안 된다.[48] 다만 자력으로 삶을 영위할 수 없는 사람들에 대해서만 국가는 그들이 국가의 구성원이라는 점에서 자기 보존이 가능한 한도 내에서만 그들을 돌보아야 한다. 칸트에 있어서 그 이상을 넘어서서 이루어지는 사회사업은 도덕적 의무인 것이지 법과 국가의 임무에 속하는 것이 아니다. 고전적 자유주의를 옹호하는 이 같은 정치철학적 입장은 소위 "각 개인은 그 나름의 행복에 대한 생각을 구상하고 그 행복을 그것이 합법적인 방법에서 이루어지는 한, 자기 나름의 방식으로 추구할 자유와 능력 및 책임을 갖는다는 것을 인정한다"는 의미에서 "중립의 원칙"(neutrality principle)이라 부를 수 있다.[49] 칸트적 의미에서의 국가의 기능은 최대 다수의 최대 행복을 증진시키기 위해서 상이한 집단들의 관심이 균형을 이루도록 하는 것이 아니라 각 개인의 자유를 타인의 방해로부터 보호하는데 최우선적인 목표를 두어야 한다.

매닝은 일반적으로 자유주의 사상가들의 저술 속에 반영되고 있는 자유주의의 상징적 형태에 속하는 것으로 세 가지 요소를 제시하고 있다. 첫 번째 요소는 "개인의 자유와 복지 그리고 사회의 정의와 안전은 그 모든 구성원들간의 명확하게 규정되고 강요된 법률적 관계에 달려 있다"[50]는 믿음이며, 두 번째 요소는 자유주의자들의 경우에 외적인 강제는 "사회가 갖는 동기부여적 힘과 사회 개혁의 에너지는 독립적인 정신의 자발성과 자유로

---

48 이러한 인간의 권리를 절대시하는 칸트의 사고는 다음과 같은 구절에서 극명하게 드러난다: "통치력의 희생이 아무리 크다 할지라도, 인간의 권리는 신성시되지 않으면 안 된다. 이 점에는 어떠한 미봉책도 없다. 실용적으로 조건지어진 권리와 같은 (권리와 유용성 사이의) 어중간한 해결책을 고안하려고 해보았자 백해무익한 일이다. 왜냐하면 모든 정치는 권리 앞에 무릎을 꿇지 않으면 안되기 때문이다. 비록 정치가 그 댓가로 더디지만은 영원히 빛나는 단계에 도달하리라는 희망을 갖게 해준다 하더라도."(XI:243-4)

49 R. J. Sullivan, *An Introduction to Kant's Ethics*, 8.

50 D. Manning, *Liberalism*, 14.

운 의지력에서 생기는 것이기 때문에 바람직하지 않으며",[51] 세 번째 요소
는 "인간이 적절한 발전 단계에 이르게 될 경우에는 언제나 민주주의 제도
가 인간 사회에서 실현될 것을 기대한다는 원리"[52] 등이다. 칸트의 자유주의
는 대체로 이러한 조건들을 충족시키고 있다. 이러한 맥락에서 보자면 칸트
는 아리스나 크리거가 말하듯이 현대 독일의 자유주의 사상의 선구자요 대
표적인 인물이라고 평가할 수 있다.[53]

이러한 요소를 좀 더 자세히 구분하자면, 고전적 의미에서의 자유주의는
"정부의 올바른 기능은 생명과 자유를 보호하는데 제한되어야 한다"[54]는 입
장을 견지하고 있다. 이러한 고전적 자유주의는 오늘날 일반적으로 벤담과
밀에 의해서 주장된 수정주의적 자유주의와 대비되는 보수주의와 같은 의
미로 사용된다. 수정주의적 자유주의는 주로 공리주의적 유형의 정당화에
기초하고 있으며, 현대 복지국가에 전형적인 국가간섭주의적 정책을 옹호
한다. 말하자면 시민의 안녕과 행복에 대해 직접적인 책임을 지려고 한다.
반대로 칸트적 자유주의는 정의의 증진과 자유의 보호에 국가의 기능을 제
한하는 것을 목표로 한다. 그러나 칸트는 국가가 시민의 복지에 대해서 그
들의 가장 기본적인 필요를 충족시킬 수 없을 경우에 직접적인 개입과 관심
을 가져야 한다는 것 마저 부인하지는 않는다.[55]

자유주의자 칸트가 자신이 설정한 도덕적·이성적 이념이라는 기준과 조
건을 충족시킬 수는 정치공동체의 기본 구조로 생각한 것이 바로 삼권분립
에 입각해 있는 공화주의적 정치체제이다. 그 이유는 그러한 체제야말로 도
덕적 이념에 부합하는 자유, 평등, 독립이라는 이상을 보장할 수 있다고 보
았기 때문이다. 루소도 칸트처럼 공화주의적 정치체제를 이상적인 국가 구
조로 기획함으로써 개인과 공동체, 이익과 정의의 조화 가능성을 모색한다.

---

51 같은 글, 16.
52 같은 글, 23.
53 R. Aris, *History of Political Thought in Germany 1789-1815*, 104; L. Krieger, *The German Idea of Freedom*, 86.
54 R. J. Sullivan, *An Introduction to Kant's Ethics*, 8.
55 같은 글, 25-6 및 각주 3 참조.

즉 그의 사회계약은 공화주의적 정치체제의 수립을 위한 계약을 지향한다. 그러나 루소의 정치사상은 체계적이지 못한 약점도 갖고 있다. 마치 그가 진정으로 원한 것이 무엇인지가 불분명한 경우도 많다. 공화주의적 정치체제를 희망하면서도 대의제적 의회주의나 권력분립의 사상에 대해서 부정적인 입장을 취하기도 하며, 주권재민의 민주주의를 위한 전제조건으로서 계몽된 민중의 의식을 내세우기도 했다. 이런 조건들을 미루어볼 때, 시대를 앞서가는 탁월한 통찰력과 인간본성에 대한 혜안, 그리고 자유를 향한 열망에도 불구하고 루소의 정치국가론은 상당히 이상주의적이다.

　루소는 원칙적으로 계약공동체를 떠나서는 어떠한 도덕성도, 시민적 덕도 존재하지 않는다고 생각했다. 이미 루소는 "어떤 정부가 그 성격상 법을 가장 잘 엄수할 수 있는가?", "법은 무엇인가?"라는 과제가 최종적으로 의도하고 있는 것은 "가장 덕스럽고, 가장 계몽되고, 가장 현명하며, 가장 훌륭한 국민을 만드는데 가장 적합한 정부의 성격은 무엇인가?"[56]를 해명하는 데 있다고 봄으로써 개인과 공동체의 올바른 관계에 대한 문제를 자신의 근본 주제로 제기했었다. 루소는 정치적 자유와 권리가 함축하는 공동체적 연관과 제약, 그리고 이로부터 사익에 대한 공익의 절대적 우선성을 옹호하고 있다. 이 때문에 그의 정치공동체론을 전체주의나 집단주의로 해석할 수도 있겠지만, 루소의 근본 의도는 이와는 거리가 먼 것이다. 특히 루소가 전체주의의 특징이라 할 권력집단이나 통치권자나 정부가 갖는 일방적 태도 자체를 단호히 거부한다는 점에서 분명 전형적인 전체주의와는 무관하다고 보아야 한다.[57] 왜냐하면 루소에게 개인의 자유(의사)는 어떠한 경우에도 포기하거나 유린될 수 없는 불가침적 권리이기 때문이다. 그렇다고 루소는 순수한 의미에서의 자유주의자도 아니다. 루소의 근본 의도는 개인의 자유는 공동체 속에서만 실현될 수 있다는 것, 그리고 무엇보다도 그 공동체는 개인의 자유를 왜곡하거나 억압하는 힘으로 작용해서는 안 된다는 것, 비유적

56　J.-J. Rousseau, *The Confessions*, 377.
57　L. Strauss, *What is Political Philosophy?*, 251 참조.

으로 표현하자면, 바로 이 양자의 절묘한 결합과 조화에 있다. 루소가 사유재산에 대한 무조건적인 부정도 긍정도 할 수 없었던 진정한 이유도 여기에 있다.

이처럼 자유의 실현이라는 이상을 고려할 때 주목해야 할 점은 칸트와 루소 공히 자유의 문제를 실질적으로는 공동체라는 테두리 안에서 문제 삼고 있다는 사실이다. 더욱이 칸트는 정치공동체를 통한 정치적 자유의 실현 없이는 도덕적 자유의 실현은 불가능한 일이며, 그 역은 아니라고 생각했다. 즉 인간의 도덕적 정치적 이상을 포함한 한 개인의 삶의 목표는 인간의 사회적 본성상 오로지 공동체 안에서만 제대로 발휘, 실현될 수 있다고 생각한 점에서 칸트 또한 단순히 자유주의에만 머물지 않고, 오히려 그 근본 정신에 있어서 공동체주의를 함축한다. 이런 점 때문에 자유주의와 공동체주의 어느 한 쪽만을 수용해서는 칸트의 진의를 온전히 드러내기 어렵다. 이는 루소의 경우에도 마찬가지이다. 심지어 루소는 인간의 모든 도덕적 악에 대한 책임 소재를 사회라는 공동체에서 찾는다. 이는 동시에 공동체의 역할에 따라서만 도덕적 악이 극복될 수 있다는 것을 함축한다. 그런 점에서 공동체만이 변혁과 개혁을 통해서 인류를 구제할 수 있다는 견해는 루소와 칸트 모두가 공유하고 있는 신념이다.

오늘날 개인의 자유의 확대에도 불구하고 정치공동체의 중요성은 더욱 강조되고 있다. 인간의 삶을 둘러싼 모든 것이 정치라는 잣대를 피할 수 없는 한, 개인과 공동체 양자의 관계는 인류의 영원한 화두임에 틀림없다. 현재의 자유주의와 공동체주의의 논쟁도 그러한 문제의식의 일단이다. 칸트와 루소. 이들은 많은 견해 차이에도 불구하고 이러한 문제와 관련해서 언제나 균형을 잃지 않고 있는 하나의 훌륭한 본보기이다. 왜냐하면 그들은 인간의 자유를 도구적 합리성이라는 유혹에 빠지지도, 공동체의 부당한 힘에 굴복케 하지도 않으면서 가슴으로부터 지켜내려 했으며, 동시에 인간의 가치를 왜곡시키지 않는 공동체를 통해서만 진정한 자유가 얻어질 수 있음을 보이고자 했기 때문이다. 그런 점에서 그들은 이론상의 공과를 떠나서 개인과 공동체의 진정한 화해를 모색한 근대인들이였으며, 여전히 새로운 상황에 걸맞는 새로운 해법을 제시해 줄 수 있는, 진지하게 읽어내야 할 영원한 고전이다.

6

사회정의론과 도덕적 구성주의

1. 칸트와 롤스의 사회정의론

공감적 이성의 공감윤리는 인간을 이성과 감성의 통합체로 이해한다. 때문에 한 인간이 처해 있는 사회적 제약을 중요하게 생각한다. 그럼에도 도덕과 윤리를 보편적 관점의 승인에 대한 요구로 이해하며, 정치적 행위에도 이러한 관점을 적용하려고 한다. 칸트와 롤스는 이 점에서 그들의 인간관의 민감한 차이에도 불구하고 근본정신에 있어서는 같은 길을 걷고 있다고 할 수 있다. 다른 한편으로 공리주의의 대안 이론으로서의 구성주의 윤리학에서 칸트와 롤스는 특별한 관계에 놓여 있다. 칸트의 도덕이론에 구성주의(constuctivism)라는 명칭을 정식으로 부여한 최초의 인물이 롤스다. 주지하듯이 지성계의 거장으로 공인받게 해주었던 저서 『정의론』에서 롤스는 자신의 공정으로서의 정의론과 그 도덕철학적 함의에 대해서 그것이 로크와 루소를 포함해서 "계약론적" 내지는 "칸트적" 전통에 서 있음을 분명하고도 단호한 어조로 밝히고 있다. 이처럼 살아 있는 동안에 이미 20세기의 가장 저명한 정치철학자로서 평가받았던 그의 철학에 가장 많은 영향을 미친 철학자로 칸트를 꼽는 것은 당연한 것처럼 보인다. 그러나 롤스가 자신의 정의론의 원리와 체계를 확고히 세우고자 비판의 날을 세웠던 공리주의 비판을 주도했던 유일한 무기가 칸트적이라고 보기는 어렵다.

단적으로 칸트의 도덕철학의 중심 개념인 도덕적 자율 주체에 해당하며, 롤스의 정의론을 떠받치고 있는 핵심축이라 할 수 있는 합리적 행위자(rational agency) 개념은 칸트적 전통 보다는 오히려 그가 논박하고 있는 공리주의적 전통에 훨씬 더 가깝기 때문이다.[1] 이 같은 사유 경향은 롤스가 칸트

---

1 A. Levine, "Rawls' Kantianism", 345.

의 윤리적 견해를 도덕적 구성주의로 규정 및 해석하면서 사뭇 칸트의 구성주의가 함의하는 형이상학적 내지는 직관주의적 요소를 부각시키면서 이를 자신의 입장과 차별화하려고 시도하는 대목에서도 드러난다. 이로부터 롤스가 일정 부분 칸트로부터 벗어나 공리주의 진영에 좀 더 다가서 있게 되는 이유도 읽어낼 수 있다. 그러나 롤스의 실제적인 장점은 칸트의 도덕적 이성의 형식주의를 공감적 이성의 관점에서 제한함으로써 실질적인 정의관, 즉 공감윤리가 지향하는 구체적 보편성의 윤리에 한층 더 접근하고 있다는 점이다.

말하자면, 롤스는 '칸트의 도덕적 구성주의'에서 형이상학적 요소들과 정당화하기 어려운 도덕적 전제들을 제거 내지는 약화시키는 방식의 '칸트적 구성주의'를 통해 원초적 입장, 무지의 베일 등 자신의 공정으로서의 정의관을 정당화하는 무기로 삼았다. 그러나 그 과정에서 대체로 합리적 행위자의 능력 및 성격과 관련하여 도덕법칙, 순수한 실천이성과 경험적 실천이성의 성격과 역할의 경시, 그리고 전반적으로 인간의 본성에 대한 우연적 가정들로 가득한 칸트의 인간학적 이해와 이 같은 조건들에 좌우되지 않는 칸트의 이성 중심의 비인간학적 이해의 근본적 차이 등에 대한 부정확한 독해가 이루진 면도 없지 않다. 이는 처음부터 칸트 철학의 본류로부터 의도적으로 벗어나려 함으로써 생겨난 자연스러운 결과였다고 볼 수 있다. 물론 칸트가 『실용적 관점에서 본 인간학』과 역사철학적 저술들을 포괄하는 실천철학 일반에서 보여주고 있듯이 우연성에 기초한 자연적 본성과 인간적 상황을 논하면서 종국에 이러한 인간학적 측면이 이성적이고 도덕적인 측면으로 고양됨을 강조하고 있는 인간학적 이해 역시 중요하다. 그럼에도 칸트의 도덕철학은 이성적(도덕적) 존재라는 그의 이성 중심의 비인간학적 이해에 입각해서 해석되어야 하며, 그 역은 아니라는 것을 분명히 해야 한다.

하지만 비록 롤스의 구상이 칸트의 철학에 대한 부정확한 해석에 기반을 두고 있긴 하나, 롤스의 칸트적 구성주의는 그것이 칸트의 실천철학의 현실적 변형과 적용을 위한 롤스 자신의 의도적인 재해석의 성격이 짙다는 점을 고려할 때, 칸트의 도덕철학의 한 변형으로서 합리적 행위자들 간에 이루어질 수 있는 가능한 도덕적 합의라는 실천적 합리성의 한 모델을 제시함으로써 윤리학에서의 구성주의를 분명히 했다는 평가를 받을 수 있다.

2. 칸트의 도덕적 구성주의

롤스는 『정의론』에서 칸트적 구성주의가 칸트 자신의 윤리적 견해와 반드시 일치하는 것은 아닐 수도 있지만 충분히 합당하거나 유사한 해석 일 수 있음을 강조하면서 "'칸트적'이라는 형용사는 칸트의 견해와의 동일성이 아니라 유사성을 표현한다."[2]는 것을 분명히 하고 있다. 반면 칸트의 견해를 '도덕적 구성주의'로 단정지어 해석하고 있는 "칸트의 도덕철학의 주제들"(Themes in Kant's Moral Philosophy)이라는 논문에서 롤스는 자신의 구성주의가 칸트의 철학적 정신과의 근친성에도 불구하고 칸트의 그것과도 차별성을 갖는다는 점을 분명히 하고 있다. 이 같은 차별화는 전기 롤스의 칸트적 구성주의를 넘어서 후기 롤스의 정치적 구성주의(political constructivism)에 이르러서 대단원을 맞이하게 된다.[3]

롤스가 정당하게 이해했듯이 일단 칸트의 도덕적 견해는 "명백한 의무론적·구성주의적 구조"[4]를 갖는다고 볼 수 있다. 롤스의 견해에 따르면, 칸트의 도덕적 구성주의의 본질적인 특징은 "옳음과 정의의 제일 원리는 그것의 형식과 구조가 합당성(reasonableness)과 합리성(rationality)을 함께 갖는 우리의 자유로운 도덕적 인격성을 반영하는 구성 절차(정언명법의 절차)에 의해서 명시되는 것으로 이해된다."[5]는 점에 있다. 롤스는 이러한 도덕적 구성주의

---

2 J. Rawls, "Kantian Constructivism in Moral Theory", 517.
3 J. Rawls, *Political Liberalism*, 1996(19931). 전기 롤스가 취하고 있는 칸트적 구성주의와 후기 롤스가 취하고 있는 정치적 구성주의는 칸트적 구성주의가 취하고 있는 반실재론적 태도를 확실히 표명한다는 점에서 그 지향점과 성격 및 역할과 기능이 다르다. 이른바 전자가 취하고 있는 칸트적 구성주의에 의존하고 있는 포괄적 자유주의가 후자가 추구하는 정치적 자유주의에서는 비판의 대상이 된다.
4 J. Rawls, "Themes in Kant's Moral Philosophy", 23.
5 같은 글, 25.

의 특징을 분명히 밝히기 위해서 먼저 합리적 직관주의와 대조해 보는 방법을 취한다.[6] 롤스가 직관주의와의 비교에 역점을 두는 이유는 칸트의 도덕적 구성주의와 합리적 직관주의가 상당 부분에 걸쳐 유사점을 갖고 있어서 양자를 내조하는 가운데 도덕적 구성수의의 성격이 잘 드러날 수 있다고 보기 때문이다. 롤스는 이미 자신의 공정으로서의 정의관이 공리주의와 직관주의 모두를 거부하면서 양 진영이 직면한 난점을 극복할 수 있는 대안을 모색하는 시도임을 선언한 바 있다.

그러나 이 양자에 대한 롤스의 태도는 공정으로서의 정의관이 갖는 도덕이론적 측면과 방법론적 측면에서 다른 무게를 갖는다. 대체로 롤스는 도덕적으로는 공리주의자들 보다는 직관주의자들에 우호적인 태도를 취하고 있는 반면에, 방법론적으로는 공리주의자들이나 공리주의를 이론 구성의 훌륭한 도덕적 기초로 받아들이는 신고전적 경제학자들의 입장을 수용하고 있다.[7] 이는 롤스가 상당히 칸트적인 친직관주의적 신념을 수용하면서도 합리적 선택이론이라는 방법론적 전략에 의존하고 있음을 의미한다. 그러나 이 양자의 절묘한 결합을 꾀하면서 그 근본정신에 있어서 칸트의 구성주의와의 근친성을 강조하는 롤스 자신의 입장에서 이러한 신념에 대한 보다 분명한 입장 표명이 필요했을 것이다.

롤스에 의하면, 도덕적 실재론의 한 형태로서의 합리적 직관주의는 홉스와 흄에 의해서 도전받기 전까지 플라톤과 아리스토텔레스 이래로 도덕철학을 지배해 온 주도적인 견해이다. 이러한 직관주의는 아주 상이한 방식으로 칸트에 의해서도 비판받아 왔다. 롤스는 이러한 직관주의를 클라크(S. Clarke)와 프라이스(R. Price), 시즈위크(H. Sidgwick)와 무어(G. E. Moore) 등의 영국적 전통 속에서 그 좋은 예를 찾아볼 수 있고, 로스(W. D. Ross)에 의해서 최소한도로 정식화된 견해로 간주한다. 그리고 그것은 제한적으로 라이프니츠와 볼프에 의해서 완전설(perfectionism)로 치장되어 수용되었으며,

---

6 J. Rawls, "Kantian Constructivism in Moral Theory", 557-60; "Themes in Kant's Moral Philosophy", 23-24, 27-29; *Political Liberalism*, 91-9.

7 R. P. Wolff, *Understanding Rawls. A Reconstruction and Critique of A Theory of Justice*, 12.

칸트가 알고 있는 직관주의도 바로 이러한 형태였다고 이해한다.

롤스는 이러한 합리적 직관주의를 대체로 다음과 같이 세 가지 테제로 요약하여 제시한다. 첫째, 옳음과 좋음이라는 도덕의 기본 개념과 인격의 도덕적 가치는 (상호 연관지어 분석할 수 있을지는 몰라도) 비도덕적 개념으로 분석해 낼 수 없다. 둘째, 도덕의 제일 원리는, 그것이 올바로 진술된다면, 어떤 것이 (본래적으로) 좋다는 것을 주장하거나, 또는 어떤 제도가 정의롭다거나 어떤 행동이 옳다는 것을 주장하거나, 또는 어떤 성격을 갖는 성품이나 동기가 도덕적 가치를 갖는다는 등의 도덕적 숙고에 대해서 참이 되는 진술이다. 셋째, 제일 원리는 정당 근거에 대한 진술로서 인격과 사회, 그리고 도덕적 학설이 갖는 공적인 사회적 역할에 대한 우리의 생각에 우선하거나 이에 독립적인 도덕적 가치질서에 의해서 참 혹은 거짓으로 간주된다.[8] 따라서 이러한 합리적 직관주의가 갖는 하나의 기본적인 심리학적 가정은 도덕 원리는 자연세계로부터 독립해 있으며, 또 인간 존재에 의해서 결정되지 않는 선행적 질서에 의해서 성립하며, 이성적 직관에 의해서 이러한 우선적이고 선행하는 질서를 올바로 인식하는 것이 그것에 따라서 행위하려는 욕구의 근원이라는 것이다.[9] 물론 롤스는 직관주의가 그렇게 엉성한 윤리학적 견해에 불과한 것은 아니지만, 현 논의에 있어서 문제가 되는 것은 직관주의는 제일 원리의 내용이 주어져 있기 때문에, "보다 정교한 도덕적 심리학 또는 구성주의적 도덕관의 형식, 구조 및 내용을 명시하는데 필요한 그런 종류의 인격에 대한 충분한 개념을 갖기에는"[10] 적절치 못한 견해라는 점에 주목한다.

그러나 다른 한편으로 이러한 대조로부터 우리는 롤스가 무엇을 강조하고 있는지를 알아낼 수 있다. 롤스는 앞서 브링크의 구분에 따라 도덕적 구

---

8 J. Rawls, "Themes in Kant's Moral Philosophy", 23-4.
9 여기서 롤스가 말하는 "이성적 직관"을 인정하는 전형적인 경우를 특히 데카르트나 라이프니츠와 같은 근대 합리주의자들에게서 찾을 수 있다. 그들은 이성의 능력을 추리 능력에만 한정하는 근대 경험론과 달리 지적 직관과 같은 것을 이성이 갖는 근본 능력으로 파악했다. 이성 능력을 어떻게 파악하느냐가 경험론과 합리론을 가르는 분수령이라 할 수 있을 것이다.
10 J. Rawls, "Themes in Kant's Moral Philosophy", 25-6.

성주의를 특징지을 때 밝힌 바 있는 두 요소 중의 두 번째 사항에 주목하거나 지극히 강조하고 있는 것으로 보인다. 그것은 곧바로 도덕성의 최고 원리이자 도덕적 사실로서 칸트의 도덕법칙의 성격에 대한 롤스 자신의 이해가 분명 논자의 그것과 다르다는 것을 의미한다. 물론 칸트도 분명 롤스 이상으로 도덕적 주체 내지는 주체의 자율성을 강조한다. 그런데 칸트의 경우에 도덕적 주체와 도덕법칙 모두 선험적으로 동근원적이다. 그러면 롤스는 이 양자의 관계를 어떻게 이해하고 있는가? 롤스는 "나는 칸트의 구성주의가 도덕적 사실이, 하물며 모든 사실이 구성된다고 말하지 않는다."[11] 하여 이 점을 강조한다. 그러면 구성되지 않는 성격을 갖는 도덕적 사실이란 어떤 성격의 것인가? 이에 대한 롤스의 답변은 칸트의 도덕법칙에 대한 하나의 전향적인 해석을 가져온다.

롤스는 칸트가 도덕법칙을 이론이성으로부터 논증하려는 일련의 시도를 포기하고 『실천이성비판』의 분석론의 제1장의 첫 번째 부록에서 그것은 어떠한 연역도, 즉 그것의 객관성과 보편타당성에 대한 어떠한 정당화도 부여할 수 없는 이성의 사실에 의존한다는 칸트의 주장이 어떠한 과정을 거쳐서 등장했는지에 주목하고 있다. 특히 헨리히의 칸트 연구에 의존하고 있는 롤스에 의하면 칸트는 1770년대에 도덕법칙을 이론이성으로부터 논증하려는 많은 노력을 기울였다. 헨리히는 이러한 노력을 두 부류로 나눈다. 첫 번째 부류에서, 칸트는 이성의 이론적 사용이 우리의 욕구와 행위의 목적들 전체에 적용될 때 필연적으로 도덕판단을 시인하는 특징이 합리적 행위자에게서 생겨날 뿐만 아니라, 그 판단으로부터 행위하려는 동기 가 일어난다는 것을 증명하려고 시도한다. 두 번째 부류에서 칸트는 도덕판단의 본질적인 요소를 그가 도덕철학의 필연적 전제로, 그러나 이론이성의 사용, 즉 자유 개념의 사용에 의해서 필연적인 것으로 이해될 수 있는 전제로부터 이끌어 내려고 시도한다.[12] 또 왜 그러한 시도를 포기했었는지에 대해서 추측해 보

---

11 같은 글, 28-9.
12 같은 글, 31 참조.; D. Henrich, "Der Begriff der sittlichen Einsicht und Kants Lehre vom Faktum

는 가운데 도덕법칙에 대한 나름의 입장을 개진하고 있다.

롤스에 의하면, 도덕법칙은 『실천이성비판』에 이르러서 분명한 성격을 드러낸다. 『도덕형이상학 정초』는 순수한 사변이성의 요구였던 자유의 양립 가능성을 자유의 이념을 전제함으로써 도덕법칙을 증명하려는 시도를 보이고 있으나, 이러한 시도는 아직 자유의 이념에 실재성을 부여하지는 못하고 있다. 반대로 자유의 실재성이 입증되는 것은 도덕법칙으로부터 비로소 가능하다. 바로 그것이 최초로 이루어지고 있는 곳이 『실천이성비판』이라는 것이다.

그러나 여기서 더 나아가 롤스는 자유에 실재성을 부여하는 도덕법칙 자체의 성격은 어떤 다른 것에 의해서도 정당화가 불가능한 이성의 자기입증적 성격에서 기인한다고 생각한다. 이러한 이유 때문에 롤스는 칸트가 더 이상 도덕법칙의 연역이라는 헛된 노력을 포기하고 도덕법칙을 입증하기 위해서 실천이성의 구성주의적 개념을 도입하게 된 증거로 삼고자 한다. 즉, 『실천이성비판』에 이르러 도덕법칙의 연역을 포기한 것은 도덕철학에 새로운 원리로서 구성주의적 해석을, 나아가 정합론적 설명도 전개해 왔다고 생각한다.

롤스가 말하는 정합론적 설명이란 칸트가 자유와 더불어 신과 영혼불멸 같은 순수이성 체계의 열쇠라고 말하는 개념들 간의 상호정합적 설명 구조를 지칭한다. 이 같은 칸트의 학설을 직관주의 또는 달리 독단론으로의 후퇴처럼 보일 수 있음을 지적하기도 한다. 어떤 이들은 그것을 칸트의 초기 견해와 연속적인 것으로 만들기 위한 해석을 시도해 왔고, 또 어떤 이들은

der Vernunft", 239-47. 물론 칸트의 이러한 두 부류의 시도는 다 같이 포기된다. 논자가 보기에 이러한 시도들은 이미 『순수이성비판』을 통하여 불가능한 시도로서 분명히 입장 정리된다. 그러나 흥미로운 것은 이에 대한 롤스의 관심이다. 롤스는 이 시기에 칸트는 도덕법칙을 전적으로 이론이성과 합리성 개념에서 근거짓고자, 즉 합당성을 합리성으로부터 도출하고자 시도한다는 점에 주목하여, 이론이성의 모든 능력을 갖춘 그리고 자연적인 필요와 욕구에 의해서만 움직이는 (합당성에 반대되는) 자기-의식적인 합리적 행위자로부터 출발하고 있으며, 이 논증들은 여러 해에 걸쳐 도덕법칙을 이론이성으로부터 도출해 내려고 하는 칸트의 노력을 증명해 준다는 점을 강조한다. 그리고 이러한 입장의 철회가 동시에 『도덕형이상학 정초』와 『실천이성비판』에서 도덕법칙의 증명과 관련한 근본적인 태도 변화를 입증해 줄 수 있는 근거로 삼고자 한다.

그것을 애석하게 여기기도 했다는 것을 지적하면서, 롤스는 칸트의 시도가 이 같은 비판들을 능가하고 있다고 생각한다. 아울러 실천이성의 구성주의적 및 정합론적 학설은 하나의 가능한 견해로서의 힘을 지닐 수 있으며, 그것이 도덕철학의 전통에 칸트가 남겨놓은 유산의 일부분이라고 결론짓는다.[13]

그리하여 롤스는 최종적으로 칸트의 "도덕법칙은 경험적 실천이성과 관련하여 선험적(apriori)이다. 그것은 또한 이성의 이념과 같이 선험적인 것이다. 그러나 임의의 통일된 공적인 행동 질서가 그것에 의존해야만 한다는 그 이상의 의미에서 선험적인 것은 아니다"[14] 하여, 자율성의 이념을 분명하게 도덕적 이성에 대한 구성주의적 개념 안에서 대안적인 도덕적 학설들을 제거하기 위해서 사용한다고 해석한다. 따라서 롤스는 "비록 그[칸트]가 결코 공리주의, 완전설, 직관주의에 대해서 논의한 것은 없지만, 그가 또한 이들 동시대의 학설들을 타율의 형태로 간주하고자 했다는 것은 분명하다. 그의 호소는 자유로운 구성적 이성의 원리로서의 도덕법칙에 대해서 일 것이다"[15]라고 이 점을 특히 강조하고 있다.

롤스의 설명에 따르면, 순수이성은 이론이성이든 실천이성이든 다 같이 방향설정의 능력을 갖는다. 그러나 이론 영역에서의 순수이성은 구성적이기 보다는 규제적이다. 그 이념과 원리의 역할은 최고의 가능한 체계적 통일의 이념을 명시하는 것이며, 이러한 필연적 통일성을 대상에 대한 우리의 인식과 세계 전체에 대한 우리의 견해에 도입함으로써 우리를 인도하는 것이다. 이러한 방식으로 이론이성의 작업은 경험적 진리의 충분한 기준을 낳는다. 순수이성 없이는 모든 종류의 세계에 대한 일반적 개념은 가능할 수가 없을 것이다. 지성을 규제하고 우리의 경험적 인식을 하나의 통일성으로 조직화하는 사변이성의 역할은 그것의 이념과 원리를 입증한다.

반면에 실천 영역에서 순수이성은 사변이성처럼 주어진 경험적 질료에

---

13 J. Rawls, "Themes in Kant's Moral Philosophy", 34 참조.
14 같은 글, 32.
15 같은 글, 32.

따르는 의미에서의 구성적(constitutive)이지도 또 규제적이지도 않고, 지시적이다. 즉, 그것은 즉각적으로 선택의 능력을 지시한다. 선택의 능력이란 지성이 하는 것처럼 그 자신과 독립적인 질료를 조직화시키는 것이 아니다. 이 영역에서 규제적인 것은 경험적 실천이성이다. 왜냐하면 경험적 실천이성은 가언명법의 원리에 의해서, 욕구의 저급한 능력에 속하는 경향성과 다양한 욕구들을 행복의 합리적 이념에로 조직화하는 것이기 때문이다.

반대로 선택의 능력은, 욕구의 고급한 능력으로서, 즉각적으로 도덕법칙이라는 순수이성의 이념, 즉 그것에 의해서 이성이 자신의 실천적으로 필연적인 대상 즉 목적들의 왕국을 저 능력을 사용하여 구성하는 법칙이라는 이념에 의해서 지시받는다. 그리고 도덕법칙은 합리적 행위자의 개념과 함께 이론이성의 개념으로부터 도출될 수 없다. 또 "우리의 도덕적 경험 속에 전제되어 있는 것도, 하나의 통일된 공적인 행동 질서를 명시하는 데 필연적인 것도 아니다."[16] 그것은 자유의 이념으로부터 도출될 수 없다. 왜냐하면, 자유에 대한 어떠한 지적 직관도 이용할 수 없기 때문이다.[17]

그러나 이러한 해석만으로 칸트의 도덕이론의 전모가 다 해명된 것은 아니다. 무엇보다도 칸트에게는 롤스의 이 같은 해석 이상의 실재론적 요소가 구성주의를 함축하는 방식으로 작동하고 있다. 이는 롤스가 자신의 것으로 제시한 반실재론적 성격을 내포하고 있는 칸트적 구성주의에 나타난 칸트 이해를 통해 들여다 볼 수 있다.

---

16 같은 글, 33.
17 같은 글, 30-3. 여기서 롤스는 제2비판의 귀절을 인용하면서 칸트가 도덕법칙이 그에 대해서 우리가 선험적으로 의식하는 사실, 필증적으로 순수이성의 확실한 사실이며, 이에 대해서는 어떠한 실례도 발견할 수 없으며, 도덕법칙의 객관적 실재성이 어떠한 사변적 경험적 지지에 의해서도 증명될 수 없으면서 그 자체로 확고하게 확립되는 것이라고 말하고 있는 점을, 그리고 이어서 이러한 제 스스로 정당화할 어떠한 근거도 필요치 않는 도덕법칙의 존재로부터 자유의 능력에 대한 연역의 원리에 봉사하는 전혀 다른 예기치 못한 일이 생겨난다는 칸트의 언급에 주목하고 있다. 그리고 이러한 언급으로부터 롤스 자신의 주장을 정당화할 수 있는 실마리로 삼고자 한다.

3. 롤스와 칸트적 구성주의

칸트의 도덕이론을 도덕적 구성주의로 해석하려는 롤스의 시도는 이른바 그의 칸트적 구성주의 기획과 맞물려 있다. 시기적으로 먼저 등장한 칸트적 구성주의가 칸트의 그것과의 유사성에도 불구하고 어떤 점에서 어떻게 다른지를 분명히 하기 위해서 뒤늦게 제시된 칸트의 도덕적 구성주의의 전모를 살펴보았을 때, 결국 롤스의 칸트적 구성주의는 칸트의 도덕철학의 주요 정신과 구성주의적 특징은 수용 및 유지하되, 정당화하기에는 상당히 버거워 보이는 칸트 철학의 도덕적 전제들의 무게를 가볍게 만들고, 또한 동시에 보다 현실적인 합리적 행위자의 관점에서 접근 가능한 방도를 선택했다고 할 수 있다. 그 결과 그것은 가장 중요한 부분에서 칸트의 도덕적 구성주의와 차별화된 그런 모습이 되었다.

공정으로서의 정의론을 정초하기 위해서 롤스는 칸트의 도덕철학의 일부 핵심 관념들에 대한 절차적 재구성, 특히 "칸트의 목적의 왕국이라는 구상, 그리고 자율성과 정언명법 개념에 대한 자연스러운 절차적 해석"[18]을 시도했다.[19] 그러나 우리가 이와 같은 "칸트의 자율성과 정언명법 개념에 대한 절차적 해석"을 수용해서 그것이 칸트의 도덕이론에 대한 하나의 생산적인 유력한 해석이라는 것에 동의할 수 있다고 하더라도,[20] 그것이 곧 칸트의 견해로부터 자동적으로 도출될 수 있는 것은 아니라는 점도 인정할 필요가 있다. 왜냐하면 롤스의 절차적 해석에의 시도는 단순히 칸트의 도덕적 구성주의로부터 실재론적 요소를 약화시키기만 한 것이 아니라 동시에 칸트의 도덕이론의 근본 성격에 대한 적중하지 못한 해석도 함께 끌어들이고 있기 때문이다.

---

18 J. Rawls, *A Theory of Justice* (1999), 233.

19 A. Levine, "Rawls' Kantianism", 345.

20 롤스의 '칸트적 해석'을 그의 정의의 원칙에 대한 상당히 깊이 있는 정당화 방식으로 보려는 입장에 대해서는 Stephen L., Darwall, "A Defense of the Kantian Interpretation", 164-70.

1) 도덕법칙과 실천이성

칸트는 일상인의 도덕의식 속에는 분명히 도덕성의 최상 원리가 반영되어 있다고 생각한다. 칸트는 이를 선의지 개념을 통해 확증했다. 더욱이 도덕철학자의 궁극적 임무란 이러한 원리를 그들이 임의로 만들어내는 것이 아니라 이미 의식된 것을 분명하게 그것도 체계적으로 해명하는 데에 한정된다. 따라서 도덕법칙에 대한 의식 자체가 단순히 하나의 이념으로서 어떤 구성 절차를 거쳐서 우리의 일상적인 도덕적 사고에 주어진 것이라고 말할 수는 없다. 칸트에게는 오히려 그것을 명료하게 정식화하는 방법적 절차를 통해서 그것을 구체적으로 해명하는 과정이 구성주의적이다. 그러므로 도덕법칙을 하나의 사실(Faktum)로서 의식하는 실천이성은 그 자체가 자기입증적 및 자기지시적 역할과 구성주의적 원리의 척도로서의 역할을 동시에 수행한다. 뿐만 아니라 비록 도덕적 경험 속에 그저 전제되어 있는 것은 아니지만, 도덕법칙은 이성적 존재자의 일상의 도덕적 경험으로서 의무의식에 내재되어 있다. 따라서 그것은 단순한 이성적 원리가 아니라 인간이라면 누구나 반드시 따라야 할 나아가 인간을 필연적으로 제약하고 있는 본질 규정이다. 이러한 성격이 그대로 구체화되고 정식화되어 있는 것이 다름아닌 실천이성에 의해서 절차적으로 구성되고 정식화된 정언명법이다.

칸트가 제시한 정언명법의 정식들은 도덕법칙에 따라 여타의 도덕규칙들을 판정하는 구성 원리로서의 자격과 조건을 동시에 반영하고 있다. 이처럼 도덕법칙과 정언명법 및 이의 구체화 사이에 적용되고 있는 실천이성의 능력이 바로 이성 자신의 구성적 능력이다. 왜냐하면 정언명법은 도덕법칙에 따른 우리의 행위의 도덕성을 평가하기 위한 척도로서 이성이 자신의 능력을 통해서 스스로 보편타당한 원칙으로서 구성한 것이기 때문이다. 그리고 이러한 실천이성은 롤스의 이성처럼 합리적 인생 계획을 설계하고, 따라서 행복을 증진시키는 것을 목적으로 하는 것이 아니라,[21] 자신의 (도덕적) 목적을 자신의 원리에 따라 설정하고 그것의 실천적 필연성까지 요구한다. 반면

---

21 Oliver. A, Johnson "The Kantian Interpretation", 65.

에 롤스는 특정한 상황 하에서 자신의 욕구로부터 절차적으로 구성된 행위자의 준칙을 테스트하는 추론 방법 및 이를 정당화하는 도덕적 관점의 일반화를 가능하게 하는 이성에만 주목하고 있다고 할 수 있다.[22]

칸트에 있어서 정언명법을 정식화하는 과정에서 등장하는 방법론적 성격의 구성 절차란 당연히 이차적인 것이다. 만일 이 때 이미 도덕법칙이 어떤 고유한 성격과 지침을 갖는 행동 원리라는 것이 주어져 있지 않다면, 그 때의 구성은 상당히 임의적이며, 구성되어야 할 것이 무엇인지 정확하게 이해하기가 어렵거나 불가능하게 된다. 물론 롤스도 실천이성의 구성 능력과 행위는 도덕법칙의 지시를 받는다는 것을 인지하고 있다. 그러나 문제는 도덕법칙과 실천이성의 자기 목적의 상호 동근원적 관계, 즉 선택의지(Willkür)가 갖는 단순한 자발성이 아니라 이 선택의지를 제 스스로 제약하는 자율성으로서의 도덕적 의지(Wille)의 실재성에 철저히 주목하지 못함으로써 도덕법칙과 행위 주체의 동근원성이 그의 도덕적 실재론의 요체임을 소홀하게 다루고 있다는 점이다.[23] 바로 이 때문에 롤스는 칸트의 도덕적 견해가 기본적으로 도덕적 실재론에 속하는 것으로 볼 수 없었다고 하겠다.

요벨도 이와 유사한 오류를 범하고 있는데, 그에 의하면 "이성적 목표는 미리 규정되는 것이 아니라 목표를 추구하는 활동성에 의해서 기획되거나 구성되는 것"[24]으로 이해한다. 이는 이성의 관심과 목적이 자신의 활동성으로부터 설정된다는 것을 의미한다는 점에서는 적중한 해석이나, 그것이 내재적으로 이성의 자기 활동성을 통해서 그 자신이기도 한 도덕법칙이라는 선행적 조건에 필연적으로 제약을 받는 도덕적 방향성을 갖는다는 점을 간과하고 있다. 만일 오로지 도덕적 구성주의에 따라서 칸트의 도덕철학을 해석한다면, 우리는 왜 칸트가 그토록 도덕법칙 하에서 조명되는 정치적·역

---

22 J. Hampton, "Contracts and Choices : Does Rawls Have a Social Contract Theory?", 336.
23 칸트의 도덕철학에서 하나의 의지가 그 능력과 수행에 있어서 선택의지로서의 자발성과 이를 제약하는 관계에 있는 도덕적 의지로서의 자율성 두 측면을 갖는다는 것과 관련한 상세한 주석에 대해서는 다음을 보라. L. W. Beck, *A Commentary on Kant's Critique of Practical Reason*, 176-208.
24 Y. Yovel, *Kant and the Philosophy of History*, 16.

사적·종교적 세계를 정당화하기 위해서 심혈을 기울이고 있는지를 전혀 설명할 수 없게 된다. 정말 그렇다면, 신의 존재를 요청하고, 그 실현을 위해서 노력해야 할 우리의 행위는 어떠한 당위적인 구속력도 가질 수 없게 된다. 롤스의 표현을 빌리자면, 우리가 사회 정의를 실현해야 할 어떠한 이유도 정당화될 수 없다. 그것은 보다 나은 사회를 한 번 그려보려는 공상가의 시도와 전혀 다를 바가 없게 된다. 물론 롤스 역시 도덕법칙을 선험적인 구성 원리로서 해석하고 있기 때문에, 그것은 잘못된 이해가 아니다. 문제는 롤스는 이를 단순히 실재론을 함축하는 정도로만 해석함으로써 칸트로부터 도덕적 실재론을 이차적 지위로 격하시키려 할 뿐만 아니라 암암리에 이익 추구적 성향의 소유자인 경제적·합리적 주체를 보다 강조하려 한다는 데에 있다. 이 두 가지 문제에 대한 평가는 당연히 독립적으로 이루어져야 한다.

그러나 칸트에 있어서 그 형식성에서만 규정되는 도덕법칙은 선의지의 실재성과 더불어 선험적으로 우리의 행위를 지배하는 최상의 도덕원리로서 경험적 실천이성의 요구에 따르는 합리적(타산적) 행위자의 의지와는 독립적으로 작동한다. 이러한 독립성 때문에 칸트는 도덕법칙의 존재구속성을 확보하는데 성공적이지 못했다는 비판을 받아왔다. 롤스의 해석과 그의 견해가 설득력을 갖는 이유도 다름 아닌 그의 전략이 칸트가 안고 있는 이러한 약점을 피할 수 있는 상당히 효과적인 대안을 보여주고 있다는 점 때문이다. 롤스 스스로도 도덕적 실재론이 갖는 "복잡한 가정과 정당화하기 어려운 형이상학적 배경을 제거하고"[25] 보다 합의 가능한 방법론의 제시가 중요하다는 것을 강조하고 있다. 롤스는 의도적으로 – 롤스의 입장에서는 발전적으로– 이러한 입장에 서서 칸트를 읽어내려 하고 있다.

2) 정언명법과 객관성

이러한 롤스의 태도는 객관성에 대한 이해에서도 드러난다. 롤스는 칸트

---

25 황경식, 「도덕적 구성주의 – Rawls의 도덕론을 중심으로 –」, 66; J. Rawls, *A Theory of Justice* (1971), 264.

가 지지하는 객관성을 비교 고찰하면서 합리적 직관주의와 칸트의 도덕적 구성주의 사이의 대조는 객관주의와 주관주의 사이의 대조가 아니라 각자 객관성을 다른 방식으로 이해하는 데에서 기인하는 바, 전자는 객관성을 도덕원리나 합당성과 합리성의 기준에 우선하는 초자연적 질서에다 두고 있으며, 후자는 정언명법의 구성 절차를 거쳐서 얻어지는 합당성과 합리성의 모든 조건에 일치하는 것을 의미하는 것으로 해석한다.[26] 그러나 후자의 편에 서 있는 롤스는 "객관성의 개념은 판단에 있어서의 일치가 어떻게 일어나는가에 대한 설명을 포함해야만 한다."[27]고 생각한다. 단적으로 롤스는 "객관성이란 '우주적 관점'에 의해서는 주어지지 않는다."[28]고 선언한다. 칸트 역시 객관성을 이렇게 이해하지는 않는다.

롤스에 의하면, "칸트는 이러한 일치를 우리가 공통의 실천이성을 공유하고 있다는 것으로 설명한다. 이러한 이념을 계승하기 위해서 우리는, 칸트가 했던 것처럼, 정언명법의 절차를 적용하는 사람이면 누구나 그 절차를 예지적으로 그리고 양심적으로, 그리고 대체로 동일한 신념과 정보를 배경으로 하여 적용할 경우에 대체로 동일한 판단에 도달하게 된다고 가정해야만 한다."[29] 그러나 롤스 스스로 수용하고 있는 이런 해석에서 우리는 중요한 사항을 지적할 수 있다. 위의 언급에서 '예지적으로, 양심적으로, 동일한 신념과 정보를 배경으로 하여'라는 말은 '공통의 실천이성을 공유한다'는

---

26 J. Rawls, "Themes in Kant's Moral Philosophy", 27-8. 칸트적 의미에서의 객관성에 대한 롤스의 해석을 그대로 인용하면 다음과 같다: "칸트의 학설에 있어서 올바른 도덕판단은 그것의 전체적인 힘이 그것들이 정언명법의 절차와 결합하는 방식에 의해서 표현되는 합당성과 합리성의 모든 관련 기준에 일치하는 것이다. 그는 이러한 절차를 순수하거나 경험적인 우리의 (인간의) 실천이성의 요구 조건을 하나의 통일된 실천적 추론의 도식과 적절하게 결합시키는 것으로 생각한다. 우리가 보았듯이, 이것은 이성의 통일성의 한 측면이다. 따라서 저 숙고 절차의 올바른 사용에서 산출되는 일반 원리와 지침은 우리의 공통의 (인간의) 실천이성의 형식과 구조에 의해서 부과된 타당한 판단에 대한 조건을 만족시킨다. 이러한 형식과 구조는 선험적인, 우리의 순수한 실천이성에 뿌리를 둔 것이며, 따라서 우리에 대해서 실천적으로 필연적인 것이다. 그러면 저 원리와 지침에 의해서 지지되는 판단이란 충분히 합당성과 합리성을 갖는 (그리고 식견 있는) 어떤 사람에 의해서도 올바른 것으로 승인될 것이다."

27 J. Rawls, "Themes in Kant's Moral Philosophy", 28.

28 J. Rawls, "Kantian Constructivism in Moral Theory", 570.

29 J. Rawls, "Themes in Kant's Moral Philosophy", 28.

것을 전제한다. 롤스의 용어를 사용하여 달리 표현하자면, 그것은 합당성의 조건이기도 하다. 그런데 롤스는 이것을 명시적인 것으로 이해하는 것이 아니라 하나의 가정적인 도덕적 관점으로만 수용하는 태도를 취한다. 그것은 마치 롤스가 『정의론』에서 동일한 신념과 정보를 배경으로 하기 위해서 원초적 입장 하에 있는 당사자들의 무지의 베일을 가정해야 했던 것처럼 어떠한 도덕적 구속력도 갖지 못한다.

헤어가 지적했듯이 롤스적 구성주의를 특징짓는 '반성적 평형상태 하에서의 숙고된 판단'이라는 방법에 입각하여 도달하게 될 정의의 원칙이 도덕적 사실과 도덕적 신념의 일치 가능성을 보장하리라는 롤스의 태도는 상당히 낭만적이며, 주관주의적 성격을 면키 어렵다.[30] 어떤 면에서 롤스의 이러한 생각은 어떤 도덕적 신념의 참됨이 다른 신념과 정합적일 경우에만 도덕적 진리의 증거를 제공할 수 있다는 정합론적 견해를 함축한다.[31] 이 경우 롤스의 칸트적 구성주의가 인식론적으로 반실재론적 견해에 의존하고 있다고 볼 수는 없다.[32] 하지만 여기서 문제는 싱어가 지적하듯이 롤스는 도덕이론을 반성적 평형상태 하에서의 숙고된 도덕판단들의 집합으로, 나아가 그것을 도덕이론의 타당성의 증거로 간주함으로써 반성적 평형상태에 이르는 것과 도덕적 신념의 타당성을 동일시하면서 이와는 독립적인 타당성 개념에 어떠한 여지도 남겨 놓지 않고 있다.[33]

반면에 칸트가 말하는 공통의 (순수한) 실천이성이란 모든 사람이 보편적으로 공유하고 있는 도덕법칙에 대한 우리의 직접적인 의식을 가정한다. 그 의식을 객관화시켜 놓은 것, 그리고 이성적 존재라면 누구나에게 적용되어야 하는 보편타당한 원리로서 정식화 해놓은 것이 바로 정언명법이다. 그리고 이에 대한 올바른 이해는 칸트의 선의지 개념을 매개하지 않고서는 거의 불가능하다. 칸트의 도덕법칙(도덕적 사실)이란, 만일 그것이 객관적으로 타

---

30 R. M. Hare, "Rawls' Theory of Justice", 82-4.

31 D. O. Brink, *Moral Realism and the Foundations of Ethics*, 139 및 133-43.

32 D. O. Brink, "Rawlsian Constructivism in Moral Theory", 76.

33 P. Singer, "Sidgwick and Reflective Equilibrium", 493.

당한 것이어야 한다면, 그것은 이를 스스로 입증해야 하며, 주관적으로는 우리 자신이 그것과 일치하도록 구성해내야 하는 그런 것이다. 그렇다고 해서 그것이 각자의 주관적 신념들 간의 정합성에 의해서 그 객관성이 확증될 수 있는 외재적인 것은 결코 아니다. 한마디로 칸트의 도덕법칙은 이성적 존재의 도덕의식에 내재적으로 실재하는 원리로서 그 자체가 객관적 타당성을 갖는 그런 것이다.

보편성, 자율성, 인격성과 인간성으로 특징지어지는 정언명법의 정식들이야말로 칸트 스스로가 그것을 보여주고자 한 것이자, 그것을 충족시킬 수 있는 도덕적 구성주의의 조건과 원리 그리고 그 절차를 제시한 것으로 볼 수 있다. 따라서 객관성에 대한 롤스의 이해는 칸트의 그것이 아니다. 칸트의 실재론은 도덕적 사실과 진리가 개인의 주관적 신념에는 의존적이지 않지만, 이성의 본성으로서 발견되는 주체 일반의 도덕성 자체 또는 주체의 도덕적 소질과 능력에 의존한다는 점에서 합리적 직관주의를 포함한 여타의 실재론과 구분되면서도 동시에 절차적 구성을 통해 명료화되어야 하는 것이지 그 역은 아니다. 한마디로 칸트의 도덕적 실재론 및 그것이 함축하는 도덕적 구성주의는 강한 의미의 객관성을, 롤스가 해석하는 도덕적 구성주의는 약한 의미의 객관성을 주장한다고 할 수 있다.[34]

3) 도덕적 의지와 자율성

뿐만 아니라 칸트의 도덕이론을 구성주의로 해석하면서 롤스가 불충분하게 이해한 또 하나의 경우는 롤스가 정당하게 칸트 윤리학의 핵심 개념으로 파악하는 도덕적 자유 또는 자율성 개념이다.[35] 롤스 자신은 자율성 개념을 "합리적(rational) 자율성"과 "완전한(full) 자율성"으로 구분한다.[36] 전자

---

34 칸트의 도덕적 실재론이 함축하는 강한 의미의 객관성에 대해서는 R. C. S. Walker, "The Rational Imperative: Kant against Hume", 323-28 참조.
35 이러한 칸트의 자율성으로서의 자유 개념의 이중적 의미에 대해서는 R. Bittner, *Moralisches Gebot oder Autonomie*, 119-34 참조.
36 J. Rawls, "Kantian Constructivism in Moral Theory", 521.

는 대체로 칸트의 가언명법이나 또는 신고전적 경제학에서 발견되는 개념
과 유사한 성격을 갖는 것으로서 원초적 입장 속의 계약(또는 구성) 당사자들
이 누리는 자율성을, 후자는 정의의 제일 원칙에 따라서 행위하는 질서정연
한 사회에서의 시민들이 누리는 자율성 내지는 그들에 의해서 지지받는 인
격적 이상으로서의 자율성을 뜻한다. 그리고 자연적 경향성이나 이기적 충
동에 의존하는 것은 타율적인 것이며, 도덕적 인격이나 인생 계획 또는 가
치관 등의 기본선을 안전하게 하기 위한 가치에 관심을 갖고 이를 실현하고
자 하는 것이야말로 합리적 자율성이라고 설명한다.[37] 나아가 이러한 합리성
에 기초하여 행위하는 당사자 간의 충돌을 조정하여 합리적으로 그러한 관
심을 달성할 수 있게 해주는 제약을 롤스는 합당성에서 찾고 있다. 그런데
롤스는 이 "합당성이란 합리성을 틀지어주는 것이며 자유롭고 평등한 도덕
적 인격의 개념으로부터 도출된 것"[38]으로 이해한다. 말하자면 합당성은 합
리성의 도덕적 제약으로 작용하며, 이러한 상호관계에 근거하여 원초적 입
장이라는 가정 내지는 제한 조건으로부터 추론해낸 것이 바로 롤스의 공정
으로서의 정의관의 두 원칙이었다.

롤스는 이처럼 합당성이 원초적 입장 속에서의 합리성을 틀지어주는 방
식이 곧 칸트가 말하는 실천이성의 통일이라는 특징을 대변해 준다고 생각
한다. 즉, 행위의 원리를 선택하는 당사자의 합리적 숙고를 반영하는 것이
칸트의 경험적 실천이성이며, 이러한 숙고를 제한하는 조건을 순수실천이
성에 해당하는 것으로 상호 연관 짓는다. 그리고 합당성이 합리성을 틀지어
주고 그것을 절대적으로 하위에 두는 이 같은 양자의 상호관계가 칸트의 실
천이성의 통일과 견줄 수 있다는 것이다. 이처럼 합리성에 대한 합당성의
절대적 우위를, 따라서 선에 대한 옳음의 우선성이야말로 자신의 칸트적 구
성주의의 특징이라고 단정 짓고 있다.[39]

그러나 논자가 보기에 상당한 유사성에도 불구하고 자율성 개념에 대한

---

37 같은 글, 527-8 및 535.
38 같은 글, 532.
39 같은 글, 같은 곳.

칸트의 이해는 롤스의 그것과 분명한 차이점도 갖는다. 칸트의 의지의 자유(자율)는 그 자체가 "도덕법칙에 대한 존경을 동기(준칙)로 하는 행위"[40]이면서 이것이 동시에 자신의 본질을 규정하는 능력이기 때문에 이런 자율 의지는 도덕법칙을 스스로 지니고 있으며, 따라서 자기입법적이면서 동시에 자기규정적 내지는 자기목적적 능력을 갖는다. 즉, 그것은 구성적이면서 동시에 구성되어야 할 원칙과 실현해야할 목적을 함께 소유하고 있는 법칙적인 소질과 능력을 갖는다. 그것이 곧 순수한 실천이성의 도덕법칙이요 자유의 법칙이다. 그리고 이를 행위의 원리로 삼고 행위하지 않으면 안 되는 인간의 도덕적 본질을 규정하면서 동시에 제약하는 능력이다. 즉 칸트에 고유한 의미의 도덕적 의지로서의 자유이다. 칸트가 도덕법칙을 "순수실천이성의 자율"(VII:157)의 법칙과 동일시 할 때의 자율이 바로 이런 의미의 자유이다. 롤스가 좀 더 주의를 기울였어야 할 점도 바로 이 부분이다. 롤스가 자신의 정의론의 출발점이자 대전제로 가정한 '자유롭고 평등한 도덕적 인격'의 개념을 내세웠을 때, 그는 칸트의 정신을 그대로 계승하고 있긴 하지만, 이 개념을 어떻게 받아들일 수 있느냐 하는 문제에 관한 한 더 이상의 답변을 제시할 수 없었던 반면에, 칸트는 분명한 근거를 갖고 이에 답할 수 있다. 칸트의 도덕적 견해를 실재론으로 규정해야 하는 또 다른 중요한 이유도 바로 여기서 찾을 수 있다.

다른 한편으로 칸트는 의지(Wille)와 선택의지를 구분해서 사용하지 않을 때도 있는데, 의지의 자율성 역시 때로는 선과 악을 선택 할 수 있는 선택의지(Willkür)와 관련해서는 중립적인 의미로, 도덕적 의지 즉 자유의지와 도덕법칙 아래 있는 의지의 동일성을 강조할 때는 도덕적 필연성의 의미로 사용한다.[41] 이 같은 사용법을 엄밀히 구분해 보면, 칸트의 의지는 자율성과 자발성의 능력을 갖는데, 전자는 칸트에게서만 발견되는 좁은 의미의 도덕적

---

40 Oliver A. Johnson, "The Kantian Interpretation", 63.

41 이러한 구분과 유사한 해석에 대해서는 K. Konhardt, "Faktum der Vernunft? Zu Kants Frage nach dem 'eigentlichen Selbst' des Menschen", 167-72 및 특히 171 참조. 또한 L. W. Beck, *A Commentary on Kant's Critique of Practical Reason*, 176-208, 특히 202-3.

의지 혹은 자유의지에, 후자는 통상 일반적 의미에서의 선택적 자유의지에 해당한다. 칸트에 따르면, 도덕적 의지는 이 도덕중립적인 (선택)의지를 평가하고 또 이 의지가 행위의 척도로서 따라야 할 근본원리로서의 지위를 갖는다. 오직 이러한 도덕적 의지만이 진정한 (칸트적) 의미에서 이성의 사실로서 도덕적 합리성(순수한 실천이성)을 갖는다. 심지어 그것은 역사적 과제로서 인간의 도덕적 완전성의 이상으로까지 고양된다. 그리고 도덕중립적인 선택의지는 언제든 인간의 자연적 변증성에 굴복하는 경향을 갖는데, 이때의 의지는 경험적 실천이성이다. 그런데 롤스는, 비록 칸트 자신이 이러한 자율성 개념의 이중적 의미를 명시적으로 제시하고 있지 않지만, 이 중에서 전자의 의미가 갖는 칸트적 특징을 소홀히 하고 있는 것이다. 롤스와 달리 칸트에 있어서 정의의 원칙이란 분명히 합리적 선택의 대상이 아니다. 설사 롤스의 방식에 따르더라도 그것이 칸트의 그것에 도달하리라는 것이 자동적으로 도출되지 않는다.

결국 이것이 칸트와 롤스의 결정적인 차이다. 롤스의 의도적인 절차적 해석이 이미 이 같은 결과를 예상하고 있었다 하더라도 문제는 칸트의 자율성 개념에 내재하고 있는 실재론적 성격이다. 롤스의 그것은 이를 무시하거나 배제 혹은 약화시켰을 경우에만 어느 정도의 설득력을 가질 수 있다. 그리고 실제로 롤스는 그렇게 했다. 하지만 우리가 칸트의 입장에 더욱 충실할 경우 칸트에게는 롤스가 가정하는 원초적 입장이란 전혀 필요치 않다. 오히려 롤스의 원초적 입장이야말로 칸트의 "이성의 선험적 이념 내지는 순수한 합리적 구성물로서의 자연상태"[42]와 그 전략적 성격에 있어서 유사하다. 롤스는 원초적 입장 하에서 정의의 두 원칙이 채택되리라는 것을 보이기 위해 무지의 베일과 같은 것을 도입해야 했지만 칸트에게 필요한 배경적 조건은 자연상태의 가정으로 충분했다.

반면에 이미 자유의 도덕적 사용에서부터 출발하는 칸트와 달리 무지의 베일과 같은 조건을 필요로 하는 롤스의 원초적 입장은 합리적 행위자들의

---

42 O. Höffe, *Ethik und Politik*, 208.

합리성을 제약하기 위한 인위적인 장치로서 타율적이며,[43] 따라서 근본적으로 반칸트적이다. 결국 롤스에게 그러한 가정이 필요한 것도 그 근본에 있어서 칸트를 이탈했기 때문이다. 롤스가 이 같은 태도를 취하게 된 원인은 기본적으로 롤스 자신이 칸트의 이성 개념과 그것이 미치거나 관장하는 활동성에 동의하지 않고 있기 때문일 수도 있다.[44] 또한 칸트 윤리학의 근본 견해를 도덕적 구성주의로 읽어내고 있는 롤스의 해석을 염두에 둔다면, 이는 그가 칸트의 윤리학에 정작 칸트 자신이 물리치려했던 사변적인 형이상학적 요소와 과도한 직관주의적 요소의 잔재가 여전히 남아 있다고 생각한 '칸트의 도덕적 구성주의'로부터 자신의 '칸트적 구성주의'를 정립하려고 했을 때 그가 구해내려고 한 칸트의 모습이었다고 할 수도 있을 것이다.

요약하자면 칸트에게 정언명법의 구성 절차가 필요한 것은 합리적 행위자가 처음으로 도덕적 지침을 마련하고자 해서가 아니라 이미 그것을 의식하고 있는 행위자의 도덕원리를 구체적으로 명시하거나 해명하고자 하는 목적 때문이다. 가령 도덕적 지침을 마련하기 위해서 절차를 구성해야 한다면, 우리는 왜 합리적 행위자가 스스로 합당한 제한을 받고자 가정해야 하는지를 물을 수 있다. 우리는 그 왜? 라는 질문에 대해서 롤스식 내지는 '단순히 칸트적 구성주의' 혹은 롤스가 해석한 '칸트의 도덕적 구성주의'만으로는 어떠한 당위성도 부여할 수가 없게 된다.

반대로 우리는 스스로 도덕적이고자 하는 경우에만 즉 도덕적 의지(선의지)를 소유하고 또 그 의지의 법칙으로서의 도덕법칙에 기댈 수 있을 때에만 그러한 물음을 정당하게 던질 수 있다. 그래서 자신의 경향성에 좌우되지 않는 행위를 하고자 결정할 수 있는 것이다. 한마디로 합리적 행위자인 칸트의 자율적 존재로서의 "개인의 동기는 무지의 베일 아래서도 변하지 않는다."[45] 칸트는 이러한 이유 때문에 자율성의 명법으로서 정언명법의 정식들을 제시한 것이다.

---

43 R. P. Wolff, *Understanding Rawls. A Reconstruction and Critique of A Theory of Justice*, 115.

44 Oliver A. Johnson, "The Kantian Interpretation", 66.

45 같은 글, 63.

4. 롤스 이후

롤스는 스스로 자신이 공정으로서의 정의관을 정초하기 위해서 원용한 칸트적 해석이 지니고 있는 가능한 문제점들을 지적하면서 "칸트적 해석은 칸트의 실제 학설에 대한 해석으로서가 아니라 오히려 공정으로서의 정의에 대한 해석으로서 의도된 것이다."[46]라고 밝히고 있다. 특히 합리적 선택의 주체로서의 본체적 자아를 집단적인 존재들로 가정한 점, 또 그들을 전적으로 이성적 존재가 아닌 정의의 여건에 처해 있는 존재들로 가정한 점 등이 칸트의 견해에서 벗어난 것일 수도 있다는 것이다.

그러나 롤스 자신은 인식하지 못했을지 몰라도 이 같은 자기 진단 속에 감추어져 있는 결과는 가벼운 것이 아니다. 칸트의 도덕적 실재론이 무엇보다도 선의지를 소유한 주체의 도덕성(혹은 도덕적 합리성) 위에 서 있는 도덕 이론이기 때문에 그것이 초래하는 오독은 작은 것이 아니기 때문이다. 비록 그것이 칸트의 구성주의가 아닌 칸트적 구성주의라 하더라도 칸트적 해석이 보여주는 절차적 재구성이 어느 정도까지 '칸트적'이라는 수식에 합당한 것인지는 여전히 문제가 된다. 레빈이 적절히 지적하고 있듯이, 이는 선택의 주체로서의 합리적 행위자의 칸트적 개념이 인간의 자연적 본성이나 인간적 상황이라는 우연적 가정과는 독립적인 이성적 존재자에 대한 "비인간학적" 이해에 토대를 두고 있는 반면에 롤스의 칸트적 구성주의는 그가 해석한 칸트의 도덕적 구성주의에서 다시금 칸트의 이성관과 인간관의 형이상학적 내지는 실재론적 성격에 동의하지 않음으로써 결과적으로 칸트의 도덕적 주체 혹은 합리적 행위자 개념을 보다 현실적으로 즉 "인간학적으로" 읽어내어 정의론 체계를 구성하고자 했다.

전반적으로 롤스는 합리적 행위자와 관련하여 인간의 본성에 대한 우연적인 가정들로 가득한 칸트의 인간학적 이해와 칸트의 고유한 비인간학적

46　J. Rawls, *A Theory of Justice* (1999), 226.

이해를 체계적으로 혼동하고 있다.[47] 결국 이 같은 롤스의 칸트 해석과 재구성 및 그의 인간관이 결과적으로 칸트의 도덕적 견해를 도덕적 실재론이 아닌 도덕적 구성주의로 해석하는 데까지 영향을 미쳤다고 할 수 있다.

지금까지 살펴본 것들을 좀 더 냉정하게 평가해 보면, 우리는 윤리학에서의 구성주의라는 이름 아래 독립적으로 고려할 수 있는 별개의 구성주의, 즉 칸트의 (도덕적) 구성주의와 칸트적 구성주의를 발견하게 된다. 기본적으로 롤스의 (칸트적) 구성주의는 칸트의 그것과 반대로 일정 부분 반실재론의 형식을 취하고 있다. 하지만 칸트의 도덕이론의 근본 성격이 도덕적 실재론이며, 그것이 지닌 중요한 특징들 중의 하나가 구성주의이며, 따라서 우리가 칸트의 도덕이론이 갖는 실재론적 요소를 그대로 두고 그것이 함의하고 있는 방법론적 구성주의만을 별도로 분리하여 이를 넓은 의미에서 롤스가 자신의 것으로 명명한 했었던 '칸트적 구성주의'로 부를 수 있다면, 롤스의 그것은 이 같은 '칸트적 구성주의'의 한 가지 특수한 사례 내지는 변형적 적용이라 할 수 있을 것이다.[48] 이 경우에 한해서 우리는 칸트와 롤스를 '윤리학에서의 구성주의자'(constructivist in ethics)로 한 데 묶어 분류할 수 있을 것이다. 다른 한편으로 칸트의 도덕적 실재론에서 벗어나 칸트를 구성주의자로 해석하면서 전기 롤스의 칸트적 구성주의가 취하는 반실재론적 경향은 정치적 정의관을 옹호하는 후기 롤스의 정치적 구성주의에서는 그 색깔을 보다 분명히 하고 있다.

칸트의 윤리학에 대한 롤스의 해석을 통해서 나는 그것이 앞서 지적한 바 있는 칸트의 정언명법이 갖는 한계와 약점에 대한 하나의 대안이 될 수 있다고 생각한다. 정언명법이 도덕적 내용을 결여하고 있다는 지적, 그리고 그 도덕적 내용은 감정의 적극적 역할을 통해 보완되어야 한다는 점, 그렇게 함으로써 의지와 감정의 상관적 관계가 우리가 특정한 도덕적 사람에 대

---

47 A. Levine, "Rawls' Kantianism", 346.
48 롤스가 제시한 윤리학에서의 칸트적 구성주의가 롤스가 의도한 목적을 떠나서 공리주의 윤리이론의 대안으로서 하나의 합당하면서도 실행가능한 모델을 제공해 줄 수 있는지를 롤스의 칸트 해석의 시비를 가리지 않으면서 롤스와 칸트의 입장과 견해를 균형 있게 살피고 있는 포괄적 고찰로는 Thomas E. Hill, Jr., "Kantian Constructivism in Ethics", 752-70.

해서 도덕적 행위를 의욕할 수 있는 실질적인 동기를 제공해 보며, 이러한 상관성이 무엇이 인간성이며, 또 인간 존엄성인지를 규정할 수 있는 정언명 법의 내용을 구성하며, 결국에는 도덕적 문제 해결을 위한 설득력 있는 실천적 추론을 가능하게 한다는 것 등이 롤스의 구성주의에서는 상당히 해결되고 있기 때문이다. 다만 인간 본성에 대한 이해, 정치적-역사적 전망, 그리고 이성·의지·감정의 관계에 대한 이해방식에 따라 롤스의 구성주의 또한 칸트 철학의 고유한 정신을 훼손할지 모른다.

7

샌델의 공화주의와 공공철학

1. 공동체주의적 공화주의와 민주주의의 불만

윤리의 출발점은 타자의 고통에 공감하는 것이다. 그리고 그 고통을 가장 잘 해결하는 것이 윤리와 정치의 목표이다. 정치는 복수의 타자들을 대상으로 한다는 점에서 문제 상황이 복잡한 양상을 보이며, 때문에 문제 해결을 위한 고도의 합리적인 전략과 전술을 필요로 한다. 복수의 타자들을 각기 하나의 개인으로 볼 것이냐, 아니면 하나의 전체로 볼 것이냐 하는 데서부터 이미 모든 인간적 행위를 다루는 총체적 기술로서 정치적 해법은 달라진다.

샌델은 현대 실천철학 논쟁에서 자유주의를 비판하는 공동체주의 진영의 대표적 인물로 알려져 있다. 비록 자신을 단순히 공동체주의자로 분류하는 것을 거부하고 있지만, 공동체의 가치와 시민의 덕목을 강조하고 특정한 공간이 갖는 정치 지리학적 특수성과 역사성에 주목하는 등 넓은 의미에서 공동체주의자로 분류하는 데에는 큰 무리가 없어 보인다. 특히 오늘날의 지배적인 이념으로서 자유주의 철학 및 이와 밀접한 연관이 있는 자본주의 시장경제에 대해서 쏟아내는 강도 높은 비판과 대안적 해결책들을 들여다보면 그의 공동체주의 정치철학의 면모를 더 잘 엿볼 수 있다. 최근에 서울에서 개최된 '세계전략포럼 2013'에서 "경쟁력을 갉아먹는 '갈등', 치유의 방법은 있는 것인가"란 주제로 행한 기조연설에서도 밝힌 바와 같이 시장과 자본의 힘을 제재하기 위해 도덕적 가치와 시대적 가치, 합리적 토론과 논의에 참여하는 민주시민의 힘, 부자와 빈자 모두가 함께 할 수 있는 공동선의 추구를 비롯해 사회적 연대와 시민적 덕목을 강조하는 등 공동체와 자치를 강조하는 공화주의적 전통에 서 있는 그의 갈등 치유의 방법은 공감을 얻기에

적지 않은 설득력을 지니고 있다.[1]

샌델의 이러한 주장들은 최근에 좀 더 대중적인 방식으로 그간의 자신의 정치철학적 입장을 담아내고 있는 저서 『돈으로 살 수 없는 것들』(2012)에서 제시한 기조와 연장선상에 있다고 할 수 있다. 현대 자유민주주의, 특히 미국식 시장경제 중심의 민주주의 정체에 대한 비판과 함께, 도덕과 자존심, 우정과 사랑 등 이른바 시장사회에 종속되어 돈으로 모든 것을 살 수 있다고 생각하는 현실에 대한 날카로운 지적은, 오늘날 우리가 안고 있는 다양한 사회적 문제들을 고려할 때, 시사하는 바가 적지 않다. 주지하듯이 이와 같이 시장과 자본의 논리로 인해 양산되고 있는 문제적 현상들의 원인과 치유법에 대한 샌델의 인식은 기본적으로 자신을 단순히 공동체주의자로 분류하는 것을 꺼려하면서 제 스스로 자신의 정치철학적 입장이라고 부르고 있는 공화주의적 공공철학에 기반을 두고 있다. 하지만 비록 공동체주의자 매킨타이어나 테일러 그리고 왈쩌와 하나로 묶이는 것을 거부한다고 해도,[2] 아리스토텔레스가 공동체주의자로 분류되는 것과 유사한 이유에서 샌델 역시 공동체주의자라 할 수 있다. 그런데 샌델은 자신이 구상하고 있는 이 공화주의적 공공철학 혹은 공동체주의적 공화주의(혹은 공화주의적 공동체주의)의 성격과 특징의 대강을 이에 앞서 출간한 바 있는 『민주주의의 불만』(1996)이라는 저서를 통해서 구체적이면서도 생생하게 묘사하고 있다. 그리고 이 같은 공공철학의 기본 정신과 성격은 이미 그의 초기 저서 『자유주의와 정의의 한계』(1982)에 그 뿌리를 두고 있다. 또 이 저서의 개정판(1998)에서는 롤스의 정치적 자유주의 등 초판 이후의 변화된 상황을 고려하면서 이점을 더욱 분명히 하는데 주력한 바 있다.

기본적으로 공동체주의적 공화주의자로서 샌델은 자유주의 공공철학에 필적하는 공화주의 공공철학을 주장하고 있는데, 그 근본 입장은 오늘날 특히 미국식 민주주의에 대해서 갖고 있는 그의 불만 속에 가장 잘 드러나 있

---

1 이 포럼의 전체 주제는 "상생과 공존 그리고 창조, 미래의 생존전략 - 지속 가능한 자본주의"였다.
2 Michael J. Sandel, *Public Philosophy: Essays on Morality in Politics*, 252.

다. 샌델은 오늘의 민주주의가 안고 있는 문제를 "자치의 상실"과 "공동체의 쇠퇴" 두 가지로 압축하고 있다.[3] 하지만 이러한 진단은 직간접적으로 비단 매킨타이어(A. MacIntyre), 테일러(C. Taylor), 웅어(R. Mangabeira Unger), 바버(B. Barber), 왈저(M. Walzer) 등과 같은 공동체주의자들을 포함해서 공화주의 정치이론을 옹호하는 사람들만이 주목하고 있는 현상은 아니다. 자유주의 정치이론을 옹호하는 사람들, 이를테면 롤스(J. Rawls), 드월킨(R. Dworkin), 액커만(B. Ackerman), 거워스(A. Gewirth), 고티에(D. Gauthier), 노직(R. Nozick) 등과 같은 넓은 의미에서의 자유주의 철학자들도, 비록 세부적으로는 적지 않은 편차가 존재함에도 불구하고, 오늘의 민주주의가 안고 있는 현실 상황에 대해서 비슷한 문제의식을 갖고 있다고 할 수 있다. 따라서 공동체주의자로서 샌델의 비판은 주로 롤스를 향하고 있지만, 단순히 이에 한정될 수만은 없다. 롤스 역시 내부적으로는 칸트를 비롯한 다양한 자유주의자들과 대결하거나 비판하면서 이들로부터 자양분을 흡수하고 있기 때문에 단지 공화주의와 자유주의의 대립이 샌델과 롤스의 대결 구도만으로 이해될 수 없음은 자명한 일이다. 더욱이 근대 이래로 민주주의와 함께 삼각 편대를 형성하며 근간을 이루어온 것이 바로 자치와 공동체였다고 할 수 있는데, 자유주의와 공동체주의가 걸어가고 있는 길은 다만 공히 '상실'과 '쇠퇴'에 대한 진단과 처방이 다르다고 보아야 할 것이다.

정치적 이념으로서 자유주의의 등장은 애초에 그 자체가 공동체가 지닌 지배적인 자의적 권력을 견제하기 위해서 권력 구조와 권리 주체의 합리적 조정을 목표로 한 것이었다. 그런 점에서 이 같은 목표는 또한 공화주의와 전적으로 배치되는 것도 아니었으며, 이러한 경향은 '자유 민주 공화국'이라는 정체로 표현되듯이 오늘날에도 여전히 하나의 살아 있는 전통이다. 따라서 크게 보면 자유주의 역시 이러한 목표를 달성하기 위해 방법론적으로 개인의 자유에 대한 권리를 토대로 해서 전통과는 다른 모습의 공동체를 추구했던 것이었기에 샌델이 문제 삼고 있는 것처럼 단순히 공동체의 쇠퇴나

---

3 Michael J. Sandel, *Democracy's Discontent*, 3.

자치의 위기와 같은 표현은 상황을 호도하기가 쉽다. 어떤 공동체, 어떤 자치이어야 하는지가 자유주의의 등장 초기부터 쟁점이 되어왔듯이, 만일 오늘날의 우리가 처해 있는 문제가 있다면, 이 또한 이러한 관점에서 접근되어야 한다.

근대 민주주의 등장의 역사가 보여주듯이 자유주의와 민주의의의 결합, 즉 자유민주주의가 안고 있는 위기가 샌델의 묘안처럼 단순히 공화주의와 민주주의의 결합으로 가장 잘 해소될 수 있는지는 의문스럽다. 그리고 실제로 자유주의와 공동체주의 혹은 공화주의를 포함하는 이념적 지형도는 상당히 복잡하다. 자유주의에도 여러 유형이 있듯이 공동체주의에도 여러 유형이 있으며, 게다가 공화주의의 등장은 이 같은 지형도를 더욱 복잡하게 만들고 있기 때문이다. 이를테면 비지배의 자유로서의 자치와 시민적 덕성의 형성을 공동체적 가치의 근간으로 삼으면서 동시에 "자유주의적 관용이든 다수주의에 대한 존중이든 실질적인 도덕적 논증을 피할 수 없다"[4]는 강한 신념을 토로하는 샌델의 공화주의는 멀리서는 고전적 자유주의로부터 가까이에서는 공동체주의에 이르기까지 이념적 전선을 확대하고 있기에 단순히 특정한 개념으로 그의 정치철학을 단순화하기는 어렵다. 이는 비단 샌델의 경우에만 해당되는 것은 아니다.[5]

이하에서 나는 현재의 지배적 정치이데올로기로서 자유주의가 다양한 변형과 변신을 꾀하며 돌파구를 마련해왔지만, 그럼에도 불구하고 근본적인 치유책을 제시할 수 없는 한계를 지니고 있다는 샌델의 비판은 적중한 것이 아니며, 따라서 샌델이 자유주의의 한계를 극복할 수 있는 대안적 공공철학으로 내세우고 있는 공화주의가 결코 자유주의, 특히 그 내부적 문제에도 불구하고 칸트적 자유주의를 대체하기에는 역부족이라고 주장할 것이다.

4 Michael J. Sandel, *Public Philosophy: Essays on Morality in Politics*, 143-4.
5 동일 진영 내부에 다양한 종류의 자유주의와 공동체주의가 있으며, 더 나아가 상호 교차가 가능한 자유주의적 공동체주의, 자유주의적 공화주의, 공동체주의적 자유주의, 공화주의적 공동체주의, 공화주의적 자유주의 등의 다양한 개념 조합도 가능하다. 이는 그대로 1980년대부터 시작된 자유주의와 공동체주의의 논쟁을 중심으로 전개되고 있는 다양한 흐름을 반영한다. 이와 관련해서는 세실 라보르드·존 메이너 (편), 『공화주의와 정치이론』참조.

2. 자유주의 공공철학과 공화주의 공공철학

일견 소크라테스적 철학 모델의 부활이라 할 수 있는 공공철학은 인간의 다양한 현재적 삶에 영향을 미치고 있는 철학적 신념이나 주장들 및 그 실천과 관계하는 철학의 분야라 할 수 있다. 따라서 그것이 철학적 성찰의 대상인 한, 공공철학은 그러한 신념이나 주장들을 지탱하는 기본 가정들에 대해서 탐구하며, 또한 그와 관련한 실천적 문제들을 다루기 때문에 그 관련 영역들이 매우 다양할 뿐만 아니라 광범위하다. 그런데 실제로 우리 삶에 영향을 미치거나 삶 속에서 작용하고 있는 공공의 실천적 문제들은 상호 밀접하게 관련되어 있으며, 대부분 그것은 하나의 지배적인 정치철학적 사고와 신념의 영향에서 자유롭지 못하다. 따라서 정치적 신념이나 주장들은 가장 포괄적인 영향력을 갖는 공공철학이라 할 수 있으며, 때문에 이에는 하나의 지배적인 정치이론이 공공철학으로서 작동하고 있다고 하겠다.

샌델은 현재의 미국 정치가 자치 및 공동체와 관련하여 발생하는 중요한 문제들에 대해서 설득력 있는 대안들을 내놓지 못하고 있는 것도 바로 이러한 현안들에 대해 영향을 미치고 있는 정치적 이념으로서 지배적인 공공철학과 관련이 있는데, 그것을 자유주의 정치이론의 한 유형인 자유주의 공공철학으로 규정한다.[6] 오늘날의 지배적인 정치적 공공철학으로서의 자유주의는 일반적으로 공동체주의와 대립하는 정치철학으로 분류된다. 하지만 자신을 일방적인 공동체주의자로 분류하는 것을 거부하는 샌델은 오늘날의 대표적인 공공철학을 자유주의, 공리주의, 공동체주의, 그리고 자신의 입장을 대표하지만 공동체주의와 부분적으로 중첩되는 성격을 갖는 공화주의로 구분한다.[7] 이 중에서 주된 비판의 초점은 오늘(현대 미국)의 지배적 공공철

---

6 샌델은 정치이론으로서의 공공철학을 다음과 같이 규정한다.: "공공철학은 우리의 실천 속에 함축되어 있는 정치이론, 즉 우리의 공공의 삶을 이루고 있는 시민권과 자유에 대한 가정들을 의미한다." 그리고 샌델은 좋은 삶의 선택과 추구와 관련해서 특정한 목적보다 공정한 절차를 우선시한다는 점에서 자유주의 공공철학을 달리 '절차적 공화정'(the procedural republic)이라 부르기도 한다. Michael J. Sandel, *Democracy's Discontent*, 4

7 샌델 자신은 공동체주의에 대한 이해 방식을 두 가지로 구분하면서 자신을 일반적으로 이해되고 있는

학인 자유주의에 맞춰져 있다.

그렇다면 샌델의 공화주의 공공철학의 기본 원칙과 정신은 무엇인가? 샌델은 무슨 근거에서 오늘의 지배적 공공철학으로서 우리 삶의 기초로서 작용하고 있는 자유주의가 근본적인 한계에 봉착해 있으며, 그것으로는 삶의 문제들을 해결하기에는 역부족이라고 하는가? 과연 샌델의 불만은 무엇인가? 샌델 자신이 그 대안적 해결책으로 내놓은 공화주의 공공철학이란 무엇인가? 언젠가 샌델은 오늘의 지배적 이데올로기로서 자유주의 공공철학을 겨냥해서 "공동체주의자들의 답변"이라는 구호 아래 "우리 시대에서는 힘을 발휘하지 못하고 있지만 우리의 전통 속에 남아 있는 시민적 공화정의 가능성들(civic republican possibilities)을 되살리는 것이다."[8]라고 선언한 바 있다. 롤스의 절차적 공화정의 공공철학과 대비되는 샌델의 시민적 공화정의 공공철학은 과연 그 대안이 될 수 있는가?

샌델에 의하면, 공화주의 정치이론과 자유주의 정치이론은 두 가지 점에서 가장 큰 대조를 이루는데, 하나는 옳음과 좋음의 관계이며, 다른 하나는 자유와 자치의 관계이다. 특히 후자의 경우 자유를 자치와 관계 짓는 방식에 따라서 자유주의적 자유와 공화주의적 자유의 차이가 뚜렷이 대조를 이룬다.[9] 먼저 자유주의적 자유는 자유를 "자치에 대한 제한"으로 정의하는 반면, 공화주의적 자유에서는 자유를 "자치의 결과"로 이해한다. 전자는 기본적으로 자치가 자유를 부당하게 침해하지 않거나 제약하지 않도록 하는 결합 방식이며, 후자는 자치를 통해서 자유가 보호되거나 유지 또는 실현되도록 하는 결합 방식이다. 그런데 이렇게 공화주의적 전통에서 자유를 결과주의적 방식으로 이해하는 것은 이미 자유를 자치와 이를 가능하게 하는 시민의 덕과 내재적으로 연결되어 있다고 보는 데서 기인한다. 하지만 샌델의 이런 정의는 지나치게 일면적이다. 먼저 자유와 자치를 대립적으로 이해하

공동체주의와 구분하여, 자신의 정치철학의 근본 성격을 공화주의로 표현하고 싶어하지만, 나는 샌델을 넓은 의미에서 공동체주의자 혹은 공화주의적 공동체주의자(공동체주의적 공화주의자)로 분류한다.

8 Michael J. Sandel, "Morality and the Liberal Ideal", 17
9 Michael J. Sandel, *Democracy's Discontent*, 25 이하.

는 것은 자유주의적 자유가 자치와 시민적 덕들을 부정적으로만 보려 한다는 인식을 심어줄 수 있다. 자유주의적 자유는 오히려 자치와 자유의 양립 가능성을 추구하는 전통으로 보아야 한다.

역사적으로 자유주의와 민주주의의 긴장관계를 고려하면 일면적으로는 그렇게 말할 수 있겠지만, 반대로 양자의 이상적 조합도 허용하듯이 자유주의적 자유 역시 자치를 규정하는 방식을 결정할 수 있는 권리로 이해되어야 한다. 가령, 샌델은 자유와 자치, 자유와 시민의 덕의 연결 방식에 의거해서 공화주의를 강한 형태와 온건한 형태로 구분한다. 이에 따르면, 강한 형태의 공화주의는 시민의 덕과 정치 참여를 자유에 본질적인 것으로, 온건한 형태의 공화주의는 시민의 덕과 공공 봉사를 자유에 도구적인 것으로 보는 견해를 가리킨다. 그런데 후자의 경우, 비록 정치공동체의 목적과 공동선에 대해서 상이한 태도를 취하고 있지만 자치와 시민적 덕들에 한정한다면, 그것은 일반적으로 공화정을 정체로 채택하고 있는 오늘날의 자유주의적 자유와도 양립할 수 있다.

샌델이 이해하고 있는 자유주의와 공화주의의 특징에 대해서 좀 더 살펴보자.[10] 샌델에 따르면, 존 로크, 칸트, 존 스튜어트 밀, 롤스 등 관용과 개인권의 존중을 강조하는 사상 전통을 갖고 있는 자유주의는 무엇보다도 시민들이 지지하는 도덕적 내지는 종교적 견해들에 대해서 정부는 중립적이어야 하며, 좋은 삶에 대한 특정한 시각을 법으로 정해서도 안 된다. 또한 정부는 자신이 추구할 가치와 목적을 선택할 수 있는 자유롭고 독립적인 자아로서 인간을 존중하는 권리 체계를 제공해야 하며, 따라서 특정한 목적을 강요해서도 안 되며, 설혹 목적을 선택해야 할 필요성이 요구될 때에도 그에 앞서서 보다 공정한 절차가 우선되어야 한다고 주장한다. 이렇게 공정한 절차를 강조한다는 점에 주목해서 절차적 공화정이라 불리기도 하는 자유주의 공공철학은 개인의 권리의 우선성 및 좋음에 대한 옳음의 우선성, 좋은 삶에 대한 정부와 국가의 중립성, 무연고적 자아에 기초한 인간관 등을

---

10 같은 글, 4-5.

핵심 원리로 삼는다.

반면에 이와 대조를 이루는 공화주의 공공철학의 핵심 주장은 무엇보다
도 공동체와 자치를 강조하는데, 특히 자유는 자치에 참여하는 데 달려 있
다고 주장한다. 이와 같이 자유를 자치로 이해하는 방식은 자유주의에서 말
하는 자유와 모순되지 않지만, 공화주의에서 강조하는 자치 참여는 그 이상
의 것을 의미하는데, 그것은 동료 시민들과 함께 공익에 관해 숙고하고 정
치공동체의 운명을 형성하는데 이바지하며, 공동체와의 도덕적 유대를 중
시한다. 따라서 공화주의는 자치에 참여하는 시민들이 특정한 인격적 성질
이나 덕목을 가질 것을 요구한다. 그리고 자치 참여 혹은 정치 참여와 그에
수반하는 덕목을 지녀야하는 시민들은 이미 공동체의 가치와 분리되지 않
으며, 따라서 공동체적 가치와 목적에 대해서도 중립을 지킬 수 없으며, 중
립을 지키려고 할 필요도 없다. 그 자체가 이미 시민들이 지지하는 가치요
덕목이기 때문이다. 이러한 개인으로서의 시민과 공동체의 내재적 관계 때
문에 공화주의적 자유는 시민들의 자치에 필요한 인격적 성질의 함양이 이
루어지는 형성적 정치를 요구한다. 샌델은 이러한 자신의 공화주의 공공철
학의 관점에서 자유주의의 한계에 대해서 우려 섞인 비판을 가하고 있는데,
무엇보다도 자유주의는 널리 인정되는 자유 우선의 기조를 갖고 있기에 그
자체로는 분명한 호소력은 지니고 있지만 실질적으로 자유를 보장하지는
못하게 된다고 주장한다. 사회적 자유의 실질적인 구현을 위해서는 공동체
의식과 시민의 참여 의식이 요구되는데, 자유주의는 이를 현실화 하는데 한
계가 있다고 보기 때문이다.[11]

그런데 이와 같은 문제제기를 좀 더 세부적으로 들여다보면, 샌델의 자
유주의 비판은 그 대상과 주제에 따라서 다양한 표적을 갖고 있는데, 공리
주의적 자유주의, 칸트적 자유주의, 자유지상주의적 자유주의, (롤스의) 정
치적 자유주의 혹은 최소주의적 자유주의, (롤스의) 평등주의적 혹은 사회민

---

11 같은 글, 5-7.

주주의적 자유주의 등이 그것이다.[12] 이들 다양한 스펙트럼의 자유주의가 하나의 명칭 아래 묶일 수 있는 것은 그것이 공통적으로 좋은 삶에 대한 정부의 중립, 인간의 개별성의 강조, 개인의 자유와 권리의 우선성 등을 중시하는데 있어서 어느 정도의 일치를 보이기 때문이다. 샌델의 문제설정 방식에 따르면, 이러한 자유주의 공공철학의 공통적인 특징이자 대표적인 문제적 주제로 꼽을 수 있는 것이 국가의 간섭을 배제하는 중립성 논제, 무연고적 자아에 기초한 자유주의적 인간관 논제, 좋음에 대한 옳음 우선성 논제 등이다. 이들 논제 하나하나 마다 공리주의, 칸트적 자유주의, 정치적 자유주의 등에 따라서 다른 접근과 해결책들이 제시될 수 있다. 그렇다면 샌델이 이들에 맞서 하나의 대안 이론으로 내세우고 있는 공화주의 공공철학은 정말로 오늘의 사회정치적 현실과 문제들을 치유할 수 있는 정치이론으로서 저들 다양한 자유주의 공공철학, 특히 칸트적 자유주의를 대체할 수 있는 유력한 후보인가?

3. 낙태 논쟁과 링컨-더글러스 논쟁

샌델은 자유주의의 한계 및 자신의 공화주의의 정당성을 옹호하기 위해서 자주 도덕적 및 종교적 문제들과 관련 있는 정치적 논쟁들을 들곤 하는데, 대표적인 사례로 '낙태 논쟁'과 '링컨-더글러스 논쟁'을 꼽을 수 있다. 이 두 논쟁은 샌델의 저서들 여러 곳에서 반복적으로 다루어지고 있는 주제다.[13] 이들 사례에 대한 검토를 통해서 자유주의와 공화주의가 대립하는 전선을 확인해보고, 특히 샌델이 내세우는 공화주의 공공철학이 그가 진단하는

---

12 롤스의 경우에 정치적 자유주의와 최소주의적 자유주의는 동일한 것의 다른 표현이기도 하면서 구별된다. 기본적으로 최소주의적 자유주의는 그것이 하나의 자유주의 이론으로서 철학적·형이상학적인 것에의 의존을 최소화한다는 점을 강조하는 표현인데, 그 가장 대표적인 경우가 롤스의 정치적 자유주의라 할 수 있다. 그러나 개념적으로 그것이 반드시 롤스식의 정치적 자유주의이어야 할 필요는 없다.

13 Michael J. Sandel, *Democracy's Discontent*, 20-1; *Liberalism and the Limits of Justice* (1998), 197-202; *Public Philosophy: Essays on Morality in Politics*, 122-44.

오늘의 민주주의의 불만과 위기를 치유할 수 있는 방도로서 자유주의 공공철학보다 더 나은 실천적 대안이 될 수 있는지 그 일단을 엿볼 수 있으리라 생각된다.

먼저 낙태 논쟁은 낙태의 도덕적 허용 가능성을 둘러싸고 벌어지는 논쟁이다. 낙태의 도덕성 문제는 거의 40년 이상 강렬한 논쟁을 불러일으켰던 주제였다.[14] 아직도 충분히 해소되지 못한 문제와 쟁점을 안고 있지만, 그 결론이 어떤 것이었든 최소한 낙태 문제에 주목하게 됨으로써 그것이 중요한 도덕적 문제라는 것을 각인시킨 효과는 거두었다고 할 수 있다. 샌델의 공화주의 공공철학은 단적으로 "도덕적 및 종교적 신념들에 대해 중립적이기를 요구하는 형태의 자유주의"를 반대한다.[15] 낙태의 경우, 샌델이 보기에 롤스의 정치적 자유주의 혹은 최소주의적 자유주의는 태아가 도덕적 지위를 갖는지 여부를 아예 괄호쳐버리는데, 이는 롤스의 그것이 기본적으로 모든 도덕적·정치적 문제들에 대해서 중립적인 태도를 취하는 정치적 정의관이기 때문이다.

그러나 공화주의자 샌델은 낙태 문제는 롤스식의 최소주의적 자유주의자들이 옹호하는 바와 같은 중립적인 정치적 문제가 결코 아니며, 따라서 여기에는 도덕적 중립 지대가 존재할 수 없다고 주장한다. 그는 우리가 낙태권에 대해서 어떤 결정을 해야 하며, 따라서 이 문제에 결부되어 있는 도덕적 내지는 종교적 교의들과 대결해야 한다고 말한다. 하지만 샌델은 (정치적 혹은 최소주의적) 자유주의자들은 낙태 논쟁의 경우 이러한 대결은 곧 좋음에 대한 옳음의 우선성이 훼손되기 때문에 이에 반대하는데, 오히려 이는 역으로 낙태 논쟁에서는 옳음의 우선성이 유지될 수 없다는 것을 보여주는 증거가 된다고 생각한다. 즉, 여성의 자유로운 낙태 결정권을 존중하는 자유주의 입장 자체가 이미 발달 초기의 태아를 낙태하는 것과 아이를 죽이는 것 사이에 합당한 도덕적 차이가 있다는 것을 승인하는 것이며, 이는 이미 그

---

14 낙태 문제에 주목하게 만든 가장 초기의 논문들 중의 하나로는 J. J. Thomson, "A defense of Abortion", 47-66.

15 Michael J. Sandel, 『공동체주의와 공공성』 8.

러한 논쟁에 대해서 특정한 견해를 전제한다는 것이다.[16]

다음으로 낙태 논쟁과 동일한 논리적 형식을 띠고 있는 링컨-더글러스 논쟁은 노예제의 도덕성에 대한 논쟁이다.[17] 이 논쟁에서 정식화한 대립 구도를 보면, 더글러스는 노예제 문제에 대해서 중립을 지키는 것이 인민주권과 헌법의 기본 원칙에 부합한다고 주장한다. 즉, 노예제가 옳은지 그른지에 대해서 서로 의견이 다른 도덕적 논쟁을 괄호치고 판단을 중지하는 것이 내전의 위험을 차단하거나 국가 분열을 막을 수 있다는 것이다. 반면에 링컨은 국가의 정책은 이런 노예제와 같은 사안에 대해서 실질적인 도덕적 판단을 회피하지 않고 표명해야 한다고 주장했다. 그리고 노예제는 도덕적으로 옳지 않은 것이며, 따라서 그것이 확산되는 것을 막아야 한다고 생각했다.

샌델은 링컨-더글러스 논쟁 사례를 통해서 링컨이 실제로 노예제를 그르다고 보았고, 더글러스는 자신의 개인적인 도덕적 견해와는 상관없이 정치적 목적 때문에 이를 도덕적 문제로 보지 않으려 했다는 사실 보다는 오히려 이들이 이미 하나의 도덕적 논쟁에 참여하고 있는 것이며, 또한 이러한 논쟁에 대해서 취하고 있는 서로 상이한 두 방식에 주목한다. 샌델에 의하면, 인민 주권에 관한 논쟁으로서 노예제에 대한 이런 이해 방식의 차이는 현대의 낙태권 논쟁의 경우에도 마찬가지인데, 그는 이 두 논쟁 사례 모두 노예제나 낙태가 도덕적으로 옳고 그른지를 결정해야 하는 문제라기보다는 도덕적 문제들을 어떻게 다룰 것인지에 대한 문제로 간주한다. 즉, 도덕적 문제들을 괄호 치는 것, 다시 말해서 판단중지 하는 것이 타당한지 아닌지의 문제로 보고 있다. 예상할 수 있듯이 샌델이 옹호하는 입장에서는 도덕성을 판단해야 하는 문제의 경우, 그것은 괄호 치기의 대상이 아니다. 반대로 샌델의 논리에 따르면, 의견이 갈리는 도덕적 문제에 대해서 각자의 선택에 맡긴다는 것은 대립하는 도덕적 문제 있어서 정치적 중립을 지키는 것이 되는데, 정치적 자유주의가 바로 이런 태도를 옹호하는 입장이라고 생

16 Michael J. Sandel, *Democracy's Discontent*, 21.
17 샌델이 밝히고 있는 링컨-더글러스 논쟁 사례의 출처는 Paul M. Angle, (ed.), *Created Equal? The Complete Lincoln-Douglas Debates of 1858* Chicago: University of Chicago Press, 1958.

각한다. 그런데 샌델이 공화주의적 관점에서 가장 적극적으로 비판하는 상대가 롤스의 정치적 자유주의 혹은 최소주의적 자유주의와 칸트적 자유주의다.

4. 정치적 자유주의와 최소주의적 자유주의

샌델은 노예제 논쟁에서 더글러스가 취하고 있는 입장을 의심의 여지없는 정치적 정의관의 한 형태로 보고 있다.[18] 실제로 이러한 정치적 정의관을 대표하는 현대 자유주의자는 존 롤스다. 이미 여러 곳에서 강력한 방식으로 롤스의 자유주의를 비판한 바 있지만, 전기의 롤스는 평등주의적 자유주의자로서 정치적 정의관이 아니라 도덕적 정의관을 옹호했다. 이 입장을 롤스는 스스로 정치적 자유주의에 대비되는 포괄적 자유주의로 규정하고 있다. 이 전기의 롤스식 자유주의에 대한 샌델의 비판은 롤스의 정치적 자유주의에도 방점을 달리하며 그대로 적용된다.[19]

샌델은 더글러스처럼 중대한 도덕적 문제들에 대해서 그 시비를 가리고 결정을 내리려 하지 않고 이에 대한 판단을 유보하고 그저 개인의 결정에 맡겨버리는 정치적 정의관의 무관심과 무기력의 정치가 보여주는 심각성과 폐해를 비판한다. 정부는 시민들에게 좋은 삶이 무엇인지를 얘기할 수 있어야 하며, 또 그것을 결정할 수 있는 적극적인 역할을 해야 하는데, 좋은 삶의 선택을 개인의 결정에 맡기는, 소위 좋은 삶에 대해서 중립적인 태도를 취하는 자유주의의 행태를 비난한다. 그러면 샌델이 자신의 이해 방식에 의거해서 비판하고 있는 정치적 자유주의 혹은 최소주의(적) 자유주의의 형태를 취한다고 보는 정치적 정의관의 실체는 무엇인가?

일단 정치적 자유주의는 칸트적 자유주의와 구분되는데, 후자는 일종의

---

18 Michael J. Sandel, *Democracy's Discontent*, 22.
19 하지만 샌델의 비판이 롤스의 전기 철학과 후기 철학 모두에 동일하게 적용될 수 있는지에 대해서는 의문이다. 왜냐하면 샌델이 내세우는 공화주의 공공철학은 일정 부분 전기의 롤스의 철학 및 칸트적 자유주의와 양립할 수 있는 부분들이 적지 않기 때문이다. 이 점은 이 자리에서 문제 삼지 않는다.

포괄적 자유주의의 형태를 취한다. 포괄적 자유주의는 이른바 도덕적 문제를 괄호 치기 하지 않을 뿐만 아니라 그 자체가 하나의 특수한 도덕철학이라 할 수 있다. 따라서 비록 세부적으로는 칸트적 자유주의와 전기 롤스의 자유주의가, 롤스가 규명하고 있듯이, 방법론적 측면에서 각각 칸트의 도덕적 구성주의와 칸트적 구성주의에 기초해 있다는 점에서 구별되긴 하지만, 양자 모두 포괄적 자유주의로서 기본적으로는 칸트의 인간관처럼 하나의 철학적·형이상학적 이론에 의존적인 이론 구조를 취한다.

반면에 정치적 자유주의는 포괄적 자유주의인 칸트적 자유주의처럼 칸트적 인간관 같은 것에 의존하지 않으면서 좋은 삶에 대한 중립성을 강조하므로 철학적·형이상학적인 것에의 의존을 최소화한다는 의미에서, 샌델의 표현처럼, 최소주의적(minimalist) 자유주의라 부를 수 있다.[20] 그리고 좋은 삶에 대한 정치적 자유주의의 중립성 논증은 기본적으로 철학적·형이상학적인 것이 아니라 정치적인 것이기 때문에 자아의 본성에 대한 논쟁적 주장들에 의존하지 않는다. 원칙적으로 롤스의 것이라 할 수 있는 자유주의자들의 이러한 정치적 정의관은 칸트의 도덕철학을 정치에 적용한 결과가 아니라 현대 민주주의 사회의 근본 특징으로서 다원주의 현실에 대한 실천적 응답이라 할 수 있다.

최소주의적 자유주의자들은 사적 영역과 공적 영역, 개인적 정체성과 정치적 정체성, 인간으로서의 정체성과 시민으로서의 정체성을 철저히 구분하는 태도를 취하기 때문에 개인적 내지는 사적 영역에서 자신의 선택과 무관하게 주어진 도덕적 내지는 종교적 의무들도 공적 영역에서는 괄호를 쳐야 한다고 주장한다. 사적 영역에서 우리 자신은 사적 자아로서 자신이 원하는 좋은 삶을 기획할 수 있지만, 공적 영역에서는 자신을 이러한 사적 자아와는 전적으로 구별되는 공적 자아로 생각해야 한다는 것이다. 즉, 특별한 좋음으로부터 독립해 있는 존재로 생각해야 한다. 이렇듯 최소주의적 자

---

20 이는 롤스의 후기 철학을 대표하는 정치적 자유주의(Political Liberalism)의 기본 신조라 할 수 있다. Michael J. Sandel, *Democracy's Discontent*, 17-8.

유주의는 자아의 본질이나 도덕적 문제와 같은 철학적 논쟁들과 거리를 두려고 한다. 샌델은 이와 같이 "정치를 철학에서 분리하는 것이 갖는 설득력, 즉 정치와 관련이 있는 도덕적 및 종교적 문제들의 괄호 치기가 갖는 설득력"에 의존하는 최소주의적 자유주의를 "철학에 대한 민주주의의 우위"를 주장하는 정치적 정의관으로 규정한다.[21] 그렇다면 샌델이 문제 삼는 정치적 자유주의 혹은 최소주의적 자유주의의 근본 문제는 무엇인가? 그리고 과연 샌델의 지적과 비판은 정당한가?

우선 샌델의 비판은 적어도 정치적 자유주의를 주장하는 롤스의 견해를 부분적으로 오해하고 있거나 일방적인 것으로 보인다. 샌델 스스로 지적하고 있듯이 최소주의적 자유주의는 철학적 정의관이 아니라 정치적 정의관이다. 그리고 이러한 정의관을 채택하는 이유는 샌델의 비판과 달리 철학적이거나 도덕적인 것이다. 이제 이 점을 보다 분명히 할 필요가 있겠다. 샌델의 비판처럼 그 어떤 것도 확실히 참이라고 주장할 수 없는 논쟁적인 도덕적 내지는 종교적 견해들에 대해서 중립적 태도를 취하는 이른바 정치적 자유주의의 괄호 치기는 결코 맹목적이거나 무조건적인 것이 아니다. 롤스가 옹호하는 정치적 자유주의는 근본적으로 "합당한 다원주의의 사실"(the fact of reasonable pluralism)이라는 철학적 관점 위에 서 있는 도덕적 신념의 표현이다.

가령 낙태에 대한 도덕적 논쟁에서 최소주의적 자유주의는 낙태는 도덕적 문제이기 때문에 이에 대해서 정치적 중립성을 지키고 개인의 선택권에 맡겨야 한다고 주장하려는 것이 아니다. 오히려 결론이 나지 않는 치열한 도덕적 실천적 논쟁으로서 어느 한 쪽의 일방적 편들기는 도덕적 정당성이 없다고 생각할 뿐이다. 따라서 태아의 생명에 대한 뚜렷한 도덕적 판단이 가능한데도 그것이 도덕적 문제이기 때문에 무조적적으로 괄호 치려는 것이 아니다. 하지만 샌델은 이에 대해서 도덕적 및 종교적 논쟁을 괄호 치는 것에도 이미 정치적 목적을 위해 그러한 선택에 대한 확신, 이를테면 태아가 유관한 도덕적 의미에서 아기와 다르다는 확신이 작용하고 있기 때문

---

21 같은 글, 19.

이라고 해석한다.[22] 이것은 본말을 전도시킨 왜곡된 해석이다.

샌델 역시 동일한 비판을 받을 수 있는데, 낙태에 대한 최소주의적 자유주의의 입장 또한 그의 공화주의가 갖는 목적과 동일한 지위를 갖는다고 보는 것이 공평해 보이며, 이것이 참이라면, 샌델의 화살은 자신을 향하게 될 것이기 때문이다. 마찬가지로 링컨-더글러스 논쟁의 경우도 과거의 노예제가 도덕적으로 그른 제도라는 것을 오늘날 누구나 인정하는 진리가 된 것은 그것이 도덕적으로 옳은 것이었으며, 따라서 전쟁을 불사해서라도 그것을 관철시킬 수 있었기 때문이라고 말하는 것은 무리일 것이다. 정반대로 당시 더글러스의 주장이 관철되고, 동시에 전쟁을 하지 않았다면 노예제가 폐지될 수 있는 가능성은 존재하지 않는다는 것인가?

샌델의 주장은 그렇게 들린다. 그러나 우리는 만일 어떤 것이 옳다고 생각되는 경우 전쟁을 해서라도 그것을 성취해야 한다는 주장은 그것이 옳다는 도덕적 타당성과 동시에 그것을 달성하기 위한 수단이 전쟁뿐이라는 행위의 정당성, 이 모든 것이 독립적으로 충분히 옹호될 수 있어야 한다고 말해야 하지 않는가! 그렇다면 노예제가 도덕적으로 그른 것이라고 해도 그것이 전쟁마저 정당화 시켜주는 것은 아니지 않는가. 링컨의 선택이 이에 대한 정치적 해결이었다면, 정치적 자유주의는 이에 대한 하나의 철학적 응답이다. 정치적 자유주의는 노예제 괄호 치기는 결코 허용하지 않을 것이지만 전쟁 괄호 치기는 허용될 공산이 크다. 전쟁의 경우에는 또 다른 도덕적 논쟁들이 다수 포함되어 있기 때문이다. 그만큼 정치적 자유주의는 그 자체가 하나의 도덕적·철학적 관점이다.

더 나아가 특히 샌델은 사람들이 서로 대립하거나 갈등을 빚고 있으면서 시비를 가릴 수 없는 도덕적 논쟁들에 대해서 정부가 정치적 중립을 취하는 태도와 국가나 정부 혹은 이른바 시민적 자치를 통해서 적극적으로 어떤 결정을 이끌어내는 태도를 상당히 이분법적으로 평가하고 있어 보인다. 또한 공동체와 자치의 가치를 중시하고 합리적 토론과 논의에 참여하는 시민

---

22 같은 글, 100.

적 덕목을 강조하는 것이 비단 공화주의적 공공철학의 전유물인 듯 하는 태도는 일방적이기 쉽다. 앞서 지적했듯이 양자에게 이것은 정도의 문제일 뿐 자유주의 혹은 공화주의와 결합하는 민주주의 정체에서는 언제나 요구되는 민주 시민의 요건이었다. 이렇듯 샌델이 느끼는 민주주의의 불만은 실제로 역사적으로는 자유주의와 공화주의 모두의 불만이었다고 할 수 있다. 다수는 양자 모두에게 위협적인 세력일 수 있기 때문이었다. 그렇다면 최소주의적 자유주의가 현대의 낙태 논쟁이든 과거의 노예제 논쟁이든 현재적 관점에서 특정한 도덕적 내지는 종교적 입장에서 어느 한 쪽의 견해가 옳다는 주장을 할 수 있는 가능성은 전혀 없는가? 그들이 할 수 있는 것은 정치적 중립을 선언하고 그 결정을 개인의 권리를 존중하는 방식의 선택에 내맡기는 것뿐인가? 어디까지 누가 결정해야 하는가 하는 문제를 어떻게 해결하는 것이 바람직한가?

링컨-더글러스 논쟁에서 노예제가 도덕적으로 부당한 제도임이 판명난 것은 전쟁의 결과가 아니라 시간의 문제였다고 보는 것이 옳다. 왜냐하면 만일 영원히 도덕적으로 시비를 가릴 수 없는 문제라면 모르지만, 언젠가는 결정 나기 마련인 문제라면, 그때까지 문제 해결의 방도를 찾기 위해서 최대한의 노력을 경주하는 것, 그것이 중요한 태도로 보이는데, 최소주의적 자유주의가 선택한 정치적 정의관 또한 이를 배제하는 것이 아니기 때문이다. 아마 노예제의 비도덕성이 전쟁을 통해서 좀 더 빨리 결판났을지는 몰라도, 그렇다고 해서 정치적 자유주의가 노예제의 존속을 방치하거나 무관심하거나 하는 결론이 나오는 것은 아니다.

그러나 내가 보기에 정치적 자유주의의 문제는 샌델의 비판처럼 정치적 합의를 이끌어내기 위해서 도덕적 내지는 종교적 문제의 괄호 치기에 있기보다는 오히려 '합당한 다원주의의 사실'이라는 현실 인식의 정당성과 관련이 있다. 즉, 그 문제란 "합당하지만 양립 불가능한 종교적, 철학적, 도덕적 교리들로 심하게 나누어진 자유롭고 평등한 시민들의 안정되고 정의로운 사회를 상당 기간 동안 지속시키는 것이 어떻게 가능한가?"이다.[23] 여기서 우리가 주목해야 할 대목은 '합당하지만 양립 불가능한 종교적, 철학적, 도덕적 교리'와 '자유롭고 평등한 시민들의 안정되고 정의로운 사회'라는 표현이다. 전자의 표현은 후자의 '안정되고 정의로운 사회'를 충분히 보장할 수 있을 때에만 현실적인 설득력을 가질 수 있다고 할 수 있다. 그런데 만일 현실 사회가 안정적이지도 정의롭지도 못할 경우에는 어떻게 해야 하는가? 정치적 자유주의는 이에 대해서 심각하게 고민해 보아야 한다.

5. 샌델과 칸트적 자유주의

샌델이 정치적 자유주의에 가하는 비판의 정도와 비교하면 칸트적 자유주의 혹은 전기 롤스의 평등주의적 자유주의 혹은 포괄적 자유주의는 사정이 좀 나은 것처럼 보인다. 적어도 합당한 다원주의의 사실이라는 도덕적 관점에 제약되어 있는 최소주의적 자유주의와 달리 칸트적 자유주의는 특정한 도덕적 관점을 허용하는 입장이어서 도덕과 종교적 문제에 대해서 정치적 중립의 태도를 취한다거나 철학적 내지는 형이상학적 논쟁으로부터 거리를 두는 정치적 정의관이라거나 혹은 철학에 대한 민주주의의 승리라는 등의 비판을 피해갈 수 있어 보이기 때문이다.

일반적으로 칸트적 자유주의는 그레이가 자유주의의 철학적 교의로서 제시한 바 있는 개인주의적(individualistic), 평등주의적(egalitarian), 보편주의적(universalist), 개량주의적(meliorist) 특징을 공유한다고 할 수 있다.[24] 특히 개인주의적 측면에서 칸트적 자유주의는 어떤 경우에도 침해될 수 없는 개인의 기본적 권리들을 철저하게 보호하는 철학이다. 또한 롤스의 평등주의적 자유주의를 포함한 칸트적 자유주의자들은 복지, 의료, 교육을 포함한 모든 사회적 경제적 가치 추구에서 전체 국민 내지는 국가의 복지에 절대적으

---

23 J. Rawls, *Political Liberalism*, xx.
24 J. Gray, *Liberalism*, x.; R. J. Sullivan, *An Introduction to Kant's Ethics*, 9.

로 우선하는 것으로서 개인의 기본권과 시민적 자유라는 가치를 가장 근본적이면서도 최우선적인 것으로 여긴다. 그리고 이러한 근본적 가치들이 모든 사람들에게 동등하게 보호되어야 한다는 평등관을 갖고 있다. 현대의 칸트주의자 롤스는 평등주의적 자유주의 혹은 사회민주주의적 자유주의를 가장 정교한 방식으로 정식화한 바 있다. 그는 자유주의적 정의의 제1원칙을 "모든 사람은 다른 사람들의 유사한 자유와 양립할 수 있는 가장 광범위한 기본적인 자유에 대한 평등한 권리를 가져야 한다."라고 선언했다.[25] 또한 롤스는 이와 같은 평등한 자유가 보호되는 것이 정의로운 사회의 척도로서 "모든 사람은 사회 전체의 복지로도 유린할 수 없는 정의에 입각해 있는 불가침성을 갖는다. (…) 정의로운 사회에서는 평등한 시민의 자유는 해결된 것으로 간주하며, 정의에 의해서 보장된 권리들은 정치적 흥정이나 사회적 이득의 계산에 좌우되지 않는다."고 밝히고 있다.[26]

그러나 샌델에 의하면, 최소주의적 자유주의와 마찬가지로 칸트적 자유주의 역시 심각한 문제에 직면하게 된다. 정치적 정의관은 칸트의 도덕철학과 같은 특정한 도덕적 입장을 괄호 치는 정치적 중립의 태도가 문제였다면, 칸트적 자유주의는 정당화해야 할 특정한 도덕적·형이상학적 입장들을 정당화해야 하는 더 큰 과제를 안고 있다는 것이다. 샌델이 대표적으로 거론하고 있는 문제는 '좋음에 대한 옳음의 우선성'과 '무연고적 인간관'이다. 앞서 노예제 논쟁의 경우에 최소주의적 자유주의는 좋은 삶이란 사람마다 다를 수 있으며, 어떤 것이 더 나은 삶인지 여부를 국가나 정부가 나서서 결정해주거나 강요할 수 있는 것이 아니듯이 그에 대한 결정에서 이 문제를 괄호 치고 정치적 중립을 유지해야 한다고 주장할 경우, 명백히 그릇된 제도로 판명된 노예제에 반대하지 못한다는 문제를 짊어지게 된다는 비판이 가능했다.

그런데 칸트적 자유주의자들은 목적 자체로서의 인간의 존엄성을 중시하

---

25 J. Rawls, *A Theory of Justice* (1971), 60.
26 같은 글, 3-4.

는 칸트적 인간관 같은 포괄적인 도덕적 이상에 호소함으로써 이 같은 비판을 피해갈 수는 있었는데, 이제 다시 문제가 되는 것은 이와 같은 인간관이 옳다는 것을 어떻게 설명할 수 있는가 하는 것이다. 샌델이 칸트적 자유주의가 표방하는 "옳음의 우선성은 목적에 우선하는 자아상에 의존하는데, 이런 자아관이 얼마나 설득력이 있는가?"라고 묻고 있듯이,[27] 이에는 그 자체로 도덕적 가치를 갖는 옳음의 문제와 어떤 선행하는 특정한 좋음에도 의존적이지 않은 도덕적 자아관의 문제가 긴밀히 결합되어 있다.

그러면 좋음의 우선성을 옹호하는 샌델이 롤스를 비롯해 옳음의 우선성을 내세우는 칸트적 자유주의에 반발하는 이유는 무엇인가? 또 칸트적 자유주의가 채택하고 있는 옳음의 우선성 논제는 자아가 목적에 우선한다는 무연고적 자아관에 의존한다는 샌델의 비판은 정당한가? 이 문제를 앞서 낙태 논쟁과 링컨-더글러스 논쟁에 견주어보자.

샌델은 무연고적 자아 혹은 자유주의적 자아가 지닌 결함에 대해서 이미 여러 곳에서 소상하게 개진한 바 있다.[28] 먼저 낙태 논쟁과 관련해서 샌델이 최소주의적 자유주의에 대해서 가했던 비판,[29] 즉 도덕적 및 종교적 논쟁을 괄호 치는 것에도 이미 정치적 목적을 위해 그러한 선택에 대한 확신, 이를테면 태아와 아기와 다르다는 확신이 작용하고 있기 때문이라고 했던 주장은 그 정당성 여부를 떠나서 칸트적 자유주의에는 적용되지 못한다. 칸트적 자유주의는 포괄적 자유주의로서 하나의 도덕적 인간관을 갖고 있기 때문에 그것을 선행하는 정치적 목적을 내세워 비판할 수 없다. 때문에 샌델은 칸트적 자유주의에 대해서는 이러한 도덕적 인간관이 의존하고 있는 자아관, 즉 무연고적 자아를 옹호하는 자유주의를 겨냥한 비판에 주력하게 된다. 이는 동시에 옳음의 우선성에 대한 비판과 결부되어 있다.

자유주의적 자아를 무연고적 자아로 간주하는 샌델의 비판은 기본적으

---

27 Michael J. Sandel, *Democracy's Discontent*, 13.; *Liberalism and the Limits of Justice* (1982), 7-11.

28 Michael J. Sandel, *Democracy's Discontent*, 13-7; *Liberalism and the Limits of Justice* (1998), 184-218; *Liberalism and the Limits of Justice* (1982), 1-24.

29 Michael J. Sandel, *Democracy's Discontent*, 100.

로 '~가 없다' '~가 아니다'와 같은 부정적 정의 방식에 의존하고 있는데, 비판을 받는 상대가 하는 주장의 진의에 대해서는 별로 고려하지 않아 보인다. 가령 선택과 무관하게 주어지거나 찬양하는 여러 가지 도덕적 의무나 정치적 의무 혹은 도덕적 유대들을 설명할 수 없기 때문에 자유롭고 독립적인 무연고적 자아는 우리의 도덕적 경험을 이해할 수 없다는 주장이 대표적이다.[30] 이 같은 접근은 칸트나 롤스가 옹호하는 자유주의적 자아가 샌델이 지적하고 있는 것과 같이 무연고적 자아로부터 도출되는 자아의 비역사성, 추상성, 중립성 등 현실과 유리된 자아관으로부터 출발한 것이 아니라는 사실을 간과하게 만든다.

가령 "각 개인은 그 나름의 행복에 대한 생각을 구상하고 그 행복을 그것이 합법적인 방법에서 이루어지는 한, 자기 나름의 방식으로 추구할 자유와 능력 및 책임을 갖는다."는 것을 칸트적 의미에서 "중립의 원칙"(neutrality principle)이라 말할 수 있는데,[31] 이 원칙은 국가의 기능을 최대 다수의 최대 행복을 증진시키기 위해서 상이한 집단들의 관심이 균형을 이루도록 하는 것이 아니라 각 개인의 자유를 타인의 방해로부터 보호하는데 최우선적인 목표를 두는 데서 찾는다. 그런데 이 때 자유의 주체로서의 개인은 무연고적 주체가 아니다. 이들은 이미 특정한 관심을 갖고 있는 집단의 구성원들이다. 그들에게는 이미 자연적 삶이 있으며, 특정한 이해관계가 있으며, 따라서 특수한 좋은 삶들이 존재한다. 말하자면, 삶의 주체로서 경험적 자아들 혹은 자연적 자아들은 이미 연고적 자아, 역사적 자아, 공동체적 자아의 특성을 소유하고 있으며, 그런 점에서 인간은 이미 자연적으로 공동체적 존재인 것이다.

마찬가지로 고전적 자유주의만이 아니라 사회민주주의의 자유주의적 이상이나 자유지상주의의 자유주의적 이상이든 현대 자유주의가 추구해 온 것은 모두 여전히 "평등한 존중을 받지 못하고 있는 실제 현실에서 국가가

---

30 같은 글, 13.

31 R. J. Sullivan, *An Introduction to Kant's Ethics*, 8.

해야 하는 역사적으로 보다 구체적인 문제들"[32]의 해결에 대한 요구였다. 따라서 그것은 이미 존재하고 있는 국가나 공동체를 상대로 한 것이며, 거기에는 이미 자연적 의무와 다양한 사회정치적 의무들이 존재하고 있지 않은가![33] 한편으로는 하나의 공동체적인 존재, 좋은 삶을 추구하는 존재이며, 다른 한편으로는 다른 또 하나의 공동체, 보다 나은 좋은 삶을 추구할 수 있는 가능성의 원천적 주체요 담지자가 칸트적 자유주의의 자아이다. 또한 샌델이 비판하는 자유주의의 고전적 형태에 속하면서도 오늘날의 칸트적 자유주의보다는 샌델의 공화주의 내지는 공동체주의에 훨씬 더 가까워 보이는 칸트의 자유주의(Kant's liberalism)의 자아도 있다.

가령, 칸트는 정치적 서술 『속언에 대하여』[34]에서 오늘의 칸트적 자유주의처럼 국가는 국민의 자유와 안전을 보장해 주고 자유의 부당한 제한을 허용하지 않도록 해야 하며, 무조건적으로 복지 사회를 지향하는 것이 아니라 오히려 공동체의 존재를 유지해야 할 의무가 있다는 것을 강조한다. 그러면서도, 롤스가 이해하는 포괄적 자유주의를 훨씬 상회하는 수준에서 국가는 정의를 증진시키며, 공동체의 존립을 위한 시민법을 제정함으로써 개인의 권리가 아니라 개인의 의무를 규정할 것을 요구한다.(XI:154-155)[35] 더욱이 도덕적 및 종교적 문제에 대해서 괄호 치기를 하거나 단순히 맹목적으로 중립적이어야 한다고 말하는 것이 아니라 오히려 이와 치열하게 대결하고 있지 않은가! 시민법의 제정과 국민의 의무를, 나아가 시민의 정치적 의무가 도덕적 의무와 불가분의 관계를 갖는다는 점을 강조하고 있는 칸트의 정치철학은 공화주의적 자유주의 내지는 자유주의적 공화주의로 읽어낼 여지도 상당하지만, 현재의 논의 연관 속에 보자면 자유주의적 원리 아래서 공화주

---

32 P. Pettit, "Towards a Social Democratic Theory of the State", 550.

33 같은 글, 537-51.

34 원 제목은 Über den Gemeinspruch : Das mag in der Theorie richtig sein, taugt aber nicht für de Praxis.

35 또한 칸트는 국가의 사회적 책무에 대해서 다음과 같이 쓰고 있다; "국민을 그들의 의지를 거슬러 가면서까지 행복하게 해주려는 데 있는 것이 아니라, 단지 공동체의 존재를 유지하려는 데에 있다."(XI:155)

의적 가치가 충분히 수용될 수 있으며, 이러한 가능성은 동시에 샌델의 공화주의를 좀 더 큰 틀 아래서 검토할 필요성을 갖게 만든다.

뿐만 아니라 롤스가 말하는 포괄적 자유주의의 성격을 갖는 칸트적 자유주의의 관점에서 볼 때, 낙태 문제와 노예제 문제 양자 사이에는 중요한 차이가 있다. 적어도 낙태 문제는 인간 혹은 생명의 정의 문제에 대해서 아직 해결되지 못한 중요한 의견 차이가 있지만, 노예제 문제는, 이 점은 샌델도 인정하고 있는데, 그렇지 않다는 것이다. 칸트적 자유주의자들 역시 노예제의 도덕적 부당성을 옹호하며 그에 반대하는 것이 가능하다. 그리고 칸트적 자유주의를 넘어서는 칸트의 자유주의는 낙태 문제에 대해서 그 누구보다도 적극적으로 도덕적 해결을 선호한다. 칸트는 낙태를 반대할 것이며, 이는 그의 도덕철학으로부터의 당연한 귀결이 될 것이다. 그런데 샌델은 자유주의 공공철학을 비판하기 위해서 노예제와 낙태 문제를 다루면서 실제로는 노예제 논쟁을 통해서 최소주의적 자유주의를 비판하고 있으며, 낙태 문제을 통해서는 자유 선택권을 옹호하는 칸트적 자유주의의 자아관을 비판의 대상으로 삼고 있다. 하지만 설사 칸트적 자유주의가 낙태 옹호의 편에 선다고 하더라도, 그것이 곧 무연고적 자아관의 필연적 귀결인 것은 아니다. 낙태를 거부하는 도덕적 선택도 가능하기 때문이다. 다만 이러한 상반된 가능성의 원인과 이유에 보다 더 많이 주목하고 있을 뿐이다. 이 점에서 샌델의 칸트적 자유주의 비판은 공평하지 못하다.[36]

샌델의 공화주의 공공철학은 롤스식의 자유주의 공공철학을 도덕과 종교를 철두철미하게 괄호 치기 하는 정치이론으로 규정하며, 그러한 자유주의적 정치의 폐해를 경고한다. 정치가 결코 도덕적 및 종교적 문제로부터 자유로울 수 없으며, 따라서 이를 배제하려는 어떤 태도도 우리의 삶의 문제를 제대로 해결할 수 없을 뿐만 아니라 오히려 피폐하게 만든다고 주장한다. 그러나 우리는 샌델이 예로 들고 있는 낙태 논쟁과 링컨-더글러스 논

---

36 이와 함께 정치적 자유주의에 대해서도 샌델의 해석과 평가는 공평하지 못하다. 앞서 지적했듯이 정치적 자유주의는 '합당한 다원주의의 사실'이라는 현실 인식에서 출발하기 때문에 어떤 평가도 이 점을 고려한 것이어야 하는데, 샌델의 비판은 이 점을 소홀히 하고 있다.

쟁을 다른 각도에서 바라볼 필요가 있다. 가령, 노예제의 예에서 보듯이 링컨과 더글러스는 정치인이다. 도덕적 관점에서 볼 때, 그들의 결정이 무엇을 위해서 그리고 어떤 과정과 절차를 통해서 이루어졌는지는 매우 중요한 요소다. 그들 각자 혹은 각 진영은 노예제 문제와 같은 모든 유사한 (도덕적) 문제에 대해서 언제나 동일한 기준에 의해서 동일한 이유에 근거해서 저와 같은 결정을 내릴 것인지 보장할 수 있어야 하는데, 정치적 행위에서 반드시 그러한 결론을 기대할 수는 없어 보인다. 이는 가벼운 문제가 아니다.

공화주의가 강조하는 자치와 이를 근본적으로 가능하게 하는 시민적 덕목들 혹은 민주적 시민의 자치 등은 우리의 목숨이나 안위가 걸린 정책적 결정과 실행의 능력을 강조하는데, 이에는 언제나 도덕적 옳음과 정치적 결정의 과정이 자의적이거나 일방적일 가능성 혹은 위험이 내재해 있다. 샌델의 공화주의 공공철학이 지닌 치명적인 결함도 여기서 찾을 수 있는데, 역사상 인민을 대상으로 저질러진 수많은 범죄와 해악 내지는 개인의 권리의 유린 등은 모두가 자치의 권위를 지닌 사람들이거나 혹은 다수라는 이름을 빙자한 독재나 강제와 억압의 산물이었다. 물론 반대로 숭고하고 위대한 상찬할만한 행위 역시 있었던 것도 부인할 수 없지만, 자유주의가 민주주의와 결합하면서도 또 다른 한편으로 그와 긴장 관계를 형성해왔던 것도 이러한 위험성을 경계하고, 또한 이로부터 공동체를 지켜내기를 마다하지 않았던 선택이었다. 자유라는 이름으로! 이 공동체는 샌델의 눈에는 보이지 않을지도 모르지만 엄연히 살아 움직이고 있는 존재다. 그런 공동체가 바로 자유주의가 추구하는 공동체다.

샌델 역시 스스로 지적하고 있듯이 공화주의의 역사가 보여주는 가능한 위험에 대해서 분명하게 인지하고 있다.[37] 그럼에도 불구하고 한편으로는 자유주의를 비판하고, 다른 한편으로는 민주적 다수주의도 적극적으로 옹호하지 않는 샌델이 공화주의 공공철학의 길을 선택한 데에는 오늘의 민주주의에 대한 인식이 크게 작용하고 있다고 생각된다. 그것은 자유를 자치의

---

37 Michael J. Sandel, *Democracy's Discontent*, 27.

결과로서 인식하고, 도덕적 문제와 직접적으로 대결하며, 따라서 시민적 덕성과 도덕적 판단의 역할을 중시하는 공화주의적 자유야말로 진정한 의미에서 자유의 수호와 향유를 가능하게 해준다는 그의 믿음의 발로일 것이다. 그러나 아직은 칸트적 자유주의의 기획을 폐기할 때가 아니다. 그것은 여전히 진행 중인 과제다. 따라서 문제 해결의 관건은 그러한 자유주의가 지향하는 공동체가 자치의 상실이나 공동체의 쇠퇴라는 비판에서 벗어나려면 그것이 샌델이 우려하는 그런 위험에 봉착해 있는 것이 아니라 여전히 국가와 공동체라는 큰 틀에서 다양한 도덕적 내지는 종교적 문제들과 씨름해야 하는 자유주의와 양립할 수 있는 보다 설득력 있는 실천적 대안을 제시하는데 달려 있다. 그리고 이는 샌델의 공화주의 공공철학과 그리 먼 곳에 위치하고 있는 것도 아니다.

8

롤스와 샌델, 공동선과 정의감

1. 롤스와 샌델

이 글은 샌델의 롤스 비판과 그의 공동체주의적 공화주의를 평가하면서 정치적 자유주의로 발전한 롤스의 평등주의적 자유주의의 근본정신을 옹호하려는 시도다. 특히 가치 다원주의 시대에서 실현가능한 좋은 삶의 문제와 관련해서 샌델의 공화주의적 입장이 지닌 한계와 위험성을 경계한다. 나는 이 점을 그의 롤스에 대한 비판에 주목하며 대응할 것이다. 정치란 국가와 사회를 이루며 함께 살아가는 사람들과 그들의 삶이 빚어내는 문제와 갈등을 해결하려는 하나의 기술이며, 이를 통해 궁극적으로는 좋은 삶의 구현을 추구한다. 가장 넓은 의미에서 좋은 삶은 개인적 선(좋음), 공동체 내지는 사회 구성원 전체의 공공 복리와 복지를 추구하는 공동선(the common good)과 공공선(the public good) 혹은 공익적 가치를 포함하는 다양한 선들로 이루어지며,[1] 따라서 한 사회의 구성원들이 공유하고 있는 가치들과 불가분의 관계를 갖는다.

개인적 선과 이익에 부합하는 사회 전체의 공공복리와 복지의 실현을 이상으로 하고 있다는 점에서 다분히 개인주의적 전통에 서 있는 근대적 의미

---

[1] 공동체의 선 또는 공동체의 구성원들이 공유하는 가치로서의 선을 뜻하는 common good은 그것이 정의되는 방식에 따라서 공동선(共同善)이나 공공선(公共善)의 의미를 모두 가질 수 있다. 때문에 개인들과 다양한 공동체를 비롯해서 하나의 국가에 이르기까지 개인이나 사회 구성원 전체 혹은 공공의(public) 선 중에서 어떤 것을 강조하느냐에 따라서 의미의 차이가 생길 수 있다. 가령 공리주의 모토인 "최대 다수의 최대행복"처럼 개인의 이익이 함께 고려되는 사회 전체의 공동선을 추구하지만 실제로는 사회적 공리가 곧 공동선이며 그것이 곧 공공선이라는 등식을 낳을 수 있다. 이 글에서는 그 용법에 상관없이 common good은 '공동선', public good은 '공공선'으로 통일했다. 일반적으로 대상이나 재화의 측면에서 common good은 공동의 재화 혹은 공동재로서 개인 간의 경쟁이나 선택을 허용하는 가치들에 적용되지만, public good은 공공재로서 개인 간의 경쟁이나 선택을 허용하지 않는 가치들에 적용된다.

에서의 공동선은 이미 그리스와 로마 시대에도 중요한 문제였다. 하지만 아리스토텔레스가 자신의 정치철학의 주제로 전제하고 있듯이 개인적 목적으로서의 좋은 삶을 개인과 공동체의 복리가 균형을 이루고 있는 공동선과 관련지어 규정하고 있는데 비해서, 로마 시대의 고전적 공화주의 전통은 공동선을 공익 우선의 공공선에 종속적인 가치로 이해하려는 사고가 지배적이었다. 국가를 시민공동체로 파악한 그들에게는 공공적인 것(the res publica) 즉 공공선이 곧 공동선이었다. 오늘날의 샌델 역시 전반적으로 이러한 노선을 계승한다고 볼 수 있다. 하지만 로마 공화정 시대의 공공선에 대한 옹호는 사회 구성원 전체가 아니라 일정 수준의 지위에 있는 주류 남성 엘리트들의 지배 논리로부터 자유롭지 못했다.

그러나 근대는 정치적 토양이 그 이전과는 전혀 달랐다. 비록 점진적이었다 하더라도, 또한 시민권을 갖는데 여전한 제한과 제약이 뒤따르고 있었지만, 전반적으로 사회 구성원 전체의 공통 이익만이 아니라 상호 대립하는 구성원들의 다양한 이익들이 본격적으로 고려되기 시작했다. 이 같은 변혁의 근저에는 개인의 자유와 권리 및 이익을 중시하는 신조가 놓여 있었으며, 때문에 공적인 것을 강조하는 공공선과의 충돌은 피할 수 없었다. 최근 1980년대부터 불붙기 시작한 자유주의와 공동체주의의 논쟁도 그 핵심에는 개인의 자유와 공공선의 문제가 자리 잡고 있으며, 그 공방의 추이를 살펴보면 이 문제가 각 진영의 입지를 좌우하는 중요한 쟁점이라는 것을 알 수 있다.[2]

근대 이래로 지배적 담론으로서, 그리고 현대에 들어서 더욱이 구소련을 비롯한 동유럽의 사회주의 국가의 몰락에 힘입어 성공한 이론으로서의 위상을 지녔던 것이 자유주의 혹은 자유 민주주의였다. 반면에 샌델은 자신을 다수의 가치나 특정한 시대의 지배적 관습이나 관행을 중시하는 정형화된 공동체주의자에 포함시키는 것을 거부하는데, 대표적인 공동체주의자들인

---

2 잘 알려져 있다시피 2005년에 한국을 방문하여 자신의 정치철학적 입장을 분명히 한 바 있는 샌델의 주장에서도 이 같은 점을 잘 엿볼 수 있다. 이에 대해서는 Michael J. Sandel, 『공동체주의와 공공성』, 특히 36-48.

찰스 테일러, 매킨타이어, 마이클 왈쩌 역시 공동체의 전통과 관습의 맹목적인 수용과 존중을 강변하는 극단적인 공동체주의자 혹은 민족주의적 공동체주의자가 아닌 것은 분명해 보인다. 하지만 시민의 자치와 법의 지배를 특별히 더 옹호하는 샌델의 근본 입장은 분명 차별화되어야 하지만, 대체로 공동체와 공공선, 시민적 덕성과 정치적 참여, 평등과 책임 등을 강조하는 점에 비추어 보면, 그 차이에도 불구하고 샌델을 포함해 그들 모두를 공동체주의자로 분류하는 것은 무리가 아니다.

비판적으로 정당화될 수 있는 전통의 옹호를 포함하여 공통체적 가치에 열린 자세로 임하는 공동체주의자들 중에서도 샌델은 공화주의 공공 철학(the public philosophy)을 지향한다. 특히 샌델은 그 자신의 학문적 출발에서부터 롤스의 평등주의적 자유주의 및 그것이 함축하는 자유주의 공공 철학에 대한 비판으로부터 자신의 정치철학적 입장과 입지를 구축해왔다. 때문에 자유주의 비판도 대부분 전형적인 고전적 자유주의가 아니라 상대적으로 평등과 분배를 중시하는 롤스의 평등주의적 자유주의 정치철학을 주 대상으로 하고 있다. 이런 점에서 자신을 일방적으로 지배적인 습관이나 관행을 중시하는 다수자 중심의 공동체주의자로 혹은 과도한 자유주의 비판자로 분류하는 평가를 거부하는 샌델 자신의 고유한 입장은 그의 롤스 비판을 통해서 훨씬 잘 드러난다.

샌델 자신의 말을 빌리면,[3] 롤스의 사상 가운데 그가 동의하는 것은 대체로 세 가지인데, 공리주의 비판, 인간에게는 정의와 같은 기본적인 도덕적 충동이 있다는 것, 『정치적 자유주의』에서 말한 반성적 평형 개념 등이 그것이다. 반대로 동의하지 않는 점으로는 두 가지로서 선(좋음)에 대한 권리(옳음)의 우선성 주장과 자유주의적 공적 이성 개념을 들고 있다. 샌델은 스스로 이 같은 자기 평가를 하면서 정의 개념을 중시하는 롤스를 따라 정의에 입각한 재분배의 원리 및 그 바탕에 깔린 도덕적 원리에는 동의하면서도 내용적으로는 롤스가 이를 규명하기 위해 원초적 입장을 도입한 것은 잘

---

3 같은 글, 341.

못되었다고 비판하고 있다. 샌델의 이 같은 생각은 롤스가 기본적으로 정의를 옳음의 우선성 주장과 결부하여 접근하는 전략을 취하고 있다는 점에 대한 비판으로 읽을 수 있다. 샌델은 정치적 권리를 특정한 선 개념 없이 청구하는 것은 불가능하며, 따라서 정의의 문제를 다룰 때도 우리가 도덕적, 종교적 관념을 분리시키거나 배제해서는 안 된다고 주장한다. 이 점은 샌델이 특별히 강조하는 주장으로서 정의 및 공공선의 문제에서 권리와 옳음의 우선성이 갖는 비현실성을 비판할 때 언제나 되풀이해서 등장한다. 같은 연장선상에서 샌델은 롤스의 자유주의적 공적 이성 개념을 거부할 때도 정치적 논변은 도덕적·종교적 관념과 분리될 수도 없고 그래서도 안 된다는 것을 누누이 강조하고 있다. 이는 후기의 롤스가 정치적 자유주의를 통해서까지 물리치려했던 입장으로서 양자가 근본적으로 대립하는 지점이다.

샌델은 개인선과 공동선 모두를 공공선에 제약된 것으로 파악하는데, 사회적 선 관념을 옳음이나 권리 그리고 정의 관념 보다 우선시하며, 후자가 전자에 의존적이거나 그래야만 한다고 주장한다. 반면에 롤스에게 "정의의 원칙은 공(공)적인(public) 것이다."[4] 롤스는 선에 대한 옳음의 우선성을 내세우며 사회 전체의 이익 추구로서의 공동선과 엄격히 구별되는 공정성으로서의 정의가 최고의 가치를 갖는다고 주장하며, 이를 평등주의적 자유주의 및 정치적 자유주의에 입각해서 정당화한다. 롤스는 별도의 공동선 혹은 여러 공동체/결사체들 중에서 어느 하나의 특정한 집단을 위한 이론을 필요로 하지 않는다. 공공의 복지를 추구하되 이를 모든 것에 우선하는 하나의 공동선으로 추구하는 것은 기본적으로 개인의 자유와 권리를 침해할 수 있기에 거부될 수밖에 없는데, 롤스에게 개인의 기본권은 사회 전체의 복지와 복리 혹은 공동의 이익으로서의 공동선이라는 이름 아래서도 결코 유린될 수 없으며 또 유린되어서도 안 되는 가치이기 때문이다. 따라서 인권과 같은 것을 불가침적인 가치로 내세우는 롤스는 다리의 건설이나 공중 버스의 운영과 같이 개인권과 양립할 수 있는 정당성을 지닌 공공선을 추구한다.

---

4 J. Rawls, *A Theory of Justice* (1971), 570.

그리고 이를 통해 개인권의 보호와 함께 그 결과로서 사회 전체의 공동선이 증진될 수 있는 공공적 정의관을 추구한다.

나는 정의의 문제에 있어서 "불가침의 인권이라는 자유주의의 전통적인 도덕적 직관과 최소 수혜자 우선성으로 대변되는 강력한 평등주의를 결합하여 공정으로서의 정의라는 독특한 정의관"[5]을 평등주의적 자유주의에 기초하여 옹호하고 있는 롤스의 사상이 개인권에 우선하는 공공선을 중시하는 샌델의 공동체주의적 공화주의 입장 보다 이론적으로나 실천적으로나 훨씬 더 설득력 있는 견해라는 생각 위에서 샌델의 롤스 비판을 평가할 것이다. 그리고 오히려 롤스의 입장에 기초함으로써 양자 간에 놓여 있는 혹은 화해할 수 없어 보이는 간극도 해소될 수 있다고 주장할 것이다. 이를 위해 샌델에 의해서 의무론적 자유주의 정치철학으로 해석되는 롤스의 『정의론』 및 그의 후기 철학을 대표하는 『정치적 자유주의』 모두에서 자신의 공정성으로서의 정의관의 토대로서 적극적으로 옹호하고 있는 인간의 두 도덕적 능력인 선관(the conception of the good)과 정의감(a sense of justice)의 역할에 주목할 것이다.

2. 옳음의 우선성과 좋음의 우선성

샌델은 한국에서 행한 바 있는 강연을 통해서 자신의 정치철학적 입장의 대강을 다음과 같이 정리한 바 있다: "나의 모든 강연들은 선에 대한 옳음의 우선성을 주장하며, 정부로 하여금 그의 시민들이 신봉하고 있는 도덕적·종교적 신념들에 대해 중립적이기를 요구하는 유형의 자유주의에 대한 나의 반대를 반영하고 있었다. 나는 정의와 권리에 대한 논쟁을 실질적인 도덕적·종교적 관념들로부터 분리하는 것이 항상 가능하지는 않다는 것을 주장했다. 그리고 그러한 것이 가능한 경우라 하더라도 반드시 바람직한 것은 아니라고 주장했다. 강연을 진행하면서 나는 자유주의적 중립성을 견

5　정원섭, 「공적 이성과 정치적 정의관」, 235.

지하는 공공 철학이 구성원들의 의무와 연대에 대해 적절히 고려하지 못하고 있으며, 인간적·사회적 관계에서 시장이 영향을 미치는 영역을 지나치게 많이 허용하고, 자치(self-government)에 대한 의미 있는 참여를 위해 필요한 시민적 덕성을 배양하는 데 실패하고 있으며, 또 도덕적·정신적 공명을 상실한 빈곤한 공적 담론으로 이끌고 간다는 점을 보여주려고 애썼다."[6] 이와 같은 대강의 진술을 통해서 샌델이 옹호하는 공동체주의적 공화주의의 일단을 엿볼 수 있다.

샌델의 공화주의는 자유지상주의는 말할 것도 없이 롤스식 자유주의적 민주주의 혹은 평등주의, 절차적 자유주의, 자유주의적 공공 철학, 선과 좋음에 대한 정의 혹은 권리의 우선성, 개인의 가치와 선에 대한 국가의 중립성 등을 비판하며, 그 대안으로서 권리와 옳음에 대한 선의 우선성에 기초한 공동선에 대한 숙고, 공동체의 성원으로서의 시민적 덕성의 강조, 정치에의 적극적 참여, 역사적·구체적 인간관 등을 옹호한다. 이와 같은 대립과 관련해 롤스와 샌델이 가장 첨예하게 접점을 형성하고 있는 근본적이면서도 핵심적인 문제가 정의와 선 관념이다. 특히 정의와 선은 자유주의와 공화주의 양자 모두에서 하나 혹은 다수의 공동체나 결사체가 추구하게 되는 공동선의 문제와 긴밀하게 결합되어 있다. 때문에 이 문제를 어떻게 풀어가느냐에 따라서 롤스와 샌델의 입장 차이가 가장 뚜렷하게 구분되며, 그만큼 명암 또한 갈릴 수밖에 없다.

롤스는 기본적으로 정의와 옳음 및 권리를 공동선에 우선하는 독립적인 가치로 인식한다. 그의 정의론 자체가 그 정당성을 증명하는데 바쳐지고 있다. 롤스는 개인의 자유와 권리, 그리고 개인적 선의 추구에 대해서 국가의 중립을 요구하며, 개인권을 집단이나 공동체의 선으로부터 독립적인 가치를 갖는 것으로 규정한다. 따라서 당연히 하나의 특정한 선으로서 개인의 도덕적·종교적 신념 역시 공공선으로부터 독립해 있는 중립적인 가치들이다. 반면에 샌델은 살기 좋은 공동체의 건설은 선 및 좋음의 관념과 분리해

6 Michael J. Sandel, 『공동체주의와 공공성』 8.

서 생각할 수 없다고 주장한다. 만일 선에 대한 정의의 우선성만을 강조할 경우, 공동체의 구성원들 및 다양한 집단들 간의 갈등을 올바로 조정할 수 없으며, 그런 사회나 국가는 결코 살기 좋은 곳이 아니라고 응수한다.

샌델이 보기에 롤스식의 자유주의 정치철학이 이전에 비해 많은 점에서 불평등의 해소와 가능한 대안들의 제시를 통해 이를 어느 정도 불식시킨 공로는 인정할 수 있지만, 오늘날 개인의 자유가 적극적으로 옹호되고 자율적인 경제 활동이 허용되며, 효율적인 법체계가 작동되고 있는 자유주의 국가에서도 개인들 간에 발생하는 불평등은 여전하다는 점에서 그것만으로는 불충분하다고 지적한다. 이를 위한 보다 근본적인 개선과 해결책이 필요하며, 그렇지 않으면 전보다 더 많은 사회적 문제에 직면할 공산이 크다고 생각한다. 이 같은 샌델의 현실 인식은 롤스의 정의와 옳음 및 권리의 우선성에 반대하며, 선 및 좋음의 우선성과 공공선의 가치를 중시하는 공동체주의적 공화주의를 대안으로 삼는다. 샌델은 근본적으로 공동선을 포함해서 정치, 도덕, 종교와 같은 가치들을 인간적 삶과 분리하거나 독립적인 것으로 간주하는 것을 거부한다. 샌델의 근본적인 문제의식은 "좋은 삶에 대한 특정 개념을 전제하지 않고서 옳음을 확인하거나 정당화할 수 있는가" 즉 "개인의 주장이나 공동체의 주장이 더 많은 비중을 갖느냐가 아니라, 사회 기본 구조를 규제하는 정의 원칙이 서로 대립하는 시민들이 신봉하는 도덕적·종교적 확신에 관해서 중립적일 수 있는가"하는 것이다.[7] 샌델은 이에 대해서 좋음과 옳음, 그리고 정의와 시민의 도덕적·종교적 확신의 불가분리성을 옹호하면서 롤스식 자유주의에 대해서 분명한 반대 입장을 표명하고 있다.

나는 샌델이 롤스의 문제의식과 철학적 주장 및 그 함의를 정확히 이해하고 있다고 보지 않는다. 샌델은 16년 만에 내놓은 『자유주의와 정의의 한계』 (1998)의 재판에서 롤스는 물론이고 공동체주의 진영과도 분명한 선을 긋고 있는데, "옳음이 좋음보다 앞선다."는 원리와 대조를 이루는 "정의와 좋음

---

7 Michael J. Sandel, *Liberalism and the Limits of Justice* (1998), x.

은 서로 상관적이다."는 원리를 내세워 다시 한 번 저들의 입장과의 차별화를 시도한다(나는 간단히 전자를 '옳음의 우선성 원리', 후자를 '좋음의 우선성 원리'라 부르겠다). 그런데 '좋음의 우선성 원리'를 통해서 정의와 선 또는 옳음과 좋음을 연결하는 방식을 크게 세 가지로 구분해서 기존의 두 가지 방식을 비판하고 세 번째 가능한 대안을 제시하고 있다. 이에 따르면 '좋음의 우선성 원리'의 첫 번째 경우는 "정의 원칙의 도덕적 힘은 특정한 공동체 혹은 전통에서 널리 신봉하거나 폭넓게 공유되는 가치에서 나온다."[8]고 하는 일반적으로 공동체주의의 주장으로 알려진 것이다.

샌델이 롤스식 방식을 거부하는 근본적인 이유는 본래적 좋음 혹은 인간의 선에 대한 선행하는 규정이 부재한 상태에서 옳음을 결정하기 위해서는 전적으로 공동체나 전통에 내재한 가치 이해에 의존해야 하는데, 전통에 대한 해석은 다양한 이견에 직면할 공산이 크며, 더욱이 어떤 해석이든 그것은 특정한 공동체를 전제로 해야만 하거나 또는 해당 공동체에 속해 있으면서도 아직은 실현되지 않은 어떤 이상에 호소해야하기 때문이다. 반면에 다른 하나는 아리스토텔레스의 정치 이론이 이에 속한다. 이에 따르면 권리의 용인은 본래적 선에 의존적인 좋음을 증진시키는 목적의 도덕적 중요성에 따라 결정된다. 즉, 좋은 목적으로서의 삶의 방식에 좋음이 속해 있으며, 옳음 또한 삶의 방식과 좋음에 따라서 규정된다는 것이다.[9] 이 방식은 선행하는 본래적 좋음에 기초한다는 점에서 첫 번째 경우의 공동체주의와는 근본적으로 구분된다. 샌델은 이를 통해 롤스식의 자유주의, 전형적인 공동체주의, 그리고 아리스토텔레스식의 목적론적 윤리설 내지는 완전주의 윤리설 모두와 선을 그으며, 자신의 공동체주의적 공화주의의 성격을 보다 분명히 하고 있다.

무엇보다도 샌델의 공동체주의는 '좋음의 우선성 원리'를 주장하는 다른 두 방식과 비교하면 "권리의 정당화는 채택된 목적의 도덕적 중요성에 달

---

8 같은 글, x.
9 같은 글, xi.

려 있다."는 점을 강조하는데, 이는 "권리가 촉진하는 목적의 내용"을 중시하는 것이다.[10] 왜냐하면 샌델이 차별화 하려는 여타의 공동체주의나 아리스토텔레스주의 모두 '목적의 내용' 자체가 갖는 도덕적 중요성을 우선적 고려의 대상으로 간주하고 있지 않는데, 그들은 공동체나 전통이 공유하고 있는 가치나 특정한 좋은 삶의 방식을 그 자체로 고유한 가치를 갖는 목적의 내용 보다 선행시키기 때문이다. 그러나 이 점은 매우 민감한 주제다. 이는 단순히 롤스식의 '옳음의 우선성' 원리와 정면충돌하는 문제이기만 한 것이 아니라 공동체주의 진영의 내부적 쟁점이기도 하기 때문이다. 결국 저들 모두가 각기 상이한 입장을 갖는 것도 이 문제를 어떻게 보느냐에 따라 갈리게 된다.

샌델은 한 개인이 갖는 특정한 권리는 결코 개인의 자율성에 대한 권리로부터 성립하는 파생적 권리들 중의 하나가 아니라고 생각한다. 가령 종교의 자유처럼 우리가 종교적 자유를 갖는다는 것, 특정한 종교적 믿음을 갖는다는 것, 그에 따른 종교적 의무를 수행하는 것 등은 사람들이 지닌 믿음의 내용이나 종교 자체의 도덕적 중요성으로부터 성립하는 것이어서 그 사람의 삶과 가치관으로부터 분리시킬 수 없다. 그렇게 행위 주체는 역사와 전통을 통해 형성된 사회적 관계와 가치 체계에 뿌리를 내리고 있기 때문에 롤스가 주장하듯 일체의 가치로부터 중립적이거나 추상적이며 무연고적인 자아의 선택에 의해서 비로소 성립하는 것이 아니다. 서로 동일한 공동체에서든 상이한 공동체에서든 종교적 믿음이 어떤 사람에게는 그저 선택의 문제일 수도 있지만 또 다른 어떤 사람에게는 자신에게 꼭 필요한 목적 내지는 자신의 정체성을 좌우하는 가치를 갖는다는 점에서 여타의 관심이나 목적과 구분되는 종교적 선일 수가 있다.

같은 이유에서 샌델은 롤스식의 자유주의는 개인은 자신의 믿음을 자유롭게 선택하고 추구할 수 있는 종교적 자유가 있으며, 이를 어떤 다른 가치나 선에 우선하는 권리로 간주하는데, 이런 중요한 가치를 여타의 다른 덜

---

10 같은 글, xi.

중요한 행위와 동일시하거나 그 자신으로부터 분리시킨다는 것은 당연히 부당한 것이 될 것이라고 비판한다.[11] 샌델에게 인간은 태어나면서 이미 사회적 관계 속에서 형성된 특정한 가치, 특정한 선, 특정한 권리, 특정한 의무를 어떤 다른 것 보다 더 중시하게 되는 상황이나 우연적 조건으로부터 자유롭지 못한 존재로 간주되기 때문에 저와 같은 비판을 견지할 수가 있을 것이다. 그러나 이는 공평한 비판이 아니다. 상호 대척점을 이루고 있는 위치에서의 비판이 아니기 때문이다. 적어도 특정한 선에 대해서 옳음의 우선성과 정의 원칙의 중립성을 주장하는 롤스의 정의관은 샌델식의 선 관념이 안고 있는 근본적인 한계에 대한 반성이 이루어지는 지점에서 출발한다고 볼 수 있기 때문에, 이에 대한 이해와 평가가 우선되어야 한다.

무엇보다도 샌델이 이해하는 방식의 선 개념은 다양한 선 관념들의 갈등에 직면할 수밖에 없다. 샌델은 상호 대립하는 선 관념들 사이에 목적의 내용에 따라 그 중요성을 평가하는 방식을 중시하겠지만, 롤스의 입장에서 보면, 이는 특정한 종교적 선들의 경우처럼 더 이상의 해결이 불가능한 갈등 지점에 이르게 될 것이다. 이 같은 다양한 선관 내지는 선 관념의 충돌과 갈등을 해소할 수 있는 전략이 롤스의 옳음의 우선성 원리라 할 수 있다. 그런데 더 중요한 것은 갈등하는 선관들의 충돌을 해결하려는 관심과 요구 역시 하나의 선관 내지는 선 관념의 반영이라 할 수 있다. 그런 점에서 이러한 요구 위에서 성립하는 롤스의 정의관 자체가 곧 하나의 선관이라 할 수 있다. 마치 이는 칸트의 선의지 개념을 연상케 하는데, 선의지는 옳음의 우선성을 근본 원리로 하면서도 이 원리 자체는 우리가 일반적으로 추구하는 도구적 선과는 다른 차원의 선 관념을 반영한다. 더욱이 롤스는 정의 사회를 위한 근본 토대로서 이론적으로는 정의와 선을 상호 독립적인 가치로 간주하지만 실천적으로는 결코 이 양자를 상호 무관한 별개의 문제로 보지 않는다. 오히려 정의와 선은 한 개인에게서는 물론 공동체에 속한 집단들 간에도 상호 밀접하게 작용하는 인간의 기본적인 두 능력이다.

11 Michael J. Sandel, 『정의의 한계』, 54.

롤스는 시민들의 자치에 기초하여 "모든 사람에게 이익이 되는"[12] 가치로서의 공동선의 추구라는 명분 아래 초래하게 되는 문제, 즉 개인의 권리와 정의가 전통적 의미의 공동선에 종속되어 개인의 자유를 강제하거나 부당하게 침해하게 되는 문제를 샌델과는 정반대의 관점에서 접근한다. 다시 말해서 샌델이 롤스를 비판하며, 그 대안으로서 제시하고 있는 해결책으로서 공동체주의적 공화주의가 당면하게 될 문제 지점이 오히려 바로 롤스의 평등주의적 자유주의의 출발점이라 할 수 있다. 때문에 비록 샌델이 공동선의 추구에서 공동체 운영에의 공동 참여, 공공선을 위한 개인의 의무와 희생 및 연대 등의 시민적 덕목의 배양 등을 롤스의 정의관을 대신할 수 있는 현실적인 대안으로 제시하지만, 오히려 롤스는 이에 대한 샌델식의 시도가 실패하게 될 지점에서 자신의 정의론의 출발점을 선취하고 있다고 할 수 있다. 이는 샌델이 시민권과 자유에 대한 자유주의적 견해가 공화주의적 견해를 어떻게 밀어내고 현재에까지 이르게 되었는지를 묻고 있는 지점과 정확하게 일치한다.[13]

3. 정치적 자유주의와 다원주의

롤스의 정의관은 단 하나의 정의관만이 존재한다고 가정하지도 또 주장하지도 않는다. 오히려 다수의 서로 경쟁하는 정의관이 존재한다고 상정한다. 따라서 당연히 다수의 정의 관념이 있을 수 있다. 중요한 것은 롤스가 왜 그렇게 생각했느냐 하는 것이다. 이 문제를 살펴보기 전에 먼저 생각해 보아야 할 것은 롤스에 더 중요한 문제는 현실에는 서로 대립하고 갈등하기까지 하는 다양한 도덕관, 종교관, 가치관이 공존하고 있다는 사실이다. 롤스에게 이 같은 현실에서 정의는 그것이 어떤 것이든 가장 중요한 실천적 덕목일 수밖에 없다. 어떤 점에서는 너무 당연하기까지 한 정의에 대한 롤

---

12 J. Rawls, *A Theory of Justice* (1971), 233.
13 Michael J. Sandel, 『민주주의의 불만』 19.

스의 강조가 새삼 주목받게 되었던 것도 이런 문제의식 때문일 것이다.

롤스는 최초에 『정의론』(1971)에서 정의 문제를 근대 사회계약론의 전통을 원용해서 풀어가려고 하는데, 이 전통적인 사회계약론은 치명적인 약점들을 안고 있었다. 이를테면, 그 같은 계약이 역사적 사실로서 실제로 존재하지 않았다는 비역사성, 일종의 가상적 약속으로서 단순한 추후적 정당화에 그치고 마는 계약은 아무런 현실적 구속력을 갖지 못한다는 비현실성, 그리고 설사 약속의 체결이 사실적 행위였다고 하더라도 왜 그 약속을 반드시 지켜야 하는지에 대한 도덕적 정당성의 부재 등을 꼽을 수 있다. 또한 근본적으로 더 중요한 문제는 계약론은 계약의 결과에 대한 고려가 없음으로 해서 애초에 그와 같은 계약이 체결되어야만 하는지에 대한 도덕적 정당성을 물을 수가 없다는 데 있다.[14] 롤스는 이 같은 약점을 오히려 장점으로 이용하는 코페르니쿠스적 전환을 시도했다. 이것이 장점으로 탈바꿈할 수 있었던 것은 샌델로부터 신랄한 비판을 받았던 계약 주체의 비역사성, 무연고성, 추상성, 중립성 등 현실과 유리된 자아관으로부터 출발했기 때문이 아니다. 실질적으로 그의 정의관을 이끌어가는 동력은 기본적 욕망 능력으로서의 선관과 자발적 의지로서 정의감에 있으며, 이 두 도덕적 능력의 결과로 나타난 것이 바로 "공정성으로서의 정의"(justice as fairness)다.

롤스의 방법론은 현실적으로 갈등하는 다양한 선관 내지는 선 개념이 존재한다는 현실로부터 출발하고 있다. 즉 각자의 욕망에 따라서 다양하게 분출되는 행복에의 열망이 존재하며, 그 중에서 샌델이 강조하듯이 우리의 본성과 결부되어 언제나 우세한 가치를 갖는 특정한 선에 의해서 지배되는 자기 이해가 갈등의 주범이다. 하지만 샌델은 이러한 자기 이해에 대한 실질적인 고려가 정의가 고민해야 할 핵심 사항이라고 주장한다. 다시 말하자면, 샌델에 의해서 칸트적인 의무론적 자유주의로 해석되는 롤스 정의론의 독립적, 중립적, 무연고적 자아가 아니라 목적과 내용을 갖는 연고적, 상황연관적, 역사적 자아의 특수성과 고유성을 전면에 내세운다. 하지만 샌델의

---

14 황경식, 『사회정의의 철학적 기초』 442-5 참조.

이 같은 입장은 롤스 정의론의 핵심 전제를 놓치고 있다.

앞서 지적했듯이 롤스의 인간관은 샌델이 롤스의 자아에 덧씌운 앙상한 이미지와 달리, 그리고 선으로부터 옳음을 분리시켜 놓은 그 곳에서 출발하는 것이 아니라, 언제나 인간의 선에 대한 욕망과 함께 고려되고 있는 주체에서 출발한다. 그러므로 오히려 보다 중요한 문제는 옳음의 우선성 원리 및 좋음의 우선성 원리와 관련해서 롤스와 샌델 양자 모두에게 중요한 것은 다양한 선 관념 내지는 선관들의 갈등 문제를 어떻게 해결할 것인지 여부다. 롤스의 경우 각자가 개인적으로 추구하는 선이란 행위자가 타인에게 불의한 행동을 하지 않는 한 문제가 되지 않는다. 말하자면 각자의 선의 추구가 부당하게 타인의 선을 침해하는지 여부가 문제. 롤스의 옳음의 우선성 원리는 바로 이와 같은 문제를 해결할 수 있는 기반을 제공한다. 그런 점에서 롤스의 정의관은 그 자체가 하나의 공공선의 표출이다. 따라서 단순히 좋음에 대한 옳음의 우선성에 대한 샌델의 비판은 화살의 방향을 잘못 겨누고 있다. 롤스의 자아가 아니라 그의 인간관을 문제 삼는 비판이, 그 정당성 여부를 떠나서, 훨씬 더 유효한 전략일 것이다.

롤스는 그의 칸트적 구성주의(Kantian constructivism)가 함의하듯이 『정의론』에서 보여준 원초적 입장이 갖는 형이상학적 및 일정한 도덕적 관점에 가해진 비판들을 수용하고 이에 답하면서 『정의론』이 갖는 칸트주의적 성격을 분명히 하고 있는데, 나중에 『정치적 자유주의』에서는 다시 '합당한 다원주의의 사실'(the fact of reasonable pluralism)로부터 출발해서 방법론적으로 정치적 구성주의(political constructivism)에 입각해 있는 정치적 자유주의를 내놓는다. 롤스 자신이 시인하고 있듯이 전기의 정치철학을 대표하는 『정의론』이 안고 있는 문제들의 핵심은 공리주의를 능가하는 하나의 대안적 체계로 발전시키고자 했던 "공정성으로서의 정의관"이 포괄적인 도덕적·철학적 교리에 입각하고 있다는 것이었다.

다시 말해 하나의 대표 장치로서 원초적 입장이라는 가정적 상황을 설정해서 공리주의를 대체할 수 있는 정의관으로 채택된 정의의 두 원칙이 이른바 특정한 단체나 한 개인이 지향하는 도덕적 견해나 선관이 개인의 삶뿐만 아니라 여타의 정치, 경제, 사회 등의 영역에까지 광범위하게 적용되는 포괄적 교리(comprehensive doctrine)로서의 지위를 갖는다는 것이다. 이것이 문제가 되는 것은 현대 민주사회는 "단순히" 포괄적인 종교적, 철학적, 도덕적 교리들의 다원주의를 넘어서 이것들이 서로 양립할 수 없는 "합당한" 포괄적 교리들로 이루어지는 다원주의를 특징으로 하고 있는데,『정의론』에서 보여준 자신의 공정성으로서의 정의 역시 그 근본 성격에 있어서 이처럼 우열을 가릴 수 없는 포괄적인 철학적 교리들 중의 하나일 수 있기 때문이다.

롤스가 이 같은 문제에 봉착하게 된 이유의 일단은 그 스스로 밝히고 있듯이 도덕적인 것과 정치적인 것을 명확히 구분하지 못했던 데 있다.

> 『정의론』의 목적들에 관한 나의 설명에서는 사회계약론의 전통이 도덕철학의 일부로 간주되고 있으며, 그리고 도덕철학과 정치철학 간에 어떤 구분도 이루어져 있지 않다.『정의론』에서는 정의 일반의 도덕적 교설이 그 범위에 있어 하나의 정치적 정의관과 엄격히 구분되고 있지 않다. 즉, 포괄적인 철학적이면서 도덕적인 교리와 정치적 영역에 한정된 관점들 사이에 아무런 대조도 이루어지고 있지 않다. 그러나 이 강의〔『정치적 자유주의』〕에서는 이를 구분하고 또 이와 관련된 개념들이 근본적인 것이다.[15]

이처럼 전기에서 후기에로의 최종적인 입장 변화는 그가 원칙적으로 현대 사회를 특징짓는 다원성이 입헌 민주체제의 자유로운 틀 내에서 일어나는 인간 이성의 활용을 통한 정상적인 결과라는 점을 하나의 현실로 적극적으로 받아들이고 있다는 점에서 찾을 수 있다.[16] 이러한 현실을 하나의 사실로서 가정하고서 옹호되고 있는 것이 바로 롤스의 정치적 자유주의다. 이같은 변화는 롤스가 겨냥하고 있는 정의론의 목적과 관련해서도 중요한 의의를 갖는다. 왜냐하면 이는 곧 롤스 스스로 인정하고 있듯이『정의론』에서의 공정성으로서의 정의관에 입각한 "질서정연한 사회"(a well-ordered society)

---

15 J. Rawls, *Political Liberalism*, xvii
16 같은 글, xviii.

의 개념이 비현실적이며, 그런 점에서 도덕철학의 역사에서는 그다지 주목받지 못해왔지만, 반면에 정치철학에서는 가장 근본적인 주제라 할 수 있는 안정성 문제 역시 이 개념과 함께『정의론』의 전체적인 견해와 양립하지 못하게 되는 문제를 낳게 되기 때문이다. 이 같은 문제들과 관련하여『정의론』에서의 모호성을 제거하고자 롤스는 정치적 자유주의를 정당화하면서 아예 처음부터 공정성으로서의 정의를 정치적 정의관으로 제시하려고 시도하게 된다. 이로써『정의론』이 표방한 공정성으로서의 정의는 정치적 자유주의의 한 형태로서 재차 옹호된다.

> 정치적 자유주의의 문제는 다음과 같다: 합당하지만 양립 불가능한 종교적, 철학적, 도덕적 교리들로 심하게 나누어진 자유롭고 평등한 시민들의 안정되고 정의로운 사회를 상당 기간 동안 지속시키는 것이 어떻게 가능한가? 이를 달리 표현하면 다음과 같다: 심각하게 대립하지만 합당한 포괄적 교리들이 공존하면서도 이들 모두가 입헌 체제의 정치적 정의관을 인정하는 것이 어떻게 가능한가? 이러한 중첩적 합의에 대한 지지를 얻어낼 수 있는 정치적 정의관의 구조와 내용은 무엇인가? 이러한 것들이 정치적 자유주의가 답하고자 하는 질문들에 속한다.[17]

그런데 롤스가『정의론』과『정치적 자유주의』모두에서 일관되게 전제하고 있는 것이 바로 정의감(sense of justice)과 선관(conception of the good)이라는 두 가지 도덕적 능력이다. 이 두 능력은 한 개인이 공정한 사회적 협력의 체계에 합의할 수 있는 충분한 참여자로서의 자격을 갖춘 존재임을 의미하는 것으로서 롤스의 정치철학을 떠받치고 있는 근간이라고 할 수 있다. 특히 정의감은 이러한 사회적 협력 체계에 의해서 추구하게 될 질서정연한 사회의 유지까지도 가능하게 한다는 점에서 더욱 중요한 도덕적 능력이다.

롤스에 의하면, 정의감은 사회적 갈등 상황에서의 문제를 사회적 협력의 공정한 조건을 규정하는 공적 정의관에 입각하여 이해하고 적용하며 행동하는 능력이다. 그리고 정당화의 공적 기반을 규정하는 것으로서 정치관의

---

17 같은 글, xx.

성격을 전제할 때, 정의감은 자신들이 공적으로 지지할 수 있는 조건에 입각하여 타인과의 관계에서 행동하려는 자발적 의지(willingness)를 표현한다. 또 선관에 대한 능력은 자신의 합리적 이익이나 선관을 형성하고 수정하면서 이를 합리적으로 추구할 수 있는 능력이다.[18] 따라서 『정의론』과 달리 『정치적 자유주의』에서는 칸트적 인격 개념을 뒤로 하고 정치적 인격 개념이 전면에 부각되지만, 그 바탕에서는 여전히 각 개인은 공동선의 추구로까지 확대될 수 있는 "하나의 선관을 선택할 수 있는 도덕적 능력을 지닌 자"[19]로서 존재한다는 점에서 인격 개념이 옳음의 우선성의 주체라는 특징은 변하지 않는다.

샌델은 공정성으로서의 정의관에 대해서 롤스가 취하고 있는 방법론적 변화에도 불구하고 여전히 롤스 비판에 일관된 태도를 보인다. 특별히 주목할 것은 롤스의 방법론에 근본적인 변화를 불러일으켰던 선에 대한 '합당한 다원주의의 사실'이라는 롤스의 현실 인식을 전면적으로 거부하고 있다는 것이다.[20] 이에 따르면, 롤스의 정치적 정의관은 인간의 자유로운 이성적 활동은 좋은 삶에 대한 이견은 산출하지만 정의에 대한 이견은 산출하지 않는다는 가정, 즉 '합당한 다원주의의 사실'은 "정의"에는 적용되지 않는다는 전제 위에서만 성립할 수 있는 주장이라는 것이다. 그런데 자유주의 정의관 안에서도 다양한 그리고 서로 상충하거나 이견을 빚어내는 다양한 정의관들이 존재한다고 보아야 하기 때문에 "선에 대한 다원주의"와 마찬가지로 "정의에 관한 다원주의" 역시 존재하며, 이는 도덕 및 종교에 관한 다원주의와도 별단 다를 바 없다고 보고 있다. 하지만 샌들이 보기에 선에 대한 다원주의 역시 그 자체로는 합당한 것이 아니다. 반대로 서로 대립하는 다양한 선들이 존재하며, 그 중에서 보다 합당한 선 또한 존재하며, 혹은 우리가 추구하거나 추구해야 하는 선들이 존재한다고 생각한다. 하지만 이런 샌들의 지적과 비판은 일방적이다. 롤스는 결코 단 하나의 정의 혹은 정의관

18 같은 글, 19.
19 같은 글, 30.
20 Michael J. Sandel, *Liberalism and the Limits of Justice* (1998), 202-4.

만이 존재할 수 있다고 가정하지도 않았으며, 이미 현실에 존재하는 다수의 정의관이 존재한다는 사실로부터 출발해서 자신의 정의론을 전개했다. 그렇다면 이런 오해는 어떻게 해서 생긴 것이며, 롤스는 이에 대해서 어떻게 대응할 수 있을까?

4. 공동선과 공공선

롤스에게 선에 대한 요구와 정의에 대한 요구는 다르다. 마찬가지로 개념적으로 선의 다양성과 정의의 다양성 역시 다르다. 샌델처럼 이를 동일선상에 놓고 하는 비교는 타당하지 않다. 그렇다면 공동선의 추구와 관련해서 이에 대한 다양한 접근방식을 특징짓는 정의와 선, 정의와 공공선, 옳음과 좋음은 서로 어떻게 관계하고 있는가? 이 문제에 대해서 롤스와 샌델은 어떤 경우든 화해할 수 없을 만큼 첨예하게 대립하고 있는 것으로 보인다. 샌델은 "정치적 문제로서 정의와 권리에 대한 우리의 숙고는 그러한 숙고가 일어나는 수많은 문화와 전통에서 나타나는 선관에 대한 언급 없이는 이루어질 수 없다."[21]고 단언한다. 샌델은 언제나 그 자체로 가치를 갖는 것으로 긍정되는 선의 도덕적 중요성을 중시한다. 그 선의 가치는 그것이 정의나 권리 혹은 옳음의 기준에 비추어서 승인될 경우에만 타당한 것이 아니라, 오히려 그것이 전통과 문화에 공속해 있는 가치이며, 또 그와 관련해서 중요한 목적과 내용을 갖기 때문에 승인되고 허용되어야 하며, 그 때문에 그것은 또한 도덕적으로 옳은 것이 된다. 그리고 여기에는 다양한 정의관들의 대립이 있을 수 있는데, 이는 곧 그러한 정의관 자체가 다양한 선관에 의존적이거나 그 반영이며, 따라서 선으로부터 독립적인 옳음은 존재할 수 없다는 주장으로 귀결된다.

샌델은 선에 대한 이와 같은 이해로부터 롤스가 승인하는 '선'에 대한 '합당한 다원주의의 사실'과 마찬가지로 '정의'에 대한 '합당한 다원주의의 사

21 같은 글, 186.

실' 또한 인정할 수밖에 없으며, 이처럼 정의에 관한 다원주의 문제는 도덕 및 종교에 관한 다원주의와도 별반 다르지 않을 것이라는 이유를 들어 롤스의 정치적 정의관의 한계를 비판한다. 그 실례로서 샌델은 "차별 철폐 정책, 소득 분배, 형평 과세, 의료 복지, 이민, 동성애자 권리, 자유 표현 대 증오 표현, 사형" 등과 같은 논란, 그리고 또한 "종교의 자유, 표현의 자유, 사생활권, 투표권, 고소권 등과 관련된 소송에서 대법원의 판결 대립과 의견 충돌" 등과 같은 문제들을 지적한다.[22] 이런 대립과 갈등으로부터 샌델은 정의의 불일치를 이끌어내는데, 이는 적절한 지적이 아니다. 롤스의 입장에서 이런 불일치들은 직접적으로 상호 대립하는 다양한 정의관들이 존재한다는 증거가 아니라, 오히려 선에 관한 상이한 이해에 기초해 있어서 생겨나는 갈등이다. 이런 점을 좀 더 구체적으로 검토해 보면, 샌델이 안고 있는 해결하기 어려운 문제 상황 자체가 곧 롤스의 출발점이 되고 있다는 것을 알 수 있다. 나는 이것을 롤스의 정의관과 내재적으로 밀접하게 결합되어 있는 선관을 살펴봄으로써 설명할 수 있다고 생각한다.

우선 양자가 문제의 원인과 문제 해결 방식에 있어서 첨예하게 대립하는 경우를 생각해 보자. 전통적 의미에서 공동선(bonum commune)은 사회 제도의 합법성을 공동체의 복지라는 목적의 적합성 여부에 두고 있는데, 이런 사회적 선 개념은 개인권의 침해를 포함해서 타인의 복지와 쉽게 조화를 이루는 동질적인 정체성을 갖지 못한 집단을 소홀히 하게 되는 문제가 있다.[23] 각 개인이 가질 수 있는 다양한 선관을 고려할 때, 롤스와 샌델의 정치철학은 모두 이런 문제들을 어떻게 해결하는 것인지를 보여주려는 하나의 시도로 볼 수 있는데, 롤스는 옳음의 우선성 원리, 그리고 샌델은 좋음의 우선성 원리에 기초하고 있다. 롤스와 샌델의 입장이 결정적으로 갈리는 지점이 바로 여기다. 그들 각자가 바라보는 선 개념 그리고 특히 그것의 정의 개념과 맺게 되는 근본적인 방식에 대한 이해 차이가 그들의 철학의 거의 대부분을

---

22 같은 글, 204.
23 O. Höffe, *Political Justice*, 39.

특징짓기 때문이다.

그런데 이와 관련해서 샌델은 롤스의 방식은 바람직하지도 않으며 실패할 수밖에 없다고 주장한다. 부당하게 차별받는 이질적인 소수 집단의 경우, 이에 대한 문제 해결은 단순히 정의 혹은 정의감 때문에 하는 행위로 해결할 수 없는 상황이 있으며, 심지어는 상황을 더 악화시킬 수도 있다는 것이다. 이를테면 샌델은 친절이나 호의를 배척하고 결사체나 인간적 유대가 갖는 도덕적 특성을 전반적으로 쇠퇴시키게 될 "잘못된 정의감"(a misplaced sense of justice)에서 하는 행위의 경우를 들고 있다.[24] 여기서 '잘못된 정의감'이란 정의 보다 자비나 우애와 같은 덕목이 더 적절한 행동이 되며, 오히려 정의감에 의한 행동이 부적절한 것이 되는 경우라 할 수 있다. 마찬가지로 어떤 특정한 문화와 전통을 갖고 있으며, 따라서 자신들의 특정한 종교적도덕적 신념에 따라서 그리고 이런 신념에 뿌리를 두고 있는 선관으로부터 행위하는 사람들에게 정치적 정의관에 따라서 중립적이기를 요구하는 것으로는 어떤 문제도 해결할 수 없다는 것이다. 왜냐하면, 샌델에 따르면, 롤스의 방식은 그들에게서 그들 각자에게 고유한 가치를 갖는 선을 그들의 삶으로부터 유리시켜 임의적인 것으로 만들어버리기에 그들로부터 어떤 동의도 얻을 수 없을 것이며, 오히려 부당하게 그들의 권리를 침해하는 것이 되고 말 것이기 때문이다.

샌델이 이와 같이 접근하는 근본 이유는 바로 좋음의 우선성 원리에 입각해 있는 그의 고유한 선관에 있다. 하지만 롤스의 입장에서는 샌델에게도 동일한 문제가 발생한다. 문화 대 문화, 전통 대 전통의 대립, 혹은 동일한 문화와 전통 속에서도 각기 상이한 선관의 대립이 있을 수 있기 때문이다. 샌델은 이에 대해서 정당화될 수 있는 전통만이 가치 있다고 답하겠지만, 특정한 시기의 특정한 공간에서 그에 적합한 특정한 수준에서 통용되는 가치 기준은 사회 구성원 전체 혹은 대다수 혹은 다수가 인정하는 법이나 권위 내지는 공공선이 될 것이다. 그런데 만일 그것이 악덕이 아니라 미

---

24   Michael J. Sandel, *Liberalism and the Limits of Justice* (1982), 34-5.

덕으로 승인되고, 따라서 정당화된 것이라면, 그런 과정은 아마 역사적 추이와 함께 연속적으로 진행되어야 할 것이다. 그리고 만일 그것이 실질적으로 가능하려면, 그것은 또한 특정한 선관을 가진 사람들에 의해서 이루어지게 될 것이다. 그렇다면 그 사람 혹은 그 사람들은 누구인가? 샌델에 의하면, 그 사람은 공동체를 결코 벗어나서 사고하거나 행동할 수 없기에 역사의 부침과 함께 해온 인격체로서의 연고적 자아, 역사적 지반을 갖기에 임의성에 노출되지 않는 유덕한 품성의 소유자, 자신의 역사를 반성할 수 있는 자기 인식의 소유자, 타인에 대한 확장된 애정을 지닌 우애의 소유자일 것이다.[25] 하지만 다시 묻지 않을 수 없다. 그 사람은 어디에 있는가? 어쩌면 그 사람은 자신도 모르게 특정한 선을 다른 사람에게 강요하는 사람일 지도 모른다. 부당한 차별을 받거나 동질적인 정체성을 갖지 못한 사람에게 따뜻한 온정을 베푼다는 미명 아래 특정한 삶을 강요하며 군림하는 사람일 수도 있다. 심지어 어떤 선에 대해서 지배력을 갖는 선은 폭력적일 수도 있다. 만일 그렇다면, 차라리 배부른 강제 보다 배고픈 자유가 나을 수 있다.

5. 선과 정의감

개인과 사회, 사적인 것과 공공적인 것의 관계에서 자유주의적 중립과 경계를 중시하는 롤스와 반대로 좋음(선)의 우선성 원리에서 출발하는 샌델의 공동선은 공공선으로 환원되며, 동시에 개인권과 공공선, 개인의 선과 전체의 선의 경계를 설정할 수 없다. 그런데 공공선의 관점에서 보면, 이들 선은 다양한 공동체들이나 결사체들 속에 내재하는 형성적 선들이며, 그 각각이 고유성을 갖는다는 점에서 그리고 이와는 독립적으로 선행하는 옳음의 기준이 없다는 점에서 배제할 수 없는 우연성 위에 서 있다. 그럼에도 샌델은 이 우연성은 단순한 우연성이 아니라 역사적 우연성이라는 점에 근거해서 인간적 삶의 본질을 형성하고 있다고 강조하면서 롤스의 철학적 토대가 갖

---

25 같은 글, 179-83.

는 임의성을 지적한다.

샌델은 롤스의 자유주의적 정의는 인간의 선에 대한 적절한 이해로부터 유리된 무연고적 자아, 실제의 현실에서 언제든 발생할 수 있는 정의의 여건과 정의감의 불일치, 선과 분리된 옳음 등에 기초해 있으며, 따라서 그것이 구체적 삶을 통해서 형성된 선과 유리되면 될수록 임의성은 더욱 커질 수밖에 없기 때문에 그것은 결코 좋은 삶의 실현을 위한 길잡이가 될 수 없다고 주장한다. 반면에 하나의 공공선을 표방하는 것으로 볼 수 있는 롤스의 공공적 정의관은 공동선과 엄밀히 구분되는데, 역사적으로 공동선의 추구는 사회 전체의 공공 복리와 복지를 증진시키려 하면서도 개인의 선을 최소화 하는 경향이 있거나 개인의 자유와 권리를 침해할 소지가 많았다. 이에 개인의 선과 권리를 옹호하는 평등주의적 자유주의자로서 롤스가 취한 방법은 옳음과 선에 대한 칸트적 개념을 적용하는 것이었지만, 그것은 이미 정의감과 선관으로 특정되는 인간관을 전제로 하고 있는 것이었다. 롤스의 입장에서 본다면, 오히려 샌델이 내세우는, 이를테면 근본적으로 역사적 우연성의 산물로 간주할 수 있는 목적적 가치와 선은 개인과 특정 공동체 모두에 있어서 임의적인 것이라 할 수 있다. 이런 임의성을 초래하는 근본 원인이 좋음의 우선성에서 비롯된 것이라면, 이는 거부되어야 한다.

롤스가 정의감을 앞세우며 정의의 관점에서 다른 감정들에 대해 우월한 지위를 부여하는 것과 달리 샌델은 정의감을 자비, 사랑, 우애 등과 같은 덕목들과 나란히 놓는다. 이런 차이는 롤스가 정의감에 다른 감정을 교정하거나 부정의를 시정하는 역할과 지위를 부여하는 반면에, 샌델은 정의감의 발휘가 안고 있는 역사적 제약과 상황적 한계에 주목한다. 하지만 샌델처럼 자비, 사랑, 우애와 같은 덕목을 정의감과 나란히 놓는 것은 각 개인들, 다양한 결사체들의 존재를 고려할 때 오히려 과도한/과소한 자비, 과도한/과소한 사랑이나 우애의 경우처럼 이에 비례해서 임의성의 크기도 커진다. 이와 같은 문제를 불식시키려면 개인선과 공공선을 구분해서 독립적인 가치로 인정해야 한다. 그와 함께 개인권의 보호와 신장이 이루어지면서 사회 전체의 공동선을 증진시키는 결과를 가져오도록 하려면, 공공적 정의관 아래서 이 두 선이 구분되면서도 동시에 상호 균형을 이루어야 한다. 바로 그러한 지위를 갖는 것이 롤스의 공공적 정의관에서 정의감이 하는 역할이다. 곧 살펴보겠지만, 롤스의 정의론에서 정의감과 선은 이중적으로 상호 관계하고 있다.[26] 우리는 이 점에 주목하면서 샌델의 롤스 비판 내지는 이해의 한계를 넘어설 수 있게 된다.

반면에 샌델에게는 이런 연결 고리가 있을 수 없으며, 따라서 정의감, 자비, 사랑, 우애 등이 각기 그에 적합한 역할을 맡게 된다. 그러면 정의감과 우애나 사랑이 함께 문제가 될 때 어떤 것을 선택해야 하는가? 가령 소수자 우대와 같은 차별 철폐(affirmative action) 정책의 경우에 그 소수자가 우대를 받아야 하는 이유와 방식은 개별 경우마다 달라야 할 것이다.[27] 여기서 문제가 되는 것은 '우대' 자체가 아니다. 이 우대에는 샌델과 롤스 모두 동의할 수 있을 것이기 때문이다. 샌델에 의하면, 한 개인 혹은 그가 속해 있는 집단의 경우 그 존재의 정체성을 결정하는 데는 부모, 가족, 도시, 종족, 계급, 국가, 문화, 역사적 사건, 신, 자연, 우연 등이 (혹은 그 일부가) 작용하게 된다.[28] 이렇게 확장된 자기 이해에 근거해서 우대의 정당성을 확보하는 것도, 샌델과 롤스 모두 동의할 수 있기 때문에 문제가 되지 않을 수 있다. 오히려 실질적인 문제는 소수자 우대의 정당성 혹은 필요성 요구인 바, 내가 보기에 롤스는 정의감을 그 이유로 제시할 것이다.

그런데 샌델 역시 우선적으로 정의감을 꼽을 수 있겠지만 사랑이나 자비가 아닌 반드시 정의감이어야 하는 이유를 제시하기 어려울 것이다. 샌델은 오히려 반대편에 서서 앞서 제시한 잘못된 정의감을 문제 삼을 수도 있겠지만 실제로는 그렇게 할 수 없을 것이다. 왜냐하면 우대로 인해 상대적 박탈감을 느끼거나 상대에 대한 우대를 자신에게는 부당한 차별이라고 생각하는 사람을 합리적으로 설득할 방도가 없을 것이기 때문이다. 샌델이 선택할

26 J. *Rawls, A Theory of Justice* (1971), 86절 '정의감의 선'(The good of the sense of justice), 567-77.

27 Michael J. Sandel, *Liberalism and the Limits of Justice* (1982), 135-47.

28 같은 글, 143.

수 있는 유일한 대안은 하나의 공공선으로서 보다 합리적이면서도 우월한 지배력을 갖는 사회적 선관이 될 것인데, 그 자체의 정당성은 어떻게 확보할 것인지 묻지 않을 수 없다.

샌델이 지적하는 '잘못된 정의감' 문제는 롤스가 그의 정의론에서 정의 원칙을 도출하기 위해서 상정한 '정의의 여건'(circumstances of justice)과 관계 있다. 롤스에게 정의란 인간의 자비심이 충만하고 자연이 풍요로워지면 불필요한 문제다. 반대로 정의가 요구된다는 것은 인간의 삶이 놓인 상황이 그렇지 않다는 것을 의미한다. 바로 이렇게 정의가 요구될 수밖에 없는 상황이 롤스가 상정하고 있는 정의의 여건이다.

롤스의 정의 원칙은 몇 가지 기본 조건 내지는 전제들을 갖고 있는데, 공동선에 대한 개인권의 우선성, 원초적 입장에서 선택하게 될 정의 원칙의 기준점이 되는 선, 즉 침해될 수 없는 개인권의 근본 내용으로서의 기본적 선, 그리고 정의 원칙이 채택된 이후의 구체적 현실에서 작용하게 될 개인들의 선관의 제한 등이다. 그런데 이 모든 것에 두루 미치는 대표적인 전반적 조건으로는 두 가지가 있는데, 그것이 바로 "사회의 충분한 협력적 성원"일 수 있는 "인간의 두 가지 도덕적 능력"인 "선관의 능력과 정의감의 능력"이다.[29]

앞 절에서 이미 살펴본 바 있는 정의감은 선관과 함께 정의 원칙을 가능하게 하는 핵심 개념이다. 자비나 사랑으로 충분하다면 정의가 필요 없을 것이라는 롤스의 생각은 정의감 이외의 다른 덕목은 필요치 않다는 주장과 전혀 상관없다. 다만 어떤 행위가 더 이상 공공선과 무관할 수 없을 때 다른 덕목과 감정은 올바른 도덕적 수단이 될 수 없다고 볼 뿐이다. 이렇게 정의의 배경적 조건을 이루는 것으로서 선과 정의 문제와 이중으로 결부되어 있는 개념이 롤스가 상정한 정의의 여건이다.

롤스는 정의의 여건에 대한 설명에서 대체로 흄의 설명을 따르고 있는데, 롤스가 상정한 정의의 여건에는 주관적 여건과 객관적 여건이 있다. 전

---

29 J. Rawls, *Political Liberalism*, 19.

자에는 계약 당사자인 협동 주체로서의 합리적 행위자들이 서로 다양하고 이질적인 이해관심과 목적, 즉 자기 나름의 인생 계획이나 선관을 갖고 있는 조건인데, 롤스는 이를 한마디로 상호 무관심성(mutual disinterest)이라 부른다. 그리고 후자의 경우에는 직정 자원의 희소성이다.[30] 이 성의의 여건과 관련하여 가장 주목해야 할 것은 인간이 갖는 선관의 능력이다. 이것은 모든 인간이 보편적으로 갖고 있다고 상정되는 가장 기본적인 욕망을 특징짓는다.

롤스에 의하면, "선관의 능력은 자신의 합리적 이익에 대한 생각이나 선관을 형성하고 수정하며 합리적으로 추구할 수 있는 능력이다."[31] 이러한 선관은 단순히 특정한 대상에 한정해서 각 개인이 자신의 인생에서 가치 있는 것에 대한 관점도 포함하며, 따라서 우리 각자는 각 개인이 추구하는 목적들과 타자와의 관계, 다양한 단체와 협회들과의 관계로 나타나기도 하는 일정한 수의 궁극적인 목적들을 선관의 일부로 구성하게 된다. 이런 관점을 통해서 우리는 도덕적·종교적·철학적 세계와 관계하여 이에 우리의 생각을 결부시키게 된다. 이런 이유에서 선의 우선성 원리만 고집하는 샌델과 달리 선과 정의감의 상호 관계와 작용 연관 위에 서 있는 롤스의 옳음의 우선성 원리를 평가하기 위해서는 선에 관한 최소 이론과 최대 이론에 대한 이해가 필요하다.

롤스의 공정성으로서의 정의관에서는 모든 사람들이 일반적으로 공유하고 있는 선에 대한 기초론으로서 사회적 기본선을 형성하는 최소 선 이론에서의 선은 각 개인의 특수한 이해관심에 따라서 개별적으로 추구할 수 있는 최대 선과 구분된다. 최소 선은 합리적 인간이라면 누구나 원하게 되는 가치로서 이러한 기본선에 기초해서 정의의 두 원칙이 정당화된다고 볼 수 있기 때문에 매우 중요한 조건이다. 롤스가 들고 있는 광범위한 수준의 기본선으로는 권리, 자유, 기회, 권한, 소득, 부, 자존감과 같은 것이 해당된다.[32]

---

30 J. Rawls, *A Theory of Justice* (1971), 126-30.

31 J. Rawls, *Political Liberalism*, 19.

32 J. Rawls, *A Theory of Justice* (1971), 92.; Michael J. Sandel, *Liberalism and the Limits of Justice* (1982), 25.

이런 기본선은 목적이나 관심, 애착과 같은 것과 결부되어 있으며, 따라서 샌델이 롤스에 가하는 비판 중에 가장 비중이 큰 것 중의 하나인 무연고적 자아, 일체의 가치로부터 독립해 있는 중립적 자아 등의 비판은 논점을 벗어난 것이다.[33]

반면에 최대 선 이론은 정의 원칙이 채택된 이후에 각 개인이 실질적으로 추구할 수 있는 구체적 가치들이나 목적들 및 이와 관련된 것들의 목록들과 관련 있다. 원초적 입장의 제약으로서의 기본선은 다양한 선관들의 갈등 해결이 왜 정의와 옳음의 우선성에 기초해야 하는지를 증명한다. 따라서 현실에서 상호 갈등하는 선관은 원초적 입장에서는 각 개인의 일반적이면서도 기초적인 이해관심으로서의 선에 제약되며, 동시에 그것이 특별히 자기 자신에게만 한정되는 것이 아니라 모든 사람에게 적용되는 선들이다.[34] 그런데 만일 그것이 부당하게 적용되었을 때 이를 시정하고자 하는 욕망이 바로 정의감의 존재이다. 이 정의감이 어느 정도로 작용하는지는 사전에 미리 규정할 수는 없다. 원초적 입장 아래서는 정의감 역시 정의 원칙을 채택하고자 할 때 고려되어야 할 사항이 아닌 잠재적 능력으로만 존재하기 때문이다. 하지만 정의 원칙이 채택된 직후 정의감은 사후 효력으로서만이 아니라 정의 원칙과 관계하는 기본선의 정당성에도 개입하기 때문에 결과적으로 정의 원칙의 채택에 사전에 관여하는 효력도 갖는다. 이렇게 한 개인의 선관에 대한 능력과 정의감에 대한 능력에 따르면, 롤스에게 정의의 관점 자체가 하나의 선관의 반영으로 보아야 한다.

샌델도 인정하고 있듯이 롤스의 기본선 이론은 모든 특정 선관에 유용할 가능성이 크다.[35] 그럼에도 불구하고 샌델이 롤스의 정의감에 대해서 갖고 있는 반감은 정의감 역시 자비나 사랑의 덕목처럼 한계가 있기 때문인데, 그것이 바로 앞서 지적한 잘못된 정의감의 가능성이다. 샌델에 의하면, 정

---

33 정원규, 「롤스 정의론의 형이상학적 문제들」, 192.
34 롤스는 이를 "한 사람에게 합리적이라면 모든 사람에게 합리적이다."라고 표현하고 있다. J. Rawls, *A Theory of Justice* (1999), 497.
35 Michael J. Sandel, *Liberalism and the Limits of Justice* (1982), 25.

의감은 사회적 선이 문제되는 모든 곳에서 항상 발휘될 수 있거나 또 발휘되어야 하는 것이 아니다. 한 마디로 정의가 필요할 때, 용기가 필요할 때, 안식이 필요할 때, 사랑과 자비가 필요할 때 등등이 각기 다 다르기 때문에, 그렇지 못할 경우 정의 또한 미덕이 아니라 악덕이 될 수도 있다는 것이다.[36] 하지만 롤스의 '질서정연한 사회'의 개념이 함의하듯이 정의감의 발휘는 사회의 여건과 수준에 따라 다를 수 있지만, 롤스는 정의감을 최대 선만이 아니라 최소 선의 능력과 결부시키고 있다는 점에서 샌들의 이해를 뛰어 넘는다.

롤스에게 "정의감은 정의 원칙을 적용하고 이에 따라서 행위하며, 그러므로 정의의 관점에서 행동하려는 효과적인 욕구이다."[37] 또 그것은 "적어도 정의 원칙이 한정하는 범위에 한해서 도덕적 관점을 채택하고 이에 따라서 행동하고자 확립된 성향이다."[38] 또한 "정의감은 사회적 협력의 공정한 조건들을 규정하는 공공적 정의관(the public conception of justice)에 입각해서 이해하고, 적용하며 행동하는 능력이다."[39] 이렇게 정의감은 "타인들과의 관계에서 그들 역시 공공적으로 지지할 수 있는 조건에 입각해서 행동하려는 자발적 의지(willingness)를 표현하는 것"[40]이라는 점에서 통상적 의미에서의 욕망이기보다는 도덕적 의지에 가깝다. 롤스에 의하면, 정의로운 제도들이 굳건히 확립되어 정의롭다고 인정되는 사회, 즉 "그 성원의 선을 증진하기 위해 세워지고 공공적인 정의관에 의해 규제되는 사회"[41]인 질서정연한 사회에서는 사회 성원들의 정의감 역시 이에 비례하게 발달하게 된다. 롤스의 정치철학에서 정의감이 특히 중요한 이유는 한 사회가 정의롭다면, 그러한 사회는 정의감과 같은 동기들에 따라 행위 하려는 욕구가 생겨나야 하며, 만일 그렇지 않을 경우, 그 같은 사회는 안정성을 확보했다고 볼 수 없는데, 그렇지 못할 경우 롤스의 정의관이 공리주의와 같은 다른 대안들에 비해서 안정성을

---

36 같은 글, 33-5.

37 J. Rawls, *A Theory of Justice* (1999), 497.

38 같은 글, 430.

39 J. Rawls, *Political Liberalism*, 19.

40 같은 글, 같은 곳.

41 J. Rawls, *A Theory of Justice* (1999), 397.

더 잘 확보해 주는 것임을 보이는데 실패했다는 것을 의미하기 때문이다.

　정의로운 체제가 지녀야 할 안정성을 보장하기 위해서는 사람들이 정의감을 갖거나 혹은 그들의 잘못으로 인해 손해를 보게 될 사람들에 대해 관심을 가져야 하며, 이러한 감정들이 충분히 강해서 규칙들을 위반하려는 유혹을 억누를 수 있어야 한다. 그러나 현실적으로 제정되는 법이란 결국 다수결의 원칙에 의해서 정당성을 갖게 되고, 이에 따라 모든 사람에게는 그 법에 따를 의무가 부여된다. 따라서 소수자들에게 손해가 되는 부정의한 법이 제정될 경우, 이 같은 부정의 역시 수정할 수 있는 사회이어야 안정성을 갖는 질서정연한 사회라 할 수 있다. 이렇게 볼 때, 질서정연한 사회의 안정성은 비록 다수의 동의에 기초한 정당한 절차를 통해 제정된 법일지라도, 만일 그것이 소수자에게 불이익을 초래하는 부정의한 것일 경우, 이를 바로잡을 수 있는 사회 성원들의 공공적인 정의감이 어느 정도 형성되어 있느냐에 좌우된다.

　그러나 질서정연한 사회는 말할 것도 없으며, 그렇지 못한 사회에서의 정의감은 어떻게 그리고 어느 정도 발휘될 수 있는지가 문제될 수 있는데, 샌델이 말하는 잘못된 정의감에 대한 지적은 이런 문제와도 관계있다. 이런 점에서 롤스의 공정성으로서의 정의는 시작부터 마지막까지 정의감을 어떻게 평가하느냐에 전적으로 좌우된다고 할 수 있다. 즉, 원초적 입장 하에서 정의 원칙을 채택하게 되는 시점에서 정의감은 직접적으로 발휘될 필요가 없지만, 정의 원칙의 채택 이후에는 이에 따라서 수립될 사회 및 그 제도들에 속해 있는 성원들에게서 "정당성이나 정의의 관점에서(from a conception of right and justice) 행동하려는 욕구,"[42] 즉 그에 따른 정의감이 실질적으로 작동하게 된다.

　정의감의 역할에 대한 롤스의 이 같은 시각과 견해를 가장 잘 엿볼 수 있는 주제들 중의 하나가 그의 시민불복종 이론이다. 롤스는 자신의 정의론에서 민주주의 체제 하에서 이루어지는 시민불복종을 "일반적으로 법이나 정

42　같은 글, 416.

부의 정책에 변화를 가져올 목적으로 행해지는, 공공적이고 비폭력적이며 양심적이긴 하지만 법에 반하는 정치적 행위"로 정의한다.[43] 단순하게 정의하면, 이는 "다수자의 정의감에 호소하는 청원의 한 형식"[44] 내지는 "공동체의 정의감에 호소하는 정치적 행위"[45] 또는 "설득의 한 형식"[46]이다. 이런 절차를 통해서 시민불복종 행위는 다수자의 정의감에 호소함으로써 다수자들이 참여자들의 입장에서 다시 생각해보도록 만들어 부정의를 바로 잡을 수 있는 중요한 역할을 하게 된다. 이렇게 정의감은 정의 원칙의 채택 이전의 선과 이후의 선 모두와 관계하면서 공공적 정의관이 개인의 선 및 공공의 선과 합당한 방식으로 공존할 수 있는 중심 역할을 한다.

롤스에게 정의감이 그의 공공적 정의관에서 자비나 사랑, 우애, 용기와 같은 덕목 보다 우위를 갖는 것은 그것이 단순히 다른 욕망들 중의 하나가 아니라 "다른 목표들을 지배하도록 해야 하는 것"이며, "그 자체 안에 자신의 우선성을 포함하는 욕망"이기 때문이다.[47] 따라서 이는 질서정연한 사회의 합당한 시민들의 정의감을 단순히 이상론에 일치시키려고만 한다거나,[48] 사회비판과 사회변혁의 범위를 제한하는 약점을 안고 있다는 비판에도 불구하고,[49] 부정의한 상태에서도 현실과 투쟁하고자 하는 인간 욕망의 일부분이다. 따라서 이렇게 공공선의 추구에서 정의감의 역할은 그것의 정당한 발휘 내지는 그 가능성에 대한 제한과 약점이 지적된다 하더라도, 정의감을 사랑과 자비와 같은 덕목과 나란히 놓을 수는 없다. 저들 덕목은 목적적 가치를 갖는 개인적 선에 의존적인 것이기에 적어도 공공선의 영역에서는 정

---

43 J. Rawls, A *Theory of Justice* (1999), 320. 또 다른 곳에서 롤스는 H. A. Bedau의 정의를 따라 시민불복종을 "일반적으로 정부의 정책이나 법률에 변화를 가져오려는 의도를 가지고 법에 반대해서 행해지는 공공적이고 비폭력적이며 양심적인 행위"로 정의한다. "The Justification of Civil Disobedience" (1969), 181.

44 J. Rawls, A *Theory of Justice* (1999), 324.

45 같은 글, 326.

46 V. Haksar, "Rawls and Gandhi on Civil Disobedience", 371 이하.

47 J. Rawls, A *Theory of Justice* (1971), 574.

48 이양수, 「중첩합의, 정의의 우위? 선의 우위?」, 231 각주 35.

49 A. Sabl, "Looking forward to Justice. Rawlsian civil disobedience and its non-Rawlsian lessions", 414-5 참조.

의감의 지배 아래 두지 않으면 안 된다. 그렇다고 해서 여타 덕목들에 대해서 그것들이 불필요하다거나 배제시켜야 하는 것은 아니다. 정의 원칙이 적용되어야 할 영역이 아닌 곳에서 자연적 의무를 비롯해 다른 덕목들은 여전히 중요한 의미를 가질 수 있기 때문이다. 또한 정확히 말해서 비록 정의감의 발휘가 제한될 수 있는 상황이 언제나 가능하다 하더라도, 우리의 선관에 대한 능력은 타인이 처해 있는 부정의한 상황에 대한 우리의 정의감 또한 일깨울 것이기 때문이다.

6. 정의와 종교적 신념

정의감과 선관이라는 두 도덕적 능력이 함의하듯이 인간의 실천적 삶에서 옳음과 좋음은 샌델의 주장처럼 너무나 밀접하게 연관되어 있다. 그러나 불행하게도 바로 그 때문에 우리 인간은 너무나 많은 도덕적·종교적·정치적 문제들에게 직면하게 된다. 옳음과 사회적 선의 불가분리성을 강조하며, 결국 정치에 참여하는 시민들의 덕성과 인격적 성품에 의존하고, 공동선을 공공선으로 환원시키게 되는 샌델의 공화주의적 공공 철학은 정치적 자유주의 및 좋음에 대한 옳음의 우선성에 기초한 롤스의 공공 철학의 근본 정신을 과도하게 이분법적으로 바라보고 있다. 정의감과 선관의 능력이 롤스의 정치적 정의관에서 갖는 의의와 위상을 고려할 때, 선과 옳음은 상호 공속하면서도 독립성을 갖는다. 만약 샌델식의 관점에서 우리가 추구하는 공동선들이 모두 공공적 문제이면서도 그 해결 역시 또 다른 선관이나 공공선에 의해서만 가능하다면, 그것은 보다 약한 선의 제거를 위해 더욱 강력한 선에 의존해야 한다. 그러나 이 같은 상황에 숨겨져 있는 치명적인 결함은, 샌델이 강조하듯이, 언제나 선의 표준을 특정한 사람에게서 찾아야 할 공산이 크며, 더욱이 충분히 합당한 선의 기준이 마련되어 있지 않는 한, 우리는 정확히 그 사람이 누구인지 알기가 쉽지 않다는데 있다. 그렇게 되면 그 사람에 대한 우리의 판단은 문제 해결의 끝이 아니라 새로운 문제의 시작일 것이며, 언제나 그것을 되풀이하게 될 것이라는 점이다.

샌델은 좋음(선)의 우선성 원리에 근거해서 도덕적·종교적 신념의 독립성과 중립성을 거부한다. 누군가가 특정한 종교적 신념을 갖고 있다면, 그가 선택하게 될 도덕적 판단은 이 신념으로부터 분리할 수 없으며, 따라서 우리가 결정해야 할 것은 그 행동을 선택하게 될 그의 신념이 지닌 합리성의 정도라고 주장한다. 그러나 이 같은 종교적 합리성에 대한 샌델의 이해는 너무 낙관적이며 심지어는 낭만적이기까지 하다. 가령, 샌델이 자유주의적 정의관을 비판하기 위해서 여러 곳에서 빈번하게 들고 있는 사례로서 낙태의 도덕성 문제가 좋은 예가 될 수 있다. 샌델은 이 문제에 대한 정치적 해결책을 찾기 위해서 이와 관계된 도덕적·종교적 신념과 가치를 중립적인 것으로서 배제하는 접근법을 강력하게 거부한다. 우리의 모든 가치 판단은 이미 특정한 신념을 반영하며, 이로부터 자유로울 수 있는 것은 없기 때문에, 낙태 선택의 도덕성 또한 그것을 선택하는 사람의 신념과 분리될 수 없다고 보기 때문이다. 그러면서 샌델은 특정한 종교적 교리에 의거해서 낙태 여부를 결정하려는 행위의 정당성은 낙태 문제와 관련된 해당 교리의 참 여부에 달려 있다고 생각한다. 그러나 이를 위해서는 생명이나 수태, 태아의 존재론적 및 도덕적 지위가 먼저 결정되어야 하는데, 이와의 유관성에 따라 해당 교리의 합리성과 그에 따른 행위의 선택이 이루어져야 한다. 하지만 설사 낙태의 허용 여부가 그렇게 결정되더라도, 그것이 특정한 종교적 신념을 가진 사람의 그것과 다를 경우, 아무리 그것이 과학적 합리성을 입증한다고 하더라도 과연 그 사람이 그러한 신념에 반하는 선택을 받아들일 수 있을지가 의문이다. 생명에 관한 의료 지식과 종교적 신념의 관련성에 의존해서 선택의 합리성을 판단할 수 있다는 샌델의 믿음은 너무 낙관적으로 보인다.

롤스는 특정한 도덕적·종교적 신념이 정치적 문제 해결에서 어떤 역할도 해서는 안 된다고 주장한다. 이렇게 도덕적·종교적 신념의 독립성과 중립성을 강조하는 롤스의 정치적 정의관 혹은 정치적 자유주의도 정의감과 선관에 대한 도덕적 능력을 전제하고 있다는 점에서 특정한 신념으로부터 자유롭지 못한 것은 분명하다. 그러나 적어도 그것이 모든 인간에게 보편적인 것으로 발견되거나 찾을 수 있는 것이어서 우리 모두가 동의 가능한 것이라면, 정의감과 선관에 대한 도덕적 능력을 소유한 우리가 정의를 위해 이를 특정한 선이나 목적적 가치로부터 구분하는 것은 언제나 가능한 일이며, 또한 그렇게 하지 않은 것 보다 더 나을 수 있다. 인간의 역사는 특정한 역사적 공간에서 형성된 선과 그에 준하는 덕성을 지닌 사람들이 누구인지 정확하게 말해준 적이 별로 없기 때문이다. 그리고 나는 이 같은 우려를 지배적 집단에게도 똑같이 적용할 수 있다고 생각한다.

9

민주주의와 시민불복종

1. 민주주의와 공화주의

민주주의는 주권이 국민에게 있으며, 평등한 개인들 스스로가 권리를 행사하는 정치 형태를 이른다. 단적으로 민주주의는 주권재민의 정치 이념과 체제를 지향한다. 하지만 민주주의는 주권재민의 주체가 누구인지를 두고 입장이 갈리기도 하는데, 국민이 국가의 성원인 개개인을 이르는 것인지, 아니면 보다 집단적인 국민을 이르는 것인지를 놓고 입장과 해석의 차이가 있다. 자유와 평등, 행복과 재산권 등의 우선순위를 개인에 두느냐 공동체에 두느냐에 따라 자유주의와 공동체주의로 대비될 수 있는 것도 이와 관련이 있다.

자유주의와 결합한 자유민주주의는 다수 의사의 무조건적 지배보다는 평등의 가치 이상으로 개인의 자유와 권리 그리고 의사를 중시하는 정치체제를 추구한다. 그리고 이에 비례하는 가치 인식에 따라 법과 제도의 제정이 달라질 수 있다. 또한 형식만 민주주의일 뿐 실질에 있어서는 강압적인 전제주의나 전체주의에 불과한 민주주의 국가와 사회를 논외로 치더라도 일반적으로 이러한 가치 결정에 있어서 사회민주주의나 인민민주주의 등 다양한 민주주의가 평등한 개인들이 행사하는 다수결의 원칙에 보다 충실한 의사결정 구조를 갖는다면, 자유민주주의는 평등한 개인의 보다 많은 자유가 보장되는 다수결의 원리를 강조한다. 실질적인 법 제정이나 정책 결정에서 개인의 자유와 권리의 실현이 언제나 다수 의사와 일치하기란 쉽지 않다. 그 가능성은 국민의식의 수준이나 사회적 여건에 영향을 받을 수밖에 없기 때문이다. 그리고 그러한 수준과 여건에 따라서 다수라는 미명 아래 포퓰리즘에 편승하거나 중우정치와 같은 민주주의의 왜곡과 타락 현상이 빚어지기도 한다. 무엇이 진정한 자유와 평등인지에 대한 국민의 의식수준이 낮으면 낮을수록 대중영합적이거나 자기파괴적인 정치나 정책을 허용할 공산이 커진다. 따라서 민주주의의 존립은 전적으로 개인의 자유와 평등의 가치에 대한 국민의 의식 수준에 달려 있다 해도 과언이 아니다.

"대한민국은 민주공화국이다"라는 헌법 1장 1조 1항의 규정과 같이 대한민국은 민주주의와 공화주의를 국가 이념의 두 기둥으로 삼고 있다. 공화주의는 민주주의의 실질적인 구현을 위하여 공동체를 사람이 아닌 법에 의한 지배, 즉 법치에 의한 통치와 운영을 내세우는 정치 원리다. 특히 공화주의는 민주주의의 근간을 이루는 신분과 지위, 소유와 재산 등의 귀속 주체로서 개인의 자유와 평등을 최선으로 구현하는 법을 제정하고 운영해야 한다. 하지만 법의 제정은 물론 그 적용과 운용에 있어서도 특정 정치권력에 의한 부정부패가 발생할 수 있다. 민주주의의 타락을 방지하기 위해서는 이러한 왜곡 또한 시정할 수 있는 장치를 마련하지 않으면 안 된다. 그리고 그 근본 조건은 국민의 의식수준이다. 정의로운 사회의 가능성은 정의감을 가진 다수의 시민의 존재에 달려 있기 때문이다.

일반적으로 공동체는 '나'와 또 다른 나인 '우리'라는 두 축을 중심으로 유지된다. 이러한 두 축의 외연을 확장하면 다양한 형태와 성격의 국가와 공동체들을 만날 수 있다. 또 이들 공동체는 자체 내에 다양한 신념과 가치들을 포함하고 있으며, 때로는 서로 대립하는 신념과 가치들이 공존하기도 한다. 따라서 어떤 공동체든 이들 다양한 신념과 가치들을 통제하거나 조절하지 않으면 안 된다. 특히 민주주의 기초한 공화주의는 공동체 운영을 법치주의를 기본 신조로 한다. 따라서 민주공화국에서는 이런 역할을 담당하는 것이 정치공동체 혹은 국가의 가장 중요한 기능이라 할 수 있다. 대체적으로 한 국가의 권위란 이러한 기능과 역할을 수행하는 데서 생겨나고 얻어진다. 하지만 국가가 갖는 권위의 원천이나 권위 행사의 정당한 범위와 한계에 대해서는 이견이 있을 수 있다. 삼권분리의 국가 운영의 경우에도 통치권, 입법권, 행정권의 범위와 한계를 정하는 것 자체가 법치주의의 수월성을 규정하지만, 그러한 행위가 민주주의를 통해서 결정되기 때문이다.

과거 2004년 3월 12일 '탄핵 먼데이'로 기억되는 "한국 국회에서의 대통령 탄핵안 가결" 그리고 "헌법재판소에서의 탄핵 부결" 사건의 경우를 살펴보자. 한국의 헌정사상 초유의 사건으로 기록되고 있는 이 사건이 미친 엄청난 사회적 파장은 뒤로 하고 당시의 상황을 되돌아보면, 그 사건을 둘러싸고 벌어진 첨예한 의견대립을 낳은 쟁점들 중의 하나는 그것이 국민에 의해서 권위를 인정받은 정치권력의 정당한 행사였는지 아니었는지의 문제라 할 수 있다. 간단히 말해서 만일 그것이 위임받은 정치권력의 적법한 행사였다면 이는 정당한 것이며, 그렇지 않다면 그것은 부당한 것이다. 그러나 이 문제는 적법성 혹은 합법성이라는 외형상의 단순한 잣대만으로는 그 시비가 만족스럽게 가려지지 않는다. 왜냐하면 설사 외형상 합법적 절차였다고 해도 이 합법성은 언제나 법 및 그 적용의 정당성의 문제로부터 자유롭지 못하기 때문이다. 그것이 '법'과 관련되어 있는 한 언제나 거기에는 '법 해석'의 문제가 개입하기 때문이다. 더욱이 그 적용 대상이 대통령처럼 권한 행사의 범위가 상당히 추상적인 행위자와 관련이 있는 경우에 법 해석은 법의 한계를 넘어서기 쉽다. 결국 이 경우에 법 적용의 정당성 내지는 도덕성이라는 또 다른 쟁점에 연루될 수밖에 없다. 당시 실제로 사람들은 절차의 합법성을 문제 삼기도 했고, 법 적용의 부당성을 지적하기도 했으며, 심지어는 탄핵안을 상정하는 행위자의 도덕성을 문제 삼기도 했다.

일반적으로 권위 개념은 이에 상응 내지 버금가는 특정한 개념들로 정의하기 어려울 만큼 다양한 의미를 갖는다. 하지만 정치공동체나 국가의 존립이 헌법적 체계를 근간으로 한다고 가정할 경우, 우리는 국가의 권위를 법적인 근거에서 찾을 수 있다. 또한 권위 개념이 기본적으로 자격이나 권한과 밀접한 관계가 있으므로 국가의 권위는 최소한 그러한 자격을 명시적으로 제시하는 합법적인 조건과 불가분의 관계를 가질 수밖에 없다. 이에 한정할 경우, 국가가 갖는 권위는 "명령을 내릴 수 있는 권한, 즉 복종시킬 수 있는 권한",[1] 한마디로 '합법적 권력의 행사'에 있다. 이런 관점에서 국가 권력의 적법한 행사는 자신의 권한을 위배한 것이 아니므로 정당성을 갖는다고 할 수 있으며, 그때의 권위를 합법적 권위(legitimate authority)라 부를 수 있다. 그러나 우리는 때로는 법의 정당한 집행과 적용 이상의 경우에도 국가의 권위를 인정하기도 한다. 그 이유는 권위 개념에는 법적 장치만으로 제한할 수 없는 모종의 능력과 권한에 대한 인정과 승인이나 심정적 영향력도 담겨 있기 때문이다. 이처럼 법적 제한을 뛰어 넘는 어느 정도의 자율성이 권위에 부여될 수밖에 없는 일차적인 이유는 법 자체가 한 개인이나 국가가 행사할 수 있는 모든 경우들을 구체적으로 적시할 수 없는 한계를 갖고 있기 때문인데, 합법적 권력이라는 말 속에도 이미 그러한 자격이 허용되어 있다고 볼 수 있다. 다시 말해 어떤 자격이 있다는 것은 그 자격을 행사할 수 있는 구체적 대상과 조건들을 모조리 열거할 수 없는 이상 어느 정도 자율성을 지닐 수밖에 없다. 문제는 다만 이러한 자율성의 허용이 어디까지 정당성을 갖는지가 문제일 뿐이다. 즉, 권한의 한계가 문제인 것이다. 다시 말해 이는 합법적 권위에 토대를 두고 있는 권력의 정당한 행사와 한계 설정의 문제인데, 합법적 권력의 행사가 국가 권위의 최대한은 아니더라도 그것이 없이는 국가의 권위를 말할 수 없기 때문이다.

앞서 든 예로 든 "대통령 탄핵 사건"은 헌법재판소의 판결을 떠나 "탄핵안 가결"이라는 결과에 대한 승복 여부를 놓고 국론의 심각한 분열을 초래하기까지 했다. 탄핵안 상정의 적법성, 표결의 위법성 여부를 따지기 전에 법 적용과 그 결과에 불복종하려는 분위기가 만연하기도 했다. 물론 완벽한 국가와 완전무결한 법체계가 존재하지 않는 한 어떤 사회에서든 이에 저항하거나 불복종하는 행위는 있기 마련이기 때문이다. 반면에 그러한 행위를 무한정 용인할 수도 없다. 그렇다면 국가 및 그 대행자가 행사하는 적법한 권한 행사나 명령에 불복종하는 행위는 어떤 경우에 정당성을 가질 수 있는가? 아니면 어떠한 경우에도 합법적 권위에 대한 도전은 용납될 수 없는 것

---

1 R. P. Wolff, *In Defense of Anarchism*, 4.

인가? 나는 이 문제를 시민불복종(civil disobedience)의 정당성을 옹호하는 롤스의 견해를 중심으로 살펴보고자 한다.

2. 합법적 권위

국가 혹은 그 대리인이 갖는 권위의 특징들 중의 하나는 그것이 어떤 방식으로든 일단 권위를 갖게 되면 대체로 일방성과 포괄성을 지닌다는 점이다. 사람마다 각자의 자의적 판단에 따라 국가의 명령을 거부하는 것을 국가는 허용하지 않는다. 그러나 완전한 국가 또는 전능한 권위, 완전무결한 법체계 같은 것은 존재하지 않기 때문에 같은 논리로 국가의 모든 명령에 무조건적으로 복종해야 할 의무 또한 없다고 말할 수도 있다. 하지만 반대로 이는 동시에 이 때문에 국가의 권위가 갖는 고유한 기능을 무력화시킬 수도 있다. 이는 결국 다시 국가 권위의 정당한 행사에 관한 문제로 환원된다. 이 때문에 합법적 지위를 갖는 국가의 명령에 무조건적으로 복종해야 한다거나 혹은 선별적으로 복종할 수 있다거나 하는 문제가 시민불복종 행위와 직결되어 있다는 것을 알 수 있다. 시민의 법 불복종 행위는 일반적 의미에서 합법적인 권위, 혹은 베버가 말하듯이 "합법적으로 물리적 강제를 독점(das Monopollegitimen physischen Zwanges)"[2]하고 있는 국가의 명령에 복종할 의무와 관련되어 있으므로 이는 국가의 권위에 대한 모든 논의들이 해결하고 넘어가지 않으면 안 되는 근본 문제라 할 수 있다.

그러나 해당 구성원들에게 명령을 내리며 또 그 명령에 따른 강제력을 행사하는 국가 권위의 합법성에 대해서는 여러 이견들이 존재한다. 오늘날 국가권위의 근거를 넓은 의미에서 칸트, 롤스, 파인버그와 같은 자유주의자들은 자율적 개인의 동의와 합의에서, 왈쩌, 샌들, 메킨타이어, 테일러 등의 공동체주의자들은 공동체적 삶과 더불어 형성되는 역사적 전승과 전통 속에서 찾는다. 그러나 어떤 국가든 통상 그 권위는 법에 기초한 합법적 권력

---

2 M. Weber, *Wirtschaft und Gesellschaft. Grundriss der verstehenden Soziologie*, 29.

의 행사에 의해서 유지 및 존속된다. 따라서 합법성과 정당성을 상실한 국가의 권력은 권위를 인정받기 어렵다. 반면에 어떤 국가가 권위를 갖는다고 할 경우 그때의 권위는 합법성과 정당성에 영향을 미치기도 한다는 점에서 이미 합법적 권력 이상의 기능과 의미를 갖는다. 이는 권위, 특히 국가가 갖는 정치적 권위를 올바로 이해하는데 있어서 간과할 수 없는 측면이다. 그러나 그렇다고 해서 권위가 권력보다 상위의 개념이라는 것을 의미하지는 않는다. 권위와 권력의 관계는 하나의 개념 정의를 통해서 일의적으로 규정되기 어렵다. 오히려 양자간의 관계는 여러 측면에서 중첩된다.

가령 권위와 권력의 개념 구분에서 가장 특징적 차이를 어떤 대상에 대한 자발적 인정 내지는 승인 여부와 같은 도덕적 성격에서 찾을 수 있지만, 그렇다고 모든 권위가 반드시 이러한 측면에 의거해서만 성립되는 것은 아니다. 말하자면 도덕성을 상실하면 권위의 효력이 감소되거나 사라진다고 할 수 있지만 항상 그런 것은 아니다. 우선 도덕성이 무엇에 기초하느냐에 따라 권위에 대한 평가도 달라질 수 있을 뿐 아니라 권위는 도덕성과 무관하게 성립하기도 하기 때문이다. 이를테면 예술가의 권위는 그가 얼마나 도덕적 자격을 갖고 있느냐에 어느 정도 의존적일 수 있지만, 그렇다고 그의 권위에서 도덕적 자격이 절대 필수적인 자격 요건은 아니다. 또 내가 자발적으로 동의나 승인을 하지 않았더라도 권위가 있다는 그 자체만으로 영향력을 갖기도 한다. 여기에는 단순한 비도덕적인 평가적 판단이나 일종의 감정적 반응도 중요한 요인으로 작용하고 있다.

이런 점들을 고려할 때 권위는 다양한 방식의 사회적 승인과 인정에서 성립한다고 볼 수 있다. 하지만 만일 권위의 다양한 쓰임을 구분하고 그에 합당한 개념 규정을 시도할 경우, 그 각각에 적합한 사회적 승인과 인정의 다양한 편차를 규명해야 할 것이다. 한 가지 분명한 것은 그것이 도덕적 내지는 자발적 승인이든 아니든 권위는 포괄적 의미의 승인이나 인정과 직간접적으로 관계한다는 점이다. 따라서 정당성을 갖는 합법적(legitimate) 권위 역시 이러한 맥락의 승인이나 인정과 관계가 있다고 할 수 있으며, 그 일차적 대상은 그 말의 중심적 위치에 있는 법과의 관계에서 고려되어야 할 것이다.

합법적 권위란 기본적으로 법에 기초를 두고서 행사되는 권위, 즉 법의 권위(authority of law)이며, 그런 점에서 이에 의거한 행위는 정당한 권력 행사가 된다. 그러나 이때 법의 도덕성 혹은 정의(Justice) 여부가 문제될 경우, 권력 행사의 정당성 여부가 또다시 문제가 될 수 있으며, 이는 곧 합법적 권위 자체가 정당성의 문제와 밀접한 연관이 있음을 함축한다. 동일한 용어 legitimacy를 합법성 혹은 정당성으로 번역할 수 있는 것도 선행적으로 그 각각의 기준이 되는 법 자체의 정의가 문제가 될 수 있기 때문이다. 만일 완벽한 정의로운 법이 먼저 존재한다면 이에 근거하여 갖게 되는 합법적 권위란 곧 정당한 권위와 동일한 의미를 갖게 될 것이다.

또한 우리는 권력은 있지만 권위는 없다거나 권위는 있지만 권력은 없다거나 혹은 권력도 권위도 있다거나 없다는 말을 할 때가 있다. 그런데 우리의 일상 어법상 권력을 행사한다고는 해도 권위에 대해서는 이렇게 말하지 않는다. 이런 표현에서 감지할 수 있는 권위와 권력의 미세하면서도 분명한 차이는 직접적으로 영향력을 행사할 수 있는 구체적인 수단의 유무의 정도에 기인한다고 볼 수 있다. 그런 점에서 엄밀히 구분짓기는 힘들지만 전자를 권한이나 자격과 관계하면서 이를 행사하거나 관철할 수 있는 직접적인 수단을 갖고 있지 않는 "규범적 개념"으로, 후자를 굳이 자격이나 권한의 획득 여부 보다는 자신의 의도를 관철시킬 수 있는 직접적인 수단을 지니고 있는 "실증적 개념"으로 구분해 볼 수도 있다.[3] 그러나 이 같은 구분도 특히 국가를 대상으로 할 경우 설득력을 잃어버린다. 국가의 경우에 그 권위의 초석이 되는 법은 기본적으로 누군가를 복종케 하는 힘의 정당한 행사를 허용하며, 따라서 합법적 권위는 합법적 권력이라는 말과 거의 대동소이해지기 때문이다. 이 경우에 우리는 합법적 권위를 "제도화된 권력", 합법적 권

---

3 이 용어는 박효종, 『국가와 권위』, 125에서 차용한 것이다. 이런 구분은 박효종의 의도와는 직접적인 연관이 없다. 나는 여기서 권위와 권력의 일상 어법에서 드러나는 미세한 차이를 이렇게 표현해 보고 싶었을 뿐이다.

력을 "제도화된 권위"로 볼 수 있다.[4]

그러나 권위든 권력이든 문제는 현실적으로 완벽한 법도 완전한 정치적 과정도 존재하지 않기 때문에 법에 근거하여 국가나 그 대리인이 법적 권한을 정당하게 행사한다 하더라도 그 합법성과 징당성에는 어느 성도의 자의성을 내포할 수밖에 없게 된다. 그리고 그것은 법 규정이 형식적이면 일수록 더 커지게 마련이다. 법 규정과 적용에 대한 해석 여부를 놓고 대립이 발생할 때 똑같이 법의 권위에 기초를 두는 합법적 권위와 정치적 권위가 실제 현실에서는 거의 구분되기 어려운 이유도 여기에 있다. 법 적용의 정당성이 문제시 되면 이미 합법적 권위는 시험대에 오르게 되며, 더욱이 이를 판정할 수 있는 완전무결한 기준과 절차가 마련되어 있지 않는 한, 실제 정치 과정을 통해서 정치적 권위가 이에 직간접으로 관계하지 않을 수 없기 때문이다.

실제로 법 자체의 완전성은 물론이고 법의 일반성은 그것의 실제적 적용과 운용에 있어서 한계를 지닐 수밖에 없다. 이는 하트가 지적하고 있듯이 인간이 처해 있는 곤경이자 한계이기도 한 데, "사실에 대한 상대적 무지(relative ignorance of fact)"에 기인하는 미래에 일어날 사례들에 대한 "예견 불가능성"과 다시 이로 인해 입법적 목적을 확정할 수 없는 "목표의 상대적인 불확정성(relative indeterminacy of aim)"이라는 약점이 바로 그것이다.[5] 이런 사정으로 인해 법의 해석과 적용은 언제나 일련의 현실적인 정치적 과정을 통해서 보완되거나 구체화될 수밖에 없다. 더 나아가 합법적 권위의 문제에는 또 다른 중요한 요소가 들어 있는데, 그것은 법 자체의 권위, 즉 어떤 법이 정당성을 갖느냐 하는 것이다. 때문에 합법적 권위 역시 그것이 어떤 법에 근거를 두고 있느냐 하는 문제와 그것이 행사될 때 어떤 경우에 정당성을 갖느냐 하는 문제 모두로부터 자유롭지 못하다. 따라서 정당성을 갖는 합법적 권위에 대한 물음에는 기본적으로 두 가지 사항, 즉 법의 정의(justice) 여

---

4 R. Bierstedt, "An Analysis of Social Power", 10-1, 13 참조.
5 H. L. A. Hart, *The Concept of Law*, 128; 『법의 개념』 166-7.

부와 법 적용이나 행사의 정당성 여부가 맞물려 있다.

크게 보아 롤스는 국가가 갖는 합법적 권위의 정당성 및 이에 복종할 의무를 합의와 동의라는 사회계약론적 관점에서 근거짓는다. 그 요지를 개괄하면 다음과 같다. 국가 혹은 정치공동체란 합리적 자기 이익에 관심을 가진 개인들이 각자의 필요와 동의에 의해서 자발적으로 조직한 결사체이자 협동체이다. 그리고 자기 이익의 합리적 실현을 위한 협동 기구로서의 국가는 상호 합의와 동의를 통해 이를 가장 합리적으로 달성할 수 있도록 조직되어야 하며, 그 실현 수단이 법 체제와 제도이다. 정당성을 갖는 법과 제도를 통해서 국가는 각 개인이 동의할 수 있는 사회 정의를 실현해야 한다. 동시에 시민은 자신이 동의하고 승인한 국가의 법과 명령에 복종할 의무가 있다.[6] 만일 합법적 권위가 이러한 국가의 법에 근거하고 있다면 이는 정당성을 가지며, 따라서 시민은 이에 복종해야 한다.

또한 롤스는 부모의 지도에 반발할 수 있는 근거가 되는 지식이나 이해력을 갖고 있지 못하는 유아기의 도덕처럼 부모라는 권위에 의해 제시되는 신조나 계율에 복종하게 되는 이른바 권위에 의한 도덕(morality of authority)도 "정당성과 정의의 원칙들에 예속되어야 한다"[7]고 봄으로써 권위의 한계를 분명히 하고 있으며, 무엇보다도 정당성을 갖는 합법적 권위를 여타의 권위와 구분하고 있다. 하지만 또한 롤스는 시민불복종을 허용하듯이 이러한 합법적 권위를 무제한적으로 인정하지도 않는다.

그러면 '부정의한 법은 법이 아니다.'(Lex iniusta non est lex.)라는 말처럼 동의와 승인 절차에 따라서 제정된 다수자의 법이라도 만일 그것이 부정의하다고 한다면 이에 반대하는 소수자는 이러한 법 집행에 대해서 어떤 태도를 취하는 것이 옳은가? 완전무결한 법이란 존재하지 않으며 모든 사람을 만족시켜 주는 것은 불가능하기 때문에 설사 그 법이 단지 소수자에게 불리하거나 치명적일 경우에도 우리는 그 법 집행의 합법성을 인정하고 따라야 하는

---

6   이는 Rawls의 *A Theory of Justice* (1971/1999)의 기본 취지를 요약한 것이다.

7   J. Rawls, *A Theory of Justice* (1999), 409.

가? 합법적 권위는 언제나 정당성을 갖는가?

3. 시민불복종의 정의와 정당화

롤스는 그의 『정의론』에서 권위라는 말을 (국가의) 체제와 호환해서 사용하고 있다. "합법적으로 수립된 민주주의적 권위(authority)" 혹은 "상당히 정의로운 민주주의 체제(regime)"와 같은 경우가 그 예이다. 이 같은 맥락에서는 국가가 권위를 갖는다는 것은 곧 그것이 합법적인 절차를 통해서 확립된 것임과 의미상 동치이다. 가령 롤스는 중세와 근대의 입헌주의의 한 가지 분명한 차이점을 법의 우월성이 실제로 확립된 제도적 통제에 의해 보장되고 있는지 여부에서 찾는다. 롤스에 따르면, 중세는 근대 입헌 정부의 기본 이론, 즉 최종적인 권위를 가진 주권자로서의 국민과 선거나 의회 및 다른 입헌적인 형태를 통해서 그러한 권위를 제도화한다는 이념을 결여하고 있다.[8] 하지만 근대의 입헌적 정치제도들이 이러한 중세적인 것을 기초로 해서 이를 보완하는 방식으로 건립된 것과 마찬가지로, 입헌 민주주의가 완전한 것이 아닌 한, 그것이 가진 법적인 관점을 보충할 필요가 있는데, 이러한 역할을 담당하고 있는 것이 롤스가 말하는 시민불복종 이론이다.

> 시민불복종 이론은 법에 분명히 반하는 것이긴 하지만 법에의 충실성을 나타내며 민주 체제의 기본적인 정치적 원리들에 호소하는 방식으로 합법적인 민주주의적 권위에 반대할 수 있는 근거를 정식화하려는 것이다.[9]

이처럼 롤스는 민주주의 국가(체제)의 권위를 합법성에 두면서 동시에 시민불복종이라는 의사 표현 수단을 통해서 국가가 갖는 합법적 권위에 도전하는 행위를 허용한다. 그런데 롤스에게 시민불복종은 법에 기초하여 시민에게 명령을 내리는 국가의 합법적 권위를 인정하는 자에 의해서 이루어지는 의도적 행위이다.

---

8 같은 글, 338.
9 같은 글, 같은 곳.

시민불복종에 관한 롤스의 정당화 논리는 기본적으로 입헌 민주제, 즉 합법적으로 수립된 민주주의 체제를 전제하여 이루어진다.[10] 비록 이것이 논의 전개상 필요한 제한이긴 하지만 롤스는 그의 『정의론』에서 정의 국가에 가장 적합한 체제가 입헌 민주주의임을 입증하려 하고 있다. 실제로 소위 "공정으로서의 정의"(justice as fairness)로 대변되는 그의 『정의론』의 근본 목적은 입헌민주주의를 옹호하는 철학적 입장의 정초와 정당화에 있다. 롤스는 우선 한 사회에서 부정의가 생겨날 수 있는 두 가지 방식을 가정하는데, 하나는 현행 체제가 어느 정도 정의롭다고 공적으로 받아들여진 기준으로부터 여러 가지 정도로 벗어난 경우이며, 다른 하나는 그러한 체제가 사회의 정의관이나 지배 계층의 입장에 부합되기는 하지만 그러한 입장 자체가 부당하거나 많은 경우에 있어서 분명히 부정의한 것일 수도 있는 경우이다. 이 상호 대조를 이루는 두 가지 방식에서 롤스는 전자의 경우, 완벽한 국가나 그 자체로 이미 부정의한 국가도 아닌 어느 정도 정의의 원칙들을 만족시키는 강력한 입헌 체제가 존재하는 '거의 정의로운'(nearly just) 사회를 가정하여 이 문제에 접근하고 있다.[11]

하지만 우리가 시민불복종이 허용될 수 있는 가능한 조건과 지점을 분명하게 정하고자 할 때, 롤스의 이에 대한 설명은 극히 간략하게 서술되고 있기 때문에 '거의 정의로운'이라는 한정은 그리 명확하지가 않다. 비록 모든 경우에 시민불복종이 허용될 수 없다는 것은 분명하며, 또 나치 독일이나 극히 이상적인 정의 사회를 일단 그 대상에서 제외하기는 쉽지만, 그 밖에 있을 수 있는 가능한 중간 지대들 중 어느 쯤에서 그 지점을 찾아야 하는지는 그리 용이하지 않다. 우선 롤스 자신이 '거의 정의로운 사회'를 "상당한 정도의 정의감에 의해 규제되고 있는 사회"[12]로 정의하고 있듯이, '거의 정의롭다'는 표현은 상당히 특수한 경우에만 한정해서 시민불복종이 허용될 수 있는 것을 뜻한다. 그런데 이 '거의 정의로운'이 '심각한 부정의'(serious

---

10   J. Rawls, "The Justification of Civil Disobedience" (1969), 176; A Theory of Justice (1999), 326.

11   J. Rawls, A Theory of Justice (1999), 335 이하.

12   J. Rawls, A Theory of Justice (1971), 387.

injustice)와 짝을 이루게 되면 어려움은 가중된다. 롤스의 의도를 좇아가 보면, 시민불복종은 "거의 정의로운 사회에서 일어나고 있는 심각한 부정의", 이를테면 정의의 제1원칙에 대한 위배와 같은 경우에 한정된다. 이런 점을 고려하면, 롤스가 말하는 "거의 정의로운 사회"란 "해당 구성원들의 존경을 받고 있는 지배적인 집단에 의한 공정한 대우, 상호 협력, 정의감이 실행되는 사회", 혹은 "정의가 [다수의] 영향력을 갖는 내부 집단과 관련해서 널리 실행되고 있지만, [소수의] 소외되고 억압받는 집단에 대해서는 정의가 아주 적게 실행되고 있는 사회", 즉 한마디로 "불연속적인 정의로운 사회"(a piecewise just society)라고 할 수 있다.[13]

이러한 조건을 전제로 롤스는 민주주의 체제 하에서 이루어지는 시민불복종을 "일반적으로 법이나 정부의 정책에 변화를 가져올 목적으로 행해지는, 공공적이고 비폭력적이며 양심적이긴 하지만 법에 반하는 정치적 행위"로 정의한다.[14] 이를 단순화시켜서 "다수자의 정의감에 호소하는 청원의 한 형식"[15] 또는 "설득의 한 형식"[16]이라 할 수도 있다. 그리고 이와 함께 롤스는 이러한 "합법적으로 수립된 민주주의적 권위(authority)"에 대한 시민불복종이 정당화 될 수 있는 조건은 그것이 "상당히 정의로운 (물론 완벽하게 정의롭지는 않으나) 민주주의 체제에서 일반적으로 항의 받고 있는 법령에 대한 재고를 촉구하기 위해서 그리고 사회협동의 조건들이 지켜지고 있지 않다는 것이 불복종자의 확고한 소신임을 경고하기 위해서 다수자의 정의감에 호소하는 정치적 행위로 받아들여질 경우"로 한정된다.[17] 그런데 이런 상당히 민주적인 입헌 국가에서 시민불복종이 일어날 수 있는 가장 큰 이유는 헌법

---

13 A. Sabl, "Looking forward to Justice. Rawlsian civil disobedience and its non- Rawlsian lessions", 411.

14 J. Rawls, A Theory of Justice (1999), 320. 또 다른 곳에서 롤스는 H. A. Bedau의 정의를 따라 시민불복종을 "일반적으로 정부의 정책이나 법률에 변화를 가져오려는 의도를 가지고 법에 반대해서 행해지는 공공적이고 비폭력적이며 양심적인 행위"로 정의한다. "The Justification of Civil Disobedience" (1969), 181. 롤스가 참조한 H. A. Bedau의 글은 "On Civil Disobedience", *Journal of Philosophy* (October, 1961).

15 J. Rawls, *A Theory of Justice* (1999), 324.

16 V. Haksar, "Rawls and Gandhi on Civil Disobedience", 371 이하.

17 J. Rawls, "The Justification of Civil Disobedience" (1969), 176.

이 지닌 근본적인 약점과 한계, 즉 그것이 정의롭긴 하지만 "불완전한 절차적 정의"의 한 예에 해당하기 때문이다. 다시 말해 "헌법에 따라서 제정된 법이 정의로운 것이기를 보장해줄 현실적인 정치 과정이 존재하지 않기 때문이다."[18] 적어도 입헌적 민주주의 체제에서 시민불복종이 갖는 긍정적인 역할도 이에서 찾을 수 있다.

사람들이 시민불복종에 참여하는 목적은 다수자의 정의감에 호소하여 진지하고 숙고된 견지에서 볼 때 절차상의 불완전함에서 비롯되는 자유로운 협동의 조건이 침해되었다는 것을 정당하게 알리고자 함이다. 즉, 다수자에게 호소함으로써 그들이 참여자들의 입장에서 다시 생각해보도록 만들어 그러한 침해가 결코 복종할 수 없는 부정의한 것을 인식시키려는 데 있다. 롤스는 시민불복종의 역할에 대해서 다음과 같이 적고 있다.

> 만일 합당한 정치적 호소를 위해 어느 정도의 기간을 정상적으로 허용한 후에도, 기본적 자유가 침해되었을 경우 시민들이 시민불복종으로 반대를 한다면, 이 기본적 자유는 보다 더 확고해지리라고 생각된다. 그래서 이러한 이유 때문에 당사자들은 법에의 충실성의 한도 내에서 정의로운 헌법의 안정성을 유지하기 위한 최종적인 장치를 마련하는 방식으로 정당한 시민불복종을 규정하는 조건들을 채택하게 될 것이다. 비록 이것이 엄밀히 말해서 법에 반하는 행위이기는 할지라도 그것은 입헌 체제를 유지하기 위한 도덕적으로 올바른 방식인 것이다.[19]

상술한 정의에 표명되고 있듯이 시민불복종은 다수자의 정의감에 호소하는 소수자의 정치적 행위이다. 이는 시민불복종 행위가 개인의 도덕적 원칙이나 신념 혹은 종교적 교리에 근거해서 이루어져서는 안 된다는 것을 의미한다. 또 시민불복종은 청원이나 호소의 한 형태이기에 그것은 공개적으로 이루어지는 비폭력적 행위여야 한다. 이와 같은 시민불복종의 특징들은 기본적으로 그것이 법에 대한 충실성의 한계 내에서 이루어지는 법에 대한 불복

---

18 J. Rawls, *A Theory of Justice* (1999), 311.
19 같은 글, 337.

종 행위임을 반영한다. 동시에 이는 곧 우리가 때로는 부정의하다고 간주되는 법이나 정책도 어기지 않아야 할 강력한 이유가 있다는 것을 함축한다.

그러나 부당한 합법적 권위의 행사에 저항하고 이를 시정하게 만들기 위해서 처벌을 감수하면서 다수지의 정의감에 호소하는 롤스식의 실득적 모델의 실효성에 대해서 의문이 제기될 수 있다. 어쩌면 단식이나 소유물의 파괴와 같은 적극적이면서 위협적인 수단을 사용하는 것이 더 효과적일 수도 있다. 브라이언 베리는 롤스식의 설득적 모델은 불합리한 것이라고 비판한다. 그는 롤스식의 비위협적 행동을 취하는 설득적 모델은 법을 준수하지 않는 이유를 납득시키기에는 역부족일 수 있으며, 따라서 "공개적인 자기희생이나, 이것이 너무 극단적이라면, 자신의 귀중한 재산을 불태우는 행위도 법 위반 행위만큼이나 유효할 수 있다"고 주장한다.[20] 그런데 가령 죽음을 무릅쓰고 하는 단식과 같은 자기희생적인 행위는 롤스식의 모델에서는 허용되기 어렵다. 왜냐하면 만일 단식자가 죽게 되면 이는 국가의 합법적 권위에 치명적인 부담을 줄 수도 있으며, 그것은 법에의 충실성의 한계 내에서 인정되는 롤스의 시민불복종 정신에 위배될 것이기 때문이다. 다른 한편으로 그것의 진위는 경험적 문제이긴 하지만 우리가 롤스식의 모델을 채택한다 하더라도 자발적으로 법적 처벌을 감수하는 시민불복종자들은 반대자들을 제거하려는 사악한 정부의 수중에서 놀아날 소지도 배제할 수 없다.[21]

또한 롤스가 말하는 불복종의 정당성 여부의 가장 중요한 조건은 "법과 제도의 부정의한 정도"에 있다.[22] 롤스가 강조하고 있듯이 "사회의 기본 구조가 현 상태가 허용하는 것에 비추어볼 때 상당히 정의로울 경우, 부정의한 법이 부정의의 한도를 넘어서지 않는다면, 우리는 그 부정의한 법도 구속력이 있다고 인정해야 한다."[23] 이 같은 맥락에서 롤스는 시민불복종 행위

---

20 V. Haksar, "Rawls and Gandhi on Civil Disobedience", 376.

21 같은 글, 374.

22 J. Rawls, *A Theory of Justice* (1999), 309.

23 같은 글, 308.

가 정당화될 수 있는 세부 조건 세 가지를 다음과 같이 제시한다.[24] 우선, 시민불복종은 다수자 내지는 공동체의 정의감에 호소하는 정치적 행위이기에 그것은 정의에 대한 명확하고 실질적인 침해에만 국한되어야 하고 가급적 그 침해가 시정될 경우 여타의 부정의도 일소될 수 있는 기반을 마련하게 될 경우에 국한되는 것이 좋다. 따라서 시민불복종은 정의의 제1원칙인 평등한 자유의 원칙에 대한 심한 위반이나 제2원칙의 두 번째 부분인 공정한 기회균등의 원칙에 대한 현저한 위배에 국한되어야 한다. 이런 점에서 시민불복종은 평범한 범법 행위와 구별되는 데, 그 요체는 시민불복종의 동기는 국가가 비도덕적인 법을 통과시켰다거나 비도덕적 정책을 추구한다는 데 대한 도덕적 관심의 표시라 할 수 있다.[25]

다음으로는 시민불복종은 법에 중대한 부정의가 있을 뿐만 아니라 이에 대한 시정이 다소 고의적으로 거부되고 있어서 민주적 절차와 합법적인 항거와 시위와 같은 정상적인 호소 등이 실패할 경우에 시도될 수 있는 최후의 대책이어야 한다. 마지막으로 정의로운 체제의 효율성을 침해하게 될 극심한 무질서로 인해 모든 이에게 불행한 결과를 가져오지 않도록 하기 위해서는 시민불복종에 가담할 수 있는 범위와 한계가 있다고 가정해야 한다. 따라서 시민불복종은 불복종자가 다른 어떤 사람도 동일한 정도의 부정의에 처하게 되면 유사한 방식으로 저항할 권리를 갖는다고 기꺼이 내세울 수 있는 경우에만 국한되어야 한다. 롤스의 이 같은 정당화 조건들은 기본적으로 그가 사회 제도의 가장 중요한 덕목으로 상정하고 있는 정의의 우선성과 그것이 보장하는 평등한 자유에 기초하고 있으며, 동시에 사회구성원 모두의 공통된 정의감을 전제한다.

그러나 이상과 같이 롤스가 다소 엄격하게 제한하고 있는 "명확하고 실질적이고 현저한 부정의"라는 시민불복종의 허용 조건들은 그 취지와 의의에도 불구하고 자칫 시민불복종 자체를 무용한 것으로 만들 위험이 있다.

24 이에 대해서는 다음을 참조. J. Rawls, "The Justification of Civil Disobedience" (1969), 183-186.; *A Theory of Justice* (1999), 57. *The Justification of Civil Disobedience*, 326-31.

25 N. 보위·R. 사이몬, 『사회·정치철학 — 개인과 정치적 질서 —』, 265-7 참조.

이를테면 롤스의 제한 조건은 "차등의 원칙"의 경우에 이러한 원칙의 침해를 확인하기가 쉽지 않다는 이유에서 이에 대한 시민불복종 행위가 이루어져서는 안 된다는 것을 함축한다. 그런데 만일 롤스의 가정처럼 "거의 정의로운 사회" 및 이에 수반되는 "정의감"이 제대로 작동하고 있는 사회라면, 원칙적으로 이런 사회에서는 평등한 자유의 원칙이나 공정한 기회균등의 원칙에 대한 현저한 위배가 야기될 가능성은 아주 낮다. 또 있다 하더라도 최고 법정이나 입법을 통해 시정될 가능성이 아주 높다. 그렇다면 롤스의 입장에서 시민불복종 허용의 정당성을 진지하게 고민해야 보아야 할 것은 오히려 "실질적인 침해이긴 하지만 덜 현저하거나 명확하지 않은 부정의의 경우"[26]나 허용 조건에서 배제되고 있는 차등의 원칙과 같은 것을 위반한 경우라 할 수 있다. 스스로 자신들을 정의롭다고 생각하는 다수나 합법적 권위의 주체들은 소수자의 권리와 이익을 그것이 고려 대상에서 배제된 기간이 길면 길수록 사소하게 생각하거나 무시할 공산이 크기 때문이다.

4. 정의의 자연적 의무와 정치적 책무

롤스의 경우 시민불복종은 공통의 정의관을 소유하고 있는 상당히 정의로운 국가에서 그 체제의 합법성과 그 권위를 인정하고 받아들이는 시민들에게서만 생겨나는 문제다. 그런데 이때 문제가 되는 것은 의무들간의 상충이다. 즉, 합법적인 다수자에 의해서 제정된 법에 따라야 할 의무와 각자의 자유를 방어할 권리와 부정의에 반대할 의무와의 상충이 시민불복종에 담겨 있는 중요한 쟁점이다. 따라서 롤스에게는 시민불복종의 정당성은 "합법적으로 수립된 민주주의적 권위"[27]에 복종할 정치적 의무론에 그리고 또 이 정치적 의무론은 선행적으로 공정으로서의 정의에 기초한다. 하지만 시민불복종 행위가 롤스가 가정하는 상당히 정의로운 입헌 민주주의 국가의 합

---

26 V. Haksar, "Rawls and Gandhi on Civil Disobedience", 388.

27 J. Rawls, "The Justification of Civil Disobedience" (1969), 176.

법적 권위와 충돌할 경우에 그의 입론으로부터 얼마나 현실적이면서도 실천적인 지침을 얻을 수 있는가는 여전히 문제로 남는다. 롤스는 기본적으로 이 문제를 자연적 의무 및 정치적 의무와 책무라는 개념 도구를 이용해서 풀어나가고 있다. 그것은 시민불복종 문제가 성격상 합법적 권위에의 복종 여부와 직결되어 있으며, 이는 다시 시민으로서의 의무와 책무의 문제로 환원되기 때문이다. 롤스는 특히 시민불복종을 정치적 책무나 관용 혹은 다양한 의견의 존중이 아니라 정의의 자연적 의무에 기초하여 다루고 있다.

우선 롤스는 의무(duty)와 책무(obligation)를 명확히 구분해서 사용한다.[28] 이 구분은 롤스의 정의론을 이해하는데 있어서 매우 중요하다. 그에 따르면, 일반적으로 직분이나 직위에 의해서 규정되는 의무와 달리 책무는 우리의 "자발적(voluntary) 행위로부터" 또는 "자발적 행위의 결과로" 생겨난다.[29] 때문에 책무에는 어떤 행위를 하게 되는 시발점이 있고 그것은 강요된 행위가 아니라 자발적으로 선택한 행위다. 따라서 사회구성원들에 의해서 공정으로서의 정의관이 채택될 경우 모든 책무들은 이러한 공정성의 원칙의 적용을 받게 된다. 반면 넓은 의미에서 의무는 "어떤 지위나 직책에 부과되는,"[30] 즉 어떤 식이든 행위자가 이미 어떤 직책이나 지위에 있거나 때로는 그가 인간이라는 지위에 있기 때문에 이미 그로부터 그에게 부과되거나 부과될 수 있는 것이다. 가령 어떤 사람이 자발적으로 공직자가 되었을 때 그에게는 공직자가 된 것에 따른 정치적 책무가 있다. 그런데 통상 공직자에게는 해당 직위나 직책에 수반되는 의무가 관련 제도나 관행에 의해 주어지게 마련이다. 이때 직책을 수행할 책무의 내용이 바로 의무이다. 이 의무는 내가 자발적으로 선택하고 결정하는 것이 아니라 내가 자발적으로 선택한

28　우리는 일상적인 어법에서 의무와 책무를 엄격히 구분해서 사용하지 않는다. 그 이유들 중의 하나는 의무가 넓은 의미에서 책무와 직접 간접으로 연관성을 갖기도 하기 때문이다. 롤스 역시 이런 맥락에서 의무라는 말을 보다 넓은 의미에서 사용한다. 이 글에서도 나는 특별히 이 양자를 구분해야 할 필요가 있을 경우가 아니면 일반적으로 의무라는 표현을 사용하였다. 하지만 롤스에게 있어서 이 두 용어의 의미를 구분해서 '이해하는' 것은 필요하고 또 중요하다. duty와 obligation의 차이점과 공통점에 대해서는 다음을 참조. 이종은, 「플라톤, 홉스, 롤스에 있어서 의무라는 개념의 구분」, 19-28.

29　J. Rawls, "The Justification of Civil Disobedience" (1969), 177; A Theory of Justice (1999), 97.

30　J. Rawls, "Legal Obligation and the Duty of Fair Play" (1964), 118.

책무를 수행할 때 그 직위나 신분 때문에 부과되는 것이다. 이때의 의무는 좁은 의미의 도덕적 의무는 아니다. 롤스는 의무들 중에서 직책이나 지위에서 부과되는 의무 보다는 자연적 의무를 특별히 중요하게 다루고 있다. 그 이유는 롤스는 자연적 의무의 원칙들을 계약론적 관점에서 도출하기 하는데, 이는 시민불복종의 정당성을 옹호하는 중요한 논거가 되기 때문이다.

롤스에 의하면, 자연적 의무는 "우리의 자발적인 행위와 상관없이 우리에게 적용되며," "제도나 사회적 관행과 필수적인 관계는 없으며 일반적으로 그 내용이 이러한 체제상의 규칙들에 의해 규정되지도 않는다."[31] 따라서 특정한 직책이나 지위에 따른 의무와 달리 사람은 그가 말로 약속하든 안하든 잔인하지 않을 자연적 의무와 타인을 도울 의무를 갖는다. 이러한 자연적 의무는 '자연적'이라는 수식어가 함의하고 있듯이 그것이 사람들 간에 그들의 제도상의 관계에 상관없이 적용되며, 동등한 인격으로서 모든 사람에게 성립한다는 점에서 특정한 사회 체제에서 상호 협동하고 있는 특정한 개인들에게만 부과되는 것이 아니라 인간 일반에게 해당되는 것이라는 특징을 갖는다. 이에 따르면 정의감을 가진 존재로서의 인간에게 마땅한 존경을 표시해야 하는 것도 자연적 의무에 속한다.

롤스는 자연적 의무를 적극적 의무와 소극적 의무로 구분하는데, 전자에 해당하는 것으로는 가령 자신에게 지나친 손실의 위험만 없다면 궁핍하고 위기에 처한 타인을 도와야 할 상호 협조의 의무를 들 수 있다. 또 후자의 예로는 타인을 해치거나 상해하지 않아야 할 의무, 불필요한 고통을 야기하지 않을 의무 등이다. 전자는 타인을 위해 어떤 선을 행할 의무라는 점에서 적극적 의무이고, 후자는 나쁜 일을 행하지 않을 것을 요구한다는 의미에서 소극적 의무이다.

롤스는 개인에게 적용되는 공정으로서의 정의라는 관점에서 볼 때 정의의 의무는 기본적인 자연적 의무에 속한다고 말하고 있다. 이러한 롤스의 태도는 정의로운 법 혹은 부정의한 법을 준수할 의무 및 시민불복종의 문제

---

31 J. Rawls, *A Theory of Justice* (1999), 98.

와 관련하여 중요한 의미를 갖는다. 롤스에 따르면 한 사회에서 어떤 제도적 지위에 있는 사람에게는 그 직책에 합당한 정치적 책무가 부과되지만 일반 시민들에게는 그러한 정치적 책무가 적용되지 않는다. 이런 의미에서 롤스는 엄밀히 말해서 일반 시민에게 해당되는 정치적 책무란 없다고 생각한다.[32] 개념상으로는 한 국가의 시민이라는 점에서 시민 일반에게 동일한 비중을 갖고 적용되는 정치적 책무가 성립할 수 있으나, 사회 구성원 모두에게 요구되는 구속력 있는 행위가 무엇이며 누가 그것을 수행하는지가 분명치 않는다는 점에서, 엄밀한 의미에서 시민 일반에 적용되는 정치적 책무를 말하기 어렵기 때문이다. 가령 한 사회에서 보다 많은 특권이나 높은 지위에 있는 사람들에게 그에 합당한 책임과 역할을 요구할 때 인용되기도 하는 "귀족에게는 귀족으로서의 의무가 있다(noblesse oblige)"는 신조 역시 경중과 과다가 있는 정치적 책무의 한 사례라 할 수 있다.

반면 롤스는 일반 시민을 포함한 모든 사람 각자에게는 정의의 의무라는 자연적 의무가 있다고 주장한다.

> 이 [정의의] 의무는 우리에게 적용되는 정의로운 현행 제도를 우리가 지지하고 따를 것을 요구한다. 그것은 또한 적어도 우리가 지나치게 희생하지 않아도 가능한 경우에는 아직 수립되지 못한 정의로운 체제를 세워갈 것을 우리에게 요구한다. 따라서 만일 사회의 기본 구조가 정의롭거나 혹은 그 상황에서 기대하는 것이 합당할 만큼 정의로운 경우에 모든 사람은 그 현존 체제에서 자신의 본분을 다해야 할 자연적 의무를 갖는다. 각자는 약속이나 혹은 다른 방식의 자발적 행위와는 상관없이 이러한 제도의 구속을 받게 되어 있다.[33]

이처럼 정의의 의무가 정의론의 관점에서 가장 기본적인 자연적 의무라면, 이는 정의의 의무는 자연적 의무이자 동시에 정치적 의무라는 것을 뜻한다. 따라서 자연적 의무에 소극적 의무와 자연적 의무가 있듯이 정치적

---

32 같은 글, 97-8 참조.
33 같은 글, 99.

의무에도 소극적 의무와 적극적 의무가 성립한다.

> 정의론의 관점에서 볼 때 가장 중요한 자연적 의무는 정의로운 제도를 유지하고 발전시켜야 하는 의무이다. 이러한 의무는 두 부분으로 되어 있다. 첫째로, 정의로운 제도가 현존하고 우리에게 적용되고 있을 경우 우리는 그것에 따르고 우리의 몫을 다해야 한다. 그리고 둘째로, 정의로운 제도가 현존하지는 않으나 적어도 우리가 조금만 희생을 하면 그러한 제도가 수립될 수 있을 경우, 우리는 정의로운 체제 수립에 협조해야 한다. 사회의 기본 구조가 정의롭거나 혹은 그 상황에서 합당하게 기대할 만큼 정의로울 경우, 모든 사람은 그에게 요구되는 것을 행해야 할 자연적 의무를 갖는다.[34]

전자가 소극적인 정치적 의무이고, 후자가 적극적인 정치적 의무에 해당한다. 이러한 자연적 의무 혹은 정치적 의무는 기본적으로 개인에게 적용되는 원칙이다. 보편적이면서 일견 특권적인 개인관은 롤스의 국가론의 근본 전제를 반영하고 있다고 할 수 있는데, 그것은 개인은 정의를 추구하고 실현하고자 하는 계약의 주체이기 때문이다. 반면에 앞서 지적한 바와 같이 의무와 달리 책무는 기본적으로 정치적 책무로서의 특징을 갖는다. 이는 의무와 책무의 개념 구분에 따른 차이에서도 드러나는데, 이는 롤스가 배경적 제도에 직접적으로 의존하느냐의 여부를 그 기준으로 삼고 있기 때문이다. 즉, 책무는 사회적 제도와 같은 인간이 직접적으로 관여한 자발적 행위로부터 성립한다. 따라서 정치적 책무는 국가가 제정한 법이나 수행하는 공동사업에 자발적으로 참여하기로 하고 또 이로부터 혜택을 받을 경우에 생겨난다. 롤스가 책무라는 용어를 의무와 구분지어 특별히 강조하는 이유도 공정성의 원칙에서 도출되는 도덕적 요구사항들을 자연적 의무로부터 성립하는 다른 요구들과 구분하기 위함이다. 가령 의무는 직책의 의무처럼 사회적 제도나 특정한 책무를 전제하거나 자연적 의무처럼 정치적 제도 수립 이전에 이미 부과되어 있듯이 배경적 제도나 자발적 행위를 전제하지 않는다.

롤스에 따르면, 정치적 의무는 정의의 자연적 의무로부터 생겨나지만 모

---

34 같은 글, 293-4.

든 정치적 책무는 공정성의 원칙에서 나온다. 공정성의 원칙에 따르면, 어떤 사람이 정의의 두 원칙을 만족시키는 정의롭고 공정한 어떤 제도의 이익들을 자발적으로 받아들이고 또 그것이 제공하는 기회를 이용할 때는 언제나 그는 그 제도의 규칙들이 명시하고 있는 자신의 본분을 행할 책무를 갖게 된다. 그러므로 모든 책무는 정치적 책무라 할 수 있다. 하지만 모든 시민이 정치적 책무를 지지는 않는다.

> 정의에 대한 자연적 의무가 가장 기본적인 이유는 그것이 시민 일반을 구속하고 그 적용을 위해서 어떤 자발적인 행위를 필요로 하지 않기 때문이다. 반면에 공정성의 원칙은 공직을 담당하는 사람들에게만, 혹은 그 체제 내에서 자신의 목표를 증진해온 보다 나은 처지에 있는 사람들에게만 구속력을 갖는다.[35]

이상의 설명을 종합하면, 사람은 사회 제도에 따르고 자신의 본분을 다해야 할 자연적 의무와 정치적 책무를 모두 갖고 있다고 할 수 있다. 그러나 정치적 제도에 구속되는 방식은 여러 가지가 있을 수 있기 때문에 정치적 책무는 시민 각자에 그에게 합당한 방식으로 부과될 수밖에 없다. 이러한 측면에서 볼 때, 자연적 의무는 각기 그것이 의무로서 채택될 다양한 원칙을 갖는데, 그 중의 하나가 정의의 자연적 의무이다. 반대로 다양한 정치적 책무들은 모두 공정성의 원칙에서 나오게 된다.

롤스가 정치적 책무가 공정성의 원칙의 지배를 받는다고 할 때 한 개인이 국가의 법이나 제도 혹은 그에 따른 정책이나 사업이 부정의하기에 즉 공정성을 위배하기에 이에 참여하지 않기로 결정할 경우 원칙적으로 그에게는 정치적 책무가 부과될 수 없다. 왜냐하면 정치적 책무는 그가 자발적으로 공정성의 원칙에 동의해야만 성립하는데, 이 경우에 그가 문제 삼고 있는 것이 바로 이것이기 때문이다. 따라서 그에게는 특정한 (정의로운) 국가의 한 일원이 되기로 동의한 것에 따른 책임은 여전히 유효하다는 점에서 국가의 법과 제도를 준수할 정치적 의무는 성립할 수 있어도 책무는 부과될 수

---

35 같은 글, 100.

없다. 이때 국가는 그에게 정치적 의무라는 관점에서 강제나 처벌을 부과할 수는 있지만, 정치적 책무란 기본적으로 한 개인의 관점에서 볼 때 제도나 실천의 정의에 동의한 결과로서 수행되는 협동적인 행동의 자발성으로부터 성립하는 것이므로 이를 거부하는 개인이 아니라 그러한 체제나 제도로부터 혜택을 받은 사람들에게만 부과되어야 한다.

의무와 책무에 대한 롤스의 설명에 따르면 정의로운 체제 아래서 제정된 법을 지켜야 하는 것은 당연한 시민의 의무라 할 수 있다. 이 경우 자연적 의무의 원칙과 공정성의 원칙이 필요한 의무와 책무를 확정해준다. 일반 시민들은 정의의 의무에 구속되며, 유리한 직책과 지위를 얻은 사람들이나 자신의 이득을 증진하기 위해 어떤 기회를 이용하는 사람들은 거기에 더하여 공정성의 원칙들에 의해 자신들의 역할을 해야 할 책무가 있다. 반면 정의의 자연적 의무에 기초하여 시민불복종에 가담할 수 있는 범위에도 한계가 설정될 수 있다. 가령 소수의 많은 집단들에 의해 이루어지는 것이든 적어도 어떤 정당성을 갖는 시민불복종 행위가 정의로운 체제의 효율성을 침해하게 될 극심한 무질서를 초래할 경우나 그들의 항의를 처리할 기구들의 능력의 한계로 인해 그들의 호소가 왜곡되거나 의도가 제대로 전달될 수 없는 상황으로 인해 모든 이에게 불행한 결과를 가져오거나 시민불복종의 효율성이 감소할 경우를 생각해 볼 수 있다.[36] 때문에 롤스에게 개인으로서 시민이 갖는 정의의 자연적 의무는 "정의의 원칙들을 만족시키는 체제를 지지하고 발전시키는 의무"[37]로 규정된다. 따라서 시민불복종은 언제나 정의의 추구와 유지라는 조건 아래서만 허용되는 행위이며, 정의로운 제도 수립 이전이나 이후나 개인은 한편으로는 자연적 의무의 주체로서 다른 한편으로는 정치적 의무의 주체로서 정의를 추구, 유지 및 발전시켜야 할 의무가 있다. 롤스가 "정의의 자연적 의무는 입헌 체제에 대한 우리의 정치적 결속의 가장 주요한 기초이다."[38]라고 강조하고 있는 것도 같은 맥락이다.

36 같은 글, 328.
37 같은 글, 335.
38 같은 글, 330.

이처럼 롤스는 어느 정도 정의로운 민주주의 국가 안에서 헌법의 합법성을 인정하고 받아들이는 시민들에게서만 일어나는 의무들간의 충돌, 즉 "법에 따라야 할 의무와 부정의에 반대해야 할 의무"[39]에 준거하여 시민불복종 문제를 다루고 있다. 하지만 시민불복종은 기본적으로 개인적 선택과 같은 개인 윤리에 속하는 문제이기 때문에 공정으로서의 정의가 해결하려고 하는 사회 윤리와 충돌을 일으킬 수 있으며, 때문에 양자의 관계를 어떻게 조정하느냐 하는 문제가 제기될 수 있다.[40] 롤스는 자연적 의무와 심각한 부정의나 비폭력, 설득적 방식 등 몇 가지 방법론적 제한과 같은 원칙에 기초하여 양자간의 조정을 꾀하고 있다고 할 수 있다. 그러나 이와 같은 의무들간의 충돌에 주목함으로써 파인버그는 롤스의 이런 식의 설명은 그가 합리적 근거에 의거해서는 그 경중을 정당하게 평가할 수 없는 환원불가능한 가치 다원주의로 간주하는 직관주의에 빠지고 마는데, 이로 인해 계약이론을 통해서 직관주의를 피하고자 하는 롤스의 통상적인 시도가 이 경우에는 실패하고 있다고 주장한다.[41] 그러나 사블도 지적하고 있듯이,[42] 이는 외관상 의무들간의 충돌로 보일 뿐, 실제로 이 두 가지 의무는 공히 정의로운 사회를 유지 및 추구해야 하는 정의의 자연적 의무라고 하는 "단 하나의 의무"에 기초를 두고 있다. 그러나 이러한 사블의 평가도 아주 정확하지 않다. 실제로 롤스가 무게중심과 초점을 정의의 유지와 발전에 두고 있다는 점에서 의무들간의 충돌로 보긴 어려우나, 실질적으로 그 경중을 가늠하기가 매우 어렵기 때문에 "정의로운 제도를 지지해야 하는 자연적 의무"와 "부정의한 법, 정책, 행동에 반대해야 하는 자연적 의무"의 충돌로 볼 소지도 충분히 있다.[43]

같은 맥락에서 이처럼 정의를 추구해야 하는 자연적 의무에 기초해서 시

39 J. Rawls, *A Theory of Justice* (1971), 363.

40 J. Feinberg, "Duty and Obligation in the Non-Ideal World", 269-71.

41 J. Feinberg, "Rawls and intuitionism", 120.

42 A. Sabl, "Looking forward to Justice. Rawlsian civil disobedience and its non- Rawlsian lessions", 412-3.

43 J. Feinberg, "Duty and Obligation in the Non-Ideal World", 274.

민불복종의 성격을 특징짓는 롤스의 논증에서 특히 주목해야 할 것은 시민불복종의 핵심은 심각한 부정의를 바로잡고자 함으로써 정의로운 제도를 유지시키는(support) 데 머물지 않고 이를 더 "발전시키는(further)" 행위라는 점이다. 그러나 문제는, 앞서 살펴본 바와 같이, 롤스에 따르면, 한 사회가 충분히 정의롭다면 아주 약간의 문제가 있다 하더라도 그 법을 따르고 준수해야 하지만, 만일 그 지점에 미치지 못한다면 이에 반대할 수도 있는데, 시민불복종은 심각한 부정의에 제한되기 때문에 자연적 의무를 다해야 하는 그 지점을 어떻게 식별할 수 있는가 하는 것이다. 아주 어려운 문제이지만, 이는 더 나은 도덕적 내지는 정치적 이론이 필요하거나 요구되는 문제라기보다는 경험적인 실천적 판단력에 의해서 좌우될 문제라 할 수 있다. 하지만 롤스가 시민불복종을 미래적 시점에 초점을 두고서 정의를 추구할 의무와 관련해서 제한하는 것은 칸트가 『영구평화론』에서 강조하고 있듯이 평화를 위해서 하는 전쟁에서 암살, 기만적 술수, 외교적 면책특권의 침해와 같은 행동을 금하는 전시 수칙에 비견될 수 있다.[44] 이런 행위들은 미래의 평화공존 자체를 불가능하게 만들어 버리듯이 국가의 합법적 권위에 반하는 시민불복종 역시 같은 맥락에서 이와 유사한 행위라 할 수 있다.

5. 합법적 권위와 정의감

롤스는 소수자가 정치권력을 쥐고 있는 다수자에게 자신의 의사를 관철시키려 하는 행위라는 의미에서, 정치적 원칙 즉 헌법과 사회제도 일반을 규제하는 정의의 원칙들에 의해 지도되고 정당화되는 행위라는 점에서, 그

---

44 칸트는 『영구평화론』에서 영구평화의 초안을 기획하면서 전부 세 개의 확정 조항과 여섯 개의 예비조항을 들고 있다. 이 예비조항 중에서도 영구평화를 달성하기 위해서 엄격하게 지켜야 할 금지법칙에 속하는 세 가지 조항을 제시하고 있는데, 여섯 번째로 등장하는 마지막 조항은 다음과 같다.: "어떠한 국가도 교전 중에는 미래의 평화시에 상호간의 신뢰를 불가능하게 만드는 적대 행위를 허용해서는 안 된다. 이를테면 암살자나 독살자의 고용, 국가간의 협정의 파기, 적대 국가 내의 폭동과 선동 등이다."(XI:200) 『영구평화론』의 원제는 Zum ewigen Frieden. Ein philosophischer Entwurf이다.

리고 국가의 제도나 법의 부정의를 시정할 것을 요구하는 행위이긴 하나 그
것이 법의 준수를 거부하기에 국가가 갖는 합법적 권위를 부정하거나 도전
한다는 의미에서, 시민불복종을 정치적 행위로 간주한다. 또한 그것이 한
사회가 공유하고 있는 정의관에 의거하고 있기 때문에 개인의 도덕적 원칙
이나 종교적 교설 혹은 개인이나 집단의 이익에만 기초해서 이루어져서는
안 되며, 신중하고 양심적인 정치적 신념의 표현인 청원의 형태로 이루어지
는 비폭력적인 정치적 행위이다. 그리고 공적 정의관에 비추어 봐서 이러한
정의관의 기본 원칙을 오래도록 끈질기고 의도적으로 위반하는 것, 특히 굴
종이나 반항을 일으키는 기본적인 평등한 자유의 침해가 이루어지는 경우
에 공통된 정의감에 호소하여 다수자들로 하여금 소수자의 합당한 요구를
인정하도록 숙고하게 만들어 이를 시정케 하려는 공개적인 정치적 행위이
기도 하다. 롤스는 이러한 헌법상의 시민불복종이 이를 통해 시민의 기본적
자유를 보다 더 확고해주며, 따라서 정의로운 제도를 유지하고 강화하는 역
할을 한다고 믿고 있다.[45]

그러나 앞서 지적했듯이 롤스의 시민불복종은 국가의 합법적 권위 자체
를 원천적으로 무력화시키려는 행위는 아니다. 합법적 권위가 존재하는 (민
주) 사회의 모든 시민에게는 국가의 법을 준수하고 명령에 복종할 정치적 의
무가 있다. 그리고 이를 수행함으로써 이로부터 혜택을 보는 사람에게는 동
시에 정치적 책무도 주어진다. 또 심각한 부정의라는 조건에 제한을 받긴
하지만 부정의한 법을 시정하고 정의를 바로 세우기 위해서 법에 불복종하
는 행위는 정치적 의무를 다하는 것이다. 하지만 그에게 정치적 책무를 강
요할 수는 없다. 그런데 기본적으로 시민불복종은 정치적 의무와 정치적 책
무 혹은 소수자와 다수자 사이에서 의무들간의 상충을 수반하는 행위다. 특
히 그것은 개인 혹은 소수자에 의해서 이루어진다. 다수자의 불복종 행위란
정당한 절차를 통해서 합법적으로 시정될 것이기 때문에 그러한 행위를 할

---

45 우리는 그 한 예로 미국에서 킹 목사를 비롯한 흑인들이 벌인 평등한 정의를 위한 투쟁은 당시 많은
    미국인들의 공감을 얻어낸 경우를 들 수 있다.

필요가 없다. 개념상 의무는 책무의 내용이긴 하지만 어떤 자연적 의무는 그것이 갖는 구속력을 확대할 경우 이로부터 정치적 책무도 이끌어 낼 수도 있는데, 롤스는 이런 식의 설명에는 반대한다. 그 이유는 의무와 책무가 똑같은 방식으로 생겨나는 것이 아니기 때문에 원칙적으로 서로 다른 비중을 두는 것이 합당하기 때문이다.

> 우리는 헌법이나 혹은 재산을 규제하는 기본법(이러한 법들이 정의롭다고 가정할 때)에 따라야 할 자연적 의무를 가지고 있는 반면에, 우리가 획득하는 데 성공한 직책의 의무를 수행하거나 혹은 우리가 가담하는 단체나 활동의 규칙들에 따라야 할 책무를 가지고 있다.[46]

계약론적 관점에서 볼 때, 전체적으로 롤스의 공정으로서의 정의관은 한 편으로는 넓은 의미에서의 정치적 의무이기도 한 정의에 대한 자연적 의무와 다른 한편으로는 정치적 책무를 규정하는 원리로서의 공정성의 원칙이라는 두 요소에 의존하고 있다. 특히 개인의 자유와 자발적 행위의 능력에 기초를 두고 있는 그의 정의론 전체는 그 출발점에서는 정의의 의무라는 비자발적인 자연적 의무에 의존하고 있다고 할 수 있다. 시민불복종이 그 정당성을 떠나 원칙적으로 허용될 수 있는 이유도 그것이 정치적 책무는 없으나 정의에 대한 자연적 의무가 있는 시민의 정치적 행위에 해당하기 때문이다.

그런데 롤스가 정의를 모든 인간에게 적용되는 가장 기본적인 자연적 의무로서 간주할 수 있었던 것은 그가 모든 인간에게는 정의감이 있다고 보기 때문이다. 하지만 이러한 롤스의 전략을 일반화시키면, 한계와 정도의 차이는 존재하지만 부정의한 법을 준수할 의무가 있다는 것과 부정의한 법에 불복하고 정의를 요구할 의무가 있다는 것이 다함께 동일한 정의감에 근거를 두고 있다. 따라서 모든 사람이 정의감을 갖고 있으므로 당연히 "다수자가 정의감을 갖고 있음을 전제한다."[47]는 진술은 논리적으로 참이다. 롤스의 시민불복종 이론의 성립 근거도 여기서 찾을 수 있다. 소수자와 다수자의 정

---

46 J. Rawls, *A Theory of Justice* (1999), 100.

47 같은 글, 338.

의감의 일치가능성을 전제로 하고 있는 것이다. 그러나 더 큰 문제는 이러한 정의감이 과연 부정의한 법에 불복종하는 행위에 어느 정도 어떻게 작용하거나 영향을 미치며, 또 우리가 그것을 어떻게 확인할 수 있느냐 하는 것이다.

존 스튜어트 밀에 의하면, 정의감은 "자기 자신이나 또는 다른 사람에 대한 상해나 피해를 물리치거나 응수하려는 동물적 욕망이다."[48] 이런 욕망 자체는 전혀 도덕적 감정이 아니다. 따라서 정의감이 도덕적 감정으로 고양되기 위해서는 사회적 공감 형성이라는 단계를 거쳐야 한다. 이 사회적 공감은, 밀에 따르면, 현명한 이기심과 사회적 유용성에 의거해서 형성되며, 이로부터 비로소 정의감이 도덕적 감정의 요소를 획득하게 된다. 이러한 밀의 견해는 그가 정의의 관념을 공리성(utility)이라는 기준에 의거하여 규명하고, 이러한 공리성에 근거한 정의야말로 모든 도덕성의 핵심으로 보려고 하는데서 연유한다. 결국 밀에게 있어서 정의란 "사회적 공리성"[49]의 또 다른 명칭이다. 반면에 롤스에게 정의감은 이미 그 자체가 도덕적 감정 또는 도덕감의 일종이다. 때문에 그것은 사회적 공리성과 대립하는 의미를 갖는다. 롤스가 이 도덕감에 상당한 정도의 정치적 힘을 부여하고 있는 것도 그것이 사회적 편의와 독립적으로 작용할 수 있는 자발적 능력에 주목하고 있기 때문이다.

그런데 바로 앞에서 언급했듯이 롤스는 시민불복종 문제만이 아니라 정의론 전반이 의존하고 있는 정의감을 그저 가정하고 있지, 인간이 정의가 요구하는 바에 따라 기꺼이 행동하고자 하는 이유에 대해서는 검토하지 않고 있다. 적어도 밀은 정의감을 그저 인간의 자발적 감정으로 전제하지 않고 있으며, 오히려 인간의 정의감이 어떻게 형성되는지, 즉 정의감이 인간의 도덕적 행위의 동기가 되는 형성 과정을 발생적으로 설명하고 있는데 반해서, 롤스에게는 이런 과정이 생략되어 있다. 그런 점에서 롤스의 도덕감

---

48 J. S. Mill, *Utilitarianism* (1957), 65.
49 같은 글, 79.

내지는 정의감 이론은 칸트적 노선을 계승하고 있다. 하지만 이런 접근법이 문제가 되는 것은 시민불복종이 함의하고 있는 실질적인 문제들을 상당히 제한하는 결과를 가져온다는 데 있다. 그 단적인 예가 앞서 검토한 바 있는 합법적 권위에 도전하는 불복종행위의 정당성의 제한 조건들이다.

우리는 언제든지 "우리는 왜 정의가 요구하는 바에 따라 행동하려고 하는가?"라고 물을 수 있다.[50] 이에 대해서 우리는 "우리에게는 정의감이 있기 때문이다"라고 하는 것 말고 더 이상의 추가적인 답변을 롤스에게서 기대하기는 힘들다. 비록 이른바 도덕성 발달이론을 제시하고 있지만, 이는 이미 주어져 있는 정의감이 어느 정도 어떻게 강화되는지, 그리고 정의의 원칙과 정의감 획득의 심리학적 이론 양자의 관계에 주목하고 있을 뿐이다. 따라서 "원초적 입장을 벗어난 현실 세계"[51]에서도 그것이 어느 정도 호소력을 가질 수 있는지는 불확실하다. 그런데 실제적 사건으로서의 시민불복종은 이런 상황과 무관하지 않다.

이런 점을 도외시 하더라도 제기될 수 있는 한 가지 중요한 문제는, 롤스도 동의하고 있듯이, 정의감이 이에 반대되는 경향과 비교할 때 갖는 상대적인 강도이다. 다시 말해 정의감이 인간을 움직이는 다양한 관심과 권력, 특전, 부 등에 대한 욕구와 경합하여 중대한 결과를 가져올 정도로 충분히 강한지가 문제다. 가령, 시민불복종은 특히 정치적 책무가 있는 사람들의 정의감에 호소하는 행위이기에 합법적 권위에 대한 소수자의 불복종 행위가 정당성을 가질 뿐만 아니라 소기의 목적을 달성하려면, 그 일치가 상호 교정을 통해서든 아니면 일방적 승인이나 동조에 의한 것이든, 다른 욕구나 경향에 지배되지 않는 소수자와 다수자간의 정의감의 일치가 이루어져야 한다.

하지만 롤스 자신도 인정하고 있듯이, 시민불복종 이론이 정의감의 존재에 지나치게 강하게 의존하고 있다는 지적은 당연히 있을 수 있는 반론이

---

50   이러한 문제 제기에 대해서는 다음을 보라. S. Bates, "The Motivation to Be Just", 1-17. 특히 7 및 10 이하.

51   같은 글, 10.

다. 반대론자들은 어떤 사람이 갖는 정의감은 강력한 정치적 힘이 될 수 없으며 인간을 움직이는 것은 재산, 권력, 특권 등에 대한 요구와 같은 여러 가지 다른 관계들임을 내세운다. 그러나 이를 롤스는 두 가지 점을 들어 물리친다.[52] 하나는 인간에게는 공통된 정의감이 실재한다는 점을 들고 있는데, 이는 반대론자들도 기본적으로 거부하지 않는다. 다른 하나는 반대론자들이 정의감을 상당한 정도의 자기 희생을 요구하는 이타적 성격의 행위를 동반하는 것으로, 즉 정의감을 너무 거창한 것으로 잘못 이해한 데서 생겨난 오해임을 지적하고 있다. 롤스에 따르면 자신이 말하는 정의감은 소극적인 방식으로나마 기존하는 부정의를 다수자가 강요하거나 옹호할 수 없게끔 하는 작용을 하는 것이며, 이런 점에서 민주주의 정치의 핵심적 요소로 인정해야 한다고 반박하고 있다. 이런 롤스의 주장은 그가 정치적 정의감의 발휘는 정의감이 그저 실재한다는 것만으로는 부족하고 그것이 어떤 사회적 여건에서 어떻게 획득되느냐가 관건이라고 보는 데 토대를 두고 있다.

롤스에 의하면, 정의감은 이미 "사회적 협력의 공정한 조건을 규정하는 공적 정의관에 입각하여 이해하고 적용하며 행동하는 능력"이자, "자신들이 공공적으로 지지할 수 있는 조건에 입각하여 타인과의 관계에서 행동하려는 자발적 의지(willingness)의 표현"이며,[53] 이는 "사회의 보다 어린 성원들이 자라나면서 점차적으로 습득하게 되는 것"이다.[54] 따라서 정의감의 획득은 한 인간의 도덕 발달의 제 단계와 밀접한 관련이 있다. 롤스는 도덕성의 발달 단계를 크게 "권위에 의한 도덕", "공동체(association)의 의한 도덕", "원리에 의한 도덕"으로 구분하여 고찰하고 있다.[55] 롤스가 이러한 발달 단계들을 고찰하는 근본 이유는 정의감의 획득과 발휘는 한 사회의 제도와 체제의 정의로움에 상응하여 생겨난다고 보기 때문이다. 이는 곧 정의로운 제도들이 굳건히 확립되어 있는 질서정연한 사회에서는 그 구성원들이 "부정

---

52 J. Rawls, "The Justification of Civil Disobedience" (1969), 302.
53 J. Rawls, *Political Liberalism*, 19.
54 J. Rawls, *A Theory of Justice* (1999), 405.
55 같은 글, 70-2절, 405-19.

의에의 경향에 대항할 수 있을 만큼 충분히 강한 정의감"[56]을 갖게 된다는 것을 의미한다. 결국 롤스는 보다 정의로운 사회의 시민들은 그에 합당한 정의감이라는 도덕적 능력을 발휘함으로써 정의의 제반 원칙을 사회 구조에 적용할 수 있게 되고, 동시에 그에 따라서 만일 어떤 제도나 법이 정의의 원칙을 부당하게 적용한 것일 경우에 이러한 부정의에 대해서 정의로운 체제를 발전시켜야 하는 자연적 의무에 따라 행동하는 소수 시민의 불복종 행위가 다수자에 의해서 수용되리라고 생각하고 있다. 다시 말해 다수자의 정의감에의 호소는 "현재 권력을 쥐고 있는 사람들이 향후 공정한 행동을 할 능력이 있다는 증거"에 기초를 두고 있으며, 동시에 시민불복종자는 "기꺼이 처벌을 감수하고자 함으로써 자신들에게도 이 같은 성향이 있음을 보여주는 것"이라 할 수 있다.[57]

그러나 롤스의 이 같은 시각에 대해서 적지 않은 비판들이 제기되어 왔다. 가령, 법이 부정의하기 때문에 항의하는 것이라면 이를 위반함으로써 수반되는 처벌 역시 부정의한 것이라 할 수 있다. 따라서 부정의한 법의 처벌을 자발적으로 감수하는 것은 불복종자가 불합리하거나 제정신이 아닌 행동을 한다는 것을 입증하는 셈이 되며, 우리가 정치를 정의나 인간의 고통의 문제로 보기보다는 일종의 게임으로 간주한다거나, 혹은 정의보다 순교를 선호한다는 표시가 되고 말 수도 있다.[58] 더욱이 정의감에 의거한 롤스의 논변은, 내가 보기에 그 스스로도 부정하지 않으리라 생각되는, 순환적 가정에 기초하고 있다.

롤스는 정의감이 온전히 작용하기 위해서는 그가 처음부터 자신의 정의론에서 가정하고 있듯이 먼저 입헌 체제와 공인된 정의관이 존재하는 거의 정의로운 사회이어야 한다. 다시 말해 질서정연한 사회(well-ordered society)의

---

56 J. Rawls, *Political Liberalism*, 140-1 각주 7.

57 A. Sabl, "Looking forward to Justice. Rawlsian civil disobedience and its non- Rawlsian lessions", 415 참조.

58 B. Zwiebach, *Civility and Disobedience*, 148; Howard Zinn as cited in M. Cohen, "Liberalism and disobedience", 296; H. Arendt, M. Cohen, "Civil Disobedience", 54-64, 67. 이에 대해서는 A. Sabl, "Looking forward to Justice. Rawlsian civil disobedience and its non-Rawlsian lessions", 415 참조.

특징이라 할 수 있는 사회 즉 "일반적으로 정의감에 의해 상당한 정도로 규제되는 사회에서만 합당하고 효율적인 반대 형식"으로서의 시민불복종이 정당화될 수 있으며,[59] 이 때에는 정의감이 보다 강력한 정치적 힘으로 작용할 수 있다는 것이다. 하지만 우리는 반대로 어떤 사회가 공정한 정의관에 의해서 유지되는 정의로운 사회라면 정치적 정의감이 온전히 발휘되고 있을 것이기 때문에 굳이 시민불복종이 아니라 합법적인 절차를 통한 시정이 거의 언제든 가능한 사회라고 할 수 있을 것이다. 그렇다면 롤스식의 시민불복종은 불필요한 행위가 되고 만다.[60] 더 나아가 롤스가 강조하는 것처럼, 시민불복종이 다수자들의 정의감의 발휘를 촉진케 하고, 그 결과 향후 보다 더 나은 제도로의 개선을 가져올 가능성을 증대시킨다고 하더라도 이를 위해 소수자의 불복종 행위를 특정한 조건에 제한하는 것은 무리한 요구라는 비난에서 자유롭지 못하다.

더욱이 정의감이 실재한다는 것과 이에 기초해서 불복종 행위가 정당화되는 것은 전혀 다른 문제다. 우리가 정의감이 발휘되는 정도를 명확히 규정할 수 없는 한, 다시 말해 정의감의 강도 자체를 선행적으로 그리고 명시적으로 규정할 수 없는 한, 거의 정의로운 사회라는 전제 자체는 그들 모두가 갖고 있다고 상정되는 구성원들 각자의 정의감의 편차에 의해서 우리는 최초의 출발점, 즉 무엇이 정의로운 사회인지에 대한 문제로 혹은 정의의 원칙에 대한 각자의 법적인 해석과 사회적 승인의 문제로 돌아가야 하는 상황에 직면하게 될 것이다. 이렇게 되면 각자는 사회적 여건이 시민불복종을 정당화해주는가의 여부를 스스로 결정해야 한다. 그러나 롤스는 그렇다고 자기 마음 내키는 대로 결정해도 좋다는 결론이 나오지는 않으며, 그것은 헌법 해석의 근간이 되고 그 지침이 되는 정치적 원칙들에 의거해야 한다고 주장한다. 이에 의하면, 이처럼 충분한 숙고 끝에 그가 시민불복종이 정당하다는 결론에 이르게 되고 그 자신이 그것에 따라 행위한다면 그는 양심적

---

59 J. Rawls, *A Theory of Justice* (1999), 339.
60 V. Haksar, "Rawls and Gandhi on Civil Disobedience", 381 이하.

으로 행위한 것이며, 비록 그가 그릇되게 행동했을지라도 자의적으로 행동한 것은 아니다.

롤스는 정의감이 발휘되는 두 가지 방식을 제시하고 있다.[61] 하나는 정의감은 우리에게 적용되고 우리와 우리의 동료들이 이득을 보게 되는 정의로운 체제를 우리가 받아들이게끔 해준다는 것이다. 다른 하나는 정의감은 정의로운 체제를 설립하고 정의가 요구할 경우 현존 제도에 대한 개혁을 위하여 일하고자 하는 각오가 생겨나게 한다는 것이다. 결국 롤스의 논리에 충실할 경우 정의의 자연적 의무를 갖고 있는 시민들의 정의감은 그들이 속해 있는 사회의 제도와 체제의 정의로움에 상응하게 획득되며, 다시 이런 사회의 성원들은 "정당성이나 정의의 관점에서 행동하고자 하는 욕구"[62]를 갖게 된다. 이런 조건 위에서라면 시민불복종은 보다 덜 정의로운 사회를 보다 정의로운 사회로 만들어가기 위한 필요불가결한 행위가 된다. 왜냐하면 현실적으로 완벽한 정의사회는 존재하지 않을 뿐만 아니라 모든 헌법과 법은 불완전한 것이기 때문이다.

그러나 우리가 관심을 가져야 할 문제는 만일 어떤 사회가 충분히 정의롭지 못하다면 정의감도 그에 비례하여 발휘될 것이다. 이 경우 시민불복종 행위는 그 정당성을 온전히 평가받기 힘들 것이다. 때문에 시민불복종은 당시의 사회적 수준이 허용할 수 있는 정도의 행위에 대해서만 허용될 수밖에 없게 된다. 또한 롤스 자신도 언급하고 있듯이 상당히 정의로운 입헌 민주주의 체제에서도 사실상 제헌 기관, 입법부, 행정부, 사법부와 같은 국가 기구나 기관들은 헌법에 대한 각자의 해석과 그것을 반영한 정치적 이상을 내세운다. 결국 이런 상황에서 최후의 법정은 사법부도 행정부도 입법부도 아닌 전체로서의 유권자이다."[63] 그러나 그들이 곧 다수자인 것이다. 시민불복종은 바로 이들에게 하는 호소인 셈이다. 이는 형식상 순환 논법에 귀착한다. 이로부터 우리가 말할 수 있는 것은 처음의 가정으로 돌아가서 결국 우

61 J. Rawls, *A Theory of Justice* (1999), 415.
62 같은 글, 416.
63 같은 글, 342.

리는 시민 각자는 그들이 소수자이든 다수자이든 정의의 원칙들에 대한 자신의 해석과 그 원칙들에 의거해서 자신의 행위를 스스로 결정하고 그에 따른 책임도 져야 한다는 것뿐이다. 또한 이 모든 문제는 정의감이 올바로 작동할 수 있는 사회적 여건에 대한 선판단을 요구하며 동시에 무엇이 정당한 시민불복종인지를 어떻게 식별할 것인지의 문제로 다시금 환원된다.

역사적으로 보면 한 사회의 법과 제도의 정의 여부와 해당 시민들의 의식 수준에는 편차가 있을 수 있다. 롤스의 견해가 그나마 설득력을 갖게 되는 가능한 경우는, 그의 견해처럼, 자신들이 살고 있는 사회가 충분히 정의롭기 때문에 조만간 혹은 장차 정의감을 갖고 있는 다수자가 소수자의 저항에 귀를 기울일 것이라는 그들에 대한 신뢰뿐이다. 처벌에 대한 감수도 이 같은 일치나 신뢰가 충분히 구비되어 있을 경우에만 가치 있는 선택이 될 수 있다. 그렇지 않을 경우 시민불복종 행위는 언제든 합법적 권위를 부정하고 사회 제도 자체의 정당성을 문제 삼는 이른바 체제 도전의 양상을 띠게 될 수도 있다. 경우에 따라서는 무정부주의자들에게 빌미를 제공할 여지도 있다. 이런 이유에서 롤스는 미래의 공정한 협력을 불가능하게 하는 행동과 수단을 원칙적으로 제한하고 있다. 이에 따르면, 결국 합법적 권위에 대한 도전은 어떠한 경우에도 현재와 미래 모두에 있어서 정의로운 사회를 유지, 발전시킬 수 있는 한도 내에서만 정당성을 갖게 된다. 이런 맥락에서 시민불복종은 혁명이나 무정부 상태와 구별해주는 경계를 설정해 주는 역할을 할 수 있다.[64] 하지만 비록 롤스가 정의감이 새로운 제도의 창출과 불완전한 현행 제도의 개선을 가져다 줄 수 있다고 보지만, 그가 이를 지배적인 정부나 다수자에 호소하는 한, 그것은 사회비판과 사회변혁의 범위를 제한하는 약점도 안고 있다.[65] 이러한 평가들에 대해서 사블은 이들 모두는 정의감이 제 힘을 발휘하면 현행 제도를 근본적으로 변혁시킬 수 있다고 보는 롤스의

---

64 M. Cohen, "Liberalism and disobedience", 287.

65 P. Singer, "Disobedience as a plea for reconsideration", 125; K. Greenawalt, "Disobedience as a plea for reconsideration", 176 이하.; B. Zwiebach, *Civility and Disobedience*, 154. 이에 대해서는 A. Sabl, "Looking forward to Justice. Rawlsian civil disobedience and its non-Rawlsian lessions", 414-5 참조.

진의를 놓치고 있다고 주장한다.[66] 하지만, 내가 보기에는 앞서 지적한 바와 같이, 사블 역시 정의감이 어떻게 그리고 얼마만큼 제대로 작동할 수 있는 지에 대해서는 냉정하게 바라보지 못하고 있다.

롤스식의 시민불복종은 단지 보다 나은 정의 사회를 실현하기 위해서는 미래의 협력을 해치지 않는 평화로운 수단을 통해서 부정의한 법을 시정할 수 있는 대안을 제시하고 있다고 평가할 수 있지만, 다른 한편으로 이는 자신의 공정으로서의 정의관의 실천적 정합성을 보장하기 위한 일종의 도덕적 요구에 지나지 않는다. 때문에 롤스의 시민불복종은, 그가 인간의 본성과 도덕적 실천 가능성을 낙관적으로 보든 비관적으로 보든, 입헌민주주의 체제 하에서 합법적 권위에 대한 바람직한 저항 방법을 제시하면서도 정의를 원하거든 이렇게 하라는 도덕적 요구에 머물고 있는 한, 실제로 일어날 수 있는 합법적 권위에 대한 도전과 거부에 대한 실질적인 해명과 처방이 아닌 하나의 이상론에 머물고 만다. 또한 롤스 스스로가 자신의 정의론의 성격을 "이상론"(ideal theory) 또는 "엄격한 준수론"(strict-compliance theory)으로 규정하고 있다 하더라도, 그것이 현실적 제도와 문제들에 대한 하나의 척도와 기준을 제시해야 하는 한, "부분적 준수론"(partial-compliance theory)에 속하는 시민불복종과 같은 지극히 현실적인 문제들에 대한 해결 방도를 제시해야 하는 것은 당연하다. 이런 이유에서 그의 주장이 그저 이상론에만 그쳐서는 안 된다는 것 또한 당연한 요구라 할 수 있다.

지금까지 살펴본 사항들을 전체적으로 종합해 볼 때, 정의감이 실재한다는 사실만으로는 시민불복종이 자체적으로 정당화되지는 않는다. 하지만 롤스의 논리를 좇아 우리가 이러한 정의감으로부터 그의 주장대로 정의의 두 원칙을 기조로 하는 공정으로서의 정의관이 그러한 정의감을 갖고 있는 사람들에 의해서 합리적으로 선택될 경우 그들은 이를 유지 발전시켜 나가야 할 자연적 의무를 갖게 되며, 또 그러한 정의감을 발휘하고자 하는 다수자들을 대상으로 한 시민불복종 행위는 소기의 목적을 달성할 수 있다. 그

---

66 A. Sabl, 같은 글, 415.

리고 이것이 실제로 롤스의 주장의 요체라 할 수 있다. 그러나 문제는 아주 질서정연한 사회가 작동되고 있지 않는 한, 시민불복종이 정의의 자연적 의무에 기초하고 있다는 것을 확인할 방도가 별로 없어 보인다는 점이다. 그렇다면 시민불복종은 상당히 자의적인 판단에 따라 행사되거나 거부될 소지도 그만큼 커질 수밖에 없게 된다.

합법적인 다수자들의 지지를 받는 행정 명령이나 이들에 의해서 제정된 법에 따라야 할 의무가 각자의 자유를 방어할 권리와 부정의에 반대할 의무에 비추어 그 구속력을 상실하게 될 지점을 결정하는 일은 쉽지 않은 일이다. 지금까지의 고찰을 통해서 드러난 바와 같이 그러한 기준을 제시하고자 한 롤스의 시민불복종 이론은 그것이 상당히 정의로운 입헌민주주의 제도를 전제하고 있다는 점에서 하나의 이상론에 속한다. 하지만 완벽한 국가나 완전무결한 법 제도와 정치과정이 존재하지 않는다는 사실을 고려할 때, 우리는 국가 내지는 그 대리인이 갖고 있는 합법적 권위가 부당하게 행사될 경우를 언제든 예상할 수 있다. 이럴 경우 우리는 이를 바로 잡고 개선함으로써 시민의 평등한 자유나 공정한 기회 균등의 가치를 보다 더 현실화시킬 수 있는 방도가 필요하며 또 필수적이라고 말할 수 있다. 그런 점에서 시민불복종 행위는 원칙적으로 인정되어야 한다. 이를 통해 합법적 권위의 부당한 행사를 제한하고 견제함으로써 소수자의 권력 남용이나 다수자의 횡포에 대한 견제 장치를 갖게 된다. 그리고 롤스가 시사하듯이 시민불복종 행위가 합법적 권위의 부당한 행사에 어느 정도의 견제와 시정의 역할을 할수 있느냐 하는 것은 한 국가의 시민들의 정의감의 강도와 시민의식의 수준에 의존적이며, 이 같은 상관성은 한 국가가 자체적으로 상정하고 있는 사회적 이상을 실현하기 위한 공동의 노력을 얼마나 경주하고 있느냐에 따라서 증감할 수 있다.

그러나 현실적으로 판단하면, 롤스의 모델은 시민불복종의 역할과 수단 및 방법 사이에 넘을 수 없는 간극을 허용하는 것 같다. 롤스식의 원칙과 지침에 따르고 있는 불복종 행위자가 누구냐에 따라서, 가령 그가 사회적 존

경과 신망을 받고 있는 자인지 아닌지에 따라서 사회적 관심과 실효적 성과
는 아주 달라질 수도 있으며, 그 적용 범위 또한 너무 이상적이다. 정의감만
으로 그 실효성을 단정하기 어려운데, 이는 일종의 경험적 판단에 속할 것
이기 때문이다. 더욱이 같은 맥락에서 우리가 만일 롤스가 상정하고 있는
사회에서 살고 있지 않다면 청원이나 호소와 같은 설득적 수단만으로 소기
의 목적을 달성하려는 시도는 너무 안일한 태도이거나 아니면 오히려 이용
만 당할 소지도 있다. 따라서 롤스의 시민불복종 이론이 합법적 권위에 대
한 정당한 도전으로서 소기의 역할과 목적을 달성하려면 그 이론적 기초와
제한 조건들에 대한 재고는 물론 방법에 대한 엄정한 평가 역시 수반되어야
한다. 이에 대한 진지한 고민을 그의 『정의론』에서는 찾아보기가 어렵다.

10

레비나스의 타자윤리와 공감적 타자

1. 레비나스와 포스트모던 윤리

윤리적 관점에서 '포스트모던'이라는 말은 긍정적이기보다는 부정적으로 규정하기는 게 수월하다. 그것은 의식적 주체와 합리적 행위자를 보편적이며 객관적인 윤리 원칙에 따라 행위 할 수 있는 합리성과 도덕성의 소유자로 간주하는 근대윤리학의 태도와 신조에 반하는 경향을 이르는 것이라 할 수 있다. 포스트모던 철학이나 윤리에는 다양한 스펙트럼이 존재한다는 점을 감안하면, 이런 식의 표현은 상당히 편파적이거나 부적절해 보인다. 심지어 '포스트모던'이라는 표현조차도 거부감을 일으키기 쉽다. 다만 현대윤리의 한 가지 두드러진 경향이 있으며, 그것을 굳이 그렇게 표현한다면, 그 정도는 가능한 일이라 생각된다.

도덕성의 기원에 대한 이해는 인간적 삶의 현상이나 방식으로서 관습적 풍속이나 인간적 성격의 규범화로 보는 고대 그리스적 전통에서부터 인간적 이성에 새겨진 의지의 법칙으로 이해하는 근대의 칸트적 통찰에 이르기까지, 또 인간의 생물학적 존재방식의 일종이거나 비밀에 쌓인 신비한 근원을 지닌 신의 선물로 보는 데 이르기까지 매우 다양하면서도 이질적이기까지 하다. 도덕에 대한 다양한 이해들 중에 그것을 사람다움 또는 인간다움의 문제로 인식한 대표적인 철학자가 칸트와 레비나스다. 칸트는 철학의 최종적인 근본물음을 "인간이란 무엇인가?"로 파악했으며, 사람다움을 인간의 도덕성에서 발견한다. 마찬가지로 철학의 문제를 삶의 의미를 찾는 데 두었던 레비나스는 타자에 대한 책임성에서 사람다움을 발견한다.

레비나스는 도덕은 윤리적 책임의 대상으로서 타자(autre), 즉 타인(autrui)

으로부터 온다고 대답한다.[1] 그는 윤리가 요구하는 책임성을 "주체성의 바탕을 이루는 제일 구조"로 파악하며, 이 책임성을 "다른 사람에 대한 책임성" 즉 우리가 다른 사람에 대해서 져야 할 책임성으로 파악한다.[2] 이에 의하면, 도덕성만이 아니라 주체성도 타자와 맺는 책임 관계로부터 출현한다. 주체성은 타자를 위한 자리인 것이다. 인간과 도덕에 대한 이 같은 이해는 근본적으로 존재의 완전성과 선함을 긍정하는 서양 존재론의 전통뿐만 아니라 자율성의 윤리를 내세우는 근대의 주체 철학의 전통에도 정면으로 배치된다. 더욱이 책임의 근거를 절대적인 타자 혹은 외부로부터 주어지는 것, 인간을 초월한 것에서 오는 것으로 본다는 점에서 윤리의 근원을 종교적인 것에 두는 태도에 가깝다.[3] 이 점에서 칸트의 도덕이 의무의 윤리라면, 레비나스의 도덕은 거룩함의 윤리, 성스러움의 윤리라고 할 수 있다. 레비나스는 이렇게 말한다: "윤리란 거룩함의 요청이다. 누구도 '내가 의무를 다했다'고 말할 수 없다. 위선이 아니라면 말이다."[4]

레비나스는 존재론이 아니라 윤리학을 제1철학으로 전면에 내세우며 타자에 대한 책임윤리 즉 타자윤리를 제시한다. 이렇게 타자와 윤리를 철학적 사유의 전면에 내세우는 것은 전통철학에 정면으로 배치된다. 존재의 완전성과 선함이라는 존재의 이념 아래 전개되어 온 존재의 철학은 그리스적 존재론에서 발원한 주류적 전통이다. 레비나스는 이 전통철학을 인간적 삶을 동일성과 전체성의 근원이자 원천인 존재의 윤리에 종속시킴으로써 끝내는 타자를 동일자로 흡수해버리고, 개인을 전체성의 지배 아래 두는, 그가 "존재의 잔인한 사건"[5]이라 부르는 홀로코스트와 파시즘의 비극을 몸소 체험했듯이, 전체주의적 폭력의 철학으로 규정한다. 그러나 자신이 몸소 겪은 정

---

1 레비나스는 타자(autre)와 타인(autrui)을 구분하지만, 타인 또한 타자이기도 하기 때문에 엄격히 구분하지 않고 사용하기도 한다. 이 글에서는 관련 문맥에 따라 적합한 표현을 선택할 것이다.
2 E. Levinas, 『윤리와 무한』 123.
3 레비나스의 타자철학의 종교적 기원, 특히 유대주의와의 관련성에 대해서는 다음을 참조. 윤대선, 「레비나스의 사상과 유대주의」, 45-83.
4 같은 글, 『윤리와 무한』 136.
5 E. Levinas, 『탈출에 관해서』 5.

치와 철학의 역사를 연결짓는 것, 즉 일련의 정치적 사건들이 그리스적 존재론과 존재의 철학이 초래한 필연적 결말인지는 또 다른 문제다. 다만 우리는 어떤 경우든 윤리를 나와 너의 공동의 지반 위에서 이해해야 하는 문제로 인식하는 강한 전통을 갖고 있다는 것은 지적되어야 한다. 레비나스는 이것을 거부한다. 그에 따르면, 타인과의 관계는 근본적으로 책임성 즉 책임있음의 관계이며, 타인에 대한 책임을 지는 존재로서만 인간은 비로소 윤리적 주체가 될 수 있다. 그러면 이렇게 타자로부터 나에게 도래하는 윤리와 주체의 탄생은 어떻게 가능한가? 주체의 본질마저 타자에 대한 책임성에 두고 있는 윤리는 어떻게 성립할 수 있는가? 타자로부터 오는 윤리는 과연 나에 대해서 어떻게 구속력을 가질 수 있는가? 나와 타자 사이의 절대적 거리, 절대적인 비대칭적 관계에도 불구하고, 레비나스는 이 둘을 어떻게 하나의 도덕적 관계로 묶어낼 수 있는가?

인간에게는 자연법칙과 본능적 삶에 따라 살아가는 여타의 생명체들과 달리 훨씬 견고하고 복잡한 생존 장치로서 윤리라는 울타리가 필요하다. 인간만큼 잔인하고 사악한 동물도 없지만, 인간만큼 선량하고 숭고한 동물도 없다. 그런 만큼 이런 양면적 모습의 인간에게 더더욱 필요한 계명이 도덕과 윤리일 것이다.

칸트는 인간에게 부여된 도덕적 의무의 법칙, 즉 도덕법칙을 신의 의지, "우리 안에 있는 신(Gott in uns)"[6]에 비견되는 것으로 보았다. 종교적 관점에서 그것은 땅으로 내려 온 신이요, 우리 가슴에 새겨진 신의 흔적이기도 하다.[7] 이렇게 신적인 것에 비유할 수 있는 선의지와 도덕법칙의 철학을 말하는 칸트에게 윤리는 제3자의 척도와 기준을 지닌 계율과 같은 것이다. 도덕적 의무의 객관적 기준이 나와 너라는 인간적 척도가 아닌 제3자에게 있다는 것을 의미한다. 인간 안에 있는 인간 이상의 것, 나의 것도 너의 것도 아닌 제3의 것(그것이 칸트가 정언명법의 주체로 내세우는 이성적 존재자이다)에서 도

---

6 W. Schultz, *Kant als Philosoph des Protestantismus*, 50.
7 맹주만, 『칸트의 윤리학』 89.

덕적인 것이 유래한다. 그것은 인간에게는 절대적인 요구이며, 그런 점에서 차라리 그것은 인간을 초월해 있는 것이라 할 수 있다. 비록 칸트는 그것을 이성적 존재자의 도덕으로 제한하고 있지만,[8] 인간 안에 있으면서도 인간을 넘어서 존재하는 것으로서 이성적 존재자의 도덕법칙이 인간에게 도덕적 요구와 의무를 지운다는 것은 인간에게는 지나치게 과도하거나 비현실적일 수 있다. 칸트의 자율도덕에 따르면, 선의지의 도덕적 주체가 도덕법칙의 입법자이면서 동시에 자기 구속성을 승인하는 자율적 존재임을 증명하고 있지만, 그 때의 주체는 인간이 아니라 이성적 존재자라는 점에서, 랭보를 인용한 들뢰즈의 말을 빌리자면, 이 도덕적 주체를 마주하고 있는 "나는 타자다."[9]

반면에 스스로 칸트와 대척점에 서고자 하면서도 레비나스 역시 칸트처럼 도덕적 명령을 절대적인 것에 위치시킨다. 레비나스에게 타자의 얼굴은 신과 인간의 만남이 이루어지는 장소이며, 신의 음성이자 도덕적 명령을 들을 수 있는 성스러운 공간으로 출현한다. 레비나스의 표현을 빌리면, "얼굴은 무한이다." 또 이 무한은 신에 다름 아니므로 "얼굴은 신이다."[10] 차라리 그것은 신적 계시의 자리이며, 신이 타자로서의 인간의 얼굴을 통해 현재 여기에 임하고 있는 체험적 진리의 장소이다. 그런데 인간의 의무의식에서 발견되는 부인할 수 없는 도덕적 요구를 보편적 관점에서 근거 짓는 칸트가 행위의 도덕적 구속력과 필연성을 증명하는 데 성공하지 못했듯이, 도덕성의 토대를 단독적인 절대적 타자에 대한 책임성에서 근거짓는 레비나스 역시 비슷한 어려움에 직면해 있다. 특히 그의 윤리적 주체가 대속의, 대속적 주체라는 데 이르면, 책임의 주체와 근거 확립은 난망한 일이 되고 만다.

더욱이 칸트와 달리 레비나스는 행위의 도덕성에 요구되는 보편적 관점도 거부한다. 타자에 대한 책임을 명령하며 나에게 들려오는 절대 타자의 음성, 그 소리가 누구의 것인지 불가해할 때, 이와 함께 보편적인 도덕적 요

8　같은 글, 47-50 '이성적 존재자의 윤리학' 참조.
9　안 소바냐르그, 『들뢰즈, 초월론적 경험론』 34.
10　E. Levinas, 『윤리와 무한』 135.

구의 정당성도 사라질 위험에 처할 수 있다. 그럼에도 도덕과 윤리가 그 명령적 음성을 거부하지 않아야 하는 데서 성립하는 것이라면, 그것은 레비나스가 그토록 경계해 마지않던 전체성의 폭력이나 자의적 강제에 귀착되는 위험한 거래가 될 수 있다. 이처럼 스토아 철학과 근대 합리주의의 전통에서 있는 칸트, 그리고 플라톤주의 철학과 유대교의 종교전통에 서 있는 레비나스, 양자 모두 주체의 윤리적 책임의 구속성과 필연성을 확고히 근거짓지 못하고 있다.

레비나스의 윤리는 윤리학의 근본문제, 즉 '나는 왜 도덕적으로 행위 해야 하는가?'라는 물음에 담겨 있는 도덕적 행위의 구속성과 필연성의 문제를 해소 내지는 해결하지 못한다. 행위의 도덕성과 정당성 요구에 내재해 있는 보편적 관점에 대한 통찰에도 불구하고 칸트가 저 문제의 해결에 성공했다고 보기 어렵듯이, 레비나스 역시 이와 유사한 처지에 놓여 있는 것이다. 그러나 레비나스는 타자에 대한 무한 책임의 직접성과 즉각성을 윤리적 주체의 도덕적 감성과 연결지음으로써 이미 주체와 타자를 대칭적인 상호성의 관계로서 공감을 전제하고 있다고 주장한다. 이에 따르면, 레비나스의 타자는 이미 공감적 타자이다.

칸트와 레비나스 모두 사람다움(humanitas), 인간다움을 도덕성에서 발견한 철학자들이다. 선험적론적(transzendental) 조건 아래서 승인되는 칸트의 자율적 주체의 윤리와 달리, 그저 있음으로서의 일리야와 자기 정립으로서의 이포스타즈로서 존재하는 인간 존재자에서 출발해서 윤리적 주체를 타자에 대한 책임의 책임성으로부터 정립하는 레비나스의 타자윤리에 대해서 도덕적 책임의 귀속성을 문제 삼는 것 자체가 부당한 것일 수 있다. 그의 윤리는 이미 타자에 대한 책임성으로부터 정립되기 때문이다. 하지만 나는 레비나스의 타자윤리가 공감윤리적 성격도 함께 지니고 있다고 생각한다. 레비나스의 주장과 달리 타자의 얼굴은, 칸트의 도덕적 공감처럼, 주체와 타자의 원초적 관계를 나타내며, 동시에 서로는 서로에게 이미 공감적 타자 존재라는 것을, 따라서 이 공감적 타자는 도덕적 책임의 주체에 다름 아니라고 해석한다.

2. 존재와 일리야(il y a)

칸트와 레비나스 모두 존재론 중심의 전통 형이상학의 해체를 선언한 근현대의 철학자들이다. 의식의 철학자 칸트는 인간주의적 주체 및 자유와 의무의 윤리를 정초했으며, 타자의 철학자 레비나스는 주체의 죽음을 선언한 포스트모던 시대의 비인간주의적 경향을 거슬러 인간주의적이며 도덕주의적인 타자 및 정의와 사랑의 윤리를 표방했다. 특히 타자 중심의 포스트모던적 철학의 경향을 고려하면, "동일자에 대한 타자의 저항"은 전통철학의 실패를 보여준다. 그런데 근대의 칸트와 달리 현대의 레비나스는 한편으로는 칸트와 대척점에 서 있으면서도 인간주의의 관점에서 도덕적 요구와 책임을 윤리적 명령의 절대성에 위치시킨다는 점에서 칸트와 같은 길을 가고 있다.

그러나 다른 한편으로는 칸트가 인간을 감성적 존재자와 이성적 존재자로 이원화함으로써 자율적 주체의 보편적 윤리를 수립하려 했음에도 결국에는 절대적 타자로 귀착되는 도덕법칙과 윤리적 주체를 통일시키는데 실패했으며, 그 결과 행위의 구속성과 필연성을 증명하는데 실패했듯이, 레비나스 역시 이런 문제로부터 자유롭지 못하다. 특히 레비나스의 철학은 시대상황과 매우 밀접한 관계가 있다. 그가 겪은 역사적 사건들이 후설과 하이데거의 현상학과 존재론을 비롯한 당대의 철학적 운동과 함께 그의 철학에 결정적인 영향을 미쳤기 때문이다.[11] 유대인으로서 홀로코스트와 파시즘의 만행을 몸소 겪은 바 있는 레비나스는 그와 같은 잔인한 정치적 사건들은 존재론 중심의 전통철학의 전체주의적 경향에 뿌리를 두고 있는 것으로 보았다. 이로부터 서양의 전통적 존재론의 과오 혹은 실패에 대한 레비나스의

---

11 S. Critchley, Introduction to *The Cambridge Companion to Levinas*, (ed.) S. Critchley and R. Bernasconi, 1-13.

인식이 타자철학을 낳은 배경이다.

무엇보다도 윤리학의 근본 문제들 중의 하나는 누가 도덕적 행위자이며, 그는 어떤 존재인가 하는 문제다. 윤리학의 역사에서 이 문제에 천착한 가장 대표적인 철학자가 칸트다. 칸트의 이성비판의 철학은, 이론이성에 대한 실천이성의 우위, 의식적 주체에 대한 윤리적 주체의 확실성을 기반으로, 세계지혜의 추구로서 철학 본연의 고유한 목적은 실천철학으로서의 윤리학, 즉 도덕형이상학이어야 한다는 것을 증명하고 있다. 칸트의 윤리적 주체는 자율적 주체로서 선의지와 의무의식을 갖는 이성적 존재자이며, 이 이성적 존재자의 도덕의식이 윤리적 주체의 자기정립적 근거다. 그러므로 의식적 주체가 동시에 윤리적 주체이다. 반면에 레비나스에게 의식적 주체는 진정한 주체가 아니다. 그에게는 타자에 대한 책임성 안에서만 비로소 진정한 주체로서의 윤리적 주체가 출현한다. 이는 곧 근대의 주체 중심의 의식철학의 전면적 거부를 의미한다.

레비나스는 윤리를 타자로부터 근거짓는다. 윤리적 주체 또한 타자에 대한 책임으로부터 정립된다. 그것은 타인의 얼굴, 내가 대면하는 이웃, 그 이웃의 얼굴로부터 유래한다. 윤리적 주체는 본래부터 미리 주어져 있는 것이 아니다. 레비나스의 윤리학은 존재론과 인식론 중심의 철학, 즉 그리스적 헬레니즘 철학에 뿌리를 둔 전통 형이상학을 거부한다. 그리스적 전통의 존재론은 존재의 진리와 진리의 인식을 추구하며, "존재의 충만함"을 전제하는 "존재론주의"(l'ontologisme) 철학이다.[12] 그것은 타자를 전체성에 종속시키며, 동일성으로 환원될 수 없는 타자(the Other)의 타자성(the otherness) 혹은 이타성(alterity)을 무시하며, 종국에는 타자를 자신의 지배 아래 두는 전쟁과 폭력의 철학이. 레비나스는 자신이 몸소 겪은 홀로코스트와 파시즘과 같은 비극의 역사를 초래한 것이 그리스적 존재론의 전체주의의 필연적 귀결로 본 것이다.

레비나스에게 동일자 존재론과 지식론 중심의 전통적 형이상학은 "실패

---

12 E. Levinas, 『탈출에 관해서』, 9.

한 철학"이다.[13] 이를 대신하기 위한 레비나스의 첫 걸음은 존재자의 모든 것을 결정하고 지배하는 존재의 동일성과 선함, 그리고 충만함을 전제하던 존재론과 지식론이 초래한 모든 미망에서 벗어나는 것이다. 레비나스는 그 길을 유대교적 전통에 뿌리를 둔 인간에서 발견한다. 그것은 그리스적 존재 론에 물들지 않은 새로운 윤리학이다.

칸트와 레비나스는 모두 윤리를 가장 중요한 철학적 물음으로 보았다는 점에서는 일치한다. 이러한 문제의식 속에는 인간에 대한 관심이 놓여 있 다. 인간의 인간다움, 그것을 인간의 도덕적 주체성, 즉 윤리적 주체로서의 인간에서 발견한 것이다. 그런데 양자는 인간다움을 근거짓는 방식에 있어 서 정반대의 대척점에 서 있다. 칸트는 인간 내면의 자율적 도덕성에서, 레 비나스는 타자에 대한 책임성에서 사람다움을 발견한다. 주체성은 타자를 위한 자리인 것이다. 인간과 도덕에 대한 이 같은 이해는 근본적으로 존재 의 완전성과 선함을 긍정하는 서양 존재론의 전통뿐만 아니라 자율성의 윤 리를 내세우는 근대의 주체 철학의 전통에도 정면으로 배치된다. 더욱이 책 임의 근거를 절대적인 타자 혹은 외부로부터 주어지는 것, 인간을 초월한 것에서 오는 것으로 본다는 점에서 윤리의 근원을 종교적인 것에 두는 태도 에 가깝다.[14] 이 점에서 칸트의 도덕이 의무의 윤리라면, 레비나스의 도덕은 거룩함의 윤리, 성스러움의 윤리라고 할 수 있다. 레비나스는 이렇게 말한 다: "윤리란 거룩함의 요청이다. 누구도 '내가 의무를 다했다'고 말할 수 없 다. 위선이 아니라면 말이다."[15]

인간과 도덕에 대한 이같은 이해는 근본적으로 존재의 완전성과 선함을 긍정하는 서양 존재론의 전통뿐만 아니라 자율성의 윤리를 내세우는 칸트 적 주체 철학의 전통에도 정면으로 배치된다. 더욱이 이는 책임의 근거를 절대적인 타자 혹은 외부로부터 주어지는 것, 인간을 초월한 것에서 오는

13 E. Levinas, "Transcendence and Height", *Basic Philosophical Writings*, 14.
14 레비나스의 타자철학의 종교적 기원, 특히 유대주의와의 관련성에 대해서는 다음을 참조. 윤대선, 『레비나스의 사상과 유대주의』 45-83.
15 같은 글, 『윤리와 무한』 136.

것으로 본다는 점에서 윤리의 근원을 종교적인 것에 두는 태도에 가깝다. 이 점에서 칸트의 도덕이 의무의 윤리라면, 레비나스의 도덕은 거룩함의 윤리, 성스러움의 윤리라고 할 수 있다. 레비나스는 이렇게 말한다: "윤리란 거룩함의 요청이다. 누구도 '내가 의무를 다했다'고 말할 수 없다. 위선이 아니라면 말이다."[16]

자율적 주체의 윤리를 내세우는 칸트와 정반대로 레비나스는 타자에 대한 책임성으로부터 윤리적 주체를 근거짓는다. 때문에 칸트가 도덕적 책임의 귀속 문제를 해결하지 못했듯이, 레비나스 역시 동일한 문제에 봉착한다. 레비나스는 나와 타자 사이에 놓인 존재론적 단절에도 불구하고 도덕적 책임의 가능 근거를 타자의 얼굴에서 발견한다. 그러나 자아와 타자가 절대적으로 분리된 존재인 한, 이는 불가능해 보인다. 그럼에도 나는 실제로 레비나스의 주장과 달리 타자의 얼굴은, 칸트의 도덕적 공감처럼, 주체와 타자의 원초적 관계를 나타내며, 동시에 서로는 서로에게 이미 공감적 타자 존재라는 것을, 따라서 이 공감적 타자는 도덕적 책임의 주체에 다름 아니라고 해석한다.

레비나스는 새로운 길에서 전통 존재론과는 다른 존재와 타자를 만난다. 그러면 전통철학의 주체를 해체하고 그 자리를 차지한 존재와 타자는 무엇인가? 타자는 어떻게 새로운 윤리학을 정초하는가? 레비나스는 새로운 주체를 발견하기 위해서 전혀 새로운 길, 익숙하지 않은 길, 아무도 가본 적이 없는 길을 간다. 그 길에서 최초로 만나게 되는 것이 '익명적 존재(현존; existence)' 혹은 '그저 있음(être; being)'으로서의 일리야(il y a)이다.[17] 레비나스가 말하는 이 '그저 있음'의 존재는 하이데거로 이어지는, 모든 존재자의 본질을 규정하는, 존재론적 차이의 주재자인 존재(Sein; Being)가 아니다. 그것은 실존적 익명성의 존재다. 초기 저서 『존재에서 존재자로』에 등장하는 익

---

16 같은 글, 136.

17 이 글에서는 가급적 프랑스어 〈existence〉는 '존재', 〈il y a〉는 '그저 있음'으로 옮긴다. 그러나 이 둘은 호환 가능한 개념이기에 문맥에 따라서는 구분 없이 다같이 '존재'로 옮기도 했으며, 이 두 가지가 한 문장 함께 등장할 때에만 구분해서 표현하려고 했다.

명적 존재로서 일리야, 그것은 모든 존재자와 구분되는 존재, 딱히 무엇이라 말할 수도 없는 존재, 즉 일리야로서 '그저 있음(il y a)', 모든 것이 사라지고서도 '남아 있는 있음'이며,[18] '무거움과 어두움' 속에 자신을 숨기며 다가오는 '무수무시함, 두려움'인 일리야(그저 있음), '존재자 없는 존재', 누구의 것도 아닌 존재이다.[19]

이렇게 일리야는 존재하면서도 존재하지 않는 듯이, 존재하지 않는 듯해도 없다고 할 수는 없는 그 무엇이다. 『존재에서 존재자로』의 초판이 발간된 지 30년 후에 나온 제2판의 서문에서 레바나스는 일리야를 "이 책의 이해를 방해하는 걸림돌"로 지칭하며 조금은 친절한 해명을 곁들이고 있다. 그것은 문자 그대로 비인칭적, 비인격적 주어(il = it)로서 있는 것이다. 그러기에 '비가 오고 있음'(it is rainning) 속에 비인칭적으로, 비인격적으로, 익명적으로 (내리는) 비와 '함께 있음'으로만 존재하는 있음이다. 그러기에 그것은 존재자들도 아니며, 딱히 존재들이라고 할 수도 없는 '비인간적인 중립성'의 그저 있음이다. 또한 이러한 있음으로서 일리야는 존재자 없는 저 홀로 존재하는 자, 즉 인간 주체를 포함해서 자신의 발로 홀로 딛고 서 있는 현존자로서의 존재자(existant : existents)에 앞서면서도 이와는 분리되지 않는 익명성의 존재다. 레비나스는 그것을 "침묵이 공명하고 공허가 충만할 때 불면 속에서 다시 나타나는 기묘한 짓눌린 상태들"에서 발견되는 것에 비유한다.[20] 그것은 하이데거가 Es gibt(=it is)의 gibt(=geben)에 주목하여 선물 혹은 은혜나 너그러움으로 표현하기도 하는 존재(Sein)가 아니다. 그런 점에서 심사(心事)를 헤아릴 수 없는 불면의 밤처럼 존재하는 일리야는 인간 존재의 심연에 뿌리를 내리고 있는 어떤 균열이고 분열과 같은 존재에 가깝다.

하이데거가 존재의 진리를 인간적 자유와 본질의 근원적 원천으로 보는데 비하면, 레비나스가 이 존재를 존재자에 깊이 새겨져 있는 익명성의 '그저 있음'으로 해석하려는 의도는 명백하다. 존재의 진리로서 그 자체의 완

---

18 E. Levinas, 『존재에서 존재자로』, 118.
19 E. Levinas, 『윤리와 무한』, 56-7.
20 E. Levinas, 『존재에서 존재자로』, 11.

전성과 선한 존재, 모든 것들을 자기의 것으로 환원시키는 존재, 모든 차이와 개별성을 제거하고 동일성과 전체성으로 귀속시켜 버리는 존재, 급기야는 폭력마저 정당해버리는 존재 우위의 존재론을 제거하는 것이다. 멀리로는 존재에 대한 고대 그리스적 사유로서 동일성과 전체성의 존재론의 거부, 가까이는 동일자의 자기 회귀로서 존재의 진리와 진리의 본질에 대한 사유, 그리고 이로부터 인간의 근원적 존재방식을 자유에서 찾으려 하는 하이데거적 존재 사유와의 결별 내지는 차별화에서 찾을 수 있다. 특히 하이데거의 존재자에 대한 존재 우위의 사유는 실존적 인간의 유한한 자유와 진리의 본질로서의 탈존적 자유의 상호공속성의 결말을 보여준다.[21] 그러나 이러한 하이데거적 존재 사유와 존재론적 조망, 즉 인간적 자유가 존재 자체에 터 잡는 본질적 연관성 아래서는 결코 인간의 실존적 삶의 실상을 온전히 드러낼 수 없다는 것, 즉 인간적 삶의 근본 처지와 상황을 오도하고 만다는 것이 레비나스의 비판이다. 이러한 통찰로부터 레비나스는 다음과 같은 사유의 길, 즉 존재의 빛 아래서 존재에 기대어 사는 인간적 삶이 아니라, 다시 말해서 결코 인간에게 구원의 빛이 아닌 존재, 따라서 인간 존재자가 절대적으로 존재에 의탁하는 삶이 아니라 존재자 자체로부터 생성되는 존재의 의미를 사유하는 길로 나간다.

과연 레비나스는 존재자 자체에 깊이 결부되어 있는 익명적 존재(existence)인 일리야로부터 존재자(existant)인 주체를 어떻게 세계라는 무대에 등장시킬 수 있(었)을까? 모두들 잠든 어두운 밤, 아무도 없는 밤, 나 홀로 깨어 있는 원인불명의 불면과 같은 존재의 모습, 이 "존재의 익명적 흐름은 주체, 인격 또는 사물 등 모두를 침략하고 침몰시킨다."[22] 그럼에도 이 세계에 존재하는 모든 것들의 존재, 없어서는 안 되는 존재, 나의 삶의 어디에서나 마주치게 되며, 그로부터 비로소 확인되는 모든 규정성과 유의미성의 원천이 일리야이다. 그러면 레비나스는 왜 존재에 대한 사유를 이런 일리야로

21 맹주만, 「하이데거의 자유론」, 76.
22 E. Levinas, 『존재에서 존재자로』, 93.

부터 출발하는가? 실제로 레비나스가 말하고 싶은 것은 존재가 아니라 이러한 일리야로서의 존재와 깊이 결속되어 있는, 존재의 무게를 짊어진, 존재에 사로잡혀 있는 인간 존재자 자체이기 때문이다. 이 세계의 모든 것들은, 세계조차도, 존재 없이는 존재할 수 없다. 그러나 존재 역시 존재자 없이 존재할 수 없다. 오히려 존재는 존재자를 통해서만 존재한다.

레비나스에 인간 존재자는 욕구(besoin; need)와 욕망(desir; desire)의 존재이다. 이 욕구와 욕망은 모두 그저 있음, 홀로 있음으로서의 일리야를 벗어나서 인간적 삶의 세계에서 터 잡고 살아가는 인간 존재자의 존재방식을 규정한다. 욕구는 나의 생존과 존재의 유지에 필요한 대상을 소유하려는, 결핍된 것을 채우려는 동기에서 생기는 것이다. 반면에 욕망은 단순한 욕구충족이 아니라, 나와 전혀 다른 것, 근본적으로 채워지지 않는 것, 타자에 대한 관심을 불러일으키는 것, 눈에 보이지 않는 것에 대한 갈망으로서 "생각 이상으로 생각하는 생각과 같다. 또는 생각하는 것 이상을 생각하는 생각과 같다."[23] 이 욕망은 얼굴 속에서 현현하며, 타자와의 대면을 통해서 매개 없이 출현하는 타자에 대한 열망, 타자의 타자성에 대한 초월에의 열망, 타자에 이르고자 하는 근본적인 운동이다.[24] 특히 어떤 방식으로도 규정할 수 없는 무한에로 초월하고자 하는 타자에 대한 욕망을 레비나스는 형이상학적 욕망이라 부른다.[25]

욕구는 인간 존재에 대한 동물적 규정에 가깝다. 그것은 기본적으로 의식주를 해결하려는 인간적 활동을 수반한다. 특히 노동을 통한 인간과 자연의 지배, 소유의 확대, 세계 정복 등은 모두 욕구의 안정적인 확보와 강화를 위한 세계를 향한 인간의 투쟁으로 표현된다. 쾌락의 욕구처럼 그것은 "우리 존재의 현전을 표현하는 것이지 우리 존재의 결함을 표현하는 것은 아니다."[26] 쾌락을 느끼는 자에게만 흥미를 가져다주는 "욕구는 타자를 다시 주

---

23 E. Levinas, 『윤리와 무한』, 119.
24 E. Levinas, "Meaning and Sense", Basic Philosophical Writings, 52-3.
25 서동욱, 『차이와 타자』, 142.
26 E. Levinas, 『탈출에 관해서』, 27.

체에로 귀속시키며, 주체의 동일성으로 되돌아옴으로써 전체성을 향한다. … 욕구가 세계에 대한 자신의 만족을 보여주는 소유의 구조를 드러내는 반면에 욕망은 자신이 소유할 수 없는 구조를 보여준다. 욕구는 채워질 수 있는 결핍이지만 욕망은 만족될 수 없고 도달할 수 없으며 외재성, 다름, 낯섦을 향하고 있다. 절대적 다름, 타자성, 외재성을 자기화하지 않으면서 이들과 관계맺는 방식이다. 이러한 욕망은 나와 전적으로 다른, 내가 어떤 방식으로도 규정할 수 없는, 무한성의 절대적 타자로 향하는 형이상학적 욕망이다."[27] 따라서 욕구의 충족은 일시적이며, 순간적이다. 주린 배를 채우면 만족이 따라오지만, 다시 배고픔이 찾아오듯이 욕구의 불충족성은 언제나 남는다. 그러나 그것이 존재의 불충족성은 아니다. 이를 동일시하는 것은 오히려 "존재와 존재자를 구별해 낼 수 없는 사유, 그리고 타자에 대한 의미를 가질 수 있는 것을 일자(一者)에 고정시키는 모든 사유를 위협하는 동일화이다."[28] 채워짐이 있는 결핍으로서의 욕구와 달리 형이상학적 욕망은 충족되는 법이 없는 존재의 불충족성의 또 다른 이름이다. 자신을 자기에게 가둬두는 욕구를 넘어서려고 하는 욕망, 하지만 충족 혹은 도달 불가능한 욕망은 이렇게 다른 것, 타자에 대한 관심으로 구체화된다. 그것은 존재의 욕망이다. 이 형이상학적 욕망은 이제 타자에로의 초월, 자신으로부터의 초탈, 자기 해방, 자기 구원에의 욕망으로 전환된다.

욕구와 욕망은 각자 세계와 조우하면서 자신 안에서 꿈틀거리는 자극에 반응하며, 무언가를 도모하며, 먹을거리를 찾으며, 놀이를 하며, 권태를 느끼며, 수치심을 느끼며, 역겨움에 구역질을 느끼고 구토를 하며, 이렇게 자신을 일리야로부터 분리시키고 또 그 분리와 함께 언제나 일리야와 함께 하고 있는 자신을 발견한다. 그것은 욕구처럼 한편으로는 충족되는 결핍으로 언제나 자기 자신에 머물지만, 욕망처럼 다른 한편으로 충족되지 않는 결핍으로 타자에로 초월하는 인간의 존재방식이다.

27 E. Levinas, *Totality and Infinity*, 33; 박예은, 「레비나스의 타자윤리와 제3자의 정치철학」, 48.
28 E. Levinas, 『탈출에 관해서』, 23.

일리야는 이렇게 존재자의 존재방식을 통해서 구체화되는 존재다. '내리는 비'(it is rainning)를 존재하게 하는 술어(is), 그리고 이와 결합해 있는 그것(it), 즉 일리야는 '~무엇을 존재하게 하는 존재'(it is …)이다. 그러나 그것은 또한 비인칭 주어(it) 없이는 존재할 수 없다. 그것 없이는 자신을 드리낼 수도 표현할 수도 없다. 이렇게 '그것이 존재한다'에서 술어로 등장하는 존재는 주어에 귀속되는 성질, 즉 범주가 아니면서도 존재하는 그것을 존재하게 한다. 존재자도 아니면서 범주적 속성도 아니면서 존재자와 맺고 있는 이러한 관계, 그러한 있음이 레비나스가 말하려는 일리야이다. 모든 존재자적 속성을 제거하고서도 존재하는 무엇이다. "존재는 세계에 선행한다."[29] 그러나 이 일리야는 비록 익명적 존재이긴 하지만 존재자 없이 독자적으로 존재할 수 있는 그런 존재도 아니다. 그러므로 세계에 선행한다는 것이 곧 그와 독립해서, 분리되어서, 독자적으로 존재한다는 것은 아니다. 존재와 존재자는 전혀 별개의 것으로 존재하지 않는다. 모든 존재자적인 것을 제거하고 나서도 남아 있는 그것, "익명적으로 모든 자들이 참여하는 존재"[30]를 우리는 실체적인 무엇으로는 결코 말할 수 없기 때문이다. 그래서 그것은 '그저 있음'이라고 말할 수밖에 없는 것이다. 세계의 존재에 선행하는 있음인 일리야는 다만 존재자를 통해서 자신의 존재를 드리낼 수 있다.

그렇다면 일리야 자체는 주체에 앞서 존재하는 익명적이며, 비인격적이며, 비인칭적인 것인데, 이로부터 인격적인 주체의 출현을 어떻게 말할 수 있는가? 그 실마리는 바로 존재자의 존재방식에 있다. 그리고 그것은 익명적 존재로서의 일리야, 즉 "존재의 익명성으로부터 솟아오르는 존재자의 최초의 현시를 기술하는"[31] 일로부터 시작된다. 인간 존재자에게는 실존적 익명성의 존재인 일리야, 그것의 존재 의미는 존재자를 통해서만 알려질 수 있기에 그 존재의 드러남의 장소인 존재자의 관계 즉 '존재방식'은 대답 없이 존재하는 '존재에 관한 물음'으로서, 그리고 그 구체적 드러남은 존재자

---

29   E. Levinas, 『존재에서 존재자로』, 28.
30   같은 글, 94.
31   같은 글, 82.

가 맺고 있는 존재와의 '낯섦' '밀착' '분리' 등의 방식을 통해서 이루어진다. 그리고 그것의 구체적 방식들이 세계와 관계 맺는 방식인 투쟁, 염려, 존재함에 연루되어 있는 거절과 거부로서의 피로와 무기력, 존재에 얽혀 있음을 느끼게 해주는 불면, 잠, 그리고 노동과 수고, 권태, 수치, 소유, 또한 심심풀이, 오락, 휴식, 긴장 등의 향유(jouissance)이다.[32] 이들 존재방식은 익명성에 머물고 있는 존재가 존재자로부터 분리되는, 갈등과 긴장으로 점철된 삶의 의미들이 분화하는, 실존적 삶의 다양하며 다층적인 간극과 차이가 드러나는 순간들이다.

3. 의식적 주체와 이포스타즈(hypostase)

레비나스는 실존적 익명성 즉 존재의 익명성으로부터 의식적 주체의 출현을 "이포스타즈"(hypostase)라 부른다. '자기 정립'으로 옮길 수 있는 이 이포스타즈는 "존재 안에서의 존재자의 출현"[33]이다.[34] 그것은 존재와 존재자의 낯섦과 밀착의 관계 속에 스며들어 있는 것이며, 또한 그것은 주체 탄생의 기반이다. 이러한 존재방식들 중에서 레비나스가 가장 주목하는 것이 향유이다. 향유의 존재방식은 자신의 생존과 안정, 그리고 만족을 도모하는 행위를 통해서 이루어진다. 향유를 통해서 인간 존재자는 의식적 존재자인 주체로 탄생한다. 인간이 세계와 맺는 근원적인 일차적 존재방식인 향유는 '전신적 기쁨'을 뜻하는데 존재의 풍요함이나 물질성과의 궁극적 관계, 사

---

32 같은 글, 30-44.

33 같은 글, 55.

34 프랑스어 hypostase는 그리스어 hypostasis에서 유래한다. 이 hypostasis는 또한 라틴어로는 substantia, 영어로는 hypostasis로 번역된다. 라틴어 substantia에 해당하는 프랑스어 substance가 있듯이 레비나스가 hypostase를 사용한 데에는 그 단어의 어원적 의미에 주목하고 있음을 보여준다. 즉 hy + postase로서 '~ 아래에 있는 것'의 의미를 갖는다. 레비나스는 이를 "자리를 잡음", "단단한 터전 위에, 기반 위에 자리 잡음, 조건 지음, 기초를 세움"으로서의 주체의 자기 정립, 자기 확립으로 설명한다(『존재에서 존재자로』, 138). 한국어 번역에서는 이를 우리말로 '자기 정립'이나 '홀로서기' 등으로 옮기는데, 나는 이들 번역어 자체도 실체의 의미를 불식시키지 못하기에 '단단한 기반 위에 자리 잡음' '기초를 세움' '바닥에 있는 것(존재자)' '바탕에 놓이는 것(존재자)'이라는 의미를 강조하기 위해서 음역 그대로 '이포스타즈'를 사용한다.

물과의 관계를 포함한다.[35] 이러한 향유의 존재방식을 통해서 주체의 출현 및 타자와의 관계를 파악할 수 있다.

레비나스에 의하면, 존재를 향유하는 존재자의 삶으로서 존재의 향유는 전체성에 매몰된 존재자가 아니라 존재를 정복하려는 인간의 고유한 행위이다. 그것은 향유의 주체가 갖는 개별성과 향유의 대상들이 갖는 관계성을 축으로 진행된다. 그러므로 향유는 존재에 결속되어 있는 존재자의 존재방식이다. 향유는 기본적으로 먹거리, 볼거리를 포함해 진리와 앎, 인식에의 욕망에 이르기까지 자신의 존재의미를 획득하려는 활동이자 몸짓이다. 존재자에 결속되어 있는 일리야는 향유하는 행위를 통해서 그 이전에는 그 누구의 것도 아니었으며, 불면의 밤과 함께 잠 못 들어있던 존재자 자신의 것으로 구체화된다. 그것은 곧 일리야로부터 이포스타즈로의 이행을 의미한다.

향유하는 존재의 자기 정립으로서 이포스타즈는 그 자체만으로는 실체적 자기 정립 혹은 자기 인식, 즉 데카르트의 코기토와 같이 명증적인 것이 아니다. 그것은 코기토(나는 사유한다)의 '윤리적 주체로서의 나'가 아니라 '사유하는 주체' 혹은 '의식적 주체'로 출현한다. 이렇게 의식으로 출현하는 가능성에 대해서 레비나스는 다양한 방식으로 기술한다. 그 중에서 가장 주목할만한 것은 존재의 한 양상이자 인간적 존재자의 존재방식인 '잠'에 관한 것이다. 의식의 탄생은 수면이라는 잠을 통해서, 잠으로부터 깨어남으로써 이루어진다. "잠을 통해서 존재를 중지시키는 힘의 출현"[36]이 곧 최초의 의식의 출현, 깨어남으로서의 의식이다. 또한 그것은 "존재의 익명적 잡음 속에서의 주체의 출현이다."[37] 이미 주어져 있는 세계에서의 주체의 출현은 잠에서 깨어남, 수고와 휴식으로의 노동, 피로와 권태, 염려와 같은 존재자의 존재 행위를 통해 "존재를 떠맡는 일"[38]과 함께 시작된다. 이렇게 이 세계 안에서의 삶을 시작하는 그것이 의식 내지는 의식적 주체이다. 의식으로서 또

---

35 김연숙, 『타자 윤리학』, 71.
36 E. Levinas, 『존재에서 존재자로』, 45.
37 같은 글, 51.
38 같은 글, 55.

주체로서 "존재자는 존재 속에서 출현하며, 그러고 나서부터 존재와의 관계를 유지한다. 욕망과 나날들의 소란과 함께 우리의 세계내존재는 … 숙명적이고 익명적인 존재에 대한 증대해 가는 저항이다. 이 저항을 통해 존재는 의식이 된다."[39] 이러한 노동과 행위를 통해서 모종의 무게를 갖게 되는 것이 의식이다. 의식의 무거움, 그것은 또한 "존재의 무게"[40]이며, 존재자로부터의 분리이자 존재와의 관계 맺음으로 출현하는 의식적 주체의 존재를 깨워주는 무게이다. 긴 잠에서 깨어난 주체의 탄생이다.

4. 윤리적 주체와 타자에 대한 책임

1) 이포스타즈로부터 윤리적 주체로

이포스타즈로서 의식적 주체는 아직 윤리적 주체는 아니다. 존재함의 한 양태로서 의식은 망각할 수 있고 중지할 수 있는 가능성, 즉 잠잘 수 있는 가능성, 동시에 깨어날 수 있는 가능성으로서 존재한다. 그것은 일리야와 대조를 이루는 가운데, 또한 그에 참여하는 가운데 출현할 수 있는 가능성이자 비인격적이며 익명적이었던 "존재의 멈춤 자체"이며, 또한 이 멈춤의 순간에 의해서 "시간의 주인인 동시에 시간 안에 내포된" 자로 존재하게 되며, "존재가 존재자에 주는 장애가 무엇이든, 그리고 존재자의 무력함이 무엇이든 간에, 존재자는 그의 존재의 주인이다. 주체가 속성의 주인이듯 말이다. 순간 속에서 존재자는 존재를 지배한다."[41]

의식으로서, 홀로 주체로서, 자아는 고립성, 단독성, 내재성의 모습으로 존재한다. 주체로서의 탄생에도 불구하고 인간은 영원히 존재에 결부되어 있기에 완전히 일리야에서 벗어나지는 못한다. 즉, "모든 것에 대해 외부인 나는 그 자신에 대해서는 내재적이며, 그 자신과 묶여 있다. 나는 그 내가 떠맡은 존재에 영원히 결부되어 있다." 그러하기에 세계내존재로서 의식적

---

39 같은 글, 81-2.
40 같은 글, 129.
41 같은 글, 112, 166-7.

존재자에게 "세계와 빛은 고독이다. 주어진 대상들, 옷을 입은 존재들은 나자신과 다른 것이다. 그러나 그것들은 나의 소유이다. ⋯ 이해된 우주 속에서 자아는 혼자이다. 즉 자아는 결정적으로 하나인 그런 존재 속에 갇혀 있다."[42] 레비나스는 이와 같이 자아에게서 벌어지는 존재론적 사태에도 불구하고 전체성의 이름 아래 자아와 타자를 동일시해버리는 서양 존재론이 정립한 주체를 거부한다. 전통적인 존재의 철학과는 정반대 방향으로 존재자의 철학으로 나아가는 일보를 내딛는다. 그것은 일리야와 이포스타즈로부터 출발해서 다른 무엇으로도 환원될 수 없는 새로운 주체, 동시에 결코 언제나 자기 자신에 머무를 수 없는 주체, 존재에 결박되어 있는 주체, 이 존재의 무게로부터 해방되고 싶어 하는 초월적 주체이자, 또 그 스스로는 존재에 갇혀 있을 수밖에 없는 주체의 탄생이다. 이것은 근본적으로 이포스타즈로서 주체의 내재적 본성, 즉 자기 자신에게 안주하지 않으며 자기 자신에게 타자에로의 영원한 초월을 요구하는 형이상학적 욕망에서 기인한다. 또한 동시에 이 욕망의 존재로서 이포스타즈에게 일리야는 영원한 형이상학적 결핍으로 결속되어 있다.

쾌락의 충족에 만족하는 욕구 존재로서가 아닌 근원적 결핍에 목말라 하는 욕망 존재로서 이포스타즈의 주체는 타자를 동일성으로 환원하고, 끝내는 전체성의 지배 아래 두는 것을 허용하는 존재론, 즉 존재를 진리와 구원의 빛으로, 따라서 존재의 운명을 짊어지고서 역사적 숙명을 감내해야하는 존재가 아니다. 존재의 틈새를 뚫고 솟아오른 이포스타즈로서의 주체는 타자에로의 초월을 욕망하는 존재다. 그러나 레비나스에게 초월적 욕망의 대상인 타자는, 이미 그 자신이 이포스타즈의 주체, 홀로 주체이기도 하듯이, 결코 "동일자(the Same)로 환원될 수 없는 타자성(alterity)"의 존재이며, "이해를 넘어서는 타자"이며, 나와 타자의 관계는 "존재론적 관계"로 환원될 수 없는 "원초적 관계"(original relation) 아래 있다.[43] 그러므로 특히 "타인(autrui)

---

42 같은 글, 141, 142-3.

43 E. Levinas, "Is Ontology Fundamental?", *Basic Philosophical Writings*, 6.

과의 관계는 존재론이 아니다." 즉 원초적 관계, "그것은 타자에 묶여 있는 관계이며, 재현 가능한 타자로 환원되지 않는 관계이며", 오히려 "우리가 종교라고 부르는 기도[의 대상]로 환원되는 관계이다."[44]

향유, 불면, 잠, 권태, 수치, 피로와 수고 등은 결코 인간이 일리야의 자리에 머물러 있을 수 없음의 흔적들이다. 결정적인 것은 이포스타즈, 즉 자신의 존재의 주인이 된 인간 존재자는 자신의 탄생이 결코 축복의 순간이 아니라는 것, 오히려 그 순간부터 그 곳에서 벗어나고 탈출하고 해방되고 싶어 한다는 것이다. 말하자면, 이포스타즈의 순간은 아직 진정한 주체가 되는 순간이 아니다. 그것은 오히려 인간 존재자의 존재방식은 욕구의 주인으로서 주체 탄생의 긍정적 순간이 아니라 욕망의 주인으로서 지양되어야 할 부정적 순간이라는 것을 보여준다. 이포스타즈는 권태로, 불면으로 빠져드는 홀로 있음의 자기가 탄생하는 순간일 뿐이다.

그렇다면 타자에로의 초월을 욕망하는 주체는 어떻게 그것을 이룰 수 있는가? 레비나스는 권태와 피로, 향유의 존재방식에서 진정한 의미, 인간 존재의 본질에 깊숙이 각인되어 있는 자기 해방의 욕망을 읽어낸다. 존재에 연루되어 있고, 존재에 사로잡혀 있으며, 존재의 무게에 짓눌려 있다는 것은 그로부터 탈출하고 해방되고 싶어 하는 욕망의 표현이다. 그러나 레비나스가 설정한 주체와 타자 사이에는 근본적으로 존재론적 단절이 가로 놓여 있다. 결핍에 매어 있지만 타자에로의 초월을 욕망하는 주체, 하지만 결코 타자에 도달하지 못하는 좌절하는 주체, 저 밖에 닿을 수 없는 곳에 위치해 있는, 그 자신도 내게 도달할 수 없는 절대적 거리를 가진 주체이기도 한 타자 사이에는 놓인 단절은 주체와 타자의 관계가 '존재론적 관계'가 아님을 묘사하지만, 그럼에도 레비나스는 이를 '원초적 관계'로 묶어 둔다. 그것은 어떤 '관계'인가? 이 관계를 이어주는 끈을 레비나스는 타자의 '얼굴'에서 찾는다. 나와 너를 이어주는 독특한 관계맺음인 타자에 속해 있는 얼굴, 그와 '마주치는 얼굴'을 통해서 레비나스는 이 단절을 해소하려 한다. 그러

44 같은 글, 7.

면 왜 얼굴인가? 혹은 왜 꼭 얼굴이어야 하는가?

레비나스는 그러한 주체의 초월적 추동력의 대상을 타자, 타자의 얼굴, 이웃한 타자에게서 발견한다. 존재의 늪에서 벗어날 수 있는 근원적 동력을 얼굴을 지닌 타자, 그것도 타자에 대한 책임에서 발견한 것이다. 레비나스에게는 타자에 대한 피할 수 없는 책임을 낳는 얼굴은 나와 너를 매개해 주는 근원적 관계를 간직하고 있는 원초적 관계의 표상이다. 얼굴은 타자에 대한 책임의 통감, 보다 정확히는 완벽하게 나의 외부에 있는 절대 타자에 대한 무한 책임의 깨달음, 그것이 의식적 주체로부터 윤리적 주체가 탄생하는 출구이다. 이 얼굴에서 현현하며, 내 안으로 깊이 스며드는 책임의 책임성이 "권태로부터 주체를 벗어나게 하며, 우울한 동어반복과 존재성의 단조로움으로부터 주체를 자유롭게 한다."[45] 이 출구를 통해서 이포스타즈는 진정한 인간 존재자, 즉 윤리적 주체로 거듭난다. 타자에 대한 책임으로부터 진정한 자기 존재, 즉 책임성을 자각하는 윤리적 주체가 정립된다. 그것이 책임성으로부터 윤리적 주체성을 근거짓는 레비나스의 타자윤리의 아르키메데스적 기점이다. 얼굴은 그 통로이며, 매개이며, 원초적 관계자이다. 그러면 그것은 도대체 어떻게 가능한 일인가? 얼굴에서 무슨 일이 벌어지는 것인가? 나는 어떻게 알 수 있는가? 책임의 승인은 어떻게 일어나는가? 어떻게 타자의 얼굴은 윤리적 주체가 탄생할 수 있는 장소가 될 수 있는가? 타자는 누구이며, 또 무엇인가?

2) 타자와 공감

윤리적 주체의 탄생을 가능하게 하는, 주체성의 바탕을 이루는, 책임성의 근원적 대상인 타자는 누구이며 무엇인가? 타자에 대한 레비나스의 사유는 처음부터 확정적인 개념이라기보다는 시간이 지나면서 구체화되는 경향이 있다. 하지만 그 근본 의미가 변했다고 보기는 어렵다. 또한 초기, 중기, 후기로 구분하는 통상의 경우에도 그것이 그의 철학적 입장이나 관점의 근

---

45 E. Levinas, 『신, 죽음 그리고 시간』 270-1.

본적 변화나 전환을 의미하지는 않는다. 초기 사유를 대표하는 『탈출에 관해서』(De l'évasion)에서도 엿볼 수 있듯이 그의 타자에 대한 사유는 연속성과 심화의 과정을 보여준다.

그러면 익명적 존재인 일리야의 체험과 함께 출현하는 홀로 주체로서의 이포스타즈, 그리고 이로부터 진정한 윤리적 주체의 탄생을 가능하게 하는 타자는 누구인가? 타자에 대한 주체의 책임을 각인시키는 타자의 얼굴은 무엇인가? 철저히 고립된 자기정립적 홀로 주체로서 의식적 주체 또한 타자에게는 타자가 아닌가? 타자의 타자는 주체로서의 타자가 아닌가? 주체의 타자 역시 주체인 주체와 타자의 원초적 관계를 매개하는 타자의 얼굴은 무엇인가? 레비나스는 말하기를, "타인에게 도달하는 일은 그 자체로는 정당화되지 못한다. 그것은 나의 지루함에 대항하는 것이 아니다. 그것은 존재론적으로 자아의 범주들 자체와의 가장 근본적인 단절이다. 왜냐하면 자아에게 그것은 자기 속이 아닌 다른 곳에 존재하는 것이기 때문이다. 그것은 용서받는 것이며, 결정된 존재로 존재하는 것은 아니다. 타인과의 관계는 다른 자아와 결부되는 일로서 사유될 수는 없을 것이다. 또한 타인으로부터 이타성(alterity)을 상실해 버리게 만드는 이해나, 어떤 제3항의 주위에 있는 자아와의 공동체로 사유될 수도 없을 것이다."[46] 이렇게 타자에 이르는 가능한 모든 길은 차단되고 단절되어 있다. 어떻게 타자의 얼굴이 윤리적 책임과 윤리적 주체성의 기원과 근거, 그리고 하나의 장소가 될 수 있는가?

레비나스의 존재론적 고독에 대한 의미부여와 함께 일리야와 이포스타즈에 참여하는 존재방식들에 대한 사유와 통찰은 과연 윤리적 주체의 탄생에 어떤 기여를 하는가? 『존재에서 존재자로』에서 레비나스는 한편으로는 직접적으로 타자의 타자성에 이를 수 없는 자아의 고립성과 결정성을 부각시킨다. 여기서 세계내존재로서 세계와 관계 맺는 자아는 언제나 나 자신에서 벗어나지 못하는 존재로 묘사된다. 다른 한편으로는 이로써 타자의 존재와 그와 맺게 되는 관계 및 윤리적 주체의 탄생은 전혀 다른 차원의 문제라

---

46 E. Levinas, 『존재에서 존재자로』, 143.

는 것이 제시된다. 레비나스는 자아의 고립과 관련한 후설의 현상학적 기술의 한계를 지적하면서 말하기를,

> 그것은 빛의 세계, 타인으로서의 타인이 없는 홀로 있는 자아의 세계에 안주하고 만다. 홀로 있는 자아에게 타인은 공감(sympathie)을 통해, 즉 자기 자신으로의 회귀를 통해 인식하게 되는 다른 자아, 타아(他我)이다.[47]

후설의 타자이론을 비판하고 있는 이 진술은 어떤 의미를 지니고 있는가? 불행히도 레비나스는 이 진술을 더 이어가지 않는다. 오히려 후설의 타자이론이 왜 자아의 고립에 머물고 마는지, 그 이유에 대해서 아무 것도 밝혀주지 않은 채 서둘러 마무리한다. 그저 다음에 이어질 논의를 위해 시간과 타자를 연결시키고, 의식의 흐름 속에서 생성으로서 변화하는 다수성을 가로지르며, 자아는 단지 자기 동일성을 유지하는 그 무엇으로 머무른다는 것을 강조하기 위해서 서둘러 다음 논의로 넘어가고 있다. 그러나 다행히 우리는 후설의 타자이론을 비판적으로 서술했던 이유를 다른 곳에서야 비로소 확인할 수 있다.

> 타자는 나와 더불어 공동의 존재에 참여하고 있는 다른 자아 자체가 결코 아니라는 사실이다. 타자와의 관계는 공동체와의 전원적이고 조화로운 관계도 아니며 우리가 타자의 입장에서 봄으로써 우리 자신이 그와 유사하다고 인식하도록 하는 공감(sympathie)도 아니다. 타자와의 관계는 우리에 대해 외재적이다. 타자와의 관계는 하나의 신비(Mystère)와의 관계이다. 그것은 외재성이다. 아니면 그의 타자성(altérité)이다. 왜냐하면 외재성은 공간의 특성으로서, 주체를 주체의 존재를 구성하는 빛을 통해 자기 자신에게로 환원시키기 때문이다.[48]

레비나스의 이유는 분명하다. 타자는 나와 절대적으로 구별되는 존재다. 그 어떤 공통성도 공유하고 있다고 말할 수 없는 타자성이 타자를 규정하는 유일한 특성이다. 절대적 외재성, 배타적 외재성, 그래서 차라리 하나의 신

---

47 같은 글, 144.
48 E. Levinas, 『시간과 타자』, 85.

비라고 밖에 말할 수 없다. 이에 대한 강영안의 주석에 의하면, "레비나스는 타자의 타자성을 나와 구별되는 '다른 자아(alter ego)'라든지, 또는 공감이나 연민을 통해 서로 교감할 수 있는 상대방의 존재로 보지 않는다. 타자의 타자성은 나와는 비교할 수 없는 절대 외재성으로 규정된다."[49] 그러면 이렇게 절대적 외재성으로서 규정되는 타자의 타자성의 정체는 무엇인가? 레비나스는 분명 타자와의 관계로서 외재적 관계만을 승인하고 있다. 하지만 그럼에도 나와 타자는 어떤 관계, 즉 '원초적 관계'에 있다. 레비나스가 후설을 거부하는 이유는 저 인용문에 직설적으로 적시되어 있다. 레비나스는 타자와 관계맺을 수 있는 근원적 가능성으로서의 '공감'을 인식론적으로 이해하고 있음이 분명하다. 그로 인해 공감에서 또 다른 가능성, 즉 그가 타자에 대한 책임을 통찰할 수 있는 감정 혹은 느낌으로서의 공감을 놓치고 있다. 그 때문에 그는 곧바로 '외재성' '신비' '타자성'과 같은 주체와 타자 혹은 하나의 주체와 또 하나의 주체의 단절을 부각시키는 방향으로 나아가고 만다. 대상적 인식으로서의 인식론적 공감은 후설의 공감 개념의 핵심이 아니다. 후설은 가치지향적 공감, 느끼는 질적 감정으로서의 공감, 타자와 관계 맺는 가능성으로서 공감을 말한다.[50]

다시 레비나스의 입장에 서보자. 그의 말대로 주체와 타자의 관계는 어떤 점에서는 '신비'의 관계이다. 레비나스는 타자성과 외재성을 동일시한다. 동시에 이 외재성에 특별한 능력, 힘을 부여하고 있다. 저 인용 구절은 외재성은 주체의 주체성을 구성하는 빛—나는 이것을 '힘'으로 표현한다. 레비나스에 따르면, 그것은 '신비' 혹은 '계시'일 것이다—이면서 자신을 타자성으로 규정하게 하는 원천 그 자체라고 말하고 있다. 우리가 타자에 대한 책임을 말하고, 또 그로부터 비로소 윤리적 주체성을 정립할 수 있는 것은 외재성의 이러한 존재론적 지위로부터 가능한 것이다. 주체의 주체성을 각성시키는 힘, 윤리적 주체의 정립을 가능하게 하는 타자성의 원천이 외재성이

---

49 같은 글, 85 각주 36.
50 맹주만, 『칸트의 윤리학』 255-7.

라면, 그것은 나로 하여금 타자의 타자성을 각인하게 만드는 수용성이 전제되어야 할 것이다. 왜냐하면 그것은 근본적으로 다가오고 침투하고 각성시키는 빛이자 힘이기 때문이다. 그렇다. 레비나스는 그것을 인간 존재자 혹은 이포스타즈 존재의 감성 자체에서 발견한다. 그에 따르면, 그것은 수용성 보다 혹은 그 어떤 수동성 보다 더 수동적인 '감성적인 것'[수동성]으로부터 생겨나는 것, 외재하는 타자로부터 거부할 수 없는 타자성, 감성의 수용성의 성격 혹은 방식이라 할 수 있는데, 그는 이것을 얼굴, 사로잡힘, 상처받기 쉬움, 근접성 등으로 표현한다.

레비나스는 "주체의 고독은 한 존재의 고립, 한 대상의 단일성 이상의 것이다. 말하자면, 그것은, 자아와 다른 자[자기]가 그림자처럼 자아를 따라다니는 데서 생기는 고독이다. … 자아와 자기 사이의 단절은 그 둘이 공유하는 존재를 재개함으로써 끝장나 버리기에 착각에 불과한 단절이다."[51] 그러면 왜 익명의 있음, 일리야로부터 출현하는 존재자는 고립적 고독자, 단독자이어야 하는가? 존재에의 연루 속에는 레비나스가 강조하는 사회적 관계의 존재방식 혹은 "사회성이란 언제나 타인과의 만남을 뜻하는 말로 사용"[52]되듯이 타인은 나와 함께 이미 존재에 참여하고 있으며, 또 연루되어 있으며, 따라서 이미 나만이 아니라 '우리'가 출현한다고 말해야 하지 않는가! 레비나스는 우리는 자기 동일성을 "실체의 동일성으로 생각하는 경향이 있다"[53]고만 말한다. 나와 타자 사이의 절대적 거리는 존재자들의 존재론적 차이와 구별을 함축한다. 레비나스의 말대로 그들 역시 하나의 존재자라고 말할 수 있으려면, 그래서 타자는 이미 나에 대해서 타자로 지각된 존재자라고 해야 한다. 절대적 단절이 가로 놓여 있는 타자라고 말할 수 있으려면 주체와 타자(그것은 상호적 관점에서는 주체와 주체다)의 관계는 이미 나와 타자의 같음과 다름을 함께 전제하고 있어야 한다. 아버지와 아들, 남자와 여자, 이들의 관계는 상호 배타적 타자의 관계가 아니라 같음과 다름을 함께

---

51 E. Levinas, 『존재에서 존재자로』, 149.
52 같은 글, <옮긴이 해제> 217.
53 같은 글, 146.

지닌 '하나의 관계'인 것이다. 그러므로 타자에 대한 사유는 관계에 대한 사유, 레비나스가 원초적 관계로서 표현한 '신비'로서가 아니라 다름과 같음을 공유하는 관계에 대한 사유를 포함해야 한다.

후설의 타자이론은 그의 타인에 대한 공감 감정을 말할 때 이러한 관계를 전제하고 있다.[54] 하지만 레비나스는 이에 주목하지 않고 있다. 이러한 차이는 레비나스가 우리가 타자에 대해서 갖는 감성적 체험을 "개념적 파악"이 불가능한 기도나 간청의 맥락에서 묘사하는 데서 엿볼 수 있으며, 무엇보다도 특히 공감을 인식론적 차원이나 단순히 "모든 호기심이나 사랑"처럼 주체가 갖는 자기중심적인 주관적 감정의 수준에서 보는 데서 비롯된다.[55] 말하자면, 레비나스는 주체와 타자의 원초적 관계로서 나와 타자를 하나로 묶어주는 공감의 존재를 통찰하지 못하고 있으며, 때문에 주체가 타자의 타자성에 접촉 가능하게 하는 감성적 체험의 근원적 가능성으로서 공감에 주목할 수 없었던 것으로 보인다.

레비나스는 익명적 존재에의 참여를 통한 존재와 존재자의 관계 맺음의 방식에서, 혹은 의식적 존재자를 탄생시키는 향유의 행위에서 시간 중에 있는 "다른 사람과의 관계", 즉 "타자성과의 관계"[56]를 중시하면서도 나와 타자, 두 존재의 관계맺음이 배제되고 제거되어야 하는 정당한 근거에 대해서는 침묵하거나 무시하고 있다. 왜 그런가? 우리가 세계내존재로서 이 세계와 마주하며, 익명적 존재에의 "감성적 체험"[57]에서 "느끼는 자와 느껴지는 것 간의 공통 작용"인 감각을 통해 나와 타자의 공감적 작용을 발견할 수 없는 것인가? 왜 이포스타즈의 주체는 오로지 나 자신이면서 그것은 또 왜 타자로부터 절대적으로 단절되어 있어야 하는가?[58] 어떻게 그것이 가능하며, 또 자기와 차단되어 있는 타인에 대해서 책임을 말할 수 있고 고통을 말할 수 있는가? 왜 그것은 일종의 신비, 계시 같은 것이어야 하는가? 그 무엇이

---

54 맹주만, 『칸트의 윤리학』 253-68.

55 E. Levinas, "Is Ontology Fundamental?", 6.

56 E. Levinas, 『윤리와 무한』 77.

57 E. Levinas, 『존재와 다르게』 65-72.

58 E. Levinas, 『존재에서 존재자로』 158.

든 최소한 외재성에 완전히 노출되어 있는 감성적 존재자의 수용성은, 그것이 얼굴이든 사로잡힘이든 결박당함이든, 타자성으로부터 "주체의 존재를 구성하는" 원천이라는 것은 오히려 나와 타자 사이에 어떤 식이든 모종의 관계를 맺고 있다는 것을 의미한다. 그것은 존재와의 관계 맺음의 방식이면서도 레비나스가 말하는 향유, 노동, 소유, 잠, 불면, 음식, 거주 등과 같은 인간 존재를 규정하는 요소들 이외에 보다 근원적인 관계 맺음의 방식이 있어야 한다는 것을 시사한다. 마치 지나가는 자동차가 그러한 감정을 일으키지는 않지만, 타인이나 이웃의 얼굴은 사로잡힘의 감정을 일어나게 하듯이, 나와 타인 사이에는 단절이나 차단이 아닌 하나의 특별한 관계가 존재한다는 것을 뜻하지는 않는가?

이와 같은 레비나스가 강변하는 주체와 타자의 비대칭성, 절대적 거리로 말미암아, 윤리의 기원을 정의와 사랑을 추구하는 유대적 종교에 두려는 근본 태도를 배제한다면, 그의 타자이론은 매우 임의적이고 자의적인 것으로 보인다. 마치 서양 존재론의 전체주의를 단죄하기 위하여 동일성으로 환원되지 않으며, 전체성에도 매몰되지 않는 타자의 구출과 해방, 그것은 레비나스의 의도적인 전략처럼 여겨진다. 전체주의의 폭력에 무력했던 자기 동일성 아래 묶여 있는 주체와 타자에 대해 가해지는 무차별적 폭력성을 무력화하기 위해서는 주체와 타자의 절대적 차이와 거리가 필요할 수 있다. 후설의 자아와 타자 사이를 매개하는 공감에 주목하지 못한 것도 이와 무관하지 않아 보인다. 즉, 공감으로 묶여버리는 자아와 타자의 하나됨의 가능성, 그것은 동시에 전체성에 매몰되어버린 그리스적 존재론으로 되돌아가버리는 것으로 본 것은 아닐까!

『존재에서 존재자로』에서 타자에 대한 레비나스의 설명은 매우 거칠게 진행된다: "자아와 너의 집단성은 제3항-매개자, 진리, 교리, 노동, 직업, 관심, 습관, 식사 등-에 대한 참여가 아니다. 그것은 공동체가 아니다. 그것은 중개자도, 매개자도 없이 무섭도록 얼굴과 얼굴을 마주한 관계이다. 사람과 사람 사이의 관계는 무관심한 즉자적 관계가 아니다. 서로 교환할 수 있는 두 항 사이의 상호적 관계도 아니다. 타인으로서 타인은 타아(他我)조차 아니다. 타인은 자아, 나가 아닌 것이다. 자아, 나는 강하지만 타인은 약하다. 타인은 가난한 자이며 '과부이고 고아'이다. … 아니면 타인은 이방인, 적, 권력자이다. 본질적인 것은 타인이 그의 이타성 자체 덕분에 위에 열거한 성질들을 가진다는 점이다. 상호 주체적 공간은 무엇보다 비대칭적이다. … 상호 주관성은 에로스(Eros)를 통해 우리에게 주어진다. 또는 〔타인과의〕 거리는 타인과의 근접성 속에서 전적으로 지속된다. … 타자, 그는 이웃이다. … 비대칭적 상호 주관성은 초월의 장소이다. … 주체는 아들을 얻는다."[59] 이 구절에서도 타인은 후설이 말하는 타아가 아니라는 것, 타아에 대한 이 타성 또한 동일성의 나에게로 혹은 전체성으로 귀속될 수 있음을 경계하고 있다는 것이 읽혀진다.

레비나스가 설정해 놓은, 실체적 자기 동일성 밖으로 나갈 수 없는 자아와 타자 사이에는 단절과 차단, 절대적 거리, 비대칭성이 가로 놓여 있다. 그것은 "모든 사회적 제약과 형식에서 풀려난 타자, 그런 의미에서 절대적 타자다."[60] 그리고 이웃이며, 아들이며, 이방인인 자가 절대적 타자로서 타인이다. 이와 같이 나와 타자 사이에 놓인 절대적 거리와 차이에도 불구하고 진정으로 윤리적 주체가 될 수 있는 것은 내가 타자에 대해서 무한 책임을 지려고 통감하고, 결심해야 할 때이다. 그 때에만 나는 레비나스가 말하는 윤리적 책임을 다 할 수 있고, 또 다 해야 하는 윤리적 주체로 탄생할 수 있다. 그러면 나는 왜 그러한 회심과도 같은 결심을 해야하는가? 만일 내가 동의할 수도, 납득할 수도, 받아들일 수도, 그 어떤 정당성도 발견할 수 없다면, 그래도 그와 같은 요구는 타당한가? 레비나스는 어디에서 우리 모두가 받아들여야 할 정당성과 당위성을 발견한 것인가? 심지어 레비나스가 말하는 유일한 통로라 할 수 있는 감성적 체험마저 하나의 비밀처럼 느껴지기까지 한다. 더욱이 내가 타인과 동등한 자가 아니라는 것을 깨닫는 것과 함

---

59 같은 글, 160-3.
60 김도형, 『레비나스와 정치적인 것』, 18.

께, 타인에게 전가할 수 없는 책임에 대해서 마저 책임과 죄의 경중을 말할 수 없다면,[61] 그 책임은 누구를 향한 것이어야 하는가? 책임으로부터 면죄받을 자가 없다면, 혹은 경중을 말할 수 없다면, 누구를 위해 무엇을 해야 할지도 말할 수 없게 될 것이다.

나와 타자, 주체와 주체, 타자와 타자의 사이를 매개해주는 관계성의 근원적 가능성을 공감에 주목하지는 못했지만, 레비나스의 타자와 얼굴의 현상학은 이미 나와 타자 사이의 감정적 유대와 관련한 풍부한 표현을 발견할 수 있다. 레비나스가 내세우는 타자의 얼굴은 바로 함께 아파하고 슬퍼하고 책임을 느끼는 공감을 일으키는 존재다. 그런 점에서 타자는 이미 공감적 타자다. 타자의 이타성에도 불구하고 타자에 대한 책임의 책임성을 자각하며, 책임의 주체로서 거듭나는 윤리적 주체는 타자의 얼굴에서 그 같은 책임을 공감한다. 타자의 얼굴은 나에게 이미 그가 공감적 타자로서 느껴진다고 말해야 한다. 레비나스의 얼굴의 윤리학은 이렇게 읽혀져야 하며, 또한 그의 의도가 무엇이든 그렇게 말하고 있는 것처럼 보인다.

5. 타자윤리와 얼굴의 윤리학

레비나스에게 윤리적 주체는 타자에 대한 사랑과 무한 책임을 승인할 때 비로소 탄생한다. 그러면 그러한 윤리적 주체의 주체성과 내가 짊어져야 할 책임의 근원적 가능성으로서 타자는 누구이며, 무엇인가? 앞서 살펴본 바와 같이 그것은 얼굴을 가진 자이다. 책임은 얼굴을 지닌 타자를 마주함으로써 생겨난다.

레비나스에 의하면, 얼굴을 지닌 "타자와 대면 관계에 있다는 것은 죽일 수 없다는 것이다."[62] 그의 직설적이면서도 목적어를 곧잘 생략하는 독특한 글쓰기와 은유적 표현법이 곧잘 곤란을 야기하기도 하지만, '죽일 수 없음'

---

61 김상록, 「레비나스의 실존 운동의 동성(動性)」, 83-4.

62 E. Levinas, "Is Ontology Fundamental?", 9.

은 얼굴을 가진 타자, 얼굴의 대면으로부터 나에게로 침투해오는 사건이다. 이 타자의 대면으로부터 오는 타자에 대한 책임이 어떻게 주체의 책임성, 그리고 윤리적 주체를 가능하게 하는가? 레비나스의 답은 단호한 듯하면서도 명쾌하지 않다. 그것은 그저 하나의 신비요, 비밀에 가깝다. 그런 면에서 타자는 차라리 종교적 신앙의 대상과 흡사하다. 그는 "책임의 윤리적 상황은 윤리학으로부터 출발해서는 이해되지 않는다."[63]고 강조한다. 그에게 윤리는 근본적으로 윤리적인 것 자신으로부터 주어지지 않으며, 그 이상의 것에서 온다. 이 같이 윤리 너머에서 오는 것으로부터 윤리를 말하는 레비나스는 근본적으로 윤리학의 전복을, 혹은 전혀 새로운 윤리학을 기획하는 것처럼 보인다.

레비나스가 말하는 절대 타자에 대한 사랑과 무한 책임을 승인하는 것은 존재에 대한 근본경험으로부터 유래한다. 타자와의 만남과 조우를 통해서 그로부터 엄습해 오는 존재의 절대적 무게, 그리고 그로부터의 해방과 초월, 그것이 그에게 타자에 대한 철학적 사유의 방향을 결정짓는다. 레비나스에게 타자는 다른 그 무엇으로도 환원불가능한 대면(face to face)을 통해서 침투해 온다. 단적으로 타자는 맨 먼저 얼굴로서 존재한다. 얼굴은 나를 쳐다보며 나를 주시하며 나에게 나타난다. 얼굴은 느낌이다. 타인의 얼굴을 대하면서 나는 느끼고 확인하고 깨닫고 기억한다. 대면을 통해 나의 감성에 새겨진 얼굴, 얼굴을 가진 자, 그가 타자이다. 그는 벌거벗은 얼굴로 나타나며, 절대적 다름의 느낌으로 서 있는 개별적이며 구체적인 무엇이다. 타자로서의 얼굴의 대면을 통해서 자각하게 되는 근본적 체험과 자각적 통찰을 통해 출현하는 에피파니(epiphany), 그것은 모든 것에 앞서는 타자에 대한 무한 책임을 통감할 것을 요구한다: "타자는 나의 모든 힘에 노출되어 있다. 나의 모든 책략과 범죄에 굴복한다. 그러나 그의 온 힘을 다하여 나에게 저항하고, 자신의 자유의 예측할 수 없는 방책으로 나에게 저항한다. 그는 그의 시선의 절대적 솔직함, 직접성, 무방비한 눈의 벌거벗음을 가지고 모든

---

63 E. Levinas, 『존재와 다르게』, 229.

척도를 넘어서 나에게 대항한다. 진정한 외재성은 나의 정복을 금하는 시선 속에 있다. 타자의 외재성에서 나는 타자의 정복을 통해 나의 약함을 극복해 가는 것이 아니다. 나는 더 이상 힘을 가질 수 없는 것이다."[64] 그러면 이로부터 타자에 대한 무한 책임은 어떻게 가능한가? 이러한 물음 자체는 성립할 수 있는가? 그것은 이미 물음 자체를 차단하고 있는 것은 아닌가? 레비나스에 의하면, 얼굴은 나에게 직접적으로 명령한다. '너는 나를 죽여서는 안된다'는 명령은 얼굴이 하는 윤리적 저항이다.[65] 그것은 나의 신체의 한 부분이 아니라, 그로부터 그리고 그것을 통해서 나에게 엄습해 오는 무엇이며, 힘이며, 도덕적 소리가 들려오는 통로다. 이 얼굴은 근본적으로 나로 하여금 타자의 인질이 되게 하며, 사로잡히며, 결박하는 힘이다.

레비나스의 타인, 즉 인간 타자는 나의 이웃이자 내가 마주치는 자의 얼굴이며, 얼굴을 지닌 자이며, 누구나가 될 수 있는 이웃의 얼굴이다. 그러므로 타자의 윤리는 동시에 얼굴의 윤리학이다. 얼굴을 가진 자, 누군가에게 보일 수 있는 얼굴을 지닌 자, 누군가의 앞에 설 수 있는 자가 타자다. 레비나스는 나와는 절대적으로 다른 이타적(異他的) 존재인 '타인의 얼굴'과의 마주침으로 타자의 출현을 해명한다. 그런데 구체적 형태를 띤 이 "얼굴은 추상적이다." 그리고 "얼굴의 추상성은 세상의 지평에 안주함이 없이 [인간 존재의] 내재성을 뒤흔드는 나타남이자 도래다."[66] 이 타자의 타자성의 얼굴은 타자의 출현과 현현으로부터 얼굴에 새겨진 존재의 "뜻"(les sens)을 매개하는 통로가 된다. 레비나스의 사유에 고유한 이 "뜻"은 후설, 하이데거, 메를로-퐁티의 현상학이 추구하는 의미(signification; meaning; Sinn)와는 근본적으로 다른 '의미'를 갖는다. 언어적, 상징적, 문화적 의미(signification)와 대조적으로 이 "뜻"은 독특한 의미를 갖는데, 문화를 넘어서는 일면적 일방성으로서 얼굴을 가진 타자의 출현과 이와 분리될 수 없는 윤리적인 것과의 대

---

64 Adriaan Peperzak, *To the Other*, 110; 김연숙, 『타자 윤리학』, 122.

65 E. Levinas, *Totality and Infinity*, 199.

66 E. Levinas, "Meaning and Sense", 59.

면을 통해서 현시된다.[67]

또한 레비나스는 타자는 단적으로 내가 마주치는 고통 받고 있는 한 명의 타인, 즉 이웃이라고 말한다. 결국 직접적 대면 가능성이 있는 모든 사람이 이웃이 될 수 있으며, 따라서 타자의 범위를 현실적 이웃과 잠재적 이웃으로 구분할 수 있다. 전자는 직접적 대면으로부터 출현하는 타자이며, 후자는 간접적 대면 가능성으로부터 그 누구도 언제든 직접적 대면이 가능한 이웃이라고 예상할 수 있다. 결국은 그 모두가 이자(二者) 관계인 이웃으로서 타자다. 윤리적 주체의 탄생이라는 관점에서 보면, 이웃의 얼굴을 대면함으로써 대면 그 자체가 타자는 나와, 나는 타자와 윤리적 관계를 맺게 된다. 이렇게 레비나스는 "타자와의 관계인 윤리가 나와 타자가 맺는 근원적인 관계라고, 이 관계를 다루는 윤리학이 제일철학이라고 주장한다."[68]

그러나 레비나스의 단호한 결의에도 불구하고, 이런 관계를 다루는 윤리학은 어떤 학문인가? 레비나스의 형이상학적 윤리학은 어떤 점에서 제일철학이 될 수 있는가? 책임 관계의 절대적 비대칭성에 묶여 있는 나와 타자의 관계는 어떤 윤리적 관계인가? 보다 정확히 말하면, 나와 너의 대면에서 성립하는 관계에서 어떤 실제적인 관계도 발견할 수 없는 비대칭적 배타성으로부터 윤리적 관계가 성립할 수 있는가? 나를 고통스럽게 만들고, 나에게 이 고통을 불러일으키며, 사랑과 책임을 명령하는 타자, 그것이 최초의 윤리적 사건의 발생이다. 그런데 철저하게 비대칭적인 관계이기에 책임져야 할 주체는 언제나 나이며, 타자는 돌보아야 할 대상, 보호받아야 할 대상이다. 이러한 관계의 발생 자체가 이미 모든 것을 결정지어버리지 않았는가? 그 이후에 더 이상 윤리는 필요 없는 것이 아닌가?

차라리 절대적인 사랑과 무한의 책임을 질 것을 요구하는 타인의 얼굴은 신의 흔적이다. 그것은 절대적 타자성의 진리가 현현하는 자리이며, 신의 존재가 그러하듯이 나를 깨우치고 구원해 줄 진리는 늘 바깥에서 온다. 이

---

67 같은 글, 48-57.
68 김도형, 『레비나스와 정치적인 것』, 18.

바깥은 또한 절대적 타자성의 차원이다. 이러한 존재방식에 제약되어 있는 윤리적 주체는 타자의 볼모이다. 그는 차마 떳떳하게 쳐다 볼 수 없는 이웃한 얼굴의 강박에 시달리는 존재다. 게다가 얼굴이 나에게 부여하는 요구와 명령, 부름에 응답해야 하는 지만이 윤리적 주체가 될 수 있으며, 진정한 인간이 될 수 있다. 차라리 타자에게 나는 메시아가 되어야 한다.

그러면 나는 왜 이러한 비대칭적이며, 불평등한 윤리적 관계를 승인해야 하는가? 나는 왜 타자로부터 엄습해오는 도덕적 명령, 즉 이웃을 사랑하라는 명령을 승인해야 하는가? 나에게 그것은 어떻게 동의와 시인을 받을 수 있는가? 그것을 거부하면 어떻게 되는가? 나는 윤리적 존재도 인간도 아닌 그런 존재로 전락하게 되는가? 그 모든 가능한 결말의 근원인 타자는 누구인가? 그는 이웃인가, 가난한 자이며, 과부이며, 고아인가, 혹은 이방인, 적, 권력자인가? 그것으로 충분한가? 우리는 다시 그들이 어떤 타자들인지 더 물어야 하지 않는가? 그들 모두가 또한 누군가에게는 주체가 아닌가? 누구나가 책임의 주체이면서 책임의 대상이 아닌가? 얼굴의 윤리학은 이런 모든 타자들과 그와 관련한 도덕적 책임에 대해서도 다루어야 하지 않는가? 레비나스가 말하고 있듯이, "정의는 궁극적으로 타자와의 관계에, 즉 윤리학에 기초하는 것이다. 정의는 내가 타자와 함께 하는 세계에서 혼자가 아니라는 사실에 응답하는 방식이다."[69] 그러면 윤리는 그 정의를 위한 행위와 책임의 주체와 대상이 누구인지, 그리고 가난한 자와 과부와 고아, 그리고 이웃과 이방인을 각각 어떻게 대우해야 하며, 어떤 책임을 다해야 하는지를 말할 수 있어야 하는 않는가? 그것이 확정되어 있지 않다면, 정의도 도덕적 책임도 실질적으로는 구속력을 갖지 못한다.

---

69 Robert Bernasconi and David Wood (ed.), The Paradox of Morality: an interview with Emmanuel Levinas, *The Provocation of Levinas: Rethinking the Other*, 174.

6. 대속과 공감

1) 대속의 윤리와 대속적 주체

레비나스에 의하면, 타인에 대한 무관심도 타인 살해의 일종이다. 무관심조차 범죄라면, 모든 인간은 어떠한 무책임일지라도 자유로울 수 없다. 그런 점에서 인간 존재는 근본적으로 책임에 내던져진 존재, 원죄로부터 면죄될 수 없는 죄인이다. 나의 선한 의도조차도 내가 전혀 모르는 다른 누군가에게는 끔찍한 피해가 될 수 있는 가능성, 그것이 인간적 삶의 근본 조건이 된다. 마치 내가 정당하게 치른 시험일지라도 나의 합격은 다른 누군가의 불합격을 의미할 수 있는 것처럼. 심지어는 내가 시험 준비를 하는 과정 자체도 장차 있을 수 있는 일들과 연관성이 있을 것이며, 이렇게 보면 실제로 내가 하는 일 혹은 나라는 존재 자체가 이미 어떤 일에 대한 책임으로부터 자유롭기는 힘들 것이다. 이 모두가 나의 순수한 의도와는 무관하게 일어나는 일들이며, 이런 일의 진행이나 사태는 나의 의도를 배반하며, 나의 행위가 나를 소외시키는 원인이 된다. 결국 어떤 사태를 이렇게 보게 되면, 우리 모두는 서로에게 죄인일 수밖에 없으며, 서로에 대해서 책임이 있다고 할 수밖에 없다.

이렇게 철저하게 타자에 대한 무한 책임으로부터 윤리적 주체의 지위를 정의하는 레비나스에게 윤리적 주체의 위상은 대속의 행위자, 즉 대속의 주체(the subject of substitution)이다. 레비나스에게 대속이란 "타자에 의해 책임 존재로 지정받은 내가 타자를 위한 책임 있는 존재로 세워지고 타인을 대신해 타인의 자리에 세워지는 모습이다."[70] 단적으로, 대속은 "타자의 자리에 있는 자"[71]이다. 이에 윤리적 주체로서 나는 근본적으로 대속적 주체(Substitutive Subject)다. 레비나스는 이 대속적 주체가 타자에게 메시아적 자아가 될 것을 요구한다. 다른 사람들, 타자의 잘못마저 나의 책임으로 내가

---

70 E. Levinas, *Otherwise than Being*, 125; 박예은, 「레비나스의 타자윤리와 제3자의 정치철학」, 96.
71 E. Levinas, 『존재와 다르게』, 38.

죄인인 것으로 그 모든 저질러진 만행이 나로 인한 것이라고 자책하고 대속하는 행위자로서만이 그 책임을 다할 수 있다. 그렇게 나는 대속적 주체가 되어야 한다. 레비나스는 이렇게 존재자에 결속되어 있는 익명의 존재, 그저 있음의 존재인 '일리야(il y a)'로부터 자기정립적 존재이자 의식적 주체인 '이포스타즈(hypostase)'로, 즉 존재의 운명을 거슬러서 존재의 도피로부터 존재의 향유로, 그리고 존재의 해방과 초탈, 탈속의 윤리적 주체로, 그리고 그 끝에 대속의 주체, 메시아적 주체를 내세운다. 그런 점에서 레비나스의 대속의 책임윤리의 바탕에는 종교적인 것이 놓여 있다. 윤리를 종교로 환원하는 것, 종교적 토대 위에 윤리를 세우려는 것, 그것이 레비나스가 의도한 것이라고 볼 수 있다.

그런데 책임을 대속하는 이 대속적 주체의 주체성은, 그리고 또 "책임성을 요구받는 자아(moi)인 인간 주체"[72]는, 레비나스에 의하면, "어떤 수동성보다도 더 수동적인 수동성처럼 발생하며," 타자를 대신하는 자로서 타자를 위하는 대속, 타자를 대신하는 속죄는 사심을 버리는 주체의 주체성의 "감성 속에서 공명을 일으킴"으로써 "일어난다(se passer)."[73] 그렇다면 이 수동성의 감성에서 공명하며 일어나는 대속, 그리고 대속적 주체의 가능성은 "사심을 버림 속에서" 즉 "욕심을 버리는 것, 수동성 또는 인내"이면 충분한가?, 그러면 "타자를 위한 책임이 또한 제삼자를 위한 책임인 경우 이익 추구를 버리는 데서 비교하고 취합하고 사유하는 정의, 존재, 평화의 일치가 구체화된다."[74]는 것인가? 이웃과 제3자는 나와 어떻게 다르고 어떻게 같은가? 무엇으로 그 관계를 구획 짓고 또 확정할 것인가? 그 관계 속에서 대속의 주체는 무엇을 어떻게 할 수 있는가? 그런데 레비나스는 그것을 타자에 노출될 수밖에 없음, 피할 수 없는 타인의 얼굴의 대면, 즉 수동성의 감성 속에서 일어나는 일로 기술한다. 사심을 버림과 대속으로의 이동은 타자의 대면으로부터 일어나는 동시적 사건인가? 레비나스에게 이것은 '발생하

---

72 같은 글, 45.
73 같은 글, 38-9.
74 같은 글, 41-2.

는 것'이며, "존재의 민감성, 상처받기 쉬움, 즉 감성이며, 존재가 갖는 주체의 주체성이며, 모든 것에 대한 존재의 종속이다."[75] 곧 대속적 주체는 감성적 주체성에게 일어나는 일이다.

이러한 레비나스의 타자철학의 최종 모습은 대속의 윤리이다. 타자에 대한 책임성이 곧 주체성을 낳는 근원이기에 레비나스의 윤리적 인간은 대속적 주체가 되어야 한다. 그것은 차라리 속죄의 윤리이며, 회개의 윤리에 가깝다. 나는 '하늘을 우러러 한 점 부끄럼 없는 사람'이 아니다. 나와 타자 사이에 무한한 거리가 존재함에 불구하고 간접적인 이웃, 나의 무엇이 될 이웃, 미래의 이웃마저도 그들은 언제나 나와 함께 할 타자로서의 이웃이다. 제3자는 곧 잠정적인 타자들이다. 이렇게 타자윤리는 기본적으로 모든 관계가 제2자 관계로 환원되는 윤리다. 그런데 상식적 윤리의 관점에서 볼 때, 이러한 제2자 관계의 윤리에서 대속의 행위는 실제로는 타자에 의한 강제가 아니라 나 자신의 자율적 선택이 아닌가? 이 지점에서 우리는 레비나스의 대속적 주체의 실상을 해부해 보아야 할 과제에 당면한다. 그것은 비대칭적 무한 책임, 일방적 책임짐을 자처하는 대속적 주체의 본성에 관한 것이다.

현실의 윤리적 영역에는 나와 타자만이 아니라 제3자, 나와 너의 외부에 있는 제3자들이 존재한다. 레비나스에게 제3자의 존재는 제2자 관계를 넘어선 정치적 영역의 문제를 야기한다. 레비나스는 "정치는 늘 윤리의 관점에서 조정되고 비판될 수 있어야 한다."[76]고 말한다. 그런데 실질적으로 윤리적인 것과 정치적인 것의 관계는 전자가 제공하는 윤리적 원칙을 정치적인 것들에 적용하느냐, 아니면 모든 것을 제3자들의 관계로 상정한 독립적인 정치윤리적 원칙을 적용하느냐의 문제로 나뉠 수 있다. 그런데 레비나스에게는 제2자 관계와 제3자 관계는 서로 섞이거나 동일 범주에 포함시킬 수 없기에 이 양자를 어떻게 조화시킬 수 있는가 하는 근본적인 문제를 안고 있다. 이는 곧 제2자 관계의 타자윤리부터 제3자의 정치철학으로의 이

---

75 같은 글, 38.
76 E. Levinas, 『윤리와 무한』, 105.

행 가능성 문제에 다름 아니다. 레비나스의 윤리가 갖는 배타적 지위는 정치에 대해서 제공해줄 수 있는 것이 별로 없어 보인다. 더욱이 정의는 나와 너, 그리고 제3자 모두에게 적용되어 하는 문제이다. 때문에 타자윤리가 함축하는 대속적 희생과 사랑의 윤리가 정치적 정의의 문제와 양립할 수 있는지, 혹은 과연 레비나스에게서 제3자의 정치철학이 성립할 수 있기나 한 것인지, 혹은 책임의 윤리와 정의의 윤리 사이에 유의미한 관계 설정은 가능한지 등의 문제가 제기될 수 있다.[77] 이는 근본적으로 레비나스의 타자윤리와 대속적 주체의 윤리가 나와 타자의 관계를 비대칭적이며 일방적인 관계로 설정한 데서 기인한다.

레비나스는 "국가는 필요하다. 그러나 국가, 사회, 법, 그리고 권력을 필요로 하는 것은 인간이 이웃에게 하나의 짐승이기 때문인지, 혹은 내가 나의 동료에 대해 책임이 있기 때문인지 아는 것이 매우 중요하다."[78]고 말한다. 그러나 국가의 존재이유와 필요에 있어서 이웃과 동료가 짐승인지 그들에게 책임이 있는지는 양자택일의 문제가 아니다. 이웃과 동료는 짐승이기도 하고 책임 져야할 존재이기도 하기 때문이다. 따라서 타자에 대한 무한 책임, 동일자의 침해와 폭력으로부터 타자를 보호해야 할 윤리적 책임과 의무를 말하지만, 타자에 대한 무한 책임 이상으로 제3자에 대한 책임의 한계는 더 더욱 확정하기 어렵다. 레비나스가 말하는 내가 져야할 윤리적 책임의 무한성은 이미 나의 윤리적 행위의 구속력과 필연성을 뛰어 넘는다. 책임의 대상과 한계에 따른 구속력을 특정할 수 없다면, 그 무엇으로도 정당화할 수 없는 대속적 주체의 삶은 실제로 불가능할 뿐만 아니라 정치윤리적으로 정당화되기 어렵다. 심지어는 정의를 위한 윤리적 토대와 척도를 제공할 수도 없다. 오히려 정의와 책임을 뛰어 넘는 사랑과 희생과 자비의 윤리로 만족해야 할 것이다.

우선 내가 짊어져야 할 윤리적 책임의 한계와 범위가 정해지지 않는 한, 타자를 위한 윤리적 행위는 애초부터 불가능하다. 이러한 근본적인 모순은

---

77 Michael L. Morgan, *Levinas's Ethical Politics*, 3-6.
78 E. Levinas, "Ideology and Idealism", *The Levinas Reader*, 247-8.

실제로 어떤 윤리적 행위도 불가능한 것으로 만들어버린다. 나의 어떠한 행위도 타자와의 관계성 혹은 타자에 대한 윤리적 책임으로부터 면제될 수 없는 한, 나는 어떤 행위도 도모할 수 없기 때문이다. 더욱이 정작 어떻게 하는 것이 타자를 위한 책임을 다하는 행위인지도 불확실하다. 실제로 나는 타자를 위한 어떠한 윤리적 행위도 할 수 없다. 제3자를 위한 정의의 저울이 될 정치적 이성의 무기력과 한계 내지는 윤리적인 것과의 충돌, 그리고 이를 넘어서는 타자윤리와 대속적 주체의 윤리가 갖는 비대칭적인 일방적 관계는 원천적으로 윤리적 정당성이나 보편성에 대한 요구에 응답할 수 없다.

레비나스의 타자는 내가 온 마음을 다해 사랑해야 할 희생의 대상이며, 성스러운 숭배의 대상이기까지 하다. 이러한 사유에 깃들어 있는 사랑과 책임의 과도함과 성스러움에 대한 과장이 근본적으로 종교적인 것임을 밝힌 리쾨르의 지적처럼,[79] 레비나스의 윤리적 주체는 결코 자율적 주체가 될 수 없다. 레비나스 역시 이를 거부하지 않는다. 그러나 사랑과 성스러움의 존재인 절대적 타자에 대한 공감과 연대를 강조함에도 불구하고 그 의도와 달리 그것은 이미 불가능한 목표다. 그것은 그가 해체시키고 전복하려 했던 폭력적인 주체의 철학을 타자의 철학으로 이름만 바꾼 것에 지나지 않는다. 왜냐하면 레비나스의 타자윤리는 대속적 주체의 삶이 참으로 인간 존재에게 가능한 유일한 윤리적 행위라는 것을 무조건적으로 승인하지 않는 한, 결코 '내가 왜 그래야만 하는가?'에 대해서 답을 주지 않으며, 줄 수도 없기 때문이다.

그런데 레비나스는 내가 자율적으로 승인할 수 있는 가능한 이유를 결코 보여주지 못한다. 그것은 그의 철학의 시작에서부터 예견된 것인지 모른다. 우리의 어깨를 누르고 있는 존재의 무게와 짐, 그 자체가 이미 인간적 삶의 운명을 결정지어 놓고 있기 때문일지도 모른다. 더욱이 아무리 자기 해방과 자기 초탈을 시도해보아도 그것은 마치 손가락 사이로 빠져나가버리고 마는 공기처럼 피로와 권태로부터 벗어날 수 없기 때문일 수도 있다. 그러나

---

79 폴 리쾨르, 『타자로서 자기자신』 443-8.

그래도 우리가 무엇을 해야만 한다면, 언제나 우리에게는 '최소의 윤리'가 필요하다. 최소 윤리란 곧 내가 느끼고 승인해야 할 최소한의 책임으로부터 시작하는 것이다. 그 최소 윤리는 이미 나에게 주어져 있으며, 갖춰져 있다. 그것이 바로 공감의 마음씨다. 레비나스도 그가 후설의 공감에 대해서 말할 때 이미 이러한 도덕적 마음씨의 존재를 말하고 있다.[80] 그러나 그는 그곳으로부터 너무 빨리 그리고 너무 멀리 뛰어나갔다. 최대의 윤리가 될 수 있는 최소의 공감, 그것 없이 인간은 어떠한 도덕적 행위도 불가능하다. 그것은 이미 내 앞에, 내 곁에 마주하고 있다. 레비나스가 내세우는 얼굴, 그것은 이미 공감의 자리인 것이다. 그렇다면 마주하는 이웃의 얼굴의 대면으로부터 내가 저야할 무한 책임의 무게는 절대적 타자로부터 강림하는 기적 같은 사건도 번개와 함께 강습하는 신비로운 사건도 아니며, 그것은 바로 그 얼굴로부터 공감하며, 가슴으로 번지는 아픔이며 고통이 아닌가? 나는 이미 공감 존재이며, 그로 인해 대속의 주체가 될 수 있는 것은 아닌가?

누군가에게 도덕적 행위의 당위성을 요구하려면, 그 이유는 윤리적 구속력과 필연성을 가져야 한다. 그리고 행위의 유무에 따른 책임의 차이를 말할 수 있어야 한다. 각각의 그리고 각자의 책임의 범위와 한계를 말할 수 없으면, 결국 타자에 대한 어떤 책임도 구원 행위도 불가능하다. 레비나스는 고통 받고 있는 타자, 그 이웃의 얼굴과 대면한 내가 고통스러워하며, 그에 대해서 저야 할 책임을 통감하는 일이 어떻게 해서 일어날 수 있는지에 대해서 말하는 데 너무 인색하다. 그는 분명 그 고통에 본의 아니게 괴로워함, 대면한 타인의 호소 혹은 무언의 호소에 대한 자각에 대해서 말하고 있다. 그것은 뚜렷한 인간적 도덕성의 징표다. 그런데 레비나스는 이로부터 절대 타자에 대한 무한 책임으로 비상하고 있을 뿐이다.

---

80 공감이 도덕적 책임의 기초와 근거가 될 수 있다는 것에 대해서는 맹주만, 『칸트의 윤리학』 268-73. 그리고 이 점에 대해서는 본 논문의 마지막 항목 '향유와 공감'에서 살펴보게 될 것이다.

2) 향유 - 감성과 근접성

후설과 달리 나와 너를, 그리고 종국에는 제3자도 한 데 묶을 수 있는 공감에 주목하지 못했음에도 레비나스가 스스로 책임의 근거 문제, 즉 절대 타자와 무한 책임의 무근거성의 문제를 피해갈 수 있는 가능성을 감성에 대한 그의 사고에서 읽어낼 수 있다. 감성에 관한 레비나스의 통찰은 향유에 관한 해석과 밀접하게 결합되어 있다. 향유는 피로, 권태, 노동, 소유, 인식 등과 같이 존재와의 낯섦과 밀착의 관계를 구체적으로 드러내는 인간적 존재자의 존재방식들 중의 하나이다. 레비나스는 향유가 존재 및 타자와 맺고 있는 인간의 근원적인 존재방식을 가장 잘 보여준다고 생각한다.

레비나스는 감성 그 자체를 향유로 파악한다. "감성은 경험의 질서에 속한 것이 아니라 향유의 질서에 속한다."[81] 감성적인 것은 수동적인 것이며, 직접적인 것이다. 감각기관이 느끼는 맛, 향, 고통은 감각기관과 분리되지 않는다. 또한 그것은 느껴지는 것이지, 그 느낌을 내가 바꿔버릴 수 있는 것도 아니다. 이러한 "감성적인 것의 직접성은 향유 속에서의 상처에의 노출이자 상처 속에서의 향유에의 노출이다."[82] 감성적인 것의 직접성은 곧 향유의 직접성이기도 한 것이다. 레비나스는 이 감성의 직접성을 타자의 직접성 또는 근접성으로 확장한다. 그러면 이런 일은 어떻게 가능한가? 레비나스에 따르면, 감성은 단순히 고통, 맛, 향을 인지하는 것에 머물지 않는다. 감성은 민감성 보다 더 수동적이며, "타자에로의 노출", "상처받기 쉬움 자체"이다.[83] 그리고 감성은 타자를 위함과 같은 느끼는 것의 의미화 자체에 의해 동기부여됨으로써 지향성으로 변형된다. 이 감성적 지향성으로부터 타자성을 향하는 감성적 의미화, 감성적인 것의 의미화의 의미작용이 이루어진다. 감성은 박해받는 이의 불안, 타자에게 사로잡힘이며, 타자에 대한 대속으로서의 책임과 고통, 모성, 상처받기 쉬움, 근접성, 접촉, 신체성이다. 또 감성은 근접성과 직접성 안에서 나타나는 불안이다.

---

81 E. Levinas, *Totality and Infinity*, 37.
82 E. Levinas, 『존재와 다르게』 126.
83 같은 글, 144.

레비나스에게 타자와의 관계로서 나타나는 근접성(proximity)은 이웃에게로 다가가는 주체이며, 타자를 위하는 자의 모습이다. 또 내가 참여하여 하나의 관계를 구성하게 되는 주체의 다가감이 근접성이다. 그러기에 근접성은 휴머니티를 전제하는 행위이며, 이웃에게로 다가가는 행위로서 "사신의 주체성 안에 있는 주체를 펼치는 것"이며, "타자와의 접촉이다."[84] 나와 타자 사이의 거리의 제거로서 근접성 속에서 나는 이웃에게 묶여 있으며, 이웃에 사로잡혀 있다. 이처럼 감성과 직접성, 그리고 근접성의 불가피한 계기로서 향유에는 인간적 욕구와 욕망의 개입에 따른 두 종류의 존재방식이 관여한다.

욕구의 향유는 기본적으로 자기향유적, 즉 이기주의적이다. 자신과 타자를 자기 뜻대로, 자신의 필요와 안위와 행복을 도모하고 강화하려 하는 인간적 존재자의 존재방식이다. 이 욕구적 향유는 의식주의 해결을 포함한 쾌락적 자기 만족을 추구하는 방식으로 표현된다. 그것은 자기집착적 존재인 이기주의자의 기망과 결합되어 있다. 반면에 욕망의 향유는 자신에 깊이 결속되어 있는 존재의 사슬을 끊어내고 타자에로의 초월을 통해서 진정으로 자기 해방과 자기 초탈에 도달하려는 행위로 표현된다. 욕망적 향유의 지향은 죽음이라는 가장 극한의 불안이 엄습하는 사건을 통해서 자기 존재에의 집착에서 벗어나는, 자기 동일성의 애착에 머물러 있던 자신에서 타자에로의 초월을 욕망하며, 끝내는 타자에 대한 무한 책임을 낳는다. 타자에 대한 사랑과 책임을 돈오(頓惡)하는 순간을 맞이하게 된다. 그러면 그와 같은 사건 자체는 어떻게 가능한 것인가? 그것은 결국 레비나스의 대속적 주체는 윤리적 주체와 그것이 도달해야 할 목표라는 것을 시사한다. 그에 도달하기 전까지 인간은 전혀 책임 있는 윤리적 존재, 즉 진정한 주체성의 존재가 아니다. 그런 점에서 타자윤리는 대속의 윤리이면서 동시에 의무윤리이며, 그것이 미래에 지향점을 둔 목표라는 점에서 희망의 윤리다.

레비나스가 말하는 향유하는 주체는 무엇보다도 감성적 주체다. 향유하

---

84 같은 글, 163.

는 주체로서 감성적 존재자에 적합한 존재방식이 향유이다.[85] 레비나스는 향유하는 감성이 없다면 타인의 고통을 함께 아파하는 감수성도 가능하지 않다고 주장한다. 그렇다면 레비나스는 향유는 이미 나와 타자의 절대적 거리, 절대적 다름 이전에 존재하는 '함께 느낌'의 근원적 가능성이라고 말해야 하는 것이 아닌가! 그러나 레비나스는 그것을 보지 못하고 있는 듯하다. 향유의 시간 속에는 공감적 느낌, 감각, 즐김이 침투해 있는 것이 아닌가! 레비나스는 "향유는 타자에로의 노출로서 감성의 타자를 위함의 조건이며 감성이 갖는 상처받기 쉬움의 조건이다."[86]라고 말한다. 타자가 무엇으로도 환원할 수 없는 나의 밖에 존재하는 자라고 말할 수 있으려면, 그에 앞서 이미 타자에로의 노출과 상처받음의 가능성으로서 향유하는 주체가 존재해야 한다. 그렇다면 나와 타자는 향유를 매개로 하는 공감의 가능성 없이는 타자에 대한 책임성의 수동적 주체도 될 수 없는 것이 아닌가! 레비나스는 향유는 감성의 불가피한 계기이며, "감성 속에 있는 동일자와 타자의 통시성"이라고 하면서, 이렇게 말하고 있다: "축소되지 않은 감성은 느끼는 것과 느껴진 것의 이원성이며, 시간 속에서의 분리, 그리고 결합이며, 순간의 격차이고, 이미 분리된 단계의 과거 파지이다. 축소된 감성은 고무되고, 타자를 위하는 자의 의미화, 영혼과 육체의 취합할 수 없는 이중성, 활성화에 의해 타자를 위함으로 전도된 육체의 이원성, 표상과는 다른 통시성이다."[87] 그것이 감성이며, 향유이며, 감정적 나눔이라면, 그 자체가 이미 공감하는 감성의 수동성, 수동성의 공감하는 감성이 아닌가!

3) 감성적 존재자와 공감

레비나스에게 타자는 이웃이다. 향유하는 주체에 이웃해 있는 타자이다. 그러나 그 타자에게도 이웃이 있다. 그가 나에게는 제3자다. 그러나 제2자와 제3자를 무엇으로 어떻게 가늠할 수 있는가? 레비나스의 타자윤리는 기

---

85 E. Levinas, *Otherwise than Being*, 63.
86 E. Levinas, 『존재와 다르게』, 142.
87 같은 글, 139.

본적으로 2자 윤리다. 제3자는 어떻게 나에게 책임의 대상으로 다가오며, 나의 제2자로서의 타자와 어떤 이웃인가? 제3자의 존재는 결국 타자윤리가 정치윤리로 확장될 것을 요구한다. 그러나 그것은 어떻게 가능한가? 레비나스에게 그 현실적 가능성을 떠나서 제3자의 정치철학이 요구되는 깃도 결국에는 그의 대속 윤리의 비현실성을 반증해준다. 반대로 나는 제3자의 정치적 정의에 대한 요구를 윤리적 차원에서 현실화시킬 수 있는 방도를 레비나스에게서 발견할 수 있다고 생각한다. 그것은 무한 책임과 대속의 윤리는 공감의 감정을 전제하고 있으며, 그 위에서만 이해되고 통감할 수 있다는 사실이다.

제일 먼저 지적되어야 할 것은, 타자를 향한 나의 의식 깊은 곳에 자리하고 있는 감성적 느낌의 소유자, "타자의 고통에 대한 고통,"[88] 타인의 고통을 나의 고통 이상으로 실감하는 감성적 존재자에 대한 통찰에도 불구하고, 레비나스는 이 인간이라는 감성적 존재자를 너무 과도하게 개별화, 특수화, 절대화시키고 있다. 그의 타자윤리가 대속의 윤리로 귀착하게 되는 것은 감수적 감정을 소유하고 있는 감성적 존재자에 대한 과도한 특수화가 윤리적인 것을 과도하게 절대화시켜 놓은 결과다. 인간적 존재방식으로서 함께 아파하고, 함께 기뻐하고, 함께 하는 인간적 상호 공속의 감성으로서 공감은 이러한 절대화의 길로 나아가지 않고서도 타자에 대한 책임을 실감하게 해주는 토대 감정이다. 레비나스가 전면에 내세우는 윤리적 주체의 책임성이 주체성의 바탕을 이루듯이 이미 공감은 이미 윤리적 주체의 책임성을 불러온다. 이러한 윤리적 책임을 갖는 것은 그가 이성적 주체라는 것을 의미한다. 그런 점에서 이 주체의 공감은 이성적인 것이다. 즉, 그것은 공감적 이성 혹은 이성적 공감에서 유래하는 것이다. 이렇게 타자에로의 초월 이전에 이미 인간은 타인에 대한 책임을 실감하는 공감적 이성 존재인 것이다.

또한 레비나스가 주목해야 할 것은 수동성에 사로잡혀 있지 않은 공감적 이성은 타자에 대한 책임을 나에 대한 타자의 책임의 공평함과 비례를 함께

88　같은 글, 44.

계산할 수 있어야 한다는 것이다. 그것은 이기적인 이성의 냉정함 때문이 아니라 나의 곁에는 언제나 이웃과 제3자가 함께 있기 때문이다. 모두에게 똑같이 다할 수 없는 책임의 한계를 알기 때문이다. 언젠가는 혹은 이내 곧 이웃으로 다가올, 이웃이 될 제3자를 두고, 이웃한 타자에 대한 책임은 제3자를 위한 장래의 도덕적 척도로만 사용되어야 한다. 그렇지 않으면 결국에는 타자도 제3자도 그 누구도 책임지지 못하거나, 정의도 사랑도 모두 잃게 될 것이다.

아마 레비나스는 이를 거부할 것이다. 레비나스의 눈에는 이 이성적 공감마저도 종국에는 자신에 대한 염려일 뿐인, 자신에 대해서만 염려하며, 타아마저 자아에 묶어두는 자아의 한계를 넘어설 수 없는 것이기 때문일 것이다.[89] 이 공감은 이타성(alterity)을 제한하는 흔적일 뿐, 그 이상에는 도달할 수 없기 때문일 것이다. 공감의 능동성과 자발성은 비자발적인 본래적 속죄이자 "의지의 주도권에 앞선 근원적인 속죄"[90]로서 대속적 주체에 이를 수 없기 때문일 것이다. 레비나스에 의하면, 자아의 주체성과 대속은 "'타자에 의함'으로부터 '타자를 위함'에로의 이동이 되는, 박해 속에서 타자에 의해 가해지는 모욕으로부터 그의 잘못에 대한 속죄로 이동하게 되는 타자의 자리에 자신을 놓을 가능성이다."[91] 대속적 주체가 맺는 타자와의 관계는 자기애에 선행하는 것이며, 심지어는 그 자신과 자아와의 모든 관계에 선행하는 타자를 위한 책임인 속죄로서의 대속이기 때문이다.

레비나스에게는 어떤 이기주의도 또 이타주의도 타자에 대한 책임에 후행하는 것이다. 타자에 대한 책임에서 이웃에 의해 사로잡힌 나는 유일하고 대체 불가능한 대속적 주체이다. 대속적 자아는 "타자를 위해 '공감하는' 주권적 자아"[92]도 아니다. 정반대로 책임을 져야 하는 자아의 유일성은 타자에 의한 사로잡힘 속에서만, 나를 고양시키는 이웃의 트라우마에서만 가능하

89 같은 글, 223.
90 E. Levinas, 『신, 죽음 그리고 시간』 266.
91 E. Levinas, 『존재와 다르게』 223.
92 같은 글, 234-5.

다. 사로잡힘, 즉 인질의 주체성은 박해의 수동성에서 완연히 드러나는 대속적 주체의 주체성이다. 그리고 자유에 앞서는 책임, 무제한적 책임인 타자를 위한 책임은 이처럼 대신할 수 없는 인질과 같은 수동성의 주체성, 감성적 존재자의 주체성을 낳는다. 이 대속적 주체의 수동성은 곧 수용성 보다 더 수동적인 감성적 존재자로서 내 안에 터 잡은 도덕적 감성의 원천이다. 그것은 내 안의 타자이다.

레비나스에 의하면 "대속은 주체를 권태로부터, 말하자면 동일성의 동어반복적 방식으로 자아가 자기 자신 속에서 질식하는 속박으로부터 해방시킨다."[93] 이제 이 대속적 주체는 도덕적 감성 자체다. 레비나스는 "타자를 대속함, 타자를 위한 속죄. 양심의 가책은 감성의 '문자적 의미'의 비유이다. 그것의 수동성에서 고발되다(être accusé)와 자책하다(s'accuser) 사이의 구분이 삭제되며,"[94] 그것은 근본적으로 주체의 복종 또는 주체성으로서 또 내 안에서 시작하지 않은 타자를 위한 책임, 인질의 무구함 속의 책임이며, 이러한 타인에 대한 나의 대속은 "심리학적 사건, 감정이입, 공감의 경험"[95]을 넘어서는 것이다. 레비나스는 이 공감에서 동정이나 연민의 유약한 감정만을 발견하고 있다. 만일 공감에는 그런 힘만이 있다면, 타인의 얼굴, 그리고 거기서 들려오는 도덕적 요구를 연민의 동정이 아니라 정의의 책임성에 대한 요구를 읽어내야 하는 레비나스에게는 부합하지 않을 것이다. 그러나 이성적 공감에는 정의를 요구하는 정의감의 공감도 작용한다. 그런 점에서 레비나스는 가치지향적인 감정 자체이기도 한 공감의 힘과 작용에 더 주목해야 했을지 모른다.[96]

그런데 레비나스는 나의 대속, 이웃을 위한 대속이 발생하게 되는 것을 '나의 것'이라고 부른다. 그것은 무엇을 말하는가? 그에 의하면, 정신은 개체들의 다양성이며, 소통이 열려지는 것은 바로 내 안에서이며, 그것은 통

---

93 같은 글, 237 이하.
94 같은 글, 238.
95 같은 글, 239.
96 '이성적 공감' 혹은 '공감적 이성'에 대해서는 맹주만, 『칸트의 윤리학』 중에서 후설의 공감이론 관련 253-73 참조.

합적, 절대적 자아이며, 모두를 위해 자신을 대속하는 자아를 어느 누구도 대신할 수 없다는 의미에서 절대적이다. 그런 의미에서 그것은 나의 것이다. 나의 것이라고 말할 수 있으려면 절대적 수동성으로서의 주체성에도 그것을 나에게로 귀속시키는 주체, 수동적 촉발에 기인하는 능동적 주체의 주체성이 가능해야 하며, 동시에 이 수동성과 능동성이 하나의 감성에 매개되어 있어야 하지 않는가?

그러면 이렇게 대속으로 해체되는 나의 존재의 자리에 대신 들어서는 대속적 주체, 인질로서의 주체성, 회피할 수 없는 그에 대한 책임, 인질의 대속, 주체의 탈주체화, 탈물화, 무사무욕, 헌신, 희생, 대속 속에 자리 잡게 되는 주체성, 타자가 목적이고 나는 인질, 책임, 대속인 이 근원적 가능성은 하나의 감성적 존재자의 감성을 매개로 해서만 가능하다. 레비나스에 따르면, 대속은 감성에서 일어나는 것, 얼굴을 한 이웃과의 대면을 통해서 수용성보다 더 수동적인 감성에 발생하는 사건이다. 즉, 감성 자체다. 이 감성의 수동성에는 이미 타자에 대한 책임의 책임성, 즉 같은 것을 같게 느끼는 감성 또한 존재해야 한다. 타자를 향한 열망과 책임을 낳는 수용성은 그저 수동성에 머무는 것이 아니다. 형이상학적 욕망과 열망은 타자에로의 초월을 가능하게 하는데,[97] 그저 수동성이기만 하다면, 그것은 타자에로의 초월로 나아갈 수 없을 것이다. 거기에는 열망의 동인이 선재해야 한다. 그러므로 그것은 레비나스가 이해한 인식론적 및 심리적 공감이 아니라 이 공감의 경험마저 넘어서는 대속의 근원적 가능성이라는 의미에서 근원적 공감의 감성 혹은 도덕적 공감의 감성이며 수용성이라 할 수 있다. 레비나스와 달리 내가 말하는 근원적인 도덕적 공감은 타인에 대한 책임의 책임성이며, 향유하는 감성의 향유이며, 감성의 도덕성 자체인 도덕적 감성이다. 이웃한 타인의 고통에 반응하는 절대적인 수동적 감정이며, 동시에 그로부터 그 수동성으로부터 생겨나는 능동적 책임짐의 감정이다. 그것은 감성 그 자체에서 발원하는 도덕적 감성이다. 수동적이라는 점에서 그것은 자연적 공간이며,

---

97 E. Levinas, *Totality and Infinity*, 64-5.

능동적이라는 점에서 그것은 이성적 공감 혹은 공감적 이성이다.

내가 이미 공감적 이성 존재이듯이 타자 또한 그러하다. 타자는 나에게 이미 공감을 불러일으키는 존재가 아닌가? 그런 점에서 타자는 이미 공감적 타자다. 타자의 이타성에도 불구하고 타자에 대한 책임의 책임성을 자각하며, 책임의 주체로서 거듭나는 윤리적 주체는 타자의 얼굴에서 그 같은 책임을 공감한다. 타자의 얼굴은 나에게 이미 그가 공감적 타자로서 느껴진다고 말해야 한다. 레비나스의 얼굴의 윤리학은 이렇게 읽혀져야 하며, 또한 그의 의도가 무엇이든 그렇게 말하고 있는 것처럼 보인다.

7. 철학의 진리와 사랑의 지혜, 그리고 공감적 타자

레비나스는 '지혜에 대한 사랑'으로서의 철학이 아니라 '사랑의 지혜'로서의 철학을 꿈꾼다. 레비나스에게 직접 들을 수는 없지만, 그것은 그리스의 탈레스로부터 잉태된 존재의 진리와 진리의 인식을 추구하던 서양철학의 실패를 고백하는 것이며, 전통 철학의 해체를 넘어서 철학 자체의 종언을 선언하는 일인지도 모른다. 그러나 철학이 어느 쪽을 지향하든 윤리적인 것은 지혜와 사랑을 모두 요구한다. 그것이 이성의 사실로서 윤리적인 것과 관계하는 공감적 이성의 특성이기 때문이다. 실제로 레비나스는 서양철학의 주류가 되었던 존재의 진리와 진리의 인식을 추구하는 지식 중심의 그리스적 전통의 헬레니즘 철학을 거부하고, 정의와 사랑의 윤리를 추구하는 유대적 전통의 헤브라이즘 철학을 복권시키려 한다. 이는 곧 실패한 주류 서양철학이 빚어낸 오류와 과오를 단죄하고 새로운 희망을 기원하는 종교적 윤리에로의 복귀를 말하려는 것이다.

레비나스에 따르면, "사람답게 사는 삶은 다른 사람에 눈뜨고 거듭 깨어나는 삶이다."[98] 그렇듯 우리가 타인에 대한 책임을, 그리고 타인의 책임까지도 책임지는 삶을 승인한다면, 우리는 무엇에 의해서 그렇게 할 수 있는

---

98 E. Levinas, 『윤리와 무한』 158.

가? 도덕적 구속력을 갖는 책임의 당위성과 필연성이 성립하려면 그것은 나와 타자 사이의 일방적이며 비대칭적인 관계도 아니며, 또한 칸트식의 자기 근거적인 형식적 보편성도 아닌 구속력을 갖는 상호적인 구체적 보편성에 근거를 두어야 한다. 윤리란 상호 공감이 가능한 존재들 간에 요구되는 행위인 것이다. 이러한 공감에 기초해서 그들 간에 발생하는 윤리적 문제들의 해결은 그 문제의 고유성과 특수성에 기반한 구체적 보편성에 의거해서 이루어져야 한다. 그것은 곧 같은 것은 같게, 다른 것은 다르게 대우해야 하는 것에 다름 아니다. 그 한계와 경계를 넘어서게 되면, 그것은 윤리보다는 종교라는 이름으로 부르는 게 옳다.

그러나 살펴본 바와 같이 레비나스의 타자는 얼굴로 매개된 타자로서 이미 공감적 타자라 할 수 있다.

11

생물학적 윤리학과 사회생물학

1. 칸트와 진화론

공감은 진화의 산물인가? 진화론적 관점에서 공감능력 혹은 공감은 생물학적 진화의 산물이다. 공감 이외에도 인간적 기능과 구조, 그리고 소질과 감정적 특성들은 진화의 과정에서 습득된 것이며, 유전에 의해 개체에 전달됨으로써 선천적인 것이 된 것이다. 다윈에 의하면, 동료에 대한 본능적인 애정과 공감은 인간과 같은 "대부분의 사회적 동물에게 보편적으로 나타나는" 자질이다.[1] 그리고 이와 같은 사회적 본능인 공감적 본능은 도덕성의 기초가 되며, 나아가 "인간에게 국한되지 않은 공감, 즉 하등동물을 향한 자비는 도덕적으로 가장 최근에 획득된 것 중의 하나로 보인다."[2]고 적고 있다.

진화론적 관점에서 '인간이란 무엇인가'와 같은 인간의 종적 특성에 대한 질문에 대해서도 마찬가지의 답변이 가능하다. 기적이라고 밖에 표현할 수 없는 이성의 소유자로서 인간 역시 그저 자연적 진화의 산물들인 숱한 자연 생명체들 중의 하나일 뿐이다. 그렇다면 생물학적 진화의 산물로서 인류가 현재와 같은 특성을 소유한 존재로 진화한 필연적 이유는 무엇인가? 다윈의 진화론에 따르면, 자연선택과 성 선택의 진화론은 자연에는 정해진 목적이나 필연성 같은 것은 없다고 말한다. 따라서 최선의 답은 생존경쟁에서 살아남는데 적합한 우연적 선택의 결과라는 것이 될 것이다. 그렇다면 유전자 조작이나 인공지능의 출현, 문화적 전승을 통한 자유 진화와 같이 인간의 의도적 개입이 이루어지는 등, 진화의 선택적 조건이 변화되었다고 할 수 있는 미래의 진화는 어떻게 진행될 것인가? 만일 자연 진화를 넘어서 자유 진

---

[1] Charles Darwin, 『인간의 유래 1』, 183.

[2] 같은 글, 202.

화의 경로를 밟는다면, 거기에 어떤 의도나 목적이 개입할 여지는 없는가?

자연세계에서 유기체의 출현, 특히 그 자신도 유기체이면서 다른 자연 생명체와 다른 특성을 지니고 있는 인간 생명체의 출현을 만족스럽게 설명하기에는 합당한 개념 장치를 갖지 못했던 18세기와 달리 만일 칸트가 현대의 다윈 진화론과 분자생물학에 대해서 알고 있었다면 어떤 주장을 했을까? 비록 고인류학과 자연인류학 등 인류의 기원에 관한 진화론적 지식을 갖지 못했지만, 정식으로 칸트의 윤리이론의 생물학적 토대와 다윈 진화론의 양립 가능성에 대한 문제제기가 있은 지도 이미 오래되었다.[3] 그 후에 간헐적으로 이루어진 '칸트와 진화론'의 교류는 별 진전을 보지 못했다. 아마 칸트의 저술들을 통해서는 오늘날의 생물학적 지식이나 진화론, 신다윈주의(Neo-Darwinism) 등과 관련한 생산적인 논의가 힘들기 때문일 것이다.

기본적으로 칸트는 자신의 철학적 사유를 인류의 기원에 대한 빈약한 지식에 기반해서 동물과 식물 등 다른 생명체들과 마찬가지로 '이미, 그리고 변경 불가능한' 특정한 본성과 소질을 갖고 있는 인간이라는 자연사실로부터 시작하고 있다. 따라서 어떤 생명체, 이를테면 인간 생명체가 어떤 존재 특성을 갖는다면, 비록 그와 같은 특성의 기원과 진화적 방향성을 가정하지 않고서 인간의 본질적 특성을 이해하려는 시도는 가능할 것이다. 그런데 비록 인간이 진화의 산물이라 하더라도, 또 지속적으로 진화의 압력을 받고 있다 하더라도, 인간의 본질을 이룬다고 할 수 있는 이성이 갖는 근본 특성은 변하지 않는다면, 혹은 자연 진화가 아닌 자유 진화의 단계를 고려하더라도, 생물학적 진화론과 칸트의 인간학은 양립 가능하다고 말할 수 있을 것이다. 생명체를 인류의 기원을 설명하면서 칸트가 유비적으로 시도하는 해석들은 과학적 설명으로서가 아니라 자연의 섭리 및 자연의 목적 등 발견적 가정의 관점에서 이루어진다. 이렇게 인간적 특성을 자연사적 과정에서 획득된 성질로 규정하면서도 도덕성을 인간 유기체에서 발현된 특수한 이

---

3 Lorenz, K., "Kants Lehre vom Apriorischen im Lichte gegenwärtiger Biologie"(1941), in *Das Wirkungsgefüge der Natur und das Schicksal des Menschen*.

성적 소질로 규정하기 때문에 양자 사이에는 이론적 간극과 설명적 비약이 존재한다. 이러한 사고를 엿볼 수 있는 저술로 밤하늘의 숭고함과 함께 뉴턴의 중력과 역학, 우주의 체계적 질서와 신의 역할, 그리고 인간의 지위에 주목하고 있는 『보편적 자연사와 천체이론』[4] 이외에 『세계시민적 관점에서 본 보편사의 이념』,[5] 『인류 역사의 기원』,[6] 『이성의 한계 안에서의 종교』[7] 등을 들 수 있다.

『세계시민적 관점에서 본 보편사의 이념』에는 자연의 계획, 자연의 섭리의 일부인 인간 생명체의 등장, 모든 생명체의 자연적 소질과 인간적 소질의 획득과 필연적 발현, 목적론적 자연론, 법칙적 자연과 맹목적 자연의 구분, 이성적 필연성과 맹목적 우연 등의 구분을 통해서 진화론과 명백히 구별되는 목적론적 사고의 일단을 보여주고 있다. 무엇보다도 자연이 인간에게 이성을 부여했다는 사실을 통해서 "인간에 관한 자연의 계획"(XI:36)을 말함으로써 그러한 인간의 동물적/도덕적 소질의 획득의 근원을 창조자로서의 신에 비견되는 자연의 섭리로 귀착시킴으로써 도덕적 계몽의 당위성을 강조한다. 그러면서 칸트는 이것이 '철학자의 한 가지 제안에 불과하다'(XI:150)는 단서를 달고 있다. 이 같은 칸트의 제안 속에는 진화론에서 말하는 '진화'에 관한 사고를 전혀 찾아볼 수 없다. 아마 당시 생물학의 수준은 다윈적 진화 개념을 갖고 있지 못했기 때문일 것이다.

인간의 도덕의 발전과정을 자연사적 관점에서 추측해보는 것이 주목적인 『인류 역사의 기원』에는 "인간 행위의 최초의 출발을 가능하게 한 자연"(XI:85)에 대해서 말한다. 칸트는 말하기를 인간은 언어를 사용해서 말을 하고, 사유할 수 있는 등의 "모든 기술을 자신의 힘으로 습득해야만 하며", 본능과 상상력, 이성은 인간의 최초의 시작에서부터 주어진 것이지만,

---

4 Allgemeine Naturgeschichte und Theorie des Himmels, oder Versuch von der Verfassung und dem mechanischen Ursprunge des ganzen Weltgebäudes nach Newtonischen Grundsätzen abgehandelt(1755, 바이셰델판 I)

5 Idee zu einer allgemeinen Geschichte in weltbürgerlicher Absicht(1784, 바이셰델판 XI)

6 Mutmaßlicher Anfang der Menschengeschichte(1786, 바이셰델판 XI)

7 Die Religion innerhalb der Grenzen der bloßen Vernunft(1793, 바이셰델판 VIII)

그것을 사용하는 기술은 유전되지 않는다. 인간의 본능과 이성적 소질은 신의 작품이요 신의 음성이지만, 그럼에도 인간과 이성의 진보는 자신의 본성 속에 심어진 소질을 발휘하도록 함으로써 얻어진다고 말한다.(XI:87-93) 이렇게 칸트는 인간의 시작과 함께 '인산 이성'에 관한 한, "선행하는 어떠한 자연 원인에서도 이끌어낼 수 없는 어떤 것, 즉 인간 존재 자체로부터 출발하지 않을 수 없다"(XI:86)고 말한다. 물론 오늘날 우리는 인간과 그 이성의 기원을 진화론적으로 설명할 수는 있다. 그러나 아직 우리는 이성의 발생적 기원과 그 본질 사이의 간극을 모두 채우지 못하고 있는 것 또한 사실이다. 다시 말해 인간 존재와 이성 존재의 진화론적 발생의 기원을 설명하지 못한다고 해서 진화론과 충돌하는 것은 아니다.

도덕과 종교의 문제를 다루는 『이성의 한계 안에서의 종교』에서는 칸트는 인간이 갖고 있는 자연적 본성으로서 소질(Anlage)과 성향(Hang; propensio)을 구분하는데,[8] 소질을 1) 생물로서의 인간의 동물성의 소질, 2) 생물이면서 동시에 이성적 존재자로서의 인간의 인간성의 소질, 3) 이성적이며 동시에 책임질 능력이 있는 존재자로서의 인격성의 소질, 세 가지로 구분하고 있다.(VIII:675) 이들 소질은 어떤 존재자가 존재하기 위해서 그 존재자를 구성하는 필연적 요소로서 그 존재자를 존재하게 해주는 요소들의 결합방식에 의해서 규정된다. 단적으로 어떤 존재자가 존재하기 위해서는 필연적으로 존재해야 하는 것이 바로 그 존재자가 소유하고 있는 소질이다. 이러한 소질을 생명체/유기체가 갖고 있으며, 그것을 동물성, 인간성, 인격성의 소질로 구분한다. 호모 사피엔스로의 진화 과정과 단계에는 그 각각에 필연적으로 속해 있는 소질이 존재해야 한다. 진화론적 방식으로 표현하면 그러한 소질로의 진화는 필연적으로 그에 속하는 구성 요소들 및 그들의 결합이 곧 자연선택의 산물이었다고 할 수 있다. 이와 함께 칸트는 성향은 "인간에 대해서 우연적인 것으로서 경향성(Hang; propensio; 습관적인 욕망)의 가능성의 주관적 근거"(VIII:675-6), 또는 단순히 "쾌락의 욕구로 향하는 경향

---

8 맹주만, 『칸트의 윤리학』 437-48 참조.

(Prädisposition)"(VIII:676)으로서 인간 스스로가 무엇을 스스로 획득하거나 초래하게 되는 것으로 설명한다. 이는 신다윈주의 혹은 현대 분자생물학과 유전학에서 정립한 유전형과 표현형의 관계와 매우 유사하다. 리차드 도킨스 같은 신다윈주의자들이 강조하듯이 비록 확장된 표현형(extended phenotpye)의 범주에 생물의 외면상의 형태 및 특징뿐만 아니라 생물체가 지닌 생화학적 구조 및 생태적 양상들도 포함시킨다는 점에서, 이를테면 생물학적 동일종이 그들이 처한 환경에 따라서 고유한 공통적인 습성을 버리고 새로운 습성을 갖게 되는데, 이런 환경에 따른 선택적 행위가 유전자 코드에 영향을 미칠 수 있다는 것은 분명 자연선택의 작용이 유전자가 아니라 유전자의 표현형의 결과라는 것을 시사한다.[9] 그러나 칸트가 말하는 소질과 성향을 유전형과 표현형의 관계에 단순 대비하는 데에는 많은 무리가 따른다. 그럼에도 특정 성향의 우연성을 확장된 표현형 효과로 볼 수 있는 것은 그것이 인간종의 생존과 환경에의 적응의 산물이며, 그 결과 인류는 특정한 성향과 그에 수반되는 본성적 특성을 지닌 인간종으로 진화한 것으로 볼 수 있기 때문이다.

마찬가지로 칸트적 의미의 자연적 공감과 이성적 공감의 성향과 소질의 생물학적 토대, 즉 공감의 진화론적 토대 또한 이러한 확장된 표현형의 연장선상에서 설명할 수 있다. 이 점에서 소질과 성향의 구분, 그리고 유기체에 관한 칸트의 철학은 현대생물학, 특히 진화론적 사고와 양립 가능한 사유를 선취하고 있는데, 도덕적 소질과 공감은 다윈의 진화론적 관점에서의 '생물학적 공감'과 동일한 존재론적 지위를 갖는다. 인간이 현생 인류로 진화하기 이전, 혹은 현생 인류의 계통수를 더 이상 추적할 수 없는 훨씬 이전의 있을 수 있는 또 다른 인류의 조상이 존재했는지, 혹은 그들은 어떤 조상이었는지에 상관없이 공감은 현생 인류의 뚜렷한 특징이다. 공감 능력의 진화는 자연 환경 속에서 그리고 다른 생명체들과의 경쟁에서 인간의 생존 가능성을 훨씬 더 높여주는 기능을 했을 것이다. 환경에의 적응을 수월하게

<hr />

9 John Cloud, *Why Genes Aren't Destiny*, 27-9; 리처드 도킨스, 『확장된 표현형』, 20, 375-97, 401-22, 473.

해주는 작인으로 기능하면서 공감 능력은 인간의 보편적 본성들 중의 하나로 유전되었을 것이다.

공감에 대한 진화론적 해석이 그러한 능력의 획득 및 유전 가능성을 승인하는 한, 본성과 양육, 유전과 환경의 이분법적 도식은 더 이상 허용될 수 없다. 이러한 관점에 따를 때 인간의 행위와 관련 있는 인간 본성의 영역은 항상 그리고 언제든 변화 가능한 개방적 영역이다. 그리고 이러한 인간적 특성은 새로운 유전 인자가 인간의 본성으로 확립될 때까지는 언제나 유전적 본성에 조건적으로 제약되어 있다는 것을, 그리고 동시에 유동적인 환경적 변수를 고려하면 유전적 특성은 고정된 불변적 요소가 아니라 어떤 행위를 할 수 있는 유동적이면서 제한적인 경향성 혹은 성질을 지닌 것임을 함축한다. 나는 이러한 인간 본성의 제한적 경향성을 형식적 경향성이나 성질(형식적인 유전적 경향성)이라고 부른다. 그리고 이러한 형식적 경향성의 범위 내에서 고착된 특정 성질을 지닌 유전적 특성을 실질적 경향성이나 성질(실질적인 유전적 경향성)이라 부른다.

그러나 인간적 특성 내지는 인간의 본질, 그리고 도덕적 소질 등 모든 국면이 이에서 기인하는 인간 이성과 공감적 도덕성은 필연적으로 그리고 발생적으로 그 이전의 앞선 단계에서 어떻게 진화되었는지, 그리고 소질과 능력을 갖기 이전과 이후의 모종의 관계에 대해서조차 설명할 수 없는 독특한 성질과 특성, 일종의 창발적 속성과 같은 것임을 보여준다. 그런 점에서 이러한 특성을 무시하는 인간 행위에 대한 설명은 맹목적인 환원주의이나 일방적인 발생론에 머물 공산이 크다. 현대 진화론의 발전에 힘입어 등장한 사회생물학이 대표적인 경우라 할 수 있다. 사회생물학은 윤리적 존재로서의 인간이 지닌 윤리적 소질과 특성들의 진화론적 기원을 설명할 수는 있지만, 그 같은 성질들로부터 이루어지는 윤리적 행위마저 진화론적으로 규정하거나 제한할 수는 없다.

2. 사회생물학과 진화론적 윤리학

인간의 선택적 행위의 문제를 다루는 대표적인 학문 분과로 윤리학, 사회학, 경제학, 그리고 사회생물학 등을 들 수 있다. 특히 20세기 후반에 등장한 사회생물학은 다윈 진화론의 적자로 불리는 진화종합설 혹은 신다윈주의에 바탕을 두고서 인간의 사회적 행동에 대한 생물학적 설명을 시도하고 있다. 사회생물학의 이러한 시도는 이미 다윈 이후 진화론에 의거하여 인간의 도덕적 행위와 도덕적 원리 및 윤리 규범들을 설명하려고 했던 스펜서(H. Spencer), 사회다윈주의, 헉슬리(J.S. Huxley), 워딩턴(C.H. Waddington) 등의 노력과 동일선상에 서 있다. 시비를 일단 무시한다면, 그들이 들고 있는 무기에는 근본적인 차이가 없다. 있다면, 자연선택설에 기초한 진화론적 자연주의 윤리설에 비하면, 사회생물학은 그 보다 정교하고 체계적인 유전학과 분자생물학을 무기로 삼고 있다.

강한 노선을 걷고 있는 사회생물학자들은 진화과정 자체를 도덕적 가치를 포함하여 모든 가치 발생의 원천으로 간주한다. 이는 곧 단자(monad)로부터 인간에 이르는 모든 것들에게 진화란 곧 진보임을 뜻한다.[10] 열렬한 자연보존론자이기도 한 『사회생물학』의 저자 윌슨은 이 보다는 다소 온건한 노선을 걷고 있다. 하지만 그 또한 다윈의 후예임을 자처한다. 다윈의 자연선택설에 기초하여 시도된 진화론적 윤리설에 비하면 사회생물학은 한 손에는 그 동안 발전한 분자유전학의 성과들을, 다른 한 손에는 풍부한 과학적 자료들을 들고서 전보다 훨씬 정교한 설득력을 갖춘 모습으로 등장한다.

윌슨에 따르면, 사회생물학은 "모든 사회행동의 생물학적 기초에 관해서 체계적으로 연구하는 학문"이다.[11] 여기에는 지금까지 사회과학의 연구 대상이던 인간의 사회적 행동과 다양한 특성들이 생물학적 기초와 원리에 의

---

10 F.J. Ayala, "The Evolutionary Thought of Teilhard de Chardin", 207-16; 같은 저자, "The Evolutionary Concept of Progress", 106-24.

11 에드워드 윌슨, 『사회생물학 Ⅰ·Ⅱ』, 22. 윌슨은 또 다른 곳에서 사회생물학을 "인간을 포함한 모든 유기체들의 사회적 행동 형태의 생물학적 기초에 대한 체계적 연구"라고 정의하기도 한다. E. O. Wilson, "Introduction: What is Sociobiology", 2.

해 결정된다는 주장도 담겨 있다. 이에 따르면, 사회과학을 넘어서 자연스럽게 윤리학 또한 독립적인 학문 영역이 아니라 인간학의 일부 혹은 생물학의 일부가 된다. 만일 사회생물학의 시도가 성공할 경우 이는 윤리학이 해결하고자 했던 오랜 숙원이며, 또한 다양한 형태로 제시된 자연주의 윤리설도 만족스럽게 해결하지 못했던, 사실판단으로부터 가치판단(당위판단)의 연역가능성과 도덕판단의 객관적 기준 및 도덕적 구속력의 정당성 문제를 일거에 해소해버리는 쾌거를 이루게 될 것이다. 아마 윤리학에 대해서 거둔 승리는 당연히 사회과학 또한 무장해제 시키기에 족할 것이다.

생명체가 자연의 일부인 한 자연의 생성 원리와 진화의 법칙이 인간 및 인간의 행위에도 적용된다는 것은 자연스러운 생각이다. 인간의 윤리적 행위는 '자유'와 '의도'에 기반하고 있다. 사회생물학의 진화론적 토대에 자유(의지)라던가 행위와 선택의 의도와 같은 개념을 끌어들일 수는 없을 것이다. 만일 있다면, 그리고 가능하다면, 그것은 이들 개념을 진화적 과정에서 발생하는 2차적 질서 내지는 파생적 개념으로 보아야 할 텐데, 이 역시 발생적 진화의 1차적 질서 내지는 원리 개념으로 환원될 수 있어야 한다. 이런 작업을 사회생물학과 진화론의 철학이 성공적으로 해낼 수 있는지도 의문이지만, 개념적 차이와 설명적 간극을 채우는 쉽지 않을 것이다. 이런 점에서 나는 사회생물학으로부터 윤리학의 독립성을 강변할 수 있는 대표적 인물인 칸트를 내세워 양 진영의 입장 차이를 분명히 해보려 한다. 그리고 그 차이를 평가하기 위해서 상호 공유할 수 있는 주제로서 "진보"와 "진화"를 매개로 하여 논의를 전개해 나갈 것이다. 이 과정에서 나는 칸트의 철학 및 윤리학과 생물학적 진화론의 양립 가능성을 승인하면서 공감적 이성 윤리의 독립성을 옹호한다.

3. 칸트와 생물학적 유기체주의

칸트의 유기체 철학은 자연과 자유의 조화와 통일이라는 그의 철학적 체계 구상의 중심에 놓여 있다. 주지하듯이 칸트는 『판단력비판』에서 유기체들은 비유기체와 판이한 특성을 갖고 있으며, 또 이들 내부에서 일어나는 복잡한 생명적 특성들을 기계론적 원리에 입각하여 통찰하는 것은 불가능하다고 보았다.(X:393) 때문에 유기체에서 나타나는 기계론적 특성들마저도 모두 포괄하는 보다 근본적인 원리를 발견하여 이로써 자연 생명체들의 고유한 현상들을 파악하고 싶어 했다. 급기야 칸트는 자연의 가장 깊이 숨어 있는 비밀로서 유기체의 근본 원리를 알아내기 위한 자연 연구는 반성적 판단력의 준칙으로서 도입된 목적론적 원리만으로 충분하다고 말하기에 이른다.(X:340) 그러나 유기체에 대한 자연과학적 설명 가능성을 부인할 수밖에 없었던 칸트의 처지에 비하면 오늘날 여전히 완벽하지는 않더라도 우리는 다윈의 진화론과 분자생물학의 눈부신 발달과 성과에 힘입어 진화의 산물로서의 유기체 내부를 들여다 볼 수 있고 또 그 구조와 특성을 추론할 수 있는 상당한 지식과 도구를 갖게 되었다. 이처럼 오늘날 생명과학 분야에서 이룩한 새로운 발견과 축적된 지식은 과거의 생물학적 지형도를 상당 부분 손질하지 않을 수 없게 만들어 버렸다.

진화와 유전이라는 두 메커니즘[12]으로 무장한 현대생물학의 관점에서 보면 칸트의 생물철학은 당연히 약점과 한계도 지니고 있다. 이런 사정을 감안하면, 비록 로렌츠처럼 다윈의 진화론이 칸트의 철학을 확대시킨 것으로 해석될 소지가 있다고 하더라도,[13] 칸트의 유기체에 관한 사고는 그대로 유지 혹은 수용되기 어렵다. 따라서 나의 관심은 우리가 현대생물학의 지배적

---

12 여기서 나는 흔히 기제(機制)라는 용어로 번역되기도 하는 메커니즘(mechanism)이라는 표현을 과학적 및 철학적 의미의 기계론(mechanism)과 구분하여 다소 느슨하게 사용할 것이다. 후자는 자연현상이나 유기체와 같은 물질적 실재들 및 이를 구성하는 물리적 요소들은 기계처럼 물리화학적 과정에 기초하여 인과적 및 법칙적으로 작용한다는 고정적인 함의를 갖는 용어이지만, 전자로써 나는 넓은 의미에서 한 체계의 구성요소들이 상호작용하여 특정한 결과를 산출하는 일정하게 정해진 방식이나 구조 혹은 과정을 반영하고 있다는 것을 가리킨다. 이는 생물학에서 메커니즘이라는 용어가 두 가지 아주 상이한 방식으로 사용되어 온 역사와도 관련이 깊다. 이에 대해서는 다음을 보라. Garland E. Allen, "Mechanism, vitalism and organicism in late nineteenth and twentieth-century biology: the importance of historical context", 261-83.
13 K. Lorenz, "Kants Lehre vom Apriorischen im Lichte gegenwärtiger Biologie"(1941), 82-109.

관점이라 할 생물학적 유기체주의의 기본 원칙과 사고를 수용할 경우 유기체에 대한 이해와 상당 부분 맞물려 있는 칸트 자신의 철학과 체계가 어느 정도까지 유지될 수 있는지, 그리고 생물학적 유기체주의가 그 자체로 완전 무결한 견해가 아닌 이상 이를 좀 더 개선하는데 있어서 칸트의 철학이 어떤 역할을 할 수 있는지, 나아가 그럼에도 칸트 철학의 여전한 가치와 의의를 어떻게 평가할 수 있는지 여부에 있다.

오늘날 신다윈주의 또는 진화종합설은 다윈의 진화론과 분자생물학 및 유전학의 종합의 산물이다.[14] 그리고 이에 이론적 기초를 두고 있는 생물학적 유기체주의(biological organicism)는 유기체에 대한 설명 체계로서 상당한 설득력을 지니고 있다. 따라서 만일 이러한 유기체주의가 전반적으로 타당한 설명 체계라면, 칸트가 유기체를 설명하기 위해서 도입하고 채택한 자연목적 개념과 목적론적 유기체론은 온전히 유지되기 어렵다. 다시 말해 유기체주의에 반영되어 있는 진화와 유전이라는 두 메커니즘에 대한 인식, 즉 생명체에 대한 생물학적 설명 가능성이 열려 있는 수준에서 칸트의 목적론적 설명 방식은 액면 그대로는 유지되기 어려우며, 근본적으로 재해석되어야 한다. 다른 한편으로 인간에게는 우리가 자유의지처럼 일반적으로 인간적 특성이라 일컫는 현상들이 존재한다. 따라서 이러한 현상들을 만족스럽게 설명해내지 못하는 어떠한 이론도 불완전한 것이라 할 수 있다. 생물학적 유기체주의 역시 예외가 될 수는 없다.

칸트는 자유의 문제를 선험론적 자유로서 제1의 원인성에서 성립하는 자유의 인과성 개념으로부터 접근해서 이를 도덕의 문제에까지 연결시켰으며, 최종적으로 생명체의 원리를 설명하는 토대로 삼았다. 한마디로 비목적론적인 생물학적 유기체주의와 구별되는 칸트의 유기체 철학 혹은 생물학적 유기체주의는 목적론적 유기체주의라 할 수 있다. 그런데 이에 의하면, 인간을 포함한 자연 세계의 모든 사건들은 어떤 경우든 최종적으로 자연의 기계적 법칙, 즉 자연 인과성의 지배를 받을 수밖에 없다. 이는 곧 그것들이

---

14   J. Beatty, "The synthesis and the synthetic theory", 125-36 참조.

무생물이나 생물 혹은 인격체이든 그 역시 자연 세계에 존재하기 때문에 기계적 자연 인과성의 법칙으로부터 자유로울 수 없다는 의미다.

칸트가 강조하고 있듯이 자유의지적 내지는 목적지향적 행위도 그 결과적 현상은 자연법칙과 조화를 이루는 방식으로 일어나지 않으면 안 된다. 그렇다면 유기체주의 역시 이를 거부하기 어렵다. 이런 시각에서 이론적 통일을 기하려면 우리는 유기체의 발달과 활동을 제어하는 유전 메커니즘 및 진화론적 자연법칙을 승인하면서 동시에 윤리적 행위자와 같이 자유와 의도에 기초한 목적지향적 활동을 수행하는 생명현상을 모순 없이 설명할 수 있어야 한다. 당연히 이런 문제의식 속에는 생물학적 유기체주의와 칸트의 목적론적 유기체주의의 대립 문제만이 아니라 사물 중심의 기계론적 자연법칙, 생물학적 유기체법칙, 칸트의 도덕법칙의 대립의 문제도 포함된다. 분명 칸트는『판단력비판』의 제1편「미감적 판단력 비판」에서 인간학적 관점에서 공감의 구조적 가능 근거로서 공통감을 의식하고 있었다면, 제2편「목적론적 판단력 비판」에서는 존재론적 관점에서 자연의 의도, 자연의 합목적성, 자연목적, 내적 합목적성 등의 개념에서 인간 유기체에서 일어나는 목적지향적 활동의 가능 근거를 제시하고 있다. 이는 동시에 공감의 존재론적 가능 근거를 제시하는 작업이라 할 수 있다. 이렇게 자연의 산물로서 인간 유기체에서 발견되는 합목적적 활동의 가능 근거를 나를 '공명'(resonance)으로 파악한다. 인간 유기체를 비롯한 자연의 산물들은 모두 그 자신을 구성하는 요소들의 공명의 기체들이다. 비록 칸트가 직접 거론하지는 않았지만, 나는 '공감'과 '공통감'을 '공명'이라는 이름 아래서 일관적이면서도 체계적인 해석을 제공할 수 있으며,『판단력비판』은 이러한 사고의 원천이라고 생각한다. 나는 조화와 일치의 원리로서 공명(共鳴)을 사물들의 일치, 상호소통의 가능 근거로서의 공통감, 자연적 공감과 이성적 공감을 유기체로서 인간 종에서 구조화된 진화의 산물로 이해한다. 또 존재론적·발생론적 생성의 원리로서 공명은 정신과 신체가 하나의 통일체로서 작용하게 하는 운동원리이다. 이에 정신은 몸의 구조와 기능의 집약체이자 통일체에 다름 아니다. 결국 정신의 자기 표현으로서 이성, 의지, 감정은 그 근원에 있어서 하나의 동일한 존재인 것이다. 그 각각은 공명하는 힘의 강도에서만 차이를 갖는다.

인과성 혹은 원인성 개념은 칸트 철학의 전체 구상을 지배하는 체계의 중심에 위치하고 있기 때문에 이에 대한 이해는 그의 철학에 대한 해석과 직결된다. 여기에는 두 가지 문제가 중첩되어 있다. 하나는 기계적 법칙으로 설명되는 기계론적 자연의 세계와 도덕법칙의 존재근거가 되는 도덕적 자유의 세계를 제각각 특징짓는 이른바 자연에 의한 원인성(Kausalität nach Natur)과 자유로부터의 원인성(Kausalität aus Freiheit)의 대립과 조화의 문제이며, 다른 하나는 기계론적 자연관과 목적론적 유기체론의 대립과 조화의 문제이다. 칸트는 이 문제를 『순수이성비판』과 『판단력비판』에서 공히 전자든 후자든 인과성 문제를 매개로 하여 풀어나가고 있는데, 당연히 유기체 문제도 예외가 아니다.

생물학적 유기체주의는 유기체의 목적지향적 생명활동을 자연의 인과성과 같은 기계적 법칙에 의거해서는 충분히 설명될 수 없다고 주장한다. 이 점에서는 칸트와 사회생물학은 일치한다. 하지만 칸트는 오히려 인과성 개념을 유기체를 설명하는 원리로 적극적으로 사용함으로써 사회생물학 혹은 생물학적 유기체주의와는 다른 길을 간다. 따라서 유기체주의 역시 인과성(Kausalität) 문제는 비켜갈 수 없다. 왜냐하면 생명체 자체의 특성을 설명하기 위한 인식론적 내지는 존재론적 차원의 인과적 환원주의를 거부하더라도 유기체 자체에서 일어나는 생명현상들은 진화 및 유전 메커니즘과 어떤 식으로든 인과관계를 맺고 있어야 한다고 예상할 수 있기 때문이다. 문제는 이러한 인과 관계를 어떻게 규정하고 규명하느냐 하는 것이다.

나는 이 문제를 해결하기 위한 칸트의 목적 인과성(Kausalität der Zwecke) 또는 목적인적 인과결합(nexus finalis) 개념에서 그 가능한 대안을 모색하여 일차적으로 유기체의 목적지향적 활동에 적합한 설명을 제시해보려고 한다. 우리가 인간의 자유의지와 목적정립적 행위의 고유성과 독립성을 포기하지 않는 한, 생명체의 고유 특성에서 그 단초를 찾을 수밖에 없다. 이러한 불가피한 한계에도 불구하고 나는 이 엄정한 요구를 칸트에게서 발견할 수 있다고 믿는다. 그리고 이러한 시도는 동시에 칸트의 철학 및 그의 유기체론에 대한 제한과 재해석을 필요로 한다.

생물학적 유기체주의는 유기체에 관한 설명 체계로서 기계론과 생기론이 최후를 맞이한 이후에 가장 주목받고 있는 입장이다. 이 유기체주의를 떠받치고 있는 두 기둥은 진화 메커니즘과 유전 메커니즘이다. 적지 않은 비판에 직면해서 그나마 간신히 유지되고 있었던 전통적 의미의 기계론과 생기론이 모두 좌초할 수밖에 없었던 결정적인 요인과 한계 역시 이에 대한 무지나 오해에서 찾을 수 있다. 기계론의 경우에는 일반적으로 비유기체들을 설명하는 원리를 유기체에 맹목적으로 적용함으로써 생명체 자체의 고유한 특성을 온전히 파악하지 못했다. 생기론 역시 물리화학적 법칙으로 환원될 수 없는 생명현상의 고유성에는 주목했으나 그 구체적인 구조와 특성에 대한 사실적 이해 없이 전통적인 본질주의적 사고에서 크게 벗어나지 못한 채 여전히 지극히 추상적이며 형이상학적인 사변에 머물고 있었기 때문이다.

반면 현대의 유기체주의는 생물체와 비생물체 공히 물리과학이 발견하고 분석한 일반 법칙들에 따른다는 것을 인정하면서도 무생물계에 적용되는 물리적인 기계적 인과론과 구별되는 진화와 유전이라는 생명체에 고유한 메커니즘에 의거해서 유기체의 생명현상을 설명한다. 이는 곧 비유기체에서 생명체가 출현했다는 점에서 기계적 결정론과 자연 인과성을 인정하면서도 이와는 다른 독자적인 원리에 의해서 작동하는 세계의 존재를 승인한다는 것을 의미한다. 현대생물학자들과 철학자들 사이에 폭넓은 지지를 얻고 있는 유기체주의는 기본적으로 유기체 또는 생명체에 대해서 다음과 같은 태도를 취한다고 할 수 있다.

유기체주의는 기계론과 환원주의와 달리 생명체를 물리화학적 원리로 완전히 환원될 수 없는 그 이상의 체계적 법칙을 지니고 있으며, 또 이를 설명하기 위해서 어떤 다른 종류의 생기력(Vitalkraft)도 요구하지 않는 하나의 유기적 전체로 본다.[15]

유기체주의는 유기체의 독특한 특성들이 그 유기체의 기계적 구성이 아니라 조직과 세포, 상호관계, 상호작용 때문에 생겨난다고 보는 입장으로서 유기체를 구성하는 요소들 사이의 많은 중요한 상호작용들은 분자들의 집합과 같은 생화학적 수준이 아니라 상위의 통합 수준에서 발생하는 것으로 본다.[16]

이에 따르면 우선 유기체는 기계가 아니다. 기계는 고정 불변하는 등질성(uniformity)의 최소단위 및 그 인과결합의 복합체인 반면, 유기체는 유전 메커니즘에 따라 자신을 스스로 조직하면서 형성하는 생명체다. 염색체 덩어리로서의 유전자들의 유전 메커니즘에 기계론이 적용될 소지도 있지만, 이 메커니즘이 다윈의 진화론에 종속적인 한 유기체는 자연선택의 단위가 유전자나 개체 혹은 집단이든 기계적 법칙을 그대로 따르지 않는다. 이처럼 유기체를 엄격한 물리 법칙을 적용할 수 없는 유기적 전체로 파악하는 유기체주의는 단순히 전체가 부분을 규정하는 전체성을 강조하는 전일론(holism)을 넘어서 전체와 부분의 상호관계에 입각한 유기체의 통합성과 상호작용을 강조한다.[17] 한마디로 유기체주의는 "유기체의 모든 요소들을 원칙적으로 전체의 인과적 연관 속에서만 이해될 수 있다"고 주장한다.[18]

생물학적 유기체주의는 기본적으로 물질로부터 유기체의 출현을 받아들이면서도 유기체를 비유기체에 적용되는 원리로 설명하려고 하는 존재론적 또는 물리주의적 환원주의나 기계론적 유기체론을 거부한다. 마찬가지로 유기체를 비과학적 특성을 끌어들여 설명하는 생기론적 유기체론 역시 거

15 이는 다음 글을 참조하여 재구성한 것이다. Franz M. Wuketits, *Biologie und Kausalität. Biologische Ansätze zur Kausalität, Determination und Freiheit*, 155. 또한 이 개념의 도입과 사용 및 기본 원리에 대해서는 L. V. Bertalanffy, *General System Theory. Foundations, Development, Applications*; Franz M. Wuketits, *Zustand und Bewußtsein. Leben als biophilosophische Synthese*, 99-101.
16 나는 이를 다음의 글을 참조하여 재구성했다. 에른스트 마이어, 『이것이 생물학이다』 44-9 및 용어해설 468.
17 Franz M. Wuketits, *Biologie und Kausalität. Biologische Ansätze zur Kausalität, Determination und Freiheit*, 51 참조.
18 R. Kaspar, "Der Typus - Idee und Realität", 182.

부한다. 유기체주의는 한편으로 유기체를 구성하는 부분들을 전체와의 상호관계 속에서 작용하는 유기적 전체이며, 부분들의 합 이상의 조직적 특성을 갖고 있는 존재로 보며, 다른 한편으로 유기체가 지니고 있는 독특한 특성도 이 같은 조직에서 기인하는 것으로 파악하는 전일론적 요소도 포함한다. 그리고 이처럼 유기체가 통합적 상호작용을 하는 살아 있는 존재로서 조직을 갖는다는 믿음은 유전 메커니즘의 존재가 발견되면서 더 한층 강화되었고, 그에 힘입어 등장한 견해가 바로 유기체주의다.

다시 말해 오늘날 생명현상을 설명하는 지배적인 패러다임으로서 생물학적 유기체주의는 생명 진화의 역사적 과정을 통해 획득한 DNA의 존재가 보여주듯이 유기체는 생명이 갖는 분자적 수준에서는 생화학적 메커니즘에 따라서 설명될 수 있지만, 생명 없는 물질의 세계에서는 발견되지 않는 여러 가지 독자적 및 다층적 질서를 가진 세계라는 입장을 취한다. 이처럼 분자생물학의 세례를 받은 유기체주의자들은 기계론과 목적론을 망라해서 대체로 전통적인 생물학이나 생물철학이 견지하였던 본질주의, 물리적 결정론, 환원주의 등과 같은 개념들을 멀리하고, 반대로 유전 프로그램의 원리와 다윈의 진화론에 기대어 개체군적 사고, 확률, 우연성, 다원성, 창발성(emergence) 등과 같은 개념에 의존한다.[19] 그러나 유기체주의와 입장을 같이한다 하더라도 창발성 개념처럼 아직 생명현상의 특성에 대한 이견들이 여전히 상존한다. 하지만 유기체주의가 생명체의 목적지향적 활동에 주목하듯이, 진화 메커니즘과 유전 메커니즘이 함축하는 바에 의하면, 생존과 번식을 위한 적응과 선택은 자연 인과성과 같은 기계적 방식으로 이루지지 않는다.

목적 인과성 개념에 주목해야 하는 이유도 여기에 있다. 현재적 관점에서 볼 때, 비록 각기 이론적 토대와 지향점은 다르지만, 칸트의 유기체론과 생물학적 유기체주의 모두 유기체를 목적론적 내지는 목적지향적 활동을 하는 존재로 파악한다는 점은 유사하다. 그러나 유기체주의는 아직 유기체

---

19 에른스트 마이어, 『이것이 생물학이다』, 25-49 참조.

의 생명활동적 특성들, 특히 인간의 행동 특성을 그에 적합한 개념과 원리로 정교하게 설명해 내지 못하고 있다. 때문에 칸트가 제시한 목적 인과성원리는, 비록 그 한계와 약점으로 인해 제한적으로 적용되어야 하지만, 이러한 특성을 보다 명료히게 드러내 줄 수 있는 유효한 개념으로 볼 수 있다. 이제 유기체와 목적 인과성에 관한 칸트의 탐구가 어떤 윤리학적 함의를 갖는지 살펴볼 것이다.

4. 칸트의 선험철학과 생물학

1) 칸트와 근대생물학

생물학의 범위는 생태계에서 분자 수준에 이르기까지 매우 넓으며, 갈수록 더욱 확대되고 있다. 심지어 현대생물학은 생명현상과 직접 간접으로 관계하는 모든 자연과학을 통합하는 중심적인 위치를 차지해 가고 있으며, 특히 자연과학과 인문과학 그리고 사회과학이 만나는 중심 과학으로 부상하고 있다. 기본적으로 생물학은 살아 있는 유기체 즉 생명체를 연구하는 학문이며, 그 중요한 목표는 생명의 본성을 해명하는 것이다. 따라서 생물학은 생명과학이라 불리는 분과 학문들을 모두 포괄한다.

칸트는 자연과학과 자연철학, 생물학과 생물철학이 분명하게 구분되지 않았던 시기에 누구보다도 이들 학문의 주제와 방법 그리고 원리가 갖는 특성과 근거에 대한 반성과 성찰을 개념적으로 분명히 하면서 철학적 사유를 수행한 대표적인 철학자였다. 또한 칸트는 생물학의 핵심적 연구 대상인 생명체 또는 유기체에 관한 문제를 생물학자로서가 아니라 철저하게 철학적 관점에서 접근했다. 그러나 칸트가 처음부터 철학적 관점에만 머물러 있었던 것은 아니다. 칸트는 분명히 당시의 생물학적 연구 성과들을 예의주시하고 있었으며, 특히 자연사와 생식이론에서 거둔 중요한 발전들을 추적하고 반성해 나갔다. 그리고 과학자로서 또는 생물학자의 입장에서 자신의 견해를 피력하기도 했다. 이러한 과정을 거치면서 훗날 칸트는 자신만의 독특한 철학적 입장을 정립하면서 유기체를 둘러싸고 벌어졌던 당대의 논의들의 갈등을 중재하고 나름의 해결책을 제시했다. 당대의 유기체 이론들에 대해서 취했던 칸트의 태도가 그의 철학 체계를 수립, 완성하는데 지속적으로 영향을 끼쳤다는 점을 부인하기 어렵다.

생물학이란 용어는 1800년에 출판된 독일의 한 의학서에 처음 등장했으며, 1820년대에 이르러 영어권에서 꽤 널리 통용되었다. 하지만 특정 학문 분야를 가리키는 생물학이라는 말의 통용에 가장 크게 기여한 것은 생물학을 실증철학(positive philosophy)의 한 분야로 규정한 프랑스의 사회철학자 꽁트(A. Comte, 1798-1857)였다. 그와 그의 제자들의 저술을 통해서 이 용어의 사용이 많아지면서 그 전까지는 별개로 존재하던 분야들이 비로소 생물학이라는 하나의 범주 속에 포함되기 시작했다. 그러나 과학혁명과 함께 눈부신 발전을 거듭해 온 근대과학을 지배했던 분야들은 수학, 역학, 천문학이었다. 무엇보다도 역학 또는 물리학을 과학의 모범으로 받아들이던 당시의 경향은 생물학의 발달을 더디게 만들었으며, 그로 인해 생물학은 다윈이 『종의 기원』(1859)을 출간함으로써 생물학의 역사에 일대 전기를 마련한 후에도 한참 동안 답보 상태에 머물고 있었다. 더욱이 17, 18세기 동안 스텔루티(F. Stelluti, 1577-1652), 하아비(W. Harvey, 1578-1657), 말피기(M. Malpighi, 1628-1694), 리나에우스(C. Linnaeus, 1707-1778), 뷔퐁(G. Buffon, 1707-1788), 디드로(D. Diderot, 1713-1784), 블루멘바하(J. F. Blumenbach, 1752-1840) 등 적지 않은 학자들에 의해서 분류학을 비롯한 자연사와 해부학 및 생리학 분야에서 상당량의 지식이 축적되었지만, 당시 생명의 세계는 의학의 영역에 속한 것으로 여겨졌다. 그럼에도 불구하고 이 시기의 과학자들과 철학자들은 생명체에 대한 그들 나름의 독특한 입장과 견해를 갖고 있었다.

생명이란 무엇인가? 생명현상을 설명하는 것은 과학적 탐구의 대상이다. 그러나 정녕 탐구 대상으로서의 생명이 무엇인지는 충분히 알지 못한다. 오히려 그것은 생명이라고 할 수 있는 일련의 현상에 대한 탐구라고 하는 게 옳다. 그런 점에서 "생물학은 생명 체계의 특성에 관한 학이다. 그것은 생명에 관한 학이 아니다. 생명 개념은 하나의 형이상학적 개념이다."[20]라고 하는 게 더 적절한 표현일 수 있다. 즉, 생명이 무엇인지를 묻는 것은 그 자체가 이미 철학적 물음이다. 하지만 생명의 본성을 규명하는 작업이 생물학과 철학 각각에 어느 정도까지 어떻게 관련을 맺고 있는지는 또 다른 문제이다. 분명한 것은 생명의 문제가 과학자(생물학자)와 철학자 모두에 의해서 탐구되어 왔다는 것이다.[21] 이런 점에서 "생물철학과 이론생물학을 구별하고 실제로 그 경계선을 긋기란 쉽지 않다."[22] 역사적 사실을 미루어 보더라도 우선 근대과학의 시기에도, 특히 16세기 이래로 생명현상과 생명과정에 대한 설명과 이해의 문제는 과학과 철학이 현재와 같이 분업화되지 않긴 했지만 양 진영 모두에서 이미 논란의 대상이 되기에 충분했다. 데카르트를 필두로 해서 세계를 수학화된 기계론적 원리에 입각해서 설명하려는 당시의 신흥 과학의 경향은 비록 인간만은 예외로 두었지만 자연스럽게 모든 생명체 또한 동일한 기계론적 관점에서 해석하려고 했다. 그러나 동시에 이러한 기계론에 대한 반대 또한 만만치 않았다.

근대 기계론이 각광받기 이전에 유기체를 포함한 자연 존재들을 바라보던 전통적으로 익숙한 사고방식은 신의 피조물이나 자연목적 등 초자연적인 믿음에 기초한 것이었다. 이런 입장에서는 오히려 기계론적 사고야말로 전혀 신뢰할 수 없는 것이거나 최소한 생명체에 대한 설명 원리로는 결코 허용될 수 없는 것이었다. 이러한 태도를 지배하던 직접적인 배경에는 당시에 유행하던 르네상스 자연주의(Renaissance Naturalism)와 이에 편승해서 길버트(W. Gilbert, 1544-1603), 판 헬몬트(J.-B. van Helmont, 1579-1644) 등이 주장했던 16세기의 물활론적인 생기론적 자연철학이 자리 잡고 있었다. 기계론은 바로 이에 대한 반작용으로 등장했다.

이처럼 기계론적 사고에 입각한 새로운 경향은 17세기 전반에 가장 큰 영

20　W. Nachtigall, *Einführung in biologisches Denken und Arbeiten*, 13.

21　생물철학(Biophilosophie)의 간략한 역사적 개관에 대해서는 Franz M. Wuketits, *Zustand und Bewußtsein. Leben als biophilosophische Synthese*, 22-39.

22　같은 글, 41-2.

향을 미친 데카르트를 중심으로 해서 메르센느(M. Mersenne, 1588-1648), 가상디(P. Gassendi, 1592-1655), 홉스(T. Hobbes, 1588-1679) 등에 의해서 점차 구체적인 모습을 드러내고 있었다. 그러나 데카르트가 그랬듯이 이 시기의 기계론적 자연철학은 물질세계로부터 모든 정신적 특성들을 제거함으로써 유기체역시 하나의 자동기계로 간주해 버렸다. 이것은 근대 과학을 태동시킨 혁명적 사고를 대변한다. 이 같은 기계적 철학은 17세기 후반에 이르러 대부분의 과학자들에 의해서 수용되었다. 반면에 데카르트 이전의 르네상스 자연주의 철학은 무기물들까지 포함해서 자연 세계를 신비한 힘에 의해서 지배되고 있는 것으로 믿고 있는 유기적인 관점에 익숙해 있었다. 하지만 이처럼 기계론을 거부하면서도 생명현상에서 신비의 마력을 걷어내고 과학적 관점에서 설명하고 싶어했던 라이프니츠를 비롯한 17세기 이후의 과학자들은 당시에 이루어진 새로운 생물학적 관찰 결과들의 발견에 힘입어 유기체들을 기계적 메카니즘에 종속시킨 데카르트적 기계론에 반발하고 나섰다.

이와 같은 분위기는 18세기의 생기론(Vitalismus)으로까지 이어진다. 이른바 칸트의 시대까지 이어진 기계론과 생기론, 전성설(Präformationstheorie)과 후성설(Epigenesis)의 대립은 그치지 않았다. 가령 독일의 뒤 보아 레이몽(Emil Du Bois-Reymond)과 헬름홀츠(Herman Helmholtz) 등은 물리 실험 기구를 생리학에 적용하여 기계론을 발전시켰으며, 특히 기계론자 헤켈(E. Haeckel, 1834-1919)과 실험적 방법과 발생학에 기초하여 신생기론을 주장한 드리쉬(H. Driesch, 1867-1941)의 논쟁으로 재연되기도 했으며, 이러한 쟁론은 현대생물학이 유전 프로그램을 발견하면서 본격적으로 구체적이면서도 체계적인 연구 성과를 내놓기 시작할 때까지도 계속되었다. 특히 철학의 영역에서는 생명체 혹은 유기체의 본성을 어떻게 이해하고 설명하느냐 하는 문제가 각각의 철학적 이론과 체계 형성과 맞물려 중요한 과제로 남아 있었다.

넓은 의미에서 생기론 진영에 가담했던 칸트가 취했던 유기체에 대한 입장과 관점 역시 인간과 자연에 대한 이해는 물론 그의 철학 체계 구성에 중요한 역할을 하게 된다. 주지하다시피 그의 철학 체계의 대단원을 이루는

『판단력비판』은 유기체에 대한 확고한 사고 위에 세워져 있다고 할 수 있다. 생명을 가진 유기체의 발생과 동일 개체의 재생이라는 유기체가 갖는 고유한 종적 특성에 대한 논의들은 이미 18세기 중반에 이르게 되면 새로운 사실들의 발견과 더불어 새로운 국면을 맞이하게 된다. 특히 칸트가 유기체의 본성과 생물학적 설명방식에 관한 고찰을 시작했던 1750년대의 생리학과 자연사와 같은 사실 과학에서의 전문적인 논의들에서 유기체에 관한 고전적인 기계론적 이론인 전성설은 이미 몰락하고 있었다. 이 시기에는 무엇보다도 유기체의 생식에 관한 일반적 개념이 발전하게 되는데, 18세기 중반에 좀 더 세련된 모습으로 등장한 생기론을 들 수 있다.

전체적으로 18세기의 유기체 철학은 데카르트에 반대해서 자연의 유기적 본성과 동인을 강조하는 경향을 띠고 있던 라이프니츠의 철학과 밀접하게 결합되어 있었다.[23] 칸트는 이런 과정을 추적했으며 또한 방법적으로 숙고했다. 또한 칸트는 과학적인 생물학 이론으로서의 유기체 철학이나 사변적인 형이상학을 추구하지 않았다. 오히려 기계론과 생기론의 한계를 통찰하고 또 자연과학 밖에서 기계론과 모순을 일으키지 않으면서 유기체 개념을 만족스럽게 설명할 수 있는 가능성을 모색했다. 그 결과 칸트는 반성적 판단력이 발견한 "자연의 객관적 합목적성"과 "자연목적"이라는 개념에 도달하게 된다. 칸트가 유기체에 대한 과학적 탐구로부터 거리를 두고서 유기체의 설명에 대한 과학이론적 분석에 전념하고 있음을 보여주는 증거가 바로 이 합목적성 개념이다. 그와 함께 자연목적의 개념에 토대를 둔 비판적 목적론이라는 제한적 의미를 부여받은 이른바 기계론과 모순되지 않으면서도 동시에 기계론을 보충하는 칸트의 목적론이 구체화된다.

그렇다면 칸트의 시대에 유기체 문제를 둘러싸고 전개된 생물학적 논의들에 대해서 칸트는 어떠한 태도를 취했으며, 이것이 그의 철학적 사유와 체계 형성에 어떤 영향을 미쳤는가? 칸트가 유기체 문제를 적극적으로 개진하고 있는 『판단력비판』의 제2부 「목적론적 판단력비판」은 생명에 관한 학인

---

23 A. Model, *Metaphysik und reflektierende Urteilskraft bei Kant*, 291 이하.

생물학이 등장하면서 생겨난 철학적, 특히 방법론적 문제들에 대한 성찰로 해석된다.[24] 칸트는 이「목적론적 판단력비판」에서도 자연 사물들에 대한 기계론적 설명은 그것이 가능할 경우에는 언제든지 옳다는 근본 원칙을 유지하고 있다. 그러나 실제로 유기체에서 발견되는 특수한 경험적 법칙들은 단순히 기계론이든 아니면 형이상학적 내지는 신학적 목적론이든 그 어느 쪽도 이를 원리적으로 증명할 수 없는 이론적 한계를 안고 있다고 보고, 이를 반성적 판단력에 기초한 자연목적의 개념을 상정함으로서 해결하게 된다. 이는 기본적으로 당시에 유기체의 발생과 전개 및 존재방식과 그 원리 등의 문제를 놓고 벌어진 기계론과 생기론의 대립과 문제들에 대한 비판과 해결책을 제시한 것이며, 궁극적으로는 그의 철학 체계의 체계적 통일이라는 원대한 기획을 완결짓는데 기여하게 된다.

현대생물학의 일반적 관점에서 보면, 유전 프로그램에 대한 지식이 전무했던 시절의 칸트가 보여준 유기체에 관한 통찰은 생물학적 설명으로서는 몇 가지 오류를 포함해서 근본적인 문제를 안고 있다. 이런 문제를 오늘에 와서 상대화시키면서 평가하는 것은 옳지 못하다. 오히려 칸트의 철학적 사유를 객관적으로 평가하기 위해서는 우선 칸트가 당시에 유기체에 대해서 어떤 견해를 갖고 있었으며, 또 유기체의 과학적 설명에 수반되는 문제들에 대한 칸트의 평가와 반응은 무엇이었는지에 대한 기본적인 이해가 요구된다. 이를 통해서 비로소 우리는 칸트의 유기체론이 그의 선험적 철학 체계에서 어떤 위상을 갖고 어떤 역할을 하고 있는지 좀 더 구체적으로 이해할 수 있는 기회를 갖게 되리라 생각된다. 이것이 본 논문의 목적이다. 이를 위해 칸트가 자연과 자유의 통일 기획의 완성을 시도하면서 유기체에 대한 일정한 견해를 제시하고 있는『판단력비판』(1790)을 중심으로 그리고 그 밖에 이와 관련된 논의들을 개진하고 있는 일련의 저술들, 즉『보편적 자연사와 천체이론』(1755),『신 존재 증명』(1763),『다양한 인종에 대하여』(1775),『순

---

24 P. McLaughlin, *Kants Kritik der teleologischen Urteilskraft*, 3. 이 저서는 이러한 해석의 대표적인 경우이다. 여기서 맥로린은 칸트의「목적론적 판단력비판」을 "생물학의 철학"으로 해석하고 있다.

수이성비판』(1781/1787), 『헤르더의 인류 역사의 철학에 대한 이념들(서평)』(1784/1785), 『인종의 개념 규정』(1785), 『철학에서의 목적론적 원리의 사용에 대하여』(1788) 등을 검토하면서 칸트의 유기체에 관한 사유의 궤적을 추적해 볼 것이다.

2) 전성설과 생기론

대부분의 철학자들이 그랬던 것처럼 칸트 역시 당시의 과학적 및 생물학적 논의들을 자신의 철학적 사고에 적극적으로 수용했다. 때문에 유기체에 대한 칸트의 사유를 직접적으로 고찰하기 전에 기계론과 생기론의 대립을 중심으로 전개된 동시대의 생물학적 논쟁들의 대강을 간략히 짚고 넘어가는 것이 이해에 도움이 되겠다.

뉴턴과 그의 역학에 바쳐진 무한한 신뢰에도 불구하고 칸트는 생명에 대한 기계적 견해에 영향을 받은 자연과학자들과 자연철학자들이 내놓은 기계론적 유기체론을 기본적으로 거부한다. 칸트는 뉴턴의 수학적 물리학 이론은 물론이고 당시의 생물학적 논쟁의 근본 문제에 대해서도 누구보다도 잘 알고 있었던 것으로 보인다. 칸트는 자연 사물의 운동과 현상을 기계론에 의해 설명하려는 당시 성장일로에 있던 주류 과학의 일반적 경향을 받아들였다. 그러나 다른 한편으로 자연 산물들 중 유기체, 특히 인간에 기계론이 아닌 목적론을 적용하는 것은 당시에도 여전히 하나의 지배적인 경향이었다. 그러나 그것은 더 이상 과거의 초자연적인 형이상학적 및 신학적 목적론을 맹목적으로 단순 적용하는 것이 아니라 대부분은 당시의 지배적 과학 이론이었던 데카르트의 기계론 및 뉴턴 역학의 추종과 함께 동시에 그 한계와 문제들을 보완해 나가는 방식으로 진행되었다. 자연스럽게 목적론과 결합되었던 당시의 생기론의 여러 가지 변형들도 이러한 배경 속에서 등장한 것들이라 할 수 있다.

유기체에 대한 과학적 설명이 원칙적으로 물리학적 및 화학적 설명과 구별되는지 아닌지에 대한 물음은 철학자가 생물학에 제기하는 물음이라기보다는 생물학 내부에서 그리고 생물학이 철학에 제기하는 물음이다. 생물학의 역사는 생명을 물리학적-화학적 과정으로, 즉 생물학을 물리학과 화학으로 환원하려는 자들과 여러 가지 이유에서 그러한 환원이 불가능하거나 무모한 것으로 간주하는 자들 사이에서 벌어지는 갈등을 중재하려는 시도로 묘사될 수 있다. 첫 번째 부류를 대표하는 견해를 기계론 또는 환원주의라 부른다. 두 번째 반기계론자들로 묶을 수 있는 부류는 물활론, 생기론, 신생기론, 전일론(Holismus) 등 다양한 명칭들로 불려진다. 후자의 경우는 생명체의 문제가 부각되는 시기 마다 고유한 명칭을 갖고 있지만 그들의 공통점은 기계론이나 환원주의를 거부한다는 데 있다. 포괄적으로 규정하면, 그리스 원자론에서부터 시작되는 기계론적 유기체론은 기본적으로 생명을 기계적 조직의 산물로 파악한다. 따라서 기계적 조직을 지배하는 작용 원리, 즉 기계적으로 작용하는 힘과 원리에 기초해서 생명현상을 설명하려고 한다. 반면에 고전적 생기론과 신생기론을 포함하여 다양한 생기론적 견해들은 생명은 물리화학적 법칙에 지배되는 기계적 요인들만으로는 모두 설명될 수 없다고 생각했다. 즉 그들은 유기체를 기계론적 원리로는 완전히 규명할 수 없는 특수한 존재라고 주장한다.[25]

유기체의 특수한 지위에 대한 물음은 이미 17세기의 기계론적 체계들 안에서도 제기되었으며, 칸트가 자연과학자로서 이 문제에 관심을 갖고 있었던 시기의 반기계론자들은 생기론을 들고 등장했다. 또한 이들 생기론자들은 유기체를 목적론과 결부시켜 설명하려고 했다. 하지만 다른 한편으로 당시의 여러 학파의 철학자들은 유기체를 이해하는데 있어서 기계론의 무능을 신랄하게 비판하면서 동시에 생기론의 비생산성 또한 비난했다. 그리고 소수의 철학자들은 이러한 갈등 자체를 분석했다. 이 소수의 철학자들 중에서는 칸트가 탁월했다. 『판단력비판』의 「목적론적 판단력비판」에서의 칸트는 어느 한 쪽의 입장에 서서 유기체를 관찰하고 그 결과를 기술하는 과학

---

25 기계론적 생명개념과 생기론적 생명개념의 이해와 역사적 개관에 대해서는 Franz M. Wuketits, *Zustand und Bewußtsein*, 58-94.

적 탐구와 설명에 종사하는 것이 아니라, 방법론적으로 기계론과 환원주의가 유기체의 설명으로는 불충분하며, 따라서 그것이 하나의 목적론적 원리를 통해서 보충되어야 하는 것은 아닌지, 한 마디로 목적론적 원리의 도입의 정당성과 과학이론의 방법론적 지위에 대한 메타이론적 작업을 수행하고 있다.

칸트는 기계론적 인과성을 유일한 과학적 설명 원리로 인정한다. 심지어 칸트는 『실천이성비판』에서도 현상의 세계에서 살고 있는 인간의 도덕적 행위 또한 최종적으로 기계적 법칙을 위반할 수 없다는 점을 분명히 하고 있다. 비록 행위의 도덕적 동기 자체는 자유의 인과성의 지배를 받지만 그 결과는 자연의 기계적 법칙과 일치해야 한다고 주장한다. 그러나 이러한 기계론적 인과성의 유일한 예외가 유기체였다. 유기체들에서 발견되는 경험적 법칙들도 원칙적으로는 그리고 최종적으로는 현상계의 설명 원리로서 기계적 법칙에 일치해야 하지만, 유기체 자체는 인과기계론적 원리로는 만족스럽게 "설명"되지 않는 특성을 갖고 있었기 때문이다.

하지만 칸트의 시대에도 유기체를 그 시대의 지배적 경향에 따라서 기계론적 관점에서 설명하려는 일련의 시도들이 있었다. 그러나 칸트는 비판철학의 원칙을 충실히 지키면서 "자기 자신을 스스로 산출한다"는 유기체가 갖는 가장 중요한 특징을 제대로 설명하지 못한다는 이유에서 기계론적 유기체론을 거부한다. 이는 역으로 칸트가 당시에 시도되었던 기계론적 유기체 이론들을 주목했으며, 그것이 안고 있는 이론적 난점들을 분명히 인식했고 또 공감했다는 것을 의미한다. 그러나 다른 한편으로 칸트가 비록 생기론 특히 후성설에 기울어지긴 했지만, 그는 이와도 "비판적 거리"를 유지한다. 후성설이 때로는 직접적으로 목적론에 의지하는 방식으로 기계론을 포기하기도 했지만, 칸트는 목적론 자체에도 비판적인 태도를 취했다.

전성설은 최초의 통합적인 기계론적 유기체론이다. 하지만 이 이론은 1750년경에 이미 더 이상 과학적 이론으로서의 지위를 누리지 못하게 된다. 이를 대신해서 18세기 중반에 들어서면서 그리 큰 성공을 거두진 못했지만 모페르튀(Pierre L. M. de Maupertuis, 1698-1759), 뷔퐁, 라메트리(J. O. de Lamettrie, 1709-1751) 등의 17세기의 원자론적 범생설(Pangenesislehre)에 의지한 시도들에 뒤이어 일련의 여러 가지 이론들, 특히 뉴턴의 중력 개념에서 힌트를 얻은 유기적 힘이라는 개념을 도입한 이론들이 등장한다. 이 이론들은 오늘날 생기론이라는 명칭 아래 통합되어 총칭된다.[26]

유기체를 설명하는 방식의 큰 차이에도 불구하고, 전성설과 생기론은 둘다 유기체에 대한 하나의 독립적인 설명 영역을 인정한다는 점에서 공통점을 갖고 있다. 또한 이 이론들은 하나의 체계의 현상을 그 체계의 부분들의 속성으로 환원하지만, 역학에서 요청하는 물질을 구성하는 입자들의 속성이 유기체를 설명하는데 충분하다는 것은 부정한다. 두 이론은 유기체를 극미립자들의 기계론적 속성들에 의해서는 완전히 규정되지 않는 것으로 이해한다. 그러나 두 이론은 환원되지 않고 남는 부분을 설명하는 방식에 있어서는 차이를 보인다.

생물의 각 부분이 배(Keime) 속에 이미 존재하고 있다는 학설 또는 개전설(開展說)로도 알려진 고전적인 전성설은 전형적인 이신론적 유기체론이다. 17세기 중반의 기계론은 시계와 시계바늘의 운동처럼 유기체의 출현 역시 부분들이 갖는 속성과 성향으로부터 필연적으로 발생한다고 설명한다. 이것은 기계론적 철학의 원칙이었다. 그러나 이러한 원칙이 설득력을 갖기 위해서는 다양한 생물체들의 유기적 조직들이 어떻게 스스로 운동하는 물질의 일반 법칙에 의해서 발생할 수 있는지 하는 문제가 해결되어야 했다. 다시 말해서 배는 어떻게 조직되며, 이를 위해서 스스로 운동하는 물질의 입자들이 어떻게 그렇게 복잡한 형성물을 만들어내게 되는지, 그리고 하나의 유기체는 어떻게 항상 자신과 동일한 것을 성공적으로 산출하는지 등의 문제가 해결되지 않으면 안 되었다. 이런 문제들을 해결하기 위해서 이루어진 첫 번째 종합적 학설이 17세기 말에 등장한 전성된 혹은 선재하는 배 이

---

26 이하 칸트의 시대까지 이어지는 전성설과 후성설을 중심으로 한 당대의 생물학적 논의들에 대한 간략한 개요와 평가에 대해서는 다음 글들을 참조하라. P. McLaughlin, *Kants Kritik der teleologischen Urteilskraft*, 9-24; 김진, 「칸트의 목적론적 유기체론」, 60-70.

론이었다.

기계론적 유기체 이론은 하나의 독립적인 격리된 학설이 아니라 물질적 세계에 대한 포괄적인 설명 체계의 핵심적인 구성 요소다. 하지만 유기체는 일상적인 물질세계보다 훨씬 더 복잡하기 때문에 우리는 물질의 미립자들의 단순한 운동이 자신으로부터 점차로 이러한 체계를 산출할 수 있다는 것을 결코 표상할 수 없다. 세계 질서는 물질의 기계론적 속성에 의해서 모두 다 규정되지 않는 것으로 보인다. 그럼에도 불구하고 기계론적 운동법칙을 고수하는 진영에서는 오히려 세계가 역학에 의해서는 설명될 수 없다거나 기계론적 법칙이 맞지 않는 것이 아니라 자연, 즉 물질은 많은 다양한 종류의 체계를 산출할 수도 있으며, 그리고 많은 다양한 물질적 체계가 입자들의 운동으로부터 생겨날 수 있다고 보았다. 따라서 그들은 실제로 실현된 가능성이 단지 우연적인 것이 아니어야 한다면, 물질의 속성 즉 세계를 구성하는 요소들로 환원될 수 없는 물질의 근원적인 질서가 주어져 있지 않으면 안 된다고 생각했다. 17세기에 이러한 사고는 자연스럽게 신학적 용어로 표현되었다. 신은 물질을 창조했을 뿐만 아니라 물질 역시 일정한 형태를 갖추고서 일정한 궤도 속에서 운동하고 있다고 주장했다. 이와 같은 이신론에 담긴 근본적인 사고는 세계에서의 신의 활동은 일회적인 것이며 물질의 창조와 동시에 일어난다는 것이다. 신은 우주를 창조함과 동시에 자연 속에 모든 것을 갖추어 놓았으며, 이 후 더 이상 세계의 운행에 관여하지 않는다는 것이다.

이 이신론적 설명에서 "전성"(Präformation)이라는 이름의 의미 또한 분명해진다. 즉 이에 따르면, 모든 종류의 유기적 조직의 형태는 세계의 창조와 함께 확립되었다. 모든 종류의 유기체들은 신적인 시계제작자에 의해서 미리 형성되었다. 생식과 유전 이론의 과제는 종을 번식시키는 이와 같은 힘이 어디에 있으며, 종의 지속성과 영속성이 어떻게 물질적으로 확보될 수 있었는지를 설명하는데 있다. 거의 1 세기 동안이나 주류를 이루었던 이 같은 해결책은 대체로 동시대의 몇몇 의사들과 철학자들에 의한 1670년대에 등장했다. 그 해결책은 이러했다. 여태껏 살아남아 있는 모든 유기체들 각각의 모든 배들은 단 한 번의 창조행위를 통해서 생성되었다는 것이다. 이와 같은 설명방식에 따르면, 배 속에 축소되어 있는 극도의 미시 유기체들은 완전한 형태를 갖춘 채로 지금까지 존재해 왔다. 이러한 견해들은 몇 가지 철학적 및 방법론적 장점을 지니고 있다. 우선 그것이 전적으로 기계론적이라는 것을 들 수 있다. 또 지속성과 영속성에 물질적 원인을 부여한다. 또 유기체를 설명함에 있어서 외견상 피할 수 없는 목적론을 근원적인 창조행위로 옮겨 놓음으로써 과학 자체 속에 목적 원인이 도입되는 것을 차단함으로써 모든 것을 단순히 물질의 기계적 법칙에 의해서 설명하려고 한다.

그러나 또한 이처럼 목적론은 전성설과 그것이 의존하고 있는 이신론적 체계 일반에 있어서도 여전히 일정 부분 그리고 이론적으로 중요한 역할을 하고 있다. 즉, 목적론은 일반적 의미에서 완전히 배제되지 않았다. 하지만 적어도 과학의 영역 안에서 전통적인 철학이 사용한 인과 관계의 네 가지 측면들 중 목적인(causa finalis)은 추방되었다. 반면에 그럼에도 불구하고 형상인(acusa formalis) 또는 물건을 만드는 신이 물질에 새겨 넣은 계획은 허용되었다. 기계론적 체계에서 목적론은 오로지 형상인, 즉 시계를 물질로 만들기 전에 머리 속에 그려 갖고 있었던 시계에 대한 계획 속에만 남아 있게 된다.

이와 같은 이신론적 목적론에 의지해서 전성설은 사실적으로 주어져 있는 종의 형태를 필연적이면서 동시에 우연적인 것으로 파악할 수 있었다. 종의 형태는 그것이 전적으로 기계론적으로 기능을 한다는 의미에서는 필연적이다. 그러나 그 형태는 운동 중에 있는 물질의 단순한 법칙을 통해서는 전부 다 규정되지 않는다는 의미에서는 우연적이다. 따라서 미립자들의 다른 많은 가능한 조합이 존재한다. 결국 이에 따르면 현실적으로 주어져 있는 모든 유기체 및 배의 전개는 신의 특별한 간섭 없이 유지되도록 마련되어 있으며, 완전히 인과적으로 규정된다.

다른 한편 1750년대는 유기체에 관한 이론과 설명에 하나의 근본적인 변화가 일어나는 시기이기도 했다. 이러한 변화를 이끈 배경에는 유기체의 양적 복잡성이 아니라 이중적인 유기적 조직 형태를 취하는 유기체가 안고 있는 질적 이질성 문제가 그 중심에 놓여 있다. 즉, 물질의 입자들은 유기적 부분들 또는 분자들로 조직화되며, 그런 다음 이미 조직화된 이 부분들이 유기체들에서 다시 조직화된다. 고전적인 기계론적 설명의 몰락은 1740년경 일련의 새로운 이론들의 계기요 출발점이 된 민물해파리의 발견을 둘러싸고 벌어진 혼란에 의해서 분명하게 드러난다. 이미 60년 동안 유기체의 본성에 있어서 과학적 설명의 전형을 이루었던 전성설이 아주 신속하게 그리고 아주 철저하게 붕괴될 수 있었던 것은 18세기 초기에 이론적 전제들에 서서히 변화가 일어났다는 것, 그리고 일종의 경험적 계기들 및 과학자들의 세대교체 등을 통해서 설명할 수 있다. 다시 말해서 전성설을 약화시켰던 일련의 요인들이 있었는데, 이러한 요인들이 당시 변칙사례로 남아 있던 해파리와 그 외에 무척추 동물들 등의 재생능력들을 생명이론의 핵심 물음으로, 심지어는 유기체의 상징으로 부상하도록 만들어 주었다. 이에 연루된 결정적인 요인으로 네 가지를 들 수 있다: 1) 지질학적 및 우주론적 이론들의 발전, 2) 특수한 생물학적 종의 분류기준의 성립, 3) 자연과 사회이론에서의 철학적 원자론의 득세, 4) 유기적 조직의 재생에 관한 일반 개념의 성립.[27]

첫째로 배(胚)가 근원적인 형태로 선재한다는 이론은 배가 우주만큼이나 오래되었다는 것을 전제했다. 동물과 식물이 나중에 창조되었다는 것은 이미 성립해 있는 세계에 대한 신의 특별한 개입을 의미했을 것이다. 이신론적 관점에 따르면, 그러한 개입이란 일종의 기적이다. 자연과학은 자연의 최초의 시작을 제외한 자연 사건들이 자연적 원인만을 갖는다는 전제 위에 서 있다. 그러나 지구나 태양계의 성립에 관한 진지한 이론이 제시되자 개전설은 곧 난관에 봉착하게 되었다. 한편으로 극히 복잡한 대규모의 세계체계가 시간 속에서 물질의 법칙에 의해서 발생했다면, 작은 유기체 또한

---

27 P. McLaughlin, *Kants Kritik der teleologischen Urteilskraft*, 16-9.

어째서 단순한 기계적 법칙에 의해서 발생해서는 안 되는가? 다른 한편으로 지구 자체가 시간 속에서 처음으로 발생했다면, 전개된 배를 지닌 최초의 유기체는 우주의 시초부터 거기에서 존재할 수 있었을 것이다. 예를 들면 뷔퐁이 제시했던 것처럼 지구는 태양에서 떨어져 나와서 생명이 처음으로 탄생하기 전에 수천 년 동안 냉각 과정을 거치게 된다. 그런 상황에서 신과 같은 비물질적 원인의 직접적인 활동을 끌어들이는 것은 비과학적이며, 이신론과도 일치하지 않는다.

전성설의 몰락의 두 번째 이유는 1700년경에 레이(John Ray)에 의해서 시작된 생물학적 종(Art) 개념에 나타난 변화를 들 수 있다. 그리고 1750년경에 뷔퐁에 의해서 유기체들의 고유한 종적 특성들은 더 이상 형태상의 유사성에 의한 것이 아니라 공통의 기원과 생식능력에 의한 것으로 확립되었다. 두 유기체가 하나의 단일 종에 속하는지 여부를 판가름하는 결정적인 기준은 그것들이 서로 짝을 이루고 번식가능한 후손을 생산할 수 있는지가 관건이었다. 이를테면 노새처럼 번식불가능한 생물은 말과 당나귀가 두 개의 서로 다른 종이라는 것을 보여준다. 이런 종 개념 자체는 우선 전성설과 전혀 대립하지 않는다. 즉, 동종의 생물은 창조시에서부터 하나의 계통으로 전개되었던 동일한 유기체들이다.

그렇지만 잡종의 생식불능이 본성의 지속성의 표시로써 평가될 수 있다 하더라도 잡종의 단순한 존재와 생명능력은 전성설에 있어서는 하나의 심각한 문제라는 것을 의미한다. 그와 같은 잡종은 명백히 두 기존의 유기적 조직 형태의 혼합체이다. 그러나 전성설에 따르면, 배는 양친들 중의 한 쪽에만 위치한다. 따라서 같은 종의 두 개체가 번식을 통해 생산하게 될 제 3의 개체의 반쪽 배를 각각 구성한다고 가정한다면, 이는 이미 전성설의 토대를 상실하게 된다. 그러나 만일 잡종이 하나의 단순한 부수현상에 불과하다면, 어쩌면 전성설의 설명이 안고 있는 난점은 사소한 것일 수도 있다. 그러나 자연의 역사에서 종 귀속성을 규정하기 위한 교배와 짝짓기 시도가 의미를 지니고 있는 한, 역시 이러한 부수 현상 따라서 전성설의 약점은 계속해서 논의의 중심에 있었다.

전성설에 대한 불만이 증가하게 된 세 번째 이유는 그것이 비과학적인 임시방편적인 가설이라는 것을 제외하고는 원자설과 일치될 수 있는 점이 전혀 없었다는 데 있다. 원자설은 물질의 분할가능성에 원칙적인 한계를 설정한다. 어떤 수준에서는 분할 불가능한 최종 입자가 존재한다. 그러나 전성설은 물질은 원칙적으로 무한히 분할되고 구조화될 수 있다는 것을 전제했다.

네 번째 중요한 이유는 해파리의 재생 능력의 발견과 직접적으로 관계가 있다. 이 미세 동물을 두 부분으로 절단하면 임의의 부분이 손실되어도 해파리는 이 부분을 재생해낸다. 그런데 기계론은 하나의 시계 운동은 부분의 속성과 그 구조에 의존한다고 전제한다. 하나의 톱니바퀴가 고장 나면 기계는 기능을 하지 못한다. 생명을 개체(Individuum)와 유(Gattung)가 최초의 조건들을 지속적으로 복구하는 과정으로 이해한다면, 따라서 생명으로서의 유기적 조직이 영양공급, 부분의 회복과 교체를 통한 자기 재생에 있다면, 해파리의 재생능력은 그것이 더 이상 전혀 놀랄만한 것이 아니라 생명현상의 전형적인 사례가 된다. 처음으로 그러한 재생이론과 결합됨으로써 1740년대의 민물해파리의 재발견은 중요한 의미를 갖게 되었다. 그것은 18세기 동안에 유지되었다.

재생(reproduction)이라는 용어는 18세기 초반에 불도마뱀과 다른 양서류의 기관들의 재생을 표시하기 위해서 도입되었다. 이러한 의미를 이 용어는 19세기 초까지 유지했으며, 이 단어가 넓은 의미로 이용되어 번식(Fortpflanzung)까지도 포괄하게 된 것은 뷔퐁이 처음이었다. 뷔퐁에게 재생은 동물과 식물 사이의 가장 일반적인 공통점이었다. 전비판기의 칸트에 영향을 미쳤던 뷔퐁은 그의 『자연사』(Histoire naturelle) 제2권에서 식물계와 동물계의 공통점을 다루고(제1장), 이어서 다양한 방식의 생식을 연구하기 전에 (제2장에서) "생식 일반"에 대해서 파악하는데, 그의 모든 논의의 출발점이 된 것이 바로 해파리의 재생능력이었다.

전성설을 몰락시킨 일련의 요인들과 그 성과에 힘입어 등장한 이론이

"후성설"이다. 이 견해는 기본적으로 유기체를 생식이론과 유전이론에 근거를 둔 동일한 것의 확대 재생산 이론으로 특징지을 수 있다. 아리스토텔레스 이론의 가장 중요한 대변자인 하비(W. Harvey, 1578-1657)가 이 이름을 도입하긴 했지만, 이 용어는 아리스토텔레스의 이론과는 아무 관계가 없다. 후성설에 속하는 1740년대의 첫 번째 대안 이론은 모페르튀와 뷔퐁이 17세기의 원자론적 이론들을 재수용하면서 내놓은 범생설이다. 이 범생설은 완전한 종적 특성를 갖춘 배를 부모 중 어느 한쪽에만 부여하는 전성설과 달리 번식과 유전을 양친의 씨(Samen)에 의해서 설명한다. 씨는 모든 물체의 부분들에 순응하며, 난자(Ovum)와 정자(Samen)의 혼합에 의해서 자연적으로 양친의 특징들을 전달하는 하나의 배를 만드는 유기적 분자들로 구성되어 있다. 이러한 이론들이 지닌 성격은 잡종이나 원자설과 아무런 충돌도 일으키지 않았으며 또한 지질학의 명제들과도 독립적이었다. 영양공급, 성장 그리고 번식은 뷔퐁에 의하면 입자들의 분할과 융합에 의해서 수행되는 재생의 세 가지 방식이다. 이에 의하면, 모든 유기체들은 입자들의 속성에 의해서 완전히 결정되며, 종들의 유기적 조직 형태들은 배로서 전개되는 것이 아니라 유기적 분자들의 속성과 힘 및 가능한 조합에 의해서 미리 결정된다.

18세기 후반의 생기론은 생명현상은 역학에 기초를 둔 물질의 속성으로 환원될 수 없다는 것을 확립했다. 이제 물질이 갖는 속성과는 전혀 다른 속성, 즉 생명력의 도입이 필연적이었다. 생명력은 역학에서는 어떠한 역할도 하지 않는다. 이 생명력은 그것을 이루고 있는 요소들이 일정한 조건을 갖출 경우에 활동하는 것이라 해도 그러한 요소들 자체에 의해서 작용되는 것도 그러한 요소들로 환원될 수 있는 것도 아니다. 생명력은 입자들의 유기적 조직 자체가 아니라 그것을 이루고 있는 모든 개별 입자들의 속성이 발현함으로써 나타나게 되는 유기적 조직의 결과이다. 말하자면 이 이론은 한편으로는 하나의 체계를 부분들의 속성으로 환원시켰다는 점에서 환원주의적이지만, 기계론적 설명으로 환원시킬 수 없는 고유한 생물학적 설명영역을 허용한다는 점에서는 철저한 환원주의는 아니다. 왜냐하면, 비록 유기체가 물질의 속성과 법칙에 의해서 엄격하게 결정되어 있다 하더라도, 최소한 유기체의 이와 같은 본질적인 속성은 기계론적인 것이 아니기 때문이다. 그와 같은 생명력이 단순히 하나의 신비로운 성질(eine qualitas occulta)에 지나지 않는다는 비난에 대한 대답으로서 생기론자들은 뉴턴의 중력 개념을 끌어들여 생명력 개념의 정당성을 옹호하려고 했다.

3) 물질과 생명

칸트가 본격적인 철학적 연구 활동을 시작한 초기에 주로 관심을 갖고 있었던 영역이 자연철학이었다는 것은 주지의 사실이다. 특히 칸트는 1756년에 쾨니히스베르크 대학에서 동물과 식물의 분류학과 계통학을 포함하는 자연지리학(die physische Geographie) 과목을 개설하고 그 후 1797년에 은퇴하기 전 해까지 40년 동안 48회에 걸쳐 정기적으로 이 과목을 강의했다.[28] 자연지리학 강의는 인간학 강의와 함께 칸트의 첫 대학 강의 과목들이었다.[29] 자연지리학 강의에 이용한 문헌들을 통해 알 수 있듯이[30] 칸트가 자연사와 생식이론에서 이루어진 가장 중요한 발전을 추적했으며, 또 이에 대해서 성찰했다는 것은 확실해 보인다. 실제로『순수이성비판』의 출간을 전후해서 그리고『판단력비판』이전에 발표한『다양한 인종에 대하여』,『인종의 개념 규정』,『철학에서의 목적론적 원리의 사용에 대하여』등은 생물학적으로 중요한 문제들을 다룬 글들인데, 이 논문들도 자연지리학 강의와 관련해서 작성된 것들이다.[31] 이로 미루어 보건대 칸트는 이미 본격적인 철학적 사유를 시작한 초기부터 생물학적 문제에 상당히 몰두했던 것 같다.

이러한 연구가 이루어지던 초기부터 생명체를 기계적 법칙에 의해서 설명하는 가능성에 대해서 칸트는 언제나 회의적인 견해를 취한다. 이 같은

---

28 J. A. May, *Kant's concept of geography and Its relation to recent geographical thought*, 3.

29 J. Mensch, *Kant's Organicism*, ix.

30 칸트가 자연지리학 강의를 위해 이용한 문헌들에 관한 자세한 연구에 대해서는 다음을 보라. Erich Adickes, *Kant als Naturforscher*, 1925.

31 P. McLaughlin, *Kants Kritik der teleologischen Urteilskraft*, 28.

사실은 예전부터 칸트가 자연사를 비롯한 당시의 생물학적 연구 동향과 결과들에 대해서 예의주시하고 있었고, 비록 명확한 형태는 아닐지라도 이미 그 나름의 생물학적 입장을 견지해 가고 있었다는 추측을 가능케 한다. 실제로도 초기에 이루어진 생물학 관련 언급들은 대부분은 자연사 연구에 대한 방법론적 성찰들을 위주로 한 것이긴 하지만, 그럼에도 이 시기의 칸트는 경험적 자연현상으로서 유기체가 보여주는 독특함과 신비로움을 인정하면서 또 생명의 기원에 대한 전적인 설명 불가능성을 지지하면서 생명을 비유기체 즉 물질로부터 분명히 구분짓는 태도를 견지하는 것은 물론,[32] 또 한편으로는 인간을 다른 유기체와 구별하는 입장도 고수하고 있다.[33] 이 같은 흔적은 1755년에 발표한 태양계의 기원과 발전을 물질(Materie)의 일반 법칙과 속성에 의거해서 설명하려고 시도하고 있는 『보편적 자연사와 천체이론』에서도 분명하게 나타난다. 이 저술에는 거시적인 자연 세계에 대한 진술들로 가득 차 있지만 유기체에 대한 소견도 곁들여지고 있다. 말년의 철학적 사유에 이르러서까지도 유기체를 놓고 끝없는 줄다리기를 하고 있는 칸트의 고민 또한 이미 『보편적 자연사와 천체이론』에서 극적인 형식으로 대비해 놓은 다음과 같은 구절에 예시되어 있다.(I:237 이하)

> 나에게 물질을 주면 나는 그것을 갖고 세계를 건설할 것이다. 즉, 나에게 물질을 주면 나는 너희들에게 어떻게 해서 세계가 생겨났는지 보여줄 것이다.

> 우리는 '나에게 물질을 주면 나는 너희들에게 하나의 유충이 어떻게 해서 생길 수 있는지 보여줄 것이다' 라고 말할 수 있는가? … 〔그것은 불가능하다〕

이 두 구절이 시사하듯이 물질과 생명은 현상적으로 전혀 다른 특성들을 갖는 대상들이다. 이처럼 생명과 물질을 차별화하는 기조는 전체적으로 칸트의 생물학적 고찰의 핵심을 이루고 있다. 칸트는 물질의 원리에 대해서는

---

32 K. Roretz, *Zur Analyse von Kants Philosohpie des Organischen*, 112-50.; E. Ungerer, *Die Teleologie Kants und ihre Bedeutung für die Logik der Biologie*, 64-132.; R. Löw, *Philosophie des Lebendigen. Der Begriff des Organischen bei Kant, sein Grund und seine Aktualität*, 138 이하.

33 John H. Zammito, *The Genesis of Kant's Critique of Judgment*, 189.

확신하고 있지만, 생명의 원리를 기계적 법칙에 따라서 설명할 수 있는 가능성에 대해서는 회의적이었다. 즉, 칸트는 전자에 대해서는 가장 단순한 기계적 원인에 따라 세계 체계의 성립을 설명할 수 있다는 확신에 차 있지만, 후자에 대해서는 그 가능성을 부인하고 있다. 그림에도 불구하고 물질과 생명을 하나의 통일적 원리에 입각하여 설명해야 하는 문제는 자연과 자유의 조화와 통일적 체계를 기획하고 있는 칸트의 선험철학의 목표와 궤를 같이 한다.

신의 존재와 자연법칙의 양립 가능성에 대한 관심을 보여주고 있는『보편적 자연사와 천체이론』에서 칸트는 자연을 뉴턴처럼 "신의 직접적인 손,"(I:274) "신의 직접적인 의지의 통솔,"(I:363) 또는 "신의 선택"(I:371)에 의해서 조정되고 간섭받고 지배되는 그런 존재가 아니라 자연 자체의 자족적인 운동 법칙에 따라서 움직이는 하나의 거대한 건축물로 이해한다. 그런데 여기서 칸트는 유기체든 비유기체든 기본적으로 기계론에 의거하여 일체의 자연현상을 설명하려는 태도를 견지하면서도, 동시에 기계적 법칙을 단순한 기계적 작용이 아니라 사물들의 내부적 힘들의 작동에 근거하여 이해하려 하고 있다. 때문에 칸트는 자연의 역사를 자연의 내면적 법칙에 따라 발생·소멸하는 과정으로 설명하기도 한다. 이러한 자연법칙의 필연성이 곧 물질에 내재되어 있는 힘을 움직이고 지배하는 원리로 파악되고 있다. 그리고 신을 바로 기계론적 운동 법칙 및 이에 따라서 스스로 발전해 가는 물질을 창조한 자로 상정함으로써 신 존재와 자연법칙의 양립 가능성을 옹호하고 있다.

그런데『보편적 자연사와 천체이론』에 바로 앞서 발표한 최초의 저술이자 학부 졸업논문인『활력 측정론』(I:15-218)[34]에서도 이미 칸트는 물질에 내재하는 살아 있는 힘, 즉 "활력"(lebendige Kraft)에 대해서 말하고 있다. 이 개념이 당시에 생명력(Lebenskraft) 개념을 도입한 생기론, 특히 18세기 후반 생

---

34 이 저작의 원제 : Gedanken von der wahren Schätzung der lebendigen Kräfte und Beurteilung der Beweise, derer sich Herr von Leibniz und andere Mechaniker in dieser Streitsache bedienet haben, nebst einigen vorhergehenden Betrachtungen, welche die Kraft der Körper überhaupt betreffen (1746)

명현상의 물질적 속성으로의 환원 불가능성을 확립한 생기론자들의 입장을 예견하고 있는지는 분명하지 않다. 적어도 이『활력 측정론』에서는 칸트는 유기체나 생명체에 대해서는 전혀 언급하고 있지 않기 때문이다.

그러나『활력측정론』에서는 데카르트와 라이프니츠의 역학이론이 집중적으로 검토되고 있지만, 이미 데카르트는 인간의 신체 구조에 대한 의학적 저술들을 포함한 자연철학에서 인간의 영혼을 제외한 살아 있는 생명체들 즉 유기체를 죽어 있는 것으로 환원하려는 태도를 취하고 있었으며, 라이프니츠의 모나드 형이상학은 데카르트와는 정반대로 전 자연은 생명으로 충만해 있으며, 유기적 구조로 이루어져 있는 것으로 보려고 했다.[35] 그럼에도 불구하고 칸트는『활력측정론』과『보편적 자연사와 천체이론』에서 이들에 대한 직접적인 평가는 물론이고 유기체 문제에 대한 구체적인 언급을 극히 자제하고 있다.

『활력측정론』에서 주목할 것은 유기체를 포함해서 물질 일반이 갖는 있는 본질적 힘, 즉 운동하는 물체에 작용하는 힘으로서의 활력은 물리학적 내지는 수학적 개념으로 완전히 규정될 수 없는 형이상학적 대상으로 파악되고 있다는 점이다. 즉,『활력측정론』의 칸트에 따르면, 활력 내지는 살아 있는 힘은 기하학적 설명이든 물리학적 설명이든 기계적 법칙의 일방적 적용으로는 해결되지 않는다. 한마디로 활력은 "계산될 수도 없고, 어떤 인과관계에서 파악될 수도, 규정될 수도 없다."[36] 그것은 기본적으로 "물체의 내부에 있는 자유로운 운동,"(I:174, 180) 물체의 "필연적 속성이 아니라 가정적인 것이자 우연적인 것"으로서 물체의 "자유로운 운동의 전제"(I:183-4)로 상정되고 있다. 그런데 천체의 생성과 운동을 뉴턴을 따라 보편적 자연법칙에 기초하여 이해하고 있는『보편적 자연사와 천체이론』에서 칸트는 직접 유기체에 대해서 거론하고 있으면서도 분명한 언급은 유보하고 있다. 아마 그 이유는 이미 당시의 생물학적 관찰 결과들이 보여주고 있듯이 유기체는

---

35 A. Model, *Metaphysik und reflektierende Urteilskraft bei Kant*, 290.
36 F. 카울바하,『칸트 비판철학의 형성과정과 체계』, 36.

단지 움직이는 힘만을 갖는 것이 아니라 자신 속에 물질을 유기화하는 힘, 즉 자신을 번식시키고 형성하는 힘도 갖고 있는데, 이에 대해서 아직 어떤 분명한 입장을 갖지 않고 있거나 고민하고 있는 중이기 때문이라고 추정해 볼 수 있을 것이다.

칸트는 『보편적 자연사와 천체이론』에서 모든 자연 사물들의 기원을 기계적 법칙에 근거하여 설명할 수 있는 원칙적인 가능성을 유지하면서도 유기체의 설명에 따른 어려움을 토로하고 있다. 칸트는 수사학적인 표현을 빌러 다음과 같이 묻는다.

> 우리는 '나에게 물질을 주면 나는 너희들에게 하나의 유충이 어떻게 해서 생길 수 있는지 보여줄 것이다' 라고 말할 수 있는가? 우리는 여기서 이 대상들의 참된 내적 성질과 그것이 드러내고 있는 다양성과의 관련에 대해서 무지하기 때문에 첫 걸음부터 난관에 봉착하고 있지 않은가? 단 하나의 풀이나 하나의 유충이 생겨났다는 것이 기계적 근거에 입각해서 명백히 그리고 완전히 알려지기 이전에 모든 천체의 물체들의 형성, 그 운동의 원인, 즉 우주의 현재의 전체 구조의 근원이 더 먼저 이해될 수 있을 것이라고 내가 감히 말한다고 이상하게 여겨서는 안 된다.(I:237)

칸트는 이 같은 어려움이 태양계의 복잡성으로 인해서 야기된 단순히 기술적 문제인지, 아니면 근본적 특성 때문인지에 대해서는 분명하게 밝히지 않고서 태양계를 설명하는 것보다 유기체를 설명하는 것이 훨씬 더 어렵다고 말하고 있다. 그리고 칸트는 물질로부터 유기체(풀이나 유충)의 생성의 설명가능성에 대해서 주저 없이 아니라고 답한다. 칸트가 여기서 느끼고 있는 어려움은 그가 태양계의 설명이 유기체의 설명보다 더 쉬울 거라고 말하고 있는 점을 미루어 보아 단순히 기술적인 어려움을 말하는 것처럼 보인다. 다시 말해 칸트는 그 어려움에도 불구하고 유기체의 기계적 산출의 설명가능성을 포기하지 않고 있다. 오히려 유기체의 기원을 원자들의 "맹목적인 응집(Zusammenlauf)"에서 유래하는 것으로 설명했던 그리스 원자론자들의 견해가 불합리하다고 지적하면서 "나의 이론체계에서 나는 물질이 어떤 필연적 법칙에 결합되어 있다고 생각한다."(I:234)는 것을 강조하고 있다. 이처럼 칸트는 유충에 대해서 기계적 설명을 제시할 수 있는 가능성에 대한 회의에도 불구하고, 그의 우주 생성의 기계적 법칙을 유기체 산출의 근원으로 상정하는 입장을 고수하고 있다.

이와 같은 기본적인 입장 아래서 칸트는 유기체의 산출 가능성에 대해서 기계적 법칙에 따라서 행성들이 처음에 점차적으로 생겨나고 시간이 경과하면서 일정한 조건이 갖추어지게 되면 그 결과 생명이 출현하게 된다고 보면서도 물질로부터 생명이 어떻게 생겨날 수 있는지에 대해서는 함구하고 있다. 반면에 훗날 『판단력비판』에서는 보다 분명한 어조로 유기체에 대한 기계론적 설명의 불가능성과 부적절함, 좀 더 정확하게 말한다면 그 '한계'를 토로한다.

> 우리가 유기체와 그 내적 가능성을 단순히 기계적 원리들에 따라서는 결코 충분히 알 수 없으며, 설명할 수는 더 더욱 없다는 것은 아주 확실하다.(X:352)

칸트가 이처럼 『보편적 자연사와 천체이론』에서 보여준 유보적이고 회의적인 태도로부터 『판단력비판』에서 피력하고 있는 "확신"은 그의 유기체에 관한 사고에 중요한 변화가 있다는 것을 의미하며, 그러한 변화의 단초에 주목할 필요가 있다. 『판단력비판』의 확정적 견해에 따르면, 이러한 유기체의 생성 과정에 대한 이해는 인식의 한계를 넘어서는 것으로서 과학적 설명의 대상이 아니다. 만일 과학적 설명을 시도한다면, 그것은 곧 사변적 형이상학 즉 독단적 형이상학에 빠지게 된다. 또한 『판단력비판』에서 칸트는 아주 분명하게 "살아 있는 물질" "생명 있는 물질" "생명을 가진 물질"의 개념적 모순을 지적하고 있다.(X:345) 칸트에 따르면 물질의 본질적 특성은 무생명(Leblosigkeit) 또는 비활동성(inertia)이다. 따라서 생명 있는 물질의 가능성은 생각조차 할 수 없는 것이다. 물질과 생명은 오직 유기체를 매개로 해서만 상호 관계가 추론될 수 있다. 즉, 물질로부터 유기체가 그리고 유기체로부터 생명현상이 나타나지만, 그럼에도 불구하고 생명은 물질이 아니며, 물질로부터 유기체가 어떻게 생겨하는지에 대해서는 설명할 수 없다.

4) 신의 존재와 유기체

칸트는 『보편적 자연사와 천체이론』에서 "천체의 형성과 운동의 근원을 최초의 자연 상태로부터 기계적 법칙에 의해서 도출할 수 있는 체계의 발견"(I:227)을 시도한다. 이에 따르면, 물질적 조건들로부터 행성들이 출현하고 다시 이로부터 생명체가 산출된다면, 물질로부터 생명의 출현 가능성을 설명할 수 있는 가능한 대안은 두 가지이다. 하나는 물질이 생명을 산출하는 능력을 갖고 있는 경우이며, 다른 하나는 신이 이미 현존하는 세계에 개입함으로써 생명이 기적처럼 출현하는 경우이다. 칸트는 우주 생성의 기계적 근원을 수용하기 때문에, 두 번째 대안은 비과학적 설명으로 배제한다. 왜냐하면 이러한 신학적 설명은 당장에 모든 것을 설명할 수는 있지만 생명체의 출현을 위해서 신이 언제나 다시 세계에 개입해야 하는 등 비과학적인 임시방편적 가설 이상의 것을 제공하지는 못하기 때문이다.

칸트는 그의 천체이론을 마무리 하는 "천체의 거주자들에 대하여"(I:377-93)라는 주제 아래에서 수많은 다양한 천체의 행성들 위에 생명들이 존재할 수도 있다는 조심스런 추측을 해보고 있다. 칸트는 여기서 어떤 행성들에는 지구에 생명체가 존재하듯이 적절한 조건들이 갖추어지면 생명이 존재할 수 있다는 것을 부정하는 것은 합리적이지 못하다고 말하고 있다. 이런 추정은 그 정당성을 떠나 그리고 어떻게 그것이 가능한지에 대한 구체적인 언급은 없지만, 칸트가 가정한 기계론적 원리를 일관되게 적용함으로써 시간의 진행 속에서 필연적인 물리적 조건들이 나타나게 되면 생명의 발생이 자연적으로 이루어질 것이라고 생각했다는 것을 의미한다.

그러나 『보편적 자연사와 천체이론』 이후 7년이 지나서 발표한 『신 존재 증명』[37]에서는 사정이 달라진다. 여기서 유기체는 정식으로 과학적 설명이

---

37 이 저작의 원제 : Der einzig mögliche Beweisgrund zu einer Demonstartion des Daseins Gottes(1763,

필요한 근본적인 문제로서 부각된다. 하지만 동시에 칸트는 "식물이나 동물의 최초의 산출이 보편적인 자연법칙으로부터 따라 나오는 기계적 부산물로 간주된다는 것은 불합리한 것이 될 것이다."(II:680 이하)라고 하여 기계적 법칙은 식물과 동물의 구조(Bau)를 설명하기에는 불충분하다고 주장한다. 그렇다면 유기체를 설명하기 위해서는 기계적 법칙 이외의 다른 무엇이 필요하다고 주장하는 것은 자연스럽다. 그러나 여기서도 칸트는 유기체에 관한 하나의 이론을 개진하고 있지는 않다. 칸트가 주로 관심을 갖고 있는 것은 대체로 두 가지로 모아진다. 하나는 비록 유기체를 설명하는데 기계론적인 자연법칙이 불충분하지만, 그렇다고 해서 자연사물의 과학적 설명에서 초자연적 것을 끌어들이는 것을 최소화하려는 태도를 유지하고 있다는 것이며, 때문에 여기서도 여전히 『보편적 자연사와 천체이론』에서 보여준 천체이론을 되풀이 하고 있다.(II:708, 725) 다른 하나는 자연사물에 대한 기계적 법칙만으로는 충분치 않은 부분, 즉 유기체가 과연 신의 현존을 증명하는데 어떤 기여를 하는지를 검토하는데 있으며, 이로부터 유기체에 관한 기계론적 설명이 갖는 근본적인 난점을 보다 분명히 인식하고 있다는 것이다. 칸트는 다음과 같이 밝히고 있다.

> 나의 현재의 의도는 보편적 법칙에 따라서 그러한 결과들을 산출할 수 있는 보다 큰 가능성을 자연사물에 허용해야 한다는 것을 보여주려는 것뿐이다.(II:681)

칸트는 이 저술에서 유기체를 기계적 법칙에 따른 산물로 설명할 수 없다는 점을 분명히 한 후 소위 전성설과 후성설로 대표되는 두 가지 가능성들에 대해서 검토한다.(II:680 이하) 칸트는 이 곳에서 아주 명백하게 두 번째 대안을 선택하는데, 그것은 그것이 설득력이 있기 때문이 아니라 오히려 첫 번째 대안이 결함이 있기 때문이다. 왜냐하면 전성설을 받아들일 경우, 그것은 곧 신이 갑자기 모든 배를 직접적으로 창조하여 최초의 유기체를 만들

바이셰델판 II)

었다고 가정하거나 신이 세계 속의 모든 생식에 개입했다고 보아야 하는데, 그것은 너무 초자연적인 것을 가정하는 것이기 때문이다. 전성설에 대한 대안으로 후성설을 칸트는 원칙적으로 찬성한다. 왜냐하면 후성설은 유기체의 산출을 직접적인 신적인 행위로 환원시키려 하는 대신에 최소한 과학적으로 설명하려고 시도하기 때문이다.

비록 『신 존재 증명』에서도 유기체에 대한 사고를 좀 더 깊이 있게 천착해 나가고 있지는 못하지만, 맥로린이 지적하듯이, 칸트가 어떤 경우든 유기체에 관한 기계론적 설명에서 근본적인 난점들을 보기 시작했다는 것은 분명하지만 무엇에 있어서 유기체가 그 밖의 사물들과 구분되는지에 대한 개념적 파악은 아주 확실히 하고 있지는 않다.[38] 여기에서도 칸트에게 유기체는 여전히 경탄(Bewunderung)의 대상이다.[39] 칸트의 이 "경탄"이라는 표현은 그가 아직까지 개념적 이해에 도달하지 못한 유기체를 놓고 얼마나 고민하고 있는지를, 즉 유기체를 대하는 칸트의 태도를 상징적으로 대변하고 있다. 후에 칸트가 『판단력비판』에서 이 표현을 다시 등장시키고 있는데, 여기서도 유기체는 여전히 경탄을 자아내는 대상이다. 하지만 거기서 칸트는 "목적론적 판단력의 분석론"이라는 이름 아래 이 같은 고민을 해소할 수 있는 해결책을 제시하기에 이른다.(X:307-12) 그러나 『판단력비판』에서 보여준 해결책에도 불구하고 "경탄"의 대상으로서의 유기체에 대한 사유는 말년에도 계속된다.

5) 인간 이성의 발생적 기원과 목적론적 원리

자연 개념에 대한 최초의 확정적인 규정이 등장하는 『순수이성비판』에서의 입장과 비교할 때, 전비판기 특히 1740년대 중반부터 1750년대 중반까지 칸트가 견지하고 있던 자연에 대한 그의 사고의 가장 중요한 측면은 『순수이성비판』은 물론이고 그의 말년에까지 완전히 사라지지 않고 보존되고 있

---

38 P. McLaughlin, *Kants Kritik der teleologischen Urteilskraft*, 28.

39 칸트는 『신 존재 증명』에서 다음과 같이 쓰고 있다: "내가 모든 깃털과 갈대, 모든 신경혈관, 지레와 그 기계적 조직을 통찰할 수 있다 하더라도, 여전히 경탄은 남는다."(II:725)

다. 그것은 1755년에 발표한 『보편적 자연사와 천체이론』에 그대로 나타나 있듯이 유기체를 포함한 자연은 그에 대한 체계적 인식 이상의 것이라는 생각이다. 선험철학적 토대 위에서 그리고 인간 이성의 한계 내에서 발견하고 또 근거짓고자 했음에도 불구하고 칸트에게 자연은 항상 완전히 규정되지 않고 남아 있는 그 이상의 무엇이었다. 이러한 사고와 태도의 근저에 놓여 있는 가장 큰 걸림돌이 바로 유기체 문제였다고 할 수 있다.

자연 개념을 이성의 한계 안에서 근거짓고자 한 『순수이성비판』에서의 칸트는 유기체를 포함한 자연의 모든 사물들은 선험적 관념론에 입각하여 이해된 합법칙성으로서의 기계론적 법칙에 따른다고 말하고 있다. 따라서 이러한 대전제에 의하면, 유기체에 대한 어떠한 설명도 기계론과 상호 모순되어서는 안된다. 그런데 문제는 유기체가 보여주는 합목적 특성은 이에 대한 기계론적 설명만으로는 만족스럽지 못하다는 데에 있다. 즉 생명현상은 비유기체와 판이한 특성을 갖고 있으며, 또 인간이 이러한 유기체들 내부에서 일어나는 복잡한 기계적 관계를 통찰하는 것은 불가능하기 때문이다.(X:393)

심지어 『순수이성비판』의 핵심적 논의에 해당하는 '직관과 개념의 종합이 어떻게 이루어지는가?' 하는 문제에도 유기체에 대한 사고가 전제되어 있다. 이 문제를 칸트는 인식의 두 이질적인 형식이 선험적 상상력의 매개를 통해 실제적인 결합을 가능케 한다는 설명을 통해 해결한다. 칸트에 의하면 "상상력은 지적 종합의 통일성을 위해 지성에 의존하고, 그 각자의 다양성을 위해 감성에 의존한다."(B164) 그러면서도 이 상상력은 양자 어디에도 속하지 않는 심성의 독립적인 근본 능력이다. 상상력을 통해서 감성과 지성이 서로 동화되어감으로써 소위 종합이 이루어진다고 볼 수 있다. 바로 이런 일이 가능한 것도 이성 자신의 유기체적 성격에 기인한다. 칸트는 이성의 이런 성격을 "지성 측에 들어 있는 범주가 모든 경험 일반의 가능성의 근거를 가지고 있다는 주장"으로서의 "순수이성의 후성(Epigenesis) 체계"라 부른다.(B167) 경험과 이 경험의 대상에 관한 개념의 필연적 일치, 즉 개념이 경험을 가능하게 하는 것도 이성의 이러한 성격 때문이라 할 수 있다.

이와 함께 칸트는 이성의 이 같은 소질에 대해서 "자연발생설"은 "범주의 경험적 근원을 주장한다"는 점에서, 그리고 인간의 "사고하는 주관적 소질의 사용이 자연의 법칙과 꼭 일치하도록 조물주에 의해서 마련되어 있다고 생각하는 (순수이성의) 전성설"은 "범주가 그 개념에 본질적으로 속하고 있는 필연성을 갖지 못한다는 치명적인 결함"을 갖기 때문에 모두 물리친다.(B167) 따라서 인간 인식의 자발적 사고물로서의 범주의 선천성의 기원과 관련하여 유기체로서의 인간의 발생적 기원과 그 근원적 능력과 소질의 사용을 허용한다는 점에서 순수이성의 후성설을 수용하고 있긴 하지만 그것도 추정해 본 일종의 형이상학적 가설 이상의 것이 아니다. 다시 말해서 여기서 칸트는 인간 이성의 생물학적 기원에 대한 과학적 설명 가능성을 가능한 인식의 한계를 넘어서는 것으로서 전혀 시도하지 않고 있다.[40] 왜냐하면 "범주의 발생적 기원"에 대한 문제는 적어도 칸트에게는 사실 근거의 문제이지 선험철학이 의도하는 권리 근거의 문제가 아니기 때문이다.[41] 칸트는 죽어있는 물질에 한정하지 않고 유기체를 포함해서 범주의 아프리오리한 획득의 발생적 기원과 관련해서도 일종의 진화론적 사고 경향을 보여주고 또 언급하기도 하지만 이를 과학적 설명으로 인정하지는 않는다. 칸트는 유기체의 진화에 대한 사고를 매혹적인 것으로는 보지만 경험적으로는 정당화될 수 없다는 것을, 즉 "경험으로는 유기체의 계통발생적 과정을 증명할 수 없다는 것을 분명히 하고 있다."[42] 하지만 폴머 같은 진화적 인식론자들은 생물학적 차원에서 범주의 아프리오리한 획득의 발생적 기원에 대한 규명이 체계적 인식이론에 필수적이라고 보고 있다.[43]

---

40 칸트의 선천성(Apriorität)과 인과성 범주의 개념을 중점적으로 고찰하면서 인간 이성의 발생적 기원에 대한 칸트의 제한된 시각을 탈피하고 인간의 이성을 생물학적 시각에서 보려고 함으로써 현대 진화론적 인식론의 기초를 다져놓은 기념비적 저술로는 다음을 참조. K. Lorenz, "Kants Lehre vom Apriorischen im Lichte gegenwärtiger Biologie,", 1941.

41 G. Vollmer, "Kant und die Evolutionäre Erkenntnistheorie", 183 참조.

42 같은 글, 188 참조.

43 칸트의 선험적 인식론과 대결하는 진화적 인식론의 전개에 대해서는 김진, 「선험철학과 진화적

420

실제로 『순수이성비판』에서 생물학과 관련된 직접적인 언급들은 별로 없다. 그러나 유기체의 특이성에 대한 언급은 여러 곳에서 발견된다.(A317-318/B374, A384, A526-527/B554-555) 특히 유기적 조직의 전체성이 갖는 특이성과 관련하여 자연에서 발견되는 종들은 현실적으로 구분되어 있고, 따라서 그 자체가 본래 하나의 불연속량(quantum discretum)을 이루고 있기 때문에 유기적 형식들의 연속성을 위해서는 불가불 종의 연속성(continui specierum), 즉 "자연에서의 연속성의 법칙"(lex continui in natura)이라는 선험적 법칙을 전제해야 한다고 설명하고 있다.(A526/B554, A661/B689) 그러나 칸트 스스로 밝히고 있듯이 이러한 형식들의 연속성이란 하나의 이념에 불과한 것이고, 따라서 이 이념에 합치하는 대상이 경험 중에서는 전혀 발견되지 않지만, 그럼에도 경험에 적합한 지성적 인식의 체계적 통일을 위해서는 필요한 것으로 간주한다. 결국 유기체적 종들 사이에서 발견되는 형식들의 연속성이라는 이념은 경험적으로 사용될 수 없는 것이다.

이와 같은 칸트의 논변은 무한 분할가능성을 유기체에 적용할 수 있다는 것을 부정함으로써 라이프니츠의 주장을 반대하고 있다. 따라서 칸트는 불연속량을 전제하는 범생기론을 거부하고 있다. 이는 곧 칸트가 번식을 통한 새로운 생물종의 발생을 인정하지 않으며, 또 물활론은 물론 생기론에 대한 우호적인 태도에도 불구하고 이를 모두 물리치는 이유가 된다. 이와 같은 유기체를 바라보는 칸트의 태도는 『판단력비판』에서 그대로 이어진다. 다만 달라진 것은 유기체에 관한 확정적 견해를 제시함으로써 당시 르네상스를 맞이한 스피노자주의와 범신론 그리고 헤르더가 유포시킨 물활론과 직접적으로 대결하면서 이들을 물리칠 수 있는 분명한 논거를 제시함으로써 비판적 목적론과 도덕신학을 선험철학적 체계 연관 속에 위치시키면서 체계 통일의 기획을 완성해 가고자 한 점이다.[44]

인식론」, 130-153; 원승룡, 「진화론적 인식론 대 초월론적 인식론」, 297-324; 손동현, 「선험적 이성의 생물학적 연원 - 진화론적 인식론의 인식론적 의의」, 221-37.

44 헤르더에 대한 칸트의 비판은 『판단력비판』에 앞서 1785년에 발표되었다. 이에 대해서는 I. Kant, Rezensionen zu Johann Gottfried Herder; Ideen zur Philosophie der Geschichte der Menschheit

칸트는 1784년에 발표한 헤르더의 글에 대한 서평에서 유기체의 구조를 통해 "물질의 자연적 형성과정에 비유해서" "인간 영혼의 정신적 본성과 그 영속성 및 완전을 향한 진보 과정을 증명하려고 하는" 헤르더의 시도를[45] "물질에 생기를 넣어주는 보이지 않는 일반적 본성," 즉 "유기체에 작용하는 보이지 않는 〔정신적〕 힘"을 가정함으로써 "우리가 이해하지 못하는 것을 설명하기 위해서 더 잘 모르는 것을 사용하려는 시도"라고 비판하고 있다.[46] 이 서평에서 칸트는 유기체에서 발견되는 유기적 힘을 "경험적인 자연과학 밖에 있는 이념"으로 규정하면서, 물질 속에 들어 있으면서 모든 것을 유기화하는 생명력을 포함하고 있는 정신적 힘의 가정으로부터 인간의 두뇌와 직립보행의 필연적 관계, 직립보행으로부터 이성적 능력의 획득 등에 대한 의문에 답하려는 것은 "인간 이성의 한계를 초월하는 물음"이라고 결론을 내리고 있다.[47] 여기서 칸트는 "유기적 힘"을 사변철학에 속하는 "이념"으로 파악함으로써 유기체 문제를 바라보는 자신의 시각의 일단을 보여주고 있다.

또한 『순수이성비판』의 출간을 전후해서 생물학적 문제들을 다룬 논문들이 발표되었는데, 『다양한 인종에 대하여』, 『인종의 개념 규정』, 『철학에서의 목적론적 원리의 사용에 대하여』가 그것이다. 이 논문들은 일차적으로 인류의 공통의 기원에 대한 물음과 인종 분류의 경험적 결정기준에 대해서 다루고 있지만, 특별히 주목할만한 것은 유기체의 기관과 구조의 합목적성에 대한 물음에 관심을 보여주고 있다는 점이다. 칸트는 이들 저술에서 환경조건에 적응하면서도 이와는 독립적으로 이러한 적응을 계속해서 유전시키는 유기체의 능력에 주목하고 있다.

『다양한 인종에 대하여』가 시사하고 있듯이, 이 시기에 이미 칸트는 리나

(1784/1785), 바이셰델판 XII권(이하 Rezensionen zu Johann Gottfried Herder). 스피노자주의 및 범신론과의 대결과 비판에 대해서는 『판단력비판』 중의 「목적론적 판단력의 변증론」 특히 §72-3 참조.

45 I. Kant, Rezensionen zu Johann Gottfried Herder, 790.

46 같은 글, 791-2.

47 같은 글, 792-3.

에우스, 뷔퐁, 모페르튀의 저작들을 잘 알고 있었던 것으로 보인다. 러브조이에 따르면, "칸트는 동물학적 사실들 대부분은 물론 과학적 방법에 대한 개념들 일부도 뷔퐁으로부터 물려받았다."[48] 특히 칸트가 당시 뷔퐁에게서 넘겨받은 종(Rasse) 개념은 자연사에서는 전에 없던 것으로서 새로운 문제를 제기하게 만들었다. 그것은 생식력이 있는 잡종의 존재와 관계가 있다. 즉, 그 특징이 변함없이 유전되면서도 그것들이 다른 변종들과 짝을 이루지 않으면서 생식력 있는 후손들을 낳을 수 있을 때 아주 서로 다른 종으로 간주될 수도 있는 확연히 구분되는 변종들이 존재한다는 사실이다. 그런 변종들은 뷔퐁에 따르면 그것들이 서로 다른 유전적 특징을 소유하고 있다 해도 공통의 기원을 가져야 했다. 그리고 최초의 종으로부터 그와는 구분되는 특징을 물려받은 계통이나 아종이 파생되고, 그런 아종에 있어서는 유전가능한 새로운 특징이 발생하게 된다. 게다가 그렇게 유전된 특징들 또한 환경에 명백히 합목적적으로 적응하고 있는 것으로 보인다.

그렇다면 이와 같은 새로운 합목적적 성질의 유전은 어떻게 해서 가능한가? 이에 대해서는 다음과 같은 경우를 생각해 볼 수 있다.(XI:65-82)[49] 아프리카 흑인과 유럽 백인은 짝짓기를 할 수 있으며, 양쪽의 속성을 갖고 이를 계속 물려줄 수 있는 후손을 낳을 수 있다. 그러므로 두 종은 동일한 생물학적 종에 속하게 된다. 이미 200년을 아프리카에서 산 유럽 백인(포르투갈인)은 피부가 태양빛에 검게 타 갈색이 되었지만 어린아이는 출생시에 유럽인과 아주 똑같이 희다. 즉 검은 피부색은 유전되지 않는다. 유럽으로 끌려 간 흑인은 유럽의 기후에 의해서 피부색이 바래지지 않고, 그들의 피부색을 변함없이 계속 물려준다. 두 종은 공통의 기원을 갖기 때문에 흑인은 과거 어느 시기엔가 흑인이 되어 있었으며, 그 이후로 종적 특성을 유지해오고 있다. 또한 칸트는 흑인의 피부색은 열대 기후에 합목적적으로 적응해 왔다고 가정한다. 그러므로 다음과 같은 물을 수 있다: 어떻게 흑인은 열대 지방에

---

48 A. Lovejoy, "Kant and Evolution", 179.
49 Bestimmung des Begriffs einer Menschenrasse.

적응할 수 있었는가? 그리고 어떤 이유에서 그들은 유럽에서는 희어지지 않는가? 어떻게 환경은 합목적적인 유전 가능한 적응을 만들어낼 수 있었는가? 그리고 어떤 이유에서 환경은 적응을 취소시킬 수 없는가?[50]

칸트는 역학의 법칙이 유기적 구조의 최초의 발생을 설명할 수 있나는 것을 의심했기 때문에, 근원적인 유기적 조직을 가정한다. 우리가 환경이 기계적 작용에 의해서 (유전되는) 유기적 조직을 변화시킬 수 있다고 가정한다면, 환경이 시간이 흘러가면서 임의적으로 계속해서 유기적 조직을 변화시킬 수 없었던 이유, 즉 환경이 유기적 조직 형태를 기계적 법칙에 의해서 산출할 수 있었던 이유 역시 존재하지 않는다. 그러나 환경이, 예를 들어 추위와 같은 기후가 어떻게 유기체에 변화를 가져왔는지를 통찰할 수 없다. 그러므로 칸트는 유기체에 합목적적인 모든 변화는 근원적인 합목적적인 유기적 조직에 소질로서 존재해야만 하며, 또한 환경에의 적응은 근원적인 계통 속에 있는 "배" 또는 "자연적 소질"로서 이미 전개되도록 갖추어져 있어야 한다고 결론을 내린다. 이것들은 그에 상응하는 환경조건들에 의해서 드러나게 되지만 이미 소질로 주어져 있는 속성들만이 계속해서 유전될 수 있다.[51] 그러므로 칸트는 스스로 물려받은 것만이 유전될 수 있다고 생각한다.

> 우연, 혹은 일반적인 기계적 법칙은 그와 같은 조화를 산출할 수 없다. 그러므로 우리는 이와 같이 적시에 이루어지는 발현을 미리 갖추고 있는 것으로 간주해야 한다. 그러나 어떤 합목적적인 것도 보여주지 않는 경우에도 단순한 능력은 그 자신이 갖고 있는 특수한 형질을 번식시킬 수 있다는 것은 이미 하나의 특수한 배나 자연적 소질을 유기체 속에서 발견할 수 있다는 증거로 충분하다. (II:18)[52]

이처럼 소질이 하나의 혈통으로부터 현재와 같은 인종으로 발전해왔다는

---

50 P. McLaughlin, *Kants Kritik der teleologischen Urteilskraft*, 29 참조.

51 칸트는 『순수이성비판』에서는 이처럼 유기체에서 합목적적으로 고찰되는 유전될 수 있는 것 일체를 "발견적 준칙"으로 제안한다.

52 Von den verschiedenen Rassen der Menschen(1775, 바이셰델판 XI)

예는 칸트를 "정해진 소질의 발현은 또 다른 발전가능성을 배제한다"는 부차적인 가정으로 이끈다. 인간성의 근원적인 완성에 따라서 인간은 유럽 또는 아프리카 또는 아메리카의 기후에 적응하면서 그리고 자신의 소질을 발현시키면서 피부색을 확립해왔다는 것이다.[53]

그와 같은 배와 소질의 전개는 다양한 인종들의 현재의 속성들을 단지 역사적으로 설명할 수 있으며, 따라서 칸트가 단순한 분류적 자연기술과 설명적 자연사를 구분짓는 결과를 낳았다. 그러나 그것은 생물학적 종의 발달사 및 계통 속에 포함된 가능성의 발현과 관계한다. 이들 논문에서 칸트는 하나의 근원적 유기적 조직을 가정하는데, 그는 유기적 조직이 어디에서 유래했으며, 이런 가정이 과학적 설명에 대한 그 밖의 관점과 어떻게 일치할 수 있는지를 더 이상 묻지 않는다. 또한 『판단력비판』에 앞서 간략하게 『철학에서의 목적론적 원리의 사용에 대해서』(1788) 라는 논문에서도 칸트는 이러한 입장에 머물러 있다. 여기서도 칸트는 "배"가 어떻게 작용하고 또는 배가 어떻게 유전되는지에 대해 기계론을 적용하려는 시도는 결코 하지 않고 있다. 다시 말해서 칸트는 유기체를 기계론에 의거해서 설명할 수 있는 가능성을 처음부터 계속해서 배제하고 있다.

> 나로서는 모든 유기적 조직을 (생식을 통해서 이루어지는) 유기체에서 이끌어냈다. 그리고 점차적인 발달의 법칙에 따르는 (자연물들과 같은 종류들인) 이후의 형태들을 유기적 조직에서 이러한 계통을 드러내는 근원적인 소질들로부터 이끌어냈다. 이러한 계통 자체가 어떻게 생겨났는가 하는 과제는 전적으로 인간에게 가능한 모든 물리학의 한계를 넘어선다. 나는 그러한 한계를 지켜야 한다고 생각했다.(IX:164)[54]

이 같은 칸트의 확언은 중요한 메시지를 담고 있다. 이 글이 『순수이성비판』 이후에 발표되었다는 점도 그렇지만 무엇보다도 『판단력비판』의 출간을 앞 둔 시점에서 이루어졌기 때문이다. 이 논문에서 칸트는 물리학 내지는

---

53 P. McLaughlin, *Kants Kritik der teleologischen Urteilskraft*, 30-1.
54 Über den Gebrauch teleologischer Prinzipien in der Philosophie(1788, 바이셰델판 IX)

역학의 한계를 분명히 하면서 또 한편으로 유기체를 유기체 자체의 조직 원리에 의해서 설명해야 하며, 따라서 이를 위한 목적론적 원리의 사용의 불가피성을 역설하고 있다. 칸트가 이 글에서 특히 강조하고 있는 것도 자연과 자유를 축으로 해서 통일되는 철학 체계의 구성에 있어서 목적론적 원리를 도입해야 하는 필요성이다.

이와 더불어 이 글에서 눈에 띄는 것은 『판단력비판』에서 언급하고 있는 유기체 개념을 예고하고 있다는 점이다. 칸트는 여기서 유기체를 "그 안에 포함하고 있는 모든 것들의 관계에 의해서만 상호간 목적과 수단으로 가능한 물질적 존재자"(IX:166)로 정의한다.[55] 동시에 이런 작용을 가능하게 하는 것으로 가정되는 근본력(Grundkraft)이 무엇인지를 "인간 이성은 절대로 아 프리오리하게 알아낼 수 없고 알아내려고 해서도 안 되며," 그렇지 않을 경우 "형이상학은 오직 공허한 개념들만을 날조할 것"이라고 한다.(IX:165) 칸트는 이 자리에서 "참된 형이상학은 인간 이성의 한계를 인지하며," 따라서 "경험이 가르쳐 주는 이상의 것을 할 수 없기에" 물리학도 형이상학도 이 근본력에 대해서 다른 개념이나 명칭을 찾아낼 수 없다는 것을 강조한다.(IX:165) 이 말은 곧 칸트가 자연과학의 학문성, 과학적 인식의 보편성과 필연성의 확증을 통해 과학적 인식을 정초하고자 했지만 유기체에 대한 과학적 인식은 불가능하다는 것을 분명히 한다는 것을 의미한다. 이는 또 이 시기까지 확언을 미루면서 유보적 자세를 취해 온 칸트가 유기체 문제에 대해서 분명한 입장 정리를 했다고 볼 수 있다.

하지만 무엇보다도 칸트는 이 글에서 매우 중요한 견해를 전개하고 있다. 비록 유기체에 대한 과학적 설명은 불가능하지만 유기체의 개념에 함축되어 있듯이 유기적 조직을 일으키는 근본력이 목적에 따라서 작용하는 원인으로 생각되어야 하며, 더욱이 이러한 목적은 가능한 결과의 근저에 있지 않으면 안 된다고 본 점이다. 칸트에 따르면 "지성과 의지는 우리가 소유하

---

55 이것이 『판단력비판』에서는 다음과 같이 표현된다: "자연의 유기적 산물은 그 안에서는 모든 것이 목적이면서 또한 서로가 수단이다."(X:324)

고 있는 근본력들이다"(IX:166) 그리고 의지는 목적에 따라서 생겨난 산물들의 원인이 될 수 있으므로 근본력이 이러한 능력에 의해서 규정될 경우 그것은 목적이라 불리는 이념에 적합한 것을 산출할 수 있다. 칸트는 이 목적을 의지 또는 이성과 관계하는 것으로 파악함으로써 중요한 결론에 도달한다. 칸트는 다음과 같이 쓰고 있다.

> 목적은 다름 아닌 이성과 관계한다. 그런데 이성은 미지의 이성일 수도 우리 자신의 이성일 수도 있다. 그러나 목적을 미지의 이성에서 정립하기 위해서 우리는 적어도 미지의 이성과의 유비로서 우리 자신의 이성을 근저에 놓지 않으면 안 된다. 왜냐하면 우리 자신의 이성 없이는 목적은 결코 표상될 수 없기 때문이다. 그런데 목적은 자연의 목적이거나 자유의 목적이다. 자연 속에 목적이 존재한다는 것을 인간은 아프리오리하게 통찰할 수 없다. 반면에 자연 속에 원인과 결과의 결합이라는 것이 존재한다는 것을 인간은 아주 잘 통찰할 수 있다. 따라서 목적론적 원리의 사용은 자연에 관해서는 언제나 경험적으로 제약되어 있다. 마찬가지로 이 원리가 본성에 의해서 (욕구와 경향성에 있어서) 의욕의 대상에 앞서 미리 규정근거로서 주어져 있어야만 한다면, 목적론적 원리는 자유의 목적에 적용될 수 있을 것이다. … 그러나 순수한 실천적 원리를 부여하는 실천이성비판은 이성이 아프리오리하게 규정된다는 것을, 따라서 아프리오리하게 그와 같은 목적을 제시한다는 것을 보여준다. 그러므로 자연을 설명하기 위해서 목적론적 원리를 사용하는 것은, 그것이 경험적 조건들에 제한을 받기 때문에, 합목적적 결합의 근원적 근거를 결코 완전히 그리고 모든 목적에 대해서 아주 만족스럽게 제시할 수 없다면, 그 대신에 우리는 이것을 (자유의 목적론 이외의 다른 것일 수 없는) 순수 목적론(reine Zwecklehre)에서 기대해야 한다. 이 순수 목적론의 선험적(a priori) 원리는 이성 일반의 모든 목적들 전체와의 관계를 포함하면서도 실천적일 수 있다. 그러나 순수 실천적 목적론, 즉 도덕은 자신의 목적을 세계에서 실현할 것을 규정하기 때문에 그것은 거기에 부여된 궁극원인과 관계되는 것뿐만 아니라 최상의 세계원인이 모든 목적들 전체에 적합하게 되는 것, 즉 결과에 있어서도 그러한 목적의 실현 가능성을, 따라서 객관의 실행 가능성, 즉 세계에서 실현할 것을 지시하는 목적의 실행 가능성에 관해서 순수한

실천적 목적론의 객관적 실재성을 보증하기 위해서 자연목적론 뿐만 아니라 자연 일반의 가능성 즉 선험철학도 도외시해서는 안 될 것이다.(IX:167-8)

　이 길게 인용한 구절에서 칸트는 목적론적 원리의 사용의 정당성과 한계에 대해서 언급하면서 중요한 견해를 밝히고 있다. 특히 인간적 이성과 미지의 이성과 목적의 관계를 말하는 대목에서는 자연이 그 모든 것을 인간에게 부여한 것임을 강조한다. 앞서 언급했듯이 나는 이 자연이 부여한 질서와 조화, 그리고 일치를 인간 존재의 구조적 진화와 발생의 근원적 가능성으로서 '공명'이라 부른다. 하지만 칸트는 목적론적 원리의 사용이 필요하지만 자연의 목적과 관련해서 자연 자체로부터 목적론의 통찰 불가능성을 지적하고 대신 자유의 목적에 한해서 정당성을 인정하는 길로 나가고 있다. 그것이 여기서는 순수 실천적 목적론으로 표현되고 있다. 그런데 더 중요한 것은 이러한 자유의 목적론 내지는 순수 목적론의 가능성으로부터 가일층 요구되는 것이 그것이 자연과의 관계에서도 가능한 것으로 입증되어야 할 필요성이다. 칸트는 여기서 더 이상 논의를 확대하지 않고 있지만, 이 대목은 칸트가 2년 후에 출간한 『판단력비판』의 「목적론적 판단력비판」에서 유기체 문제를 다루면서 자연의 합목적성과 자연목적의 개념을 끌어들이는 근본 이유를 예고하고 있다. 이 역시 '공명'의 차원에서 해명될 수 있을 것이다. 순수 목적론의 정당성을 위해서는 두 가지 상호 연관된 작업이 요구된다. 자연과 자유의 통일성 및 자유의 목적의 자연에서의 실현 가능성, 즉 자유의 목적론(도덕적 목적론)이 자연과의 조화 통일을 매개할 수 있는 가능근거를 하나는 자연에서 다른 하나는 인간에서 발견하고 확립하는 일이다. 이러한 과제를 떠맡고 있는 것이 『판단력비판』이다. 즉, 반성적 판단력과 유기체를 실마리로 하는 반성적 판단력의 선험적 원리로서의 자연의 내적 합목적성이 그것이다.

6) 반성적 판단력과 목적론적 유기체론

유기체에 관한 칸트의 사고의 진행과정을 추적하면서 지금까지 살펴본 저술들의 공통점들 중에 가장 두드러진 것은 칸트가 유기체를 무엇보다도 사실과학적 관점에서 특별한 어려움을 안고 있는 과학의 대상으로 간주해 왔다는 점이다. 이제 칸트는 『판단력비판』의 「목적론적 판단력비판」에서 과학적 설명의 대상으로서의 유기체에 대해서는 더 이상 관심을 갖지 않는다. 여기서 이미 유기체는 칸트가 유일한 과학적 설명으로 인정하는 기계론적 원리의 적용 대상이 아니다. 뉴턴의 추종자로서 출발한 학문적 탐구의 여정에서 끊임없이 칸트를 고민케 했던 유기체 문제에 대해서 지금까지 취했던 입장을 칸트는 이제 전과는 달리 확신에 찬 어조로 다음과 같이 적고 있다.

> 자연의 단순한 기계적 원리들에 따라서는 유기체와 그 내적 가능성을 결코 충분히 알 수 없으며 설명할 수 없다는 것은 확실하다.(X:352)

> 아마 언젠가는 뉴턴과 같은 사람이 나타나서, 한 그루의 풀줄기의 산출을 단지 자연법칙에 따라서, 즉 어떤 의도가 질서를 세워준 것이 아닌 자연법칙에 따라서 설명하리라고 예측한다거나 기대하는 것만도 인간에게는 불합리한 일이요, 오히려 우리는 이러한 통찰을 인간에게는 절대로 거부하지 않으면 안 된다.(X:352)

이제 더 이상 의심의 여지없이 『판단력비판』에서 자연존재자 특히 유기체는 일정한 속성과 구조를 가진 특정한 대상이 아니라 오히려 우리에게 특정한 설명의 어려움을 안겨 주는 대상으로 전제되고 있다. 칸트가 이 어려움을 해결하기 위해서 끌어들이고 있는 것이 다름 아닌 합목적성과 자연목적의 개념이다.

그러나 칸트는 실제로『판단력비판』의 출간을 기획하면서 당시의 유기체에 대한 과학적 설명들 및 유행하던 학설들을 충분히 검토했던 것으로 보인다.[56] 특히 칸트가 블루멘바하의 생물학에 상당히 기울어져 있었던 것만은

---

56 John H. Zammito, *The Genesis of Kant's Critique of Judgment*, 189.

분명하다. 하지만 우리가 관심을 가져야 할 것은 이런 당시의 생물학적 지식에 대한 이해에도 불구하고 칸트는 철학자로서 이 문제에 직접 뛰어 들지 않고 있으며, 오히려 그런 유기체에 대한 과학적 설명의 한계에 분명한 선을 긋고 있다는 사실이다.

가령, 18세기 후반에 확립된 생기론은 유기체가 물질의 속성과 법칙에 의해서 엄격하게 결정되어 있다 하더라도, 최소한 유기체의 본질적인 속성은 기계론적인 것이 아니라고 보았으며, 따라서 역학으로 환원시킬 수 없는 유기체에 고유한 설명영역을 인정했다. 칸트 역시 과학적 탐구 대상으로서의 유기체에 대해서는 이와 유사한 입장을 취하고 있다. 이와 관련된 자료들을 칸트는 주로 리나에우스, 라이프니츠, 뷔퐁, 블루멘바하 등으로부터 얻었다. 특히 칸트의 이런 태도는 블루멘바하에 대한 칸트의 평가에 잘 나타나 있다. 칸트는 『판단력비판』에서 그를 높이 평가하고 있다.

> 블루멘바하는 이러한 형성작용에 대한 일체의 자연학적(physische) 설명방식을 유기적 물질로부터 시작하고 있다. 왜냐하면, 자연 그대로의 물질이 기계적 법칙에 따라서 최초에 자기 자신을 형성했다든가, 무생물의 본성에서 생명이 나왔으며, 물질이 자기 자신을 보존하는 합목적성의 형식에 저절로 적응할 수 있었다든가 하는 것을 그는 정당하게 이성에 반하는 것이라고 단언하고 있기 때문이다. 그러나 동시에 그는 이와 같이 우리가 탐지할 수 없는 근원적인 유기적 조직의 원리 아래에서 자연기계론으로는 규정할 수 없지만 동시에 오인해서도 안 되는 몫을 남겨 놓고 있다.(X:381)

그럼에도 불구하고 칸트는 블루멘바하를 비롯한 생기론자들과 거리를 두고 있다. 실제로 칸트는 블루멘바하에게 보낸 편지에서 그가 자신에게 그의 저서 『형성충동에 관하여』[57]를 보내준 것에 감사를 표하고 있지만 그의 형성충동 개념에 아주 큰 의의를 부여하지는 않는다.[58] 이는 단순히 칸트가 철학자의 시각에서만 이 문제에 접하고 있기 때문은 아니다. 보다 중요한 이유

---

57 J. F. Blumenbach, *Über den Bildungstrieb*, Göttingen, 1789.
58 A. Model, *Metaphysik und reflektierende Urteilskraft bei Kant*, 305 각주.

는 생기론자들의 이론이 갖는 설득력과 매력에도 불구하고, 인과기계론만을 유일한 과학적 설명방식으로 간주하는 칸트로서는 생기론을 과학적 설명방식으로 인정할 수 없으며 유기체를 설명하기 위해서는 그 이상의 설명원리가 필요하다고 보기 때문이다.

오히려 칸트가 『판단력비판』에서 특별히 생리학자요 발생학자인 블루멘바하를 거론하면서 그를 높이 사고 있는 진정한 이유도 그가 유기체의 체세포 조직 내에서 이루어지는 형성충동(Bildungstrieb), 즉 유기화하는 물질의 능력으로서 "물질에 내재하는 단순한 기계적 형성력(Bildungskraft)과 구별되는 형성충동"을 도입함과 동시에 형성충동 역시 보다 근원적인 "유기적 조직의 원리의 지도와 지시 아래 예속되어 있다"는 것을 보여주고 있다고 생각하기 때문이다. 블루멘바하는 실제로 이와 관련한 생물학적 자료들을 뷔퐁으로부터 얻었지만, 이러한 설명 개념들은 라이프니츠로부터 빌려 썼다.[59] 칸트가 라이프니츠의 생기론에 반대하는 것과 마찬가지로 블루멘바하 자신이 이 원리를 명시적으로 규명하는 데까지는 도달하지 못했다고 평가하고 있다. 이에 앞서 칸트는 이러한 유기체에 고유한 설명방식으로서 목적론적 원리를 이미 그 대안으로 제시해 놓고 있었다.

이러한 변화에 주목할 경우, 『판단력비판』에서 근본적인 전환을 맞이하게 되는 칸트의 유기체론이 처음 출발점에서 대단원에 이르게 되는 일련의 과정은 맥로린이 지적한 것처럼 다음과 같은 양상을 보이고 있다고 말할 수 있다. 즉, "유기체적 자연에 대한 칸트의 사고의 발전은 비유기체적 자연에 대한 그의 사고의 발전과 나란히 진행된다. 물리학에서 칸트는 순전히 물리학적 물음에 대한 해명(비록 부분적으로는 방법론을 강조하고 있지만)을 시작했지만, 시간이 감에 따라 오히려 그의 관심은 점점 더 물리학적 물음의 과학이론적 측면에 기울어졌다. 생물학에서 칸트는 먼저 유기체들에 대한 물리학적 물음에 몰두했으며, 나중에는 점점 더 생물학적 설명의 고유한 특징에 대한 분석으로 기울어졌다."[60]

59 John H. Zammito, *The Genesis of Kant's Critique of Judgment*, 202.

60 P. McLaughlin, *Kants Kritik der teleologischen Urteilskraft*, 24-5.

이와 같은 칸트의 사고의 진행은 이제 칸트가 유기체에 대한 과학적 인식의 정초 가능성에 대해서 분명한 입장을 취할 수 있는 논거를 갖추었다는 것을 시사한다. 「목적론적 판단력의 분석론」이 집중적으로 고찰하고 있는 것이 바로 유기체에 대한 생물학적 설명가능성이다. 이런 점에 주목하여 마치 『순수이성비판』이 신칸트학파에 의해서 비판철학의 이론적 부분으로서 자연과학의 방법론적 정초에의 시도로 취급되었던 것처럼, 「목적론적 판단력비판」을 유기체에 대한 과학적 인식의 정초를 시도한 것으로 그리고 그것이 비판철학의 체계에서 차지하는 위치를 연역적-법칙발견적(nomologisch) 과학 이론을 분류학적-기술적 과학이론을 갖고 보충하는 것으로 간주하기도 한다. 이런 해석에 따르면 「목적론적 판단력비판」에서의 자연과 자유의 결합 가능성에 대한 물음 및 해결은 "부수적인 성과"로 간주된다.[61] 하지만 이런 해석은 칸트의 「목적론적 판단력비판」을 지나치게, 이를테면 그것을 "제4비판"으로 읽고 싶어 하는 맥로린의 입장처럼,[62] 하나의 독립적인 작업으로 보려는 데서 생겨난 것이라고 생각된다.

칸트의 유기체론의 위상과 역할에 대해서는 칸트가 『판단력비판』에서 합목적성의 개념에 기초하여 미와 숭고 그리고 유기체 문제를 다룬 이유를 전체적으로 고려해야만 올바른 평가가 가능할 것이다. 칸트는 유기체의 생물학적 설명 가능성을 과학적 설명의 한계를 넘어서는 대상으로 전제하고, 그에 적합한 설명 방식으로서 목적론적 원리를 도입하고 있다. 그리고 그가 이러한 시도를 감행하는 이유를 찾아냄으로써 최종적으로 정립된 칸트의 유기체론의 위상과 역할을 규명할 수가 있다.

『판단력비판』에서 칸트는 본격적으로 유기체가 보여주는 합목적적 구조와 적응의 과학적 근거가 아니라 그에 따른 우리의 개념적 이해, 즉 합목적성 개념 및 유기체가 다른 무엇을 위해 합목적적으로 존재할 수 있는 그 무엇이라는 주장의 정당성을 분석한다. 그렇다면 칸트는 왜 이런 시도를 하

---

61 G. Krämling, *Die systembildende Rolle von Aesthetik und Kulturphilosophie bei Kant*, 145-6.

62 P. McLaughlin, *Kants Kritik der teleologischen Urteilskraft*, 38.

고 있는가? 이에 대한 규명은 칸트의 철학과 또한『판단력비판』에서 그의 유기체론이 차지하는 비중과 위상에 대해서 시사하는 바가 상당히 크다. 우선 가장 분명하게 지적할 수 있는 것은 유기체에 대한 과학적 인식은 불가능하다는 결론이다. 그 근거로 과학적 설명 원리가 아닌 목적론적 원리를 적극적으로 도입한다는 것과 이를 기초로 수립되는 목적론에 비판적 목적론이라는 한계를 설정한다는 점을 들 수 있다. 만일 그렇다면 이 보다 더 중요한 의문점이 해결되어야 한다. 즉, 그것은 그러면 칸트는 왜 유기체 문제를 하필『판단력비판』에 와서야 적극적으로 다루고 있는가 하는 것이다. 이것이 앞으로 살펴볼 주제이다.

『판단력비판』의 「목적론적 판단력비판」에서 칸트는 유기체의 목적론적 산출방식이 갖는 특징들을 규명하는 차원에서 유기체의 생식능력과 외관상의 합목적성을 설명하려고 시도한다. 이러한 작업에서 첫 번째로 관건이 되는 것이 칸트가 유기체를 설명하기 위한 일환으로서 "반성적 판단력"을 위한 "규제적 원리"라 부르는 "합목적성의 요청"이다. 이를 위해 칸트가 말하는 규제적 원리가 무엇인지 그리고 반성적 판단력이 어떤 종류의 능력인지가 설명될 필요가 있다. 왜냐하면 반성적 판단력이 최우선적으로 고려되는 이유는 그것이『판단력비판』이 겨냥하고 있는 목적, 자연목적, 합목적성 개념을 발견하는 원천이기 때문이다.

칸트가『순수이성비판』에서 제시했었던 판단력은 특수를 보편 아래 포섭할 수 있는 능력이었다. 보편은 지성에 의해서 미리 주어져 있는 것으로, 그리고 판단력은 특수를 단지 그 아래 포섭하는 것으로 암묵적으로 전제되어 있다. 판단력이 이렇게 미리 주어진 보편에 따라서 특수를 규정하는 것이 바로 규정적 판단력이다.『판단력비판』에서는 판단력 개념이 훨씬 더 넓게 규정된다. 여기서도 판단력은 "특수를 보편 아래 포함하는 것으로 생각할 수 있는 능력"이지만 이제 두 종류의 판단력이 구분된다. 규정적 판단력과 반성적 판단력이 그것이다. 반성적 판단력은 규정적 판단력과 반대로 특수는 경험 중에 주어져 있지만 이를 포섭하고 판단할 보편자가 없기 때문에 판단력 스스로 그에 해당하는 보편자를 발견해내는 능력이다. 유기체가 바로 이 같은 특수한 경험적 대상에 속한다. 이러한 반성적 판단력에 대한 규제적 원리의 주요 기능은 경험적 자연연구에 있어서 개념구성(Begriffsbildung) 및 가설구성(Hypothesenbildung)이다. 이 반성적 판단력은 이 경험적 특수자로서의 유기체에 적합한 설명방식을 목적론적 원리에서 찾는다.

규제적 원리의 개념을 칸트는 『순수이성비판』에서 「선험적 변증론의 부록」에서 체계적으로 논구하고 있다. 거기서 "규제적 원리"는 이를테면 12범주들처럼 경험의 대상의 가능성의 조건들인 "구성적 원리"와 대조를 이룬다. 이에 반해서 규제적 원리는 우리가 우리 자신에게 부여하는 준칙 혹은 지침이다. 『순수이성비판』에서 칸트는 지성을 위한 규제적 원리만을 논구한다. 그러한 원리의 가장 중요한 예는 자연의 체계적 통일의 원리이다. 이와 같은 단순히 발견적 연구준칙을 칸트는 하나의 "선험적 전제"를 가능하게 하는 "논리적 원리"라고 부른다. 우리가 이를테면 자연의 체계적 통일성의 개념을 규제적으로 사용할 경우 우리는 여러 상이한 사건들에서 공통의 합법칙성을 찾아냄으로써 비로소 자연을 그렇게 규정할 수 있는 것이 아니라 이를 위해서 먼저 자연이 실제로 통일성을 갖는다고 전제하고 있는 것이다.

> 그와 같은 체계적 통일성이 객관 자체에 속한다는 것을 아프리오리하게 그리고 필연적으로 가정하는 하나의 선험적 원리를 전제하지 않는다면, 어떻게 규칙의 이성 통일의 논리적 원리가 성립할 수 있는지 알 도리가 없다.(B678-9)

칸트에 따르면, 비록 그러한 규제적 원리가 선험적 원리인 것처럼 보일지라도 그것은 어떠한 객관적 타당성도 갖지 않으며, 따라서 우리는 그것에 선험적 연역을 제공할 수 없다.(B691) 다만 경험적 연구를 위해서 유용할 뿐이다. 칸트는 「선험적 변증론의 부록」에서 자연 전체를 규제적 원리를 따르는 이신론적 체계로 간주한다.

지성을 위한 이성의 규제적 원리는 비판철학 안에서 비판받고 전복되는 근대 형이상학을 해체하기 위한 칸트의 주요 수단이다. 이에 의지해서 칸트는 자신이 더 이상 타당한 형이상학적 진술들이 아닌 것으로 배척한 합리적 심리학, 우주론 및 사변신학의 근본 원리들을 경험적 연구를 위한 발견적 준칙들로 대체한다. 여기서는 규정적 판단력이 문제였다. 하지만 『판단력비판』에서 결정적인 역할을 하는 반성적 판단력은 『순수이성비판』에서는 한 번도 언급되지 않는다. 칸트가 『순수이성비판』에서 이미 반성적 판단력을 구별하고 있었는지 여부에 대해서 우리는 그저 추측만 할 수 있을 뿐이다. 『순수이성비판』의 일차적인 목적을 고려할 때, 칸트는 그 개념을 아직 필요로 하지 않았다고 할 수 있다.

『판단력비판』의 서론에서 칸트는 규제적 원리를 다시 다룬다. 이제 반성적 판단력과 관계하는 규제적 원리는 자연 일반과 관계하던 『순수이성비판』과 달리 결정적인 차이, 즉 경험적으로 주어진 개별적인 것과도 관계한다. 전체로서의 자연이 아니라, 즉 인과기계론적 원리로는 설명이 불가능한 특수한 개별 대상들을 합법칙성이라는 관점 아래서도 고찰할 필요성이 정식으로 논구되고 있다. 칸트는 유기체에서 발견되는 특수한 경험적 법칙들을 하나의 통일적 관점에서 고찰하고 해명하기 위해서 반성적 판단력의 선험적 원리로서 "자연의 합목적성"(Zweckmäßigkeit der Natur)이라는 개념을 도입한다.

7) 자연의 합목적성과 자연목적

칸트는 자연의 합목적성을 미감적 판단력이 관여하는 미와 숭고의 주관적 합목적성과 목적론적 판단력이 관여하는 객관적 합목적성으로 구분한다. 그리고 후자를 형식적 합목적성과 실질적 합목적성으로, 다시 후자 즉 실질적 합목적성을 상대적(외적) 합목적성과 내적(절대적) 합목적성으로 구분하여 논의를 이끌어 간다.[63] 이 가운데서 유기체 문제에 대한 칸트의 해결

---

63 자연의 합목적성의 구분과 설명에 대한 이해를 위해서는 다음의 글들이 유익하다. 김진, 「칸트의 목적론적 유기체론」, 『칸트와 생태사상』, 73-88.; 김양현, 「칸트의 목적론적 자연관에 나타난

책이 제시되는 경우는 자연의 내적 합목적성이다. 칸트는 유기체의 경우에서 자연 존재자의 내적 합목적성의 원리를 적용할 수 있는 예를 찾아냄으로써 이제 그가 지금까지 고민해온 유기체 문제는 결정적인 국면을 맞게 된다. 「목적론적 판단력의 분석론」에서 칸트는 객관적 합목적성의 개념을 도입함으로써 유기체의 재생이라는 일반적 개념을 생물학에 도입하는데 따른 방법론적 귀결을 밝히려고 한다.

우선 합목적성은 목적 개념과 관계한다. 하지만 합목적성은 하나의 목적 활동적인 주체에서 기인한다는 것이 아니라 주체가 갖는 반성적 판단력이 고안해낸 산물이다. 즉 "자연의 합목적성은 단지 반성적 판단력에만 그 근원을 두고 있는 하나의 특수한 선험적 개념이며," "자연이 마치 어떤 하나의 지성이 다양한 자연의 경험적 법칙들을 통일하는 근거를 포함하고 있는 것처럼 표상하는" 것을 가능하게 하는 반성적 판단력이 자기 자신에게 하나의 법칙처럼 부여한 선험적 원리이다.(X:89) 그러면 칸트가 유기체를 포함해서 자연의 다양한 특수한 경험법칙들을 하나로 통일하는 근거를 마련하기 위해서 자연의 합목적성이라는 아프리오리한 개념을 반성적 판단력의 선험적 원리로 가정할 수는 있는 권리 근거는 어디에 있는가?

우선 자연의 합목적성이라는 개념은 자연 개념도 자유 개념도 아니다. 이 개념이 선험적 원리에 속하는 이유를 칸트는 "판단력의 준칙"에서 충분히 알 수 있다고 본다. 판단력의 준칙이란 이를테면 "자연은 최단 행로를 취한다"(lex parsimoniae)와 같은 특수한 경험적인 자연법칙들이 자연 탐구에서 아프리오리한 기초가 되는 원칙들이지만 이것이 논리적인 객관적 필연성을 가지려면 선험적 원리로서의 자연의 합목적성은 선험적 연역, 즉 아프리오리 인식의 원천에서 탐구되어야 한다. 자연의 경험적 법칙들은 지성의 범주적 규정에 따라 보편적 자연법칙에 포섭하기만 하면 된다. 그러나 무한히 다양한 보편법칙들의 연관과 통일은 지성적 규정으로는 불가능하지만 그럼

인간중심주의』, 105-10. 그리고 "목적론적 판단력비판" 일반에 대한 체계적 해명에 대해서는 김광명, 『칸트 판단력비판 연구』 129-77.

에도 이러한 법칙들이 자연의 질서 아래 통일적 연관, 즉 법칙적 통일을 갖는 것으로 파악하기 위해서 반성적 판단력의 발견적 준칙으로서의 선험적 합목적성이 상정되어야 한다는 것이다. 칸트는 이러한 합목적성 개념의 연역의 정당성을 "무한히 다양한 경험적 법칙들을 포함하고 있는 자연의 주어진 지각들을 종합하여 하나의 경험을 구성하는 과제가 갖는 중대함"을 고려해 보는 것만으로도 충분히 확신할 수 있다고 말한다.(X:90-6) 『순수이성비판』에서 주제화된 자연의 통일도 판단력의 이런 발견적 준칙 위에 서 있다. 그러므로 반성적 판단력과 그것의 선험적 원리인 자연의 합목적성은 칸트철학 전체를 떠받치고 있는 근본원리인 셈이다.

그런데 칸트가 자연의 합목적성을 선험적 원리로 전제할 수 있는 권리 근거로 삼고 있는 일차적 요소는 자연에 관한 모든 반성의 기초로 삼는 "자연의 (주관적인) 형식적 합목적성"이다. 이로부터 출발해서 칸트는 유기체와 관계하는 자연의 (객관적인) 내적 합목적성을 비롯해서 여타의 모든 합목적성에 대한 논의로 나아간다. 칸트는 이 주관적인 형식적 합목적성이라는 선험적 원리를 「미감적 판단력비판」에서 정초하는데, 왜냐하면 "이 형식적 합목적성이 아니면 지성은 자연을 이해할 수가 없기 때문이며," 또 "자연이 우리의 인식능력에 대해서 가지는 형식적 합목적성의 원리를 포함하고 있는 것은 미감적 판단력뿐이기 때문이다."(X:104) 이를 통해서 칸트가 왜 「목적론적 판단력비판」에 앞서서 「미감적 판단력비판」을 먼저 다루어야 했는지에 대한 중요한 이유를 알 수 있다. 즉, 자연의 객관적 목적의 존재 즉 자연목적으로서만 가능한 사물들이 있지 않으면 안 된다는 것을 아프리오리하게 지적할 근거가 없는데, 오직 판단력만이 이러한 사물에 대해서 이성을 위하여 지성으로 하여금 목적의 개념을 자연에 적용할 수 있도록 할 수 있기 때문이다. 이와 같이 주관적인 형식적 합목적성의 선험적 원리를 포함하고 있는 것이 미감적 판단력이다. 칸트가 "판단력비판에 본질적으로 속하는 것이 미감적 판단력을 포함하고 있는 부문이다."(X:104)라고 말하고 있는 이유, 즉 반성적 판단력의 선험적 원리에 대한 규명이 미감적 판단력에서 일차적으로 이루어지고 있는 이유도 여기에 있다. 이와 달리 만일 합목적성 개념이 먼저 도덕적 주체에서 직접적으로 발견하거나 정당화할 수 있었다면『판단력비판』은 굳이 쓸 필요가 없었을 지도 모른다. 이와 함께 칸트의 유기체론의 성격을 규명하기 위해서는 칸트 자신이 수행했던 방식을 쫓아 자연의 합목적성 개념은 물론이고 이에 내포되어 있는 "목적" 특히 "자연목적"의 개념을 정확히 고찰하지 않으면 안 된다.

자연의 합목적성은 칸트의 선험철학에서 자연과 자유의 통일 근거가 되는 개념이다. 그러나 그것이 단순히 논리적 근거가 아니라 실제적 연관을 갖는다면 그러한 통일도 정당성을 확보할 수 있다. 칸트가 유기체에 주목하고 있는 이유도 여기에 있다. 이 합목적성은 인간의 (반성적) 판단력의 아프리오리한 원리이면서 동시에 유기체인 인간에게 그러한 자연의 합목적성을 적용할 수 있기 때문이다. 하지만 아직 자연목적과 유기체 사이에는 뛰어넘을 수 없는 "개념적 거리"가 존재한다. 이 간극을 메울 수 있는 유일한 방도를 칸트는 도덕적-실천적 목적에서 찾고자 한다. 이 때에도 실마리가 되는 것도 유기체로서의 인간이다.

또한 「목적론적 판단력비판」에서 목적에 대해서 말할 때 칸트가 염두에 두고 있는 것은 일차적으로 제품을 만들 때의 제작자의 목적이지 권리를 행사할 때의 도덕적 행위자의 목적이 아니다. 여기서는 도덕이 아닌 기술이, "도덕적-실천적 목적"이 아니라 "기술적-실천적 목적"이 문제가 된다. 그것은 도덕적-실천적 지침과 관계하는 것이 아니라 반성적 판단력의 기술적-실천적 지침에 따른다. 따라서 유기체에 대한 칸트의 생물학적 설명 방식을 이해하기 위해서는 목적 개념에 대한 추가적인 이해가 필요하다.

칸트는 정의하기를 "목적이란 어떤 개념이 대상의 원인(그 대상의 가능성의 실재적 근거)으로 간주되는 한에서 그 개념의 대상이다. 그리고 어떤 개념이 그 객체에 대해서 가지는 인과성이 합목적성이다."(X:134-5) 하지만 이 때의 (목적)인과성은 기계적 원인과 그 결과의 인과성이 아니라, 어떤 대상이 그 결과의 표상에 의해서만 가능하면서 또 이에 의거해서 결과의 원인을 규정하는 근거로서 결과가 그 원인에 선행하는 관계 속에서 이루어지는 인과성이다. 이에 따르면 칸트에게 "목적"은 "하나의 객체의 개념이 동시에 이 객체의 현실성의 근거를 포함하고 있는 것"(X:89)으로서 그 자체는 객체 속에 있는 것이 아니라 "주관의 반성하는 능력"(X:29)속에 세워지는 것이다. 따라서 "합목적적"이란 "어떤 것의 현존재가 바로 그에 해당하는 표상을 전제하는 것처럼 보일 때"를 이른다.(X:29) 다시 말해 어떤 것(이를테면, 객체, 심적 상태, 행위 등)이 가능하기 위해서 반드시 어떤 목적의 표상을 전제하지 않더라도 목적에 의한 인과성을 그 근저에 상정함으로써만 그 가능성을 설명할 수 있고, 이해할 수 있을 때, 그 어떤 것을 합목적적이라 말할 수 있다. 즉, "합목적적"이란 어떤 목적을 필연적으로 전제하지 않을 수 있으며, "합목적성" 역시 목적 없이도 존재할 수 있는 것이다. 그리고 칸트는 이런 합목적성을 반성을 통해서 형식상으로 관찰할 수 있으며, 또 대상들에게서 발견할 수 있다고 본다.

그런데 칸트는 특히 이 목적 개념이 갖는 상식적 의미가 아니라 형식적 의미에 주목한다. 가령 작품을 만드는 제작자의 목적을 고려할 때 우리는 그 작품을 제작자의 의도 및 그 효과나 결과의 예견에 의거해서 평가한다. 반면에 칸트는 이 보다는 그러한 의도가 무엇인지에 관심을 갖는 것이 아니라 그 의도가 무엇이든 결과적으로 드러난 작품 자체에 주목한다. 이처럼 하나의 작품의 성립에서 발견할 수 있는 두 종류의 인과성으로 칸트는 각각 목적인(causa finalis)과 형상인(causa formalis)을 말하고 있다. 이 두 가지 의미의 목적인과성은 모든 목적론을 특징짓는 중요한 두 요소이다.

통상 우리는 목적인만을 "목적"이라 부른다. 그런데 칸트의 경우에 이것이 분명히 역전되고 있는 것 같다. 따라서 칸트의 텍스트를 분석할 경우 칸트가 목적이라고 할 때 염두에 두고 있는 것이 어떤 종류의 목적론인지를 묻는 것은 필요하다. 형상인은 이신론적 체계의 본질적인 요소이다. 반면 목적인은 이러한 이신론적 체계 속에서는 물리학적 설명으로서 어떠한 자리도 차지하지 못한다. 목적, 즉 개념의 인과성을 해명해야 하는 이러한 예에 따르면 예술가의 의도에 따라 제작된 예술작품이 아니라 그런 의도 없이도 "마치 그런 의도가 있는 것 것처럼"(als-ob) 순전히 목적으로만 생각할 수 있는 자연사물이 존재할 수 있는지 여부가 문제가 된다. 칸트는 그런 자연사물을 자연목적(Naturzweck)이라 부르는데, 바로 유기체가 그 경우에 해당한다. 결국 칸트가 목적 개념을 형상인의 관점에서 접근하는 이유도 이 때문이다. 즉, 유기체도 자연사물이라는 점에서 자연과학적 탐구 대상이므로 일단 목적인은 배제되어야 하기 때문이다. 하지만 칸트는 이미 유기체에 대한 생물학적 지식이 객관적인 과학적 설명의 한계를 넘어서는 것으로 간주하고 있기 때문에 칸트 스스로 그렇게 믿고 있는 마지막 남아 있는 가능성은 형상인이다.

자연목적 개념에 대해서 칸트는 「목적론적 판단력의 분석론」의 핵심 부분(65절)에서 본격적으로 상세한 설명을 시도한다. 자연목적의 개념에 대한 다분히 형식적이면서도 논리적인 규정은 다음과 같다. 즉, 자연산물로 인식하는 것을 또한 자연목적으로도 판정하기 위해서는,

> 하나의 사물이 (비록 이중적 의미에서이긴 하지만) 그 자체로서 원인이자 결과인 경우에 그 사물은 자연목적으로 존재한다.(X:318)

> 자연산물이면서 동시에 단지 자연목적으로서만 가능한 것으로 인식되어야 하는 사물이란 자기 자신에 대해서 원인이면서 결과로서 상관적으로 관계하지 않으면 안 된다.(X:319-20)

칸트는 이에 해당하는 자연사물을 유기체로 파악한다. 따라서 이 자연목적은 기계론적 유기체론과 대결하는 칸트의 생물철학을 특징짓는 목적론적 유기체론의 핵심 개념으로 등장한다. 하지만 칸트의 자연목적의 개념 자체는 그의 합목적성 개념에 드러나 있듯이 순수한 개념적 분석에 의해서 얻어진다. 다시 말해 자연목적은 유기체의 경험으로부터 획득한 개념이 아니다. 이 유기체에 대한 경험은 다만 칸트가 분석적으로 획득한 개념, 즉 자연목적을 이해할 수 있도록 해주는 예증에 불과하다. 개념적으로 자연목적과

유기체의 선후 관계는 「목적론적 판단력비판」의 체계 내적 위상을 단적으로 보여준다.

상술한 자연목적 개념에 따르면, 칸트는 유기체를 일반적으로 "자기 보존이라는 정해진 목표를 갖는 원인과 결과와 상관하는 자기 관계"[64]로 기술하고 있다고 할 수 있다. 칸트는 유기체에 대한 일반 개념으로서의 이 "자기 관계"를 좀 더 상세하게 기술하고 있는데, "번식, 성장, 부분들의 상호 간 및 전체와의 상호 의존성"이라는 유기체의 세 가지 특징이 그것이다. 예를 들면, 나무는 1) 자기 자신을 유에 따라서 (동일한 유에 속하는 다른 개체의 생산에 의해서) 산출하며, 2) 개체로서의 자기 자신을 성장에 의해서 산출하며, 3) 하나의 부분의 양육과 부양이 다른 부분에 의해서 보장되는 한에서 자기 자신의 원인이자 결과이다. 여기서 유기체와 관계하는 세 가지 종류의 재생이 각각 대응한다. 즉, 새로운 체계의 산출, 성장을 통한 확대재생산, 양육과 특별한 경우에는 회복에 의한 동일한 것의 재생과 조절 등이 그것이다.(X:316-9) 이를 통해 칸트는 유기체가 자연목적에 부합하는 존재라는 것을 증명하고 있다.

칸트의 설명에 따르면, 이러한 특징을 갖고 있는 유기체는 기계적 인과성과 어떠한 유사한 요소도 갖고 있지 않은 자연산물이면서 동시에 자연목적이다. 하지만 자연목적이 순수한 개념인데 반해서 유기체는 동물과 식물처럼 감성적 직관에 사실적으로 부합하는 경험의 대상으로서 객관적 실재성을 갖는다. 말하자면, 자연목적에 부합하는 실재적 존재 즉 유기체가 존재하면, 이 자연목적 개념 역시 객관적 실재성을 갖는다. 그러나 칸트의 논리에 의하면, 우리는 유기체가 실제로 자연목적에 부합하는지 여부를 결코 확신할 수 없다. 왜냐하면 체계적인 근거에 입각해서 자연목적의 개념이 유기체와 동의어로 도입된 것은 아니었으며, 또 유기체의 적합성 여부를 통찰할 수도 없기 때문이다.

결국 칸트의 유기체론을 이해하는 열쇠는 칸트 스스로가 "자연과학의 이

---

64 A. Model, *Metaphysik und reflektierende Urteilskraft bei Kant*, 300.

방인"(X:340)이라 부르고 있는 자연목적 개념이다. 때문에 칸트 스스로 이 상과 같은 규정이 아직 "정확하지 못한 막연한 표현"에 그치고 있다는 판단 아래 이어서 자연목적의 개념을 명확하게 개념으로부터 도출하려는 작업에 착수한다. 칸트의 분석적 해명은 네 가지로 구분된다. 자연목적 개념이 칸 트의 유기체론에서 차지하는 비중을 고려할 때 이에 대한 세밀한 검토가 필 요하다.(X:319-24)

첫째, 단지 지성에 의해서 사유되는 인과결합은 언제나 원인과 결과의 하향적 계열로 이루어지는 연결방식인데, 이러한 결합은 다른 사물을 그 원 인으로 전제하고 있는 결과로서의 사물 자신은 동시에 그 사물들의 원인이 될 수 없다. 칸트는 이와 같은 인과결합을 동력인적 결합(nexus effectivus)라 부른다.

둘째, 이와 반대로 (목적의) 이성개념에 따르는 인과결합도 사유될 수 있 는데, 만일 이 인과결합이 하향적으로나 상향적으로나 의존성(sowohl abwärts als aufwärts Abhängigkeit)을 갖는 계열로 간주된다면, 일단 어떤 것의 결과로 불리어진 사물이라도 그것은 상향적으로 그 어떤 것의 원인이 될 수 있다.

셋째, 기술과 같이 실천적인 것에서는 이와 같은 연결이 쉽게 발견된다. 예를 들면, 집은 임대료로 벌어들이는 돈의 원인이지만 또한 역으로 이러한 가능한 수입의 표상은 집을 짓게 한 원인이었던 것이다. 이와 같은 인과연 결을 목적인적 결합(nexus finalis)이라고 부른다.

넷째, 우리는 동력인적 결합을 실재적 원인의 연결, 목적인적 결합을 관 념적 원인의 연결이라고 부르는 편이 더 적절할 수도 있다. 왜냐하면 그렇 게 명명하면 이와 같은 두 종류의 인과성 이외에는 더 이상 없다는 것이 동 시에 이해되기 때문이다.

여기서 주목할 것은 무엇보다도 유기체와 관계하는 인과성은 부분과 전 체의 상호작용이라는 것이다. 칸트가 제시한 자연목적에 대한 일체의 규정 은 부분과 전체의 관계와 관련이 있다. 여기서 분명해지는 것은 하향적이 면서 상향적인 인과적 의존성은 부분과 전체의 관계와 관련이 있다는 것이다. 즉, "하향"이란 전체의 특성은 부분의 특성으로 환원될 수 있다는 것이며, "상향"이란 부분의 전체의, 즉 다른 부분에의 의존성을 가리킨다.[65] 이와 같은 특성을 지니고 있다고 상정되는 유기체를 칸트는 명시적으로 단지 "운동하는 힘"만을 지니고 있는 기계와는 달리 그리고 기계적 조직이 갖고 있는 운동능력만으로는 설명할 수 없는 "자신 속에 형성하는 힘"을 소유하면서 그러한 힘을 물질에게 나누어주는 존재자로서, 한 마디로 "스스로 번식하면서 형성하는 힘"(eine sich fortpflanzende bildende Kraft)의 소유자로 규정한다.(X:322)

칸트는 이상과 같은 논의를 마무리하면서 마지막으로 자신이 도입한 유기체의 산출에 관한 목적론적 원리에 따를 경우, 유기체의 내적 합목적적 형식의 원인의 기초로서 기회원인론(Okkasionalism)이나 예정설(Prästabilism)의 수용 가능성을 점검한다.(X:378-81) 여기서 칸트는 생식이 이루어질 때마다 세계의 최고 원인의 개입을 허용하는 기회원인론은 일체의 이성 사용을 불가능하게 한다는 점에서 거부한다. 그리고 예정설에 포함시킨 개체적 전성설(또는 개전설)과 후성설(또는 종적 전성설) 중에서 유기체를 자기와 같은 것의 "추출물"(Edukt)로 보는 전성설 보다는 자기와 같은 것의 "산출물"(Produkt)로 보는 후성설을 긍정적으로 평가하는데, 이 견해는 유기체의 "번식을 스스로 산출하는 것으로 고찰하며, 최초의 시원을 규정하지 않으면서도 초자연적인 것을 되도록 최소한으로 사용하여 최초의 시원으로부터 나오는 모든 결과를 자연에 맡기기 때문이다."(X:381) 그럼에도 불구하고 이 모두가 칸트에게는 결코 과학적 설명이 아니다. 칸트에게 유기체에 적합한 생물학적 설명이란 과학적 인식과 증명의 한계를 넘어선다.

5. 생물학적 윤리학과 비판적 목적론

칸트에게 유기체는 "단순한" 기계가 아니다. 자연사물처럼 기계론적 인

---

65 P. McLaughlin, *Kants Kritik der teleologischen Urteilskraft*, 47.

과성에 따라서 인식하고 설명할 수 있는 한계 밖에 놓여 있는 생명현상이 칸트가 말하는 유기체이다. 칸트의 유기체론의 핵심 개념, 즉 자연목적 개념은 유기체에 고유한 인과 관계를 개념적으로 파악하기 위해서 도입된 것이었다. 나는 이러한 개념적 간극을 진화의 산물로서 인간적 공감 능력과 함께 존재론적·발생론적 기원을 갖는 '공명'을 도입함으로써 해명할 수 있다고 생각했다.

유기체가 문제가 되는 것은 철학이 아니라 생물학이다. 그러나 생물학이 유기체를 적절하게 설명하는 방식과 방법은, 철학이 그것을 보편타당한 것으로 간주하는 설명방식과 일치하지 않을 경우, 철학에 있어서 하나의 문제로 제기된다. 칸트가 유기체에 대한 설명에서 발견한 첫 번째 문제는 기계론적 설명 원리가 의존하는 것처럼 부분의 특성을 갖고서는 모든 유기체의 구조를 제대로 규정할 수 없다는 것이었다. 따라서 칸트는 부분들로부터 유기체가 갖는 구조의 산출 및 부분에 새로운 특성을 부여하는 전체성의 능력을 개념적으로 파악하기 위해서 목적에 따른 인과성을 가정해야 했다. 이를 위해 칸트가 시도한 전략은 인과성에 대한 새로운 규정, 즉 기계론적 인과성 이외에 목적론적 인과성을 도입하는 것이었다. 그러나 목적론적 인과성의 원리는 그것이 아무리 유용하다 하더라도 자연과학의 내적 원리가 아니라 외적 원리로 차용된 것이다. 이러한 목적론적 원리는 규제적 원리에 불과하며, 설명에 도움은 줄 수 있어도 과학적 설명으로서의 가치를 갖는 것은 아니다. 칸트에게는 기계론적 설명방식만이 그러한 가치를 갖는다. 따라서 자연목적에 근거를 둔 목적론적 원리는 어떠한 구속력이나 필연성도 없는 목적론적 준칙, 즉 실용적 준칙에 지나지 않는다.

칸트는 기계론을 인과성의 한 종류로 파악한다. 경험의 대상과 관련해서는 인과성 자체는 언제나 지성 개념으로서 구성적이다. 하지만 기계론은 주관적 타당성만을 갖는다. 왜냐하면 기계론은 자연에 대한 우리의 지성의 구성적 특성에서 기인하지 않기 때문이다. 그 때문에 유기체의 경우처럼 전체가 그의 부분의 특성에 작용하는 인과관계를 우리는 개념적으로 파악할 수도 사유할 수 없었던 것이다. 이 문제를 해결하기 위해서 칸트는 근대 자연 과학에서 기계론적-환원론적 설명이 갖는 독점적인 지위를 인정하면서도 부분과 전체의 인과성에 지배되는 유기체 문제를 해결하기 위해서 목적 인과성을 도입했다. 그러나 이 같은 인과성은 기계론의 한계를 보충하고 보완하기 위해 도입된 잠정적인 것이었다. 이러한 이유에서 칸트 스스로 목적 인과성에 기초한 설명 방식의 지위에 비판적 목적론이라는 제한적 의미를 부여하였다.

이런 점들로 미루어 볼 때, 칸트는 "생명체도 오로지 원인 진술을 통해 완전히 파악될 수 있다고 본 보편적 기계론"과 "전자연이 합목적적으로 조직화되어 있다고 하는 아리스토텔레스주의의 보편적 목적론"을 동시에 배척한다.[66] 또한 이와 함께 칸트가 도입한 목적론적 원리는『순수이성비판』과 『실천이성비판』으로 대표되는 칸트 자신의 이원적인 철학을 하나의 전체로 통일하는 "체계적 매개기능"과 기계론적 원리를 보완하는 발견술적인 "사태분석적 기능"을 수행한다.[67] 그러나 이것으로 목적론적 원리를 도입한 근본 목적이 모두 다 충족된 것으로 보이지는 않는다. 왜냐하면 칸트가 자연목적의 개념을 도입해서 유기체 문제를 해명한 이른바 그의 비판적 자연목적론은 그 자체만으로는 아무 것도 해결한 것이 없다고 생각되기 때문이다. 오히려 지금까지 그의 유기체에 관한 사고를 추적해 본 결과 인과기계론적 사고와 원리에 의해서는 유기체에 대한 근본적인 이해에는 도달하지 못할 것이라는 칸트의 확신은 유기체에서 나타나는 특수한 경험법칙을 우리가 이해할 수 있는 가능한 한 가지 설명 방식을 보여준 것뿐이지 유기체가 어떻게 생겨났는지 그리고 왜 우리가 그 같은 방식을 받아들여야 하는지, 한 마디로 유기체에 대한 과학적 설명이 아니며, 더욱이 목적론의 도입의 객관적 필연성에 대해서는 조금도 우리의 이해를 진척시켜 주지 못하고 있다. 그렇다면 우리는 칸트 스스로도 이런 사정을 인식하고 있으면서도 왜

66　오트프리트 회폐, 『임마누엘 칸트』, 324.
67　김양현, 「칸트의 목적론적 자연관에 나타난 인간중심주의」, 101-2.; 오트프리트 회폐, 『임마누엘 칸트』, 309 이하.

유기체 문제를 해결하기 위해서 자연목적이라는 개념을 도입했는지 철저하게 반성해 보지 않으면 안 된다. 그 답을 우리는 『판단력비판』을 『실천이성비판』 및 『철학에서의 목적론적 원리의 사용에 대하여』와 연관지어봄으로써 찾아볼 수 있다.

생물학적 존재로서의 인간은 동시에 하나의 유기체이다. 그리고 그 유기체는 자연의 산물이다. 따라서 유기체로서의 인간이 갖는 존재 특성과 그 실천적 소산들은 자연과 모순되어서는 안된다. 다시 말해 그것은 어떤 식으로든 자연과의 일치 속에서 실현되어야 한다. 이것이 칸트가 유기체 문제를 다루면서 자연목적의 개념을 도입해야만 했던 근본 이유이다. 칸트는 다음과 같이 적고 있다.

> 기계론의 원리에 따르는 자연연구가 우리의 이론적 이성사용에 대해서 갖는 중요성으로 말미암아 자연의 모든 산물들과 사건들은, 가장 합목적적인 것조차도, 우리의 능력이 미치는 한 기계적으로 설명해야 할 사명이 있지만, 우리가 오직 이성의 개념 아래서만 연구 자체를 위해서 제시할 수 있는 자연의 모든 산물들과 사건들은, 그 기계적 원인에도 불구하고, 우리 이성의 본질적 성질에 맞게 결국에는 목적에 따르는 인과성에 종속시키지 않으면 안된다는 것을 결코 잊어서는 안 된다.(X:370-1)

> 인간은 이 지구상에서 창조의 최종목적이다. 왜냐하면 인간은 목적을 이해할 수 있고, 합목적적으로 형성된 사물들의 집합을 자기의 이성에 의하여 목적의 체계로 만들 수 있는 지상 유일의 존재자이기 때문이다.(X:384)

결국 최종적으로 칸트의 유기체론이 그의 철학 체계에서 차지하는 위상과 역할도 여기에서 찾을 수 있다. 그러나 다른 한편으로 자연목적에 근거해서도 목적론적 자연 이해는 한계를 갖는다. 즉, 이론철학은 비판적 목적론의 정당성을 객관적으로는 그 어떤 무엇으로도 확증할 수 없다. 그러나 칸트가 믿고 있는 유일한 가능성은 실천적으로 자기 목적성을 갖는 지성적 존재자로서의 인간이다. 도덕적 존재로서의 인간이 동시에 하나의 유기체적 존재이며, 또한 그러한 존재가 자연 속에 존재한다는 것이야말로 자연과 자유의 통일 및 자연 속에서의 도덕적 목적의 실현 가능성을 체계적으로 결합시킬 수 있는 단서라 할 수 있으며, 칸트가 『판단력비판』에서 유기체 문제를 적극적으로 도입한 결정적인 이유 또한 여기에 있었다고 생각된다.

실제로 「목적론적 판단력비판」에서 전개하고 있는 칸트의 유기체론은 엄밀하게 말해서 그가 기회원인론과 예정설에 대해서 언급하고 있는 81절에서 종결된다. 이 이후의 논의의 주제는 오히려 자연의 최종 목적과 창조의 궁극 목적으로서의 인간, 그리고 자연과 자유의 통일 가능성에 대한 문제가 「목적론적 판단력의 방법론」이라는 주제 아래 집중적인 논의의 대상이 되고 있다. 따라서 체계 통일이라는 관점에서 볼 때, 칸트가 「목적론적 판단력비판」을 『판단력비판』에서 자세히 논구한 근본 의도는 결코 유기체의 과학적 인식의 정초에 있었던 것도, 생물학의 철학을 전개하려고 한 것도 아니다. 왜냐하면 "과학이론으로서의 유기체론의 정초의 불가능성"은 칸트가 유기체 문제를 자연목적의 개념, 즉 "자연에 대한 목적론적 개념의 도입과 전개"를 통해서 해결하려고 했다는 것으로 이미 분명해졌다고 보아야 하기 때문이다.[68] 오히려 칸트가 목적론적 원리를 도입해서 유기체에 적합한 설명 방식을 확립한 이유는 이로써 체계 통일을 꾀함과 동시에 실천이성의 도덕적–실천적 목적의 자연(현상계)에서의 실현 가능성의 정당성을 확보하려는 데 있었다고 보는 것이 옳다고 생각된다.

칸트의 유기체론은 시대적 배경과 제약 속에서 형성된 것이었다. 그 중에서 가장 중요한 요인으로 기계론을 들 수 있다. 칸트는 "복잡한 기계적 과정들"로 이루어진 유기체의 내적 구조를 관찰할 수 없으며, 따라서 그 특성상 기계론적 원리로는 설명이 불가능하다고 보았다. 그리고 그것은 칸트가 살고 있던 시대의 생물학의 수준이기도 하다. 이런 이유에서 필자는 칸트의 유기체론은 물론이고 비판적 목적론을 정당하게 평가하기 위해서는 그의 기계론에 대한 이해에 대한 객관적인 평가가 더 철저하게 논구되어야 한

---

68 G. Krämling, *Die systembildende Rolle von Aesthetik und Kulturphilosophie bei Kant*, 146 참조.

다고 생각한다. 칸트의 시대에 공유되었던 기계론에 대한 맹신과 이와 함께 그로 인해 무비판적으로 승인된 기계론의 한계에 대한 성급한 예단에 쉽게 동화되지 않았던 칸트의 비판적 태도가 유기체를 독특한 시각에서 바라보게 만들었고, 결과적으로 비판적 목적론이라는 결실을 맺게 한 주요 원인들 중의 하나가 되었다.

학문적 연구에 종사하기 시작한 이래로 자신의 발목을 잡았던 "경탄"의 대상인 유기체에 대해서 칸트가 최종적으로 도달한 귀결은 유기체에 대한 과학적 설명, 즉 기계론적 설명 가능성을 결코 허용하지 않았다는 것이다. 다시 말해서 칸트의 목적론적 유기체론은 유기체에 대한 과학적 설명으로 제시된 것이 아니라 유기체를 설명하는 과학적 이론들의 대립을 중재하고, 가능한 해결책을 제시함으로써 이론철학의 체계적 통일과 완성을 위해 기획된 것이었다. 비록 유기체의 설명 원리로 적용할 수는 없었지만 칸트에게 유일한 과학적 설명 방식은 인과기계론적 원리였다. 따라서 우리가 칸트의 유기체론을 그의 비판적 목적론의 체계 의도와는 독립적으로 평가하기 위해서는 그의 기계론 이해에 대한 엄정한 평가가 병행되어야 한다. 그 이유는 칸트의 유기체론은 유기체를 기계론적 원리로는 설명될 수 없는 "경탄"의 대상으로 보는 사고, 즉 기계론에 대한 "일정한 이해"에 절대적으로 의존하고 있기 때문이다.

그런데 칸트에게 유기체 문제는 그가 철학적 사유를 본격적으로 시작할 때부터 말년에 이를 때까지 그를 지속적으로 고민하게 만들었던 것들 중의 하나였다. 『판단력비판』에서 보여준 칸트의 유기체론은 유기체 문제와 직접적으로 대결하면서 이를 해결했다기보다는 오히려 (잠정적으로) 체계 기획과 완성을 위해 활용한 흔적이 짙다. 이러한 사실은 칸트의 『유고』에서도 간접적으로 엿볼 수 있다.

> 유기체의 가능성은 증명될 수도 요청될 수도 없지만, 그럼에도 이것은 하나의 근본사실(Factum)이다. (XXII:481,8)[69]

69　Opus postumum, in *Kant's gesammelte Schriften*.

이 『유고』에서 유기체는 『실천이성비판』에서 정립한 이성의 근본사실로서의 도덕법칙처럼 부인할 수 없는 사실로 사유되고 있다. 그럼에도 『유고』에서 칸트가 보여주고 있는 유기체론은 여전히 명료하지 않다. 그런데 만일 유기체를 하나의 근본사실로 받아들이게 되면 생명체 자체는 우리의 지성적 이해의 한계를 넘어서면서도, 또한 더 이상 반성적 판단력의 선험적 원리에 따라서 존재하는 것도 설명할 수 있는 것도 아니게 된다. 더 나아가 이렇게 되면 칸트가 『순수이성비판』에서 확립한 이른바 "객관 인식의 가능성의 조건들은 동시에 객관의 존재의 조건들이다"라는 대원칙은 더 이상 유지될 수 없기 때문에 비판론 전체가 붕괴되고 만다.[70] 그러나 단편적인 사유들로 채워져 있는 『유고』에서의 실제 의도가 무엇인지는 단정짓기 힘들다. 하지만 칸트가 『판단력비판』에 이르러 체계적으로 확립한 유기체론을 넘어서 이 문제에 대해서 계속 사유하면서 또 다른 방식의 설명 가능성을 놓고 고민했던 것만은 분명한 것 같다.

6. 생물학과 목적론, 유기체와 목적 인과성

전통적인 생물학의 역사가 보여주듯이 현대 진화론 역시 목적론에 대한 미련을 완전히 떨쳐내지 못하고 있다. 자연에서 목적론을 추방한 다윈 역시도 예외가 아니었다. 다윈은 자연선택을 통한 진화를 기계론적인 인과적 방식으로 설명하고 있지만 이 문제 또한 확실히 의식하고 있었다.[71] 현대의 신다윈주의 내지는 진화종합설에서도 진화의 과정과 유기체의 고유한 특성들에 대한 인과적 설명 방식은 여전히 수용되고 있지만 이는 단순한 기계론적 설명을 넘어 전체는 부분의 합 이상이라는 의미의 전체성을 강조하는 포괄적인 인과성 도식을 채택한다. 이 인과성 도식에서 강조되고 있는 유기체의 생명활동은 목적론과 얼마나 그리고 어떻게 결합될 수 있는가?

---

70 V. Mathieu, *Kants Opus postumum*, 212 참조.

71 이에 대해서는 B. E. Oeser, *System, Klassifikation, Evolution. Historische Analyse und Rekonstruktion der wissenschaftstheoretischen Grundlagan der Biologie*, 1974.

주지하듯이 자연선택과 적응, 우연성 등의 개념에 기초하고 있는 다윈의 진화론처럼 생명체나 자연종에 대한 본질주의적 내지는 유형론적 사고를 거부하는 한, 여기에는 원칙적으로 목적론이 개입할 여지는 사라진다. 그러므로 오늘날의 진화 메커니즘의 시각에 따르면, 비록 칸트의 목적론적 생물학적 유기체주의과 마찬가지로 처럼 우주적 목적론과 같은 목적론 자체는 거부하는 현대의 비목적론적 생물학적 유기체주의도 유기체에서 목격되는 목적지향적 활동에 주목하지만, 이는 생명체의 목적지향적 활동현상에 대한 맹목적 변이와 자연선택적 보존 활동에 대한 기능적 해석일 뿐이다. 진화의 기본 메커니즘인 자연선택은 우연과 선택이라는 두 과정이다. 생명체에게 있어서 이 두 과정은 창조적 행위의 기본이다. 보다 큰 복잡성으로의 진화가 특정한 계획이나 목적을 갖고서 진행되는 것은 아니다. 임의적 변화들의 창조는 그저 우연일 뿐이며, 이 중에서 자연에 의해서 생존에 유리한 성공적인 변화만이 선택되어 보존되고 그렇지 않은 것은 제거되는 것이 이른바 진화인 것이다. 여기에는 정해진 목적이나 의도 같은 것은 존재하지 않는다. 즉, 그것이 생존과 번식을 위한 활동 기제에 한정되는 한 목적론은 개입할 여지가 전혀 없다. 한마디로 생물은 진화하려고 애쓰지 않는다. 칸트의 경우에도 목적론은, 비록 그 제한과 한계를 넘어서는 방향으로 전개되긴 하지만, 자연현상에 직접 적용될 수 있는 사실적 구속력을 가진 구성적 원리가 아니라 반성적 판단력의 규제적 원리로 제한된다. 그러나 그 이론적 근거야 어떻든 생물학적 유기체주의 역시 유기체의 기능이나 생물계의 조화를 필연적인 방향성이나 과정 및 최종적인 목표도 존재하지 않는 자연선택적 진화론에 기초하여 접근하면서도 이러한 설명 방식에서 기능적 의미에서이긴 하더라도 생명활동으로서 목적지향적 개념을 완전히 떨쳐내지 못하는 한, 생물학과 목적론의 관계는 어떤 식으로든 규명되어야 할 문제다.

그러면 유기체의 활동에서 나타나는 뚜렷한 목적지향적 활동은 어떻게 해석되어야 하는가? 이와 관련해서 우리가 허용할 수 있는 목적론은, 만일 있다면, 어떤 것이어야 하는가? 비목적론적인 생물학적 유기체주의가 함축하듯이 생물학이 승인할 수 있는 유일한 목적성은 생존과 번식이라는 활동을 수행하는 유기체에게만 적용될 수 있는 그런 것이어야 한다. 그리고 유기체가 보여주는 생명현상의 특징을 설명하기 위해서 이런 의미의 생물학적 목적성 개념은 기능적인 면에서 유용할 수도 있다.[72] 물론 이런 목적성 개념은 자연목적론이나 형이상학적 내지는 우주론적 목적론 혹은 목적주의(finalism)와 같은 그런 목적론을 함축하지 않는다. 또 자연적 변이를 무작위적인 것이 아니라 잘 규정된 변화의 과정에 따라 나타나는 내부적인 방향성을 지닌 힘으로 규정하는 이론, 즉 "계통적 직계가 자연선택을 통해서가 아니라 미리 정해진 한 방향의 경로를 통해 진화한다"는 정향진화설(orthogenesis)도 아니다.[73] 현재 다윈의 주장이 정설로 인정되듯이 변이는 무작위적인 현상이기 때문이다.

우리는 유기체의 생명현상과 활동을 단순히 자연선택과 적응이라는 맹목적인 유물론적-진화론적 메커니즘과 동일한 것으로 해석할 수 있는데, 목적론이라는 용어는 그 이상으로 도달하려고 노력해야 할 차원을 갖는다는 생각과 밀접한 관련이 있기 때문에 오해의 소지도 있다. 유기체주의가 견지하고 있듯이 이런 문제를 완전히 불식시키려면 그리고 단순히 진화생물학의 관점에서 생명현상을 설명하기 위해서라면 목적론이라는 말을 제거해도 무방하다. 그러나 목적론의 제거를 허용하는 이런 수준의 적응의 목적론을 넘어서 인간을 포함한 고등 동물처럼 그 이상의 차원을 갖는 의식적 생명체에 적합한 목적지향적 행위를 고려할 때 넓은 의미에서 생물학적 목적론이라는 용어의 사용은 여전히 유용할 수 있으며, 특히 선택과 적응이 인간의 자유의지적 행위와 목적정립적 특성과도 양립할 수 있는 그런 목적론이 필요하다. 그런데 칸트는 사실적인 자연목적론을 거부했음에도 불구하고 자연의 합목적성에서 자연산물로서의 유기체의 합목적성으로 다시 이로부터 유기체 자체의 목적 인과성을 이끌어내고 더 나아가 또 다시 이로부터 자연목

---

72 G. C. Williams, *Adaptation and Natural Selection: A Critique of Some Current Evoltionary Thought*, Princeton, 1966.

73 에른스트 마이어, 『진화론 논쟁』 86-7, 222.

적의 개념을 정립하고 최종적으로 이를 인간의 도덕적 목적에까지 확대 적용하는 순서를 밟아 나갔으며, 자연 세계에 인간의 도덕적 목적을 실현하는 것이, 비록 비유적 표현의 성격이 강하지만, 자연의 의도라는 주장과 조화될 수 있는 그런 비판적 목적론을 제시했다. 유기체주의의 관점에서 볼 때, 이와 같은 칸트의 유기체론은 목적론의 경계가 상당히 불분명한 철학적 주장이다.

『판단력비판』에서 보여주었듯이 칸트가 유기체에 대한 설명에서 직면했던 근본 문제는 기계론에 의지해서는 유기체의 구조와 특성을 제대로 파악 내지는 규정할 수 없다는 것이었다. 따라서 유기체의 존재 특성과 전체성의 능력을 개념적으로 파악하기 위해서 시도한 전략이 바로 인과성에 대한 새로운 규정, 즉 목적(론적) 인과성의 도입이었는데, 이는 비판적 목적론이라는 명칭이 함축하고 있듯이 제한적이었다. 이에 나는 생물학적 유기체주의에 기댈 경우 원칙적으로 칸트가 거부한 목적론과 거리를 두면서도 그가 적극적으로 허용한 유기체의 목적지향적 특성과 활동을 설명해 낼 수 있는 원리로서 목적 인과성 개념에 실제적인 힘과 지위를 부여할 수 있는 가능성은 열려 있다고 생각한다. 그리고 이러한 시도가 성공을 거둔다면 이는 유기체주의를 포함하여 모든 유기체의 활동이나 존재특성을 해명하고자 하는 이론적 설명에 보다 정교한 개념적 원리를 제공해 줄 수 있는 토대가 될 수도 있다.

이런 점에 비추어 볼 때, 목적론에 대한 마이어의 태도와 해석은 상당히 시사하는 바가 크다. 생명체에 적용되는 무법칙적인 유기적-생물학적 진화론에 적합한 목적론을 마이어는 무생물계에 적용되는 기계적 자연법칙에 따라 일어나는 "목적기계적(teleomatic) 과정"과 대비시켜 "목적법칙적(teleonomic) 과정"으로 설명하려고 한다.[74] 전통적 의미의 목적론을 대체하고 있는 "목적법칙성"(teleonomy)은 물리적 자연법칙의 지배를 받지 않는다는 점에서 무법칙적 과정을 강조하면서도 생명체들의 활동이 진화된 유전 프

---

74 E. Mayr, *Evolution and the Diversity of Life*, 1976.

로그램들에 의해 제한 내지는 통제된다는 점에서 목적 방향성, 즉 법칙성을 갖는다.[75] 마이어는 목적법칙적 과정을 다음과 같이 설명한다.

> 선천적 또는 후천적 프로그램에 의해 작동되어 목적지를 향해 움직이는 생물계에서 나타나는 과정들은 목적법칙적 과정이라 한다. 이러한 과정으로는 개체발생 중에 나타나는 모든 변화를 비롯하여 최종 목표를 향해 움직이는 행동들이 있다. 이들 과정은 과학적으로 엄밀히 분석할 수 있는데, 최종 목표나 목적지는 프로그램 내에 이미 들어 있다.[76]

피텐드라이(Colin S. Pittendrigh)에 의해 처음 사용된 목적법칙성 개념은 아리스토텔레스의 목적론에 대립되면서도 목적론과 관련성을 유지하고 있다. 그러나 그의 이 개념은 진화론의 논의와 아무런 관련이 없는 반면, 마이어는 이를 유기체의 진화를 담아내려는 진화론의 맥락에서 사용하고 있다.[77] 그러나 내가 보기에 이것으로 유기체의 목적지향적 활동을 적시하려 할 경우 여전히 오해의 여지가 있다. 목적법칙성은 유전 프로그램의 목적 방향성은 드러내 주어도 한편으로는 진화의 무법칙성을 반영하기에는 너무 강하며 다른 한편으로는 인간 유기체와 여타의 유기체들의 차별성을 담아내기에는 너무 약하기 때문이다. 따라서 이런 측면을 구체적으로 적시해 주는 설명이 필요하다.

칸트는 유기체를 설명하기 위해서 기계론과 목적론 모두 물리친다. 실재적 인과결합에 기초한 기계론은 자연산물이자 동시에 자연목적이기도 한 유기체를 설명할 수 없다. 왜냐하면 유기체는 그 자체가 자신과 원인과 결과로서 상호관계하며, 부분들이 오로지 전체에 대한 관계에 의해서만 가능하면서도 부분들은 서로 그 형식의 원인이자 결과가 되며, 각 부분이 결합하여 하나의 전체로 통일 되어 있다고 보아야 하는, 이른바 칸트가 말하는 자기 자신과 자신의 내적 가능성 속에 목적이라 할 그런 관계를 내포하고

---

75 에른스트 마이어, 『생물학의 고유성은 어디에 있는가?』, 81-3.
76 에른스트 마이어, 『진화론 논쟁』, 93-4.
77 박은진, 「인과론과 목적론」, 『인과와 인과이론』, 274-5.

있는 사물이기에, 이런 인과결합을 기계론으로는 파악할 수 없기 때문이다. 또 전통적 의미의 목적론 역시 유기체가 갖는 내적 형식에 적합하지 않다. 왜냐하면 통상 목적론은 자연 사물의 내적 형식이 아니라 사물의 현존 자체를 자연의 목적으로 간주하며, 이와 함께 실제적으로 가능한 목적의 개념 및 이에 대한 인식을 주장하는데, 이는 타당한 자연인식의 한계를 넘어서는 일이기 때문이다. 주지하듯이 이러한 자연의 목적론을 칸트는 인정하지 않았다.

칸트에게 자연목적론은 기본적으로 자연목적이 의도적인지 무의도적인지를 도외시하는 물리학에 속하는 방법론이다.(X:332) 칸트는 "자연의 유기적 조직은 우리가 알고 있는 어떤 인과성과도 유비적 요소를 갖고 있지 않다"(X:323)는 점을 강조하고 있다. 하지만 어떤 식으로든 이를 설명해야 하기 때문에 칸트는 지성이나 이성의 구성적 개념이 아닌 반성적 판단력에 대한 규제적 원리로서 자연목적의 개념을 끌어들여야 했던 것이다. 다시 말해 이 문제를 해결하기 위해서 칸트는 근대 자연과학에서 기계론적-환원론적 설명이 갖는 독점적인 지위를 인정하면서도 부분과 전체의 인과성에 지배되는 유기체 문제를 해결하기 위해서 자연 목적의 개념과 함께 새로운 방식의 목적 인과성을 도입할 필요성에 직면할 수밖에 없었다. 그러나 이 같은 인과성도 기계론의 한계를 보충하고 보완하기 위해 도입된 잠정적인 것이었다. 이런 점들로 미루어 볼 때, 칸트는 "생명체도 오로지 원인진술을 통해 완전히 파악될 수 있다고 본 보편적 기계론"과 "전자연이 합목적적으로 조직화되어 있다고 하는 아리스토텔레스주의의 보편적 목적론"을 동시에 배척한다.[78] 그런데 이러한 사태 인식을 통해서 도입한 칸트의 목적론, 이른바 그가 명명한 비판적 목적론의 역할은 이에서 멈추지 않는다.

칸트가 염두에 두고 있는 주제는 자연과 자유의 조화와 통일의 문제였다. 그리고 그 가능 근거는 자연 인과성과 자유 인과성의 가능한 통일이다. 이 두 인과성이 자연에서 통일되도록 매개하는 개념과 원리가 바로 자연목

---

[78] 오트프리트 회페, 『임마누엘 칸트』, 309.

적에 기초한 유기체와 목적 인과성이다. 이를 통해 기계적 인과성과의 통일을 넘어 자유의 인과성에 기초한 자기목적적 존재자로서의 인간의 도덕적 목적의 현실적 추구와 실현이 가능하게 된다. 여기에는 형이상학적 목적론이나 인과성과 목적성의 고전적 대립과는 차별되지만 "진화론적 목적 개념"과는 양립 가능한 여지가 남아 있다.[79]

결국 최종적으로 칸트의 유기체론이 그의 철학 체계에서 차지하는 위상과 역할도 여기에서 찾을 수 있다. 이론철학은 비판적 목적론의 정당성을 객관적으로는 그 어떤 무엇으로도 확증할 수 없다. 그러나 칸트가 믿고 있는 유일한 가능성은 실천적으로 자기 목적성을 갖는 이성적 존재자로서의 인간이다. 도덕적 존재로서의 인간은 동시에 하나의 유기체적 존재이며, 또한 그러한 존재가 자연 속에 존재한다는 것이야말로 자연과 자유의 통일 및 자연 속에서의 도덕적 목적의 실현 가능성을 체계적으로 결합시킬 수 있는 단서라 할 수 있으며, 칸트가 『판단력비판』에서 유기체 문제를 적극적으로 다루고 목적 개념을 이와 관련하여 도입한 결정적인 이유 또한 여기에 있었던 것이다. 따라서 체계 통일이라는 관점에서 볼 때, 칸트가 「목적론적 판단력비판」을 『판단력비판』에서 자세히 논구한 근본 의도는 결코 유기체의 과학적 인식의 정초에 있었던 것도, 생물학의 철학을 전개하려고 한 것도 아니다. 왜냐하면 "과학이론으로서의 유기체론의 정초의 불가능성"은 칸트가 유기체 문제를 자연목적의 개념, 즉 "자연에 대한 목적론적 개념의 도입과 전개"를 통해서 해결하려고 했다는 것으로 이미 분명해졌다고 보아야 하기 때문이다.[80]

칸트가 목적론적 원리를 도입해서 유기체에 적합한 설명 방식을 확립한 이유는 이로써 체계 통일을 꾀함과 동시에 실천이성의 도덕적–실천적 목적의 자연(현상계)에서의 실현 가능성의 정당성을 확보하려는 데 있었다고 보는 것이 옳다. 하지만 칸트의 이러한 의도와 전략은 성공적이었다고 할 수

79 이에 대해서는 Franz M. Wuketits, *Biologie und Kausalität. Biologische Ansätze zur Kausalität, Determination und Freiheit*, 92 참조.
80 G. Krämling, *Die systembildende Rolle von Aesthetik und Kulturphilosophie bei Kant*, 146 참조.

있는가? 우리는 여기서 몇 가지 문제를 지적하지 않을 수 없다. 목적론 자체
가 과학적 이론으로서 정당성을 갖지 못한다면 그와 함께 칸트가 정립한 목
적 인과성은 어떻게 해석되어야 하는가? 또 인간의 도덕적 목적의 당위성은
필연성을 갖는다고 할 수 있는가? 그렇다면 인간 유기체에서 발견되는 도덕
적-실천적 자유로부터 성립하는 도덕적 목적론은 비록 비판적 목적론의 한
계 내에서이긴 하지만 그 역시 너무 과도한 방향설정은 아닌가? 반대로 우
리가 생물학적 유기체주의와 양립가능한 칸트의 목적 인과성을 인정한다면
이로부터 도출되는 결론은 목적 인과성의 적용 범위와 대상을 불가불 제한
하지 않을 수 없는 것은 아닌가? 만일 그렇다면 이로부터 귀결되는 칸트의
철학 체계는 그대로 유지될 수 없지 않은가? 이제 여기서 우리는 칸트가 자
연 목적론을 대신해서 이름붙인 비판적 목적론 원래의 정신과 원칙으로 되
돌아갈 필요가 있다.

　진화생물학에 따르면 유기체의 생명활동은 자연선택의 단위를 개체나 집
단 혹은 유전자로 보든 생존과 번식을 중심으로 진행된다. 그러나 모든 유
기체는 이를 각자에게 가장 적합한 방식으로 수행할 것이다. 그러나 무엇이
가장 적합한지를 결정하는 일은 열린 문제다. 환경적 조건의 변화에 따라
그리고 그 적응 방식에 따라 진화가 진행될 것이다. 이런 자연의 가변적 조
건들을 유기체가 스스로 결정할 수 없다는 점에서 그리고 자기 결정을 넘어
선 조건 변화에 적응하기 위해서 비록 제한적이긴 하지만 유기체는 가변적
자연에 대응할 수 있는 적응력을 자체적으로 지니고 있지 않으면 안 된다.
그 가변성의 정도에 따라서 인간 유기체를 비롯한 모든 유기체의 생명활동
의 상대적 특성과 차이가 존재하게 된다고 말할 수 있다. 이를 칸트의 합목
적성 개념과 연관지어 보면, 주지하듯이 그것은 인과성 개념과 결부되면서
반성적 판단력의 산물이다. 따라서 목적인과성은 유기체에서 발견되는 합
목적성을 설명해주는 반성 개념이다. 이에 따르면, 합목적성은 어떤 목적을
필연적으로 전제할 필요가 없다. 다만 칸트는 목적 인과성 혹은 "목적인의
인과성(Kausalität der Endursachen)"(X:340)을 실재성을 갖지 않는 이성의 이념으

로서 유기체를 설명하기 위한 "반성의 길잡이"(X:339)로 사용할 뿐이다.

따라서 칸트가 유기체 문제와 관련하여 그 스스로가 "자연과학의 이방인"이라 부르고 있는 자연목적 개념을 정확히 이해하기 위해서는 목적 인과성을 좀 더 명확히 해둘 필요가 있다. 칸트는 두 가지 가능한 인과결합을 상정하는데, 동력인적 인과결합(nexus effectivus)과 목적인적 인과결합(nexus finalis)이 그것이다.(X:319-24) 전자는 단지 지성에 의해서 사유되는 인과결합으로서 언제나 원인과 결과의 하향적 계열로 이루어지는 연결방식이다. 이러한 결합은 다른 사물을 그 원인으로 전제하고 있는 결과이기에 자신은 동시에 그 사물들의 원인이 될 수 없다. 이에 유기체는 자기조직적인 생명체로서 "자신 속에 형성하는 힘"을 소유하면서 그러한 힘을 물질에게 나누어주는 존재자로서, 한 마디로 "스스로 번식하면서 형성하는 힘"(eine sich fortpflanzende bildende Kraft)의 소유자이다.(X:322)

이처럼 유기체의 이러한 특성을 개념적으로 설명 가능하도록 해주는 것이 목적 인과성의 원리이다. 그러나 동시에 생물학적 유기체주의도 지지하고 있듯이, 칸트의 유기체는 전적으로 목적인적 인과결합(목적 인과성)에 의해서만 운동하지 않는다. 유기체 역시 기계적 자연의 산물이듯이 동력인적 인과결합(자연 인과성)을 자기 자신 속에 내포하고 있다.(X:49) 다만 이런 기계적 법칙만으로 유기체들의 고유한 특성들을 설명할 수 없기에 도입된 것이 목적 인과성이다. 따라서 이는 원칙적으로 반성적 판단력이 자연에 투입해서 적용한 가설적 설명방식, 즉 주관적으로만 타당한 판단력의 준칙이다. 하지만 우리가 생물학적 유기체주의를 받아들인다면 이는 하나의 과학적 설명 원리로서 사용될 수 있을 것이다.

그런데 칸트의 유기체론이든 생물학적 유기체주의든 유기체의 목적지향적 특성이나 활동에 주목하는 한, 유기체의 본성을 해명하려는 어떤 시도도 목적 개념에서 완전히 자유롭기는 어렵다. 그 한 가지 이유를 유기체의 활동을 설명하기 위해서 목적 개념 이상으로 자주 등장하는 기능 개념과 비교해 볼 필요가 있다. 기능 개념은 현대생물학 분야에서도 단일한 의미로 사용되지 않는다. 진화 생물학과 기능적 형태학의 경우가 좋은 예이다. 또한 유기체의 목적지향적 활동은 각각의 활동에 적합한 기능을 통해서도 설명할 수 있다. 앞에서도 목적론 문제와 관련하여 이미 언급한 바 있듯이 실제로 우리가 생명체의 활동을 적시하려고 할 때 목적이나 기능 개념 없이 설명하기는 거의 불가능하며, 목적 개념 없이는 더욱 그렇다.

전통적으로 목적론의 형식에 대해서는 대체로 세 가지 방식의 설명이 가능한데, 1) 신문을 사러 시내에 가는 활동에 적용되는 "의식적인 의도적 행위", 2) 문이 닫히는데 사용되도록 고안된 스프링과 같은 "인공물의 구조", 3) 피를 순환시키는 기능을 하는 척추동물의 심장 박동의 경우와 같은 생명체의 조직화 등이다.[81] 칸트 역시 바로 앞에서 지적했듯이 『판단력비판』에서 목적 개념을 이 같은 설명 방식을 염두에 두고서 논의를 전개했었다. 그런데 세 번째 설명 방식과 관계있는 생물학적 기능 개념은 인간 유기체가 갖는 다양한 특성들을 고려할 때 한계가 있다. 내가 그 유사성에도 불구하고 기능 개념을 피하면서 굳이 목적 인과성 개념을 선호하는 이유는 기능 개념이 갖는 무의도적 특성과 이로 인해 불가피하게 빠지게 되는 과도한 기계론적 측면 때문이다. 가령 유기체의 활동이 보여주는 생리 과정이나 특정 유전체들이나 세포들의 상호작용들은 모두 물리화학적인 기계적 법칙으로 설명될 수 있다는 믿음으로 이어지기가 쉽다. 그런데 생리적 기능과 같은 과정은 물리화학적 설명으로 환원될 수 있지만, 이러한 기능을 수행하고 있는 유기체의 구조나 활동의 생물학적 역할까지도 동일한 방식으로 설명할 수는 없다. 그런 점에서 우리가 인간 유기체에서 발견되는 독특한 현상들에 대한 설명들도 포함하는 생물학적 기능 개념이 가능할 때, 비로소 목적 따로 기능 따로 식의 설명에서 벗어날 수가 있다. 그런데 칸트의 목적 인과성은 적어도 기능적 인과성 개념을 포함하면서도 의도적 행위도 허용할 수 있다는 점에서 상당히 광범위한 장점을 지니고 있다. 이를테면 칸트의 목적 인과성 개념은 생물학에서의 목적론적 내지는 목적법칙적 설명의 불가피성

---

81 D. L. Hull and M. Ruse (eds.), *The Philosophy of Biology*, 224.

을 수용하면서 동시에 생기론적인 목적인적 요소도 제거함으로써 진화생물학적 고찰을 배경으로 하는 행태학이나 신경생리학의 설명 방식에서 설득력을 갖는 이른바 "기계론적 목적론"(mechanistische Teleologie)[82]의 가능성과도 양립가능하다.

칸트는 목적 인과성 개념에다 기능적 작용 내지는 기능적 인과성 이상의 의미를 부여하고 있다. 가령 그는 명백히 [목적] 인과성을 유기체의 내적 혹은 유기체들 상호간에 작용하는 외적 원리 모두에 적용 가능한 "목적에 따라 행위하는 능력(의지)"으로 파악하고 있으며, 이러한 인과성에 의해서 비로소 "그저 가능한 것으로서만 표상되는 객체가 단지 목적으로서만 가능한 것으로 표상될 수 있다"고 보고 있다.(X:317) 이런 점에서 개념적으로는 모든 유기체가 이런 능력을 갖고 있다고 볼 수 있다. 실제로 모든 생명체의 활동은 자신이 어떻게 하고 있으며 또 그것이 자신의 생존에 적합한지 여부를 알 수 있는 능력, 즉 자가 수정 회로라는 조절 체계를 갖추고 있다. 이는 세포 내의 단백질들 사이뿐만 아니라 개체들 상호간에도 나타나는 특징이다.

생명체의 모든 수준에서 나타나는 이런 작용을, 비록 그 대부분이 무의식적이긴 하지만, 목적의식적 행동이라고 설명하는 것 역시 아주 자연스럽다. 나아가 이런 점에 주목해서 다른 유기체들과 인간 유기체 사이의 가장 현저한 차이로, 칸트가 강조하고 있듯이, 인간은 자기 스스로 이를 "의식"할 수 있고, 나아가 자기 목적마저도 스스로 "설정"할 수 있는 (아마도 유일한) 존재라는 점을 꼽을 수 있을 것이다. 칸트는 목적의식적인 도덕적 내지는 이성적 자유 존재로서의 유기체와 자연필연성의 지배를 받는 여타의 존재자들을 다음과 같이 구별하고 있다.

> 의지는 생명체가 이성적인 한에서 생명체가 갖는 인과성의 한 종류이며, 자유는 이 이성적 생명체의 인과성의 속성인 바, 이러한 인과성은 외부에서 규정하는 원인으로부터 독립적으로 작용할 수 있기 때문이다. 이것은 자연 필

---

82 Franz M. Wuketits, *Biologie und Kausalität. Biologische Ansätze zur Kausalität, Determination und Freiheit*, 93.

연성이 외부 원인의 영향에 의해서 활동하도록 규정되어 있는 모든 비이성적 존재자의 인과성의 속성인 것과 같다.(VII:81)

그렇다면 이와 같은 칸트의 설명과 그의 유기체론을 종합해 볼 때 이성을 지닌 유기체 이외의 존재들은 기계적 자연필연성이라는 자연법칙의 지배를 받는다. 이런 칸트의 설명은 인간 이외의 유기체들은, 만일 그것들이 인간과 같은 이성적인 도덕적 의지의 소유자도 아니라면 자동기계처럼 목적 인과성에 따라 활동하거나 혹은 거의 같은 의미이지만 무의식적인 목적적 활동을 수행하는 존재로 볼 수 있다. 그렇다면 만일 우리가 인간 유기체와 여타의 유기체들의 이와 같은 차이를 인정할 경우, 그것이 어느 정도까지 그리고 어떻게 옹호될 수 있으며 또 되어야 하는가?

7. 자연법칙과 도덕적 목적

칸트는 반성적 판단력이 자연에 투입하여 발견한 목적 인과성 즉 목적에 따르는 인과성을 개별 유기체에 한정하지 않고 상호 목적과 수단의 관계를 맺고 있는 유기체들의 세계, 즉 자연 전체로까지 확장한다. 이는 자연 생태계의 먹이사슬 구조를 고려하면 충분히 확대 적용할 수 있다. 그러나 문제는 그것이 자연의 최종목적과 궁극목적을 허용하는 데로까지 이어진다는 데 있다. 그런데 지금까지 지적했듯이 우리가 생물학적 유기체주의를 포기하지 않는 한, 이와 양립할 수 있는 목적 인과성 개념을 전 자연의 위계적인 목적적 질서나 최종목적이나 궁극목적에까지 확대 적용할 권리는 없다. 따라서 남아 있는 길은 목적 인과성 개념을 수용하면서 그 사용을 제한하는 것이다. 이 길은 생물학적 유기체주의를 수용하면서 칸트의 철학적 지향점과 양립가능한 유일한 선택지로 보인다.

생물학적 유기체주의의 관점에서 볼 경우, 목적 인과성 개념은 유기체의 내적 원리 및 진화하는 유기체들 간의 상호작용 원리로 유효하다. 하지만 이 개념은 동시에 인간이 유기체인 한에서 인간에게서 발견되는 특징적 현상 역시 설명 가능한 원리이어야 한다. 따라서 문제는 인간 유기체의 특징적 현상이라 할 자유의지의 인과성과 목적 인과성의 양립가능성 및 그 결과가 함축하고 있는 칸트 철학의 재해석 여부이다. 칸트는 자연의 기계성과 인과성을 자유의 인과성에 대비시키면서 인간 의지가 갖는 존재론적 지위를 다음과 같이 제시한다.

> 의지가 종속해 있는 자연법칙과 의지에 종속해 있는 자연법칙 사이의 차이는 다음과 같은 점에서 기인한다. 즉, 전자에 있어서는 객관들이 의지를 규정하는 표상들의 원인일 수밖에 없지만, 후자에 있어서는 의지가 객관들의 원인이어야만 하며, 따라서 객관들의 인과성은 그 규정 근거를 단적으로 순수이성능력에 두고 있다. 그 때문에 이 순수이성능력은 또한 순수실천이성이라고 일컬어질 수 있다.(VII:158)

이처럼 칸트는 인간적 의지 혹은 그 원인성이 존재한다는 사실을 순수 실천이성의 능력에서 확인한다. 그러나 이 부분에서 제기될 수 있는 문제는 의지가 갖는 원인성의 능력과 동시에 칸트가 이에 부여했던 도덕적 의지의 목적정립적 능력을, 다시 말해 유기체로서 인간의 자유의지적 특성과 목적 인과성 개념을 어떻게 그리고 어느 정도로 일치 내지는 양립시킬 수 있느냐 하는 것이다. 위 인용문이 보여주듯이 칸트에게는 의지의 두 가지 가능한 존재방식이 있다. 이에 따르면 어떤 유기체가 인간인 한 기계적 자연법칙(물리법칙)에 종속해 있는 의지와 자연법칙이 종속해 있는 의지가 그것이다. 칸트는 후자의 법칙을 자유법칙(도덕법칙)이라 불렀다. 전자를 기계적 의지, 후자를 도덕적 의지라 부를 수 있다. 그렇다면 생물학적 유기체주의와 칸트가 말하는 자유의지의 실재성은 양립 가능한가?

칸트에게 "그 자체로서 원인이자 결과인 사물"(X:318) 또는 "자기 자신에 대해서 원인이면서 결과로서 상관적으로 관계하는 사물"(X:319-20)이 바로 자연목적으로 존재하는 자연산물로서의 유기체다. 그렇다면 자연산물로서의 여타의 유기체와 달리 인간 유기체의 경우에 사정은 어떤가? 칸트에 의하면, 자연법칙에 종속하는 의지와 구분되는 자연법칙이 종속하는 의지가 존재한다. 그런데 앞서 지적했듯이 칸트는 인과성을 "목적에 따라 행위하는 능력(의지)"으로 파악하고 있기 때문에 원칙적으로 인간만이 아니라 모든 유기체가 이런 능력을 갖고 있다고 볼 수 있다. 가령 한 그루의 나무가 다른 나무를 낳듯이 목적 인과성에 따라 설명 가능한 자연목적으로서의 유기체 역시 목적에 따라 행위하는 능력을 갖는다고 할 수 있다. 그런 점에서 만일 어떤 유기체가 단지 정해진 본능에 의해서만 작용하는 존재라면 그것 역시 "의지의 기계성"(Mechanism)(VII:224) 혹은 기계적 의지 혹은 맹목적 의지라고 부를 수도 있을 것이다.

반면에 이러한 수준과 차원을 넘어서 소위 자유의지라 불리는 그런 것을 소유한 인간의 의지는 기계적 법칙이 적용되는 자연 인과성과 달리 원인성 개념을 명백히 자기 안에 이미 포함하고 있으면서 이를 의식하는 의지이다. 곧 칸트가 순수의지라고 말하는 이러한 의지는 "자연법칙들에 따라 규정될 수 없는 자유와 함께 하는 원인성"(VII:171), 즉 자유 개념과 원인성 개념을 함께 포함하고 있다. 이 말은 곧 인간 유기체는 자기 원인성을 갖는 자유의 지적 존재자임을 가리킨다. 다시 이 말은 인간 유기체에는 자연법칙의 지배를 받는 차원과 자유법칙(도덕법칙)의 지배를 받는 차원이 공속해 있음을 뜻한다. 실제로 어떤 유기체가 어떤 의지를 갖느냐 하는 것은 경험적인 문제이기에 적어도 인간 유기체가 자유의지를 갖는다는 것은 거부되지 않는다.

그런데 칸트는 더 나아가 인간의 경우에 이 중에서 자유를 이와 분리시킬 수 없는 도덕법칙과 결합시켜 놓고 있다. 이 경우에도 우리는 칸트의 주장을 따라 인간의 도덕성과 자유의지를 의지의 원인성에 대한 사실적 진술 및 목적 인과성과 충분히 양립시킬 수 있다. 그리고 다른 유기체에 대해서는 그 사실성 여부를 경험적 문제라 유보해 둘 수 있다. 따라서 원칙적으로 우리는 생물학적 유기체주의를 수용하더라도 의지의 원인성으로서의 적극적-실천적 자유의 존재와 이것이 도덕법칙과 맺고 있는 관계를 부정할 하등의 이유도 갖고 있지 않다.

이처럼 칸트의 합목적성과 목적 인과성 개념을 의지의 원인성 개념과 결합시키면 자연스럽게 자연 목적을 넘어 도덕적 목적이 성립한다. 왜냐하면 의지 개념 안에는 이미 목적 인과성과 양립하는 자유의 인과성 개념이 포함되어 있으며, 또한 자기목적적 존재로서 의지의 욕망 능력은 자신의 의지를 스스로 규정하는 자기 원인성의 능력이기에 칸트에게 있어서 도덕적인 이성적 존재자의 이러한 목적은 곧 도덕적 목적일 수밖에 없기 때문이다.

우리는 이쯤에서 다음과 같이 물을 수 있다. 즉, 칸트는 과연 그가 진화를 생존 경쟁에 의해 일어나는 자연선택의 결과로 읽어내는 다윈의 진화론의 기본 교의를 알았더라도 굳이 자연의 합목적성이나 자연 목적과 같은 개념을 필요로 했을까? 그저 목적 인과성 개념에 만족할 수 있지 않았을까? 이러한 다윈주의의 도전에도 칸트 철학의 근본 개념과 의의가 여전히 타당하다는 것을 살피기 위해 일단 칸트가 이를 필요로 하지 않았다고 가정해 보자. 그럴 경우 칸트의 자연의 합목적성이나 자연 목적의 개념에도 재해석이 불가피하다. 우리는 설명의 일관성을 유지하기 위해서 자연의 목적이나 자연의 합목적성을 결코 그대로 수용할 수는 없다. 유기체 자체가 보여주는 특정 현상에 대한 하나의 이해 방식으로서 목적론적 원리를 도입할 필요성은 성립하더라도, 칸트도 인정하고 있듯이, 이로부터 자연 자체에 합목적성이나 목적 개념을 적용할 권리가 주어지는 것은 아니기 때문이다. 또 만일 우리가 유기체를 포함한 자연현상에 목적론적 원리를 도입, 적용할 경우, 이는 생물학적 유기체주의와 결코 양립할 수도 없다.

이와 같은 맥락에서 우리가 생각해 보아야 할 문제는 생물학적 유기체주의의 관점에서 볼 때, 자연은 자신과 조화 및 통일될 수 있는 인간의 이성적 목적으로서 도덕적 목적만을 허용했는가? 하는 것이다. 결론적으로 생물학적 유기체주의는 이러한 단 하나의 도덕적 목적만을 허용하지 않는다. 생존과 번식에 적합한 목적이라면 그 어떤 것도 나름의 정당성을 갖는다. 따라서 도덕적 목적은 다만 목적의 주체로서의 인간이 자신의 도덕성에 근거를 둔 목적일 뿐이다. 그리고 이것이 다른 목적보다 우위를 가져할 필연적 이유란 존재하지 않는다. 이는 목적 인과성 원리를 비이성적 유기체들과 인간 유기체의 도덕적 목적에 적용하는 칸트의 권리가 제한되어야 한다는 것을 의미힌다. 그러나 그렇다고 그것이 인간 유기체가 자신의 내적 필연성에 의해서 도덕적 목적을 정립하고 실천할 최소한의 당위성마저 제거되어야 한다는 것을 함축하지는 않는다. 더욱이 이러한 인간 유기체의 관점에서 볼 때, 인간의 도덕적 목적은 허용가능하다. 따라서 칸트의 목적론적 유기체론은 생물학적 유기체주의의 관점에서 해설할 때, 인간 중심의 위계적 목적의 닫힌 체계가 아니라 유기체 중심의 상호목적의 열린 체계로 재해석되어 하며, 이와 함께 인간은 여러 목적 인과적 존재들 중의 하나에 불과할 뿐이다. 그렇다고 전통적으로 인간 존재에 부여해 왔던 위상과 지위가 근본적으로 와해되는 것도 아니다.

　다윈의 등장이 자연에서 목적론을 영원히 추방시켜 버렸다면 어쩌면 그 영예는 칸트에게 돌아가야 할런지 모른다. 칸트 역시 자연의 근저에 의도적으로 작용하는 원인에 대한 통찰 가능성을 결코 인정하지 않았기 때문이다. 그럼에도 다윈에 비하면 칸트는 이성적 인간과 그의 도덕성을 보다 독특한 방식으로 읽어냈다. 그 결과 인간을 중심에 두고서 목적론적 지평 아래서 재구성되고 재해석된 칸트적 목적론의 가능영역은 자연의 최종목적이나 인간의 궁극목적을 넘어 심지어는 자연의 섭리에로까지 확장되는 결과를 초래했다. 하지만 이제 칸트의 선험철학의 본래 의도대로 이는 인간의 세계에만 한정되어야 한다. 그리고 칸트의 원래의 의도에 충실하자면 칸트 역시 이를 큰 저항 없이 수용할 수 있으며, 또 그래야 한다. 왜냐하면 비록 그의 목적론적 유기체론이 불가피하게 도덕적 목적론의 수용과 확장을 수반하지만 그럼에도 그것이 인간중심적이라는 그의 전 철학 체계의 기본틀을 벗어나지 않으며, 또한 목적 인과성은 인간의 고유한 존재특성을 배제하지 않기 때문이다. 다시 말해 칸트가 유기체와 목적 인과성의 관계 해명을 통해서 저지른 결정적인 오류는 유기체가 갖는 목적 인과성을 유기체 및 그들 상호간의 작용 원리로 한정하지 않고 이를 위계적이면서도 종국적인 자연목적의 체계와 결부시킨데 있지만, 어디까지나 이는 반성적 판단력의 관점에서 그의 비판적 목적론의 일부로서 설정한 것일 뿐이다.

칸트가 도입한 전체-부분, 목적-수단의 상호관계에 기초한 목적 인과성 개념은 유기체들의 내적 현상과 그들 간의 상호관계를 설명하는 이론적 원리로서도 충분히 타당하며, 나아가 콩 심은 데 콩 나고 팥 심은데 팥이 나야 하듯이 이로부터 인간의 의도적인 도덕적-목적지향적 활동의 설명 원리와도 양립 가능하다는 장점을 지니고 있다. 이러한 해석을 통해 현대생물학의 지배적 관점에 서더라도 생명체 일반은 물론 인간의 자유의지적 및 목적정립적 행위에 대한 통일적이면서 체계적인 생물철학을 정초할 수 있는 가능성의 일단을 엿볼 수 있다.

8. 사회생물학과 결정론, 환원주의, 진화론

인간 행위의 사회적 특성을 유전학과 분자생물학에 기초하여 설명하는 사회생물학은 기본적으로 생물학적 결정론을 토대로 하고 있다. 이에 따르면 우리가 경험하는 거시적인 인간적 특성들과 현상들은 미시적인 요소들과 작용에 의해서 결정된다. 심지어 생물학적 결정론의 한 형태인 유전자 결정론에 의하면, 진화의 바탕을 이루고 있는 유전자만이 사회적 행동을 포함하여 개인의 모든 측면을 결정한다. 미시결정론(microdeterminism)의 한 형태인 생물학적 결정론에 의거하여 사회생물학은 생물학을 기초로 하여 모든 사회과학을 통합하려는 방향으로 나아간다. 이 때 이러한 통합의 핵심이 되는 이념이 바로 환원주의라 할 수 있다. 거시 현상의 미시 현상에 의한 결정 및 양자간 환원 관계의 성립은 사회생물학의 주장을 정당화해 줄 것이다.

윌슨을 포함한 일련의 사회생물학자들은 인간의 도덕적 감정을 대뇌연변계에서 이루어지는 전기화학적 작용의 반응과 동일시하려는 경향이 있다. 철학적 문제들은 일단 무시하면, 이들 환원주의적 접근은 인간의 의식적 선택, 자유의지, 윤리적 신념이나 문화적 전승과 같은 단어들이 들어설 여지를 별로 남겨 주지 않는다. 이와는 반대로 유전자-문화의 공진화를 지지하는 자료들은 인간의 윤리적 행동의 복잡성은 유전자와 물리적 반응으로 환원될 수 없다는 사실을 암시하고 있다.[83]

그런데 생물학적 환원주의 전략이 의도하고 있듯이 생물학에 생명활동의 표현체인 거시적 현상들의 환원적 토대요 근본학으로서의 권위를 부여하고, 이를 통해 달성하게 될 통일 과학이라는 원대한 목표는 전망이 그리 밝아 보이지 않는다. 그 단적인 예가 방금 지적한 것처럼 인간의 의지적 특성과 관계하는 행위 영역들이다. 가령 윤리학과 같은 도덕적 행위 및 가치판단과 관계하는 현상들에 대한 설득력 있는 논증을 제시하지 못할 경우, 사회생물학의 궤도 수정은 불가피할 것이다. 그럼에도 불구하고 사회생물학자들은 인간의 모든 비밀을 과학적 연구를 통해 죄다 해명할 수 있다는 강한 신념을 갖고 있다. 생명현상을 지배하는 유전자 차원의 미시적 특성들이 인간의 사회적 특성을 결정하며, 동시에 양자간에는 환원 관계가 성립한다는 환원주의적 태도의 연장선상에 그 구체적 실천으로서 '인간 게놈 프로젝트'가 위치하고 있다.

다른 한편으로 진화생물학적 관점에서 볼 때, 자연 선택과 성 선택에 의한 진화의 산물인 인간의 본성은 가변적, 개방적, 일시적, 우연적이다. 즉, 원칙적으로 인간의 생물학적 본성은 열려 있는 가능성이다. 그렇다면 사회생물학적 관점에서 인류의 도덕적 진보에 대해서 말할 수 있을까? 아마 진화론의 정통 이론인 진화종합설에 기초하고 있는 사회생물학 역시 도덕적 진보를 말할 수 있을지 모른다. 실제로 진화론적 인식론과 더불어 진화론적 윤리학이라는 이름 아래 도덕적 행동의 진화적 근원을 해명하려는 다양한 시도들이 진행되어 왔다.[84] 그러나 만일 이들 시도가 타당하려면 통상 우리

---

83 C. J. Lumsden and A. C. Gushurst, "Gene-Culture Coevolution: Humankind in the Making", 17 이하 참조.

84 이에 대해서는 다음을 참조하라. H. Mohr, *Natur und Moral. Ethik in der Biologie*, 1987; R. J. Richard, "A Defense of Evolutionart Ethics", 265-93; M. Ruse, *Taking Darwin Seriously. A Naturalistic*

가 직관적으로 수용하고 도덕적 진보를 해명할 수 있는 생물학적 법칙성이 제시되어야 한다. 또한 설사 이런 법칙성이 제시된다 해도 우연과 적응으로 설명되는 진화라는 사건을 감안하면 그러한 법칙성이 곧바로 결정론을 지지하는 근거가 된다고 보기도 어렵다. 진화의 본질적 성격이 바로 우연의 연속에 뿌리를 두고 있고, 따라서 과거는 물론 미래의 사건에 대해서 확정적으로 결정할 수 없기 때문이다. 차라리 진화 사건 자체를 "결정론적 카오스"라 부르는 것이 나을지도 모른다.[85] 그런 점에서 결정론 역시 하나의 사태에서 규칙성을 발견해내려는 과학적 가설 이상의 것이 아니다. 결정론자들은 단지 자신들이 발견한 규칙성을 무차별적으로 모든 현상에 적용하고 있을 뿐이다.

또한 도덕적 진보는 제쳐두고라도 사회생물학 진영에서 말하는 소위 진화론적(생물학적) 진보(진화) 역시 의문의 여지가 많다. 다윈 이론에 대한 가장 영향력 있는 논리적 분석가로 알려진 윌리엄스는 진화론적 진보를 입증할 수 있는 경험적 근거로서 유전 정보의 축적, 형태학적 복잡성, 적응의 효율성이라는 세 가지 후보를 거론하면서 그 정당성에 대한 반대 사례를 들고 있다.[86] 가령 적응의 효율성을 따지면, 오스트랄로피테쿠스에서 호모 사피엔스에로의 진화를 인간에게 치명적인 환경 속에서도 살아남은 바퀴벌레와 비교할 때, 오히려 바퀴벌레야말로 가장 훌륭하게 진보한 생물로 볼 수 있다. 진화론적 관점에서 우리는 그렇지 않다고 말할 어떠한 타당한 이유도 갖고 있지 않은 것 같다. 다윈의 진보관을 고찰한 마이어는 "다윈 역시 덜 완전한 것에서 보다 완전한 것으로의 진보와 같은 법칙의 존재를 부인했다"고 주장한다.[87] 한 걸음 더 나아가 그는 "다윈은 자연법칙의 지배를 받는 완전성을 향한 내재적인(intrinsic) 충동 같은 개념에 대해서 강력하게 반대했

Approach to Philosophy: N. Tennant, "Evolutionary v. Evolved Ethics", 289-302: G. Vollmer, "Über die Möglichkeiten einer evolutionären Ethik", 51-68: F. M. Wuketits, "Darwinism: Still a Challenge to Philosophy", 455-67.

85 P. Sitte, "Strukturen und Funktionen lebender Systeme: Erkennung und Deutung", 20.

86 G. C. Williams, *Adaptation and Natural Selection*, 34-55.

87 E. Mayr, *The Growth of Biological Thought*, 531.

다."[88]고 말하고 있다.

그렇다면 스펜서나 몇몇 소수의 다윈주의자들은 어떻게 해서 생물학적 진화를 주도하는 진화론적 법칙을 유포하게 되었는가? 다윈 역시 부분적으로는 절대적 의미의 진보는 아니더라도 상대적 의미의 진보를 주장했다는 유력한 해석들도 적지 않게 제시되고 있다.[89] 당시 인간의 행복 추구의 지침으로 자리잡고 있던 영국의 신학적 및 도덕적 원리를 생물학적 원리로 대체하려고 한 다윈주의자 스펜서는 "진보는 우연이 아니라 필연이며, … 인류는 여전히 변이를 겪고 있으며, … 변이는 완전성을 목적으로 하며, … 그러므로 인간은 더 완전해져야 한다."[90]고 주장했다. 스펜서의 견해에 대한 올바른 독법이 무엇인지에 대한 논의는 일단 제쳐두고,[91] 진화론적 진보를 인정하더라도, 그것이 도덕적 진보를 함축하거나 반영하려면, 별도의 독립적인 근거가 제시되지 않으면 안 된다.

9. 사회생물학과 진화론적 논증

하나의 가설로서 인간의 생물학적 진화로부터 시작하여 생물학적 결정론에 의거하여 인간의 도덕적 진보를 논증하는 방식을 진화론적 논증이라 부를 수 있을 것이다. 이러한 논증법으로 두 가지를 들 수 있을 것 같다. 하나는 약한 의미의 증명 방식으로 과학적 사실이나 경험적 증거에 의거한 논증이며, 다른 하나는 강한 의미의 증명 방식으로 진화와 진보 사이의 법칙적 연관성을 통해 그 정당성을 주장하는 논증이다.

우선 약한 의미의 진화론적 논증은 일반적으로 진화생물학에서 과학자들

---

88 같은 글, 532.

89 이 문제를 포함하여 다윈의 진화론적 진보관에 대한 긍정적 해석에 대해서는 다음을 참조: R. J. Richards, "The Moral Foundations of the Idea of Evolutionary Progress: Darwin, Spencer, and the Neo-Darwinians", 129-48. : M. Ruse, "Evolution and Progress", 55-9.

90 H. Spencer, *Social Statics*, 65.

91 스펜서 읽기는 다윈 읽기와 맞물려 있다. 다윈 역시 자연에 대한 목적론적 설명을 추방하고자 했음에도 불구하고 그가 진화론적 진보에 대해서 어떤 확정적인 견해를 갖고 있었는가 하는 점은 열려 있는 문제이기 때문이다.

에 의해서 통용되는 방식으로서 앞서 밝힌 바와 같이 성공하기 어렵다. 이 방식은 인간의 행위를 설명할 때 의도적 선택이나 지향성과 같은 인간의 의식적 특성을 자의적으로 진화나 유전적 특성에 일치시키려는 경향을 띤다. 그럼에도 불구하고 현재의 경험적 자료들이 진화론적 진보와 도덕적 진보 어느 쪽이든 입증할 수 있는 객관적 증거가 된다고 보기 어렵다. 더욱이 이러한 증거 부족이 참이라면, 행동이 유전자에 의해 결정된다는 견해인 생물학적 결정론을 인간에게 적용한다는 것은 거짓이다. 즉, 이런 식의 사회생물학은 미지의 사실로부터 기지의 사실을 추정하는 것이므로 비문화적 존재인 동물 사회생물학을 인간 사회생물학에 적용할 수 없다.[92]

이러한 오류의 역사는 이미 오래된 일이다. 이전에도 다윈이나 스펜서 역시 '종 전체의 선', '사회개량론'과 같은 개념의 당위성을 더 이상의 객관적 논증 없이 가정했다. 이런 가정 위에서 그들은 진화가 곧 생물학적 진보, 나아가 도덕적 진보를 의미한다는 수사를 자유롭게 구사할 수가 있었던 것이다. 그들의 주장을 뒷받침할 수 있는 사실적 접근과 이로부터 이끌어낼 수 있는 최대한의 결과는 유전자 조작 같은 인위적 선택에 의거하여 불량 인자를 우량 인자로 교체함으로써 '문제의 소지가 적은' 조건을 조성하고 인간의 물리적 능력을 개선하여 '보다 나은 인간과 사회'를 형성할 수 있다는 주장이 될 것이다. 만일 이런 개량에 의한 실제 적용에 의해서 그것이 사실로 나타난다면, 이는 그들의 주장을 입증하는 사례가 될 것이다. 그러나 그것은 경험을 통해서 입증해야 할 일인데, 과연 성공할 수 있을지는 의문이며, 성공하더라도 그 원인이 어디에 있는지가 다시 문제가 될 것이다.

이와 같은 문제를 벗어나기 위해서 우리는 강한 의미의 진화론적 논증에 의거할 수도 있다. 스펜서나 다윈이 지지했으리라 추정됨직한 데, 진화론적 진화와 인류의 진보를 하나의 이념으로 적극적으로 수용하고, 이를 정당화하기 위해 진화와 진보간의 법칙적 연관성을 제시하는 것이다. 즉, 진

---

92 R. N. Brandon, "Phenotypic Plasticity, Cultural Transmission, and Human Sociobiology", 57-73 참조.

화론적 진화는 인류의 도덕적 진보를 의미하며, 그것의 법칙적 연관성을 양자간의 환원 관계를 보임으로써 증명하는 논증이다. 그러나 이것은 기본적으로 진화 현상이라는 발생적 사실에 대한 기술적(descriptive) 설명에 의도나 목적과 같은 인간의 의식적 특성과 관계하는 가치담지적 내지는 규정적(prescriptive) 개념들을 더 이상의 정당화 없이 끌어들이는 셈이다.[93] 다시 말해 이처럼 사실 개념으로서의 진화로부터 가치 개념으로서의 진보를 도출하려는 추론 방식은 소위 자연주의적 오류를 범하게 된다. 이를 피하고 환원적 전략이 성공을 거두려면 미시적 현상으로부터 거시적인 가치담지적 행위들의 발생적 필연성을 설명할 수 있어야 한다. 또 이러한 환원의 정당성은 다시 선행적으로 생물학과 사회학(혹은 윤리학)의 관계를 넘어서, 생물학과 물리학, 다시 물리학과 사회학(혹은 윤리학)의 환원 관계가 법칙적으로 증명되어야 한다.

그런데 만일 이처럼 인간 행위 일반이 생물학에로 환원되어 의존적이 된다면 여기에는 인간의 이타심은 생물학적 특성의 표현에 불과하게 되며, 따라서 인간의 자율성에 기초한 도덕적 행위란 독립적인 지위를 상실한 무의미한 것이 되고 만다. 그것은 기껏해야 인간의 생존도를 높이기 위한 수단적 가치만을 가질 뿐이다. 왜냐하면 생물학적 차원에서는 유전자를 공유하고 있는 분포도가 상대적으로 높은 친족간의 유대는 설명될 수 있으나, 이는 근본적으로 상대적 공유도가 낮은 타인이나 타집단과 공유해야 할 도덕적 의무를 '제대로' 설명할 수가 없게 된다. 더욱이 친족 관계를 벗어난 타인에 대한 희생이나 봉사라는 도덕적 가치를 무의미하게 만든다. 따라서 이들에게 도덕적 의무란 생물학적 이타심을 기초로 하여 사회 구성원간에 발생하는 갈등과 대립을 사회적 차원에서 효과적으로 해결하기 위한 잠정적인 장치에 불과하게 된다. 이는 곧 도덕판단의 객관성의 포기를 의미한다. 물론 더 이상의 고민 없이 이것을 도덕의 본질로 인정하면 된다. 그렇다면 우리는 개인적 차원의 도덕적 성숙이나 자각, 사회적 차원의 도덕적 진보와

---

93   J. F. Hanna, "Sociobiology and The Information Metaphor", 31-55 참조.

같은 표현을 더 이상 의미 있게 사용할 수 없으며, 또 그럴 필요도 없게 된다. 그렇게 되면 도덕적 교육이란 그저 사회적 적응 이상도 이하도 아닌 생존 수단의 일종이라 할 수 있다.

그렇다면 우리에게 남은 하나의 대안은 인간의 의식적 특성 자체에서 진화의 과정에서 출현한 예외적인 한 능력을 상정하고 이로부터 도덕적 진보를 추론하고, 동시에 진화론적 진화와도 논리적으로 양립할 수 있는 길을 모색하는 방식이다. 진화론 자체를 포기하는 일은 사태를 더욱 어렵게 만들 수 있기 때문에 진화론을 수용하면서도 객관적 도덕성을 허용할 수 있는 방안이야말로 사회생물학을 둘러싸고 벌어지고 있는 논쟁들을 해결할 수 있는 올바른 방향이 될 것이다.[94] 나는 이를 도덕적 논증이라 부르려고 한다.

10. 공감적 도덕성과 도덕적 논증

인류는 도덕적으로 진보하고 있는가? 아마 우리는 진보의 문제를 경험에 직접 자문을 구하는 식으로는 답할 수 없을 것이다. 다시 말해 직접적인 증명은 불가능하다. 그 단적인 예로 도덕적 행위를 인류의 진화 과정이나 결과로 보는 사람들, 즉 사실에 관한 서술적 의미의 진화를 도덕적 진보로 간주하는 사람들 역시 이를 옹호하기 위해서 결국 비서술적 내지는 가치담지적 용어를 끌어들여 소위 목적론적 진화설에 귀착하고 말았던 전례를 들 수 있다.[95] 그렇다면 생물학적 결정론에 토대를 둔 사회생물학에서가 아니라면, 어디에 기대어 해답을 찾을 수 있을까? 도덕적 진보나 도덕 교육의 가치를 적극적으로 옹호하려면 무엇보다도 자기 목적성을 갖는 가치가 발견되어야 한다. 칸트적인 도덕적 논증은 하나의 가능성을 보여준다.

도덕적 논증은 먼저 도덕적 의무의 객관적 구속력과 도덕적 진보(혹은 퇴

---

94 이에 대한 구체적 논증은 이 논문의 직접적인 관심사가 아니다. 이를 위해서는 별도의 고찰이 필요하다. 이는 다른 기회에 다루고자 한다. 현재의 논의의 초점은 개인적 차원이든 사회적 차원이든 인간의 도덕적 진보에 관한 진술이 정당성을 확보하기에 사회생물학은 역부족이라는 점을 보이려는데 있다.

95 대표적인 인물로 스펜서(H. Spencer)를 들 수 있다.

보)를 하나의 경험적 사실로 전제한다. 이 논증은 소극적으로는 표준 이론으로서의 진화론과 사회생물학이 해결하지 못하는 한계에 대한 반성으로부터 요청된다. 그리고 이로부터 상술한 경험적 사실을 입증하는데 필요한 것이 무엇인가를 묻고 그 가능성을 모색하는 절차를 밟는다. 나는 그 가능성을 칸트의 도덕적 견해를 매개로 하여 접근해 볼 것이다.

칸트적인 도덕적 논증의 핵심은 목적(Zweck) 개념에 있다. 진화론은 기본적으로 자신의 이론틀 안에서 목적 개념을 허용할 수 없다. 칸트도 자연 세계에 대해서 목적 개념을 직접 적용하지 않으며, 적용할 수도 없다. 칸트에 따르면 목적이란 "객체의 개념이 동시에 이 객체의 현실성의 근거를 포함하는 것"을 이른다.(X:89) 일반적으로 유럽적 사유 전통의 중심에 있는 목적론적 사유와 관계하는 목적(telos) 개념은 직접적으로 지각할 수 없고, 다만 자체적으로 정립되는 것이며, 목적의 실현 역시 이에 따라 전제되는 것이기 때문에 그것은 일정한 대상들을 합목적적인 것으로, 그리고 그러한 목적을 달성하기 위한 수단으로 간주하는 (일종의 간접적인) 방식을 통해서만 나타낼 수가 있다.[96] 그런데 칸트는 자신의 선험 철학 안에서 전반적으로 이 개념의 권리를 약화시키면서 다양한 방식으로 활용하고 있다. 이를테면 칸트에게 있어 자연 대상은 그 자체가 직접적으로 목적이 될 수가 없다. 그것에 대해서는 다만 자연의 합목적성만을 말할 수 있을 뿐이다. 이 목적 개념에 실재론적 지위를 부여하는 유일한 경우는 다름 아닌 도덕적 목적이다. 그 이유는 (실천)이성만이 자기 목적성을 산출할 수 있는 유일한 원천이며, 그것의 다른 이름이 바로 도덕성(도덕적 이성)이기 때문이다. 즉, 칸트에게 도덕성은 이성의 자기 목적이다. 칸트가 도덕적 진보를 언급할 수 있는 정당성은 바로 여기에 있다.

칸트의 경우에도 도덕적 진보란 확정적으로 단정을 지을 수 있는 사안은 아니다. 다만 그는 장기적 안목에서 바라볼 때, 진보의 가능성이 – 따라서 퇴보의 가능성도 열려 있다 – 더욱 설득력 있는 것으로 보려고 했다. 그 이

---

96 J. Simon, "Subjekt und Natur. Teleologie in der Sicht kritischer Philosophie", 105. [ ]는 보충.

유는 근본적으로 인간에 자연 소질로 부여되어 있는 도덕적 소질, 즉 인간의 자유에 기초한 도덕성과 주체성, 다시 말해 도덕법칙의 사실성과 도덕적 행위 가능성에 대한 확신 때문이다. 그리고 칸트는 이러한 도덕적 개념을 이성에 아프리오리하게 주어져 있는 것으로 보았다. 칸트가 계몽을 진보의 한 단계로 보려 했던 것도 계몽의 시대에 살고 있는 동시대인들이 도덕적 소질의 계발에 있어서 전 보다는 더 나아진 상태에 있다고 보았기 때문이다.

칸트에게 인간의 도덕적 성숙이란 전적으로 자유를 본질로 하는 인간 자신에게 달린 문제다. 그는 이러한 본질을 최대한 발현하도록 하는 것이 인간에게 부여된 거부할 수 없는 책무라고 보았다. 이런 맥락에서 칸트는 때로는 지능, 재능, 기술과 같은 인류의 진보가 도덕성의 발달에 앞서 나가는 것으로 보일지라도 이런 것들은 결코 인간의 욕구를 만족시킬 수 없으며, "언젠가는 인간성의 도덕적 소질은 〔인간의 자연적〕 욕구를 능가할 것이다."(XI:181)라는 낙관적인 견해를 피력하기도 한다.

칸트는 인간의 자연적, 생물학적 본성은 행복을 추구하는 성향을 갖고 있기 때문에 행복을 추구하라 말라 하는 것은 아무런 의미가 없다고 본다. 그것은 전적으로 개인적 기호와 관계한다. 칸트의 이러한 사고는 사회생물학을 통해서 동일하게 설명할 수 있다. 하지만 칸트가 강조하는 것은 자연적 행복이 아니라 어떤 행복이 가치 있는 것이며, 어떤 행복을 추구하는 것이 옳은가 하는 문제이다. 칸트에게 "도덕은 행복해지는 방법을 가르치는 것이 아니라 어떻게 하면 행복이 가치 있는 것이 되는지를 가르치는 학문에 대한 입문이다."(XI:131) 가치 있는 행복 추구가 만일 유의미한 것이라면 우리는 옳고 그름을 가늠할 수 있는 어떤 척도를 말할 수 있어야 한다. 사회생물학적 관점에서는 그것은 유전자의 생존과 증식을 촉진하는 선택으로 귀착될 것이고, 이는 생물학적 이타심의 문제와 마찬가지로 자연선택 이외에 또 다른, 일종의 인위적 선택을 허용하는 것인데, 이것은 다시 무엇으로 정당화할 것인가?

칸트에 따르면, 인간의 도덕적 소질은 계발되어야 하며, "인간은 교육을 받지 않으면 안 되는 유일한 피조물이다."(XII:697) 자유로운 행위자요, 이성 능력을 갖춘 동물, 도덕적 소질을 소유한 존재자로서의 인간이 이렇게 교육을 받아야 한다는 것은 무엇을 의미하는가? 그것은 인간은 부여받은 자연적 소질에 있어서는 도덕적 존재이시만, 어떤 인위적인 노력을 거치지 않으면 안 된다는 것을 의미한다. 그러기에 칸트는 "인간에 있어서 자연적 소질의 발전은 저절로 일어나는 것이 아니기 때문에 모든 교육은 하나의 인위적인 기술이다."(XII:703)라는 점을 여러 곳에서 강조하고 있다.

칸트가 강조하는 교육 과정을 일별해 보면 다음과 같다. 칸트는 자연적 교육의 소극적 과정으로서 동물과 공유하는 양육(Wartung; Verpflegung; Unterhaltung)으로부터 시작하여, 동물성을 인간성으로 변화시키는 최초의 단계인 훈육(Disziplin; Zucht), 그리고 어떤 목적 달성을 위한 능력을 도야하는 적극적이고 체계적인 교육 활동에 의해서 이루어지는 육성(Kultur), 이를 사회 생활에 적용하는 능력을 키우는 개화(Zivilisierung)를 거쳐 최종적으로 그 자체로서 내면적인 가치를 지닌 인격적 도야로서의 도덕화(Moralisierung)의 단계를 밟는다.(XII:706-7) 그런데 이러한 교육 과정을 통해 실현할 도덕적 성숙이 온전히 이루어지기 위한 가장 중요한 도덕적 여건으로 칸트는 사회정치적 즉 문화적 성숙을 들고 있다. 이를 통해 칸트가 우리에게 전달하려고 하는 메시지는 인간의 도덕적 성숙이란 순순히 도덕성과 자발성만이 아닌 사회구성원 공동의 문화적 과정 속에서 계발되고 연마되지 않으면 안 된다는 요구이다. 즉, 칸트는 인성 발달의 여러 단계를 전제하고, 이러한 과정의 충실한 이행을 통하여 종래에는 도덕적 소질의 완성을 도모할 수 있지만, 그 선행 조건으로서 정치적(넓은 의미에서는 문화적) 자유의 실현을 강조하고 있다. 그리고 다시 이러한 외부적 조건은 인간 자신의 인위적 노력으로 그리고 도덕적 성숙을 도모할 수 있는 방식으로 진행되지 않으면 안 된다.

진화론을 접할 수 없었던 칸트의 생각을 진화론의 문맥에 맞추어서 해석해 볼 경우, 그가 말한 도덕적 소질은 분자생물학에서 말하는 인간의 유전자적 특성이라 할 수 있다. 즉, 칸트에게 도덕성은 유전되는 인간의 선천적 본성에 속한다. 그런데 만일 인간의 도덕성이 유전자적 특성이라면 이는 진화의 압력을 받고 있는 그 무엇이어야 할 것이다. 그렇다면 이는 칸트에게도 (생물학적) 진화가 곧 (도덕적) 진보라는 도식을 적용할 수 있다는 것을 의미하는가? 그렇지 않다는 것이 나의 생각이다. 우선 칸트가 말하는 도덕적 성숙은 진화론에서 말하는 진화와는 전혀 무관한 것이다. 칸트는 도덕성을 모든 자연적 인과성으로부터 독립한 차원에서 존재하는 것으로 보고 있다. 따라서 도덕적 성숙과 진보는 발생적으로는 진화와 관계가 있다고 해도 그 성격에 있어서는 아무 상관이 없다. 오히려 칸트의 입장에서 보자면, 진화란 단지 인간의 도덕적 성숙과 인류의 도덕적 진보에 영향을 미칠 수 있는지를 가늠할 수 있는 가능한 물리적 조건에 불과하다. 칸트에게 도덕적 성숙이란 원칙적으로 진화와는 무관하며, 인류가 이룩해야 할 도덕적 진보와 관계할 뿐이다. 이와 같이 칸트에게 인간의 도덕적 소질은 그저 자연스럽게 발휘될 수 있는 성질의 것이 아니라 인간 스스로가 계발 육성하여 충분히 발휘되도록 해야 할 무엇인 것이다. 이러한 이유에서 칸트는 지상에 인간 스스로가 건설하지 않으면 안 될 도덕적 문화를 강조하고 있다.

사회생물학자 윌슨은 자신의 저서 『사회생물학: 새로운 종합』(Sociobiology: The New Synthesis, 1975)의 마지막 장을 '인간: 사회생물학에서 사회학까지'라는 제목으로 장식하고 있다. 이는 그가 보편적인 생물학적 원리를 사회과학에까지 확장시킴으로써 사회과학을 생물학의 하위 분야로, 즉 인간의 사회적 특성과 행위를 설명하는데 별도의 독립적인 사회학적 원리는 필요하지 않으며, 생물학적 원리로 충분하다는 야심찬 목표를 갖고 있기 때문이다. 아마 이 저서에 또 다른 한 장이 덧붙여진다면, 그것은 '생물학에서 윤리학까지'가 될 것이다. 실제로 그는 이를 『인간 본성에 대하여』(On Human Nature, 1978)에서 시도하고 있는 것으로 보인다.

그러나 만일 생물학이 윤리학의 토대 학문으로서의 위상을 넘어서 결코 윤리학을 대체할 수는 없다면, 이는 동시에 사회과학을 생물학으로 환원하려는 시도 또한 성공하지 못하게 된다는 것을 의미한다. 왜냐하면 인간의 사회적 행위들 중 일부는 인간의 자유의지와 가치판단의 독립성을 전제하고 있기 때문이다. 그럴 경우 최소한 그 부분에서는 사회과학과 윤리학은 한 가지 동일한 조건을 공유하고 있는 것이며, 따라서 윤리학의 생물학에로의 환원불가능성은 부분적으로 사회과학의 생물학에로의 환원불가능성을 함축하게 된다.

그런데 한편으로 윌슨은 자신의 야심찬 기도에도 불구하고 중요한 순간에 머뭇거리는 신중함도 보여준다. 그를 주저하게 만든 문제는 바로 인간의 본성, 인간의 이성이다. 그에게 진화의 산물로서의 생물학적 이성, 즉 생존과 번식을 위한 다양한 장치들 중의 하나에 불과한 이성은 인간 이해의 마지막 걸림돌로 남아 있다. 그러나 역설적으로 이 걸림돌은 인간을 이해하고자 하는 우리의 모든 시도를 좌초하게 만들었던 코앞의 암초였다.

사회행물학자들과 진화생물학자들을 포함한 진화론의 후예들은 진화론(Evolutionslehre)과 진화주의(Evolutionismus) 양자 사이에 가로 놓여 있는 심연을 냉철하게 성찰할 필요가 있다. 다른 한편으로 오늘날 자연목적론, 인간 본질론 등 굵직한 전통적 이념들을 무장해제 시켰던 진화론을 아무런 대책 없이 거부하거나 부정하는 것 역시 힘들다. 이런 문제들과 관련하여 내가 도덕적 논증을 제시함으로써 그 일단을 보이고자 했듯이, 인간 행위 일반의 문제를 만족스럽게 해결할 수 있는 대안이려면, 그것은 칸트적 자유 개념과 진화론의 양립 가능성을 입증할 수 있는 포괄적 이론이어야 한다. 그리고 그것은 도덕적 자유의 진화 혹은 공감적 도덕성의 진화를 이론적 기초로 삼는 이론이 될 것이다.

12

의무론적 윤리와 거짓말의 도덕성

1. 의무론적 윤리, 공리주의 윤리, 덕윤리

공감적 이성의 공감윤리는 특수한 경우에 이루어지는 거짓말을 허용한다. 그리고 유사한 구체인 경우들에는 그에 비례하는 보편적 정의의 원칙을 적용해야 한다고 주장한다. 도덕적 행위를 평가하는 다양한 이론들 중에서 칸트의 의무론은 도덕적 옳음을 그 결과와 상관없이 행위의 의도와 동기의 객관성과 보편성, 즉 보편화 가능한 준칙을 기준으로 판단한다. 반면에 공리주의나 결과주의 윤리이론들은 어떤 행위가 가져올 최선의 결과를 도덕적 판단의 척도로 삼는다. 이들 행위와 규칙 중심의 윤리이론과 달리, 행위자 중심의 윤리이론으로서 행위자의 덕이나 성품을 강조하는 덕윤리학은 도덕적 옳음의 실행 가능성을 행위자가 지닌 좋은 성품에다 둔다. 이렇게 행위의 도덕성을 평가하는 구체적 기준으로 칸트의 의무론은 정언명법과 같은 도덕원칙을, 공리주의는 최선의 결과를 낳는 도덕규칙으로서 유용성의 원칙을, 덕윤리학은 좋은 성품의 유덕한 사람을 제시한다.

의무론과 공리주의는 근대 이래로 지금까지 도덕성을 평가하는 대표적인 주류 견해들이었다. 반면에 칸트의 의무론과 공리주의의 실패를 주장하며 대안 이론으로 등장한 현대의 덕윤리학은 이 주류 이론들을 모두 규칙 중심주의 윤리로 규정한다. 그리고 이 이론들은 도덕적 행위의 객관적 판단 기준을 정당화하는데 실패했을 뿐만 아니라 행위자의 '행위'를 도덕판단의 대상으로 삼음으로써 윤리학이 마땅히 해야 할 '행위의 지침'을 제시하는데 실패했다고 비판한다. 이에 의무론자들과 공리주의적 결과주의자들은 덕윤리학이 행위자 중심의 윤리로서 행위의 도덕성의 객관적 평가를 불가능하게 함으로써 도덕판단의 척도를 특정 사람의 권위에 의존하게 만들거나, 객관적 시비를 가리는 것을 원천적으로 불가능하게 만드는 상대주의 윤리에 머물게 되며, 이로 말미암아 도덕적 가치의 지향점을 상실하게 만드는 결과를 초래한다고 비판한다.[1]

그러나 이들 윤리이론들은 모두 도덕적 행위지침으로서 누구나 동의할 수 있는 올바른 도덕판단을 확립하는 데 한계를 갖고 있다. 규칙 중심의 윤리로서 공리주의나 칸트의 의무론은 윤리적 행위가 지니고 있는 행위자 및 그와 관계있는 타자의 고유성과 개별성을 무시하는 잘못을 저지르고 있다. 칸트의 의무론은 이성적 존재자 중심의 도덕법칙을 제시함으로써 근본적으로 특정한 행위자가 특정한 상황에서 해야 하는 행위의 고유성과 특수성, 그리고 차별성을 무시하거나 고려하지 않고서 도덕적 기준을 타자가 배제된 자기중심적 관점에서 일방적으로 적용하는 한계를 안고 있다. 또한 규칙 공리주의 역시 각각의 행위와 행위자가 갖는 개별성과 독립성을 무시하는 공평한 관망자의 관점에서 전체적인 결과에만 집착한다. 때문에 절차적 정당성에 대한 고려는 물론이며, 근본적으로 한 개인의 권리나 정의를 침해할 수 있는 가능성을 원천적으로 봉쇄하기도 어렵다. 반대로 덕윤리학은 유덕한 사람의 행위를 도덕판단의 잣대로 삼기에 어떤 사람이 유덕한 사람인지 알기 전에는 어떤 유의미한 도덕판단도 제대로 내릴 수 없다. 설사 그 사람이 누구인지 안다 하더라도 유덕한 사람의 어떤 행위가 모든 상황에서 동일한 지침으로서 타당하다는 것을 보장할 수 없기 때문에 그 사람의 행위를 객관적인 행위지침으로 삼기에는 한계가 있다. 나는 이는 모두 도덕 행위가 갖는 나와 너 혹은 3자가 지닌 고유한 지위에 대한 고려가 배제되는데서 비롯되며, 다시 말해 하나의 행위 결정에서 고려해야 할 구체적 보편성을 무시한 결과라고 생각한다.

이 글은 이 같이 세 가지 대립하는 덕윤리학과 규칙 중심의 윤리학, 특히 칸트의 의무론과 공리주의 이론적 실패를 대비적으로 평가하면서 제3의 가능한 윤리적 해결책을 제시하려고 시도한다. 이를 위해 나는 칸트의 '거짓

---

1 의무론, 공리주의, 덕윤리에 대해서는 다음을 보라. 맹주만, 『칸트의 윤리학』 30-47, 296-304.

말 논쟁'의 사례를 중심으로 옳고 그름에 대한 실제적인 도덕적 지침을 제공하려는 윤리이론이라면 일반적 도덕규칙만이 아니라 도덕적으로 허용 가능한 '선의의 거짓말'의 정당성도 증명할 수 있어야 하며,[2] 그렇지 못할 경우 실천적 지침을 제공해야 하는 윤리이론으로서 불충분한 이론임을 보일 것이다. 그리고 최종적으로 이를 해결할 수 있는 대안적 견해로서 '칸트의 의무론'이 아닌 '칸트적 의무론'을 제시할 것이다.

2. 칸트의 의무론과 거짓말

과연 거짓말은 비도덕적인가? 어떤 선의의 거짓말도 비도덕적인가? 혹은 진실을 말하는 것은 언제나 의무인가? 칸트는 행위의 도덕성을 판단하는 객관적 척도를 제공하는 정언명법에 따라서 누구나 거짓말을 하거나 거짓 약속을 해서는 안 된다는 것을 보편타당한 도덕원칙으로 삼는다. 칸트에 따르면, 타인에게 하는 거짓 약속이 타인에 대한 완전한 의무의 위반이라면, 거짓말은 자기 자신에 대한 완전한 의무의 위반이다. 칸트는 "(그의 인격에서의 인간성이) 도덕적 존재자로서 간주되는 인간의 자기 자신에 대한 의무의 최대의 훼손은 진실성을 위반하는 것, 즉 거짓말이다."(6:429/VIII:562)라고 단언한다.

칸트에게 거짓말은 "고의적인 비진리"로서 그것이 경솔함에서 이루어진 것이든, 선량한 마음에서든, 심지어는 선한 목적에서 의도된 것이든 인간의 자기 자신의 인격에 대한 범죄이며, 자기 자신의 눈에 인간을 경멸스럽게 만들지 않을 수 없는 천박한 짓이다. 한마디로 거짓말은 "그 자신의 인격에서 인간성의 존엄성을 훼손한다."(6:429/VIII:562) 이 같은 칸트의 태도는 적지 않는 논쟁을 야기한 바 있는 「인간애에서 거짓말할 권리에 대해서」라는 논문에서 더욱 엄격한 방식으로 그리고 꽁스땅이 설정해 놓은 구체적인 사례에 견주어서 표현되고 있다.(8:425-31/VIII:637-43) 이 글에서 밝힌 칸트

---

2 이는 반대로 선의의 거짓말일지라도 도덕적으로 허용될 수 없는 거짓말이 있다는 것을 의미한다.

의 말을 빌리면 이 논문은 꽁스땅(Benjamin Constant)이 "정치적 반대에 관하여"(Von den politischen Gegenwirkungen)라는 글을 통해 제기한 '거짓말 금지의 원칙은 시민사회를 불가능하게 만든다'는 비판에 대한 칸트의 반박글이다. 이와 관련해서 내가 관심을 갖는 것은 이 '거짓말 논쟁'의 승패가 아니라 꽁스땅의 비평글에 대한 반박을 통해서 나타난 거짓말에 대한 칸트의 견해이다. 이 글에서 꽁스땅이 칸트의 주장이라고 요약해서 소개하고 있는 내용은 다음과 같다:

> 진실을 말하는 것이 의무라고 하는 도덕원칙은, 만일 우리가 그것을 무조건적으로 그리고 절대적으로 받아들인다면, 모든 사회를 불가능하게 만들 것이다. 이에 대한 증거를 우리는 어떤 독일 철학자[칸트]가 이 원칙으로부터 이끌어낸 매우 직접적인 결론 속에서 갖고 있다. 그는 우리에게 자신이 쫓고 있는 우리의 친구가 우리의 집에 숨어들었는지 아닌지를 묻는 살인자에게 하는 거짓말은 죄가 된다고 주장하기까지 한다.(8:425/VIII:637)

이 구절에서 꽁스땅이 칸트를 향해 하고 있는 주장의 핵심은 '진실을 말하는 것, 즉 거짓말을 해서는 안 된다는 것이 무조건적이며 절대적인 도덕원칙이라면, 그것은 모든 사회를 불가능하게 만든다'는 것이다. 반대로 칸트는 이 '거짓말 논쟁'을 통해서 꽁스땅과는 정반대로 '거짓말은 사회를 불가능하게 만든다'고 주장함으로써 자신의 도덕원칙을 관철시키고 있다. 이를 옹호하기 위한 칸트의 논증이 이 논문의 핵심인데, 이 칸트의 반박 논증은 도덕적 의무에 반하는 거짓말은 인간의 사회를 가능하게 하는 진실성 조건을 위반하는 것이며, 이는 법 그 자체의 근원을 손상시키는 것으로서 결국 인류 일반을 해치는 행위와 같다는 주장으로 귀결된다.

꽁스땅이 칸트가 했다고 추측하는 이 거짓말 사례에 준하는 것을 칸트가 직접 한 적이 있는지는 확실하지 않지만 분명한 것은 칸트가 그의 주장을 적극적으로 반박하고 있다는 점이다. 말하자면 칸트는 자신의 집으로 숨어 들어온 친구를 살해할 의도를 갖고 있는 위협자가 묻는 친구의 행방에 대한 질문에 대해서 비록 좋은 결과를 가져오리라는 예상에서 하는 거짓말일지라도 그것은 도덕적으로 허용할 수 없는 행위임을 분명히 한다. 더욱이 선한 의도에서 한 거짓말이라 하더라도 만일 그것이 오히려 나쁜 결과를 초래한다면 그에 대해서도 거짓말 한 사람이 책임을 져야 한다는 결과론적 논리를 펼치면서까지 거짓말은 어떠한 경우에도 정당화될 수 없다고 주장한다.

그런데 칸트가 우리의 도덕적 직관에 반하는 무리한 주장을 계속 옹호하는 가장 중요한 이유는 거짓말은 어떠한 예외도 허용하지 않는 도덕원칙 즉 도덕법칙을 위반하는 행위이기 때문이다. 칸트에게 정언명법은 행위의 도덕성을 평가하는 최종 척도이다. 일종의 도덕성 테스트 절차로서 각자의 행위 준칙이 이 테스트를 통과할 수 있어야 그것은 보편타당한 도덕법칙으로 승인된다. 타인에 대한 정직의 의무 혹은 거짓 약속을 하지 않아야 할 의무, 그리고 자기 자신에 대해서 거짓말을 하지 않아야 할 의무 등은 모두 완전한 의무로서 예외를 허용하지 않는 의무들이다. 이러한 조건을 충족시키는 칸트의 보편법칙의 정식은 다음과 같다: "너의 준칙이 보편법칙이 되기를 네가 동시에 의욕할 수 있는 그러한 준칙에 따라서만 행위하라."(4:421./VII:51)[3] 이 보편법칙의 정식으로 표현된 정언명법은 도덕적 의무는 무조건적이며, 절대적인 도덕규칙에 따라야 하는 의무라는 것을 적시하고 있다. 이로부터 구체적인 정언명령들, 즉 예외를 허용하지 않는 도덕원칙들이 연역된다.

이를테면 거짓말을 하지 마라, 거짓 약속을 하지 마라. 약속을 지켜라, 무고한 사람을 해치지 마라, 진실을 말하라, 자살을 해서는 안 된다, 자신의 행복을 위해서 자신의 소질과 능력을 계발하라, 불행에 처해 있는 사람을 도와주어야한다 등등. 따라서 위의 칸트의 '거짓말 논쟁'에서 거짓말이 허용될 수 없는 이유도 거짓말은 보편적 규칙이 될 수 없으며, 만일 그것을 보편화하면 그 규칙 자체를 파괴하는 모순적 결과를 낳기 때문이다. 그리고 이렇게 누구나가 거짓말을 보편적 규칙으로 삼을 경우, 그것은 사회 혹은

---

3 보편법칙의 정식은 칸트가 '유일한 정언명법'이라고 부르는 것으로서 칸트의 윤리학을 가장 대표하는 도덕성의 원리다. 이성적 존재자를 대상으로 하는 도덕법칙이라는 특성 때문에 칸트 윤리학이 많은 비판을 받게 되는 문제들이 주로 이에서 비롯된다.

공동체의 성립과 유지도 불가능하게 만든다는 주장은 동시에 다음과 같은 목적의 왕국의 정식도 위배한다: "모든 이성적 존재자는 언제나 그의 준칙을 통하여 보편적인 목적의 왕국에서 한 사람의 입법하는 성원인 것처럼 행위해야 한다."(4:438./VII:72)[4] 이 준칙은 각 개인이 모든 사람을 대표하는 자로서 법칙을 제정해야 하며, 또 할 수 있는 존재라는 것을 함축한다. 그러기에 내가 스스로 거짓말 금지를 법칙으로 제정하면서 동시에 거짓말해도 좋다는 규칙을 허용한다면, 그것은 자기 파괴적인 법칙이 될 것이며, 법의 준수와 약속의 이행과 같은 법적 기반 위에서 유지되는 사회를 근원적으로 불가능하게 만드는 것이 된다.

자기 자신에 대한 의무인 거짓말 금지의 원칙이 자기 자신에 부과하는 완전한 의무라면, 정직의 의무는 타인에 대한 완전한 의무이다. 즉, 거짓말은 거짓말을 하는 자신을 주인공으로 상정하며, 정직은 정직해야 할 상대를 상정한다. 그리고 이 때 그 행위의 주체는 '나'이다. 그런 점에서 거짓말과 정직은 동일한 사건에 대해서 취할 수 있는 두 가지 방식의 의무와 관계한다고 할 수 있다. 일상적 어법에서는 거짓말 금지의 원칙과 정직의 원칙의 대상을 뒤바꿔서 '다른 사람에게 거짓말을 하지 말라' '네 자신에게 정직하라'고 하기도 하는데, 이러한 혼용은 그 말을 하는 당사자의 의도 내지는 의중이 누구를 향하고 있느냐에 달려 있기 때문에 생기는 현상이다. 결국 이러한 정직과 거짓말의 상호 관계를 고려하면, 거짓말은 자기 자신과 타인에 대한 완전한 의무를 동시에 위반하는 행위이다. 그것은 타인을 수단으로만 이용해서는 안 되는 정언명법의 정식에도 배치된다. 또한 거짓말을 하는 것은 타인을 목적이 아닌 수단으로만 대우하는 것이 되므로 인간성의 정식에도 위배된다. 칸트의 인간성의 정식은 이렇다: "너는 인간성을 너의 인격에서나 다른 모든 사람의 인격에서나 결코 수단으로만 대우하지 말고 언제나 동시에 목적으로 대우하도록 행위하라."(4:429./VII:61)[5]

---

4 칸트는 이를 '자율성의 정식'이라고 부르기도 하는데, 이 정식은 칸트 스스로 세 번째 정언명법이라 부르고 있지만 목적의 왕국의 정식과의 관계가 모호한 측면이 있어서 해석상의 어려움이 있다.

5 이 정식은 '목적 자체로서의 인간성의 정식' 혹은 그냥 '목적 자체의 정식'이라 부르기도 하는데, 이성적

그런데 이러한 거짓말의 무조건적 금지에 대한 칸트의 견해는 우리의 상식적인 도덕적 직관에도 반한다. 우리는 여전히 어려움에 처한 사람을 구하기 위한 거짓말, 혹은 거짓말을 하지 않으면 누군가가 위험해 처하게 되며, 심지어는 목숨을 잃을 수도 있다는 생각에서 하는 선의의 거짓말을 비난하지 않는다. 오히려 때로는 칭찬하거나 칭송하는 경우까지도 있다. 그렇다면 칸트는 왜 이렇게 이런 입장을 시종 견지해야만 하는 것일까? 보편성에 대한 요구를 반영하는 칸트의 법칙과 원칙 중심의 윤리적 사고는 충분히 매력적이다. 그러나 '거짓말 논쟁'의 경우처럼 이들 정언명법의 정식들의 적용은 받아들이기 어려운 결론도 허용한다.

매킨타이어가 덕의 윤리가 아니라 의무의 윤리에만 치우친 칸트의 윤리학과 관련해서 "칸트의 도덕적 저술에서 우리는 도덕이란 규칙에 복종하는 것 이상의 그 무엇이라는 생각이, 완전히는 아니지만, 거의 시야에서 사라져 버리는 지점에 이르렀다."[6]라고 평가할 때, 이는 적어도 칸트의 윤리이론이 갖는 맹점을 정확히 지적한 면이 있다. 그러나 다른 한편으로 도덕이란 누구나 따라야 하는 보편적 규칙의 문제라고 보는 칸트의 도덕적 관점을 부인하기는 어렵다. 오히려 칸트의 문제는 보편적 도덕원칙 일변도의 주장에 있는 것이 아니라 그것의 무차별적 적용에 있다고 보아야 한다.

도덕은 보편타당한 규칙을 따르는 행위이어야 한다. 만일 보편적 규칙이 존재하지 않는다면, 그것은 올바른 행위지침을 제시하는데 실패할 것이다. 반대로 모든 행위 하나하나마다 각각의 지침이 필요하다면 이 또한 도덕적 지침으로서의 제 역할을 하지 못하게 될 것이다. 도덕과 윤리란 공정성과 공평성 내지는 평등한 정의의 요구에 답하는 것이어야 한다. 그렇지 않은 도덕은 개인적 요구와 지침에만 머물고 말게 되며, 어떤 행위에 대한 비교 우위를 말할 수 없게 될 것이며, 이는 곧 도덕의 무용론으로 귀결될 수 있다. 이 점에서 보편타당한 도덕규칙을 정당화하려는 칸트의 의무론은 이

존재자 혹은 이성적 본성에 대한 칸트의 이해가 가장 집약적으로 표명되고 있는 정식이다. 그러나 이 또한 구체적 이해가 갖는 추상적 성격 즉 현실적 적용 가능성의 제약과 한계를 안고 있다.

6 A. MacIntyre, *After Virtue : A Study in Moral Theory*, 219.

같은 도덕적 요구에 가장 부합하는 이론이라 할 수 있다. 오히려 칸트의 문제는 도덕규칙의 적용에 있어서 그것의 적용 대상의 가능한 차이를 충분히 고려하지 못한다는 데서 찾을 수 있다. 이 점에서 칸트의 원칙 중심의 도덕 이론이 "형식들 간의 좀 더 명확한 구분 기준을 생략한 것은 아쉬운 부분이다."[7]

진실을 말해야 하거나 거짓말을 해서는 안 된다는 도덕규칙의 경우 칸트는 이 규칙을 거짓말 혹은 진실을 말해야 하는 행위자 혹은 나의 관점에서 접근한다. 그러나 칸트의 '거짓말 논쟁'의 사례에서 질문을 받는 자(거짓말 여부를 결정해야 하는 자)와 질문을 하는 자(진실을 요구하는 자), 그리고 그 질문의 상관자(친구인 도피자)는 주어진 하나의 상황에서 각기 다른 처지에 놓여 있는 행위자들 혹은 주체들이다. 칸트의 관점에서는 그 거짓말을 하는 사람, 그리고 그 거짓말을 누구를 위한 것이냐 따위는 중요하지 않다. 거짓말은 보편법칙의 정식을 논리적 측면에서는 개념적 모순을, 실천적 측면에서는 의지적 모순을 초래하기 때문에 허용될 수 없기 때문이다.[8]

그런데 칸트는 일종의 사고 실험을 통해서 만일 이 같은 모순이 허용될 경우의 결과를 고려해 볼 것을 요구하면서, 만일 그것이 허용된다면 사회의 존립은 더 이상 불가능할 것이라고 말한다.[9] 그렇다면 우리는 우리가 도덕적 행위를 하는 이유가 그 자체가 목적인 사회나 공동체 혹은 법의 존재 자체를 위한 것이라거나 혹은 사회적 존재로서 인간은 타인의 도움을 필연적으로 받을 수밖에 없기 때문에 상호 부조의 의무가 있다거나, 다시 말해서 행위의 결과가 아니라 자기정립적인 목적 자체를 위해서 그리고 그것이 옳기 때문에 그것을 하려는 선의지를 바탕으로 한 거짓말 금지의 원칙이 모순 없이 정합적인 결론을 허용하는지 따져보아야 한다.

---

7 김수배, 「칸트 윤리학에서 원칙과 사례의 갈등 -'결의론'을 중심으로-」, 59.

8 Onora ONeill, "Consistency in Action", 117-27.

9 칸트가 『도덕형이상학 정초』에서 들고 있는 "내가 궁지에 몰려 있을 때 나는 지킬 의도 없이 어떤 약속을 해도 좋은가?"의 문제 즉 "거짓 약속"의 사례를 살펴보자. 이 경우에 칸트는 "나는 내가 거짓말을 의욕할 수는 있으나 거짓말하기를 보편법칙으로 의욕할 수는 없다는 것을 즉시 깨닫는다. 말하자면 이러한 법칙에 따르게 되면 본래 약속이라는 것이 있을 수가 없게 된다."는 결론을 도출해 낸다. (4:430/VII:30)

우선 거짓말이 법 그 자체의 근원을 손상시킴으로써 사회의 존립을 부정하는 결과를 초래한다는 것을 마치 거짓 약속의 경우와 동일한 관점에서 접근하는데, 이는 법정에서 진실만을 말할 것을 선언한 증인의 위증은 자기모순이며, 이의 허용은 사회의 유지와 범죄의 처벌이 목적인 법의 존재 이유의 부정과 같은 결과를 낳는다는 논리와 비슷해 보인다. 그러면 선의의 거짓말은 정말로 법과 사회 자체의 존립과 관계하는 행위인가? 설사 거짓말이나 거짓 약속이 사회의 존립이나 법의 존재 목적에 반하는 모순적 결과를 초래한다고 하더라도, 그것이 위험에 처한 사람을 구하려는 의도에서 하는 선의의 거짓말과 결코 같다고 볼 수 없다. 칸트는 이 둘을 동일한 관점에서 바라보는 잘못을 범하는 것 같다.

또한 칸트는 거짓말 논쟁에서 '나의 거짓말' 행위만을 도덕성 평가의 조건으로 삼는데, 내가 보기에 여기서 칸트는 나와 너를 동일한 행위자의 관점에서, 즉 거짓말 행위와 관계있는 모든 사람들을 동일한 이성적 존재자로서 간주한다. 그러나 이들은 이성적 존재자로서는 모두가 개념적으로 동일한 혹은 동등한 가치를 가질지 모르나, 이성적 '인간'으로서는 각각이 개별적 존재자들이며, 따라서 그들 각각을 도덕적 고려의 대상으로 간주해야 한다. 그런데 칸트는 이를 무시하고 모든 대상에 무차별적으로 정언명법이라는 도덕성의 원칙을 적용하고 있으며, 그 때문에 선의의 거짓말은 물론이며, 어떤 경우에도 거짓말이 허용되어서는 안 된다는 결론을 옹호할 수밖에 없었다고 생각된다.

칸트가 말하는 이성적 존재자는 정언명법의 정식들에 전제되어 있는 도덕적 주체들로서 이성적 본성의 소유자이며, 칸트는 이를 인간성과 같은 뜻으로 사용하기도 한다. 그러므로 칸트의 보편법칙의 정식, 인간성 혹은 인격성의 정식, 목적 그 자체로서의 정식, 목적의 왕국의 정식, 자율성의 정식 등은 모두 이성적 존재자의 도덕법칙들이다. 그러므로 이 이성적 존재자의 관점과 차원에서 보편화가 불가능한 준칙으로서 거짓말은 결코 용인될 수 없으며, 용인되어서도 안 되는 것은 명약관화하다. 그 대상이 누구든 이성적 존재자는 목적 수립적인 자율적 입법자이며, 그러한 목적의 왕국의 성원이며, 자기 목적적 존재이므로 단 한 번의 예외의 허용도 그것은 논리적 및 개념적 차원에서 사회 존립의 불가능성이나 법 그 자체의 정신의 훼손과 같은 자기 모순적이며, 자기 파괴적인 결과를 초래한다. 그러나 인간은 개별적 주체요 행위자이며, 다른 그 누구와도 구별되는 차이를 갖는 현실적 존재이며, 따라서 이성적 존재자이면서 동시에 감성적 존재자인 이성적 인간이다. 그것은 어떤 한 행위에 대한 도덕적 판단이 이성적 존재자의 관점에서만 이루어져서는 안 되며, 그것은 반드시 이성적 인간 즉 개별적 존재자들에 대한 도덕적 고려가 포함되어야 한다는 것을 의미한다. 칸트는 이를 고려하지 않고 있다.

'거짓말 논쟁'에서 표면적으로 사회 존립이나 법 정신의 훼손이 초래하는 결과론적 고려에 근거해서 거짓말을 허용할 수 없다는 칸트의 논리가 언뜻 공리주의적이며 따라서 반의무론적이라고 비판받을 소지도 있지만, 칸트의 진의는 결과의 유용성/공리성을 따져보라는 것이 아니라 자기 목적적 존재인 이성적 존재자 자신이 수립한 사회와 법의 존재를 부정하는 것이기에 모순적이며, 이를 준거로 해서 들고 있는 반사실적 인과적 추론에 기초한 '결과적 고려'이기에 그것은 공리주의적 논리에 의거하고 있는 것이 아니다.

3. 규칙과 덕, 행위와 행위자

무엇이 옳고 그른 행위인지, 무엇을 해야 하며, 무엇을 하지 말아야 하는지 말할 수 없는 이론은 윤리이론이 아니다. 앞서 칸트의 의무론은 옳고 그른 행위의 도덕성을 평가할 때, 도덕규칙의 보편성, 절대성, 무조건성, 필연성, 자율성을 특징으로 제시한다. 그리고 그러한 규칙은 행위자의 준칙과 동기의 도덕성을 표현한다. 도덕적 동기는 행위 준칙의 근거와 이유의 보편화 가능성, 준칙을 행위의 원칙으로 삼는 의지의 무모순성 등의 조건을 충족시킬 때 도덕적으로 정당화된다. 반면에 칸트의 의무론과 마찬가지로 도덕규칙의 보편성을 강조하면서도 행위의 결과의 도덕성에 초점을 맞추고 있는 이론으로서 공리주의를 꼽을 수 있다. 다양한 공리주의 이론들 중에서도 특히 벤담과 존 스튜어트 밀이 제시한 공리주의는 행위 공리주의든 규칙 공리주의든 유용성의 원리에 입각한 행위의 결과를 기준으로 행위의 도덕성을 평가한다. 특히 공리주의 기본이론을 정교화 했다고 평가되는 존 스튜어트 밀의 윤리적 입장은 결과주의적 규칙 공리주의로 해석할 수 있다. 특히 그의 규칙 공리주의는 덕윤리학의 면모도 지니고 있다는 점에서 주목할 만하다. 덕윤리학은 행위자를 직접적으로 도덕성의 평가 대상으로 삼기 때문에 덕과 성품을 좋은 행위자 혹은 유덕한 행위자의 특성으로 이해한다. 이제 거짓말에 대해서 덕윤리학과 공리주의가 어떤 입장을 취하는지 따져 보자.

먼저 공리주의는 결과주의 윤리이론이므로 한 행위가 유용성의 원리 혹은 공리성의 원리에 비추어볼 때 보다 나은 결과를 가져온다면 그 행위는 도덕적으로 옳은 행위가 된다. 그러므로 칸트의 '거짓말 논쟁' 혹은 '거짓약속의 사례'에서 거짓말은 도덕적으로 허용된다. 그것도 칸트의 경우와 달리 나의 행위가 미치게 되는 관련자들 모두를 고려한다는 점에서 차이가 있지만 그 관련 대상자들이 누구인지를 묻지 않는다는 점에서는 같다. 또한 칸트와 반대로 위험에 처해 있는 사람을 구하기 위해서 하는 선의의 거짓말은, 그 사람을 구하는 것이 더 큰 악을 초래하는 것이 아닌 한, 우리가 마땅히 해야 할 도덕적 의무가 된다. 이 점에 비추어 보면, 거짓말은 행위 공리주의든 규칙 공리주의든 모든 공리주의 이론들에서 정당화된다고 할 수 있다. 그러나 비록 거짓말이 정당화된다고 하더라도 이는 중요한 점에서 옹호되기 어려운데, 특히 권리나 정의의 문제에서 더욱 그러하다. 익히 알려진 많은 사례들이 있지만, 칸트의 '거짓말 논쟁'의 사례를 변형해서 고려해 보면, 쉽게 추측할 수 있다.

벤담식의 행위 공리주의의 경우, 그때그때의 행위에 따라 다른 선택이 가능하다. 가령 칸트도 고려하듯이, 나의 서툰 진실 혹은 거짓말로 인해 어떤 후속 행위가 벌어질지, 살인의 위협자가 정말로 도피자를 살해할 것인지, 혹시 도피자가 이미 도망을 간 것을 모르고 거짓말을 했다가 오히려 내 말을 듣고 도피자를 쫓기 위해서 밖으로 나간 살인자가 도피자와 마주칠 가능성이 있는지, 등등 이런 것들이 예상되는 결과를 고려해서 내려야 하는 판단의 조건들이다. 그런데 응급 상황에서 신속하게 행위를 결정해야 하거나 비교적 여유 있는 시간 동안 관련 사실들에 대한 지식과 정보를 동원해서 결정하든,[10] 만일 도피자를 구하기 위한 거짓말 내지는 진실이라면, 어느 쪽을 선택하든 공리주의적 원칙에서 그렇게 한 것이므로 우리는 이에 대해 도덕적으로 비난할 수 없을 것이다.

그런데 이와 관련해서 충분히 예상할 수 있는 일은 공리주의는 선의의 거짓말뿐만 아니라 빤한 거짓말도 허용한다는 것이다. 그리고 더욱이 앞서 지적했듯이 우리는 매번 이 같은 판단을 잘 하지 못할 수도 있다. 그렇다면 공리주의가 도덕적 문제에 대해서 실질적으로 우리에게 해줄 수 있는 것은 별로 없다. 결국 이런 추론은 어떤 경우든 거짓말 자체의 도덕성에 대해서는 전혀 고려하지 않고 있으며, 필요할 경우 거짓말을 통해 다수가 보다 큰 이익을 얻을 수 있다면, 그로 인한 개인의 불가침적인 권리의 침해나 무고한 사람의 희생 등은 무시해도 좋다는 결론도 허용한다. 이 역시 우리의 상식적인 도덕적 직관에 반한다. 우리는 거짓말이 나쁘다는 것을 알고 있다. 그것은 거짓말 자체가 결과의 고려와 상관없이 나쁘다는 우리의 직관을 반영한다. 다른 한편으로 우리의 직관은 때로는 도덕적으로 허용 가능한 선의의 거짓말은 용인될 수도 있다고 생각한다. 공리주의는 이 모두에 대해서 직접적으로 어떤 대답도 해주지 못한다. 보다 나은 결과를 위한 선의의 거짓말과 빤한 거짓말을 구분해주지 못하기 때문이다.

그런데 결과의 예측 불가능성 혹은 불명료성이라는 한계와 소수자의 권리나 정의와 같은 도덕적 가치를 고려하지 않는 약점 등 행위 공리주의가

---

10 R. M. Hare, "Ethical theory and utilitarianism", in Sen, A. and Williams, B. (ed.), *Utilitarianism and beyond*, 31.

안고 있는 문제를 규칙 공리주의는 피할 수 있어 보인다. 규칙 공리주의는 최선의 결과를 가져올 수 있는 행위들을 일반화하여 이를 규칙으로 제시한다. 가령, 장기적으로 관련 사실을 충분히 조사하고 정보를 수집해서 계산을 한 결과, 일반적으로 거짓말은 장기적인 관점에서 나쁜 결과를 초래한다는 판단에 근거해서 '거짓말을 해서는 안 된다'는 일반 규칙을 만들 수 있다. 이러한 규칙 공리주의 관점에서 거짓말은 나쁜 짓이 된다. 아마 어쩌면 현재 거짓말에 대해서 우리가 갖고 있는 상식적 직관도 이러한 사회적 유용성, 즉 공리성의 오랜 유산일 지도 모른다. 또 이와 동일한 이유에서 권리나 정의에 대한 일반 규칙이 옹호될 수도 있다. 그런데 결정적으로 이런 일반 규칙들이 언제까지 유효할 수 있는지를 공리주의적 관점에서 정당화하기가 어렵다. 비단 이뿐만 아니라 자유와 평등, 삶과 죽음, 소유권 등의 광범위한 문제들에 대해서도 동일한 문제가 제기될 수 있다.[11] 그리고 만일 일반규칙으로서의 거짓말 금지와 현재의 부인할 수 없는 거짓말의 필요성이 충돌할 경우에 '거짓말을 해서는 안 된다'는 일반 규칙을 일관되게 유지하기 어려울 것이기 때문이다. '무고한 사람을 해쳐서는 안 된다'는 정의의 원칙의 경우에도 똑같은 문제가 발생한다. 이 때 이 문제를 해결할 수 있는 방법은 다시 행위 공리주의에 의존하는 것이다. 결국 규칙 공리주의 역시 행위 공리주의가 지닌 문제와 한계로부터 자유롭지 못하다.

덕윤리학은 칸트의 의무론뿐만 아니라 공리주의 역시 이와 같은 문제, 즉 도덕적 행위의 객관적 기준과 원칙을 정당화하는데 실패했음을 지적한다. 그러나 덕윤리학은 옳은 행위에 대한 윤리이론을 갖고 있는가? 저들 이론과 달리 덕윤리학은 거짓말에 대해서 유연한 태도를 보이는 장점을 지니고 있다.[12] 그들은 선의의 거짓말은 용인이 되며, 그에 대한 시비를 독립적인 객관

---

11 Peter J. Hammond, "Utilitarianism, uncertainty and information", in Sen, A. and Williams, B. (ed.), 같은 글, 85-102.

12 덕윤리학이 의무론이나 공리주의의 대안 이론으로서 시도하는 이론적 목표로는 대체로 세 가지 정도를 들 수 있다. "첫째, 이상적 인간 모델의 제시. 둘째, 이상적 인간에게서 요구되는 덕들의 목록, 셋째, 덕의 획득 방법. 이와 같은 목표를 옹호하고 정당화하기 위한 시도들은 아리스토텔레스를 위시한 고대 헬레니즘 시대의 철학자들에게서도 찾아볼 수 있다. 그런데 플라톤과 아리스토텔레스 등

적 기준이 아니라 그 같은 판단을 한 행위자, 즉 그 행위를 한 사람에 귀속시킨다. 다시 말해서 그러한 판단을 할 수 있는 사람이 내리는 결정이 옳은 선택이 된다. 규칙 공리주의자인 밀 역시 질적 공리주의의 관점에서 덕윤리학과 양립할 수 있는 견해를 제시한다. 밀은 최대의 질적 쾌락의 추구를 공리성의 원칙으로 제시하면서 이러한 쾌락 선택의 자격을 '유능한 판단자'의 선택에 맡긴다. 즉, 그러한 결정을 할 수 있는 자격 있는 사람이 하는 판단이 곧 최대 이익의 최선의 결과라고 주장한다. 이에 따르면, 도덕규칙의 준수와 유능한 판단자의 결정은 일치한다. 그러나 이 경우에도 그것이 공리주의적 관점에서 최선의 결과를 가져오리라는 것을 보장할 방도가 없어 보인다. 가령, 거짓말을 해야 하는지, 하지 말아야 하는지의 결정은 그러한 상황에 놓인 판단자의 몫인데, 결국 그 판단자가 누구냐에 전적으로 의존하게되며, 따라서 이를 공리주의적 관점에서 정당화하기에는 어려움이 있다. 왜냐하면, 그러한 특수한 상황에서 판단자가 누구냐 하는 것은 개인의 자유와 행복의 실현과 관계가 있을 뿐, 일반 규칙으로서는 아무 역할도 하지 못할 것이기 때문이다.

밀이 처하게 되는 문제에 덕윤리학 역시 동일하게 직면할 공산이 크다. 공리주의적 도덕규칙은 아니지만 덕윤리학 역시 유덕한 성품을 소유한 행위자의 선택과 결정이 곧 그 행위를 옳은 것으로 만들어준다고 주장하지만, 행위의 옳고 그름을 판단자의 개인적 자격에 맡긴다는 점에서, 누구 그런 자격 있는 사람인지 모르는 한, 도덕적 선택을 임의적인 문제로, 극단적으로는 아무래도 좋은 선택의 문제로 만들어버릴 위험이 있다. 이 문제를 해결하기 위해서 일부 덕윤리학은 덕규칙 같은 일반 원칙을 제시하려고 시도한다. 그것은 행위자 일반이 지닌 공통의 성품 및 그에 따른 자격에 근거해서 그 가능한 도덕원칙으로 덕규칙을 제시하는 것이다. 가령 덕윤리학에서

소크라테스의 계승자들로부터 시작해서 에피쿠로스학파나 스토아학파의 행복론에 이르기까지 그들의 덕의 철학이 대체로 형이상학적 토대 위에서 전개되었다면, 현대의 덕윤리학은 형이상학적 가정 없는 이론을 제시하려 한다." 맹주만·김은미, 「밀의 공리주의와 덕윤리학」 331; R. Hursthouse, *On Virtue Ethics*, 25; 맹주만, 「칸트와 '행복한 자선가'」 112-4.

는 공감 능력이 "일반 원칙 혹은 덕 규칙을 준수하려는 유덕한 행위자들의 핵심적인 의사결정 수단"[13]이 될 수 있다. 공감은 행위자가 소유하는 있는 감정능력으로서 어떤 상황에서 어떤 행동을 해야할지에 대한 도덕적 감응 능력이며, 일반적 능력이라 할 수 있기 때문이다.

덕윤리학의 도덕규칙을 일반화 해보면 '유덕한 행위자가 하는 행위는 옳은 것이다.' 혹은 더 구체적으로 '어떤 상황에서 특정한 성품을 소유한 유덕한 행위자가 하는 행위는 옳은 것이다.'와 같은 형식이 될 것이다.[14] 그리고 이런 덕규칙에 따라서 유덕한 행위자가 하는 행위들 중의 하나를 실천적 지침으로 제시하면, 그것은 '거짓말을 하지 말아라.' 혹은 '유덕한 행위자는 거짓말을 하지 않는다.'와 같은 것이 될 것이다. 그리고 우리는 이에 준하는 다양한 실천적 지침의 목록들을 만들 수 있을 것이다. 그렇다면 덕을 행복의 한 요소로서 부수적인 것이 아니라 본질적인 것으로 파악하는 밀의 '자격 있는 판단자'[15]의 경우처럼[16] 규칙 공리주의의 도덕원칙과 유사한 형식을 취하는 이와 같은 덕규칙은 우리에게 어떤 실천적 지침을 제공하는가? 여전히 우리는 "그럼 누가 유덕한 행위자인가?"라고 물을 수 있다. 그리고 덕윤리학은 이러한 실천적 지침을 언제나 일관되게 견지할 수 있는가? 유덕한 사람도 모든 서로 다른 상황에서 항상 동일한 방식으로 행동한다는 것은 불가능해 보이며, 또한 서로 다른 사람이 모든 동일한 상황에서 동일한 방식으로 행동해야 하거나 할 수 있는 것도 아닐 것이기 때문이다. 게다가 어떤 상황에서 해야 하는 특정한 행위가 다른 어떤 상황에서 해야 하는 바로 그 행동이라는 것을 알기 어려우며, 또 가르치기도 어려워 보인다.

덕윤리학의 '그 누구'가 밀과 같은 덕 공리주의적 특징에 부합하는 사람이라면, 그 누구에게는 어떤 성품을 지닌 사람, 즉 유덕한 사람으로서 지녀야 할 어떤 특성이나 성향이 포함될 것이다.[17] 밀은 말하기를 "자신의 습관

13 Stephanie Collins, *the Core of Care Ethics*, 25-6.

14 R. Hursthouse, *On Virtue Ethics*, 28 이하 참조.

15 J. S. Mill, *Utilitarianism*, 9.

16 Richard Kraut, "Two conception of happiness", 168, 178.

17 Fred R, Berger, *Happiness, Justice, and Freedom*, 18.

이나 유혹이 그의 주인이 아니라 그 자신이 습관이나 유혹의 주인인 사람은 도덕적으로 자유롭게 느끼는 사람이다. 그는 설사 습관이나 유혹에 굴복하는 경우가 있다고 하더라고 자신이 그것들에 저항할 수 있음을 알고 있으며, 도덕적으로 완전하게 자유롭다고 느끼는 사람은 동시에 확고한 덕을 소유한 사람이다."[18] 하지만 우리는 그 사람을 어떻게 특정할 수 있는가?

유덕한 사람이 하는 행위를 옳은 행위라고 한다면, 유덕한 사람이 누구인지 먼저 알고 있어야 하며, 다시 그 사람이 유덕한 사람인지를 말할 수 있으려면, 그 사람을 부덕한 사람과 구별해주는 성품 특성 같은 것이 무엇인지 알 수 있어야 한다. 그런데 그것이 무엇인지 알기 위해서 그런 행위를 한 유덕한 사람이 지닌 성품이라고 한다면, 이런 설명은 순환적이다. 이런 종류의 순환으로부터 벗어나려면 최소한 덕과 부덕을 가를 수 있는 성품에 대한 일정한 지식을 갖고 있어야 한다. 그러나 그렇다고 하더라도 가령 거짓말 여부를 결정해야 하는 상황에서 누구는 거짓말을 해도 되고, 누구는 안 된다고 할 수 있는가? 만일 그럴 수 없다면, 우리는 선의의 거짓말이 허용되거나 허용될 수 없는 경우를 먼저 규정할 수 있어야 한다. 이는 덕윤리학이 옳고 그름에 대한 선행적인 이론에 의존적일 수밖에 없음을 함축한다. 때문에 칸트의 의무론과 결과주의 공리주의에 비하면 덕윤리학의 사정은 더욱 어렵다. 저들에게는 적어도 행위의 객관적 기준이 되는 것이 실천적 행위지침 이전에 먼저 주어져 있지만, 덕 윤리학은 그럴 수 없다.

4. 공감적 의무론과 거짓말

그러면 덕윤리학이나 공리주의와 달리 칸트의 의무론에 근거해서 과연 예외적으로 거짓말이 허용될 수 있는 준칙의 보편화 가능성 혹은 보편적 규칙의 발견은 불가능한가? 나는 칸트의 정신, 즉 도덕성에 대한 우리의 요구를 나타내는 보편성, 공평성, 형평성, 공정성, 정의 등의 조건을 충족시키면

---

18   J. S. Mill, *A System of Logic*, 1023-4.

서 선의의 거짓말이 승인되는 보편적 규칙이 정당화될 수 있다고 생각한다. 아마 그것은 보편타당한 도덕성의 필요조건을 충족시킨다는 점에서 칸트의 것이면서 동시에 칸트가 불허하는 예외의 가능성을 허용한다면 점에서 반 칸트적이다. 그러나 전체적으로 예외의 허용가능성도 보편성, 인간 존엄성, 인간성, 인격성 등의 조건을 충족시킨다고 믿기 때문에 나는 이를 칸트의 (Kant's) 의무론이 아닌 '칸트적(Kantian) 의무론'이라고 부른다. 이제 그 가능 성을 정당화해 보자.

먼저 '거짓말 논쟁'으로 되돌아가 보면, 답변이 요구되고 있는 상황에서 칸트는 1) 거짓말이 있을 수 있는 상황으로부터 거짓말을 분리시키고 있으 며, 2) 거짓말을 나 자신의 문제로만 인식한다. 즉, 상대방과 제3자에 대한 판단은 배제 혹은 보류한다. 더욱이 3) 거짓말의 허용이 초래하는 사회의 존립 불가능성이나 법 정신의 훼손 등을 이성적 존재자의 관점에서 고려한 다. 즉, 질문을 하는 자, 질문을 받는 자, 그리고 숨어 있는 제 3자를 동일한 하나의 이성적 존재자로 인식한다.

그러면 이성적 존재자란 무엇인가? 사회는 사회 자체를 위해서, 혹은 법 은 법 자체를 위해서 존재하는 것은 아니다. 명백히 사회와 법은 현실적 인 간을 위해 존재하는 것이며, 이성적 존재자의 관점 역시 그러한 인간을 위 한 것이며 입법 역시 마찬가지이다. 인간을 위한 것, 그것이 칸트가 말하는 인간의 존엄성이며, 인간성의 정식 혹은 목적 자체의 정식이 전제하는 것이 다. 그런데 칸트는 이 인간성을 이성적 존재자의 관점에서 정언명법의 정식 들처럼 형식적으로만 규정하면서 이와 관련한 내용적 규정은 배제한다. 우 리는 이러한 내용 규정 없이 정언명법에 따라 행위하려는 도덕적 동기가 어 떻게 해서 유발될 수 있는지 알기 어렵다. 단순히 칸트처럼 법칙에 대한 존 경심에서 하는 행위와 같은 것이 동기가 된다고 말할 수 있으려면, 그리고 그러한 의지가 선의지라고 말할 수 있으려면, 그것은 선행적으로 법칙이 관 계 맺고 있는 인간의 존엄성이나 목적적 가치의 내용이 전제되지 않으면 안 된다. 그리고 그것은 단순히 형식적 규정이 아니라 내용을 가져야 하며, 그 내용은 이성적 존재자가 아닌 개별적 인간 혹은 이성적 인간에 대한 것이어야만 한다. 그래야만 우리는 인간의 존엄성이 무엇인지 이해할 수가 있을 것이다. 그렇지 않으면 이성적 존재자와 동일한 형식적 의미만을 갖는 인간성, 인격성, 존엄성이라는 말을 반복하게 될 것이다.

자신이 직접 타인을 해치지 않는다 하더라도 누군가 타인을 해칠 수 있는 상황에서는, 비록 그것이 더 나쁜 결과를 초래했다고 하더라도, 타인을 해치는 행위를 막는 노력을 해야 하는 것이 우리의 상식적인 도덕적 직관에 부합한다. 하지만 칸트의 '거짓말 논쟁'이나 '거짓 약속의 사례'에서는 이러한 의무가 고려의 대상에서 제외되고 있다. 왜 그런가? '거짓말 논쟁'으로 돌아가 보자. 이를 위해 직접 앞서 언급한 바 있는 인간성의 정식 혹은 목적 자체의 정식을 다시 살펴보자. 그것은 다음과 같다.

> 인간성의 정식 혹은 목적 자체의 정식 : 너는 인간성을 너의 인격에서나 다른 모든 사람의 인격에서나 결코 수단으로만 대우하지 말고 언제나 동시에 목적으로 대우하도록 행위하라.(4:429/VII:61)

여기서 인간성을 목적 자체로 대하는 것은 무엇이며, 또 그 자신의 인격을 존중하는 것은 어떤 것인가? 이는 기본적으로 인간 존엄성의 존중을 반영한다. 그러면 우리는 무엇이 인간의 존엄성을 존중하는 것인지 알아야 한다. 그것이 무엇인지 우리는 어떻게 알 수 있는가? 그 내용은 정언명법을 정당화하기 위해서 든 사례들을 통해서 읽어낼 수 있다. 자살금지의 의무에서 나타난 생명 존중, 거짓말이나 거짓 약속에 나타난 상호 존중과 상호 배려 및 이를 위해 필요한 이성적 목적의 공동체, 사회의 존립, 법의 정신의 수호, 목적적 존재자들의 공동체, 다시 말해서 이성적 존재자들의 공동체의 유지 등.

그런데 거짓말이라는 것은 바로 타인을 자기 목적을 위한 수단으로 이용하는 행위이기 때문에 이런 목적적 관계가 성립되지 못한다. 그렇다면 거짓말을 통해 무고한 사람의 생명을 구할 수 있는 경우에는 어떠한가? 이 경우 비록 칸트의 보편법칙의 정식에 반하는 행위가 되겠지만 그것을 비도덕적 행위라고 할 수 있는가? 또한 이것은 인간성을 목적으로 대하는 행위에 부합하지 않는가? 만일 이것이 타당하려면, 그래서 칸트가 주장하는 예외 없는 거짓말 금지 원칙으로부터 벗어나려면, 우리는 인간의 존엄성을 보편적인 이성적 존재자가 아닌 개별적인 인간을 대상으로 한 가치 규정으로 보아야 한다. 그럴 경우 이 경우의 거짓말은 비록 보편법칙의 정식에는 반하지만, 인간성의 정식에는 반하지 않는 행위라 할 수 있다. 실제로 우리는 이같은 선택을 모순 없이 행할 수 있지 않은가? 거짓말이 허용될 수 있는 인간적 조건, 즉 무고한 사람의 생명을 보호한다거나, 자신의 목적을 달성하기 위해 다른 사람을 수단으로 이용하려는 의도에서 요구되는 진실을 거부하고 거짓말을 하는 경우가 이러한 조건에 해당할 것이다.

칸트는 '거짓말 논쟁'에서 질문을 하는 자, 질문을 받는 자, 그리고 질문의 실제 주인공인 숨어 있는 제3자, 이 세 명의 대상을 하나의 동일한 이성적 존재자, 즉 하나인 것처럼 다루고 있다. 그러나 만일 우리가 이 3명을 각각의 개별적인 존재자, 즉 '이성적 인간'들로 대우해야 한다면, 그들을 각각 다른 '이성적 존재자'들로 대우해야 한다. 만일 각자가 처한 상황이 다르다면, 완전한 의무와 불완전한 의무, 자기 자신에 대한 의무와 타인에 대한 의무가 구분될 수 있듯이 그에 따른 우리의 도덕적 의무도 달라야 할 것이기 때문이다. 그리고 그들을 각각에 대해서 인간 존엄성을 존중하거나 목적 그 자체로 대우하는 것이 어떤 것이지 말할 수 있어야 한다. 거짓말은 바로 이러한 내용을 대상으로 그 도덕성이 평가되어야 한다. 만일 이와 같은 주장이 성공을 거두려면 칸트의 정언명법의 정식들은 암묵적으로 전제되고 있는 도덕적 가치와 내용을 각각의 정언명법의 정식의 조건들 중에 구체적으로 담아내야 하며, 또한 정언명법의 적용 범위와 그 대상도 제한되어야 한다. 그리고 이러한 구분과 제한의 최상 기준은 인간의 존엄성, 인간성, 인격성, 자율성 등의 가치가 될 것이다. 이는 우리가 무엇을 최고의 인간적 가치로 볼 것인가 하는 문제에 직면할 수밖에 없다는 것을 의미한다. 칸트는 저 가치 규정들을 이성적 존재자로서의 인간과 동일시했다.

만일 내가 말하고자 하는 인간적 조건들을 충족시킨다면, 타인을 위해 정당화될 수 있는 선의의 거짓말은 인간의 존엄성을 위해하지 않거나 혹은 인간성을 존중하는 선택으로 간주되어야 하며, 따라서 이때에는 보편법칙의 정식과 인간성의 정식에 모두 부합하는 결론을 이끌어낼 수 있을 것이다. 이는 곧 정언명법의 적용 범위와 대상을 구별 내지는 제한해야 한다는 것을 의미한다. 즉, 개별적 인간의 유사한 상황과 경우에 제한해야 하며, '거짓말 논쟁'에서의 도피자와 같은 유사 사례에 한정해야 하며, 다른 경우에는 달리 적용되어야 한다. 이를테면 위험에 처해 있는 사람의 경우, 어려움에 처해 있는 사람의 경우, 임종 순간까지 진실을 듣기를 원하지 않는 사람의 경우 등등. 그리고 적용 범위의 제한성을 기준으로 삼으면 칸트의 도덕성의 원칙에도 반하지 않으며, 이 모두가 인간성의 정식을 따른 점에서 그 각각의 영역에 대한 준칙들이 갖는 의도의 도덕성은 칸트가 애초에 보편법칙의 정식을 통해서 정초하고자 했던 도덕적 요구에 부합한다. 물론 남아 있는 문제도 있다. 왜냐하면 인간 존엄성의 존중의 구체적 내용이 무엇인지에 대한 나 또는 우리의 생각은 칸트의 것과 다를 수도 있기 때문인데, 이는 근본적으로 열려 있는 문제이다. 자살을 원천적으로 반대하는 칸트의 인간 존엄성에 대한 사상과 반대로 우리는 인간 존엄성의 존중이라는 동일한 이유 때문에 존엄사와 같은 자살을 허용할 수도 있기 때문이다.

혹자는 다음과 같은 타당한 지적을 할 수 있다: "인간 존엄성의 존중의 구체적 내용이 무엇인지에 대한 생각들은 사람마다 다를 수 있다. 그렇다면 누구나 동의할 수 있는 인간 존중 행위의 기준은 어디서 찾아야 할까? 하나의 실천 행위를 평가하는 데 있어 그 행위가 인간성을 존중했는가 아닌가는 이미 인간 또는 인간성이 무엇인지에 대한 선규정을 요구하거나 그러한 규정 없이 우리의 판단이 선험적인 방식으로 발견해야 할 것이다. 이 문제에 대한 해명이 없이 인간 존엄성의 문제를 그저 '열린 문제'로 내버려 둔다면 논자의 주장은 윤리적 상대주의에 빠질 위험이 있다. 심사자는 논자의 문제의식에 동의하면서도 그것이 간단치 않은 문제임을 지적하고 싶은 것이다."
이 글의 제한된 목적을 고려하면, 나는 이 같은 문제제기에 전적으로 동의한다. 그러나 내가 강조하려는 것들 중 하나는 실천적 행위지침은 그 형식에 있어서는 칸트의 정언명법과 같은 객관성과 보편성의 기준을 만족시켜야 한다는 것이며, 다른 하나는 그 기준은 그 대상이 누구인지에 대한 고려 없이 동일하게 적용되어서는 안 된다는 것이다. 공감적 이성은 모든 사람의 고통을 동일한 것으로 보지 않는다. 그럴 수 없다. 우리가 공감하는 것은 그 사람에게 고유한 그 사람만의 고통의 크기에 대해서 일 것이다. 따라서 대상과 행위의 차별적 고려는 이러한 차이에 대한 이해를 전제해야 한다. 그리고 나는 그 차이가 바로 인간 존엄성의 존중의 구체적 내용을 결정한다고 생각한다. 왜냐하면 인간의 존엄성에 대한 가치 내용에 대한 이해 없이 우리가 어떤 특정한 위기에 처해 있는 사람을 위한 행위를 하려는 마음을 먹을 수는 없기 때문이다. 따라서 인간 존엄성 존중의 구체적 내용에 대해서는 직접 다루지 않았다.

아마 인간이 존엄한 존재라는 점에 대해서는 나 그리고 다른 누군가는 칸트와 의견을 같이 할 수 있다. 이들 사이에서도 차이가 생기는 것은 어떤 이유에서 존엄한 존재인지에 관한 것이 될 것이며, 그것이 다름 아닌 존엄성의 '구체적 내용'을 결정할 것이다. 이것은 칸트가 『논리학 강의』에서 스스로 설정한 철학의 네 가지 근본물음 중에서 최종 물음이었던 "인간이란 무엇인가?"의 문제와 깊은 관련이 있다. 이에 대한 미결정 내지는 차이가 윤리적 상대주의를 허용한다면, 그것은 인간에 대한 본질 규정에 따른 불가피한 결론일지도 모른다. 하지만 만일 선의의 거짓말을 해서라도 살해당할 위기에 놓인 사람의 생명을 구하는 것이 옳으며, 그 이유가 인간은 존엄한 존재이기 때문이라면, 아직 어떤 문제들의 경우에는 그 구체적 내용에 대한 이해가 달라서 하나의 타당한 행위지침을 제공하지 못하더라도, 우리는 이미 윤리적 상대주의를 넘어선 어떤 지점에 서 있는 것은 아닐까!

누군가를 해치고 도피한 친구가 아니라 살해 의도가 있는 사람으로부터 친구를 보호하기 위해서 거짓말을 한 사람을 비난하기는 어렵다. 때로는 그와 같은 행동을 우리는 칭송하기도 한다. 도덕적 가치를 갖는 목적을 위해 하는 선의의 거짓말, 혹은 누군가를 구하는 일이면서 다른 그 누구도 해치지 않는 선의의 거짓말이라면, 이때의 거짓말은 단순히 목적 달성을 위한 수단적 가치를 가질 뿐만 아니라 도덕적 행위로서 마땅히 해야만 하는 행위라 할 수 있다. 그것은 칸트가 거짓말을 결코 허용하지 않았던 자기 자신에 대한 의무에는 반할지 몰라도 타인에 대한 도덕적 의무는 아닌가!

지금까지 나는 실천적인 행위지침을 제공하려는 윤리이론이 하나의 이론으로서 성공을 거두려면, 한편으로는 일반적 도덕규칙으로서 거짓말 금지의 원칙과 함께 도덕적으로 허용 가능한 '선의의 거짓말'에 대한 기준도 제시할 수 있어야 하며, 다른 한편으로는 공정성, 공평성, 형평성, 평등, 정의와 같은 보편성에 대한 요구도 충족시켜야 한다고 생각한다. 그런데 덕윤리학, 칸트의 의무론, 공리주의 등 어떤 윤리이론도 이 일을 해내는데 만족스러운 성공을 거두지 못했다. 그러나 나는 이와 같은 조건들을 충족시킬 수 있는 가능한 대안을 칸트의 의무론에서 발견한다. 그것은 온전히 칸트의 도덕철학에 고유한 것은 아니지만, 그 근본정신에 있어서는 여전히 칸트 자신의 것이라고 생각한다. 때문에 나는 그것을 칸트적 의무론이라고 불렀다.

칸트의 윤리이론은 보편성에 대한 요구는 훌륭하게 충족시켜주고 있지만, 도덕적 내용을 갖는 일반원칙으로서는 한계를 안고 있다. 선의의 거짓말을 불허할 수밖에 없는 불가피성도 이 같은 보편성에 대한 과도한 요구 혹은 무차별적 적용에서 기인한다. 그러나 이런 주장을 초래한 더 근본적인 문제는 칸트의 통찰에도 불구하고 법칙과 감정, 감정적 동기와 도덕적 동기와 같이 그것들이 인간 행위 일반에 대해서 갖고 있는 관계와 영향에 대한 불충분한 이해에서 비롯한다. 나는 칸트적 의무론의 대강을 제시하면서 이와 같은 내재적 문제들을 칸트의 도덕철학의 근본정신을 견지하면서도 수정 내지는 개선될 여지가 있다는 의견을 제시했다. 어떤 점에서 그것은 칸트의 도덕철학의 범위를 넘어서는 것이 될 수도 있지만, 윤리 혹은 도덕은 보편성에의 요구를 충족시켜야 하는 것이라고 믿는 한, 그리고 칸트의 윤리 이론의 몇몇 문제들이 이에 대한 집착에서 비롯한 것이기도 하지만, 그것은 여전히 칸트의 것이고 생각한다.

13

죽음의 윤리와 미학적 자살

1. 철학적 문제로서 자살과 죽음

사람은 누구나 자신의 목숨을 보존하려는 그 무엇에도 비견할 수 없는 강력한 본능을 갖고 있다. 그럼에도 불구하고 우리 주변에서 자살은 흔하게 발견되는 사건들 중의 하나다.[1] 자살의 원인과 이유는 다양하다. 극심한 질병으로 인해 고통스러운 삶 이외의 다른 희망이 없는 경우에 선택하게 되는 안락사나 존엄사, 그리고 자신의 명예를 지키기 위해서나 대의를 위해서 결행하기도 하는 자결이나 순교를 포함해서 가난이나 실업, 정신건강에 심각한 문제를 야기하는 정신질환, 죄책감, 사랑이나 실연, 스트레스, 삶이 무의미하거나 무가치하다고 생각하는 염세주의나 허무주의적 인생관이나 철학적 신념 등을 꼽을 수 있다. 이렇게 죽음의 일종인 자살은 우리가 살아 있는 동안에 일어나는 사건이다. 때문에 죽음은 곧 삶의 문제다. 그리고 죽음의 종류 중 하나인 자살 역시 삶의 문제다.

죽음은 언제나 삶과 함께 한다. 죽음은 누구나 두려워한다. 죽음은 그 누구도 피해갈 수 없는 것이기 때문에 더욱 그렇다. 몽테뉴는 사실 이렇게 죽음이 두려운 것은 낯섦 때문인데, 이에 대처하는 방법으로 죽음과 친해질 것을 권하기도 했다: "죽음에서 낯섦을 없애자. 죽음과 교제하자. 죽음과

---

[1] 2015년 10월 3일자 보건복지부 통계 발표에 따르면, 2007년부터 2011년까지 5년간 우리나라의 자살 사망자 수는 7만 1916명이다. 연간 자살 사망자가 약 1만 5000명, 자살을 생각하는 사람은 약 500만 명, 계획하는 사람은 약 200만 명, 게다가 자살을 실제로 시도하는 사람만 약 15~30만 명에 달한다. 이는 경제개발협력기구(OECD) 가입 국가 중 1위를 달리고 있다. 10만 명당 OECD 평균 12.0명의 두 배를 넘는 수치다. 하지만 비록 우리나라가 자살률이 이렇게 높긴 해도 우리나라만의 현상은 아니다. 일본도 18.7명, 현재 경제도 어려우면서 자살률 선두권을 형성하고 있는 그리스가 4.2명, 이탈리아 6.3명, 스페인 7.5명 등인 것을 보면 많고 적은 차이는 있을지라도 자살이 특정한 지역의 특수한 현상이 아닌 것은 분명해 보인다. 말하자면 자살은 인간이 저지르는 일반적 현상들 중 하나라고 할 수 있다.

익숙해지자. 머릿속에 그 어떤 것도 죽음만큼 자주 생각하지 말자."[2] 일찍이 금욕주의적 쾌락주의자로 알려진 고대 그리스의 철학자 에피쿠로스도 고통과 불안에서 완전히 벗어난 상태인 평정심(ataraxia)의 상태를 추구했는데, 이에 도달하기 위해서는 고통 자체를 완전히 제거해야 한다고 가르쳤다. 이렇게 고통이 부재한 상태에 이르기 위해서는 무엇보다도 먼저 죽음의 공포에서 벗어나야 하는데, 그 하나의 방편으로 죽음은 존재하지 않는 것으로서 두려워 할 필요가 없으며, 두려워할 대상도 아니라고 역설했다. 그에 따르면, "죽음은 우리에게 아무 것도 아니다. 우리가 존재할 때는 죽음이 존재하지 않으며, 죽음이 존재할 때 우리는 존재하지 않는다. 죽음과 함께 모든 감각과 의식이 끝나기 때문에 죽음에는 쾌락도 고통도 없다. 죽음에 대한 두려움은 죽음에 대한 인식이 있을 것이라는 잘못된 믿음 때문에 생겨난다."[3]

하지만 이렇게 죽음의 공포에서 벗어남으로써 비로소 행복해질 수 있다고 한 에피쿠로스의 주장이나 몽테뉴의 죽음과 친해지기 해법도 잘못되었다. 에피쿠로스는 단지 정신과 분리된 육체의 죽음만을 고려했기 때문이다. 인간적 가치들 대부분은 그것을 느끼는 정신과 관계한다. 살아 있는 동안에는 결코 육체의 죽음은 찾아오지 않을지 몰라도 인간의 정신은 죽음을 의식한다. 그로 인해 의미와 무의미의 경계를 넘나드는 인간적 삶의 가치에 대해서 고민한다. 그리고 몽테뉴의 권고와 달리 죽음은 정반대로 우리가 자신의 삶을 어떻게 생각하느냐에 달려 있다. 죽음 그 자체를 삶과 독립시켜서 생각하는 한, 우리는 결코 죽음의 문제에 제대로 이해할 수도 접근할 수도 없다. 다양한 종류의 죽음이 있듯이 자살에도 불행한 자살, 어리석은 자살, 비겁한 자살, 명예로운 자살, 의로운 자살 등이 있을 수 있다. 그러면 어떤 죽음과 자살이 합리적이면서 동시에 도덕적으로 허용 가능한 자살인가? 과연 그런 죽음은 존재하는가?

죽음은 언젠가는 자연히 찾아오기 마련인데 사람들은 왜 자살 을 선택할

---

2 Michel Eyquem de Montaigne, *Les Essais*, 제1권 20장 86절; 이환, 『몽테뉴와 파스칼』 36에서 재인용.
3 Epicuros, *The Epicurus Reader*, 29.

까? 살고자 하는 욕망이야말로 인간을 지배하고 있는 자연스러운 모습이 아니던가! 자살을 선택하는 사람들의 이유들에 우리들은 정말로 수긍할 수 있는가? 과연 온전한 의미에서 자기 살해 혹은 자발적 자기 죽임으로서 자살은 가능한가? 사람은 자신의 삶을 종식시킬 권리, 즉 자살할 권리를 갖고 있는가?[4] 아니면 자살은 정말로 해서는 안 되는 행위인가? 하고 싶어서 하는 자살이 존재할 수 있는가? 자살은 도덕적으로 허용될 수 없는 행위인가? 과연 정당화될 수 있는 자살은 존재하는가?

자살이 삶의 영역 안으로 들어오면, 그것은 전형적인 철학적 성찰의 대상이 된다. 철학은 종래에는 인간이 삶을 어떻게 살아갈 것인지를 선택하고 결정하는 하나의 방도를 찾으려 하기 때문이다. 언젠가 실존주의 사상가 알베르트 까뮈는 자살이야말로 "단 하나의 진지한 철학적 문제"라고 말한 적이 있다.[5] 다소 과장된 표현이기는 하지만 자살은 실제로 여러 가지 철학적 문제들과 깊은 관련을 맺고 있다. 비트겐슈타인도 "자살이 허용된다면 모든 것이 허용된다. 아무 것도 허용되지 않는다면 자살도 허용되지 않는다. 이것은 윤리학의 본질에 한 줄기 빛을 던져준다. 왜냐하면 자살은 근본적으로 죄악이기 때문이다."[6]라는 소견을 통해 자살이 중대한 윤리적 문제라는 것을 시사하고 있다. 우선 자살은 삶과 죽음을 대면하는 특정한 방식의 행위다. 그것은 인간의 존재 이유나 삶의 의미, 사후 세계의 존재, 윤리적 정당성, 공동체의 책임 등의 문제와도 관련이 깊다. 그러므로 자살 문제는 의식적이든 무의식적이든 인간과 인간적 삶 일반에 대한 이해와 불가분의 관계를 이루고 있다.

자살의 문제에서 나는 정당화될 수 있는 자살이 존재하며, 그러한 경우

---

4 M. P. Battin, "Suicide: A fundamental Right?". 이 논문에서 바틴은 나와 마찬가지로 칸트의 인간 존엄성 개념에 기대어 자살의 문제를 다루고 있는데, 인간의 존엄성이 위배되는 경우와 존중되는 경우를 구분하고 후자에 한해서만 자살할 권리, 즉 자살권은 존재할 수 있다고 주장한다. 반면에 나는 이 글에서 자살권은 근본적으로 인간의 존엄성 존중이 아니라 생명권에서 나오며, 이 둘은 인간적 삶의 가치를 구성하는 분리될 수 없는 조건들이라고 주장할 것이다.

5 Albert Camus, *The Myth of Sisyphus*, 3.

6 L. Wittgenstein, *Notebooks 1914-1916*, 91e.

를 미학적 자살이라고 부른다. 나는 이것이 합리적으로 그리고 도덕적으로 정당성이 있는 선택 가능한 행위라고 주장할 것이다. 나는 정당화될 수 있는 미학적 자살을 다음과 같이 정의한다: 옳고 그름, 좋고 나쁨, 즐거움과 고통, 미와 추가 함께 공존하며 이우러져 있는 것들의 총체가 인간적 삶이며, 이러한 관점에서 자기 자신 및 타인과의 관계에서 그것을 증진시키거나 더 이상 유지할 수 없는 최저 한계점에 이르게 되었을 때 스스로 선택할 수 있는 자유 죽음. 이 글에서 나는 이 점을 증명하려 할 것이다. 이를 위해 자살을 반대하는 논증들 중 가장 강한 주장에 속하는 '칸트의 관점'(Kant's viewpoint)이 갖는 약점과 한계를 밝힌 다음, 이를 재해석한 '칸트적 관점'(Kantian viewpoint)에서 미학적 자살의 정당성을 옹호할 것이다. 이에 근거할 경우, 칸트의 자살 반대 논증의 일부를 수정한 엄격한 조건의 자살과 완화된 조건의 자살, 즉 '완전한 미학적 자살'과 '불완전한 미학적 자살'의 가능성이 성립하게 될 것이다.

2. 인간적 삶과 죽음, 그리고 자살의 유형

프강 렌쩬에 따르면, 자살의 유형은 크게 네 가지로 나눌 수 있다: (1) 이유 있는 무해한 자살, (2) 바보같이 어리석고 무해한 자살, (3) 이유는 있으나 유해한 자살, (4) 어리석고 유해한 자살.[7] 각각의 경우에 해당하는 자살의 조건을 재구성해보면, (1) 이유 있는 무해한 자살은 감당할 수 없는 고통에서 벗어나려고 하는 등의 이유가 있지만 다른 누구에게도 해를 끼치지 않는 경우. (2) 바보같이 어리석고 무해한 자살은 어느 누구에게도 해를 입히지 않지만, 단순한 생각에 자신의 삶이 더 이상 살 가치가 없고 무의미하다고 믿어버리는 경우, (3) 이유는 있으나 유해한 자살은 스스로 죽고자 하는 이유가 있지만 타인의 관심에 해를 입히는 경우, (4) 어리석고 유해한 자살은 잘못된 생각에 근거해 있으면서 타인의 관심에 해를 입히는 경우. 자살

---

7 볼프강 렌쩬, 『사랑 · 삶 · 죽음』 237-45.

유형을 이렇게 분류할 수 있는 기준은 이유의 정당성과 해악의 유무다. 이 기준에 따르면, 만일 어떤 행동이 정당한 이유에 의해 뒷받침이 되고, 동시에 그것이 자신을 포함한 그 누구에게도 해악을 끼치지 않는 경우라면, 오직 그 경우에 한해서 그 행동은 도덕적으로 정당화될 수 있다. 그리고 비록 그 자체로는 도덕적 행위는 아니지만 더 이상의 해악을 막기 위해서 선택할 수 있는 최선의 행동은 합리적으로 정당화될 수 있다. 내가 주장하려고 하는 미학적 자살은 이러한 자살의 합리성과 도덕성의 조건을 모두 충족시키는 자살이다.

형식적으로 미학적 자살의 조건에 부합하는 경우는 (1) "이유 있는 무해한 자살"이다. 다른 유형들은 각각 도덕성과 합리성의 측면에서 한 가지 이상의 결함을 안고 있다. (2)의 경우는 단순한 생각에서 기인하기 때문에 먼저 세상은 살 가치가 있는지 없는지에 대해서 확실하게 판단해야 하는, 자살 여부를 결정하는 것보다 더 어려운 선결 문제가 남아 있다. (3)의 경우에는 타인에게 해를 끼치는 행위라는 점에서 비도덕적 행위라 할 수 있다. 다만 미래에 있을 더 큰 해악을 피하기 위해서 이와 관련한 일정한 조건을 충족시킬 수 있다면 합리적 자살로 볼 수 있다. (4)는 가장 허용될 수 없는 자살이다. 적지 않은 자살이 여기에 속한다고 볼 수 있다. 삶과 죽음으로 나누는 경계를 정하기가 결코 쉽지 않다는 점에서, 그리고 어떤 죽음도 타자와 무관하기가 어렵다는 점에서 그렇다.

그런데 (1)의 경우 역시 엄밀한 의미에서 이러한 조건을 충족시키는 행위는 불가능해 보인다. 어떤 자살이든 그것이 죽기 전까지는 살아 있는 생명이라는 점에서 최소한 자기 자신에게는 유해한 요소가 조금이라도 포함되어 있는 것으로 보이기 때문이다. 더욱이 우리의 삶이 거의 대부분 다른 누군가와 관계를 맺고 있으며, 특히 친구나 가족 그리고 사회의 이익 관심을 공유하고 있다는 점에서 더욱 그렇다. 자살 반대 논증들 중에서 가장 강한 주장을 펼치고 있는 칸트에 따르면 자살은 자기 자신에 대한 의무에 어긋나는 행위로서 어떠한 경우에도 허용될 수 없다. 따라서 비록 근거와 이유는 다르지만, 칸트는 자살의 유형 중 ⑴의 경우도 거부한다.

생명 보존의 욕망은 인간의 가장 강렬한 본능 중의 하나다. 그런데 자살 역시 엄연히 존재하는 현상이므로 살고자 하는 본능에 의거한 자살 반대 논증과 죽고자 하는 의지에 의거한 자살 긍정 논증은 형식적으로는 동일한 무게를 갖는다. 본능에 의거한 논증 이외에도 서양철학의 역사에서 발견되는 자살 반대 논증들 중 플라톤이나 아우구스티누스, 로크 같은 철학자들은 대체로 인간은 생명의 주인이 아니어서 자기 맘대로 해서는 안 된다는 소크라테스의 견해를 공유하고 있다. 그밖에도 자살은 자기 존재의 보존을 긍정하고 자기 파괴에 저항하는 모든 사물이 따르는 신이 창조한 자연법에 어긋난다는 종교적 신념에 기초한 아퀴나스의 논증, 자살은 "타인(부모 형제 자식, 친구, 동료시민)과 그가 속한 공동체에 대한 의무를 저버리고 오히려 해를 입히는 나쁜 짓이라는" 아리스토텔레스와 공리주의의 논증, 그리고 자살은 "자신의 인격을 추락시키는 일이며, 일차적으로는 자신에 대한 의무를 저버리는 비행이라는" 칸트의 논증도 있다.[8] 이들 논증은 각각 자살의 정당성/부당성에 관한 소크라테스의 생명권 논증, 아퀴나스의 자연법 논증, 공리주의적 논증, 칸트의 의무론적 논증 등으로 부를 수 있다.

그런데 이들 논증들은 모두 자살의 부당성 내지는 비윤리성을 주장하는 데 실패했다. 소크라테스는 인간이 생명의 주인이 아니라 것을 보여주지 못했다. 아퀴나스는 종교적 근거에 입각해서 자살을 반대하고 있기 때문에 합리적 이해의 범위를 넘어서며, 자연법이 신의 은총으로부터 독립해 있다 해도 그것은 이성 법칙의 지배를 받는 것이므로 다시 독립적인 정당화가 필요하다. 또한 공리주의적 논증은 삶의 가치를 쾌락과 고통 두 가지 요소로만 파악함으로써 쾌락과 고통의 총합 이상의 가치를 갖는 인간의 자기실현적 삶의 가치를 과소평가하게 만들며, 이로 인해 자살 문제를 제대로 다룰 수 없는 근본적인 한계를 안고 있다. 그리고 칸트의 의무론적 논증은 그것이 갖는 도덕적 관점에도 불구하고 인간적 삶의 존재론적 토대인 생명 가치를

---

8 백종현, 「칸트 '인간 존엄성의 원칙'에 비춰 본 자살의 문제」, 197 참조.

도덕적 행위 주체와 분리시킴으로써 자살의 근원적 가능성을 무시하는 한계를 지니고 있다.

반면에 자살을 긍정하는 논증의 대표적인 경우로 자기 결정권으로서 안락사 옹호 논증을 들 수 있다. 안락사가 자살의 전형적인 경우라 보기 어렵지만, 반대로 그것이 허용될 수 있는 자살로서 도덕적 정당성의 차원에서 유의미한 측면을 갖고 있다. 하지만 안락사 혹은 존엄사는 자살의 시점을 정하는 것과 타인의 도움을 필요로 하는 자살조력의 방도를 해결해야 하는 도덕적 문제를 안고 있다. 또 다른 자살 긍정 논증으로는 멀리 스토아학파에서부터 흄, 최근에는 '죽음학' 강의로 유명한 하버드 대학의 셸리 케이건의 주장에서도 발견된다. 스토아학파 사람들은 다가올 죽음을 피하려 하지 말 것이며, 또 자신이 죽어가고 있는 것을 예견할 수 있으며, 필요할 경우엔 그 죽음을 앞당기는 것도 덕 있는 자로서 현자가 할 수 있는 행위라고 보았지만,[9] 정확히 언제 어느 시점에서 왜 그래야 하는지에 대해서는 명확히 밝히지 않았다. 흄은 자살의 합리성을 옹호하면서도 그것이 갖는 도덕적 책임의 문제를 충분히 고려하지 않고 있다. 또 케이건은 "죽는 게 더 나은 삶이 존재하는가?"라는 질문을 던져놓고서 최종적으로 특정한 경우에 한정해서 허용될 수 있는 자살, 즉 도덕적으로 정당화될 수 있는 자살에 대해서 말하고 있다. 그는 다음과 같은 결론을 제시하고 있다: 어쩌면 그 사람이 심사숙고했고, 타당한 이유를 갖고 있으며, 충분한 정보와 조언을 얻었고, 자발적으로 행동하고 있다고 확신하게 될 수 있을 것이다. 만약 그렇다면 그 사람이 자살을 선택하고 우리가 그의 선택을 존중하는 것이 도덕적으로 충분히 받아들일 수 있는 사례가 될 수 있다고 생각한다.[10] 하지만 그의 논증에는 자살의 주체와 타자의 관계 및 도덕적 책임의 문제들이 제대로 고려되지 않고 있다.

---

9   F. H. Sandbach, *The Stoics*, 36, 48-52.
10   셸리 케이건, 『죽음이란 무엇인가』, 503-4.

3. 칸트와 자살 반대 논증

소크라테스는 인간은 생명의 주인이 아니기에 함부로 할 수 없다는 이 유에서 자살을 반대했다. 이는 자살의 도덕성의 기준을 나 자신이 아닌 제3자에 귀속시키고 있는 셈이다. 이 때문에 자연스럽게 "자살한 자는 폴리스에 부정의를 행한 자이다."[11]라는 아리스토텔레스의 진술처럼 국가 내지는 공동체, 넓게는 타자에게 갚아야 할 책무가 있는 사람 역시 자살해서는 안 된다는 주장으로 이어진다. 이 경우에 우리는 왜 제3자가 그와 같은 자격을 갖는지를 먼저 입증해야 한다. 하지만 그들은 생명의 주인과 사회적 책무의 주체를 분리시켜 놓고 있기 때문에 이 양자의 근본적 관계를 무시하는 오류를 범하고 있다. 이렇게 생명 존재와 행위 주체로서의 인간을 분리시켜 놓고서 자살을 반대하는 비슷한 논증 형식은 칸트에게서도 발견된다. 그런데 칸트는 저들과 달리 기본적으로 타자에 대한 의무가 아닌 자기 자신에 대한 의무에 반한다는 이유에서 자살을 반대한다.

칸트에 의하면, "자살은 자기 자신에 대한 의무를 최고로 위배하는 행위이다."[12] 그는 다음과 같이 쓰고 있다:

> 자기의 생명을 보존함은 의무이며, 게다가 누구나 그에 대한 직접적인 경향성을 갖고 있다. 그러나 그렇다고 해서 대부분의 인간들이 이에 대해서 자주 갖게 되는 불안한 근심들은 어떤 내적 가치도 갖지 못하며, 그들의 준칙에는 어떤 도덕적 내용도 없다. 그들이 자신의 생명을 의무에 맞게는 보전하지만, 그러나 의무에서 하는 것은 아니다. 이에 반해서 불운과 절망적인 회한이 삶에 대한 흥미를 완전히 빼앗아 갔는데도 이 불행한 사람은 마음을 굳게 먹고서 자신의 운명에 겁먹고 굴복하기 보다는 오히려 격분하여 죽음을 원하면서도 자신의 생명을 보존한다면, 그것도 자신의 생명을 사랑해서 혹은 경향성이나 공포에서가 아니라 의무에서 보존한다면 그의 준칙은 내용을 갖는다.(VII:23)

---

11 Aristotle, *The Nicomachean Ethics*, 1138b.
12 I. Kant, *Eine Vorlesung über Ethik*, 132.

여기서 칸트는 다음과 같은 주장을 하고 있다: 1) 생명을 보존하는 것은 의무다. 2) 인간은 자연적 경향성으로서 생명 보존의 본능을 갖고 있다. 3) 본능에서 생명을 보존하는 것은 도덕적 행위가 아니다. 4) 의무에서 하는 행위만이 도덕적이다. 칸트는 이렇게 인간은 비록 생명을 보존하고자 하는 자연적 경향성(본능)을 갖고 있지만, 단지 이 때문에 생명을 보존하려는 것은 도덕적 행위가 아니며 오직 의무에서 하는 행위만이 도덕적이라고 주장하고 있다. 그렇다면 의무에서 생명을 보존하려는 것만이 왜 도덕적인가? 이때의 의무란 무엇이며, 생명 보존이 왜 의무이어야 하는가?

칸트는 인간과 비인간을 이성의 소유 유무에 의해 구분한다. 그리고 그 이성의 소유 즉 이성성(Vernunftigkeit)을 사유 존재와 도덕 존재의 특성으로 파악한다. 칸트의 관점에서 유한한 이성적 존재로서 인간이란 곧 도덕적 존재를 의미한다. 이성적 존재이면서 도덕적 존재인 인간, 이 도덕적 이성에서 인격적 존재로서의 인간, 목적 자체로서의 인간, 목적의 왕국의 성원으로서의 인간, 도덕적 자율 존재로서의 인간 등 그의 다양한 인간 본질의 규정들이 따라 나온다. 따라서 이러한 의미의 이성적 존재라 함은 인간이 지닌 또 다른 특성인 동물성이나 식물성을 배제한 인간 규정이다. 동물성이나 식물성은 비인간 존재들이 인간과 공유하고 있는 속성에 해당한다. 칸트가 자살을 의무에 반하는 또는 해서는 안 되는 비도덕적 행위로 보는 것도 유한한 이성적 존재인 인간을 이성적 존재와 감성적 존재로 구별하고, 인간이 인간인 까닭을 이성적 내지는 도덕적 특성에 두고 있는데서 찾을 수 있다. 이 이성적 존재인 인간이 마땅히 행하거나 지켜야 하는 것이 칸트가 말하는 의무다. 그것이 의무로서 자각되는 이유는 유한한 이성적 존재인 인간은 동시에 자연 경향성을 갖는 감성적 존재인데, 이 경향성은 도덕성에 저항하는 욕구를 갖기에 그것에 반하거나 따르지 않아야 하는 것이 인간의 도덕적 행위를 규정한다. 그러기에 그것은 '해야 한다' 또는 '해서는 안 된다'는 의무 의식을 동반한다.

그렇다면 인간의 존엄성 또는 인격성에 바탕을 두고 있는 의무의 정체는 무엇이기에 자살은 결코 해서는 안 되는 행위라는 것인가! 칸트의 의무에 대한 개념 규정은 아주 독특하면서도 엄격하다. 특히 우리가 주목해야 할 것은 칸트가 의무를 '선의지' 및 '법칙에 대한 존경심'과 관련짓는 방식이다. 그에 따르면, 의무는 법칙에 대한 존경심에서 나오는 행위의 필연성이다.[13] 즉, 어떤 행위가 도덕적 '의무'인 것은 그것이 '법칙에 대한 존경심' 그리고 당연히 무조건적으로 행해야 하는 '행위의 필연성'을 갖추고 있기 때문이다. 여기서 가장 중요한 조건은 법칙(Gesetz)이다. 그러면 칸트가 말하는 법칙은 무엇을 의미하는가? 이를 그저 법칙이 의미하는 '예외 없는 규칙'이나 '필연적 구속성'으로만 파악하면, 그것이 비록 자율적 자기 강제임에도 불구하고, 칸트의 진의를 놓치게 된다. 마치 매킨타이어처럼 단순히 "선의지의 유일한 동기는 의무를 행하기 위해서 의무를 행하는 것이다. 그것이 하려고 의도하는 것은 무엇이든, 그것이 의무이기 때문에 의도한다."[14]는 식의 답변은 의무를 그저 그것이 옳기 때문에 해야 하는 행위 정도로 만들어 버린다.

칸트가 말하는 법칙은 보편적 법칙을 가리키는데, 문제는 왜 우리가 그에 대한 존경심에 기대어 어떤 행위를 해야만 하는가에 있다. 칸트에게 "의무에서"(aus Pflicht) 하는 행위는 "순수한 도덕적 동기에서" 하는 행위이며, 동시에 "그 행위를 규정하는 준칙(Maxime)"에서, 그리고 그 준칙은 나 자신의 주관적 만족에만 타당한 것이 아니라 만인에게 타당한 보편적 법칙이 될 수 있는 원칙이다.(VII:26-8) 준칙은 행위의 주관적 원칙으로서 그것이 모든 사람에게 타당하면 법칙의 지위를 갖게 된다. 그런데 행위의 동기의 측면에서는 제 아무리 그것이 법칙의 조건을 갖추고 있다 하더라고 그것을 의욕하지 않으면 그만이다. 그런데 이렇게 누구나 승인하지 않을 수 없는 법칙에 따라서 행위하고자 하는 마음씨가 선의지다. 칸트에게 실천적 관점에서 이성적 존재로서의 인간이란 선의지를 소유한 존재다. 또 그것은 법칙과 원칙

---

13 같은 글, 26.

14 A. MacIntyre, *A Short History of Ethics*, 192.

에 따라서 행위하고자 하는 의지의 소유자를 의미한다. '법칙에 대한 존경심'도 법칙에 따르고자 하는 선의지가 지닌 필연적 감정이다. 그리고 이러한 선의지의 법칙이 도덕법칙이며, 그것의 인간적 표현이 정언명법이다. 칸트가 특별히 강조하고 있는 '유일한 정언명법'은 다음과 같다: "너의 준칙이 보편적 법칙이 되기를 네가 동시에 의욕할 수 있는 그러한 준칙에 따라서만 행위하라."(VII:51) 이것을 생명 보존 혹은 자살 금지의 원칙에 적용하면 다음과 같이 정리할 수 있다. 만일 누군가가 삶의 고통 때문에 자살을 하려고 할 때, 이를 모든 다른 사람에게 동시에 보편타당하게 적용하면, 모든 사람이 자살할 수 있다는 결론에 이르게 되며, 그 결과 이 세계에는 생명이 존재하지 않는 세계가 된다. 이는 곧 생명 보존이라는 자연법칙에 위배되는 행위가 되기 때문에, 그 같은 선택은 결코 허용될 수 없다. 따라서 자살은 이성적 존재로서 인간이 결코 해서는 안 되는 행위라는 것이다. 단순히 살고자 하는 혹은 고통에서 벗어나고 하는 자연적 경향성에서가 아니라 도덕법칙이 요구하는 것이기 때문에 의무로서 생명을 보존해야 한다는 것이다.

칸트는 인간이 자살을 혐오하는 자연 경향성을 갖고 있다는 것도 인정한다. 그럼에도 그것은 결코 의무가 될 수 없다. 칸트는 다음과 같이 적고 있다: "우리는 자기 자신에 대한 의무의 근거를 신의 금지에서 구해서는 안 된다. 왜냐하면 자살은 신이 그것을 금지했기 때문에 혐오스러운 것이 아니라 혐오스럽기 때문에 금지한 것으로 보아야 한다. 만일 전자의 경우라면 자살이 금지되지 않는다면 자살은 혐오스러운 것이 아닐 것이며, 더욱이 자살이 그 자체로는 혐오스럽지 않은 것이라면 신이 왜 자살을 금지했는지를 나는 알지 못하게 될 터이다."[15] 이렇듯 인간에게는 고유한 본성으로서 자살에 대한 혐오감이 있으나, 이 혐오감에 기초해서 자살을 반대하는 것은 도덕적 정당성을 갖지 못한다. 그 혐오감은 다른 상황에서는 다른 행위를 긍정하는 반응을 할 수도 있기 때문이다. 자살이 비도덕적 행위인 것은 오로지 그것이 도덕성의 명법에 반하는 것이기 때문이다. 칸트에 의하면, 자살

---

15 I. Kant, *Eine Vorlesung über Ethik*, 133.

은 인간이 자기 자신을 "썩은 동물의 시체" (Aas)로 만드는 것이다.[16]

칸트가 이렇게 자살이 보편화될 수 없으며, 자기 자신에 대한 의무에 반하는 비도덕적 행위라고 주장할 수 있는 근본 이유는, 앞서 언급했듯이, 그가 유한한 이성적 존재인 인간을 두 세계의 존재, 즉 감성적 존재와 이성적 존재로 보고 있기 때문이다. 칸트에게 감성적 존재로서의 인간적 특성은 그 자체만으로는 도덕적 가치를 갖지 못한다. 칸트의 어법에 따르면, 감성적 존재로서 인간적 경향성에서 하는 어떤 행위도 보편적 법칙이 될 수 없다. 따라서 어떤 행위가 도덕적 가치를 가지려면, 그것은 그 동기에 있어서 원칙적으로 보편화 가능한 행위이어야 한다. 만일 누군가가 무고한 사람에게 폭력을 행사한다면, 그 행위가 그른 것은 단순히 감성적 행위로서 물리력을 행사한 것 때문이 아니라 보편화될 수 없는 행위이기 때문에 그것은 폭력이 되며, 따라서 도덕적으로 허용될 수 없는 행위가 된다. 자살을 포함한 모든 인간적 행위에 대한 칸트의 도덕적 평가는 이 같은 논리에 기초하고 있다.

칸트에 따르면 행위의 준칙의 보편성을 의욕할 수 있는 것은 이성적 존재에게서만 가능한 일이며, 그러한 존재만이 인격을 가지며, 존엄한 존재다. 그러한 존재는 그 자체로 도덕적 가치를 갖는다. 그것은 그 자체가 목적이며, 결코 다른 것을 위한 수단이 되어서는 안 된다. 다른 무엇을 위한 수단으로만 의도되는 그 어떤 것도 보편적 법칙이 되지 못한다. 칸트는 이것을 다음과 같은 '인격성의 원칙' 혹은 '목적 자체의 원칙' 혹은 '인간 존엄성의 원칙'이라 부를 수 있는 정언명법으로 정식화한다: "너는 인간성을 너의 인격에서나 다른 모든 사람의 인격에서나 결코 한낱 수단으로 사용하지 말고 언제나 동시에 목적으로 사용하도록 행위하라."(VII:56) 이에 근거하면 인간의 인격적 존엄성, 즉 인격적 가치를 수단으로 삼는 행위는 비도덕적 행위이며, 자살이 바로 그에 해당한다. 그런데 나는 인간의 생명에 대해서는 이 같은 이원적 관점이 그대로 유지되기 어려우며, 따라서 칸트의 주장은 받아들이기 어렵다고 생각한다. 기본적으로 칸트의 자살 금지의 원칙은

---

16 같은 글, 같은 곳.

삶의 주체로서의 인간의 생명에 대한 잘못된 이해에 기초하고 있다.

현실 세계의 인간을 바라보는 이러한 관점은 그 존재가 각각 속해 있는 예지계와 현상계, 자유 세계와 자연 세계로 표현된다. 그러나 현실 세계의 인간은 하나의 존재다. 비록 인간의 행위에 대한 평가와 해석이 이러한 두 세계 관점을 요구하며 또 그것이 정당성을 갖는다 하더라도 그렇게 나누어 볼 수 없는 영역이 존재한다. 인간의 생명이 바로 그것이다. 무엇보다도 인간의 생명은 감성과 이성의 영역 모두와 관계하고 있는 인간적 삶의 존재론적 토대다. 그러하기에 단순히 인간적 삶과 관계된 생명의 문제를 정언명법과 같은 도덕법칙에 따르고자 하는 도덕적 주체와 분리시켜서 평가해서는 안 된다.

칸트의 이원적 인간관이 옳다고 해도, 생명에 관한 한 인간에게는 자연 생명과 도덕 생명이라는 두 차원이 존재한다. 이는 곧 생명은 자연의 물리적 법칙의 지배를 받기만 하는 것이 아니라 도덕적 행위 자체를 가능하게 하는 원천으로 이해되어야 한다는 것을 의미한다. 다시 말해 생명은 도덕적 주체로서 나와 분리되어 존재하는 대상이 아니라 그것의 원천적 가능성과 관계되는 존재이며, 따라서 단순히 자연법칙의 형식성에만 기대어 평가되어서는 안 된다.

인간적 생명은 인간 존엄성의 존재론적 토대다. 만일 인간의 생명이 더 이상 회복할 수 없는 상태가 되어 인간적 삶을 초라하게 만든다면, 인간의 존엄성 또한 초라해진다. 그럴 경우 인간은 오히려 동물 보다 더 못한 존재로 추락할 수 있다. 나 자신이 그런 나의 모습을 바라본다는 것은 어쩌면 끔찍한 일이 될 수도 있다. 그렇지 않다면 인간적 삶이 동물 혹은 동물적 삶과 다를 바가 무엇이겠는가! 자살을 반대하는 칸트의 논증의 취약성은 이렇게 근본적으로 생명을 인간의 존엄성 자체와 분리된 방식으로 바라보는 데서 연유한다.

자살은 인간적 삶의 문제와 긴밀히 결합되어 있다. 칸트가 바라본 자살 이해의 빈약함은 무엇보다도 생명 존재로서의 인간적 삶에 대한 다소 경직

된 이해에서 비롯된다. 칸트는 정언명법의 형식에 따라서 자살하려는 사람이 다음과 같이 자문할 경우 자살이 도덕적으로 허용될 수 있는 행위인지, 즉 자신의 의무에 반하는 행위인지가 아닌지에 대해서 다음과 같이 말하고 있다.

그는 자신의 행위의 준칙이 보편적 자연법칙이 될 수 있는지 물어 본다. 그런데 그의 준칙은 다음과 같다: '나는 내가 생명을 연장해도 그것이 나에게 안락함을 약속해 주기 보다는 오히려 불행으로 위협한다면 나의 생명을 단축하는 것을 자기애의 원칙으로 삼는다.'(VII:52)

칸트는 이렇게 문제 제기를 해놓고 답하기를 그 사람의 준칙, 즉 자기애의 원칙은 보편적 자연법칙에 위배되기 때문에 허용될 수 없다고 결론짓는다. 칸트가 자살을 자기애의 관점에서 바라보는 것은 그것을 자연적 경향성에 바탕을 두고 있다는 생각에 기인한다. 자살을 선택하고자 하는 모든 사람이 이렇게 자기애에서 행위한다고 보기는 어렵다. 인간이 지니고 있는 본능들 중에 가장 강력한 것이 생존 본능인데, 자살은 이에 반하는 행위이기 때문이다.

인간이 도덕적 존재로서 자신의 책임을 다하며 살아 갈 수 있기 위해서는 그 스스로가 그러한 능력을 지녀야 한다. 인간의 생명은 그 같은 삶의 원천이다. 그런 점에서 생명 가치가 곧 존엄 가치의 원천이다. 생명은 인간적 삶의 목표와 가치를 실현하는데서 가장 큰 기쁨을 얻는다. 더 큰 고통을 참으면서도 삶을 이어갈 수 있는 것도 그 기쁨이 아주 작을지라도 삶을 살아가게 해주는 해독제가 되어 주기 때문이다. 그리고 여기에는 도덕적 삶이 중요한 근간을 이룬다. 부당한 비도덕적인 행위들로 이룬 성공이라면, 그것이 아무리 행복을 가져다준다 하더라도 도덕적 가치를 갖지 못하기 때문이다. 이와 같은 삶의 원동력이요 토대가 인간의 생명이다. 그런데 만일 더 이상 도덕적 존재로서 그리고 더 이상 회복할 수 없는 극심한 고통으로 인해 인간적 존엄성을 더 이상 유지하기 어렵거나 도덕적 주체로서의 삶을 더 이상 살아가기가 힘든 비정상 상태가 지속될 가능성이 매우 높은 경우에 우리는 자신의 존재 의의를 더 이상 실감하지 못할 것이며, 인간적 삶을 무의미하게 만들 수 있다.

인간의 생명을 인간 존엄성을 구현할 수 있는 존재론적 원천으로 바라본다면, 만일 그 같은 가치를 더 이상 회복하거나 지속할 수 없을 뿐 아니라 그와 정반대의 불행으로 치닫는 고통 속에 있을 경우, 그 때의 생명은 인간적 가치의 원천이요 담지자가 되지 못할 것이다. 이렇게 생명을 인간의 존엄성과 분리시켜서 생각하지 않고 하나의 동일한 근원을 갖는 가치라고 생각할 수 있다면, 이는 인간적 삶의 도덕적 가치를 최고의 가치로 여기는 칸트의 도덕적 관점과도 충분히 양립할 수 있다. 나는 이러한 사고를 생명 주체로서 살아가는 인간 이해에 기초하여 재해석한 '칸트적 관점'이라 부를 것이다. 왜냐하면 도덕적 행위의 준거를 칸트의 주장대로 준칙의 일반화에 두면서 이에 기초하여 도덕적 생명 주체만이 아니라 예지계와 감성계 모두에 속하는 삶 일반의 생명 주체로서 인간을 이해하는 것도 넓은 의미에서 칸트의 고유한 관점을 잃지 않는 것이라고 생각하기 때문이다. 인간적 삶의 존재론적 토대로서 생명 존재의 관점에서 기획할 수 있고 선택할 수 있는 자살이 내가 말하려는 미학적 자살이다. 자살을 기획하고 실행할 수 있는 유일한 존재, 그/그녀가 인간이다.

4. 칸트적 관점과 미학적 자살

나는 인간의 삶을 하나의 예술작품으로 이해한다. 하나의 그림을 완성하듯 그렇게 우리는 우리 자신의 삶을 기획한다. 거기에는 기쁨과 슬픔, 즐거움과 고통, 좋음과 나쁨, 미와 추가 섞여 있기 마련이다. 하나의 완성된 그림에는 다양한 요소들이 한 데 어우러져 있듯이 이런 요소들의 총체가 인간적 삶이다. 그리고 그것은 살아가면서 채워지는 것이기에 미래에 대한 전망도 포함한다. 따라서 인간에게는 조금이라도 더 행복해질 수 있는 가능성이 남아 있는 한, 그것을 위해 노력하는 것이 생명 있는 인간적 삶에 부합한다.

이렇게 생명이 우리에게 하는 '살아야한다'는 명령을 생각하면, 에피쿠로스의 지혜는 언제나 옳을 것이다. 그는 "영혼의 건강한 삶을 위한 것이라면 너무 젊거나 너무 늙었다고 할 수 있는 사람은 아무도 없다."[17]고 했다. 그러나 우리에게는 그게 언제든 무엇을 하기에는 더 이상 불가능한 때가 찾아올 수 있다.

이러한 관점에서 나는 합리적으로 그리고 도덕적으로 허용 가능한 자기 죽임 혹은 자발적 죽음으로서 미학적 자살을 다음과 같이 정의한다.

미학적 자살이란 옳고 그름, 좋고 나쁨, 즐거움과 고통, 미와 추가 함께 공존하며 어우러져 있는 것들의 총체가 인간적 삶이며, 이러한 관점에서 자기 자신 및 타인을 포함해서 그것을 증진시키거나 더 이상 유지할 수 없는 최저 한계점에 이르게 되었을 때 스스로 선택할 수 있는 자유 죽음이다.

그리고 나는 그것이 '칸트적 관점에서'[18] 정언명법의 도덕성 테스트를 통과할 수 있다고 생각한다. 그 이유는 다음과 같다: 만일 생명을 지닌 인격적 존재로서의 삶이 더 이상 유지될 수도 회복할 수도 없는 비참한 지경에 이르렀다고 판단될 때, 나는 자살은 인격적 존엄성을 잃지 않는 최후의 선택이 될 수 있음을 나의 행위의 준칙으로 삼는다. 그리고 이러한 준칙은 생명 존재의 존엄성에 부합하는 행위의 원칙으로서 그 같은 선택을 할 수 있는 자격 있는 모든 사람에게 적용되어야 하는 보편타당한 법칙이다. 이를 나는 '미학적 자살의 준칙'이라 부른다.

무조건적인 당위의 법칙으로서의 '칸트의 정언명법'과 달리 '칸트적 정언명법'은 하나하나의 개별적인 인간을 대상으로 하는 행위 규범이다. 인간은 이성적 존재자와 감성적 존재자, 이성 존재와 감정 존재로 분리될 수 없는 하나의 통일체로서 존재하는 이성적 인간이며, '미학적'이라는 표현은 이런 점을 반영한 것이다. 저 미학적 자살의 준칙에 따를 경우, 미학적 자살은 완전한 자살과 불완전한 자살로 구분된다. 만일 어떤 자격 있는 사람의 행위

---

17 Epicuros, *The Epicurus Reader*, 28.
18 나의 '칸트적 관점'은 '칸트의 관점'과 구분된다. 이에 대해서는 다음을 보라: 맹주만, 『칸트의 윤리학』, 47-65.

가 자살의 도덕성과 합리성을 동시에 충족하면 '완전한 미학적 자살'이 될 것이며, 도덕성 혹은 합리성 중 어느 한 쪽의 조건만 충족하면 '불완전한 미학적 자살'이 될 것이다. 다시 말해서 자격 있는 사람이 결행하고자 하는 미학적 자살의 준칙에 따라서 '자기 자신과 타인에 대한 도덕적 책임이 있는 경우'와 '더 이상 인간적 삶을 증진 내지는 유지할 수 없는 최저 한계점에 도달한 경우', 이 두 조건을 충족하는 자살은 도덕적으로 그리고 합리적으로 허용 가능한 자살로서 완전한 미학적 자살, 반면에 이 두 조건 중 하나만 충족하는 자살은 불완전한 미학적 자살이라 할 수 있다.

예를 들면, 일반적으로 결과의 좋음을 떠나서 무고한 사람을 해치는 행위의 비도덕성을 비난하는 칸트의 의무론적 관점에서 자살 반대 논증은, 케이건이 간명하게 지적하고 있듯이, 다음과 같은 형식을 지니고 있다: "나는 사람이다. '무고한' 사람이다. 그러므로 '나'를 죽이는 행동은 잘못된 것이다. 그러므로 자살을 도덕적으로 받아들일 수 없다."[19] 하지만 이 논증 역시 틀렸다. 재해석한 칸트적 관점에 근거하면, '인간적 삶의 주체로서 그리고 도덕적 행위의 주체로서 더 이상 삶을 수행할 수 없게 된 그 나는 무고한 사람이 아니다. 그러므로 나는 나를 죽일 수 있다. 그리고 이는 삶의 주체이자 생명 존재인 인간의 미학적 자살의 준칙에 근거해서 보편화가 가능하다. 그러므로 자살은 도덕적으로 허용된다.'

만일 재해석한 칸트적 관점에서 미학적 자살이 합리적으로 그리고 도덕적으로 허용 가능한 경우라면, 다시 말해서 그것이 미학적 자살의 준칙에 부합할 수 있다면, 어떤 점에서 그러한가? 미학적 자살의 준칙은 누구나 그렇게 의욕한다는 것만으로 정당화되지 않는다. 미학적 자살은 그럴 자격이 있는 사람에게만 허용되는 준칙이다. 그러면 자살을 선택할 수 있는 자격을 지닌 사람은 누구이며, 그것이 허용될 수 있는 정확한 시점과 조건은 무엇인가?

인간적 삶의 주체는 자신이 살아온 삶에 책임질 수 있어야 하는 존재다.

---

19 셸리 케이건, 『죽음이란 무엇인가』, 496.

이 점에 있어서 칸트의 관점은 언제나 유효하다. 그런데 이러한 인간은 자신의 삶을 총 기획하며 그에 합당한 행위를 수행하는 존재다. 그/그녀의 행위에는 자기 자신과 타자(타인과 가족 및 공동체)와의 관계도 포함된다. 그러므로 일차적으로 자기 자신에게 주어진 도덕적 의무를 다해야 하며, 더 나아가 타자에 대한 책임과 의무도 다해야 한다. 만일 그/그녀가 그 같은 책임을 다하지 않고 자살한다면, 이는 자살이 자기 자신은 물론이며 타인을 해치는 행위가 되므로 비도덕적 행위다. 따라서 이 같은 사람에게는 자살할 권리는 있다 하더라도 그것은 명백히 비도덕적 행위다. 그리고 그 사람에게 남아 있는 자살은, 미학적 자살의 준칙에 의하면, 비도덕적이지만 합리적인 자살, 즉 '더 이상 인간적 삶을 증진 내지는 유지할 수 없는 최저 한계점에 도달한 경우'의 자살이다. 이는 불완전한 미학적 자살에 해당한다.

흄이 말했듯이 "삶(life)이 지속될 가치가 있는 동안 생명(life)을 내던져 버릴 사람은 아무도 없다."[20] 그럼에도 불구하고 죽는 게 더 나은 죽음도 있다. 흄은 자살을 반대하는 아퀴나스의 고전적 논증을 비판하면서 어떤 사건도 자연법을 위배할 수 없기 때문에 자살 역시 하나의 사건으로서 자연법을 위배하는 것이 아니며, 더욱이 삶이 조금도 살 가치가 없을 때 하는 자살은 사회에 해악을 끼치는 것도 아니기 때문에 자살은 합리적이라고 주장한다. 흄은 다음과 같이 적고 있다: "나이듦(age), 병듦(sickness) 또는 불행(misfortune)이 삶을 버겁게 만들고, 절멸되어버리는 것만 못하다는 것을 인정하는 사람이라면 자살은 이익에 그리고 우리 자신에 대한 우리의 의무에 부합할 수 있다는 데에 아무도 이의를 제기할 수 없을 것이다."[21] 하지만 미학적 자살의 기준으로 보면 흄의 자살 긍정 논증은 합리적일 수는 있어도 도덕적인지 여부는 보류되어야 한다. 우선 그러한 자살의 도덕성이 보류되어 하는 것은 그의 자살이 자기 자신을 포함해서 가족이나 사회 혹은 다른 사람에게 해를 끼치는 행위인지 여부가 충분히 고려되고 있지 않다는 점에서 그러하며, 또

---

20   D. Hume, *Of Suicide*, 414.
21   같은 글, 같은 곳.

그러한 자살의 합리성은 만일 자살이 최저 한계점에 이르렀다는 명백한 이유에서 살아가야 할 가치가 조금도 없는 삶인 경우라면, 정당화될 수 있기 때문이다.

또한 자살 긍정 논증의 유력한 논거로 자주 이용되는 밀의 해악 금지 원칙도 미학적 자살을 허용할 수 있는 충분한 이유가 되지 못한다. 밀의 입장에 따르면, 만일 자발적인 자살이나 안락사와 같은 경우 그것이 타인에게 어떤 해도 끼치지 않는다면 자살과 안락사의 자유에 대한 도덕적 권리는 정당화된다.[22] 하지만 미학적 자살의 준칙에 의하면, 이는 무조건 정당화되지 않는다. 단순히 죽을 권리가 있다는 것만으로는 면책되지 않는다. 미학적 자살은 자기 책임 및 자기 해악의 원칙도 포함하기 때문이다. 따라서 어떤 자살이 자신이 책임져야할 관계에 있는 타인의 권리와 관심을 침해하는 한 그것은 정당화되지 않는다. 반대로 이렇게 도덕적으로는 정당화되지 않지만, 즉 비도덕적이지만, 만일 더 이상 자신의 책무를 다할 가망이 없으며, 오히려 전혀 회복할 가망 없는 살아 있음이 자기 자신에게 그리고 타자에게 더 큰 고통을 줄 수밖에 없는 경우의 자살은 합리적으로 정당화된다. 오직 그 경우에만 자살이나 안락사는 허용될 수 있다. 문제는 그 같은 결정을 할 수 있는 주체와 그 시점을 어떻게 판단할 수 있느냐 하는 것이다. 안락사의 경우, 그 당사자가 이러한 조건을 충족시킨다면 그것은 합리적으로 허용 가능한 행위가 된다. 그런데 만일 그 같은 결정을 본인 스스로가 할 수 없는 상태에 놓여 있다면, 따라서 전적으로 타인에 의해 결정될 수밖에 없는 상황이라면, 그것은 더 이상 미학적 자살이 아니다.

자살은 죽음의 한 종류다. 죽은 사람은 모두 '오늘' 죽은 사람이다. 내일이 존재하지 않는 사람의 마지막 날이 오늘이기 때문이다. 자살한 사람들도 마찬가지다. 자살한 날이 생의 마지막 날인 오늘이었기에! 그 오늘까지 우리는 삶의 무게를 재며 살아간다. 아마 그 누구도 그 무게를 달고 있는 저울 위에 아무 것도 존재하지 않는다고 생각하기 어려울 것이다. 살아가다 보면

---

22   J. S. Mill, *On Liberty*, V. Application 참조; Jonathan Riely, *Mill on Liberty*, 202.

오늘을 내일로 연장하는 것은 지극히 자연스러운 일이 된다. 그러나 그 내일이 다시는 오지 않기를 바랄 때도 있다. 더 이상 내일을 꾸려나가는 게 불가능해 보일 때도 있다. 그 지점에 내가 있고 우리가 있다. 관계로부터 자유로울 수 있은 사람은 없다. 나의 죽음은 나만의 죽음이 아니다. 인간이 사회적 존재인 이상, 적지 않은 혹은 상당수의 자살은 공동체와의 유대를 잃거나 더 이상의 의사소통이 불가능한 상태에서 강요당한 사회적 타살일 수도 있다. 그러나 그 같은 관계에서 자유로울 수 없다고 해도 조금이라도 더 행복할 수 있는 가능성이 있다면, 그 일을 포기하는 것에는 자기 책임이 포함되어 있다. 그런 사람에게 미학적 자살, 특히 완전한 미학적 자살은 허용되지 않는다. 인간적 삶이 다양한 가치들의 총체라면, 삶이라는 저울 위에서 그것이 균형을 잃고 어느 한쪽으로 완전히 기울어지는 지점을 찾는 것은 전적으로 그 자신의 몫이다.

14

생명의료윤리와 안락사:
존엄사와 웰다잉법

1. 존엄사법 또는 웰다잉법

2016년 1월 8일 연명치료 중단 결정을 허용하는 '존엄사법'으로 부를 수 있는 '호스피스·완화의료 및 임종과정에 있는 환자의 연명의료결정에 관한 법률', 일명 '웰다잉법'이 한국의 국회를 통과하였다.[1] 뇌수술 환자의 연명의료를 중단한 의사에게 살인방조죄 판결이 내려진 바 있는 일명 '보라매병원 사건' 이후 7년만의 일이다. 많은 찬반 논의가 있었으며, 아직도 적지 않은 문제들이 남아 있지만 유예 기간을 거쳐 2017년 8월부터 본격적으로 시행되었다. 별칭으로 '존엄사법'으로도 불리듯이 '존엄한 죽음을 위한 법'의 제정으로 존엄사에 대한 법적 근거를 마련하고 실행되고 있다.[2]

이 존엄사법은 그동안 국내외적으로 논의되어 왔던 안락사 관련 연구 성과 및 실제로 안락사 법률을 제정하여 실행하고 있는 선행 사례들을 반영하고 있는데, 연명치료중단 방식을 세 가지로 규정하고 있다: 1) 환자의 분명한 의사 표시가 있을 때, 2) 환자의 의사를 추정할 수 있을 때, 그리고 3) 환자의 의사를 추정할 근거가 없을 때. 1)의 방식은 환자가 의식이 있을 때 연명치료를 받지 않겠다는 명확한 의사를 표시한 경우로서 환자의 자기 결정권을 존중하는 경우라 할 수 있다. 명확한 의사 표시로서 환자 본인의 뜻에 따라서 담당 의사와 함께 '연명의료계획서(POLST)'나 '사전의료의향서(AD)'를 작성해 둔 경우다. 2)의 방식은 이미 임종 과정에 있는 말기 환자가 의식이 없을 때에 해당되는데, 평소에 연명치료를 받지 않겠다는 환자의 의사가 있었으며, 이를 환자의 가족 2명이 같은 진술을 하고, 의사 2명이 이

---

1 제정 2016. 2. 3. 법률 제14013호. 시행일 2017. 8. 4.
2 특별히 한정하지 않을 경우에 웰다잉법 혹은 존엄사법은 2017년 8월부터 시행되고 있는 한국의 안락사법을 지칭한다.

를 확인하면 연명치료를 중단할 수 있다. 3)의 방식은 임종과정에 있는 환자가 의식이 없을 뿐만 아니라 어떤 의사 추정도 불가능한 경우에 해당되는데, 환자가 미성년자일 경우에는 친권자인 법정대리인의 의사 확인으로, 환자가 성인일 경우에는 환자 가족 전원의 합의와 의사 2명의 확인으로 결정할 수 있다. 아울러 이 법은 연명치료중단의 대상을 기대 생존 기간이 수개월 이내에 사망할 것으로 예상되는 진단을 받은 말기환자로 제한함으로써 매우 엄격한 편이라 할 수 있다.[3]

그런데 이 존엄사법은 호스피스(hospice)도 그동안 말기 암환자에게만 적용되던 것을 에이즈라 불리는 후천성면역결핍증(AIDS), 만성폐쇄성호흡기질환, 만성간질환 같은 다른 말기 질환에도 확대 적용함으로써 긍정적이든 부정적이든 인간다운 죽음 또는 인간답게 죽을 권리에 대한 인식에 획기적인 전환점이 될 것으로 보인다.

그렇다면 웰다잉법으로 불리기도 하듯이 존엄사법은 존엄한 죽음, 인간다운 죽음을 보장하는가? 과연 인간답게 죽을 권리가 존엄사법을 통해서 온전히 보장되고 있는가? 정녕 인간다운 죽음이 권리의 행사라 할 수 있는가? 그것은 어떤 권리이기에 허용되어야 하며, 또 왜 제한적으로만 허용되어야 하는가? 생명만 연장할 뿐인 치료 효과가 없는 연명의료 중단을 허용하는 한국의 존엄사법은 기본적으로 좁은 의미의 안락사라 할 수 있는 존엄사만을 인정하는데, 이러한 제한과 제약은 무엇에 근거하고 있는가?[4]

한국의 존엄사법은 일반적으로 약물 투여 등 고통이 적은 방법으로 생명을 단축시키는 선택 방식으로 이해되는 안락사에 비하면, 앞서 지적한 바와 같이 기대 생존 기간이 수개월 이내인 환자로 제한하고 있듯이, 매우 엄격

---

3 이 법률('호스피스·완화의료 및 임종과정에 있는 환자의 연명의료결정에 관한 법률' 제1장 총칙, 제2조(정의), 3항)은 "말기환자"를 "다음 각 목의 어느 하나에 해당하는 질환에 대하여 적극적인 치료에도 불구하고 근원적인 회복의 가능성이 없고 점차 증상이 악화되어 (···) 수개월 이내에 사망할 것으로 예상되는 진단을 받은 환자"로 정의하고 있으며, 그 구체적 질환을 "가) 암, 나) 천성면역결핍증, 다) 만성 폐쇄성 호흡기질환, 라) 만성 간경화, 마) 그 밖에 보건복지부령으로 정하는 질환" 등으로 제한하고 있다.

4 이 법률은 또한 "연명의료"를 "임종과정에 있는 환자에게 하는 심폐소생술, 혈액 투석, 항암제 투여, 인공호흡기 착용의 의학적 시술로서 치료효과 없이 임종과정의 기간만을 연장하는 것으로 정의한다.

하다고 볼 수 있다. 반면에 환자의 상태와 관계없이 의사에게 약물을 처방받아 스스로 목숨을 끊는 행위에 해당하는 의사 조력자살의 허용을 요구하는 사람들에게 존엄사법은 인간답게 죽을 권리를 지나치게 제약하는 법률로 비칠 수 있다. 하지만 여전히 이 존엄사법 조차도 인간의 존엄성을 해칠 수 있는 살인법으로 보는 시각처럼 그것이 권리든 아니든 자연사가 아니라면, 지금까지 많은 찬반 대립이 있어왔듯이, 어떤 죽음 결정 방식도 간단치 않은 일임에는 분명하다. 이러한 생각의 기저에는 인간이란 어떤 존재이며, 또 인간에게 삶과 죽음이란 무엇인지, 어떻게 이해되어야 하는지 등의 선판단이 작용하고 있다.

정당하게 행사할 수 있는 힘 혹은 자격으로서 권리는 그것을 행사할 수 있는 권한이 전적으로 그 자신에게 있다는 것을 의미한다. 그러나 이런 규정 속에 이미 정당성 개념이 포함되어 있듯이 인간의 권리은 인간 개념에 의존적이며, 따라서 인간을 어떻게 규정하느냐에 따라 권리의 의미와 적용 방식은 달라질 수 있다. 그러므로 우리는 정당성의 의미는 무엇이며 어떻게 결정되는가, 권리는 실제로 인간의 개념 속에 내재해 있는 것인가, 오직 자기 자신에게 무제한적으로 적용할 수 있는 권리란 존재하는가 등에 대해j 물을 수 있다. 내기 보기에, 법철학적 관점에서 권리(right)와 법(Recht)의 개념이 불가분리적으로 공속해 있듯이, 권리의 발생과 귀속을 권리 개념 자체로부터 연역할 수 없으며, 권리와 의무는 상호 수반 개념이며, 따라서 자기에게 귀속시킬 수 있는 권리에는 동시에 자기에게 부과되는 의무가 전제되어 있다. 이런 상호성에 따르면, 죽음 혹은 자살의 경우에도 아무나 그리고 아무렇게 죽을 수 있는 자격이 부여된다고 할 수 없다. 권리와 의무가 공속하듯이 윤리적 정당성이 있는 죽음만이 권리로서 행사할 수 있는 행위이며, 존엄사법이 규정하고 있는 죽음 결정 방식도 그러한 관점에서 해석되어야 한다. 이런 점에 비추어 나는 다음과 같이 주장한다: 타인에 의해서 수행되는 제한적 의미의 안락사로서 현행 존엄사법, 일명 웰다잉법은 안락사 대상자의 임종기 시간 범위를 지나치게 엄격하게 제한하고 있을 뿐만 아니라 그

말의 진정한 의미에서 '인간다운 죽음'을 온전히 구현하고 있지 못한다. 또한 안락사 대상자의 동의 방식을 지나치게 느슨하게 규정함으로써 안락사 시행의 자의성과 임의성을 배제하지 못한다. 따라서 임종기로 제한되어 있는 존엄사법의 대상자의 시간 적용 범위는 더 확대되어야 하며, 동시에 안락사 대상자의 동의 방식은 더 엄격해야 한다.

2. 미학적 안락사와 존엄사

그 누구도 죽음을 쉽게 선택하지 않는다는 것은 분명하다. 또 타인의 죽음, 그것도 가족이나 가까운 사람의 죽음을 앞당기거나 지켜보는 것 역시 견디기 어려울 만큼 매우 고통스러운 일임에는 분명하다. 더욱이 우리는 아무리 힘들고 고통스럽더라도 그저 살아 있는 모습을 볼 수 있다는 것만으로도 큰 위안을 삼을 수 있다. 그러나 그에 못지않게 견디기 어려운 고통 속에 있는 사람의 요구를 외면하고 자연사의 마지막 순간까지 지켜보거나 더 이상의 무의미한 생존을 거부하며 평화로운 죽음을 원하는 사람의 신념을 비난하는 것도 온당한 일은 아니다.

나는 도덕적으로 또는 합리적으로 정당화될 수 있는 안락사를 '미학적 안락사'라 부른다.[5] 정당화될 수 있는 자살 및 안락사에 대해서 '미학적'이라는 용어를 쓰는 이유는 무엇보다도 삶과 죽음에 대한 나의 개인적 이해가 반영되어 있다. 한 마디로 삶은 도덕적 판단과 합리적 판단의 대상이 되는 다양한 사태들이 한 데 어우러져 있는 총체적엔 가치들의 세계다. 죽음 또한 삶과 다양한 관계를 이루고 있다는 점에서 이 역시 동일한 판단의 대상이라 할 수 있다. 이러한 삶과 죽음의 모습에서 상호 분명하게 구분되는 도덕적 및 합리적으로 정당화될 수 있는 자살은 미학적 안락사라는 이름을 갖게 되었다. 미학적 안락사 역시 마찬가지로 이해되어야 한다. '미학적'이라는 용

---

5 앞 장의 "죽음의 윤리와 미학적 안락사"를 보라. 여기에서 나는 정당화될 수 있는 자살을 '미학적 자살'이라 명명했다. 존엄사법 또는 웰다잉법이 허용하는 의사 조력자살은 합리적 자살의 일종이라 할 수 있다.

어가 주는 오해의 소지나 전달의 어려움이 있을 수 있겠지만, 이 보다 더 나은 표현이 궁리될 때까지 나는 '미학적 자살'과 '미학적 안락사'를 자살과 안락사의 도덕성과 합리성과 관계하는 의미로 쓰려고 한다. 이렇게 미학적 안락사는 미학적 자살과 마찬가지로 안락사의 도덕성과 합리성을 포괄한다.

안락사의 도덕성은 관련 당사자의 도덕적 지위 즉 안락사를 원하는 사람의 도덕적 자격과 관계한다. 이를테면 죽음이나 다를 바 없다고 생각하는 장기복역수가 교도소 안에서의 삶이 두려워서 안락사를 원한다고 해서 이를 승인할 수 없듯이 그에게는 그런 자격이 없다. 그리고 안락사의 합리성은 관련 당사자의 인간적 지위 즉 안락사를 원하는 사람의 유의미한 생존 가능성과 관계한다. 비록 장기복역수라 할지라도 그/그녀가 심한 고통을 겪고 있으면서도 회복할 수 없는 말기 환자라면 그/그녀에게 안락사를 허용하는 것은, 비록 도덕적으로는 부당하다고 하더라도, 합리적 선택이 될 수 있다. 도덕적 자격에 결함이 있다고 하더라도 미학적 안락사는 합리적 이유에서 요구되는 조력자살을 허용해야 한다고 주장한다. 그러나 이는 후자의 고통이 전자의 결함을 훨씬 능가한다고 판단될 경우에만 허용 가능하다. 다시 말해 미학적 안락사는 인간에게는 죽을 권리, 즉 스스로 존엄사를 선택할 권리가 있다고 주장하며, 타인의 도움을 필요로 하는 것을 정당한 요구로 인식한다. 이러한 의미에서 내가 옹호하는 미학적 안락사는 한국의 존엄사법과 중요한 점에서 몇 가지 차이를 보이고 있는데, 이는 자살, 안락사, 존엄사의 조건과 기준을 검토하면서 규명하게 될 것이며, 이에 따르면 한국의 존엄사법은 수정되어야 한다.

그 실천가능성에서 '윤리적으로 혹은 합리적으로 정당화될 수 있는 자살'과 비교할 때, 미학적 안락사는 합리적으로 허용될 수 있는 정당한 자살을 제 스스로 시행할 수 없어서 타인의 도움이 필요한 경우라 할 수 있다. 때문에 타인의 조력 행위 역시 윤리적 정당성을 지녀야 하는데, 여러 나라에서 제정되어 시행되고 있는 안락사법은 이와 같은 조건과 자격을 포함하고 있다. 한국의 존엄사법 역시 그와 같은 조건들을 제시하고 있으며, 그 중 가장 중요한 기준은 '임종기에 처한 환자에게 이루어지는 더 이상의 무의미한 연명치료'이다.

그러면 존엄사법이 규정하고 있는 안락사는 정확히 어떤 죽음인가? 그것은 말의 엄격한 외미에서 자살의 일종인가? 자살이라면 어떤 의미의 자살인가? 그리고 죽을 권리를 지닌 사람은 누구인가? 안락사로 번역되는 영단어 euthanasia는 17세기에 만들어진 단어로서 그리스어 Euthanatos에 어원을 두고 있는데, 'eu'(좋은)와 'thanatos'(죽음)의 합성어로서 '좋은 죽음' 또는 '행복한 죽음'을 의미한다. 이런 어원적 의미 때문에 안락사는 달리 '편안한 죽음', '아름답고 존엄한 죽음', '고통 없는 빠른 죽음', '평화로운 죽음' 등의 뜻으로도 사용되고 있다. 『옥스퍼드 영어 사전』(Oxford English Dictionary)에서도 안락사를 "조용하고 편안한 죽음을 야기하는 행위"로 정의하고 있다. 하지만 사용되고 있는 용어의 의미와 달리 안락사에 대해서 보편적으로 합의된 정의가 존재하는 것은 아니다. 그 이유는 역사적으로 안락사에 대한 인식이 시대와 시기에 따라 변하기도 하지만, 그것이 죽음과 관련된 것이므로 이를 이해하는 방식에 따라서도 달라지기 때문이다.

현대적 의미의 안락사는 일반적으로 불치의 중병이나 의식이 없는 상태에서 더 이상의 치료 및 회복 가능성이 전혀 없을 경우 고통 없이 죽을 수 있도록 하는 행위를 의미한다. 그러나 그것은 인간의 생명을 종식시키는 행위이자 한 번 결정하면 돌이킬 수 없는 결과를 초래하는 행위이기 때문에 과연 죽음이라는 것이 그렇게 인위적으로 결정할 수 있는 사안인가 하는 문제뿐만이 아니라 그러한 결정을 언제 어느 때에 누가 어떻게 시행할 수 있는가 하는 것도 중요한 문제로 제기된다. 그리고 그 각각에 대한 이해방식에 따라서 안락사의 정의와 조건들은 달라질 수 있다.

나는 안락사를 그 어원에 더 충실하게 "그 자신을 포함해서 어떤 사람이 자신 혹은 누군가를 편안한 수단을 이용해서 죽임으로써 달성되는 평안(平安)한 죽음"으로 정의한다.[6] 만일 안락사를 위해서 어떤 수단과 방법을 이용

---

6 안락사의 정의에 대해서는 김상득, 『생명의료 윤리학』; 볼프강 렌첸, 『사랑·삶·죽음』; Tom L.

할 것인지 여부와 상관없이 그러한 죽음에 이르고자 스스로 선택한 죽음으로서의 안락사라면, 그것은 자기 죽임으로서의 자살, 그리고 타인의 도움에 의한 것이라면, 조력자살에 해당한다. 그리고 그 어느 쪽이든 윤리적으로 혹은 합리적으로 정당화될 수 있는 안락사를 나는 다른 방식의 안락사 즉 정당화될 수 없는 안락사와 구별하기 위해서 미학적 안락사라 부른다. 이렇듯 현행 한국의 존엄사법은 기본적으로 타인의 도움을 필요로 하는 의사 조력자살과 관계하는 법으로서 자살의 합리성 조건과 관계하는 법으로서 내가 말하는 미학적 안락사의 범주에 해당한다. 그러나 내가 옹호하는 미학적 안락사는 그 범위와 기준에 있어서 존엄사법의 그것과 차이가 있다.

어떤 죽음이 조력자살로서 미학적 안락사가 되려면 다음의 조건을 충족시켜야 한다.

첫째, 미학적 안락사는 본인의 직접적인 동의를 근본조건으로 한다. 그러므로 뇌사나 식물인간 상태에 놓여 있어서 자신의 죽음을 스스로 결정할 수 없는 사람의 경우에 본인의 사전 동의 없는 안락사는 허용하지 않는다. 또 본인이 동의했다고 하더라도 타인의 도움을 받아야만 시행할 수 있는 경우라면 그 자격을 증명할 수 있는 조건을 객관적으로 확인할 수 없을 때에도 안락사는 허용되지 않는다. 미학적 안락사는 본인 스스로가 자살의 합리성 조건 즉 '더 이상 인간적 삶을 증진 내지는 유지할 수 없는 최저 한계점에 도달한 경우'에 해당하는지를 정상적인 조건 아래서 판단할 수 있어야 한다. 비록 그 대상자 시간 범위의 제한이 보다 확대되어야 하지만, 가장 대표적인 것이 한국의 존엄사법이 규정하고 있는 기대 생존 기간이 수개월 정도이면서 더 이상의 치료가 무의미한 임종기에 접어든 환자이면서 본인의 동의를 확인할 수 있을 때 객관적인 절차에 따라서 공인된 자격 있는 자에 의해서 시행되는 경우이다. 이렇게 본인의 동의 여부와 조력자의 자격 및 안락사 시행의 객관적 절차와 기준의 충족 여부를 나는 정당화될 수 있는 '미

Beauchamp (ed.), *Intending Death*: G. Dworkin · R. G. Frey · S. Bok, *Euthanasia and physician-assisted suicide* 참조.

학적 안락사 조건 1'이라고 부른다.

둘째, 미학적 안락사는 기대 생존 기간을 단순히 물리적 시간에 한정하지 않는다. 다시 말해서 윤리적으로 혹은 합리적으로 정당화될 수 있는 죽음이라면 그것은 특정된 기간의 제한 없는 안락사노 가능해야 한다고 주장한다.[7] 인간의 존엄성은 그/그녀가 그 누구도 대신할 수 없는 삶의 주체라는 엄정한 사실에 기초한다. 그리고 그 자신은 죽음의 마지막 순간까지 인간적 삶과 죽음의 의미를 알고 있어야 한다. 이는 미학적 안락사가 치료 불가능한 임종기와 같은 '물리 시간'이 아니라 생존의 유의미를 기준으로 하는 '의미 시간'을 조건으로 한다는 것을 함의한다. 따라서 치료가 불가능하다고 하도라도, 또한 감내하기 어려운 고통이 수반된다 하더라도 삶의 의미를 더할 수 있는 미래 시간에 대한 희망을 포기 하지 않는 사람에게 안락사와 같은 죽음을 강제 혹은 강요할 수 없다. 그와 같은 가능성이 존재하는 한, 무엇보다도 그 자신이 그러한 죽음을 선택하지 않을 것이다. 단순히 객관적인 측정이 불가능한 고통 크기의 유무로만 죽음을 결정해서는 안 된다.[8] 또한 아무나 죽을 권리를 갖지는 않는다. 삶의 의미와 가치를 인지할 수 있어야 하며, 자신의 생존이 더 이상의 아무런 의미를 갖지 못한다는 합리적 판단이 객관적으로 타당한 충분한 이유에 의해서 뒷받침되어야 한다. 이를 나는 '미학적 안락사 조건 2'이라고 부른다.

셋째, 안락사는 제3자의 도움이 필요한 죽음이므로 자기 죽음의 정당성이 제3자에 의해서 승인되어야 하므로 엄격한 기준과 조건을 충족시켜야 한다. 그리고 그러한 자격 있는 사람이 안락사를 원할 경우 그 당사자는 의사 조력자살이 자신이 하고 싶은 죽음 방식에 부합하는 최소한의 조건이라는 것에 동의할 수 있어야 한다. 이는 원칙적으로 조력 자살이 반드시 의사와 같은 공인된 자격과 조건을 갖춘 사람에 의해서만 가능한 것은 아니지만,

---

7 윤리적으로 정당화될 수 있는 자살이 곧 내가 말하는 '미학적 자살'이다. 미학적 자살이라는 표현이 아직은 공식적으로 이해되고 있는 용어가 아니기 때문에 이 글에서는 사용하지 않는다. 대신 미학적 안락사라는 용어로 충분히 그 의미를 전달할 수 있다고 생각된다.
8 제럴드 드워킨 외, 『안락사논쟁』 116 참조.

현실적으로 미학적 안락사를 원하는 당사자에게 무리한 고통을 가하거나 혹은 악용의 소지를 최소화 한다는 점에서만 자격을 갖춘 전문가로서 의사에 의한 조력자살이 최선의 선택이라는 것을 승인할 뿐이다. 이를 나는 '미학적 안락사 조건 3'이라고 부른다.

이하에서 나는 이와 같은 가능한 객관적 조건과 기준에 따라 존엄사법의 정당한 실행 가능성을 평가할 것이다.

3. 웰다잉법과 죽음의 결정권

인간의 존엄성을 지키며 품위 있게 죽을 권리로서 미학적 안락사는 합법화 되어야 한다. 그러나 그동안 학계 안팎의 적지 않은 논의를 거치면서 이러한 요구를 일정 부분 수용하고 있는 현행 한국의 존엄사법은 이를 지나치게 제한하면서도 오용 가능성을 안고 있다. 누구나 죽음을 선택할 수 있으며, 또 실행할 수도 있다. 그렇다고 모든 죽음이 도덕적으로 혹은 합리적으로 정당한 것은 아니다. 따라서 모든 경우의 안락사 역시 합법화 되어서는 안 된다. 그러나 또한 정당화될 수 있는 안락사를 부당하게 제한해서도 안 된다. 그러면 정당화 될 수 있는 안락사는 무엇인가? 그런데 현행 존엄사법은 몇 가지 점에서 자의성과 임의성을 배제하지 못하고 있다는 점에서 개정되어야 한다.

먼저 삶의 유의미성의 관점에서 환자의 기대 수명이나 고통의 정도 등 합리적 조건을 충족시키고 있다는 점에서 합리적으로 허용 가능한 미학적 안락사는 만일 그것이 스스로 결행할 수 있는 행위라면 그 자체로 정당화된다. 반면에 문제가 되는 안락사는 그 정당성은 인정되지만 이를 본인 스스로 실행할 수 없어서 타인의 도움을 필요로 하는 안락사다. 바로 이 점 때문에 도움을 필요로 하는 사람의 요구에만 의존할 수 없다는 것이 문제가 된다. 법제화를 통해서 어떤 특정한 방식의 안락사를 금지 내지는 허용하는 모든 안락사법도 바로 이렇게 타인의 도움이 필요한 경우의 죽음에 대한 규정들이다. 따라서 타인의 도움에 의존해야 한다는 점에서 안락사의 조력자가 죽음에 이르도록 도와줄 수 있는 합법적인 객관적 조건과 자격이 마련되어 있어야 한다. 그런데 한국의 존엄사법은 이를 매우 느슨하게 규정하고 있어서 오남용의 소지가 다분하다.

'미학적 안락사 조건 1'이 제시하고 있듯이 반자의적 안락사는 이미 배제된다. 당사자에 의한 사전 동의 없는 뇌사나 식물인간에 대한 안락사는 거부되어야하기 때문이다. 또 자의적 안락사 자체도 본인 스스로가 죽음을 결행할 수 없는 한, 단순히 본인 의사의 유무가 문제가 아니라 미학적 안락사 2와 3의 조건에도 모두 부합해야 한다. 특히 나는 기본적으로 안락사 합법화와 관련해서 가장 논쟁이 되고 있는 사안인 자의적인 적극적 안락사를 찬성하지만,[9] 이는 현재 대부분의 나라의 합법화된 안락사법이 제한하고 있듯이 연명치료중단과 같이 소극적 안락사로서 의사 조력의 안락사에 한정되어야 한다고 주장한다. 왜냐하면 타인의 도움을 필요로 할 경우 안락사 실행의 주체가 되는 타인의 관점에서 당사자 본인의 의사가 그 조건들을 충족하는지 확인하는 일이 중요하므로 이를 객관적으로 판정할 수 있는 절차와 기준의 유무가 관건이 되기 때문이다. 이와 관련한 문제들이 검토되어야 한다.

1) 죽음의 자기 결정권

개념적으로 자살과 구분되는 안락사와 마찬가지로 한국의 존엄사법 역시 의사 조력자살의 허용을 전제한다. 그리고 그 속에는 자격 있는 사람에 의한 죽임의 정당성이 부여되어 있다. 안락사는 합리성 조건을 충족시킬 경우에만 허용되어야 하는데, 안락사를 구분하는 통상적인 방식의 경우, 안락사는 본인의 동의와 자격 있는 자에 의한 조력에 의해 허용되어야 한다. 이에 따르면 존엄사법은 이 같은 조건을 충족시킨다. 그동안의 안락사 관련 논의들이 구분해 놓았던 바와 같이 일반적으로 안락사는 본인의 동의 여부에 따라 자신의 자유로운 의사 표시를 근거로 하는 자의적(voluntary) 안락사, 본

---

9   Dan W. Brock, "Voluntary active Euthanasia", 10-21.

인의 동의나 의사 표시를 사전에 확인할 수 없는 뇌사자와 같은 사람에게 실행할 경우의 비자의적(non-voluntary) 안락사, 동의할 능력이 있음에도 회복 불가능한 환자를 대상으로 제3자에 의해 불가피하게 행해지는 반자의적(involuntary) 안락사로 구분할 수 있다. 또 그 죽음에 이르게 하는 방식에 따라 적극적(active) 안락사와 소극적(passive) 안락사로 나눌 수 있다. 전자가 동의 여부가 핵심이라면, 후자는 '죽임'과 '죽음의 허용'의 구분과 관련한 조력자의 개입 정도에 따라 구분된다. 모르핀과 같은 치명적인 약물을 주입하여 사망에 이르게 하는 경우가 전자, 한국의 존엄사법처럼 인공호흡기와 같은 생명보조 장치를 제거하거나 더 이상의 생명 유지 노력을 중단하는 경우가 후자에 해당한다.

그런데 엄밀히 말해서 일반적 안락사와 존엄사법의 존엄사는 다른 개념이다. 존엄사를 좁은 의미의 안락사로 구분하는 것도 이러한 차이를 반영하고 있다. 이 점은 존엄사법에도 반영되어 있다. 안락사의 일반적 의미에서 가장 강조되고 있는 특징은 견딜 수 없는 혹은 극복할 수 없는 고통의 유무다. 반면에 존엄사는 인간다운 죽음에 방점이 놓여 있다. 고통과 인간다움의 개념적 차이가 분명하듯이 안락사와 존엄사도 분명하게 구분될 수 있다. 하지만 문제는 한국의 존엄사법은 그 적용 기준의 협소함으로 인해 안락사를 지나치게 제한적 범위에서만 허용하거나, 오히려 안락사와 존엄사의 관계를 전도시켜버리는 처방으로 여겨진다.

고통과 인간다운 죽음에 간극이 있듯이 미학적 안락사는 본인의 결정과 승인이 포함되어 있는 반면에, 존엄사법이 허용하는 존엄사는 의학적 관점에서 보면 더 이상의 연명치료가 무의미한 환자, 즉 이미 죽을 때가 다 된 환자를 대상으로 시행되는 것에 불과하다. 물론 이 또한 그렇지 않은 경우와 비교하면 상당히 의미 있는 진전을 이룬 것이지만, 과연 그것이 존엄사법이 지향하고 있는 것처럼 '인간다운 죽음이나 인간답게 죽을 권리'를 구현하고 있는가? 현재의 존엄사법이 규정하고 있듯이 존엄사의 허용이 단순히 현재 혹은 예상 가능한 의학 수준으로 볼 때 회복 가능성이 거의 없는,

즉 의식이 없는 말기 환자의 생명을 연명하던 인위적 장치를 제거하거나 그에 준하는 조치를 통해 자연스러운 죽음에 이르게 하는 것이라면, 그것이 과연 진정한 의미에서 '인간다운' 죽음이라 할 수 있는가? 안락사에 포함되어 있는 '의도된' 혹은 '의도적' 죽음이 더 인간적인 것 아닌가?

먼저 회복 가능성이 거의 없는 환자를 대상으로 제정된 존엄사법이 정하고 있는 첫 번째 규정 즉 '환자의 분명한 의사 표시가 있을 때'의 조건은 형식적으로는 인간답게 죽을 권리, 품위 있는 죽음의 가능성을 적극적으로 허용하고 있다. 그런데도 그 단서 조항은 존엄사법의 모든 규정에 일괄적으로 적용되고 있는 기대 생존 기간이 수개월 이내이면서 동시에 '더 이상의 회복 가능성이 없는 임종기 환자'에 국한하고 있다. 분명한 의사 표시가 있는 환자의 가능한 죽음 선택의 생존 기간을 이렇게 제한한다는 것은 매우 자의적이다. 다시 말해 환자가 의식이 있을 때 이러한 상태에 이르게 될 것을 예상하고 미리 자신의 죽음을 스스로 결정했을 경우에 연명 가능한 시간을 최대 수 개 월로 단순 산정한다는 것은 지극히 기계적인 접근법이다. 죽음의 자기 결정권의 진실성을 환자의 연명의료 거부 의사를 문서로 작성한 연명의료계획서(POLST)를 통해 증명하거나, 이와 동일한 효력을 갖는다고 인정할 수 있는 증거, 즉 환자가 건강할 때나 입원했을 때 미리 작성한 사전의료의향서(AD)가 있을 경우에 우리는 '의미 시간'에 준거해서 그리고 전문적인 의학적 판단 및 본인의 의사에 기초하여 안락사 결정의 시기를 (훨씬) 더 앞당길 수 있어야 한다. 무의미한 치료를 지속하다가 단순히 이제 수명이 몇 개월 남지 않았다고 실행하는 안락사가 과연 인간적인가!

이렇게 존엄사법이 대상으로 하는 회복 불가능성 기준은 통상 안락사를 원하는 사람들 중에서도 스스로 죽음을 결행할 수 없는 사람, 다시 말해 타인의 도움을 받아야만 죽을 수 있는 사람들, 즉 의사 조력자살의 대상에 속하는 환자들의 요구와는 상당한 현실적 거리감이 있다. 진정으로 안락사를 원하는 사람에게 기대 생존 기간으로서 수개월이라는 물리적 시간은 별 의미가 없을 것이다. 따라서 이를 자의적으로 정한 생존 기간에 한정하지 말고, 자살의 합리성 조건에 부합하는 모든 환자에게 확대 적용되어야 한다. 이 경우 생존 기간이 상당히 남아 있다고 하더라도 미학적 안락사 조건 2에 따라서 본인의 의사에 기초해서 보다 확대 적용되어야 한다. 이를테면 단순 생존이 더 이상의 유의미한 삶의 방식이 아니어서 죽음을 선택하고자 하는 사람에게도 정당하고 공정한 절차에 입각한 안락사의 기회가 주어져야 한다. 다만 이 경우에 그와 같은 요구를 승인하고 결정할 자격 있는 사람이 누구인지가 관건이 되겠지만, 합리적 판단이 가능한 전문가들로 구성된 위원회가 그 대안이 될 수 있을 것이다.[10] 하지만 현재와 같이 단순하게 물리적 생존 시간을 수개월 정도로 한정하는 것은 매우 자의적이며, 오히려 비인간적이기까지 하다. 존엄한 죽음을 맞이할 권리를 단순 물리적 시간으로 계산한다는 것은 인간적 죽음의 자기 결정권을 기계적으로 환산하는 것에 지나지 않기 때문이다.

2) 죽음의 의사(擬似) 결정권과 연고(緣故) 결정권

한국의 존엄사법이 승인하고 있는 두 번째 규정, 즉 환자의 의사를 추정할 수 있을 때의 경우 또한 미학적 안락사의 조건을 충족하고 있다고 보기 어렵다. 이 규정은 의식이 없는 임종기에 접어든 환자에 해당되는데, 특히 환자 본인의 의사를 직접 증명할 수는 없지만 평소에 연명치료를 받지 않겠다는 의사가 있었으며, 이를 환자의 가족 2명이 같은 진술을 하고, 의사 2명이 이를 확인하면 치료 중단이 허용된다. 이는 죽음의 의사 결정권이라 부를 수 있는데, 이는 미학적 안락사 조건 3에 위배된다. 누구든 본인의 의사에 의거해서 죽음을 결정해야 하며, 이에 근거하여 그 결정의 실행에 대한 일관성 있는 명시적 동의를 사전에 직접 인지할 수 있어야 한다. 미학적 안락사는 어떤 경우든 그것이 존엄사로서 허용 가능하려면 환자 본인에 의한 동의와 승인 여부를 증명할 수 있어야 한다. 그런데 한국의 존엄사법은 그

10　누가 죽음의 시간을 결정할 것인가? 하는 문제는 결코 간단한 것이 아니다. 이른바 '안락사 승인 위원회'의 구성과 자격에 관해서는 별도의 논의가 필요하며, 이에 대해서는 다른 기회에 다룰 것이다.

렇지 못하다.

한국의 존엄사법은 환자 본인의 동의 여부의 직접적 증명이 아니라 '환자의 의사를 추정할 수 있는 환자의 평소의 의사'와 '단순히 환자의 가족 2인의 동의'로까지 확대하고 있으며, 더욱이 두 조건을 아주 모호하게 동일시해놓고 있다. 의식이 없는 환자이기 때문에 환자 본인이 직접 동의할 수 없거나 그 의사를 객관적으로 검증하고 확인하는 절차가 마련되어 있지 않으면 이 같은 모호한 동일시는 악용될 소지가 있다.

누군가의 죽음을 대신 결정하는 자격과 조건은 엄격하지 않으면 안 된다. 가령, 환자 본인의 생각은 언제든 변할 수 있으며, 그와 같은 의사를 누가 언제 어디서 들었느냐에 따라서 의사 추정은 달라질 수 있다. 누군가가 오랫동안 안락사로 죽음을 맞이하겠다고 말해오다가도 어느 날 갑자기 생각이 바뀔 수도 있는데, 이는 그가 안락사를 주장하면서도 속으로는 이를 속으로는 확신하지 못하고 계속 고민할 수 있으며, 그것이 반대의 심정이 확실해질 때까지 밖으로 표현하지 않았을 수도 있기 때문이다.[11] 또 환자 본인의 얘기를 가족들 중, 가령 부부와 자식들의 상호 관계 때문에 의사 표현의 정도나 강도는 얼마든지 다를 수도 있다. 이러한 추정의 불확실성을 방지하기 위해서는 평소에 연명치료를 받지 않겠다는 환자 본인의 의사의 신뢰성 및 죽음 방식의 결정에 있어서 이를 객관적으로 확인할 수 있는 절차와 방법이 마련될 필요가 있다. 이와 같은 기준과 절차에 의해서 안락사를 허용할 수 없다면 환자의 연명치료는 계속 되어야 한다.

예를 들면, 평소의 자기 생각을 기록해 놓은 자료들, 이러한 자료들에 나타난 본인 의사의 일관성 등의 검증과 같은 것이 좋은 예가 될 수 있다. 이는 한국의 존엄사법이 규정하고 있는 1)과 2)의 규정을 그것이 보다 객관적이며 합당한 절차에 입각해서 이루어지도록 하는 구체적 대안이 될 수 있을 것이다. 이렇게 환자 본인의 분명한 의사와 동의, 제3자와 전문가에 의한 객

---

11 이 같은 문제는 본인의 동의에 의한 안락사에도 적용될 수 있다. 그러기에 본인의 동의를 확인할 수 있는 보다 지속적이며 일관성 있는 검증 절차가 필요한 것이다.

관적 검증과 연명치료를 통한 회복 가능성의 부재 증명과 같은 규정을 모두 충족시키는 경우의 안락사는 미학적 안락사의 조건에 전적으로 부합한다고 할 수 있다.

또한 미학적 안락사는 존엄사법이 허용하고 있는 죽음의 연고 결정권 또한 반대한다. 이는 존엄사법이 규정하고 있는 3)의 방식과 관계있다. 이에는 환자의 의사를 추정할 근거가 없을 때, 즉 임종기의 환자가 의식이 없을 뿐만 아니라 어떤 의사 추정도 불가능한 경우에 해당되는데, 환자가 미성년자일 경우에는 친권자인 법정대리인의 의사 확인으로, 환자가 성인일 경우에는 환자 가족 전원의 합의와 의사 2명의 확인으로 결정할 수 있다고 규정하고 있다. 그러나 미학적 안락사는, 앞서 주장했듯이, 죽음 결정의 가능 시한을 임종기로 한정하는 것에 반대할 뿐만 아니라 그 대상자의 연령을 법적으로 미성년자라고 해서 모든 미성년자에게 이러한 규정을 적용하는 것에 반대한다. 물리적 나이가 언제나 삶의 의미를 이해하는 연령을 결정하는 것은 아니기 때문이다. 같은 이유에서 존엄사법 3)의 규정처럼 의사 추정이 불가능 할 경우에 굳이 안락사에 있어서 미성년자와 성인의 구분은 무의미하며, 또 구분할 필요도 없다. 왜냐하면 의사 결정권에 준할 경우 연고 결정권은 허용될 가능성이 더욱 희박하기 때문이다. 본인 의사의 추정조차 불가능한 경우라면 우리는 그 당사자의 연명치료를 결코 중단해서는 안 된다. 미성년자이든 아니든 본인의 의사를 추정조차 할 수 없는 상태에서 그 같은 결정은 그 누구도 대신할 수 없기 때문이다.

만일 연고 결정권이 허용된다면, 이 경우에 해당하는 존엄사법의 죽음 결정 방식은 안락사 내지는 존엄사로서의 법률제정의 취지를 완전히 전도시켜 버리는 결과를 초래할 수도 있다. 처음에 존엄사법은 더 이상의 치료가 불가능한 경우의 환자가 스스로 편안한 죽음을 맞이하는 것이 그 근본 취지인 바, 이 연고 결정권은 그 근본 취지를 무시하고, 죽음의 자기결정권을 그와 유사한 모든 경우에까지 추정하여 적용하려는 본말전도의 규정이라 할 수 있다. 더욱이 이는 운용 가능한 병상 수의 부족이나 의료비의 과중한 부담 등 의료 현실만을 적극 반영한 편의주의적 발상에 편승하고 있다는 비난을 받을 소지가 있다. 어떤 죽음은 경제적 부담에서 불가피하게 선택하는 경우도 있을 것이다. 누구나 인정할 수 있듯이 경제적 부담이 아니라면 의사 추정이 불가능한 경우라 할지라도 대부분의 사람들은 마지막 순간까지 치료를 포기하지 않는 선택을 할 것이라고 판단하는 것이 우리의 상식에 부합한다. 오히려 비용 손실의 어려움이 있더라도 이와 같은 환자들에 대한 국가 관리도 필요할 수 있다. 그것이 존엄한 죽음을 맞이할 권리가 있는 인간의 지위에 어울릴 것이다. 그러므로 존엄사법 규정 3)이 함의하는 연고 결정권은 삭제되어야 한다.

4. 의사 조력자살과 미성년자 안락사

미학적 안락사에서 죽음의 기준은 일차적으로 삶의 의미와 가치다. 이러한 기준 아래서 선택할 자격 있는 안락사의 도덕성을 규정하는 조건은 자신 및 타자에 대한 책임 유무이며, 그리고 앞서 살폈듯이 자살의 합리성을 결정하는 조건은 더 이상의 유의미한 생존 가능성 여부다. 만일 누군가가 이러한 조건을 충족한다고 생각한다면, 그/그녀의 죽을 권리는 도덕적으로 또는 합리적으로 정당화된다. 그러나 문제는 제3자의 도움이 필요한 미학적 안락사의 관점에서 그러한 조건을 어떻게 객관화 하느냐이다. 그런데 현행 존엄사법은 죽음의 자기 결정권을 확대하여 본인의 의사를 객관적 기준과 검증 절차에 기초하여 직접 확인 내지는 추정할 수 없는 경우에까지 자의적으로 확대 적용하는 문제를 안고 있다. 게다가 그 적용 범위를 단순히 임종기에 접어든 시간에 한정함으로써 임의적으로 지나치게 협소하게 제한하고 있다.

무엇보다도 미학적 안락사가 찬성하는 존엄사는 삶의 가치와 의미를 기준으로 자살의 허용 가능성을 판단하기 때문에 죽음 결정 방식은 자의적인 능동적 안락사와 일치한다. 반면에 한국의 존엄사법은 본인의 동의를 매우 느슨하게 규정하고 있는 수동적 안락사에 불과하다. 때문에 이 또한 안락사를 위한 제3자의 지위를 갖는 조력자살의 정당성을 위해서는 그 정당성 조건 자체가 객관화될 수 있어야 하며, 그렇지 않으면 존엄사법이 승인하고 있는 수동적 안락사 또한 원칙적으로 허용될 수 없다.

그렇다면 그 조건의 객관화에 근거한 조력자살이 가능한 것은 어떤 경우인가? 그 객관성 조건들 중에서 일차적으로 우리는 그것을 자살의 합리성을 결정하는 물리적 조건 즉 조력자살에 의한 존엄사의 시행을 허용할 수 있는 기준과 조건의 객관화는 더 이상의 생존이 무의미한 물리적 상태, 즉 회복할 수 없는 생존 단계로서 극심한 고통이나 무의미한 연명 상태에 놓여 있는 경우 등과 같이 어느 정도 객관적 수치화가 가능한 경우들이다. 이 경우에는 존엄사를 원하지만 스스로 죽음에 이를 수 없는 사람에게 누군가가 제공하게 될 도움이 정당화될 수 있을 것이다. 그리고 그 결정은 그런 결정을 내일 수 있는 자격 있는 사람에 의해서 이루어져야 하며, 우리는 그 대표자를 생명을 다루는 의사들에서 찾을 수 있다.[12] 우리의 존엄사법이 규정하고 있듯이 앞서 조력자살의 합법적인 경우로서 의사 조력자살을 당연시하거나 전제한 것도 이 때문이었다. 이러한 조건이 충족된다면 우리는 자의적인 적극적 안락사도 허용해야 한다. 그리고 단순히 기계적인 시간 계산에 한정하지도 말아야 한다.

그런데 우리의 웰다잉법은 기본적으로 이와 같은 조건을 객관화 해놓고 있지만, 앞서 지적한 바와 같이, 안락사 대상자의 생존 시간의 범위를 지나치게 엄격하게 제한하고 있는 반면에, 존엄사 대상자의 동의 방식은 지나치게 느슨하게 규정함으로써 안락사 시행의 자의성과 임의성을 배제하지 못하는 문제를 안고 있다. 구체적인 예를 들어 보자.

---

12 Ronald Dworkin et al., *Assisted Suicide : The Philosophers' Brief*, 41-7. 의사 조력자살에 대한 찬반논쟁이 있을 수 있다. 의사의 조력자살 자체가 승인될 수 있는 것인지, 의사가 해당 분야의 전문가라는 이유에서 반드시 그런 자격이 있다고 할 수 있는지, 또 의사에게는 이를 거부할 선택의 권리가 없는지 등등 이런 문제들에 대해서는 이 자리에는 다루지 않는다. 이에 대해서는 임종식 · 구인회, 『삶과 죽음의 철학』 「제7장 의사조력자살」 참조.

30년 동안 X-레이에 관해서 연구해 온 어떤 물리학자가 피부암과 간암으로 심하게 고통받고 있다. 그는 이미 턱의 일부분, 윗입술, 코, 왼손 등을 잃어버렸다. 또한 그의 오른쪽 팔에 종양이 생겨 수술을 했고 오른손의 손가락 두 개를 절단하였다. 그는 끊임없는 고통으로 피로워하고 있다. 남당의 사의 말에 따르면 3년밖에 살지 못할 환자에게 기다리고 있는 것은 단지 수술과 심각한 고통뿐이다. 그럼에도 불구하고 이 물리학자는 인공호흡기를 낀 채 생명을 연장하고 있다. 몇 달 동안 이 환자는 여러 번 남동생과 담당 의사에게 자기의 생명을 끊어달라고 애원하였다.[13]

이 사례는 존엄사법 혹은 웰다잉법이 안고 있는 자의성과 임의성을 피하면서 의사 조력자살을 허용할 수 있는 방식으로서 주관적 판단의 타당성을 객관화 할 수 있는 안락사의 조건과 기준을 적용할 수 있는 경우라고 할 수 있다. 회복이 불가능하면서 심한 고통을 동반하는 말기 암 환자의 경우들은 모두 이러한 사례에 해당한다고 볼 수 있다. 이는, 미학적 안락사가 규정하고 있듯이, 유의미한 생존이 더 이상 불가능해 보이는 최소 한계점에 이른 상태로 볼 수 있기 때문이다. 이 경우에 우리는 안락사 시행의 시기를 임종기 3년 정도로까지 확대할 수도 있어야 한다. 단순한 기계적인 계산과 적용은 비인간적이다. 그러므로 웰다잉법이 정하고 있는 안락사 대상자 승인의 제한 요건은 보다 확대되어야 하며, 그 적용 시한은 의사와 같은 전문가들로 구성된 위원회의 결정에 의해서 좀 더 탄력적으로 적용할 수 있도록 해야 한다.

그런데 뇌사나 식물인간의 상태에 있는 환자도 이러한 최저 한계점에 도달한 사례라 할 수 있지만,[14] 이 경우에도 그에 대한 사전 동의가 반드시 있어야 한다. 만일 사전 동의가 없을 경우에도 안락사가 허용된다면, 최소 한계점에 포함될 수 있는 범위가 지나치게 넓어질 공산이 크다. 왜냐하면 미학적 안락사의 조건과 기준은 삶의 가치와 의미에 있는데, 이는 기본적으로 그에 대한 인식과 판단 능력을 전제로 하기 때문이다. 존엄사법 중 3)의 방

---

13 샤논, T. A. & 디지아코모, J. D., 『生醫倫理學』, 77.
14 뇌사나 식물인간의 사례는 죽음의 기준이 무엇이냐에 따라 불필요한 논쟁이 될 수 있다. 죽음의 정의와 뇌사에 대해서는 Russell, T., *Brain Death*, 135-46.

식은 이를 자의적으로 해석한 경우로서 오용의 여지가 있는 지나치게 넓은 법 규정이다. 그러므로 미학적 안락사는 미학적 안락사의 조건 1, 2, 3에 의거해서 본인의 사전 동의가 없는 뇌사자나 식물인간의 안락사를 그것이 죽음의 기준에 위배된다면 반대한다.

반면에 삶의 의미와 가치를 인지할 수 있는 기회를 갖지 못했던 사람들, 다시 말해서 불치의 병을 안고 태어나거나 심각한 장애가 있어서 단 한 번도 삶의 의미와 가치에 대한 판단을 동반하는 현실적 삶의 의미를 인지할 수 없는 유아들을 대상으로 하는 안락사는, 만일 그것이 존엄사법의 규정에 의거해서 정당화될 수 있다. 미학적 안락사는 기본적으로 인지 가능성을 발휘할 기회의 유무에 따라서 안락사 결정의 정당성이 평가될 것을 요구하는데, 이 경우에는 존엄사법 규정 2), 3)항을 적용하는 것이 허용될 수 있다. 인지 기능이 없는 사람의 경우에는 본인에 의한 안락사의 사전 동의 자체가 불가능할 것이기 때문이다.

그런데 어떤 사람이 삶의 무의미한 최저 한계점에 이르렀다고, 다시 말해서 회복 불가능하면서 극심한 고통의 상태에 있으며, 또한 장차 인간적 삶을 도모할 수 있는 존재로의 삶이 불가능하다는 본인의 확신에 의거해서 그 당사자가 안락사를 원한다고 하더라도 그것이 올바른 판단인지를 확정하는 데에는 일반인이 할 수 없는 고도의 전문적인 지식이 요구된다. 이 또한 이러한 자격을 갖춘 사람들에 의한 판정이어야 유의미한 생존의 물리적 조건으로서의 최소 한계점에 대한 객관적 판단을 신뢰할 수 있을 것이기 때문이다. 바로 이런 이유에서 조력자살로서 안락사를 원하는 사람을 위해, 그것이 아무리 절실한 선택이라는 것을 인지하였더라도, 단순히 그를 도와줄 목적으로 자살조력이 실행되어서는 안 된다. 충분히 그 객관적 정당성을 확인할 수 있는 절차에 입각한 행위이어야만 정당화될 수 있다. 그리고 현실적으로는 의사 조력자살을 최선의 방법으로 권장하지만, 객관적 절차와 입증이 가능하다면 그 자격은 더 확대되어야 한다. 따라서 매튜 도넬리의 사례처럼 끊임없는 고통 속에서 1년 남짓한 삶을 마감하고 싶어 하는 형의 요구를 거절하지 못한 동생 헤롤드 도넬리가 병원을 찾아가 권총으로 쏘아 죽인 행위는,[15] 만일 그 행위가 일정한 조건을 충족하고 그 진실성을 객관적으로 입증할 수 있다면 허용될 수 있다. 그러나 현실적으로 이런 조건을 충족한다고 해서 그 누구나 조력자가 될 수 있다고 할 때 생길 수 있는 조작과 악용의 가능성을 차단하기 위해서라도 그리고 그러한 조력 행위가 불법이 되지 않도록 존엄사법 혹은 웰다잉법은 수정 및 변경되어야 한다.

일명 루게릭병(amyotrophic lateral sclerosis; 근육위축성측삭경화증)을 앓고 있는 환자로서 모든 인지적 판단은 정상이며, 견딜 수 없는 고통을 겪고 있지 않지만 단지 사지를 마음대로 사용할 수 없는 사람의 경우에도 본인의 의사를 직접 확인할 수 있어야 하듯 안락사의 일차 조건은 객관적으로 확인 가능한 본인의 의사 유무이어야 한다. 이에 따라서 그 반대의 경우, 즉 극심한 고통이 수반되는 경우라 할지라도 본인의 확실한 의사를 확인할 수 없다면 미학적 안락사는 어떠한 경우에도 존엄사를 허용할 수 없다고 주장한다.

이상과 같은 점들을 고려할 때 미학적 안락사는 조력자살의 객관적 조건을 확인할 수 있다면 그 적용은 미성년자에게까지 확대되어도 좋다고 주장한다. 존엄사의 근본 조건은 인간의 존엄한 죽음에 있지 단순한 물리적 연령에 있는 것은 아니기 때문이다.[16] 다시 말해서 전문의사의 판단과 부모의 동의 등 엄격한 조건이 요구되지만 죽음의 의미를 이해할 수 있고 그에 따른 합리적 판단을 할 수 있는 사람이라면 그 연령에 상관없이 존엄사는 허용되어야 한다.[17] 이 경우에도 부모의 동의가 안락사 허용의 최우선의 조건

15 J. Rachels, *The Elements of Moral Philosophy*, 93; 문성학, 「안락사의 도덕성 논쟁」, 231 참조.
16 참조: 〈조선일보〉 2014. 2. 14. 이미 14년 전인 2002년에 성인의 안락사를 허용한 바 있는 벨기에는 2014년에 이를 미성년자에게까지 확대 작용하는 법안을 통과시켰다. 이 법안의 요지는 미성년자가 자신의 상태와 안락사의 의미를 이해하고 합리적인 결정을 내릴 능력이 있다는 것을 조건으로 안락사를 허용하는 것으로서 안락사 시행에 전문의사 판단과 부모 동의 등 요건을 갖춰야 한다는 것이다. AFP에 따르면 벨기에에서는 2012년 총 1432건의 안락사가 시행됐다. 이는 벨기에 전체 사인(死因)의 2%에 해당한다. 벨기에에 앞서 12세 이상의 미성년자에게 안락사를 허용한 네덜란드에서도 매년 수천명이 안락사를 선택하고 있지만, 지난 10년간 미성년자에게 안락사를 시행한 경우는 5건에 불과하다. 벨기에는 안락사를 허용하고 있는 유럽 3개국 중 하나이자 가톨릭 국가 중에서는 네덜란드에 이어 두 번째로 안락사를 허용한 나라다.
17 참조: 〈경향신문〉 2016. 9. 18. 실제로 벨기에의 연방안락사관리평가위원회는 치명적인 질병을 앓고

이 되어서는 안 된다. 도덕적으로 또는 합리적으로 정당화될 수 있는 존엄사를 택하는 당사자의 동의 능력, 즉 자신이 "옳고 그름, 좋고 나쁨, 즐거움과 고통, 미와 추가 함께 공존하며 어우러져 있는 것들의 총체가 인간적 삶이며, 이러한 관점에서 자기 자신 및 타인과의 관계에서 그것을 증진시키거나 더 이상 유지할 수 없는 최저 한계점"에 서 있다는 것을 인지하며, 그와 함께 그/그녀가 삶의 의미와 가치를 충분히 인지하고 또한 죽음의 의미를 포함해서 자신의 삶에 일어날 수 있는 많은 것들의 상실이 뜻하는 바가 무엇인지를 충분히 이해하고 있느냐가 자기 죽음의 잣대가 되어야 한다. 부모를 포함한 전문가의 쉽지 않은 역할은 이에 한정되어야 한다. 다시 말해서 이렇게 부모를 비롯한 타인의 간섭을 최대한도로 배제하는 죽음 결정 방식은 상당히 우려스러울 수가 있다. 하지만 반대로 아마도 삶의 의미와 가치를 충분히 경험하고 또 숙고해 보지 못한 어린 미성년자라면 자신의 삶이 무의미한 최저 한계점에 이르렀다는 것을 결코 확신하지 못할 것이며, 또 그것을 일깨워주는 일은 부모를 포함한 공동체 구성원의 의무가 될 것이다.

미학적 안락사는 기본적으로 그리고 전적으로 본인의 동의 여부에 기초한다. 그리고 타인의 조력 여부를 객관화 할 수 있는 최소 한계점의 조건을 충족시키는 존엄사만을 승인한다. 반면에 본인의 동의가 없는 일체의 안락사를 반대한다. 사전 동의가 없는 뇌사나 식물인간을 위한 안락사도 마찬가지다. 그리고 그 동의는 추정적이어서는 안 되며, 본인의 분명한 의사를 확인할 수 있는 객관적 근거에 기초해야 한다. 나아가 안락사의 범위를 치유 가능한 물리적 시간이 아닌 고통이나 삶의 의미에 대한 지속 불가능한 최소 한계점에 두어야 하며, 이에 기초하여 안락사의 대상자 범위는 확대되어야 한다. 이를 한국의 존엄사법과 비교하면, 그 기대 생존 시간의 적용 범위는 확대되어야 하며, 안락사 대상자의 동의 방식과 그 시행의 객관적 조건은 더욱 엄격해야 한다.

있던 자국의 17세 소년이 2016년 9월 17일에 안락사로 생을 마감했다고 발표했다.

15

인공지능과 로봇의 사윤리

1. 인공지능과 로봇의사

모든 도구에는 항상 순기능과 역기능이 있게 마련이다. 인공지능 역시 마찬가지이다. 현재와 같은 체제나 제도, 시민의식이나 공공규범의 수준에서 인공지능의 범용화 시대를 맞이하게 된다면, 아마 예상하지 못한 많은 심각한 위험들을 피할 수 없을지 모른다. 특히 대중적인 면에서 생각해볼 수 있는 인공지능의 중대한 해악으로 정보 오독이나 여론 조작의 가능성을 꼽을 수 있다. 정치와 경제의 영역에서 주식 시장과 정치적 의사 표현에 개입하거나 조작하는 행위는 무엇에도 비견되지 않는 가장 큰 범죄다. 의료분야에서 이루어질 인공지능의 활약도 마찬가지다. 로봇의사의 출현은 우리의 집 안에서부터 대형병원에 이르기까지 우리의 의료적 선택과 치료에 심대한 영향을 미칠 것이 분명하다.

인간의 생명과 건강을 증진시키는 의료적 목적을 잘 수행하도록 제작된 의료인공지능 기계로서의 로봇의사는, 인간의 건강에 대한 관심을 고려하면, 그 어떤 것보다도 우리의 생활 깊숙이 파고들 것이다. 지금은 데스크 탑 컴퓨터처럼 특정한 위치에 놓여 있는 붙박이 기계에 불과지만, 앞으로 이 의료기계는 안드로이드(android) 로봇의 형태로 제작되어 많은 면에서 인간의사와 유사한 방식으로 의료활동을 하게 될 것이다. 이러한 목적 하에 제작된 로봇의사는 최소한 한 가지 분야 이상에서 의료적 진단과 치료법의 제시를 통해서 인간의사의 역할을 보조 및 대행할 것이며, 실제로 이런 로봇의사를 만나러 갈 때가 멀지 않았다. 아니 이미 시작되었다. 머지않아 머신러닝 혹은 딥러닝과 빅데이터 기술이 결합된 인공지능을 장착한 로봇의사가 미래의료를 선도할 것이다.

4차 산업혁명의 급속한 성장은 이제 로봇의사의 진화 속도 또한 가늠하기 어렵게 만들고 있다. 바둑에 특화된 알파고와 같이 한 가지 기능과 목적에 맞게 프로그래밍 된 특수인공지능, 그리고 인간 수준의 범용인공지능은 물론 인간 그 이상의 능력조차 훨씬 뛰어넘는 초지능 혹은 초인공지능의 도래는 의료 보건 산업에 엄청난 변화를 가져올 것이다. 심지어 진료와 진단 및 처치까지 하는 로봇외과의사, CEO가 직원을 고용해서 회사를 운영하듯 로봇의사들이 진료하는 병원도 등장할 것이다. 무엇보다도 환자 맞춤형 진단과 치료 및 신약 개발은 인간의 생명과 수명의 연장 등 인간의학의 미래를 완전히 바꾸어 놓을 것이다.

로봇의사의 등장과 함께 미래의학과 의료보건산업에서 예측되는 변화는 그냥 있을 법한 가상 시나리오가 아니다. 이미 우리는 그 도상에 서 있다. 실제로 2012년 IBM에서 개발한 슈퍼컴퓨터 의사 왓슨(Doctor Watson)의 등장으로 그 서막을 알린 바 있다. 이미 한국의 가천 길병원에서도 2016년 12월 IBM의 왓슨을 도입해 운영하고 있으며, 다른 국내 병원들의 왓슨 도입도 이어지고 있다. 2016년 2014년 엠디앤더슨 암센터의 발표에 따르면 암 전문의 왓슨의 폐암 진단 및 치료방법 선택의 정확도는 82.3%에 이른다. 2015년 기준 한국인의 암 사망 중 1위를 차지한 폐암의 오진율은 19%에 달한다. 이렇게 보면, 로봇과 로봇, 로봇과 인간 사이의 협력이 더 한층 강화되어 그야말로 막대한 양의 정보를 갖게 될 '협력형 로봇'으로서 로봇의사의 검진 정확도는 갈수록 더 높아질 것이다.[1]

최근에 『특이점이 온다』(The Singularity is Near, 2017)는 저서의 출간으로 세계적인 주목을 받은 발명가이자 미래학자인 레이 커즈와일(Ray Kurzweil)은 이 저서를 시작하면서 27년 전 『지적 기계의 시대』(1990)의 마지막 부분에서 그 자신이 이미 "나는 21세기 전반에 인간 지능과 구별되지 않는 수준의 기계 지능이 등장할 것이라 전망했다"[2]는 것을 회고하고 있다. 이렇게 그는 새

---

1 박영숙·제롬 글렌, 『세계미래보고서 2055』, 43-4.
2 레이 커즈와일, 『특이점이 온다』, 18.

로운 혁명이 시작된 지 매우 오래되었음을 새삼 강조하고 있다. 우리는 오늘날 그 혁명을 제4차 산업혁명이라고 부른다. 이를 이미 하나의 역사로서 정리해 놓은 인터넷 백과사전 '위키피디아'에 따르면, 제4차 산업혁명은 정보통신기술(ICT)의 융합으로 이루어낸 혁명 시대를 말한다. 그리고 이 혁명을 주도하고 있는 핵심 기술이 인공지능이다. 이 인공지능 기술은 빅 데이터 분석, 로봇공학, 사물인터넷, 무인운송수단(무인 항공기, 무인 자동차), 3차원 인쇄, 나노 기술 등과 같은 분야에서 새로운 기술 혁신들을 주도하고 있다. 이는 디지털, 물리학, 생물학 등 경계가 없어지고 융합되는 기술 혁명으로서 앞으로 더 가속화될 것이다. 구체적으로는 인체의 정보를 디지털 세계에 접목하는 기술인 스마트워치나 스마트 밴드를 이용한 모바일 헬스케어, 로봇 공학, 인공 지능, 나노 기술 등은 수십억 명의 사람들을 계속해서 웹에 연결하고 비즈니스 및 조직의 효율성을 획기적으로 향상시키며 더 나은 자산 관리를 통해 자연 환경을 재생산할 수 있는 커다란 잠재력을 가지고 있는 것으로 평가된다.

　주지하듯이 1차 산업혁명은 철강 산업과 증기기관의 개발로 가능해진 기계생산, 2차 산업혁명은 전기 기술의 발명으로 기계생산 산업이 사회 전반으로 확장된 대량생산, 3차는 디지털 혁명으로 불리는 컴퓨터와 인터넷의 등장으로 자동생산이 실현되었다면, 4차 산업혁명의 키워드는 바로 인공지능이 구현하는 자율생산이다. 자율생산의 사례는 이미 사물인터넷과 같은 표현을 통해서 익숙해졌다. 현재 수준에서도 기계가 갖추고 있는 이러한 자율성은 인공지능을 전후 상황에 대한 자율적 판단 기능까지 겸비한 인공지능 즉 상황지능(contextual intelligence)의 수준까지 도달했다. 이는 단순 인공지능 수준을 훌쩍 뛰어 넘는 AGI 수준의 로봇의 출현이 가능하다는 것을 시사한다. 이런 변화의 추이는 특히 인간의 건강을 책임지는 의료분야에서 더욱 위력을 발휘하게 될 것이다. 1~2년에 한 번씩 하는 정기적인 종합검진을 상황지능 로봇의사는 매일 매일 대신해줄 수 있으며, 더욱이 사람들과 함께 생활하면서 수시로 건강을 체크하고 예방하는 비서형 내지는 가족형 로봇의사를 편의시설 갖추듯 구비할 수도 있게 될 것이다. 유전자, 유전 형질 등을 기록한 보건 데이터의 이용은 오류의 가능성을 최소화한 맞춤형 치료를 가능하게 할 것이다.

상황판단과 의사소통을 겸비한 실질적 자율형 AGI 로봇의사는 많은 의료 부문에서 집적된 의료 지식과 기술을 이용해서 인간의사보다 의료행위를 더 잘 해내게 될 것이다. 거부할 수 없는 제4차 산업혁명의 파고가 사회 전반에 걸쳐 엄청난 혁신을 가져오고 있으며, 인간의 삶의 조건과 지형을 급속도로 바꾸어 놓고 있다. 그리고 다른 분야에 비하면 인간의 생명과 안전을 다루기 때문에 적응과 수용이 조심스럽고 늦을 수밖에 없는 의료 보건 분야가 최종 귀착지가 될 것이다. 하지만 예상할 수 있듯이 그와 함께 의료 행위와 관련된 많은 윤리적 문제들도 속출할 공산이 크다. 그 중에서도 특히 원론적으로 말하자면 AGI 수준만이 아니라 ASI 수준으로까지 진화하게 될 자율형 로봇의사는 인간 내지는 인간의사의 통제를 벗어날 가능성도 안고 있다. 인간 생명을 다룬다는 점에서 이러한 가능성은 가장 경계해야할 의료윤리적 문제를 초래할 것이며, 이에 대한 심각한 고민도 이미 시작되었다.

2. 의료인공지능과 증거기반의학

인공지능의 진화는 어디까지 이루어질 것인가? 인간 수준의 AGI의 등장으로 예견되는 놀라운 변화들에는 기계가 인간을 위협하게 되는 시나리오들이 적지 않다. 이처럼 인류의 재앙 같은 파괴적인 예측이 아니더라도 일견 건설적인 예측이면서도 두려움을 갖게 하는 마음에는 인간의 능력을 대신하거나 모든 면에서 인간보다 더 잘 할 수 인공지능의 등장이 자리 잡고 있다. 이중에는 인간의 고유성을 강조하는 희망적인 예견도 많다. 일례로 마윈 알리바바 회장은 2016년 3월 중국 경제발전 고위급포럼에서 "기계가 인류보다 강해지고 똑똑해질 것이라고 생각한다. 그러나 기계가 인류보다 절대로 지혜로울 수는 없다. … 지혜와 정신, 마음은 인간만의 특성이며, 컴퓨터는 성취감과 우정, 사랑 같은 감정을 느낄 수 없다."³고 하는 등 인공지능의 발달에도 불구하고 인간 고유의 영역을 강조하기도 한다. 그러나 다양하면서도 엇갈리는 진단과 평가들이 어떠하든 개별 인간의 특수한 능력을 뛰어넘는 인공지능의 등장은 필연적이다.

인간의 직능을 대체할 수 있는 인공지능의 등장으로 일어날 수 있는 혁신적인 변화를 가장 잘 실감할 수 있는 부문이 의료분야의 인공지능이다. 비노드 코슬라 썬마이크로시스템즈의 공동 창업자는 "기술의 발전으로 앞으로 대부분의 의사가 로봇의사(Doctor Algorithm 또는 Dr. A)에게 자리를 내줘야 할 것이며,"⁴ "앞으로 테크놀로지가 의사의 80%를 대체할 것이다."⁵라는 충격적인 진단을 내놓기도 했다. 이는 암진단 뿐만 아니라 인공지능 기술발전과 함께 배아 대상 유전자가위기술 적용 등 유전자치료연구, 세 부모아이, 인공배아생성 등 생식세포를 이용한 새로운 융합 연구, 이종장기이식, 키메라연구, 안면이식 등 새로운 장기이식 연구, 빅 데이터 기술을 포함한 데이터 과학 및 디지털헬스의 발전 가속화는 피할 수 없으며, 이와 함께 개인 종합 정보의 의료 전산화 및 유출 가능성도 심화될 것이다. 이런 변화 가운데 상당 부분은 이미 실현되었거나 과거의 일이 되버렸다.⁶ 그 가운데 이와 같은 일련의 변화를 상징적으로 보여주는 것이 로봇의사 왓슨의 출현이라 할 수 있다.

2013년에 발표된 한 기사에 의하면, "의사의 잘못된 진단으로 목숨을 잃는 사람이 한 해에 미국에서만 40,500명이 넘는다는 연구가 있다. 이 수치는 유방암으로 인한 사망률과 비슷하다."⁷ 이 기사는 또한 미국의 의학연구소는 2000년 발표한 '인간이기에 실수를 한다'라는 제목의 보고서를 통해 환자 안전의 중요성을 강조했고, 2011년 발표한 보고서 '헬스 IT와 환자 안전'

---

3 http://biz.chosun.com/site/data/html_dir/2016/03/20/2016032000637.html

4 https://techcrunch.com/2012/01/10/doctors-or-algorithms

5 https://www.youtube.com/watch?v=TTcCkzrjNLY&feature

6 이에 대해서는 J. Rifkin, J., *The Biotech Centry*, 1998; *Richard W. Oliver, The Coming Biotech Age*, 2000.

7 http://platum.kr/archives/6985

에서 기술이 매우 중요한 역할을 할 것이라 밝혔다고 알려준다. 빅데이터와 같은 방대한 의학적 자료들로부터 최적의 진단과 치료법을 찾아내는 로봇의사의 의료적 접근 방식이 증거기반의학과 유사하다. 더욱이 인간의사와 로봇의사의 협업은 단순한 메커니즘 추론이나 임상적 전문가의 경험적 판단에 비해 관찰과 실험에 근거한 비교임상연구과 더 잘 부합한다. 실제로 미래의 로봇의사는 증거기반의학의 종합적인 구현체가 될 수 있다.

환자에 관한 개인 정보, 기존치료방법과 임상결과 등이 총망라되어 있는 빅데이터 의료정보, 인간의사 개인이 접근하기 어려운 최신 의학지식과 정보의 지속적인 업데이트, 이에 기초한 최적의 치료법의 제시 등 대부분의 의료지식과 기술정보들이 증거기반의학의 목표와 정확히 일치한다. 이는 그동안 의료업계의 현장에 적용되던 경험중심의학이라 할 수 있는 "관행기반의학"(practice-based medicine)으로부터 과학적 실험과 관찰 결과 중심의 "증거기반의학"(evidence-based medicine)으로의 이행 및 전환과 맥을 같이 한다고 할 수 있다.[8]

빅 데이터 기술을 이용한 인공지능 컴퓨터에 의한 진단의 현실화, 즉 빅데이터가 결합된 인공지능-로봇에 의한 의사결정, 환자 건강도우미 '헬스아바타'의 현실화와 같은 미래의료 환경의 변화와 선도는 전문 의사의 개념을 뒤바꿔놓을 것이며, 심지어는 현재 의사가 하는 일들 중 많은 부분을 의사 면허 없이도 대체할 수 있게 될지도 모른다. 아마 의학교육 및 의료전문가 양성제도가 완전히 바뀌게 될 것이다. 그렇게 되면 인간의사와 로봇의사 사이에서 진료와 치료 업무의 분업화와 차별화가 가속될 수도 있다. 그리고 인간의사와 로봇의사 각자의 장점을 살린 전담 분야들이 특성화될 수도 있다. 가령, 이성과 감성으로 대별되는 로봇의사와 인간의사의 역할 분담 및 전문화가 그 좋은 예가 될 것이다. 인간의사와 로봇의사가 지닐 수 있는 상대적 특성과 장점을 좀 더 구체적으로 비교해보면, 먼저 인간의사의 경우에 제한된 정보, 경험, 직관에의 의존성이 높기 때문에 환자 개인의 특수성에

---

8   제러미 하윅, 『증거기반의학의 철학 : 의학의 새로운 패러다임』, 36-57 참조.

대한 고려가 의사 마다 다를 수 있으며, 이와 함께 피로와 집중력에 따라서 부정확한 진단 또는 치료방법 선택 시 실수나 오류의 가능성이 로봇의사 보다 상대적으로 높을 수 있지만, 환자에 대한 인격적 대면, 예술, 윤리적 접근 및 대면 맞춤 진료와 상담은 더욱 강조될 수 있다. 반면에 로봇의사는 방대한 양의 정보, 과학적 데이터, 방대한 의료지식과 임상결과의 활용, 최적화된 치료법 제시, 일정한 확률로 정확한 진단 및 동일 질병에 동일한 처방 등 기술적인 측면에서 의학적 오류를 최소화할 수 있을 것이다.

3. 의료윤리와 로봇의사

인간지능과 인공지능을 구분할 때, 인공지능이 범접할 수 없는 인간 영역이 있다. 칸트가 말하듯이 인간 혹은 인간지능은 스스로 목적을 정립하는 자기 목적적 존재다. 인간적 의지는 "어떤 법칙의 표상에 따라 자기 자신의 행위를 규정하는 능력"(VII:59)으로서 상대적 가치만을 갖는 '사물'과는 다르다. 말하자면 인간지능은 무엇이 문제인지 스스로 결정하고 만들어내기도 하지만, 인공지능은 누군가가 문제가 무엇인지 알려주어야만 그 문제를 해결할 수 있다. 즉, 인간지능은 문제 환경을 능동적으로 지각하고 이해하면서 스스로 직면한 문제를 발견하고 해결하지만, 인공지능은 인간에 의해서 부과된 과제 환경 안에서 정해진 문제를 해결한다.[9] 따라서 기본적으로 인간지능은 스스로 목표와 문제를 설정하지만, 인공지능은 스스로 목표를 정할 수 없으며, 인간에 의해서 일정한 목표와 문제 내지는 과제가 먼저 부여되어야 한다. 그러나 의학적 목표로 제한되는 로봇의사의 경우에는 이런 문제가 불식될 수 있다. 인간의 생명과 건강이라는 일정한 목적을 위해 프로그래밍 된 로봇의사는 이러한 목적 아래서 행동할 것이기 때문이다. 반면에 일반적으로 진정한 의미의 감성로봇 혹은 감정로봇의 가능성은 낮다.[10]

---

9 김재인, 『인공지능의 시대, 인간을 다시 묻는다』, 69-78; 박충식, 「생명으로서의 인공지능: 정보철학적 관점에서」, 21-40.

10 천현득, 「인공지능은 감정을 가질 수 있을까?」, 137-76.

그러나 지식과 기술의 측면에서 이런 특화된 목적지향적 로봇의사가 가능하다면 적어도 동일한 목적과 기능에 한정된 감성로봇, 즉 감성 로봇의사는 가능하다고 생각된다. 이 때의 감성로봇 내지는 감성로봇의사 역시 인간의 이성적 기능과 통합적으로 작동하는 감성능력의 수준에는 이를 수 없다고 해도 특수한 감정 지각에 반응하는 특화된 로봇 내지는 로봇의사는 존재할 수 있으며, 이 역시 제한적이긴 하지만 감정로봇의사로서의 일정한 역할을 기대할 수 있을 것이다. 다시 말해 인간의 섬세하고 민감한 감정 인지에는 한계를 지니겠지만, 의학적 치료에 한정된 환자를 상대하는 목적지향적 맞춤형 감정로봇의사는 가능할 것이다.

이렇게 미래의 인공지능 역시 인간처럼 목적과 문제까지 스스로 설정하는 수준까지 진화할 가능성은 낮다고 하더라도, 따라서 최소한 인간지능과 인공지능 사이에 결코 뛰어 넘을 수 없는 간극이 존재한다는 것을 인정하라도, 현재의 급속한 인공지능 기술의 발전을 감안할 때 강인공지능 이상으로 특정한 목적과 목표를 수행하는데 적합한 이른바 특화된 초인공지능으로의 진화는 가능하다고 보여진다. 이러한 수준의 로봇을 나는 기능형 혹은 목적형 로봇이라 부른다. 아마 로봇의사 역시 이러한 유형의 인공지능로봇에 해당될 것이다. 다시 말해서 인공지능 기술의 발달이 궤도 이르게 되면 특수한 질환 혹은 몇몇 연계질환의 진단과 치료에 특화된 강인공지능(범용 혹은 일반인공지능) 내지는 초인공지능 수준의 로봇의사가 인간의 생명과 건강이라는 일반적 목표에 부합하는 진단과 진료 및 처방을 주도할 것이다. 이런 시대가 도래하면 예상치 못한 많은 윤리적 문제들이 생길 수 있으며, 더불어 인간의사와 로봇의사 양자의 윤리적 관계도 중요한 문제로 부각할 것이다.

기능형 및 목적형 로봇의사는 생명과 건강 증진이라는 특수한 목적에 알맞도록 프로그램 된 인공지능이다. 장차 이런 로봇의사는 외형상 인간의 모습을 한 멋진 로봇으로 발전할 것이며, 현재 삼성 갤럭시 스마트 폰으로 음성 대화를 나누는 방식처럼 상호 소통이 가능한 모습까지 갖추게 될 것이다. 이러한 수준의 로봇의사 단독의 진료가 어디까지 가능할지 예단하기는 어렵다. 다만 관건은 이런 수준의 로봇의사가 목적 일반의 설정까지는 불가능하더라도 의료 행위와 같은 사전에 설정된 특수한 목적을 실천하는 수준의 인공지능이 가능하다면 이런 행위형 로봇의사에게는 모종의 책임과 권리를 행위 주체로서의 지위가 부여될 수도 있을 것이다.[11] 더불어 인간의사는 특화된 목적에 맞춰 제작된 로봇의사와 협업을 하거나 로봇의사의 도움에 절대적으로 의존하게 될 것이며, 로봇의사는 자연스럽게 의사공동체의 일원이 되어 있을 것이다. 이렇게 되면 로봇의사 역시 인간의사가 져야 할 윤리적 문제들로부터 자유롭지 못하게 될 것이며, 또 그렇게 되어야 한다.

모든 면에 인간과 동일한 수준의 윤리로봇이 아닌 목적형 로봇의사일지라도 진단과 처치의 주체 및 그에 따른 책임 문제 등이 불거질 것이다. 현실적으로는 인간의사가 의료적 행위의 주체이자 최종 결정권자이며 로봇의사는 선택적인 협업 대상으로서 보조 역할 내지는 자문 역할에 한정될 공산이 크다. 그러나 이런 인위적인 관계 설정이 생각대로 유지될 가능성은 희박해 보인다. 의료 행위에 특화된 로봇의사는 보통의 인간의사 보다 월등한 지식과 능력 및 의료기술을 지닌 존재가 될 것이며, 건강과 장수를 희망하는 사람들의 요구에 편승해서 인간의사의 지위와 권위를 상당히 낮추게 될 것이다. 인간의사와 로봇의사의 격차는 더욱 벌어질 것이며, 그와 함께 그에 수반되는 의료윤리적 문제들은 더욱 많아질 것이다. 그와 함께 인간의사와 로봇의사 사이의 역할 관계도 역전될 가능성도 있다.

일반적 수준에서 로봇의사는 인간의사에 비교 우위를 가질 수 있지만, 반대로 심각한 결함을 지닐 공산은 크다. 목적 맞춤형 감정로봇의사의 가능성

---

11 인공지능 프로그램이나 지능형 로봇으로서 로봇의사가 행위의 주체로 인정받으려면 외부 대상에 대한 지각과 그것에 관한 동작의 협응, 즉 "감수자 체계와 행위자 체계의 통합"이 필수적일 뿐만 아니라 이러한 협응이나 통합의 배후에는 행위를 낳는 의도를 지닌 주체적 존재, 즉 자아의 존재 또한 필수적이다. 그러나 나는 초인공지능으로서 의료의 목적에 특화된 로봇의사는 현재와 같이 문서로 주고받는 상호 관계를 넘어서 언어적 소통을 통한 인간의사와의 상호 관계가 가능하며, 따라서 최소한 특수한 목적에 맞게 제작된 인공지능 로봇의사는 언어적 주체로서 간주될 수 있다고 생각한다. 그리고 만일 로봇의사가 제한적으로 언어적 주체로 간주될 수 있다면 이는 동시에 그 존재가 행위 주체로 간주될 수 있다는 것을 함축한다. 인공지능 일반과 관련하여 이러한 가능성에 대해서 "부정적이거나 기껏해야 유보적인" 견해에 대해서는 다음을 참조. 고인석, 「인공지능의 존재 지위에 대한 두 물음」, 161-81.

에도 불구하고 인간의사는 목적 맞춤형 로봇의사와는 비교할 수 없는 우위를 갖는데, 환자와의 의사소통과 대면진료에 있어서 환자의 내면적인 정신적 요인들에 대한 이해에 "심각한 결함"을 지닌 존재라 할 수 있다.[12] 환자에 대한 감정적 및 정신적 접촉과 이해는 임상의료적 측면에서 매우 중요하다. 로봇의사가 이런 부분에 대해서 결함을 갖고 있다는 것은 의사로서의 직무 수행에 엄격한 제한을 두어야 하며, 때문에 더더욱 인간의사의 지휘 감독과 통제가 필요할 것이다. 이러한 인식이 반영된 원칙 아래서 인간의사와 로봇의사의 협업이 이루어져야 한다. 따라서 우리는 인간의 생명과 건강 이라는 특정한 목적과 목표에 맞춰져 있는 로봇의사 역시 지식과 기술적 측면의 이성적 기능과 환자와 감정적 소통의 감성적 기능 모두에서 인간의사와 다를 바 없이 실수와 오류 가능성을 전제로 가능한 윤리적 문제들을 고민해 보는 것이 옳을 것이다. 적어도 이런 차원에서의 의료 행위와 관련해서 로봇의사에게도 '마치 인간의사에게 요구하는 의료윤리의 원칙을 준수할 수 있는 것처럼' 운영 및 관리되어야 한다. 역으로 이러한 윤리적 요구는 한편으로는 이러한 준(準) 윤리로봇의사이어야만 의사공동체의 일원으로서의 자격을 부여할 수 있으며, 다른 한편으로는 이렇게 인간의사의 지위에 준하는 지위를 가질 수 있는 로봇의사는 당연히 의료 행위의 의미와 목적에 적합한 의료 행위를 하는 책임 있는 존재여야만 한다.

의료윤리원칙은 기본적으로 의사의 소명과 책무 및 의사와 환자 사이의 관계를 기초로 하는 윤리적 원칙이다. 그러나 미래의 의료윤리는 양자의 관계만이 아닌 로봇의사와의 관계도 포함해야 한다. 그러나 로봇의사에게 히포크라테스 선서와 같은 전통적인 의사윤리지침의 정신과 원칙을 그대로 적용하기 어렵다. 로봇의사를 어떻게 볼 것인가, 즉 그 본성과 능력에 있어서 어떤 지위를 갖는 존재인가 하는 문제가 개입되어 있기 때문이다. 로봇의사의 존재 가능성은 우리가 어떤 인공지능을 장착한 로봇의사를 만들

---

12 P. Gelhaus, "Robot decisions: on the importance of virtuous judgment in clinical decision making", 883-7 참조.

수 있는지, 또는 만들어야 하는지 등의 근본적인 문제들을 던져 준다. 이러한 존재론적 문제들이 로봇윤리에 대한 고민을 수반하듯이 로봇의사에 대한 윤리적 이해를 요구한다. 인간의사의 지위와 행위에 대한 윤리적 요구처럼 로봇의사 또한 이와 유사한 책임과 의무를 가져야 하는 것은 분명하다. 이런 문제의식의 연장선상에서 강인공지능 내지는 초인공지능 수준의 로봇의사는 최소한 인간의사와 동등한 윤리적 행위자로 가정할 수 있다. 미래의 자율형 인공지능로봇 역시 목적과 문제를 스스로 설정할 수 있는 인간과 달리 특정한 목적에 맞게 조건지어진 존재라는 점에서 인간과 근본적인 차이를 갖는다 하더라도 의학과 의료라는 특정한 제한된 목적 아래 설계된 경우에는 적어도 의료 행위의 목적과 의도는 이해하고 있다고 보아야 하기 때문이다.

우리는 로봇의사가 활동하거나 운영하는 병원이 존재하는 세계에 살게 될 것이다. 실수는 인간의사만이 하는 게 아니므로 우리는 생존이나 치료 가능성 및 의무와 책임 등에 대해서 훨씬 복잡한 윤리적 문제 상황에 직면할 것이다. 특정한 목적 아래 설계된 인공지능 역시 인간처럼 실수와 오류를 완전히 피해갈 수는 없다. 그렇다면 인공지능 로봇의사의 오진이나 잘못으로 인한 책임은 누가 질 것인가? 아마 이런 문제가 발생할 수 있다는 것은 로봇의사 단독으로 이루어지는 의료 행위는 허용되지 않을 것이라는 것을 짐작케 한다. 이런 점들과 상황을 고려할 때 미래의 의료 행위는 인간의사나 로봇의사 단독으로가 아니라 인간의사와 로봇의사의 상호 협력 내지는 상호 보완적인 작업과 관계 하에 이루어질 것으로 보아야 한다.

지난 2018년 4월에 "당뇨성 망막병증을 '의사의 개입 없이' 진단하는 IDx-DR이라는 인공지능을 허가"한 사례가 보도된 바 있다.[13] 이는 어디까지나 현재 상용되고 있는 혈압측정기나 한방 부황기기처럼 개인적 용도의 의료기기에 해당한다고 볼 수 있다. 이에 준하는 인공지능 메디컬/헬스케어 의료기기들의 개인적 사용은 엄밀한 의학적 기준에 기초해서 허용되도록

13 최윤섭, 『의료 인공지능』, 395.

관리 통제가 이루어져야 한다.[14] 반대로 인간의사의 승인과 감독이 필요한 의료행위에 대해서는 철저한 관리가 이루어져야 하며, 로봇의사 역시 이러한 대상에 속한다. 미래의 의사윤리 및 의료윤리의 원칙은 로봇의사의 의료 활동을 인간의사의 책임과 감독 아래 이루어지도록 제한해야 할 것이며, 이러한 관점에서 인간의사와 로봇의사의 관계와 역할을 반영하는 것이 중요한 과제가 될 것이다. 따라서 이에 대해서도 새로운 인식 전환이 요구된다. 이에 현재 우리나라의 대한의사협회의 '의사윤리강령'과 '의사윤리지침'에 준하는 미래의 로봇의사에게 필요한 윤리 준칙을 마련할 필요가 있다. 때문에 나는 기존의 인간중심의 의사윤리가 아니라 로봇의사의 관점에서 인간의사와 로봇의사의 관계가 반영된 로봇의사윤리지침을 제안하려 한다.

4. 로봇의사의 윤리원칙

나는 인간의사와 비교할 때 기술형 및 목적형 로봇의사를 지식과 정보의 우위를 지닌 존재로서 규칙과 원칙에 의거한 의료 직무 수행에 특화된 의사로 상정한다. 그리고 인간의사 수준의 자율적 행위자는 아니기 때문에 상황윤리적 판단이나 배려윤리적 행위에는 제약이 따르는 비인간적 인격체로 간주한다. 이러한 조건과 기준에 의하면, 로봇의사는 "규칙과 원칙에 기반한" 윤리 규범을 준수하는 행위 지향을 갖는다고 할 수 있다.[15] "윤리로봇(ethicbots)"으로도 불릴 수 있는 로봇의사 혹은 윤리로봇의사(ethicbot doctor)는 '의료'라는 특수한 목적에 특화된 존재이기 때문에 의료 이외의 문제 상황에 대처하는 데에는 근본적인 한계를 가질 것이다.[16] 그리고 무엇보다도 인공지능이 인간과 같은 자연지능 수준에 이르기 위해서는 자기생산체계에

---

14 변순용·송선영, 『로봇윤리란 무엇인가?』, 130-1 참조.

15 P. Gelhaus, "Robot decisions: on the importance of virtuous judgment in clinical decision making", 883.

16 "윤리로봇"이라는 용어에 대해서는 다음을 참조. 라파엘 카푸로 & 미카엘 나겐보르그 편저, 『로봇윤리』, 19.

기반을 두는 존재이어야 하지만,[17] 나는 인공지능은 자기 목적 정립적 존재 혹은 자율적 문제 발견과 설정의 주체가 될 수는 없다고 생각한다. 다만 인공지능적 존재의 최대한은 특수한 문제 해결에 특화된 기능형 및 목적형 인공물이며, 그것의 한 가지 구체화가 로봇의사일 수 있다고 생각한다. 다시 말해서 인간의사의 자율적 판단과 행위규칙을 로봇의사에게 완벽하게 그대로 프로그래밍 하거나 구현할 수 있는 인공물의 창조는 불가능할 것이며, 이러한 제약과 한계가 있는 로봇의사 역시 진단과 치료법의 선택에서 오류와 실수를 저지를 수 있는 존재이며, 따라서 인간에 의한 관리와 통제가 필요한 존재이다.

이처럼 장차 구현될 강인공지능 혹은 초인공지능 수준의 로봇의사는 자율적인 목적과 문제의 설정이라는 인간 고유의 능력을 갖출 수는 없기에 인간의사와 동일시 할 수 없다. 그러나 반대로 이미 인간의 생명과 질병 및 건강이라는 특정한 목적과 그와 관련한 문제 설정이 프로그래밍 되어 있는 로봇의사는 의학과 의료라는 특수한 제한된 분야에서는 인간의사를 능가할 공산이 크다. 어쩌면 수많은 인간의사들의 총합 이상일 수도 있는 로봇의사를 인간의사와 비교하는 것 자체가 무리일 수도 있다. 그러나 윤리적 문제는 이런 기능적 우월성과는 상관없이 존재한다. 이러한 이유에서 나는 의사 공동체의 일원이 될 로봇의사의 존재 지위와 의료 행위의 자격 조건을 마련하는 것을 매우 시급한 과제로 인식한다. 이 일은 역으로 우리가 어떤 로봇의사를 만들 것인지에 대한 윤리적 요구를 제시하는 것이기도 하다. 한마디로 로봇의사의 윤리원칙의 필요성은 모든 로봇의 존재 조건과 자격을 제한하는 로봇윤리의 필요성을 실증하며, 그 구체화의 실례가 될 수 있다. 더욱이 인간의 생명과 건강이라는 가장 중요한 가치를 지닌 영역과 관계한다는 점에서 인공지능 로봇의사의 의료윤리 지침은 로봇윤리 전반에 중요한 기여를 하게 될 것이다.

나는 로봇 의료윤리의 필요성과 관련해서 일련의 〈로봇의사윤리강령〉과

---

17 박충식, 「생명으로서의 인공지능: 정보철학적 관점에서」, 34-9.

〈로봇의사윤리지침〉 등 의료행위 일반에 공히 적용할 수 있는 가장 일반적
원칙으로서 최소한의 로봇의사가 지켜야 할 윤리 준칙을 제안하고자 한다.
이 준칙은 기본적으로 인간의사 및 환자와의 사이에서 지켜야 할 윤리원칙
이다. 나는 오래전에 미국의 생명윤리 학자들인 비첨과 칠드리스가 제안한
바 있는 생명의료 윤리의 네 가지 원칙, 1) 자율성 존중의 원칙 2) 악행 금지
의 원칙 3) 선행의 원칙 4) 정의의 원칙 등을 준용한 변형 원칙으로서 '로봇
의사윤리원칙'을 제안할 것이다.[18] 그러나 이들이 제시한 생명의료윤리의 원
칙들과 관련해서는 세부적으로 많은 수용과 제한 및 비판적 검토들이 이루
어져왔으며, 이 원칙들의 과연 생명의료윤리적 문제들을 해결할 수 있는 기
능을 제대로 할 수 있는지, 또 원칙들 간의 충돌을 어떻게 해결할 수 있는지
등 이 원칙들에 대한 논의들이 꾸준히 제기되어 왔다.[19] 그럼에도 나는 비첨
과 칠드리스의 4원칙주의 생명의료윤리를 미래의 로봇의사의 윤리원칙으로
변용·확대함으로써 내가 제안하는 윤리원칙들이 환자와의 관계에서 결코
분리될 수 없는 인간의사와 로봇의사의 지위와 역할에 대한 윤리적 논의들
로서 연속성을 갖고 다루어지기를 기대한다. 비첨과 칠드리스의 생명의료
윤리의 원칙들은 "직견적으로 타당하지만 절대적으로 타당하지 않은"[20] 준
칙들이라 할 수 있지만, 이 또한 로봇의사윤리의 원칙들을 정립하는 가운데
에서 구체화 및 체계화될 수 있을 것이다.

이 미래의 로봇의사윤리의 원칙은 로봇의사가 의사공동체의 일원으로서
받아들였을 때, 현재의 인간중심의 의료윤리의 원칙에 덧붙여 환자 및 인
간의사와의 관계를 중심으로 로봇의사의 관점에서 마련한 준칙들로 구성
된다. 따라서 이 준칙은 일차적으로 로봇의사의 윤리원칙이지만, 그 내용은
환자 및 인간의사와의 관계에 집중한 것이기에 인간의사와 로봇의사가 동
시에 그리고 함께 준수해야 할 윤리 지침이기도 하다. 아울러 인공지능 로

---

18 Tom L. Beauchamp and James F. Childress, *Principles of Biomedical Ethics*, 3/4/5/6절 참조.
19 이와 관련해서는 다음을 참조. 김종국, 「4원칙주의 생명의료윤리'와 칸트 도덕철학」; 이상목, 「의사의
   책임윤리의 토대로서 선행과 신뢰」; 최경석, 「생명의료윤리에서의 '자율성'에 대한 비판적 고찰」.
20 김종국, 「4원칙주의 생명의료윤리'와 칸트 도덕철학」, 21.

봇의사는 최소한 이러한 준칙에 따라 행위 할 수 있는 가능 존재이어야 하며, 또 그렇게 프로그래밍 되어야 한다. 그 경우에만 의사로서의 자격을 가져야 한다. 향후 모든 의료 행위에 로봇의사의 참여가 필수적이며, 또한 로봇의사 단독으로 독자적인 의료행위를 허용할 수 없는 한, 로봇의사는 인간 의사의 협업과 통제 아래 의료 행위를 해야 한다. 그러므로 로봇의사의 윤리원칙은 동시에 보편화된 인공지능 시대의 모든 의사들의 윤리원칙이라 할 수 있다.

이 로봇의사의 윤리원칙에 비견할만한 것으로서는 자신의 소설 〈술래잡기〉(Runaround, 1942)에서 묘사한 바 있는 아시모프(Isaac Asimov)의 "로봇공학 3법칙"(Three Laws of Robotics)이 있다. 그 각각을 "인간보호", "명령복종", "자기보호"의 원칙으로 별명할 수 있는 3개의 법칙은 다음과 같다.[21]

> 법칙1: 로봇은 인간에게 해를 입히지 않아야 한다. 그리고 위험에 처한 인간을 외면해서도 안 된다.

> 법칙2: 제1원칙에 위배되지 않는 한, 로봇은 인간의 명령에 복종해야 한다.

> 법칙3: 제1원칙과 제2원칙에 위배되지 않는 한, 로봇은 자신을 지켜야 한다.

그리고 나중에 아시모프는 소설 〈로봇과 제국〉(1985)에서 '법칙0'라 할 수 있는 네 번째 법칙을 추가했다. 그가 다른 세 법칙들이 위배할 수 없는 대원칙으로서 제시한 법칙0은 다음과 같다.

> 법칙0: 로봇은 인류에게 해를 가하거나, 행동을 하지 않음으로써 인류에게 해가 가도록 해서는 안 된다.

이처럼 소설적 구상으로 제시한 아시모프의 3법칙은 기본적으로 인간을 위한 로봇을 만들라는 요구를 담고 있다. 이러한 정신은 로봇의사에게도 적용되어야 한다. 그런 점에서 내가 제안하는 로봇의사의 윤리원칙 역시 아시

---

21 이와 관련한 논의들에 대해서는 다음을 참조. 웬델 월러치, 콜린 알렌, 『왜 로봇의 도덕인가』, 12-13; 변순용·송선영, 『로봇윤리란 무엇인가?』, 58-64; 신현우, 「진화론적 지능형 서비스 로봇에 대한 실천윤리학적 고찰」, 4-5.

모프의 '3법칙'을 의료윤리적 관점에서 재해석하고 구체화한 것이라 할 수 있다. 나는 아시모프의 로봇공학 3법칙이 윤리로봇의 필요성과 당위성의 기본정신을 아주 간단명료하게 표현하고 있다고 생각한다. 또한 이러한 통찰력 안에는 진심으로 심각한 윤리적 고민들도 함께 묻어 있다는 것을 느낀다. 그것은 우리가 구체적으로 고민해 보지 않으면 안 되는 윤리적 문제들이다. 과연 윤리로봇이 가능할 수 있는지, 한 인간 혹은 인류가 처한 복잡한 상황에 대한 객관적 판단을 할 수 있는지, 판단과 결정의 올바른 기준을 어떻게 선택할 수 있는지, 또 기준은 누가 마련해줄 것이며, 과연 그러한 기준에 대한 일치된 견해가 가능할 수 있는지 등등 현재 우리가 안고 있는 적지 않은 철학적 및 윤리적 문제들을 고스란히 짊어지고 있는 로봇의 모습이 그려진다. 내가 가정하듯이 비록 건강 증진과 질병 치료라는 행위 목적과 문제 상황에 제약되어 있다고 하더라도 로봇의사 역시 이와 유사한 문제들을 안고 있으며, 머지않아 그것은 현실이 될 공산이 크다.

1) 자율성과 상호 동의의 원칙

로봇의사윤리의 첫 번째 원칙은 '자율성과 상호 동의의 원칙'이다. 이 원칙은 현재의 인간의사 중심의 '자율성 존중의 원칙'을 변용한 것이다. 이 자율성 존중 원칙의 근본정신은 '환자의 자율적 의사에 따라서 진료 행위를 해야 한다'는 것이다. 다시 말해 환자의 자율성을 존중하는 원칙으로서 진단과 치료 선택에서 타인이나 외부의 간섭 없이 환자 스스로 의료행위를 결정하는 권리를 보호하는 원칙이다. 이는 기본적으로 치료를 위한 환자 자신의 자율적 의사를 중시한다. 즉 의사는 환자의 질병 및 치료의 필요성에 대한 충분한 설명을 통해 환자의 동의를 득한 후에 치료를 개시해야 한다. 의사의 환자에 대한 의무로서 "충분한 설명에 의거한 동의(informed consent)"[22]의 준칙에 따라서 환자의 자율적 선택을 돕기 위해서 의사는 환자의 질병에 대한 최대한의 또는 충분한 정보를 제공하여야 하며, 그 도움은 어떤 편견

---

22 Tom L. Beauchamp, and James F. Childress, *Principles of Biomedical Ethics*, 62-82.

이나 오해의 소지가 없는 객관적이며 중립적인 것이어야 한다. 말하자면 치료의 선택이나 거부를 유도하거나 의도를 지닌 정보 제공은 비윤리적인 행위이다.

의료적 의사결정에 로봇의사의 참여는 우리가 가장 중요하게 고려해야 하는 문제다. CPU의 처리 능력이 인간의 뇌 수준으로까지 상승할 2025년쯤에는 아마 대부분의 의사결정 과정에 인공지능의 참여가 당연시 될 공산이 크다. 실제로 이미 이와 같은 일이 벌어지고 있는데, "생명과학, 암 연구, 노화에 따른 질병, 재생의학 분야에 투자하는 홍콩의 투자 금융회사 딥날리지 벤처스는 바이탈(VITAL, Validating Investment Tool for Advancing Life Sciences)이라 불리는 인공지능 알고리즘을 이사로 임명했다."[23] 이는 의사결정자에게 중요한 정보를 제공하는 행위만이 아니라 주어진 문제 해결에 대한 최선의 결정을 내리는 역할을 포함한다. 이러한 역할과 직무 수행은 그것이 보조 혹은 협업이든 인간의사와 로봇의사 모두에게 요구된다. 환자에게 가감 없이 최고의 정보를 제공하고 환자가 최선의 결정을 하도록 돕는 것이 의사의 의무이기 때문이다.

로봇의사는 환자의 의사결정을 돕는 일을 자기 혼자 해서는 안 된다. 로봇의사의 진단 및 치료에 관한 정보 혹은 판단은 언제나 사전에 인간의사의 동의를 거쳐야 한다. 오류와 실수 가능성을 고려할 때, 의료 행위에 특화된 로봇의사일지라도 무엇이 최선의 치료인지에 관한 판단은 인간의사와의 의사결정 과정을 거쳐야 한다. 따라서 진단과 치료에 관한 환자의 동의를 얻기 위한 의사의 설명 의무는 인간의사와 로봇의사 모두에게 있지만, 최종 결정의 책임은 인간의사의 몫이다.

인간의사는 로봇의사를 의사결정의 상대자 내지는 협력자로 대해야 하며, 이를 전제로 로봇의사는 의사결정에 참여해야 한다. 더욱이 개인이 쉽게 조작할 수 있는 간단하고 위험이나 부작용이 거의 없는 첨단 가정용 의료진단 기기들은 이미 상용되고 있듯이 언젠가는 로봇의사 단독으로 진단

---

23 클라우스 슈밥, 『제4차 산업혁명』, 219.

과 치료가 허용되고, 그 영역과 범위는 더 확대될 수 있다.[24] 이 경우에 로봇의사는 윤리로봇으로서 '로봇의사의 윤리원칙'의 준수 가능성이 자격조건이 되어야 할 것이다. 그리고 윤리원칙들을 보다 하위 준칙으로서 세부적 실행 규칙이 만들어져야 할 것이다. 이 경우에 가장 중요한 부분이 바로 의사소통 및 의사결정 과정을 준수할 매뉴얼을 마련하는 것이다. 윤리적 의사결정을 위한 매뉴얼을 프로그래밍 할 수 있느냐 하는 문제가 있지만, 이 또한 다른 분야와 마찬가지로 생명과 건강이라는 특수 목적에 적합한 인공지능의 존재에 비례해서 그 준칙 매뉴얼을 정교화하면 할수록 그 실현 가능성도 높아질 것이다.[25] 다른 한편으로 이 같은 도덕적 조건 아래서 이루어지는 인간의사와 로봇의사의 공동의사결정은 넓은 의미에서 "도덕적 의사결정 기계"를 운용하는 것과 같은 일이 될 수 있다.[26]

환자에 대한 설명 의무와 동의 의무의 원칙 준수에 있어서 로봇의사와 환자 사이에는 간과할 수 없는 의사소통의 윤리가 적용된다. 환자의 동의는 누가 구할 것인지, 즉 인간의사와 로봇의사 중에 누가 환자의 동의를 구하는 관련 정보를 제공하며, 적절한 치료 방법과 치유 가능성 등에 대해서 설명할 자격을 가지며, 어떻게 소통할 것인가? 가령 인간의사와 로봇의사의 진단에 차이가 있을 수 있으며, 이 경우 어떤 소견을 선택해야 하는 문제가 생길 수 있으며, 그 최종 결정은 인간의사의 몫이어야 한다. 하지만 여전히 문제는 남는다. 환자에게 로봇의사와 인간의사의 치료법이 상이하거나 다른 치료법에 따른 결과가 엇갈리는 상황이 발생할 때, 우리는 그 최종 결정을 환자의 자율적 선택에 맡겨야 하는가? 아니면 전문적인 지식이 없는 환자를 대신해서 인간의사 혹은 로봇의사가 결정할 것인가? 인간의사의 결정

---

24 R&D정보센터, 『헬스케어 4.0시대 국내외 의료산업 패러다임과 신개념 의료기기 트렌드』, 지식산업정보원, 2018. 헬스케어산업 & 의료산업 참조.

25 Jatinder N.D. Gupta, Guisseppi A. Forgionne, Manuel Mora T (eds.), *Intelligent Decision-making Support Systems: Foundations, Applications and Challenges, Springer*, 2006 참조. 인공지능 '의사결정 지원체계'(DMSS)는 개인이나 조직의 의사결정과정을 지원하는 컴퓨터기반체계다. 최근에 정보공학과 인공지능 분야에서 이루어지고 있는 성과들은 인공지능-DMSS를 향상 및 발전시키고 있다.

26 이에 대해서는 웬델 월러치, 콜린 알렌, 『왜 로봇의 도덕인가』, 19, 67-95 참조.

에 따른다 하더라도 그 선택지가 로봇의사의 진단일 경우, 과연 환자의 동의를 얻기 위한 적임자는 누구여야 하는가? 어떤 점에서는 로봇의사 역시 진단과 치료의 주체라고 한다면 의당 환자의 동의를 얻는 행위는 로봇의사의 몫이어야 할 것이다. 그러나 과연 그럴 수 있으며, 또 왜 그래야 하는가 하는 것은 여전히 문제다. 그리고 만일 선택의 결과에 따른 책임은 누가 져야 하는가? 이런 문제들을 해결하기 위해서 인간의사와 로봇의사의 공동 의료 행위에 적용할 수 있는 윤리원칙이 필요하다. 나는 이렇게 로봇의사를 포함하는 의사공동체의 의료행위에 있어서 로봇의사의 진단을 선택하거나 치료를 포함한 인간의사의 대행역할에 따른 책임은 누가 져야 하는지 등 일련의 예상되는 문제들과 관련해서 결국 환자, 인간의사, 그리고 로봇의사의 상호 동의가 진단과 치료 결정의 원칙이 되어야 한다고 말할 것이다.

그런데 인간은 자신의 삶을 스스로 결정할 권리가 있다.[27] 이러한 자신의 결정에 반하는 행위를 강제할 상위의 권리가 있을 수 없기 때문에 인간의사와 로봇의사의 상호 동의에 의거한 진단과 치료의 결정 보다 환자의 자율성 원칙이 더 우선해야 한다. 환자의 최종 선택이 이루어지는 과정에서 인간의사는 의사 상호 간의 의사결정 과정에서 논의되었던 진단과 치료에 관한 진실을 환자에게 알려주어야 하며, 이에 근거해서 환자의 최종 결정이 이루어지도록 해야 한다. 나는 이렇게 환자의 자율성을 존중하고 그와 관계 있는 인간의사와 로봇의사의 사전 동의에 의거한 의료 행위를 '자율성과 상호 동의의 원칙'이라 부른다. 자율성이 무엇인지 완벽하게 정의하는 문제는 어려운 철학적 작업이 될 것이다. 나는 다만 '자율성 존중의 원칙'에서 존중(respect)이라는 표현을 제거한, 보다 강한 의미의 자율성 개념을 사용한다. 존중이라는 표현은 중시한다, 고려한다 등의 의미를 담고 있는데, 이에는 무조건적인 당위성 개념이 희소하다. 나는 단적으로 자율성을 가장 중요한 원칙으로 채택하려 한다. 그것은 반드시 지켜져야 하는 윤리원칙이다. 뇌사자나 미성년자의 경우처럼 이를 준수할 수 없는 예외적인 경우에는 별도의

---

27 이와 관련해서는 맹주만, 「칸트와 미학적 자살」, 「안락사와 존엄사, 그리고 웰다잉법」 참조.

준칙을 마련하면 될 것이다. 나는 로봇의사가 활동하게 될 미래의 의료윤리에서는 이 점이 더욱 더 강조되어야 한다고 믿는다.

이 첫 번째 윤리원칙은 정상적인 의사표명과 판단이 가능한 환자는 물론이고 뇌사상태에 있어서 의사 표명이 불가능한 환자, 정신질환자여서 정확한 판단과 의사표명에 문제가 있는 환자, 두려움과 공포, 혹은 자신의 가치관으로 인해서 치료를 거부하거나 그럴 가능성이 높은 것으로 인지된 환자등의 치료와 관련한 모든 경우에 자율성 원칙의 일시적인 유보 혹은 거짓말의 허용 가능성을 놓고 고민하는 문제에도 적용할 수 있다. 가령 정상적인 환자의 경우에 통상 거짓말의 유용성을 놓고 고민하는 것은 진실을 말하는 것이 환자의 자율적 결정이나 치료에 대한 부정적 영향을 우려하기 때문이다. 그런데 이러한 경우에 그 원인의 일부는 의사가 하는 '충분한 설명'의 불충분함이나 불확실성에 있을 수 있다. 즉, 환자에게 동의를 구하기 위해서 하는 '충분한 설명'이 실질적인 정보력을 갖지 못하는 때와도 관련이 있다. 의사에 대한 신뢰도가 높을수록 환자의 의사결정은 더 바람직한 결정을 내릴 수 있는데, 인간의사 대비 로봇의사에 대한 신뢰도는 더욱 높아질 것으로 예상되기 때문이다.

환자가 의사의 진단과 치료 가능성을 듣게 될 때, 의사가 확신을 갖고 환자에게 충분한 설명을 하는 것도 쉽지 않다. 이럴 경우 듣게 되는 진실은 환자들의 심정에도 마찬가지로 불안과 망설임이 생길 수 있다. 향후에는 환자혹은 대리인은 의사공동체의 일원이 된 로봇의사의 진단의 정확성과 치료가능성에 대한 설명을 더 높이 평가하거나 신뢰할 확률이 높다. 더욱이 인간의사와 공동으로 진행하는 의학적 판단의 경우는 그 신뢰도는 더욱 높아질 것이다. 이렇게 되면 환자의 자율성과 거짓말의 불필요성의 상관성은 훨씬 높아질 것이라 예상할 수 있다.

2) 악행 금지와 공동 책임의 원칙

인간의사 중심의 악행 금지의 원칙은 '환자에게 해악을 입히거나 환자의 상태를 악화시키는 의술을 사용해서는 안 된다'는 것이다. 히포크라테스 선서에 적시되어 있듯이 의술은 선한 일에 쓰여야 하며, 반대로 해를 입히는 일에 사용되어서는 안 된다. 전자가 선행의 원칙을 대변한다면, 후자에 해당하는 것이 악행 금지의 원칙이다.

자율성과 상호 동의의 원칙에서 인간의사와 로봇의사의 의견 불일치 경우와 마찬가지로 환자 자신의 이익과 해악을 고려해서 결정되어야 할 의료 행위에서 인간의사와 로봇의사의 결정이 상이하거나 차이가 있을 수 있다. 이는 의료법의 차원을 넘어서 인간의사들 사이에서도 선택이 갈리기도 하는 문제이기도 하다. 수술 치료가 어떤 결과를 가져올지 장담할 수 없는 경우나 말기암의 경우처럼 환자를 위해서 치료를 계속해야 하는지, 아니면 극심한 고통을 야기하면서도 불필요한 연명치료에 지나지 않는지 등은 보기에 따라서는 악행 금지의 원칙의 준수 혹은 위반 행위로 갈릴 수가 있다.

그러나 악행 금지에서의 '악행'이 무엇인지를 정의하기는 쉽지 않은 철학적 문제를 수반한다. 만일 '악행 금지'(nonmaleficence)가 단순히 고통을 야기하거나 증가시키는 행위를 대상으로 하는 것이라면 의사가 환자를 위해 할 수 있는 조치는 상당히 제약된다. 질병을 치료하는데 있어서 고통을 수반하지 않는 경우는 거의 없을 것이기 때문이다. 그러므로 악행을 어떻게 정의하느냐에 따라서 인간의사와 로봇의사의 판단은 극명하게 대립될 수 있다. 인간의사와 달리 로봇의사는 어떻게 프로그램 되느냐에 따라서 고통의 의미를 이해하는데 상당한 제약이 따르거나 잘못 이해할 수 있다. 이는 로봇의사의 존재론적 지위와 관련하여 심각한 문제를 야기할 수 있으며, 때문에 로봇의사의 역할을 상당히 제한해야 할 수도 있다.

의료적 문제에 있어서 악행 금지의 원칙은 대체로 '~을 하지 말라'는 형식으로 제안되는 특징이 있다. 물론 이는 윤리적 의무와 법적 의무의 기초에 인간의 자율적 의사가 더 중요한 요소로 작용하기 때문에 생기는 언어적 문제일 수도 있다. 가령 일반적으로 '선행을 베풀어라'고 말하며, 또 '나쁜 짓은 하지 마라'고 말하지 반대로 표현하지는 않기 때문이다. 하지만 '더 이상 치료를 하지 마라'와 같은 표현의 경우처럼 치료를 하는 것이 곧 나쁜 행위가 되는 것은 아니듯이 이 같은 어법을 일반화시킬 수는 없다.

악행의 대상, 즉 피해를 입는 환자의 입장에서 보면, 로봇의사는 질병의 치료를 기능적으로 이해한다고 볼 수 있는데, 이 경우의 로봇의사는 저와 같은 치료의 선택 역시 기능적으로 할 것이며, 이는 전적으로 질병에 대한 정의, 즉 인간 신체의 건강상태와 관련해서 프로그램 된 정상과 병변의 구분에 근거해서 진단을 할 것이다. 그런데 치료 가능성의 기능적 선택은 전적으로 환자만을 대상으로 내리는 결정이므로 이것만으로 그 시행 여부를 결정할 수는 없다. 가령 장기 이식 대상자가 있을 때와 없을 때에 따라서 수술 여부의 중단 등의 결정이 달라질 수 있으며, 따라서 다른 방식의 치료를 결정해야 할 수도 있을 것이다. 이런 문제 때문에 실질적으로 치료 중단 혹은 대체 여부의 최종 결정은 고통의 의미를 이해하고 있는 인간의사의 몫이 될 것이다. 그러나 장기적 치료의 전망에서 병변의 상태를 보다 정확히 진단할 수 있으면, 그에 수반되는 고통의 정도가 보다 정확히 예측할 수 있을 것이기 때문에 로봇의사가 담당하는 신체 구조와 조직에 대한 보다 엄밀한 생리학적 이해와 그 각각의 증상에 대한 물리적 반응의 정확한 측정 가능성은 치료 결정에 도움이 될 것이며, 또한 고통의 정도에 대한 계산 가능성도 더 높아진다면, 도움이 될 것이다. 더욱이 현재의 인간의사의 진단과 처방 시에 내리는 치료 가능성 및 고통 등에 대한 예상과 조언은 의사마다 약간씩 다르기도 하지만 상당히 대략적인 경향이 있다. 이런 문제에 있어서 로봇의사의 보조는 매우 의미 있는 역할을 하게 될 것이다. 즉, 이러한 결정에 로봇의사는 중요한 역할을 담당할 것이므로 악행 금지의 원칙의 정신에 비추어볼 때 특히 그 결정에 있어서 인간의사와 로봇의사는 공동의 책임을 져야 하며, 이러한 방식으로 양자의 협업의 이루어져야 할 것이다. 이에는 나는 로봇의사의 두 번째 윤리원칙을 '악행 금지와 공동 책임의 원칙'으로 부른다.

의사공동체의 일원으로서의 지위와 역할에 맞게 책임을 다하려면 악행

금지의 원칙에 준하는 의사로서의 책임과 의무는 물론 인간의사의 결정에
도움이 되어야 할 것이다. 그러므로 로봇의사에게 공동책임을 요구하는 것
은 곧 그와 같은 수준의 로봇의사를 제작할 것을 요구하는 것이기도 하다.
이에 기초해서 인간의사와 환자는 치료의 선택에서 있어서 최선의 결정을
할 수 있게 될 것이다. 이를테면 인공호흡기의 제거와 유지 가운데 어느 것
이 환자에게 악을 행하는 결과를 낳는지에 대한 판단의 경우 금지된 진료와
해야만 하는 진료의 결정에 인간의사와 로봇의사는 공동의 책임을 지는 결
정을 내려야 한다.

3) 선행과 돌봄의 원칙

인간의사 중심의 선행 원칙은 '의사는 타인의 질병을 치료하고 건강을 증
진하도록 노력해야 한다'는 것이다. 악행과 마찬가지로 선행(beneficence)이
무엇인지 정의하기는 쉽지 않다. 돌봄 또는 배려 또한 마찬가지다. 선행을
하는 것은 곧 누군가를 배려하고 돌보아주는 일이지만 반드시 일치하는 것
은 아니다. 눈에 보이는 않는 선행이나 배려도 있으며, 누군가에게 하는 선
행이 반드시 그 사람에게 도움이 되는 것이 아닐 수도 있으며, 돌봄 역시 당
사자의 의사에 반하는 불편한 행위가 될 수도 있다. 다만 그 의도에 있어서
는 선행과 돌봄은 궁극적으로는 누군가의 행복을 증진시키는 행위라 할 수
있다.

일반적인 윤리적 관점에서 보면, "선행의 원칙은 일반적으로 타인을 돕
는 적극적인 조치를 요구하기 때문에 악행 금지의 원칙보다 더 이타적이며
중요한 원칙이다."[28] 해악의 제거에 한정될 수 있는 악행 금지의 원칙에 비
해서 "해악의 예방과 해로운 조건들의 제거 및 적극적인 선행"[29]을 요구한다
는 점에서 선행의 원칙은 삶의 질의 문제와 관계가 깊다. 무엇보다도 의료
적 관점에서 타인의 선을 적극적으로 증진시킬 것을 요구하는 선행의 원칙

---

28   Tom L. Beauchamp, and James F. Childress, *Principles of Biomedical Ethics*, 135.
29   같은 글, 같은 곳.

은 특히 건강관리라는 측면에서 중요하다. 마치 부모가 자식의 건강을 위해서 예방의학에 각별히 관심을 갖는 것처럼 타인의 건강을 위한 적극적인 관여가 허용될 수 있는 윤리원칙이다. 이런 사항들을 종합적으로 고려하면 의료적 관점에서의 선행은 일종의 인간적 돌봄 혹은 배려의 원칙이라 할 수 있다. 인간의 일을 대신해서 더 잘 할 수 있는 기계를 만들려는 것이 인공지능 로봇의 존재 이유라면, 의료윤리적 관점에서 로봇의사는 이 행복의 추구에 유익한 기여를 할 수 있는 존재가 되어야 한다.

그러나 인간으로서 환자가 생각하는 행복은 의사가 생각하는 행복과 다를 수 있듯이 선행 혹은 배려는 환자의 입장에 따라서 다를 수 있다. 의료적 건강함이 곧 삶의 행복과 동일시되는 것은 아닐 수 있기 때문이다. 선행의 핵심은 환자를 돕는 데 있다. 동일한 의미에서 돌봄의 윤리도 성립한다. 인간적 삶의 의미와 목적 그리고 인간의 마음에 대한 이해 등은 인간의사도 접근하기 어려운 영역이다. 마찬가지로 의학적 견지에서도 건강한 삶을 정의하기는 어렵다. 생명과 건강에 특화된 혹은 전문화된 로봇의사라 할지라도, 마찬가지로 감정적 소통기능을 갖춘 감정로봇의사라 할지라도 특정한 감정에 맞춰진 소통을 문제 없이 해내기는 어려울 것이다. 그러므로 로봇의사는 이 '선행과 돌봄의 원칙'에 있어서 마치 인간의사처럼 해서는 안 된다. 로봇의사의 환자를 위한 선행과 돌봄은 전적으로 인간의사에게 조언하는 수준에서 제한되어야 한다. 이 점에서 로봇의사는 인간 혹은 인류에게 도움을 주는 존재로 만들어져야 하며, 특히 의료적 목적에 특화된 맞춤형 로봇이 아닌 인간적인 로봇의사로 제작되어야 한다. 의료적 목적에만 제한된 로봇은 인간적 삶의 깊이와 내면에 접근하기 어려울 것이며, 그만큼 환자를 위한 소통에는 큰 제약이 따를 것이기 때문이다. 마찬가지로 순 기능적인 의학적 판단에 그 역할을 한정해야 하며, 동시에 인간의사와의 상호 동의, 공동 책임의 윤리원칙에 더 충실해야 할 것이다.

4) 의료권과 정의의 원칙

인간의사 중심의 정의의 원칙은 '환자는 공정한 절차를 통한 치료를 받을 최소한의 의료권이 있다'는 것이다. 인간의 평등을 말하듯이 치료의 평등 역시 동등한 가치를 갖는다. 의료권은 "인간의 권리이지 특권이 아니다."[30] 그렇다면 신분이나 지위 혹은 경제적 능력의 차이로 인한 치료의 불평등이 허용되어서는 안 된다. 그러나 이러한 윤리원칙은 현실적으로는 이상적인 원칙이다. 각 나라마다 의료법이 있듯이 의료 행위는 법과 제도의 지배를 받는 사회적 행위이며, 특히 얼마만큼의 질 좋은 치료를 받느냐 하는 것은 경제적 능력의 차이가 큰 영향을 미치는 것이 현실이다. 그러나 가능한 한 환자는 그 누구든 차별 없이 진료를 받을 권리가 있으며, 이를 정의의 원칙이라 부를 수 있다. 이런 점에서 기초해서 나는 로봇의사윤리의 원칙들 중에서 네 번째 마지막 원칙을 '의료권과 정의의 원칙'이라 부를 것이다.

철학과 윤리의 관점에서 정의의 문제에는 다양하고 복잡한 쟁점들이 있듯이 의료정의 역시 그러하다.[31] 환자의 치료와 직접적인 관련이 있는 문제들만 살펴보아도 정부나 병원에서 제공되는 예산 지원을 위한 의료 연구 대상의 우선순위를 정하는 문제로부터 인공지능의 도입으로 발생하는 잉여의료자원분배 분배와 관련한 정당한 우선 치료권,[32] 환자의 기대수명 대비 의료자원 분배 순위, 사회적 기여나 의료자원 개발비 후원자의 우선 치료권, 가족 대 가족의 장기 이식 우선권, 저소득층에 대한 의료서비스의 무상 지원, 최소한의 보건의료 및 그 할당과 분배의 도덕적 정당성, 치료의 평등권 수혜 대상의 범위 등에 이르기까지 많은 문제들이 존재한다. 그리고 이 모든 문제들과 관련해서 로봇의사의 존재는 의료 정의의 구현이라는 차원에서 중요한 기여를 할 수 있다. 특히 국민 건강 측면에서 예방의학의 구현을 그 예로 들 수 있다. 또 사회경제적 측면에서 로봇의사의 의료활동의 확산

30   Victor Sidel, "The Right to Health Care: An International Perspective", 341.

31   Tom L. Beauchamp, and James F. Childress, *Principles of Biomedical Ethics*, 168-98.

32   H. Tristram Engelhardt, Jr. *Foundations of Bioethics*; 장운혁, 정창록, 「인공지능과 의료자원분배」, 397-403.

은 의사수의 부족이나 비용 문제와 밀접한 연관이 있는 시간적 공간적 제약을 개선할 수 있으며, 병원이나 인간의사에의 접근이 용이하지 않거나 상당한 제약을 받고 있는 취약 계층에까지 의료 혜택을 제공할 수 있다. 보건과 공중의료 등에까지 로봇의사를 도입하는 것은 적지 않은 비용이 들 것이다. 그러나 환자수 대비 로봇의사가 감당할 수 있는 범위는 상당히 광범위할 것이기 때문에 비용—이익 또는 비용—효율성 측면에서 충분히 감당할 수 있을 것이며, 투자 대비 수익의 임계점에 이르게 되면 로봇의사의 제작 비용은 더 저렴해질 것이며, 따라서 시간이 지날수록 더 많은 이익을 남길 것이다.

그런데 이처럼 장기적 관점에서 로봇의사의 보급으로 의료혜택의 수월성은 높아지겠지만, 이와 관련한 치료 비용은 증가될 수도 있다. 다시 말해서 진료와 진단의 신속함과 혜택과는 반비례하게 치료비용이 많이 소요되는 치료의 경우, 환자의 경제적 여건과 국가보험의 지원 등의 지원이 병의 시급성에 반하는 경우가 빈번하게 발생할 수 있기 때문이다. 이 또한 의료권 및 의료자원의 분배 문제에서 중요한 관건이 될 수 있다. 정의로운 의료제도가 제대로 운영 되지 않을 경우 부익부 빈익빈의 의료 부정의의 문제가 로봇의사의 일반적 보급이 이루어지는 시대에는 더 큰 악영향을 끼칠 수 있다. 더욱이 환자에게 장기 이식을 시행할 경우에도 부당한 차별이나 불공정한 절차로 인한 피해를 보는 일이 생길 수 있다. 가령 인공 심장이나 기타 장기의 이식이 필요한 환자들 중에서 수혜의 우선권은 누구에게 있으며, 어떻게 결정해야 하는가? 또 누가 누구에게 이식하느냐 하는 문제가 절차적 정당성을 확보하지 못한다면 더 큰 부정의가 발생할 것이다. 이에 의료 윤리적 관점에서 모든 환자에게는 의료권이 있으며, 따라서 진단과 검진과 마찬가지로 누구든 치료에 있어서 부당한 대우를 받아서는 안 된다. 그러므로 이와 관련해서 로봇의사와 치료 자원의 정의로운 분배가 정당한 절차에 의해서 이루어질 수 있는 원칙과 기준이 마련되어야 한다. 장기이식과 이식 수혜자 우선순위를 결정하는 문제 등 다양한 의료적 문제들에 대해서 편견과 차별 없는 의료 행위를 추구하는데 있어서 로봇의사는 가장 합리적인 선택이 가능한 위치에 있을 것이며, 그에 따라 이를 정의롭게 수행하는 것이 곧 네 번째 윤리원칙을 준수하는 일이 될 것이다.

5. 공감적 이성과 로봇의사 : 좋은 의도와 나쁜 의도

그러면 인간은 공감적 이성을 소유한 존재다. 자발적으로 인간적 가치를 느끼고 타인을 동등하게 배려하고 실천하려는 존재이며, 그렇게 하지 못했을 때 죄책감과 수치심을 느끼는 존재이다. 인간은 몸과 마음이 하나로 이루어진 통합체이자 통일체로서 행위한다. 자율적으로 좋은 의도를 생산해내며, 보편적 행위를 의욕한다. 하지만 인공지능은 이러한 '의도'를 자율적으로 창조해낼 수 없다. 만일 그럴 수 있다면, 오히려 인공지능 혹은 AI로봇 행위자는 인간이 통제할 수 없는 위험한 존재가 될 것이다. 자율적 의도는 언제나 좋은 의도만을 생각해내며 또 그것만을 행한다는 것과 배리관계에 있기 때문이다. 좋은 의도는 언제나 나쁜 의도를 동반한다. 따라서 자율적으로 좋은 것을 의도하는 인공지능이 가능하다면, 이는 동시에 나쁜 것을 의도하는 인공지능도 가능하다는 것을 함축한다. 초인공지능의 가능성은 이러한 위험을 현실화시킬지도 모른다. 삶의 편리와 효율성을 위해 도움이 되는 인공지능은 특수한 기능에 제약된 특화된 인공지능에 제한되어야 한다. 이러한 인공지능만이 언제나 좋은 것을 의도하고 좋은 행위만을 할 수 있다. 인공지능 로봇의사도 이러한 범주에 속하는 기계에 속하며, 또 그래야만 한다. 로봇의사는 이러한 특정한 목적에 제한되어야 하므로 로봇의사 윤리는 인간이 의도한 좋은 목적에 적합한 행위를 잘 수행하는 행동 원칙을 필요로 한다. 그리고 그 윤리원칙은 결국 좋은 의도를 지닌 인간 자신에 의해서 제정되어야 할 것이다.

그러면 인공지능 로봇의사는 어떤 의사이며, 어떤 의사이어야 하는가? 과연 모든 면에서 인간의사에게 요구하는 윤리원칙을 준수할 수 있는 로봇의사의 존재는 가능한가? 인간의 감정을 읽을 수 있는 인공지능은 가능한가? 행위 주체로서나 언어 주체로서나 이성과 감성을 함께 지닌 로봇의사는 가능한가? 나는 이글에서 내내 이성과 감정을 모두 갖춘 인격적 존재로서 완벽한 자율형 로봇의사는 불가능하지만, 인간의 생명과 건강 증진이라는 특수한 목적에 따라 맞춤 제작된 로봇의사는 언어 주체 및 판단 주체가 될 수 있으며, 그런 점에서 의사공동체의 일원으로 간주되어야 한다는 전제하에 미래의 로봇의사윤리의 원칙을 제안했다.

다양한 방식으로 제시되고 있는 현행 의료윤리의 원칙들은 인간중심의 윤리원칙으로서 기본적으로 의사와 환자 사이의 윤리적 원칙이다. 그리고 로봇의사가 등장하더라도 많은 세세한 부분에서는 현재의 의료윤리적 문제에 대한 해결 방식의 범주를 크게 벗어나지 못할 것이다. 그러나 중요한 부분에서는 단순한 협업 이상으로 언젠가는 피할 수 없는 인간의사와 로봇의사가 함께 하는 의료 행위에는 단순한 취직전쟁과 같은 현실적 문제를 떠나서 해당 업종의 직무 능력과 관련한 갈등과 분쟁이 생길 가능성이 매우 높으며, 그 성패는 환자의 결정에 의해서 좌우될 것이다. 때문에 갈수록 로봇의사의 지위와 역할을 둘러싼 문제들을 심각하게 고민하게 될 것이며, 그에 따라 로봇의사의 지위와 역할을 둘러싸고 많은 윤리적 문제들이 제기될 수 있다. 그러므로 현재의 인간의사 중심의 의료윤리는 재고되어야 하며, 인간과 인공지능의 협업으로 이루어질 미래의 의료윤리는 인간의사와 로봇의사의 관계를 포함한 준칙들로 수정되어야 한다.

인간은 진단과 치료 과정에서 이해, 참여, 선택, 의지, 희망 등과 같은 인간성에 대한 존중이 포함되기를 원한다. 인간은 실존적 존재이기 때문에 병과 죽음, 진단과 치료에 있어서 희망, 절망, 미래에 대한 기대, 가족들에 대한 죄책감 등 각자가 지닌 삶의 비중과 무게에 따라서 상이한 반응을 보인다. 그러나 인간의사도 이런 인간의 내면세계를 감당하기가 어려운데, 그 이상의 감성마저 갖춘 로봇의사의 출현을 기대하기는 더욱 어렵다.[33] 인간의

---

33 P. Gelhaus, "Robot decisions: on the importance of virtuous judgment in clinical decision making", 886 참조.

사와 로봇의사 사이에는 넘을 수 있는 엄연한 간극이 존재한다. 인간의 마음은 복잡한 세계를 이루고 있으며, 최소한 환자에게 최적의 치료가 될 수 있는 것은 공감적 마음을 지닌 의사를 만나는 것이 될 것이다. 특수한 부문에 특화된 감정로봇으로서의 로봇의사도 일정 부분 도움이 될 수 있지만, 그런 점에서 더욱 더 인간의사와 로봇의사의 역할 분담 및 전문화가 필요할 수 있다. 같은 이유에서 로봇의사가 흉내 낼 수 없는 인간의사 중심의 의학 교육도 시급한 과제가 될 수 있다. 당연히 가장 인간적인 능력과 인격을 갖춘 유능한 의사가 최고의 의사가 될 것이다. 철학과 윤리로 무장한 인간 의사의 모습이 미래 의사의 가장 중요한 척도가 되리라 예상할 수 있다.

이 글에서 제안한 로봇의사의 윤리원칙은 향후 인공지능 로봇의사의 등장과 함께 의료공동체에서 고민해야 하거나 하게 될 윤리적 문제들에 대한 이해를 돕기 위한 그 대강을 제시해본 것이다. 이 원칙들과 함께 그와 관련한 다양한 세부적인 문제들은 이제 본격적으로 검토되어야 한다. 이는 동시에 인간의사와 로봇의사가 공존하게 될 미래의 의료공동체 내지는 의사공동체의 일원이 되기 위한 로봇의사의 자격과 조건을 제시하고 또 제한하는 작업도 포함한다. 이러한 시도는 궁극적으로 우리가 어떤 윤리적인 로봇의사 즉 윤리로봇의사(ethicbot doctor)를 배출할 것인지에 대한 시급한 고민과 함께 선제적 대응이 요구된다는 것을 의미한다.

참고 문헌

국내 문헌

고인석, 「인공지능의 존재 지위에 대한 두 물음」, 『철학』 제136집, 2018.
공병혜, 「미감적 의사소통을 통한 배려의 윤리의 가능성」, 『칸트연구』 제17집, 한국칸트학회, 2007.
권용혁, 『이성과 사회: 실천철학 I』, 철학과현실사, 1998.
김다솜, 「흄과 칸트 - 공감과 공통감」, 『칸트연구』 제36집, 2015.
_____, 「흄의 자연주의 윤리학」, 중앙대학교, 2018.
김도형, 『레비나스와 정치적인 것』, 그린비, 2018.
김상득, 「도덕적 딜레마와 도덕 실재론」, 『철학연구』 제34집, 철학연구회, 1994.
_____, 『생명의료 윤리학』, 철학과 현실사, 2000.
김상록, 「레비나스의 실존 운동의 동성(動性)」, 『철학』 제107집, 2011.
김석수, 「현대 실천철학에서 칸트 공통감 이론의 중요성」, 『철학연구』 제123집, 대한철학회, 2012.
_____, 『칸트와 현대 사회 철학』, 울력, 2005.
김수배, 「칸트 윤리학에서 원칙과 사례의 갈등 -'결의론'을 중심으로-」, 『철학연구』 제73집, 철학연구회, 2006.
김양현, 「칸트의 목적론적 자연관에 나타난 인간중심주의」, 『철학』 제55집, 한국철학회, 1998.
김연숙, 『타자 윤리학』, 인간사랑, 2001.
김재인, 『인공지능의 시대, 인간을 다시 묻는다』, 동아시아, 2017.
김정주, 「이성과 상호성 - 칸트의 인식 및 도덕 이론과 아펠의 비판적 변형」, 『칸트연구』 제17집, 한국칸트학회, 2006.
김종국, 「4원칙주의 생명의료 윤리와 칸트 도덕철학」, 『칸트연구』 제37집, 2016.
김진, 『아펠과 철학의 변형』, 철학과현실사, 1998.
_____, 『칸트와 선험화용론』, 울산대학교 출판부, 1995.
라파엘 카푸로 & 미카엘 나겐보르그 편저, 『로봇윤리』, 변순용·송선영 역, 어문학사, 2013.
레이 커즈와일, 『특이점이 온다』, 김명남·장시형 옮김, 김영사, 2017.
리처드 도킨스, 『확장된 표현형』, 을유문화사, 2004.
맹주만, 「칸트와 도덕적 실재론」, 『칸트연구』 제19집, 한국칸트학회, 2007.
_____, 「덕과 규칙, 그리고 거짓말」, 『철학탐구』 제47집, 중앙철학연구소, 2017.
_____, 「도덕적 감정 - 후설의 칸트 비판」, 『칸트연구』 제13집, 한국칸트학회, 2001.
_____, 「레비나스의 대속적 주체와 공감적 이성」, 『철학탐구』 제56집, 중앙철학연구소, 2019.
_____, 「레비나스의 윤리적 주체와 공감적 타자」, 『칸트연구』 제56집, 한국칸트학회, 2019.
_____, 「롤스와 샌델, 공동선과 정의감」, 『철학탐구』 제32집, 중앙철학연구소, 2012.
_____, 「롤즈, 칸트, 그리고 구성주의」, 『칸트연구』 제20집, 한국칸트학회, 2007.
_____, 「샌델과 공화주의 공공철학」, 『철학탐구』 제34집, 중앙철학연구소, 2013.
_____, 「아펠의 선험화용론적 담론윤리학과 실천이성」, 『칸트연구』 제18집, 한국칸트학회, 2006.
_____, 「인간의 본성과 유전자 조작」, 『철학탐구』 제14집, 2002.

_____, 「인공지능과 로봇의사윤리」, 『철학탐구』 제52집, 2018.
_____, 「칸트와 루소의 공동체론」, 『칸트와 그의 시대』, 『칸트연구』 제5집, 한국칸트학회, 1999.
_____, 「칸트와 미학적 자살」, 『칸트연구』 제36집, 한국칸트학회, 2015.
_____, 「칸트와 생물학적 유기체주의」, 『칸트연구』 제17집, 2006.
_____, 「칸트와 흄 - 도덕적 이성과 공감」, 『칸트연구』 제34집, 한국칸트학회, 2014.
_____, 「칸트의 미학 - 자율미학과 미적 예술」, 『서양근대미학』, 서양근대철학회 편, 창비, 2012.
_____, 「하이데거의 자유론」, 『하이데거 연구』 제13집, 한국하이데거학회, 2006.
_____, 「합법적 권위와 시민불복종」, 『철학탐구』 제18집, 중앙철학연구소, 2005.
_____, 「흄과 공감의 도덕성」, 『철학탐구』 제36집, 중앙철학연구소, 2014.
_____, 『칸트의 윤리학』, 어문학사, 2019.
문성학, 「안락사의 도덕성 논쟁」, 『철학논총』 15집, 새한철학회, 1998.
박영숙·제롬 글렌, 『세계미래보고서 2055』, 비즈니스북스, 2017.
박예은, 「레비나스의 타자윤리와 제3자의 정치철학」, 중앙대학교, 2017.
박은진, 「인과론과 목적론」, 『인과와 인과이론』, 철학과현실사, 1996.
박인철, 「공감의 현상학: 공감의 윤리적 성격에 대한 후설과 쉘러의 논의를 중심으로」, 『철학연구』 제99집, 철학연구회, 2012.
박정순, 「자유주의 대 공동체주의 논쟁의 방법론적 쟁점」, 『철학연구』, 제33집, 철학연구회, 1993.
박충식, 「생명으로서의 인공지능: 정보철학적 관점에서」, 『인공지능의 존재론』, 한울아카데미, 2018.
박효종, 『국가와 권위』, 박영사, 2001.
백종현, 「칸트 '인간 존엄성의 원칙'에 비춰 본 자살의 문제」, 『칸트연구』 제32집, 한국칸트학회 2013.
변순용·송선영, 『로봇윤리란 무엇인가?』, 어문학사, 2015.
보위, N.·사이몬 R., 『사회·정치철학 ―개인과 정치적 질서―』, 서광사, 1986.
볼프강 렌쩬, 『사랑·삶·죽음』, 배선복 옮김, 철학과 현실사, 2003.
샤논, T. A. & 디지아코모, J. D., 『生醫倫理學』, 황경식/김상득 옮김, 서광사, 1989.
서동욱, 『차이와 타자』, 문학과지성사, 2000.
세실 라보르드·존 메이너 (편), 『공화주의와 정치이론』, 곽준혁·조계원·홍승헌 옮김, 까치, 2009.
셀리 케이건, 『죽음이란 무엇인가』, 엘도라도, 2012.
소병일, 「공감과 공감의 윤리적 확장에 관하여 ―흄과 막스 셸러를 중심으로―」, 『철학』 제118집, 한국철학회 2014.
손동현, 「선험적 이성의 생물학적 연원 - 진화론적 인식론의 인식론적 의의」, 『철학연구』, 제54집, 철학연구회, 2001.
신득렬, 『권위, 자율 그리고 교육』, 계명대학교출판부, 1997.
신상규, 「인공지능은 자율적 도덕행위자일 수 있는가」, 『철학』 제132집, 2017.
신현우, 「진화론적 지능형 서비스 로봇에 대한 실천윤리학적 고찰」, 『윤리연구』 Vol. 79, 2010.
아리스토텔레스, 『니코마코스 윤리학』, 이창우·김재홍·강상진 옮김, 이제이북스 2006.
_____, 『니코마코스 윤리학』, 최명관 옮김, 서광사 1984.
안 소바냐르그, 『들뢰즈, 초월론적 경험론』, 성기현 옮김, 그린비, 2016.
알빈 디머, 『에드문트 후설』, 조주환·김영필 옮김, 이문출판사, 1990.
양선이, 「감정진리와 감정의 적절성 문제에 대한 고찰」, 『철학연구』 제49집, 고려대학교

철학연구소, 2014.

에드워드 윌슨,『사회생물학 Ⅰ·Ⅱ』, 이병훈·박시룡 옮김, 민음사, 1992.

에른스트 마이어,『생물학의 고유성은 어디에 있는가?』, 박정희 옮김, 철학과현실사, 2005.

_____,『이것이 생물학이다』, 최재천 외 옮김, 몸과마음, 2002.

_____,『진화론 논쟁』, 사이언스북스, 1998.

오트프리트 회페,『임마누엘 칸트』, 이상헌 옮김, 문예출판사, 1997.

우치다 타츠루,『레비나스와 사랑의 현상학』, 이수정 역, 갈라파고스, 2013.

원승룡,「진화론적 인식론 대 초월론적 인식론」,『대동철학』, 창간호, 1998.

웬델 월러치, 콜린 알렌,『왜 로봇의 도덕인가』, 메디치, 2014.

윤대선,「레비나스의 사상과 유대주의」,『철학논집』, 서강대학교, 2019.

_____,『레비나스의 타자철학』, 문예출판사, 2009.

이상목,「의사의 책임윤리의 토대로서 선행과 신뢰」,『철학논총』제77집, 새한철학회, 2014.

이상화,「이성과 실천 -현대철학에 있어서의 이성비판을 중심으로-」,『철학연구』제31집, 철학연구회 1992 가을.

이양수,「중첩합의, 정의의 우위? 선의 우위?」,『롤즈의 정의론과 그 이후』, 황경식·박정순 외, 철학과 현실사, 2009.

이원봉,「칸트의 윤리학과 감수성의 역할」,『칸트연구』제18집, 한국칸트학회, 2006.

이종은,「플라톤, 홉스, 롤즈에 있어서 의무라는 개념의 구분」, 한국정치학회보 Vol. 17, 1983.

이환,『몽테뉴와 파스칼』, 민음사, 2007.

임종식·구인회,『삶과 죽음의 철학』, 아카넷, 2003.

장운혁, 정창록,「인공지능과 의료자원분배」,『한국의료윤리학회지』제20권 제4호(통권 제53호), 한국의료윤리학회, 2017.

정원규,「롤즈 정의론의 형이상학적 문제들」,『롤즈의 정의론과 그 이후』, 황경식·박정순 외, 철학과 현실사, 2009.

정원섭,「공적 이성과 정치적 정의관」,『롤즈의 정의론과 그 이후』, 황경식·박정순 외, 철학과 현실사, 2009.

제러미 하윅,『증거기반의학의 철학 : 의학의 새로운 패러다임』, 전현우 역, 생각의힘, 2018.

제럴드 드워킨 외,『안락사논쟁』, 석기용·정기도, 책세상, 1999.

제이 홀맨 엮음, 박재형 외 옮김,『의료윤리의 새로운 문제들』, 예영커뮤니케이션, 1997.

존 스튜어트 밀,『공리주의』, 이을상·김수청 옮김, 이문출판사, 2002.

질 들뢰즈,『차이와 반복』, 김상환 옮김, 민음사, 2004.

천현득,「인공지능은 감정을 가질 수 있을까?」,『인공지능의 존재론』, 한울아카데미, 2018.

최경석,「생명의료윤리에서의 '자율성'에 대한 비판적 고찰」,『한국의료윤리학회지』14(1), 한국의료윤리학회, 2011.

최윤섭,『의료 인공지능』, 클라우드나인, 2018.

카울바하, F.,『윤리학과 메타윤리학』, 하영석/이남원 역, 서광사, 1995.

코스가드, 크리스틴 M.,『목적의 왕국』, 김양현·강현정 옮김, 철학과 현실사, 2007.

클라우스 슈밥,『제4차 산업혁명』, 메가스터디(주), 2016.

폴 리쾨르,『타자로서 자기자신』, 김웅권 옮김, 동문선, 2006.

한국칸트학회 엮음,『포스트모던 칸트』, 문학과 지성사, 2006.

한상연,『공감의 존재론』, 세창출판사, 2018.

허버트 하트,『법의 개념』, 오병선 옮김, 아카넷, 2002.

홍성우,「롤즈의 정치적 자유주의에 대한 샌들의 비판」,『범한철학』제33집, 2004.

황경식,「도덕적 구성주의 - Rawls의 도덕론을 중심으로 -」,『철학』제16호, 한국철학회,

1981.
_____, 『사회정의의 철학적 기초』, 문학과지성사, 1985.
R&D정보센터, 『헬스케어 4.0시대 국내외 의료산업 패러다임과 신개념 의료기기 트렌드』, 지식산업정보원, 2018.

국외 문헌

Adickes, E., *Kant als Naturforscher*, 2Bde., Berlin: W. de Gruyter, 1925.

Alexander, R. D., *The Biology of Moral System*, New York, 1987.

Allen, Garland E., "Mechanism, vitalism and organicism in late nineteenth and twentieth-century biology: the importance of historical context", in *Stud. Hist. Phil. Biol. & Biomed. Sci.* 36 (2005), 261-283.

Anderson, M. & Anderson, S. L. (ed.), *Machine Ethics*, Cambridge University Press, 2011.

Apel, K.-O., *Transformation der Philosophie*, 2 Bde. Frankfurt am Main: Suhrkamp, 1973/1976.

_____, (Hg.), *Zur Rekonstruktion der praktischen Philosophie*, Stuttgart-Bad Cannstatt: frommann-holzboog, 1990.

_____, *Diskurs und Verantwortung. Das Problem des Übergangs zur postkonventonwllen Moral*, Frankfurt am Main: Suhrkamp, 1988.

_____, "Sprechakttheorie und transzendental Sprachpragmatik zur Frage ethischer Normen", in K.-O. Apel (Hg.), *Sprachpragmatik und Philosophie*, Frankfurt am Main: Suhrkamp, 1976.

_____(Hg.), *Sprachpragmatik und Philosophie*, Frankfurt am Main: Suhrkamp, 1976.

Aris, R., *History of Political Thought in Germany 1789-1815*, London: Frank Vass, 1965.

Aristotle, *The Nicomachean Ethics* (1996), Translated with by Harris Rackham. With an Introduction by Stephen Watt, Wordsworth Editions Limited 1996.

_____, *The Nicomachean Ethics* (2000), Translated and edited by Roger Crisp, Cambridge University 2000.

Asimov, I., *I, Robot*, New York: Spectra, 2008.

Ayala, F. J., "The Evolutionary Thought of Teilhard de Chardin", in *Biology, History, and Natural Philosophy*, A. D. Breck and W. Yourgrau (ed.), New York: Plenum.

_____, "The Evolutionary Concept of Progress," in *Progress and Its Discontents*, G. A. Almond, M. Chodorow and R. H. Pearce (eds.), Berkeley: University of California Press.

Barry, B., *A Liberal Theory of Justice*, Oxford: Clarendon Press, 1973.

Bates, S., "The Motivation to Be Just", *Ethics* 85 (1974).

Battin, M.P., "Suicide: A fundamental Right?", in *Suicide: The Philosophical Issues*, edited by Margaret Pabst and David J. Mayo, New York: St. Martin's Press, 1980.

Baumgartner, H. M., *Kants "Kritik der reinen Vernunft": Anleitung zur Lektüre*, 2. durches. Aufl., Freiburg/München: Verlag Karl Alber, 1988.

Beatty, J., "The synthesis and the synthetic theory", in W. Bechtel ed., *Integrating Scientific Disciplines*, Dordrecht, Holland: Nijhoff, 1986.

Beauchamp, Tom L. (ed.), *Intending Death: The Ethics of Assisted Suicide and Euthanasia*, Upper Saddle River, NJ: Prentice-Hall, 1996.

Beauchamp, Tom L. and Childress, James F., *Principles of Biomedical Ethics*, Oxford University Press, 1979.

Beck L. W., *A Commentary on Kant's Critique of Practical Reason*, The University of Chicago Press, 1984.

Bedau, H. A., "On Civil Disobedience," *Journal of Philosophy* (October, 1961).

Beiser, F., *Enlightenment, Revolution, and Romanticism*, Harvard University Press, 1992.

Berger, Fred R, Happiness, *Justice, and Freedom: The Moral and Political Philosophy of John Stuart Mill*, Berkeley: University of California Press, 1984.

Berlin, I., *Four Essays on Liberty*, Oxford University Press, 1969.

Bernasconi, Robert and Wood, David (ed.), *The Provocation of Levinas: Rethinking the Other*, London: Routledge, 1988.

Bertalanffy, L. V., *General System Theory. Foundations, Development, Applications*, Harmondsworth: Penguin University Press, 1973.

Bierstedt, R., "An Analysis of Social Power", *Power. Critical Concept*, ed. John Scott, Vol. I, London and New York: Routlrdge, 1994. Source: *American Sociological Review*, 1960, vol. 15, pp.730-738.

Bittner, R., *Moralisches Gebot oder Autonomie*, Freiburg/München: Verlag Karl Alber. 1983.

Blackburn, S., *Essays in Quasi-Realism*, Oxford University Press, 1993.

Bleicher, J., *The Hermeneutic Imagination. Outline of a positive critique of scientism and sociology*, London: Routledge & Kegan Paul, 1982.

Blocker, H. G./Smith, E. H. (ed.), *John Rawls' Theory of Social Justice: An Introduction*, Ohio University Press, 1980.

Blum, L. W., *Friendship, Altruism and Morality*, London, 1980.

Boden, Margaret A. (ed.), *The Philosophy of Artificial Intelligence*, Oxford University Press, 1990.

Böhme, G., "Kants Theorie der Gegenstandskonstitution", *Kant-Studien* 73, 1982.

Booth, W. J., "Reason and History : Kant's Other Copernican Revolution", *Kant-Studien* 74, 1983.

Bostrom, N., *The Transhumanist FAQ*, www.nickbostrom.com (Version 2.1 2003)

_____, *Superintelligence: Paths, Dangers, Strategies*, Oxford University Press, 2014.

_____, "In defense of Posthuman Dignity", *Bioethics*, Vol. 19, No. 3, pp. 202-214, www. nickbostrom.com, 2005.

Brandon, R. N., "Phenotypic Plasticity, Cultural Transmission, and Human Sociobiology", in *Sociobiology and Epistemology*, J. H. Fetzer (ed.), Kluwer: Dordrecht/Boston/Lancaster, 1985.

Brink, D. O., *Moral Realism and the Foundations of Ethics,* Cambridge University Press, 1989.

_____, "Rawlsian Constructivism in Moral Theory", in *Canadian Journal of Philosophy* 17 (1987).

_____, "Mill's Deliberative Utilitarianism", *Philosophy and Public Affairs,* Vol. 21, No. 1(1992).

Broad, C. D., *Five Types of Ethical Theory*, Boston: Routledge & Kegan Paul, 1930.

Brock, Dan W., "Voluntary active Euthanasia", *Hastings Center Report*, vol. 22, March-April 1992.

Brodie, A./Pybus, E. M., "Kant and Weakness of Will", *Kant-Studien* 73, 1982.

Bryant, Levi R., *Difference and Givenness: Deleuze's Transcendental Empiricism and the Ontology of Immanence*, Northwestern University Press, 2008.

Camus, Albert, *The Myth of Sisyphus*, New York: Vintage, 1955.

Cassirer, H. W., *A Commentary on Kant's Critique of Judgement* (1938), New York: Barnes &

Noble, 1970.

_____, *Rousseau, Kant, Goethe*, hrsg., eingeleitet sowie mit Anm. und Reg. vers. von Rainer A. Bast, Hamburg: Meiner, 1991.

Cloud, John, Why Genes Aren't Destiny, *Time* Vol. 175, No. 2, 2010.

Cohen, M., "Liberalism and disobedience", *Philosophy and Public Affairs*, 1 (1972).

Collins, S., *The Core of Care Ethics*, Palgrave Macmillan, 2015.

Crisp, R. and Slote, M. (ed.), *Virtue Ethics*, Oxford University Press 1997.

Crisp, R. (ed.), *How Should One Live?. Essays on the Virtues*, Oxford: Clarendon, 1996.

_____ (ed.), *Mill on Utilitarianism,* Rotledge, 1997.

Critchley, S. and Bernasconi, R. (ed.), *The Cambridge Companion to Levinas*, Cambridge University Press, 2002.

Daniels, N. (ed.), *Reading Rawls : Critical Studies of A Theory of Justice*, New York: Basic Book, Inc., 1975.

Darwall, Stephen L., "A Defense of the Kantian Interpretation", in *Ethics* 86 (1976).

Darwin, Charles, *The Origin of Species*, Signet Classics, New York: Penguin, 2003.

_____, 『종의 기원』, 김창한 옮김, 집문당, 1993.

_____, 『인간의 유래 1』, 김관선 옮김, 한길사, 2006.

_____, 『인간의 유래 2』, 김관선 옮김, 한길사, 2006.

Davidson, D., *Essays on Actions and Events,* Oxford: Clarendon Press, 1980.

Deleuze, G., *Kant's Critical Philosophy : the doctrine of the faculties,* Tomlinson, H/Habberjam, B. trans., University of Minneapolis Press, 1984.

Deleuze, *Difference and Repitition*, trans. by Paul Patton, New York: Columbia University, 1994.

_____, 『차이와 반복』, 김상환 옮김, 민음사, 2004.

Downing, A. B., ed., *The Case for Voluntary Euthanasia*, London, 1969.

Dworkin, R. M. (ed.), *The Philosophy of Law*, Oxford University Press, 1977.

Dworkin, R., *Taking Rights Seriously,* Harvard University Press, 1977.

Dworkin, R. et al., *Assisted Suicide : The Philosophers' Brief, New York Review of Books*, March 27, 1997.

Dworkin, Gerald · Frey, R. G · Bok, Sissela, *Euthanasia and physician-assisted suicide*, Cambridge University Press, 1998.

Edelman, Gerald M., *Second Nature: Brain Science and Human Knowledge*, Yale University Press, 2006.

Epicuros, *The Epicurus Reader.* Selected Writings and Testimonia, Translated and Edited, with Notes, by Bras Inwood and L. P. Gerson. Introduction by D. S. Hutchinson, Indianapolis/ Cambridge: Hackett Publishing Company, 1994.

Engelhardt, Jr. H. Tristram, *Foundations of Bioethics*, Oxford University, 1996.

Feinberg, J. (ed.), *Moral Concepts,* Oxford University Press, 1969.

_____, "Rawls and intuitionism", *Reading Rawls: Critical Studies of A Theory of Justice*, ed. N. Daniels, Stanford, Calif.: Stanford University Press, 1989.

_____, "Duty and Obligation in the Non-Ideal World", *Journal of Philosophy* 70 (1973).

Fellmann, F., 『현상학의 지평』, 최성환 옮김, 서광사, 2014.

Fetscher, I., *Rousseau politische Philosophie. Zur Geschichte des demokratischen Freiheitsbegriffs*, 3., überarb. Aufl. Frankfurt a. M.: Suhrkamp, 1980.

Flanagan, Owen & Amelie Oksenberg Rorty (ed.), *Identity, Character, and Morality. Essays in Moral Psychology*, MIT Press, 1993.

Gauthier, D., *Morals by Agreement,* Oxford: Clarendon Press, 1986.

_____, 『합의도덕론』, 김형철 옮김, 철학과현실사, 1993.

Geismann, G., "Kant als Vollender von Hobbes und Rousseau," in *Der Staat* 27 (1982).

Gelhaus, P., "Robot decisions: on the importance of virtuous judgment in clinical decision making", *Journal of Education in Clinical Practice* 17 (2011) 883-887, Blackwell Publishing Ltd.

Glass, B. (ed.), *Forerunners of Darwin 1745-1859,* Baltimore: John Hopkins University Press, 1959.

Godfrey-Smith, P., *Complexity and the Function of Mind in Nature,* Cambridge Univ. Press, 1998.

Golding, M. P., *Philosophy of Law,* Englewood Cliffs, New Jersey: Prentice Hall, 1975.

Goldman, A. H., *Moral Knowledge,* London and New York: Routledge, 1988.

Gray, J., *Liberalism,* MInneapolis: University of Minnesota Press, 1986.

Grcic, J. M., "Kant and Rawls: Contrasting Conceptions of Moral Theory", *Journal of Value Inquiry* 17, No. 3, 1983.

Greenawalt, K., "Disobedience as a plea for reconsideration", *Civil Disobedience in Focus,* ed. Hugo Adam Bedau, London: Routledge, 1991.

Gregor, M. J., *Laws of Freedom,* Oxford: Blackwell, 1962.

Guenther, K., *Der Darwinismus und die Probleme des Lebens,* Freiburg, 1905.

Guttman, J., *Kants Gottesbegriff in seiner positiven Entwicklung,* Berlin, 1906.

Guyer, P., (ed), *Kant's Groundwork of the Metaphysics of Morals, Critical Essays,* Rowman & Littlefield Publishers, 1998.

_____, Knowledge, Reason, and Taste: Kant's responds to Hume, Princeton University Press, 2008.

Haardt, A., "Die Stellung des Personalitätsprinzips in der 'Grundlegung zur Metaphysik der Sitten' und in der 'Kritik der praktischen Vernunft'", in *Kant-Studien* 73, 1982.

Habermas, J., *Erläuterungen zur Diskursethik,* Frankfurt a/M.: Suhrkamp, 1991.

_____, "Die Einheit der Vernunft in der Vielfalt ihrer Stimmen", in *Nachmetaphysisches Denken,* Frankfurt am Main 1988.

_____, "Was heißt Universalpragmatik?", in K.-O. Apel (Hg.), *Sprachpragmatik und Philosophie,* Frankfurt am Main: Suhrkamp, 1976.

_____, *Theorie des kommunikativen Handelns,* Band 1, Frankfurt/M.: Suhrkamp, 1985.

_____, *Moralbewußtsein und kommunikatives Handeln,* Frankfurt/M.: Suhrkamp, 1983.

_____, 『담론윤리의 해명』, 이진우 옮김, 문예출판사, 1997.

Haksar, V., "Rawls and Gandhi on Civil Disobedience", in *John Rawls. Critical Assessments of Leading Political Philosopher*s, ed. C. Kukathas, Volume II, London and New York: Routledge, 2003. Source: *Inquiry* 19 (1976): 151-192.

Hampton, J., "Contracts and Choices : Does Rawls Have a Social Contract Theory?", *The Journal of Philosophy* 77, No. 6, June, 1980.

Hanna, J. F., "Sociobiology and The Information Metaphor", in *Sociobiology and Epistemology,* J. H. Fetzer (ed.), Kluwer: Dordrecht/Boston/Lancaster, 1985.

Hardin, R., *David Hume : Moral and Political Theorist,* Oxford University Press, 2007.

Hardwig, J., "Action from Duty But Not in Accord with Duty", *Ethics* 93, 1983.

Hare, R. M., "Rawls' Theory of Justice," Daniels, N. ed., *Reading Rawls : Critical Studies of A Theory of Justice,* New York: Basic Book, Inc., 1975.

_____, *Freedom and Reason,* Oxford University Press, 1963.

_____, *Moral Thinking*, New York, 1981.

_____, *The Language of Morals*, Oxford University Press, 1952.

Hart, H. L. A., *The Concept of Law*, 2th. ed., Oxford University Press, 1994.

Heidegger, M., *Kant und das Problem der Metaphysik*, Frankfurt am Main: Vittorio Klostermann, 1951.

_____, *Phänomenologische Interpretation von Kants Kritik der reinen Vernunft*, Frankfurt am Main: Vittorio Klostermann, 1977.

_____, 『칸트와 형이상학의 문제』, 한길사, 2001.

Henrich, D., "Der Begriff der sittlichen Einsicht und Kants Lehre vom Faktum der Vernunft", in *Die Gegenwart der Griechen im neuern Denken*, ed. Dieter Henrich et al., Tübingen, 1960.

_____, "Über Kants Entwicklungsgeschichte," *Philosophische Rundschau* 13 (1965).

_____, "Über Kants früheste Ethik: Versuch einer Rekonstruktion," *Kant-Studien* 54 (1963).

_____, "Hutcheson und Kant," *Kant-Studien* 49 (1957-58).

Herman, B., "rules, motives, and helping action", *Philosophical Studies* 45(1984).

Hill, Thomas E. Jr., "Kantian Constructivism in Ethics", in *Ethics* 99 (1989).

Hoag, Robert W., "Mill's conception of Happiness as an Inclusive End", *Journal of the History of Philosophy*, 1987.

Höffe, O. (hrsg.), *Immanuel Kant. Kritik der praktischen Vernunft*, Berlin: Akademie Verlag, 2002.

_____, *Ethik und Politik : Grundmodelle und -probleme der praktischen Philosophie*, Frankfurt am Main: Suhrkamp, 1979.

_____, *Political Justice. Foundations for a Critical Philosophy of Law and the State*, trans. by Jeffrey C. Cohen, Cambridge: Polity Press 1995.

Horn, Ch., "Wille, Willensbestimmung, Begehrungsvermögen", *Immanuel Kant. Kritik der praktischen Vernunft*, O. Höffe (hrsg.), Berlin: Akademie Verlag, 2002.

Horster, D., "Der Kantische 'methodische Solipsismus' und die Theorien von Apel und Habermas", *Kant-Studien* 73, 1982.

Hull, D. L. and Ruse M., *The Philosophy of Biology*, Oxford University Press, 1998.

Hume, D., *A Treatise of Human Nature*, edited by L.A. Selby-Bigge, Oxford: Oxford University Press, 1980.

_____, *An Enquiry concerning the Principles of Morals*, edited by J. B. Schneewind, Indianapolis: Hackett Publishing Company, 1983.

_____, Of Suicide, in *Essays: Moral, Political, and Literary* Vol. II, edited by T. H. Green & T. H. Gross, Longmans, Green & Co, 1882.

_____, 『정념에 관하여』, 이준호 옮김, 서광사, 1996.

_____, 『도덕에 관하여』, 이준호 옮김, 서광사, 1998.

Hursthouse, R., *On Virtue Ethics*, Oxford University Press, 1999.

Husserl, E., *Vorlesungen über Ethik und Wertlehre 1908-1914*, hrsg. von Ullrich Melle, Husserliana Bd. XXVIII, Dordrecht/Boston/London: Kluwer Academic Publishers, 1988.

Jatinder N.D. Gupta, Guisseppi A. Forgionne, Manuel Mora T (eds.), *Intelligent Decision-making Support Systems: Foundations, Applications and Challenges*, Springer, 2006.

John, Cooper, *Reason and Human Good in Aristotle*, Harvard University Press, Cambridge, 1975.

Jones, H. E., *Kant's Principle of Personality*, The University of Wisconsin Press, 1971.

Johnson, Oliver A., "The Kantian Interpretation", in *Ethics* 85 (1974).

Kaltenbrunner, G.-K., *Wir sind Evolution. Die kopernikanische Wende in der Biologie*, Freiburg-Basel-Wien, 1981.

Kambartel, F., "Vernunft: Kriterium oder Kultur? Zur Definierbarkeit des Vernünftigen," in Steinmann, H. & Scherer, A. G. (Hg.), 88-105.

Kant, I., *Kants Gesammelte Schriften*, hg. von der Preuischen Akademie der Wissenschaften, Berlin und Leibzig, 1902ff.

_____, *Werkausgabe in zwölf Bänden*, Herausgegeben von Wilhelm Weischedel, Frankfurt am Main: Suhrkamp, 1968.

_____, *Fragmente aus dem Nachlaß*, Hartenstein판 VIII권.

_____, *Briefwechsel*, Hamburg: Felix Meiner, 1972.

_____, *Eine Vorlesung über Ethik*, hg. von Gerd Gerhardt, Frankfurt am Main: Fischer Taschenbuch Verlag, 1990.

_____, *Practical Philosophy*, Trans. and Ed. by Mary J. Gregor, Cambridge University Press, 1996.

Kaspar, R., "Der Typus - Idee und Realität", *Acta Biotheor.* 26, 1977.

Kass, L. R., "Ageless Bodies, Happy Souls: Biotechnology and the Pursuit of Perfection", www.TheNewAtlantis.com, 2003.

Kaulbach, F., "Der Zusammenhang zwischen Naturphilosophie und Geschi- chtsphilosophie bei Kant", *Kongressbericht, II. Internationaler KantKongreß 1965*, Kölen: Kölner Universitätsverlag, 1966.

_____, "Die kopernikanische Denkfigur bei Kant", *Kant-Studien* 64, 1973.

_____, "Welchen Nutzen gibt Kant der Geschichtsphilosophie?", *Kant-Studien* 66, 1975.

_____, *Das Prinzip Handlung in der Philosophie Kants*, Berlin/New York: Walter de Gruyter, 1978.

Kenny, A., *Action, Emotion and Will*, London: Routledge & Kegan Paul, 1963.

Kern, I., *Husserl und Kant. Eine Untersuchung über Husserls Verhältnis zu Kant und zum Neukantianismus*, Netherland: Martinus Nijhoff/Den Haag, 1964.

Konhardt, K., "Faktum der Vernunft? Zu Kants Frage nach dem 'eigentlichen Selbst' des Menschen", in *Handlungstheorie und Transzendentalphilosophie*, hg. Prauss, G., Frankfurt am Main: Vittorio Klostermann, 1986.

_____, *Die Einheit der Vernunft. Zum Verhältnis von theoretuscher und praktischer Vernunft in der Philosophie Immanuel Kants*, Königsstein/Taunus, 1979.

Kraft, J., *Von Husserl zu Heidegger : Kritik der phänomenologischen Philosophie*, 3. Aufl., Hamburg: Meiner, 1977.

Krämling, G., *Die systembildende Rolle von Aesthetik und Kulturphilosophie bei Kant*, Freiburg/München: Karl Alber Verlag, 1985.

Kraut, R., *Aristotle on the Human Good*, Princeton University Press, 1989.

_____, "Two conception of happiness", *Philosophical Review*, Vol. 88, No. 2(1979).

Kreider, S. Evan, "Mill on Happiness", *Philosophical Papers*, Vol. 39, No. 1(2010).

Krieger, L., *The German Idea of Freedom*, Chicago University Press, 1957.

Kroner, R., *Von Kant bis Hegel*, 2 Aufl., Tübingen, 1961.

Krüger, G., *Philosophie und Moral in der kantischen Kritik*, Tübingen, 1967.

Kuhlmann, W., *Kant und die Transzendentalpragmatik*, Würzburg, 1992.

_____, "Solipsismus in Kants praktischer Philosophie und die Diskursethik", in Karl-Otto Apel (Hg.), *Zur Rekonstruktion der praktischen Philosophie*.

Kukathas, C., *John Rawls. Critical Assessments of Leading Political Philosophers*, Vol. Ⅰ, Ⅱ,

London and New York: Routledge, 2003.

Küsters, G.-W., *Kants Rechtsphilosophie,* Darmstadt: Wissenschaftliche Buchgesell- schaft, 1988.

Kymlica, W., "Liberalism and Communitarianism", *Canadian Journal of Philosophy,* vol. 18.

Ladd, J., Introduction to *Kant, The Metaphysical Element of Justice,* New York: Macmillan/ Liberary of Liberal Arts, 1965.

Lehmann, G., "Kant und der Evolutionismus. Zur Thematik der Kantforschung Paul Menzers," in *Kant-Studien* 53 (1961/2).

Lieber, H.-J., "Kants Philosophie des Organischen und die Biologie seiner Zeit," in *Philosophia Naturalis* 1 (1950/2).

Löw, R., *Philosophie des Lebendigen. Der Begriff des Organischen bei Kant, sein Grund und seine Aktualität,* Frankfurt/M: Suhrkamp, 1980.

Leiser, M./Burton, M., *Liberty, Justice, and Morals,* 3rd ed., New York: Macmillan Publishing Company, 1986.

Lenzen, Wolfgang, *Liebe, Leben, Tod. Eine moralphilosophische Studie,* Stuttgart: Reclam, 1999.

Levinas, E., *Basic Philosophical Writings,* A. Peperzak, S. Critchley and R. Bernasconi (eds.), Bloomington: Indiana University Press, 1996.

_____, *Collected Philosophical Papers,* trans. Alphonso Lingis, The Hague: Martinus Nijhoff, 1987.

_____, *Entre Nous: Thinking of the Other,* trans. Michael B. Smith and Barbara Harshav, New York: Columbia University Press, 1998.

_____, *Ethics and Infinity: Conversations with Philippe Nemo,* trans. Richard Cohen, Pittsburgh: Duquesne University Press, 1985.

_____, *Existence and Existents,* trans. Alphonso Lingis, The Hague: Martinus Nijhoff, 1978.

_____, *Otherwise than Being,* Pittsburgh: Duquesne University Press, 1998.

_____, *The Levinas Reader,* ed. Sean Hand, Oxford: Basil Blackwell, 1989.

_____, "The Primacy of Pure Practical Reason", trans. by B. Billings, *Man and World* 27, Netherlands, 1994.

_____, *The Provocation of Levinas: Rethinking the Other,* ed. Robert Bernasconi and David Wood, London: Routledge, 1988.

_____, *Time and the Other,* trans. Richard A. Cohen, Pittsburg: Duquesne University Press, 1985.

_____, *Totality and Infinity,* trans. by Alphonso Lingis, Pittsburg: Duquesne University Press, 1991.

_____, 『윤리와 무한』, 양명수 옮김, 다산글방, 2000.

_____, 『존재에서 존재자로』, 서동욱 옮김, 민음사, 2001.

_____, 『신, 죽음 그리고 시간』, 자크 롤랑 엮음, 김도형, 문성원, 손영창 옮김, 그린비, 2013.

_____, 『시간과 타자』, 강영안 옮김, 문예출판사, 1996.

_____, 『존재와 다르게』, 김연숙 · 박한표 옮김, 인간사랑, 2010.

_____, 『후설 현상학에서의 직관 이론』, 김동규 옮김, 그린비, 2014.

Levine, A., "Rawls' Kantianism", in *Social Theory and Practice* 3, No. 1, 1974.

Lorenz, K., "Kants Lehre vom Apriorischen im Lichte gegenwärtiger Biologie"(1941), in *Das Wirkungsgefüge der Natur und das Schicksal des Menschen,* 2 Aufl., München/Zürich: R. Piper & Co. Verlag, 1983.

Lumsden, C. J. and Gushurst, A. C., "Gene-Culture Coevolution: Humankind in the

Making," in *Sociobiology and Epistemology*, J. H. Fetzer (ed.), Dordrecht/Boston/Lancaster: D. Reidel Publishing Company, 1985.

MacBeath, A. M., "Kant on Moral Feeling", *Kant-Studien* 64, 1973.

MacIntyre, A., *A Short History of Ethics*, New York, 1966.

_____, *After Virtue: A study in Moral Theory*, University of Notre Dame Press, 1981.

_____, *Whose Justice? Which Rationality?* Notre Dame: University of Notre Dame Press, 1988.

Mackie, J. L., *Ethics: Inventing Right and Wrong*, New York: Penguin, 1977.

Makkreel, R. A., *Imagination and interpretation in Kant : the hermeneutical import of the Critique of Judgement*, University of Chicago Press, 1990.

Manning, D., *Liberalism*, London: Dent, 1976.

Martin, G., *Immanuel Kant; Ontologie und Wissenschaftstheorie*, Berlin, 1969, 1950[1]

Martin, Mike W., *Everyday Morality*, Wadsworth, 2001.

Mathieu, V., *Kants Opus postumum*, Frankfurt/M: Klostermann, 1989.

May, J. A., *Kant's concept of geography and Its relation to recent geographical thought*, Toronto and Buffalo: University of Toronto Press, 1970.

Mayr, E., This Is Biology: The Science of the Living World, Harvard University Press, 1997.

_____, *Toward a New Philosophy of Biology: Observations of an Evolutionist*, Harvard University Press 1989.

_____, *The Growth of Biological Thought*, Cambridge: Cambridge University Press, 1982.

McNaughton, D., *Moral Vision: An Introduction to Ethics*, Oxford/Cambridge: Blackwell, 1988.

McLaughlin, P., *Kants Kritik der teleologischen Urteilskraft*, Bonn: Bouvier, 1989.

Mensch, J., *Kant's Organicism*, Chicago and London: The University of Chicago Press, 2015.

Mill, J. S., *On Liberty*, A Forum Book, New York: Pyramid, 1966.

_____, *Utilitarianism*, Oskar Piest (ed.), The Liberal Arts Press, 1957.

_____, *Utilitarianism* (1957), New York: Boobs Merrill, 1957.

_____, *A System of Logic: Ratiocinative and Inductive, Being a Connected view of the principles of evidence, and the methods of scientific investigation.*, Project Gutenberg, [Ebook 27942], 2009. http://www.gutenberg.org

Model, A., *Metaphysik und reflektierende Urteilskraft bei Kant: Untersuchungen zur Transformierung des leibnizschen Monadenbegriffs in der "Kritik der Urteilskraft"*, Athenäum: Hain, 1986.

Mohr, H., *Natur und Moral. Ethik in der Biologie*, Darmstadt, 1987.

Morgan, Michael L., *Levinas's Ethical Politics*, Indiana University Press, 2016.

Müller, Wolfgang H., *Ethik als Wissenschaft und Rechtsphilosophie*, Würzburg: Königshausen & Neumann, 1992.

Murphy, J., "The highest good as content for Kant's ethical formalism", *Kant-Studien* 56, 1965.

Nachtigall, W., *Einführung in biologisches Denken und Arbeiten*, Heidelberg: Quelle & Meyer, 1972.

Nagel, T., "Rawls on Justice", Daniels, N., ed., *Reading Rawls : Critical Studies of A Theory of Justice*, New York: Basic Book, Inc., 1975.

_____, *The Possibility of Altruism*, Princeton University Press, 1970.

Neiman, S., *The Unity of Reason: Rereading Kant*, Oxford University Press, 1994.

Norman, R., *The Moral Philosophers : an introduction to ethics*, Oxford: Clarendon, 1983.

Oeser, B. E., *System, Klassifikation, Evolution. Historische Analyse und Rekonstruktion der wissenschaftstheoretischen Grundlagan der Biologie*, Wien-Stuttgart: Braumüller, 1974.

Oliver, Richard W., *The Coming Biotech Age*, New York: McGraw-Hill, 2000.

O'Neill, O, "Consistency in Action", *Universality and Morality: Essays on Ethical Universalizability*, ed. N. Potter and M. Timmons, Reidel, 1985.

_____, "Kant's Ethics", in Crisp, Roger (ed.), *How Should One Live?. Essays on the Virtues*, Oxford: Clarendon, 1996.

ONeill, Onora, "Consistency in Action", in Paul Guyer (ed.), *Kant's Groundwork of the Metaphysics of Morals : Critical Essays*.

Pahel, K./Schiller, M. (ed.), *Readings in Contemporary Ethical Theory*, New Jersey: Printice Hall, Inc., Englewood Cliffs, 1970.

Platon, *The Collected Dialogues*, edited by E. Hamilton and H. Cairns, Princeton University Press, 1961.

Pojman, Louis P., *Life and Death. A Reader in Moral Problems*, Wadsworth Publishing Company, 2000.

Riely, Jonathan, *Mill on Liberty*, London and New York: Routledge, 1998.

Rifkin, J., *The Biotech Centry*, New York: Jeremy P. Tarcher/Putnam, 1998.

Sandbach, F.H., *The Stoics*, 2nd. Edition, London: Gerald Duckworth & Co. Ltd, 1989.

Pettit, P., "Towards a Social Democratic Theory of the State", *Political Studies* (1987), XXXV.

Pieper, A., "Ethik als Verhältnis von Moralphilosophie und Anthropologie. Kants Entwurf einer Transzendentalpragmatik und ihre Transformation durch Apel," *Kant-Studien* 69, 1978.

Pinchin, C., *Issues in Philosophy*, Macmilian Education Ltd., 1990.

Pogge, T. W., "The Kantian Interpretation of Justice as Fairness," *Zeitschrift für philosophische Forschung* 35, Haft 1, 1981.

Pojman, Louis P., *Life and Death. A Reader in Moral Problems*, Wadsworth Publishing Company, 2000.

Potter, N., "Kant on Ends that are at the Same Time Duties", Chadwick, R. F./Cazeauk, C. ed., *Immanuel Kant : Critical Assessments*, Vol. III, London/New York: Routledge. 1992.

Prauss, G., "Kants Problem der Einheit theoretischer und praktischer Vernunft", *Kant-Studien* 72, 1981.

_____ (hg.), *Handlungstheorie und Transzendentalphilosophie*, Frankfurt am Main: Vittorio Klostermann, 1986.

_____ (hg.), *Kant. Zur Deutung seiner Theorie von Erkennen und Handeln*, Köln: Kiepenheuer & Witsch, 1973.

_____, *Kant über Freiheit als Autonomie*, Frankfurt am Main: Vittorio Klostermann, 1983.

Prinz, Jesse J., *The Emotional Construction of Moral*, Oxford University Press, 2007.

_____, "Is Empathy Necessary for Morality?", in Coplan A. and Goldie P. ed., *Empathy: Philosophical and Psychological Perspectives*, Oxford University Press, 2011.

Rachels, J., *The Elements of Moral Philosophy*, 2nd. ed., Mcgraw-Hill College, 1994.

Radcliffe, Elizabeth S., "Kantian Tunes on a Humean Instrument: Why Hume is not Really a Skeptic About Practical Reasoning", *Canadian Journal of Philosophy*, Vol. 27, 1997.

Rai, M. B., "The A Priori and the Analytic", Berichte und Diskussionen, *Kant-Studien* 74 (1983).

Rawls, J., *Political Liberalism*, New York: Columbia University Press, 1996(1993[1]).

_____, "Kantian Constructivism in Moral Theory", in *The Journal of Philosophy* 77, No. 9, Sept, 1980.

_____, "Themes in Kant's Moral Philosophy", in Chadwick, R. F./Cazeauk, C. ed., *Immanuel Kant : Critical Assessments*, Vol. III, London/New York: Routledge, 1992.

_____, *Political Liberalism*, New York: Columbia University Press, 1996 (1993¹).

_____, *The Law of Peoples*, Cambridge, Massachusetts: Harvard University Press, 1999.

_____, *A Theory of Justice*, Cambridge: Harvard University Press, 1971.

_____, *A Theory of Justice* (1999), Revised Edition, Cambridge: Harvard University Press, 1999.

_____, "Kantian Constructivism in Moral Theory", in *The Journal of Philosophy* 77, No. 9, Sept, 1980.

_____, "Legal Obligation and the Duty of Fair Play" (1964), *Collected Papers*.

_____, "The Justification of Civil Disobedience" (1969), *Collected Papers*.

_____, 『정치적 자유주의』, 장동진 옮김, 동명사, 1998.

_____, 『사회정의론』, 황경식 옮김, 서광사, 1991.

_____, 『정의론』, 황경식 옮김, 이학사, 2003.

Reiss, H. ed. and Nisbet, H. B. trans., *Kant's Political Writings*, Cambridge University Press, 1970.

Richard, R. J., "A Defense of Evolutionary Ethics," in *Biol. & Philos.* 1 (1986).

_____, "The Moral Foundations of the Idea of Evolutionary Progress: Darwin, Spencer, and the Neo-Darwinians", in *Evolutionary Progress*, M. H. Nitecki (ed.), Chicago: University of Chicago Press, 1988.

Riedl, F./Kreuzer, F. (Hrsg.), *Evolution und Menschenbild*, Hamburg, 1983.

Ritter, C., *Der Rechtsgedanke Kants nach den frühen Quellen*, Frankfurt a/M., 1971.

Roretz, K., *Zur Analyse von Kants Philosohpie des Organischen*, Vienna: Akademie der Wissenschafter in Wien, 1922.

Rousseau, J. J., *A Discourse on the Moral Effects of the Arts and Sciences*, in *The Social Contract and Discourses*, translated with an Introduction by G. D. H. Cole, New York: E. P. Dutton and Company, 1950.

_____, *A Discourse on the Origin of Inequality*, in *The Social Contract and Discourses*.

_____, *Emile or On Education*, Introduction, Translated and Notes by Allan Bloom, Penguin Book, 1979.

_____, *The Confessions*, translated and with an Introduction by J. M. Cohen, Penguin Books, 1953.

Ruse, M., *Taking Darwin Seriously. A Naturalistic Approach to Philosophy*, Oxford/New York, 1986.

_____, "Evolution and Progress", in *Tree*, 8/2 (1993), Oxford: Elsevier Science Ltd.

Ruse, M. (ed.), *Philosophy of Biology*, Prometheus Books, 1998.

Russell, S. and Norvig, P., *Artificial Intelligence : A Modern Approch*, 3rd ed., Prentice Hall, 2010.

Russell, T., *Brain Death*, Ashgate, 2000.

Sabl, A., "Looking forward to Justice. Rawlsian civil disobedience and its non-Rawlsian lessions", in *John Rawls. Critical Assessments of Leading Political Philosophers*, ed. C. Kukathas, Volume II, London and New York: Routledge, 2003. Source: *Journal of Political Philosophy* 9 (3) (2001): 307-330.

Sandel, Michael J., *What Money Can't Buy : the moral limits of markets*, New York: Farrar, Straus and Giroux, 2012.

_____, *Public Philosophy: Essays on Morality in Politics*, Harvard University Press, 2005.

_____, *Liberalism and the Limits of Justice* (1998), 2nd. revised edition, Cambridge University Press, 1998.

_____, *Liberalism and the Limits of Justice* (1982), Cambridge University Press, 1982.

_____, *Democracy's Discontent*. America in Search of a Public Philosophy, Harvard University Press, 1996.

_____, "Morality and the Liberal Ideal", *The New Republic* (1984), May 7.

_____, 『민주주의의 불만』, 안규남 옮김, 동녘, 2012.

_____, 『정의의 한계』, 이양수 옮김, 멜론, 2012.

_____, 『공동체주의와 공공성』, 김선욱 외 옮김, 철학과 현실사, 2008.

Saner, H., *Kant's Political Thought*, University of Chicago Press, 1973.

Sarkar, S., *Genetics and Reductionism*, Cambridge Univ. Press, 1998.

Sayre-McCord, G. (ed.), *Essays on Moral Realism*, Cornell University Press, 1988.

Scarre, G., *Utilitarianism*, Routledge, 1996.

Scheler, M., *Wesen und Formen der Sympathie*, Gesammelte Werke, 16 Bde., Bd.7, Bern: A. Francke, 1973(1923).

_____, 『윤리학에 있어서 형식주의와 실질적 가치윤리학』, 이을상 외 1인 옮김, 서광사, 1998.

_____, 『공감의 형식과 본질』, 이을상 옮김, 지식을만드는지식, 2013.

Schilpp, P. A., *Kant's Pre-Critical Ethics*, Evanston & Chicago: Northwestern University, 1938.

Schmitz, H., *Was wollte Kant?*, Bonn: Bouvier Verlag, 1989.

Schmucker, J., *Die Ursprünge der Ethik Kants in seinen vorkritischen Schriften und Reflexionen*, Meisenheim: Anton Hain, 1961.

Schnädelbach, H., *Zur Rehabilitierung des animal rationale*, Vorträge und Abhandlungen 2, Frank- furt/M: Suhrkamp 1992.

_____ (Hg.), *Rationalität*, Frankfurt /M: Suhrkamp, 1984.

Schneewind, J., "The Misfortunes of Virtue", *Ethics* 101(1990).

Schnelle, H., "Empirische und transzendentale Sprachgemeinschaften", in K.-O. Apel (Hg.), *Sprachpragmatik und Philosophie*, Frankfurt am Main: Suhrkamp, 1976.

Schröer, C., *Naturbegriff und Moralbegründung : Die Grundlegung der Ethik bei Kristian Wolff und deren Kritik durch Immanuel Kant*, Stuttgart/Berlin/Köln/Mainz: Kohlhammer, 1988.

Schultz, W., *Kant als Philosoph des Protestantismus*, Hamburg-Bergstedt, 1960.

Searle, John R., *Mind: A Brief Introduction*, Oxford University Press, 2004.

_____, *The Rediscovery of the Mind*, MIT Press, 1994.

Sebeok, Thomas A. (ed. et al.), *Semiotica*, Journal of the International Association for Semiotic Studies, 2001 Vol. 134(1/4), Mouton de Gruyter · Berlin · New York.

Sen, A. and Williams, B. (ed.), *Utilitarianism and beyond*, Cambridge University Press, 1982.

Sidel, Victor, "The Right to Health Care: An International Perspective", in *Bioethics and Human Rights*, ed. by Elsie L. Bandman and Bertram Bandman, New York, 1978.

Sidgwick, H., *The Methods of Ethics,* 7th ed., University of Chicago Press, 1907.

Simon, J., "Subjekt und Natur. Teleologie in der Sicht kritischer Philosophie", in *Die Struktur lebendiger Systeme*, Wolfgang Marx (hrsg.), Frankfurt am Main: Vittorio Klostermann, 1991.

Simpson, E., "The Subjects of Justice", *Ethics* 90, No. 4, 1980.

Singer, P., "Sidgwick and Reflective Equilibrium", *The Monist* 57, 1974.

_____, "Disobedience as a plea for reconsideration", *Civil Disobedience in Focus*, ed. Hugo Adam Bedau, London: Routledge, 1991.

Sitte, P., "Strukturen und Funktionen lebender Systeme: Erkennung und Deutung", in *Die Struktur lebendiger Systeme*, W. Marx (hrsg.), Frankfurt am Main: Vittorio Klostermann, 1991.

Sober, E., "Realism and Independence", *Nous* 16, 1982.

Solomon, Robert C. (ed.), *Thinking about Feeling : Contemporary Philosophers On Emotions*, Oxford University Press, 2004.

Solomon, W. D., "Ethics: Normative Ethical Theories", *Encyolopedia of Bioethics*, Vol. 2(1995).

Spencer, H., *Social Statics*, London: Chapman, 1851.

Stäblein, R. (Hg.), *Glück und Gerechtigkeit. Moral am Ende des 20. Jahrhunderts*, Frankfurt am Main und Leibzig: Insel Verlag, 1999.

Steigleder, K., *Kants Moralphilosophie. Die Selbstbezüglichkeit reiner praktischer Vernunft*. Stuttgart/Weimer: J.B. Metzler, 2002.

Steinmann, H. & Scherer, A. G. (Hg.), *Zwischen Universalismus und Relativismus. Philosophische Grundlagenprobleme des interkulturellen Managements*, Frankfurt am Main: Suhrkamp, 1998.

Steinmann, H. & Scherer, A. G., "Interkulturelles Management zwischen Universalismus und Relativismus", in Steinmann, H. & Scherer, A. G. (Hg.).

Stevenson, C. L., *Ethics and Language*, Yale University Press, 1975.

Strauss, L., *What is Political Philosophy?*, Greenwood Press, 1973.

Studienbegleitbriefe zum Funkkolleg Praktische Philosophie/Ethik, hrsg. vom Deutschen Institut für Fernstudien an der Universität Tübingen, Beltz Verlag, Weinheim und Basel 1980/81, No. 2.

Sullivan, R. J., *An introduction to Kant's ethics*, Cambridge University Press, 1994.

Sumner, L. W., *The Moral Foundation of Rights*, Oxford: Clarendon Press, 1987.

Tennant, N., "Evolutionary *v.* Evolved Ethics", in *Philosophy* 58 (1983).

Thomson, J. J. "A defense of Abortion", *Philosophy and Public Affairs* 1:1, 1971(Fall).

Turing, Alan D., "Computing Machinery and Intelligence", in *Mind*, vol. LIX, No. 236, 1950.

Ungerer, E., *Die Teleologie Kants und ihre Bedeutung für die Logik der Biologie*, Berlin: Borntraeger, 1922.

Velkley, R. L., *Freedom and the End of Reason: On the Moral Foundation of Kant's Critical Philosophy*, University of Chicago Press, 1989.

Vollmer, G., "Über die Möglichkeiten einer evolutionären Ethik", in *Conceptus* 20 (1986).

_____, *Was können wir wissen?*, Band 1, *Die Natur der Erkenntnis. Beiträge zur Evolutionären Erkenntnistheorie. Mit einem Geleitwort von Konrad Lorenz*, 2. Aufl., Stuttgart: Hirzel, 1988.

Vorländer, K. *Immanuel Kant, Grundlegung zur Metaphysik der Sitten*, 3. Aufl., Hamburg, 1965.

Wallach, W. · Allen, C., Moral Machines, Oxford University Press, 2009.

Walzer, M., *Spheres of Justice: A Defense of Pluralism and Equality*, New York: Basic Books, 1983.

Weber, M., *Wirtschaft und Gesellschaft. Grundriss der verstehenden Soziologie*, 4. Aufl. Tübingen, 1956.

Whitehead, A. N., *Process and Reality*, 1929(Corrected Edition by D.R. Griffin and D.W. Sherburne, The Free Press, 1978).

_____, *The Concept of Nature*, The Tarner Lectures, delivered in Trinity College, November 1919, Columbia, 2018.

_____, 『과정과 실재』, 오영환 옮김, 민음사, 1991.

_____, 『이성의 기능』, 김용옥, 통나무, 2000.

Williams, H., *Kant's Political Philosophy*, Oxford: Basil Blackwell, 1983.

Williams, G. C., *Adaptation and Natural Selection*, Princeton: Princeton University Press, 1966.

Wilson, E. O., "Introduction: What is Sociobiology", in *Sociobiology and Human Nature*, M. S. Gregory, A. Silvers & D. Sutch (eds.), San Francisco/Washington/London: Jossey-Bass Publishers, 1979.

Wimmer, R., *Universalisierung in der Ethik : Analyse, Kritik und Rekonstruktion ethischer Rationalitätsansprüche*, Frankfurt/M.: Suhrkamp, 1980.

Wittgenstein, L., *Notebooks 1914-1916*, ed., G.H. von Wright and G.E.M. Anscombe, Oxford: Basil Blackwell, 1961.

Wolff, R. P., *Understanding Rawls. A Reconstruction and Critique of A Theory of Justice*, Princeton University Press, 1977.

_____, *In Defense of Anarchism*, New York: Harper and Row, 1970.

Wuketits, F. M., "Darwinism: Still a Challenge to Philosophy", in *Zygon* 23 (1988).

_____, *Biologie und Kausalität. Biologische Ansätze zur Kausalität, Determination und Freiheit*, Berlin und Hamburg: Paul Parey, 1981.

_____, *Zustand und Bewußtsein. Leben als biophilosophische Synthese*, Hamburg: Hoffmann und Campe, 1985.

Yovel, Y., *Kant and the Philosophy of History*, Princeton University Press, 1980.

Zammito, John H., *The Genesis of Kant's Critique of Judgment*, Chicago & London: The University of Chicago Press, 1992.

Zwiebach, B., *Civility and Disobedience*, Cambridge: Cambridge University Press, 1975.

그 외 자료

https://en.wikipedia.org/wiki/Baby_Doe_Law.

http://likms.assembly.go.kr/law/jsp/law/Main.jsp

https://en.wikipedia.org/wiki/Artificial_intelligence

http://platum.kr/archives/6985

http://biz.chosun.com/site/data/html_dir/2016/03/20/2016032000637.html

https://techcrunch.com/2012/01/10/doctors-or-algorithms

https://www.youtube.com/watch?v=TTcCkzrjNLY&feature

이성과 공감 : 포스트모던 칸트와 공감윤리

초판 1쇄 발행일 2020년 03월 31일

지은이 맹주만
펴낸이 박영희
편집 박은지
디자인 최민형
마케팅 김유미
인쇄·제본 제삼인쇄
펴낸곳 도서출판 어문학사
　　　　서울특별시 도봉구 해등로 357 나너울 카운티 1층
　　　　대표전화: 02-998-0094/편집부1: 02-998-2267, 편집부2: 02-998-2269
　　　　홈페이지: www.amhbook.com
　　　　트위터: @with_amhbook
　　　　블로그: 네이버 http://blog.naver.com/amhbook
　　　　　　　 다음 http://blog.daum.net/amhbook
　　　　e-mail: am@amhbook.com
　　　　등록: 2004년 7월 26일 제2009-2호

ISBN 978-89-6184-946-3 93190

정가 28,000원

이 도서의 국립중앙도서관 출판시도서목록(CIP)은 e-CIP홈페이지(http://www.nl.go.kr/ecip)와
국가자료공동목록시스템(http://www.nl.go.kr/kolisnet)에서 이용하실 수 있습니다.
(CIP제어번호: CIP2020007933)

※잘못 만들어진 책은 교환해 드립니다.